LA SOLEDAD DE LA REPÚBLICA

crítica contrastes

Ángel Viñas

LA SOLEDAD DE LA REPÚBLICA

El abandono de las democracias y el viraje hacia la Unión Soviética

CRÍTICA
BARCELONA

Diseño e ilustración de la cubierta: Jaime Fernández
Realización: Ātona, S.L.

CRÍTICA, S.L., Diagonal, 662-664, 08034 Barcelona
http://www.ed-critica.es
e-mail: editorial@ed-critica.es
ISBN-10: 84-8432-795-7
ISBN-13: 978-84-8432-795-0
Depósito legal: M. 37.349-2006
2006. BROSMAC, Polígono Industrial 1, Calle C, Móstoles (Madrid)

A Helen,
love alters not with his brief hours and weeks,
but bears it out even to the edge of doom.
If this be error, and upon me proved,
i never writ, nor no man ever loved.

A Laura y Daniel,
a quienes pertenece el futuro

In memoriam:
A Manuel Tuñón de Lara,
a Herbert Rutledge Southworth,
maestros en historia
y en amistad

A Juan Negrín:
Un luchador, no un abandonista

Il faut avoir de la déférence pour les personnes,
et de l'irrespect pour les œuvres.
Le respect pour les œuvres,
c'est le commencement de leur mort.

CHARLES DANTZIG

History is the present. That's why
every generation writes it anew.

E. L. DOCTOROW

Nothing changes more constantly than the past;
for the past that influences our lives
does not consist of what actually happened,
but of what men believe happened.

GERALD W. JOHNSON

Wie Lassalle sagte,
ist und bleibt die revolutionärste Tat,
immer 'das laut zu sagen, was ist'.

ROSA LUXEMBURG

Está el ayer alerto
al mañana, mañana al infinito,
hombre de España: ni el pasado ha muerto,
ni está el mañana —ni el ayer— escrito.

ANTONIO MACHADO

On ne réfléchira jamais assez sur les rapports,
à la fois clairs et obscurs, grossiers et subtils, directs et indirects,
entre guerre d'Espagne et histoire du monde au XXème siècle.

PIERRE VILAR

Prólogo

EL PRESENTE LIBRO *es el primero de una trilogía que versará sobre la República en guerra y el contexto internacional. Aparece en un año en el que se conmemoran tres aniversarios: el LXXV del advenimiento de la República, el LXX del estallido de la guerra civil y el L del fallecimiento del Dr. Juan Negrín, uno de sus más eficaces ministros de Hacienda y tenaz presidente del consejo durante casi dos de los cerca de tres años que duró el conflicto. Sobre el hilo que une a tales conmemoraciones inciden los acontecimientos que se analizan en este trabajo: el abandono al que las potencias democráticas condenaron a la República y los orígenes del viraje que, en consecuencia, ésta se vio obligada a dar hacia la Unión Soviética. Se trata de uno de los episodios más controvertidos y más mixtificados de toda la contienda, si no el que más. Me siento obligado a presentar en 2006 un primer resultado de investigaciones largo tiempo emprendidas ya que también tuve algo que ver en la conmemoración del L aniversario, gracias en particular a la generosa invitación del añorado profesor Manuel Tuñón de Lara y con compañeros del calibre de los profesores Julio Aróstegui, Josep M. Bricall y Gabriel Cardona. O con la redacción del texto, en otro grupo de destacados historiadores, que sirvió de base al programa de TVE, «España en guerra», en mi opinión el mejor que nunca se haya hecho para este medio y que se emitió en el bienio 1986-1987. Se encuentra en muy avanzado estado de elaboración un segundo tomo que espero salga a la luz con ocasión del LXX aniversario de los «hechos de mayo», uno de los giros esenciales de la evolución política republicana durante la guerra civil. Son los dos primeros componentes de un estudio centrado en las limitaciones que el contexto in-*

ternacional impuso a la República frente al continuado apoyo del Eje al bando vencedor. Tales limitaciones encorsetaron a los Gobiernos republicanos en un círculo vicioso. Su única posibilidad si no de romperlo al menos de contener sus letales efectos la constituyó el apoyo soviético. Dicho enfoque es central para entender la evolución del conflicto y para comprender las pasiones que todavía despierta en ciertos círculos, tanto en España como en el extranjero.

Hoy la guerra civil es historia y, para al menos dos de las generaciones que conviven en suelo español, historia casi antigua, «la de los abuelitos». La España de nuestros días no es ni remotamente comparable a la que se vio desgarrada en un conflicto que duró tanto como la mitad de la segunda guerra mundial. Se trata, además, de una historia bien estudiada. Tras la muerte del general Franco, varias promociones de historiadores españoles —amén de una amplia panoplia de extranjeros, renovada sin solución de continuidad—[1] *la han desarrollado con gran acopio de fuentes documentales y con extremada dedicación a sus vertientes militares, políticas, sociales, económicas, represivas e internacionales. Todos teníamos que derribar intelectualmente una construcción importante. El régimen franquista fundamentó su legitimidad en su victoria, «contra el comunismo», a lo largo de una sangrienta «cruzada» y tuvo tiempo, casi cuarenta años, para elaborar todo tipo de justificaciones. Pero esa legitimidad nunca le fue suficiente. Necesitaba tratamientos más sofisticados que pormenorizasen en detalle las características del enemigo aplastado. Las más importantes fueron tres: i) En primer lugar, su perversidad intrínseca ya que el conglomerado de fuerzas vencidas (socialistas, anarquistas, comunistas, masones o simplemente republicanas) constituía la «anti-España»; ii) esta «anti-España» fue presa de una gran* envolée *revolucionaria, cuidadosamente preparada, que negó el pan y la sal, y con frecuencia la vida misma, a los elementos de orden, patrióticos, conservadores y de derechas; iii) para colmo, gran parte de las fuerzas políticas y sociales que la integraban fueron manipuladas por Moscú en el marco de una agresión destinada nada menos que a erradicar violentamente de la PATRIA la civilización cristiana y occidental y penetrar en Europa occidental por un flanco débil.*

1. Se hará referencia a varios de entre ellos y a algunas de sus recientes contribuciones pero debe destacarse que el enfoque más integrado e integrador se encuentra hoy indudablemente en el Reino Unido, en gran medida gracias al calor intelectual del profesor Paul Preston.

El movimiento «salvador» que recurrió a las armas en julio de 1936: a) surgió como medida desesperada para salvar a una España a punto de despeñarse por un ominoso precipicio y b) conjuntó tras de sí a todos quienes, en un momento, se atrevieron a decir «no» a los dictados comunistas. De ello se desprendía que: 1) el régimen republicano adolecía de una ilegitimidad de origen en julio de 1936; 2) incluso aunque su legitimidad no hubiera desaparecido del todo, la que quedaba fue arrasada por una revolución comunista. Se trata de una interpretación coherente, cerrada en sí misma y que pone el acento en las izquierdas como responsables del proceso que condujo a la guerra civil.

Tales fundamentaciones hubieron de batirse en retirada en los años setenta y ochenta del último siglo. La historia que escriben los historiadores es siempre un diálogo entre el presente y el pasado, como han recordado autores tan diversos como el gran novelista norteamericano E. L. Doctorow y nuestro incomparable Antonio Machado. El presente, en aquella época, venía marcado por una transición política de profundo calado en la que la sociedad española reanudaba ciertas reformas republicanas: la reconciliación de las diferentes fuerzas políticas y sociales en un régimen democrático, la aprobación de una Constitución de nuevo cuño, la desconfesionalización, la creación de las autonomías, el desarrollo de un modesto Estado de bienestar, el desmantelamiento del poder político de las fuerzas armadas y su subordinación al poder civil, amplias reformas educativas y, no en último término, sociales como el aborto, el divorcio y la consagración jurídica e institucional de la igualdad de género. Por lo demás, el oprobio y la vergüenza que en una gran franja de españoles despertaba el régimen franquista estaban demasiado próximos como para que no fuese fácil rescatar sus pretendidos logros históricos y continuar edificando monumentos intelectuales a su gloria. Sólo desde las más irreductibles cotas de la extrema derecha se intentó tal labor.

En los últimos años las reconstrucciones e interpretaciones basadas en el trabajo paciente de varias promociones de historiadores postfranquistas han sido objeto de burlas y ataques, vehiculados por ciertos medios de comunicación. Quizá sea un resultado del proceso histórico reciente. La Unión Soviética se ha desplomado. La guerra fría ha pasado a la historia. Los buenos la han (la hemos) ganado. En España no tardó en comenzar la revisión de la revisión. Ya lo dijo Gerald Johnson: nada cambia tan rápidamente como el pasado. Las necesidades del presente modifican las percepciones. Sobre todo, cuando éstas se utilizan como asideros para escribir una «historia» ideologizada, maniquea y politizada en extremo. El franquismo habría sido una dictadura desarrollista. La República habría sido un régimen demasiado sensible a los acosos de la extrema izquierda. La guerra civil no habría sido sino el producto inevitable de un descenso a los infiernos, liderado por comunistas y socialistas bolchevizados, en el que sólo los primeros disponían de un plan estratégicamente coherente que les llevó a ocultar sus designios últimos de creación de una «democracia popular» avant la lettre *de impronta soviética o sovietizante. Nada de ello es nuevo: se situó férreamente en la línea de las más viejas construcciones franquistas y, en gran parte, en el enfoque del ya desaparecido Burnett Bolloten, quien dedicó su vida entera al estudio obsesivo de los efectos de la artera mano de Moscú sobre la lejana España.*

Se trata de un enfoque que ha proseguido impertérrito, amparado en una extensa cobertura publicística, tanto en España como en el extranjero (si bien en éste es minoritaria). Han logrado cierta penetración en algunos sectores de la población española tesis como que los militares se sublevaron en un golpe preventivo para evitar que España se deslizara hacia la revolución (en versiones anteriores, para adelantarse a un asalto comunista, pero esto dejó de enfatizarse porque los documentos «probatorios» se demostró que eran burdas falsificaciones); o que, de todas maneras, la República cayó en las sangrientas manos de Stalin y sus cohortes; o la que presenta el pretendido expolio del oro del Banco de España como uno de los mecanismos esenciales que consolidaron la dependencia española con respecto a la URSS.

Tales intentos de relegitimación obedecen a una cierta lógica. No son estas páginas el lugar en donde deban examinarse. Lo ha hecho con brillantez el profesor Alberto Reig en una obra reciente.[2] Simplemente quisiera mencionar que, en mi opinión, representan una reacción desmesurada y trivializadora ante los resultados del esfuerzo historiográfico post-franquista. Éstos no sólo reequilibraron la balanza sino que la descompensaron del lado opuesto al defendido por los vencedores en la guerra civil. En los años de la dictadura eran los que habían utilizado, para asentar sus ideas, no sólo la denominada «formación del espíritu nacional» y una censura con frecuencia cerril sino también las armas «intelectuales» más contundentes que les depara-

2. Titulada, significativamente, *Franco. El César superlativo*, Tecnos, Madrid, 2005.

ban la Brigada Político-Social o el TOP (Tribunal de Orden Público). El efecto que los resultados de la historiografía crítica post-franquista dejó en muchos de quienes militaron en el bando vencedor, y en sus descendientes ideológicos más o menos aggiornati, *deben de haber resultado odiosos. No es de extrañar que alguno de los más destacados historiadores durante el extinto régimen se haya referido en un libro relativamente reciente a la «marea roja» que, según él, invade las universidades españolas. Por otro lado existe, en ciertos sectores de la sociedad, un ansia evidente de leer interpretaciones que les parecen más seguras porque se acomodan mejor con sus prejuicios, con sus creencias o con sus frustraciones. Pero esto no significa necesariamente que sean Historia.*

La guerra civil, como la gran fractura que fue de la historia española en el siglo XX, y posiblemente una de las grandes fracturas de toda la historia de España, seguirá arrojando sombras durante decenios. Cuando la llama purificadora del tiempo haya consumido las pasiones que todavía suscita, aunque cada vez en menor número de españoles, las generaciones venideras seguirán volviendo hacia ella con nuevos interrogantes y con nuevos planteamientos, en búsqueda de respuestas a las cuestiones esenciales con que continuará golpeando las conciencias. Fue una guerra ideológica, una guerra de clases y una guerra internacional por interposición. Su resultado tradujo el deseo profundo de un sector importantísimo de la sociedad española de evitar que la futura evolución política, económica y social discurriera por un camino que la alejara de las estructuras heredadas, por muy anquilosadas que estuvieran. Con todo, fueron pocos los militares rebeldes, y sus apoyos civiles, que pensaron que con su comportamiento iban a aupar a Franco a la suprema magistratura y a proyectarle hacia un papel poco menos que sacralizado durante varios decenios. Sorprendente destino para una figura con escasos paralelos en la historia de España y responsable de la muerte de tantos españoles, ya fuesen adversarios o partidarios.

El foco de la investigación que se inicia con este tomo no es Franco sino la República, una República a la que no fue posible trascender las limitaciones que desde el primer día le impuso el contexto internacional y que, además, se vio cuarteada por interminables querellas internas. Ni que decir tiene que no hubiera podido escribirse de no haberse abierto los archivos rusos y de no haber tenido acceso el autor a fondos republicanos, conservados en manos privadas y hoy, en parte, consultables por otros investigadores. Pero ello no significa que haya dejado de lado los archivos públicos. De hecho en éstos se han remansado documentos de suma importancia para comprender la dinámica externa que incidió sobre los meses iniciales de la guerra y que, créase o no, han permanecido desconocidos hasta el momento. Por ejemplo, las interceptaciones de telegramas efectuadas por los británicos y los análisis de una sección ad hoc del servicio de inteligencia militar del Reino Unido. O, más espectacularmente, los preparados por la inteligencia militar soviética (GRU) desde las primeras semanas del conflicto. Dichos fondos permiten colmar en cierta medida las lagunas de que adolece nuestro conocimiento de dimensiones básicas de la producción documental de la República. Por muy abundante que sea la conservada, la que ha desaparecido fue considerable. Muchos de los documentos que nos ayudarían a comprender actuaciones individuales y episodios más o menos dramáticos de la política republicana ya no existen. El pasado ha guardado para siempre innumerables secretos.

Quisiera mencionar tres botones de muestra que pueden ser de interés para el lector. Un compañero del autor, ya fallecido, Vicente Polo, se encerró durante una semana en la embajada republicana en Moscú para quemar en marzo de 1939 los papeles que en ella había antes de entregarla a las autoridades soviéticas. Con el humo de los documentos se evaporaron también nuestras posibilidades de penetrar en las brumas de la política de los Gobiernos de Valencia y Barcelona. En España, y antes del hundimiento de la República, se destruyeron ingentes masas documentales, relacionadas en particular con las dimensiones exterior y financiera de la contienda. Muchos papeles que no se eliminaron entonces lo fueron después, en ocasiones para atender a propósitos tan apremiantes y excelsos como el hacer espacio. A mitad de los años setenta enormes cantidades de material republicano que se depositaban en los almacenes del IEME (Instituto Español de Moneda Extranjera), sitos en la madrileña calle de Bravo Murillo, fueron eliminados sin que mediara la menor intencionalidad política. ¿Quién puede saber lo que habría en ellos?

El pasado, en una palabra, es inalterable pero su conocimiento es contingente. Nunca puede tener el historiador la seguridad de haber abarcado todos los comportamientos relevantes. Cualquier libro sobre historia contemporánea que se precie de serio está siempre escrito sobre el filo de una navaja. El presente tomo, por ejemplo, utiliza fuentes y enfoques que trabajos previos, como el muy meritorio de Avilés Farré o el no menos sustantivo pero anterior de Ramón Salas (recientemente republicado), no tuvieron a su disposición. También lleva a planteamientos que discrepan de obras modernísimas como las de Beevor, Bennassar o Payne. Nuevos descubrimientos podrán, en el futuro, afectar a mis hipótesis y, ¿por qué no?, derruirlas. Aun así, en esta investigación se ha intentado combinar una estructura flexible con la imprescindible atención al detalle para establecer un marco interpretativo lo suficientemente amplio, pero basado en una gran acumulación de factores, que pueda resistir la incrustación de nuevos datos y de nuevos hechos todavía no desentrañados. Siempre que ha sido necesario se han apuntado pistas para la investigación ulterior. Es obligación del historiador abrir puertas, no cerrarlas.

Quizá sea conveniente precisar dos nociones, una sobre lenguaje —que nunca es inocente— y otra sobre juicios de valor. En esta obra se tiene cierto cuidado en la utilización de nombres y adjetivos. Para designar a los alzados en armas en julio de 1936 no se emplea el término «facciosos», tan popular en la época, sino los de «rebeldes» y «sublevados» y ello sólo hasta el 1 de octubre de 1936. Después, tras la elevación de Franco a la suprema magistratura como jefe del Estado y generalísimo de los ejércitos de Tierra, Mar y Aire, se remplaza por el de «franquistas». En pocos casos, salvo en citas directas, se ha hecho uso del término «nacional». Me niego, en efecto, a reconocer esta calidad al bando vencedor. Sus intereses y la idea que tenían de España fueron los que triunfaron. Quienes perdieron tenían otros, que también aplicaban a una España que no deseaban que entrase en una dictadura alineada con las potencias fascistas. Sería deseable, en mi opinión, dejar de utilizar el término «nacional», con las connotaciones positivas que puedan entresacársele, como patrimonio de un bando e insulto implícito al opuesto. Muchas de las ambiciones que reinaban en el derrotado eran nobles, aunque chocasen con los intereses de las oligarquías dominantes y de los servidores de lo que entonces todavía no se denominaban poderes fácticos. Para los vencidos el vocablo utilizado es el de «republicanos». Por muchas que fuesen las diferencias que existían entre ellos, casi todos consideraban que la República (aunque definida con contenidos muy diversos) constituía la forma de régimen a defender como vía a la modernidad y como mecanismo institucional que impulsara las inmensas transformaciones políticas, sociales y culturales que necesitaba España. Esta coincidencia básica cubría perspectivas que iban desde la extrema y utópica izquierda representada por el anarcosindicalismo hasta la moderada, socialista y burguesa, en la que se situaban el binomio Prieto/Negrín o los dirigentes de algunos partidos de denominación estrictamente republicana.

La segunda noción se refiere a los juicios de valor. El historiador cabalga a lomos de dos dinámicas: una le empuja a comprender, la segunda le obliga a tener presente hasta qué punto el conocimiento del pasado es limitado. Su función puede llevarle a derrumbar mitos, si bien la experiencia muestra que con harta frecuencia los historiadores se han sometido al poder político o financiero. Incluso en el mejor de los casos no están libres de prejuicios ni tampoco escriben en el vacío político, ideológico o moral. Sí pueden disciplinar su escritura en la medida en que respetan las fuentes y apelan al juicio implacable de la contrastación interpersonal, en un diálogo permanente con los críticos y lectores. Este libro se basa en un análisis diacrónico en el que las fuentes están identificadas y los juicios de valor claramente expuestos. El autor confiesa no sentir simpatía alguna hacia el fascismo en general y hacia la dictadura franquista en particular. Tampoco, huelga decirlo, hacia los regímenes comunistas. Conoció de cerca uno, en sus años de estudiante en Berlín, cuando vio nacer y desarrollarse el «muro».

Una advertencia metodológica. Alguno de los trabajos previos del autor ha sido objeto de crítica por concentrarse demasiado en las fuentes primarias con detrimento de la bibliografía secundaria. El motivo de ello fue que le resultaba molesto exhibir sus divergencias con autores previos por razón de haber podido acceder a fuentes documentales de las que estos últimos no habían dispuesto. En este libro se evitará tal crítica, aunque sin duda atraerá otras. La guerra civil cuenta con una nutrida literatura de calidad diversa en la que, por desgracia, no faltan quienes escriben con autoridad que recuerda a la del dador de la ley mosaica, sobre todo en relación con temas controvertidos: la violencia republicana, la apelación a la URSS, el papel de Stalin, el significado de la ayuda soviética, etc. Pero si el debate entre los historiadores sobre la revolución inglesa todavía no ha concluido no hay razón para pensar que deba ya cerrarse la discusión sobre la inmensa fractura en la historia española que se abrió ahora hace setenta años. Se hará, pues, referencia a la bibliografía secundaria y no se eludirá la identificación de lo que, en mi opinión, son errores que chocan con la evidencia documental. Se ha dado preferencia, eso sí, a la más reciente, siquiera para mostrar que el autor, aunque sumergido en la proverbial bruma de Bruselas, no ignora la evolución de la literatura, en España y en el extranjero, sobre el conflicto español.

Un problema particular lo presenta la dilucidación de ciertos aspectos en los que tal literatura es todavía rehén de los testimonios vertidos por protagonistas con fines no científicos sino polémicos o, incluso, venales. Se presta mucha atención, entre los primeros, a los de grandes prohombres del socialismo español tales como Araquistáin, Largo Caballero y Prieto. Entre los segundos a Jesús Hernández y Alexander Orlov. También se rebaja sumamente la importancia de lo que todavía algunos consideran «sensacionales» revelaciones de Krivitsky. Sin embargo, en ningún caso desea el autor que sus comentarios se interpreten en términos personales. Éste no es un libro de buenos y malos. Es un libro de historia y, como tal, de análisis crítico y documentado. Soy de quienes creen que la historia o es rigurosa e implacable o, simplemente, no es historia. Dicho lo que antecede la trilogía que ahora comienza se sitúa, en general, en una perspectiva muy diferente de la defendida con tanto afán como escaso recurso a fuentes primarias por el difunto Burnett Bolloten, Bartolomé Bennassar, Stanley G. Payne y muchos de sus seguidores aunque sería tarea tediosa identificar todos los puntos en que discrepo de ellos. Baste con indicar que me sorprende, en particular, la deriva experimentada por este último («converso», le llama Mainer, p. 14) y la caución que ha prestado a personas que, con el mayor de los respetos, pertenecen al mundo no de los historiadores sino en el mejor de los casos de recontadores de viejas patrañas, franquistas o pro-franquistas, remozadas en un lenguaje que pasa por ágil. Nada de ello dice mucho a favor del otrora respetado profesionalismo del hispanista norteamericano.[3]

Formo parte de quienes creen que las referencias a documentos procedentes de archivos no fácilmente consultables o de origen privado no sirven de mucho si no se hacen accesibles a otros investigadores o al público en general. No es infrecuente que desaprensivos citen mal sus fuentes, lo hagan sesgadamente, las falsifiquen o incluso que se las inventen. Con frecuencia ni siquiera señalan de dónde las toman. Éste es el caso de algunas obras recientes, hiperinfladas y de corte sensaciona-

3. Quien, dicho sea de paso, no ha retrocedido ante la descalificación, escasamente histórica o de sentido común, del Gobierno español al caracterizarle como «elegido por el terrorismo internacional»: «El entreguismo de Zapatero», *El Mundo*, 27 de marzo de 2006. Con este tipo de afirmaciones, el profesor Payne se sitúa automáticamente en unas coordenadas políticas e ideológicas sumamente precisas que no es preciso identificar aquí.

lista, sobre el lado oscuro de la presencia soviética en España. Como ya he hecho en el caso de una obra anterior, cuya base documental se ha depositado en los archivos de la Unión Europea que conserva el Instituto Universitario Europeo de Florencia, gran parte de la documentación que subyace a la trilogía que aquí se inicia se entregará a la Fundación Canaria Juan Negrín y a la Fundación Pablo Iglesias para que todos los interesados puedan consultarla. Tras ella hay un inmenso esfuerzo en tiempo y dinero, recursos por desgracia siempre escasos.

Pertenezco a una generación que solía ir a Francia, a Alemania, al Reino Unido y a Bélgica a proveerse de libros sobre el pasado reciente español que fueran más estimulantes que la abundante bazofia que pasaba por historia de la guerra civil en la España de Franco. Fue cuando trabé conocimiento con Herbert R. Southworth y sus seminales trabajos sobre el Mito de la Cruzada o Guernica. También con el profesor Manuel Tuñón de Lara. Con ambos viví la conmemoración del XL aniversario de la destrucción de la villa foral al comienzo de la transición. Participé en la presentación del Dr. Southworth en la Universidad de Barcelona, junto con el profesor Gabriel Jackson, cuando el proceso democratizador estaba consolidado. Southworth y Tuñón de Lara mostraron, en los años duros, cómo podía escribirse Historia, en medio de todas las dificultades. Este libro les recuerda. Asimismo se dedica a la memoria del Prof. Dr. Juan Negrín. Figura execrada si las hay, a la derecha y a la izquierda, por supuesto entre sus adversarios pero también entre sus propios compañeros de partido, demostró ejemplarmente y con gallardía cómo podía responderse a la injuria con el silencio, a la mentira con la entereza y a la calumnia con la dignidad. Negrín fue un gran político y un hombre de Estado. Si España fuese menos cainita, su figura hace tiempo que se hubiera recuperado. Fue lo más cercano que España nunca ha tenido a un Churchill o a un De Gaulle. Pero perdió.

El presente volumen aspira, con modestia, a hacer progresar las fronteras del conocimiento, aunque de forma milimétrica y con plena conciencia de que no podrá aclarar todas las incógnitas. Quedan numerosos documentos por localizar. Con el tiempo quizá lo sean. Todo lo que pueda descubrirse aparecerá algún día, salvo que se produzcan nuevas depredaciones o desapariciones de fuentes. Mientras tanto, la historiografía debe avanzar, y avanza, de forma provisional.

Lista de siglas y abreviaturas

ABE: Archivo del Banco de España, Madrid
ABI: Archivo del Banco de Inglaterra, Londres
ADAP: Documentos diplomáticos alemanes
AFCJN: Archivo de la Fundación Canaria Juan Negrín, Las Palmas de Gran Canaria
AFIP: Archivo de la Fundación Indalecio Prieto
AHN: Archivo Histórico Nacional, Madrid
AHPCE: Archivo Histórico del Partido Comunista de España, Madrid
AIS: Air Intelligence Service
AJNP: Archivo Juan Negrín, París
AMAE: Archivo del Ministerio de Asuntos Exteriores, Madrid
AMAE-AB: sección, en el anterior, ocupada por el Archivo de Barcelona
AMAF: Archivos militares alemanes, Friburgo
AMH: Archivo del Ministerio de Hacienda, Madrid
Amtorg: *Amerikanskaya Torgovlia*, American Trading Organisation
APG: Archivo de la Presidencia del Gobierno, Madrid
AVP RF: Archivo de Política Exterior de la Federación Rusa

BCEN: Banque Commerciale pour l'Europe du Nord
BEP: Banco Español de París
BI: Brigadas Internacionales
BJ: literalmente «cubierta azul», denominación dada a los telegramas extranjeros descifrados por los servicios de inteligencia británicos. En español se les denominaría más apropiadamente «sobres azules».
BPI: Banco de Pagos Internacionales

CADN: Centre des Archives Diplomatiques, Nantes
CAMPSA: Compañía Arrendataria del Monopolio de Petróleos, sociedad anónima

CC: Comité Central
CHAN: Centre Historique des Archives Nationales, París
CNI: Comité de No Intervención
CNT: Confederación Nacional del Trabajo
COCM: Centro Oficial de Contratación de Moneda

DAPE: Dez anos de política externa
DB: Deuxième Bureau
DBFP: Documents on British Foreign Policy
DDF: Documentos diplomáticos franceses
DDI: Documentos diplomáticos italianos
DVPSSSR: Documentos sobre política exterior de la URSS

FAI: Federación Anarquista Ibérica
FAR: Fuerzas Aéreas de la República
FO: Foreign Office
FRUS: Foreign Relations of the United States

Gosbank: Banco de Estado de la Unión Soviética
GRU: Cuarto departamento del Estado Mayor del Ejército Rojo, responsable del espionaje militar.

IC: Internacional Comunista
ICI: Imperial Chemical Industries
IEME: Instituto Español de Moneda Extranjera
INO: Departamento de extranjero de la NKVD, encargado de labores de espionaje.
IR: Izquierda Republicana

JDN: Junta de Defensa Nacional
JTE: Junta Técnica del Estado

KPD: Kommunistische Partei Deutschlands (partido comunista alemán)
KGB: Sucesora de la NKVD después de diversas reorganizaciones
Komdarm: general de tres estrellas*
Kombat: comandante*
Kombrig: coronel*
Komdiv: general de una estrella*
Komkor: general de dos estrellas*
Komrot: capitán*

LOB: Ley de Ordenación Bancaria

* grados aproximados

MI5: Servicio de contraespionaje británico
MI6: Servicio de inteligencia británico, también conocido por SIS
MID: Ministerio de Asuntos Exteriores de la Federación Rusa
MNB: Moscow Narodny Bank

NACP: National Archives College Park, Maryland
Narkom: Comisario del Pueblo
Narkomfin: Comisariado del Pueblo para las Finanzas
Narkomindel: Comisariado del Pueblo para los Asuntos Exteriores
NKID: Acrónimo de Narkomindel
NKO: Comisariado del Pueblo para la Defensa
NKPT: Comisariado del Pueblo para la Industria Pesada
NKVD: Policía política y de seguridad soviética
NKVT: Comisariado del Pueblo para el Comercio Exterior

OGA: Office Général de l'Air
OGPU: Sucesora de la Cheka y predecesora de la NKVD

P: Protocolo
PCE: Partido comunista de España
PCF: Partido comunista francés
PCGB: Partido comunista de la Gran Bretaña
PCI: Partido comunista italiano
PCUS: Partido comunista de la Unión Soviética (técnicamente, partido comunista de toda la Unión, bolcheviques)
PCUSA: Partido comunista de los Estados Unidos
PCV: Partido comunista vasco
Polpred: Representante plenipotenciario soviético para asuntos políticos (embajador)

RGVA: Archivo Ruso Estatal Militar, Moscú
RGASPI: Archivo Ruso Estatal de Historia Social y Política, Moscú
RKKA: Ejército Rojo de trabajadores y campesinos

SAE: Servicio de Adquisiciones Especiales
SAEF: Service des Affaires Economiques et Financières
SdN: Sociedad de Naciones
SFIO: Section Française de l'Internationale Ouvrière (partido socialista francés)
SHD: Service Historique de la Défense, París-Vincennes
SIFNE: Servicio de Información de la Frontera del Noroeste
SIM: Servizio Informazioni Militare
SIPM: Servicio de Información y Policía Militar
SIS: Secret Intelligence Service, también conocido por MI6

S.M.: [de] Su Majestad
Sovnarkom: Consejo de comisarios del pueblo

TNA: The National Archives, Londres
Torgpred: Representante plenipotenciario soviético para asuntos comerciales

UGT: Unión General de Trabajadores
UR: Unión Republicana
URSS: Unión de Repúblicas Socialistas Soviéticas

Dramatis personae*

Los españoles

Abad de Santillán, Diego: seudónimo, dirigente anarquista
Aboal, Juan: comandante aviador republicano
Aguirre, José María: secretario político de Largo Caballero
Albornoz, Alvaro de: embajador republicano en París
Alvarez Buylla, Miguel: cónsul general republicano en Londres
Alvarez Alonso, José Antonio: empleado de CAMPSA
Alvarez del Vayo, Julio: ministro de Estado republicano
Araquistaín, Luis: embajador republicano en París
Asensio Torrado, José: general republicano, subsecretario de la Guerra
Astigarrabía, Juan: secretario general del PCV
Azaña, Manuel: presidente de la República
Azcárate, Pablo de: embajador republicano en Londres
Barcia, Augusto: ministro de Estado republicano
Bastarrechea Zaldívar, Francisco: miembro por el PNV del Tribunal de Garantías Constitucionales
Bolín, Luis: propagandista franquista, memorialista
Bolívar, Cayetano: diputado comunista por Málaga
Brea, Pilar: colaboradora de Negrín, agente republicana
Bugeda, Jerónimo: dirigente socialista, subsecretario de Hacienda
Cabanellas, Miguel: general, presidente de la JDN
Calderón, Luis: embajador republicano dimisionario en Washington
Cambó, Francesc: político catalán que ayudó a Franco
Candela Marquestaut, Arturo: funcionario del Banco de España
Carabias, Julio: subgobernador del Banco de España republicano

* Selección con identificación mínima según el texto

Cárdenas, Juan Francisco de: embajador dimisionario en París
Casares Quiroga, Santiago: presidente del Gobierno republicano
Castillo, Cristóbal del: ministro consejero dimisionario en París
Cruz Marín, Antonio: cónsul general republicano en París
Díaz, José: secretario general del PCE
Díaz Sandino, Felipe: consejero de defensa de la Generalitat
Domingo, Marcelino: político republicano
Echevarría, Toribio: director de la CAMPSA republicana
Escofet, Federico: comisario general de Orden Público de la Generalitat
Estrada, Manuel: jefe del EM republicano
Fernández Bolaños, Antonio: diputado socialista, agente para adquisiciones en el exterior
Fernández Clérigo, Luis: primer vicepresidente de las Cortes
Fernández Shaw, Daniel: agregado comercial republicano en Londres
Franco, Francisco
Franco, Gabriel: catedrático y ex ministro de Hacienda, vendedor de oro en Londres
García Lacalle, Andrés: aviador republicano y memorialista
Giner de los Ríos, Bernardo: ministro republicano de Comunicaciones
Giral, José: catedrático de Farmacia y presidente del Gobierno
Goicoechea, Antonio: político, conspirador anti-republicano
Gómez, Mariano: primer presidente del Tribunal Supremo
Gordón Ordás, Félix: embajador republicano en México
Gracia, Anastasio de: ministro republicano de Industria y Comercio
Granados, Mariano: uno de los presidentes del Tribunal Supremo
Guarner, Vicente: jefe de los servicios de Orden Público de la Generalitat
Hernández, Jesús: dirigente comunista, ministro de Instrucción Pública, secretario del Consejo de Ministros
Hidalgo de Cisneros, Ignacio: jefe de las FAR
Ibárruri, Dolores: dirigente y diputada comunista
Jiménez de Asúa, Luis: dirigente socialista, catedrático, vicepresidente de las Cortes
Lamoneda, Ramón: diputado, secretario general del PSOE
Largo Caballero, Francisco: dirigente socialista y ugetista, presidente del Gobierno
Lister, Enrique: militar de milicias, uno de los fundadores del Quinto Regimiento
López Oliván, Julio: embajador dimisionario en Londres
Madinaveitia, Antonio: catedrático y agente republicano
Magaz, almirante: representante en Roma de los sublevados
March Ordinas, Juan: financiero que apoyó la causa franquista
Martínez Amutio, Justo: gobernador civil de Albacete y memorialista

Martínez Barrio, Diego: presidente de las Cortes
Martínez Cabrera, Toribio: general republicano y gobernador militar de Cartagena
Melendreras, José: comandante republicano, id
Méndez, Rafael: catedrático y agente republicano, colaborador de Negrín
Méndez Aspe, Francisco: director general del Tesoro
Miaja, José: general republicano, presidente de la JDM
Mije, Antonio: miembro del buró político del PCE
Mola, Emilio: general, director de la conspiración
Muñoz Vizcaíno, José: capitán de carabineros
Negrín López, Juan: ministro de Hacienda republicano
Nicolau d'Olwer, Lluis: gobernador del Banco de España republicano
Ossorio y Gallardo, Angel: embajador republicano en Bruselas
Otero, Alejandro: catedrático, agente republicano para adquisiciones en el exterior
Pan, Pedro: subgobernador primero del Banco de España, pasado a la zona franquista
Pascua, Marcelino: embajador republicano en Moscú
Pastor Krauel, Carlos: comandante, agente republicano para adquisiciones en el exterior
Pérez Joanico, Esteban: funcionario del Banco de España
Picavea, Rafael: diputado del PNV por Guipúzcoa
Pra, Pedro: íntimo colaborador de Negrín
Prieto, Indalecio: ministro de Marina y Aire
Prieto Cerezo, Luis: agregado financiero en México
Queipo de Llano, Gonzalo: general sublevado
Quiñones de León, José: ex embajador en París de la Monarquía, agente de Franco
Ramos, Enrique: ministro republicano de Hacienda
Rancaño, José María: funcionario del Banco de España
Riaño Herrero, Luis: teniente coronel, agente republicano para adquisiciones en el exterior
Ríos, Fernando de los: ex ministro y dirigente socialista, embajador republicano en Washington
Rojo, Vicente: teniente coronel, jefe de EM del general Miaja, memorialista
Rosal, Amaro del: presidente de la Federación Nacional de Banca, memorialista
Ruiz, Antonio: jefe de la base naval de Cartagena
Sainz Rodríguez, Pedro: catedrático, conspirador anti-republicano
Sánchez Román, Felipe: catedrático y político republicano
Suárez Figueroa, José: subgobernador segundo del Banco de España
Torre, Matilde de la: diputada socialista y colaboradora de Negrín

Ureña, Rafael de: secretario general del Ministerio de Estado
Uribe, Vicente: dirigente comunista, ministro de Agricultura
Valls, Aurelio: director de la agencia del Banco de España en Londres, pasado a Franco
Ventosa, Juan: ex ministro de Hacienda de la Monarquía, agente de Franco
Vidarte, Juan-Simeón: dirigente socialista, diputado, fiscal del Tribunal de Cuentas, memorialista
Yagüe, Juan: teniente coronel sublevado
Zabala, Gonzalo: director de la Agencia de París del Banco de España
Zugazagoitia, Julián: periodista y memorialista republicano

Los británicos

Amery, Leo: diputado conservador
Baldwin, Stanley: primer ministro
Clerk, Sir George: embajador en París
Collier, Laurence: director general en el Foreign Office para relaciones con la Unión Soviética
Chilston, vizconde: embajador en Moscú
Chilton, Sir Henry: embajador en Madrid
Doherty, V.P. teniente: voluntario en las FAR
Eden, Sir Anthony: titular del Foreign Office
Gilligand, Mr: representante en Madrid de Imperial Chemical Industries
Hoare, Sir Samuel: ministro de Marina
Kell, Sir Vernon: coronel, director de MI5
King, John Herbert: espía soviético en el Foreign Office
King, Norman: cónsul general en Barcelona
Leverkus, William: representante honorario en Cartagena
MacKenna, Reginald: presidente del Midland Bank
MacKillop, Mr: ministro consejero en Moscú
Norman, Montagu: gobernador del Banco de Inglaterra
Ogilvie-Forbes, George: encargado de negocios en Madrid
Plymouth, Lord: presidente del CNI
Thomas, Lloyd: ministro consejero en París
Vansittart, Sir Robert: subsecretario permanente en el Foreign Office
Wavell, A. P.: general que observó maniobras militares soviéticas

Los franceses

Auriol, Vincent: ministro de Finanzas
Blum, Léon: presidente del Gobierno
Blumel, André: su jefe de gabinete

Castelnau, general de: propagandista ultraderechista
Corbin, Charles: embajador en Londres
Cot, Pierre: ministro del Aire
Coulondre, Robert: embajador en Moscú
Cusin, Gaston: subjefe del gabinete Auriol
Chautemps, Camille: ministro de estado
Daladier, Edouard: vicepresidente del Gobierno y ministro de Defensa Nacional
Dary, Jean: aviador voluntario
Delbos, Yvon: titular del Quai d'Orsay
D'Ormesson, Wladimir: publicista pro-franquista
Duclos, Jacques: dirigente del PCF
Dutilleul, Emile: diputado del PCF
Faraggi, André: director del OGA
Herbette, Jean: embajador en Madrid
Herriot, Edouard: presidente de la Asamblea Nacional
Jeanneney, Jules: presidente del Senado
Lebrun, Albert: presidente de la República
Léger, Alexis: secretario general del Quai d'Orsay
Malraux, André: escritor y propagandista
Marty, André: dirigente del PCF y de la IC, inspector general de las BI
Moch, Jules: secretario general del Gobierno
Morel, Henri: teniente coronel, agregado militar y jefe del DB en España
Moulin, Jean: alto funcionario que ayudó a la República
Payart, Jean: encargado de negocios en Moscú
Simon, teniente coronel: agregado militar en Moscú
Thorez, Maurice: secretario general del PCF

Los soviéticos

Andreev, Andrei Andreevich: vicepresidente del Sovnarkom
Antonov-Ovseenko, Vladimir: cónsul general en Barcelona
Berzin, Jan: seudónimo, consejero militar jefe en España
Bondarenko, Yuri: agregado en la embajada en Madrid
Codovilla, Victorio: argentino, representante de la Comintern en España
Chubin, Pyotr Abramovich: director adjunto del Departamento de Información de la Comintern
Dimitrov, Georgi: búlgaro, secretario general de la IC
Ehrenburg, Ilya Grigorievich: periodista y escritor
Gaikis, Lev: ministro consejero en Madrid
Gorev, Vladimir Efimovich: agregado militar en España
Grinko, Grigory Fyodorovich: comisario del pueblo para las Finanzas

Kagan, Samuel: ministro consejero y encargado de negocios en Londres
Kaganovich, Lazar Moiseyevich: comisario del pueblo, mano derecha de Stalin
Kandelakis, David: jefe de la representación comercial en Berlín
Koltsov, Mijail: periodista de Pravda, memorialista
Krestinsky, Nikolai: comisario del pueblo adjunto para Asuntos Exteriores
Krivitsky, Walter: agente del INO en La Haya, desertor y memorialista
Krivoshein, Semyon M.: jefe de la agrupación de tanques
Kuznetsov, Nikolai: representante de la Marina soviética en España
Litvinov, Maxim: comisario del pueblo para Asuntos Exteriores
Maleev, teniente: agente de la NKVD
Maisky, Ivan: embajador en Londres
Manuilsky, Dimitri Zajarevich: dirigente de la Comintern
Molotov, Vyacheslav Mijailovich: presidente del Sovnarkom
Moskvin, MijailAbramovich: miembro del comité ejecutivo de la Comintern
Nikonov, komdiv: director adjunto del GRU
Ordjonikidze, Sergo: comisario del pueblo para la Industria Pesada
Orlov, Alexander: seudónimo, agente de la NKVD en España
Prokofiev, G: combatiente en España, memorialista
Radek, Karl: publicista
Rodimtsev, A: combatiente en España, memorialista
Rosenberg, Marcel I.: embajador en España
Rozengolts, Arkadi P.: comisario del pueblo para el Comercio Exterior
Stalin
Slutsky, Abram: jefe del INO
Smushkievich, Yakob: consejero para aviación, alias general Douglas
Stajewsky, Artur: jefe de la representación comercial en España
Stern, Manfred: jefe de la X BI, alias Kleber
Suritz, Yakob: embajador en Berlín
Tumanov, Josef: representante en Bilbao
Uritsky, Semyon Petrovich: director del GRU
Vorochilov, Klimen Yefremovich: comisario del pueblo para la Defensa
Winzer, I: agregado comercial, agente camuflado del GRU
Yagoda, Genrikh Grigorevich: comisario del pueblo para Asuntos de Interior, jefe de la NKVD
Yezhov, Nikolai: sucesor del anterior
Yolk, E: agente del GRU

Los mexicanos

Cárdenas, Lázaro: general, presidente de México
Erro, Luis Enrique: presidente del Congreso
Fabela, Isidro: enviado de Cárdenas, delegado en la SdN
Hay, Eduardo: general, secretario de negocios extranjeros
Tejeda, Adalberto: coronel, embajador en París

Los alemanes

Canaris, Wilhelm: almirante, jefe del servicio de inteligencia militar
Carls, Rolf: vicealmirante, jefe de las fuerzas navales en España
Funck, Hans von: teniente coronel, jefe de las fuerzas del Ejército de Tierra en España
Hitler, Adolf
Schlayer, Felix: encargado de negocios de Noruega
Sturm, Hans: representante de la Federación de la Industria Aeronáutica para España
Thoma, Wilhelm von: teniente coronel, jefe de la agrupación de tanques
Völckers, Hans-Hermann: encargado de negocios en España
Warlimont, Walter: teniente coronel, jefe de la misión militar en España

Los italianos

Berardis, Vincenzo: encargado de negocios en Moscú
Ciano, Galeazzo: ministro de Asuntos Exteriores
De Rossi del Lion Nero, Pier Filippo: cónsul general en Tánger
Faldella, Emilio: teniente coronel, agente del SIM
Garibaldi, Ezio: general
Grandi, Dino: embajador en Londres
Longo, Luigi: dirigente comunista, comisario en las BI
Luccardi, Giuseppe: agregado militar en Tánger, agente del SIM
Mussolini, Benito
Nenni, Pietro: dirigente socialista
Nicoletti, Mario: comisario político de la X Brigada
Pacciardi, Randolfo: dirigente del partido republicano italiano
Roatta, Mario: general, director del SIM
Rosso, Mario: embajador en Moscú
Togliatti, Palmiro: dirigente de la Comintern
Vezzari, Santorre: jefe de una red de espionaje

Los norteamericanos

Allen, Jay: periodista que entrevistó a Franco
Bowers, Claude G.: embajador en Madrid
Bullit, William: embajador en París
Fischer, Louis: periodista en España
Henderson, Roy: encargado de negocios en Moscú
Hull, Cordell: secretario de Estado
Rieber, Thorkild: presidente de la Texaco
Sherover, Miles: hombre de negocios que trabajó para la República
Wendelin, Eric: encargado de negocios en Madrid

Primera parte

¿Quién echa una mano a la República?

1

Virajes exteriores y guerra civil

EN ESE FLUJO CONTINUO que son la política exterior y las relaciones internacionales de un Estado se producen continuamente variaciones tácticas, más o menos profundas. En otras —contadas— ocasiones, los cambios son drásticos con efectos duraderos, reales o potenciales. Cabe hablar en estos casos de virajes estratégicos. Muchas de las razones que actúan detrás de tales modificaciones, tácticas o estratégicas, suelen ser de naturaleza interna, en respuesta a la dinámica política, social o económica de la sociedad de que se trate. Pero también puede tratarse de reacciones a cambios en el entorno.

GRANDES Y PEQUEÑOS VIRAJES

En la coyuntura del golpe militar de 1936 los virajes que cambiaron el hilo de la historia de España se sucedieron inmediatamente. El primero y más significativo fue, sin duda, el que los sublevados dieron hacia el Tercer Reich. Nada similar había ocurrido anteriormente. La influencia germana en la España monárquica y de la preguerra no admite comparación alguna con la que se instauró en el curso del conflicto y después de éste, prorrogada durante la segunda guerra mundial. La economía española fue satelizada por Berlín. El «nuevo Estado» franquista estuvo a punto de incorporarse al combate contra las «envilecidas» democracias occidentales a comienzos del verano de 1940. Incluso llegó a plantear formalmente su entrada en el conflicto europeo. Los alemanes vencedores dieron la callada por respuesta. Cuando solicitaron tal entrada la aherrojaron con peticiones tan duras que incluso la flexibilidad galaica del general Franco se rebeló. Con todo, la fidelidad nibelunga hacia los camaradas de lucha contra el común enemigo comunista en la guerra civil duró prácticamente tanto como la mundial. Después de ésta se hizo sentir en amplios sectores de la élite política y militar española, incluso en los tiempos en que en Alemania un nuevo régimen, la República Federal, pugnaba por distanciarse del nazismo. En comparación con la intensidad que llegó a adquirir el viraje hacia una Alemania prepotente, el orientado hacia la Italia fascista tuvo menores repercusiones, si bien su influencia fue determinante sobre ciertas coordenadas del sistema institucional que fue estableciéndose.

Como consecuencia del «pecado original» del régimen, es decir, su conexión con las potencias fascistas en su nacimiento y su alineación con ellas durante la segunda guerra mundial, España se encontró en una situación incómoda cuando la garra de la historia envolvió al fascismo y lo envió a su basurero. Para salir de tal situación, un poco a tanteo y con una gran dosis de buena suerte, el régimen se adentró, confiado, en el sendero que le llevó hacia un segundo viraje estratégico, esta vez hacia Estados Unidos. Los acuerdos de 1953 marcaron indeleblemente la evolución de la política exterior, de las relaciones internacionales y del propio franquismo en tanto en cuanto perduró. Una gran parte del devenir español en la época contemporánea es indisociable de tal conexión. Este paso de la sombrilla protectora, y explotadora, del Tercer Reich a la norteamericana, bastante más amable, se hizo aprovechando el clima de la guerra fría y el bien demostrado anticomunismo del régimen franquista. No fue un paso que estuviera cantado. Demostró, eso sí, que a la dictadura no le importaba cambiar de aliados antagónicos con tal que de ello no se desprendieran influencias que pudieran poner en peligro su supervivencia.

El franquismo registró un tercer viraje, esta vez centrado no en el ámbito político o militar sino en el económico. Sin él su supervivencia hubiese sido posiblemente menos cómoda. A diferencia de 1936 y a semejanza de 1953 la preparación llevó su tiempo. Duró más de dos años y sólo se llevó a cabo cuando la dictadura había agotado todas y cada una de las medidas alternativas. La parálisis de la economía, el descrédito internacional, el agotamiento de las tenencias de divisas (secreto de Estado) y la buena voluntad estadounidense, que estimuló a los organismos económicos internacionales, constituyeron las palancas a cuya influencia el general Franco no pudo sustraerse. En la confusión y dada la carencia de otras estrategias surgió el «plan de estabilización y liberalización» de 1959, que llevó al traste la autarquía tan cara a los postulados del propio Franco, de Carrero Blanco, de Suanzes y de tantos otros que siempre miraron hacia atrás. Naturalmente, como cualquier buen marxista hubiera predicho (y no faltaban en aquella España que salía lentamente de las penumbras), de lo económico no tardó en pasarse a lo político. La liberalización de los intercambios, la apertura a la emigración —que proporcionó cuantiosas remesas—, la inversión extranjera y, no en último término, la pulsación de las exportaciones, que dejaron de ser de materias primas, de naranjas y de aperitivo y postre, introdujeron a la economía española en el círculo mágico, o virtuoso, de los años dorados de la expansión de la economía occidental.

De cara al mundo exterior, y en particular a Europa, tan próxima pero tan lejana, sólo quedaba un viraje último, que se dio ya asentado el sistema democrático. En el corto lapso de unos pocos años, España accedió al Tratado del Atlántico Norte en 1982 y a la Comunidad Europea en 1986. Lo primero generó un debate durísimo en el seno de la sociedad española. Nada de ello ocurrió con lo segundo. Una gran mayoría de españoles vieron en tal incorporación la confirmación de que España entraba a formar parte de la Europa política y económica, sin las marginaciones y desplantes como los que tanto tiempo había sufrido bajo la larga dictadura. Estos virajes produjeron adaptaciones al sistema de relaciones exteriores que no fueron sólo técnicas sino políticas, económicas y sociales. Tuvieron amplio impacto y fueron de larga duración. La evolución ulterior de la propia sociedad española hasta nuestros días no es comprensible sin ellos.

Los virajes del franquismo, salvo el primero, comparten rasgos comunes: tuvieron un extenso período de gestación y respondieron a situaciones límite. No se dieron éstas en los de la democracia pero también su preparación fue desarrollándose a lo largo del tiempo. En modo alguno se improvisaron. Esto es lo que ocurrió, sin embargo, con el que se dio con respecto al Tercer Reich. Su inmediatez fue algo en lo que coincidió con otro acontecimiento que ha dado origen a multitud de análisis e interpretaciones: el viraje hacia la Unión Soviética, cuyos orígenes constituyen el objeto primario de este libro. A diferencia de los anteriores no dejó secuelas de larga duración. La República perdió la guerra y, desde el punto de vista de los vencedores, lo que triunfó no fue sólo la verdadera y única España sino también el anticomunismo. En esta perspectiva, la guerra constituyó una cruzada contra las fuerzas del Mal, las hordas de la estepa, los debeladores por excelencia de la civilización occidental y cristiana. (La Iglesia española, triturada por la violencia republicana y socialmente reaccionaria, apoyó con fruición tal interpretación.)

En obras anteriores he historiado cómo surgieron los virajes hacia el Tercer Reich, hacia Estados Unidos y hacia la liberalización exterior de la economía española.[1] También he examinado algunas de las consecuencias del viraje hacia la Unión Europea, aunque siempre me he abstenido de contar algo de lo que pude saber, aunque a modesto nivel, del giro hacia la OTAN. En dos libros de preocupación esencialmente económica aludí hace ya más de un cuarto de siglo a la génesis del viraje republicano hacia Moscú.[2] La apertura de los archivos otrora soviéticos y la localización de nuevos documentos hasta hoy en manos privadas me han permitido profundizar en las articulaciones en torno a las cuales se trenzó dicha génesis.

Un golpe cantado

Al filo del mes de junio de 1936 algunos sectores del aparato de Estado republicano tenían noticias más o menos fidedignas de que existía la posibilidad de un conato de sublevación por parte de varias unidades militares contra la República. No andaban desencaminados. Las conspiraciones contra el joven régimen habían dado comienzo en fecha temprana. La primera intentona, «la sanjurjada», en agosto de 1932, se había saldado con un estrepitoso fracaso. Habían continuado después subrepticiamente, incluso con el apoyo, más político que material, de la Italia fascista, país que seguía la evolución española desde un enfoque agresivo e intervencionista (Saz, p. 41). La derecha antirrepublicana, por su parte, divisaba un peligro «rojo» inminente.[3]

En lenguaje apocalíptico el líder ultraderechista José Calvo Sotelo, a quien el futuro régimen franquista obsequió con el título de «protomártir de la cruzada», observó que «cuando las hordas rojas del comunismo avanzan, sólo se concibe un freno [...] Por eso invoco al Ejér-

1. Viñas (2001) y (1982 y 2003). Viñas *et al.* (1979).

2. Viñas (1976 y 1979). Están totalmente agotados.

3. A decir verdad, el resultado de una conspiración masónica, socialista, comunista e incluso judaica, que todo valía (Rodríguez Jiménez, pp. 121ss).

cito» (Maiz, p. 61). Era una observación que decía más del autor que de la situación que pretendía describir. Pero los conspiradores militares no necesitaban, salvo como mera cobertura político-ideológica, el referente que les proporcionaba Calvo Sotelo. Respondían a pulsiones propias, numerosas e intensas. Los cambios que el régimen republicano había introducido desde 1931 no les gustaban porque afectaban a sus privilegios y estaban dispuestos a revertirlos. Con sangre.

Inmediatamente tras las elecciones de febrero de 1936, que dieron el triunfo a la coalición electoral que concurrió a las mismas bajo las siglas del Frente Popular, la dinámica del movimiento conspirador se acentuó. El general Emilio Mola asumió la dirección operativa. Era consciente de que sólo un movimiento militar amplio, cuidadosamente planificado, podía permitir dar el asalto al poder. Entre marzo y junio se dedicó a ello con afán, acentuando progresivamente el papel de las tropas marroquíes y el amedrentamiento que cabía esperar de una puesta en práctica sistemática de las exacciones típicas y brutales de la guerra colonial (Balfour, p. 486).

La efervescencia ideológica, las movilizaciones de los partidos de izquierda, la verborrea revolucionaria (en particular la radicalización de una parte del PSOE[4] ligada a Francisco Largo Caballero y a Luis Araquistáin)[5] y la reanudación de las reformas socioeconómicas paralizadas durante el bienio radical-cedista suministraron el combustible adecuado. Pero incluso sin este último es de suponer que los militares hubiesen, tarde o temprano, golpeado. Como hace tiempo señaló Preston (1986, p. 124), «si puede argüirse que la derecha obró movida por un instinto de conservación y por miedo al bolchevismo, también debe tenerse en cuenta que [...] la actuación de los socialistas estuvo motivada por la hostilidad de la derecha moderada hacia ellos y hacia la reforma, y, más que nada, por su entusiasmo público hacia los fascismos contemporáneos».

Esta prudente valoración es rebatida, en mi opinión con gran emotividad ideológica, en el surco de una tradición que se desarrolló en el bando sublevado desde el comienzo mismo del conflicto y que dura hasta nuestros días. En dicha tradición, no fueron los conspiradores militares los responsables del golpe sangriento de 1936. Los auténticos

4. Como señaló Juliá (1977, p. 2) en este caso se confunde «la formulación explícita de una política con su realización práctica».

5. Cuya trayectoria ya fue examinada por Bizcarrondo hace muchos años.

responsables fueron los partidos coaligados en el Frente Popular que reanudaron aquellos cambios que suponían un órdago al mantenimiento del orden tradicional y a los reveses que la derecha en el poder había propinado a las reformas del primer bienio. Ya en la época, sin embargo, analistas como Thomson identificaron como uno de los vectores que condujo al golpe la resistencia de los beneficiarios de un sistema tradicional que había condenado a las masas a la miseria, la pobreza y la ignorancia y que amenazaba situaciones de privilegio largo tiempo enquistadas.[6] El drama fue que en los años de paz el cambio había ido produciéndose con demasiada lentitud y demasiado sincopadamente como para poder calmar las ansias de los explotados en el campo y en las ciudades.[7]

La actividad conspiratorial no se ignoraba.[8] El comisario general de Orden Público de Cataluña, Federico Escofet, la había puesto en conocimiento de sus superiores jerárquicos y del nuevo presidente del Gobierno, Manuel Azaña. También lo hizo más tarde con su sucesor, Santiago Casares Quiroga, quien adoptó un tono pasivo. Su ayudante militar, Ignacio Hidalgo de Cisneros (pp. 162-165), informó a éste y al propio Azaña, elevado ya a la suprema magistratura, pues Casares no daba un paso sin consultarle. En junio el líder socialista Francisco Largo Caballero advirtió a Casares en repetidas ocasiones de que algo se tramaba. A finales de mes lo hizo incluso en privado sin obtener la menor reacción (Largo Caballero, 1985, pp. 304s). El jefe de los servicios de Orden Público de la Generalitat, comandante Vicente Guarner, logró hacerse con pruebas documentales sobre lo que estaba en preparación (Escofet, pp. 152, 190 y 201ss; Guarner, pp. 71ss). Al propio

6. La literatura al respecto es inmensa. En el extranjero, la seminal obra de Brenan generó una interpretación arquetípica, rechazada desde la derecha.

7. La sucinta caracterización de González Calleja (p. 136) da en el clavo: «La victoria del Frente Popular creó expectativas de cambio que eran percibidas como una amenaza concreta y tangible por la derecha, y como una vuelta al insuficiente reformismo del primer bienio por cierta izquierda».

8. Y de ella se hicieron eco, naturalmente, los diplomáticos extranjeros. El 2 de abril, por ejemplo, el embajador norteamericano en Madrid, Claude G. Bowers, informó al Departamento de Estado indicando también que el Gobierno no lo ignoraba pero que parecía sereno. Los servicios de inteligencia británicos descifraron su telegrama (TNA: HW 12/201, BJ064568). A decir verdad, Bowers había indicado tales rumores desde 1933, según cuenta en sus memorias (p. 34). Para una recopilación véase Cabezas, pp. 320ss.

Mola le llegaron informaciones de que algunas de sus instrucciones habían salido fuera del círculo de conspiradores, «lo que es prueba evidente de que falta discreción o existen traidores» (De la Cierva, 1969, p. 785). Esto lo escribió el 1 de julio.

También por otras vías se alertó al Gobierno. Una semana después del apunte de Mola Indalecio Prieto, líder de los socialistas centristas o moderados, anunció solemnemente a Casares lo que se tramaba. Este último le ridiculizó, acusándole de propalar «cuentos de miedo». Al día siguiente Prieto escribió en *El Liberal* de Bilbao, en clave algo críptica pero no ininteligible. Fue rotundo en el punto esencial: «advertimos error al comparar el volumen del riesgo actual con algún que otro pretérito de cierta importancia. Entonces se pudo aguardar tranquilamente a que diese la cara para aplastarle». El día 12 sus advertencias se hicieron más explícitas, tanto hacia los conspiradores como a los defensores de la causa republicana:

> Acaso quienes desde el campo adversario preparan el ataque se hagan esta cuenta: si perdiesen, los desmanes de los triunfadores no serían más grandes que los que realizan ahora. Los que así piensan se equivocan. Estén seguros de que al lanzarse se lo juegan todo, absolutamente todo. Como nosotros hemos de hacernos a la idea de que tras nuestra derrota no se nos daría cuartel (Gibaja, pp. 131s).

Palabras lúcidas y premonitorias. Pero las autoridades no adoptaron ninguna medida preventiva adecuada, salvo en Barcelona. Tal vez Azaña y Casares Quiroga preferían esperar a que estallara el golpe para «crujir» después a la oposición antirrepublicana.[9] La discusión al respecto dista mucho de haber concluido. Numerosos autores son extraordinariamente duros con el entonces presidente del Gobierno. También han hecho entrar en liza factores personales no demasiado agradables. Esto no es de extrañar habida cuenta de la responsabilidad

9. Un botón de muestra: Vidarte (pp. 252-257) relata las confidencias que le hizo después Francisco Barnés, ministro de Instrucción Pública. El 10 de julio Casares Quiroga informó al gabinete de lo que se tramaba y que él, en su calidad de presidente y ministro de la Guerra, seguía desde principios de junio. Aunque hay autores que no prestan demasiada atención a Vidarte, lo cierto es que el ministro de Estado, Augusto Barcia, informó poco antes al embajador de Francia de que había una agitación sediciosa en el seno de las fuerzas armadas (Denéchère, 2003, p. 252). Maiz (pp. 211-212) afirmó que los conspiradores sabían que el Gobierno lo sabía.

contraída por él y, quizá, por el supremo mandatario de la República. En cualquier caso, si hubo estrategia, hay estrategias que matan y ésta fue una de ellas. De haber intervenido a tiempo, quizá se hubiera descabezado la intentona, al menos en aquel mes de julio. En la historia contemporánea española se registran intentos de golpes que fracasaron. En 1936 no fue así.

El general Mola diseñó la acción como un corte quirúrgico que, con violencia extrema, aniquilara la capacidad de respuesta de los muchos sectores sociales que no comulgaban con la insurrección y con sus ideales. Es una constante que ya se encuentra en su primera instrucción reservada del 25 de mayo.[10] De lo que se trataba era de dar un parón a las reformas republicanas, sobre todo a aquellas que ponían en cuestión la tradicional estructura del poder social en España.[11] La doble característica de brutalidad y aterrorización de una parte de la élite y de las masas republicanas diferencia la insurrección de 1936 del modelo de pronunciamiento decimonónico, cuyo estertor último había sido la «sanjurjada» (Aróstegui, 2003, p. 96).[12] Mola comprendió que en la época de efervescencia política e ideológica de las clases obreras sólo podía tener éxito un tajo duro y feroz que crease una nueva realidad sin marcha atrás posible.[13] A lo que aspiraba era, en tér-

10. «La acción ha de ser en extremo violenta para reducir lo antes posible al enemigo, que es fuerte y bien organizado.» En la número 5 del 20 de junio señalaría: «Ha de advertirse a los tímidos y vacilantes que aquel que no esté con nosotros está contra nosotros y que como enemigo será tratado. Para los compañeros que no sean compañeros, el movimiento triunfante será inexorable». Y, en las directivas para las fuerzas de Marruecos, del 24 de junio: «El movimiento ha de ser simultáneo en todas las guarniciones comprometidas y, desde luego, de una gran violencia» (De la Cierva, 1969, pp. 771 y 782s).

11. A la par, y como ha señalado hace ya mucho tiempo Juliá (Largo Caballero, 1985, pp. LXIIs), el líder socialista adoptaba una actitud de espera ya que la conquista del poder sólo aparecía posible como resultado de un proceso evolutivo o como respuesta, enérgica, a un golpe de Estado reaccionario.

12. Con todo, tal afirmación no puede hacer olvidar que una parte de los círculos dirigentes de la conspiración se preocupó desde fecha temprana de anudar contactos con potencias extranjeras para adquirir armas y material. No se ha explicado satisfactoriamente para qué se anudaban o se revitalizaban, si lo que se preveía era, simplemente, un levantamiento rápido y exitoso. La identificación de los contactos establecidos se ha hecho con respecto a Alemania (Viñas, 2001), Italia (Saz, 1986; Heiberg, 2003) y Gran Bretaña (Moradiellos, 1996). En tales obras se aportan materiales sobre el papel de los contactos que llegaron a fructificar.

13. Y aparte de las atrocidades que impulsó en la zona que pronto cayó en su po-

minos operativos, a paralizar la reacción del enemigo —porque los militares proclives a la rebeldía contemplaban el universo republicano como uno de maldad casi absoluta, dominado por el fermento revolucionario ya fuese anarquista, socialista o comunista, entre los cuales NO diferenciaban. Todos constituían la «anti-España» por definición, frente a la cual se alzaban los salvadores de las esencias míticas de la Patria y de su orden económico y social (amén de los sólidos intereses corporativos y de clase que lo sustentaban).

El golpe, pues, se preparó como algo más que una algarada. Esto no significa que Mola y sus conjurados pensaran en que iban a desencadenar una guerra de larga duración. Con todo, lo que se lanzó como mera rebelión no tardó en convertirse en una cruenta contienda civil que duró casi tanto como la mitad del conflicto mundial que poco más tarde asolaría a Europa. ¿Por qué? La historiografía viene analizando las causas casi desde la época misma del conflicto. Se conoce bien su curso y manifestación. Se conocen peor otras dimensiones subyacentes pero que influyeron en ambos.

El éxito previsto por Mola quedó sin materializarse. El hundimiento de la sublevación en Barcelona, Madrid y Valencia y la no basculación de la mayor parte del País Vasco, Santander, Asturias, Cataluña, Levante, Murcia, Castilla la Nueva, Extremadura y una gran parte de Andalucía pronto dejaron ver una realidad inesperada. Lo que muchos pensaron no iba a ser algo más que un golpe militar particularmente sangriento había fracasado como tal (Cardona, 1985, p. 202). O, dicho de otra manera, el golpe había triunfado y fracasado a la vez (Graham, 2005a, p. 21).

Cuatro dinámicas

La discusión sobre los factores que se conjugaron para impulsar la transformación del golpe de Estado en una guerra a muerte y de larga duración también dista mucho de haber acabado. Si a efectos analíticos reducimos una situación compleja a su estructura esencial, cabría afir-

---

der no tuvo el menor recato en proclamarlo a los cuatro vientos: «Ésta es una guerra sin concesiones. Yo veo en las filas contrarias a mi padre y lo mato» o «La vida de los reos será poco. Les aviso con tiempo y con nobleza» (Fernández Santander, p. 87). Una perla.

mar, al menos de forma esquemática, que fue la combinación de cuatro dinámicas lo que convirtió el golpe en una auténtica guerra civil. En ésta, y con el paso del tiempo, ambos bandos movilizaron fuerzas poderosas y tuvieron detrás de sí retaguardias completamente volcadas al esfuerzo bélico.

Quizá en primer lugar habría que mencionar la escisión de las fuerzas armadas y de seguridad.[14] En el hipotético caso de que la corporación militar hubiera hecho bloque contra el Gobierno, el colapso de éste hubiese resultado irremediable, más temprano que tarde. Las orientaciones del cerebro del golpe, que los sublevados habrían seguido de todas maneras, y el irremediable baño de sangre subsiguiente hubiesen estrangulado la capacidad útil de resistencia en plazo relativamente corto. Pero las fuerzas armadas no constituían un bloque homogéneo. Había militares de todas clases. También republicanos, socialistas, comunistas y profesionales pundonorosos. La escisión del cuerpo de jefes y oficiales era predecible. Los mandos supremos se comportaron en general con fidelidad, pero el Gobierno había descuidado demasiado a los de más abajo, auténtico semillero de la revuelta: los coroneles, tenientes coroneles, comandantes y capitanes. La traducción a la práctica de esta escisión se produjo aleatoriamente. Allí donde triunfó el golpe, los mandos no sediciosos toparon con destinos con frecuencia trágicos. Los sublevados fusilaron a muchos de sus compañeros que no se les unieron en la rebelión. En otros lugares, los mandos establecidos pudieron organizar o contribuir a organizar la resistencia. La suerte y la audacia propulsaron a los rebeldes en numerosas ocasiones. En otras no hicieron gala de resolución extrema o perdieron la iniciativa. En Barcelona, en Madrid y en Valencia, puntos claves, estaban insuficientemente motivados y se vieron mal dirigidos. Sus vacilaciones estratégicas y la mala ejecución táctica contribuyeron a arrebatarles la victoria.[15]

14. Alpert (1977) y Ramón Salas Larrazábal (1973, 1980) han reconstruido, entre otros, el balance estático de fuerzas en presencia. Un breve resumen se encuentra en la moderna obra de Moradiellos (2004).

15. Un testigo presencial, que después desarrolló importantes funciones para la República, Rafael Méndez (p. 58), se pregunta para Madrid: «imaginemos qué hubiera ocurrido si la tropa del Cuartel de la Montaña y de los otros cuarteles de la urbe hubiera salido a ocupar la ciudad en la noche del 19». Salas Larrazábal constata sobriamente (p. 129) que «los conjurados perdieron los días 18 y 19 en conciliábulos, idas y venidas, órdenes y contraórdenes, que ponían de manifiesto la débil e inmadu-

Aun así, es imposible no constatar errores, en ocasiones importantes, por parte del Gobierno. Su manejo de los activos que poseía, por ejemplo en el caso de la aviación, distó mucho que desear y ha dado origen a críticas muy acerbas. Pero no era fácil idear rápidamente una respuesta a una sublevación que, en pocos días, se había hecho con el control, a sangre y fuego, de una parte significativa del territorio. Es significativo que no se apreciara en toda su entidad la voluntad que animaba a los sublevados. Cuando el director de Aeronáutica Miguel Núñez de Prado voló a Zaragoza a parlamentar con el general Miguel Cabanellas, buen amigo suyo, lo que no esperaba es que le detuviera y que unos días más tarde, sin la menor compunción, hiciera que le fusilaran.

La segunda dinámica no fue menos importante. Estuvo ligada a la imprevisible retracción de las potencias democráticas para autorizar el libre suministro de armas al Gobierno. Sin caer en la tentación de hacer historia contrafactual, ello quizá le hubiera permitido, tras un cierto período de combate interno, asentar su autoridad en el interior y, poco a poco, sobreponerse a la situación. La historia está llena de sublevaciones que no han triunfado porque las condiciones externas no lo permitieron. Naturalmente, lo que hubiese podido ocurrir si las democracias hubieran hecho piña en torno al Gobierno legítimo es, hay que insistir en ello, puramente especulativo pero existen razones para pensar que siempre hubiese sido más favorable que la evolución que realmente se produjo. Simplemente porque ésta fue la peor de todas las posibles. Conviene subrayar, en todo caso, que dicha retracción se materializó desde el primer momento, a pesar de que la República gozaba de un reconocimiento casi universal y que tenía plena capacidad de actuación en el plano exterior, que nadie le había negado hasta entonces.

Se trata de una retracción que se ha estudiado pormenorizadamente. En el extranjero la disponibilidad de documentos de archivo, ya fuesen franceses o alemanes, británicos e italianos, permitió pronto identificar hasta qué punto, y con qué rapidez, las democracias negaron a un Estado soberano los medios que necesitaba para articular su propia defensa.[16] Lo hicieron, en general, por razones políti-

---

ra preparación [...] Cuando el día 20 se decidieron a actuar, los pocos triunfos de que disponían se les habían ido de la mano».

16. Más adelante, la Carta de Naciones Unidas (art. 51), incorporó la idea de que ninguna de sus disposiciones podría aducirse en contra del derecho natural de le-

cas —aunque no exclusivamente de este carácter— y con el fin de evitar que las repercusiones del incipiente conflicto español se esparcieran sobre un tablero europeo que empezaba a enrarecerse. La escena internacional no era en aquellos momentos tan grave como suele presentarse en la historiografía franquista pero sí estaba suficientemente sombreada.

La idea clave de aquella imprevista retracción estribó en contener en la más amplia medida posible tales salpicaduras dentro de las fronteras españolas. Era una tentación comprensible. La historia no siempre es maestra de la vida. Muchos años más tarde los orgullosos Estados que componen la Unión Europea repitieron la experiencia, *mutatis mutandis*, con el proceso de desintegración de Yugoslavia, a pesar de los mecanismos colectivos que en este caso ya existían.[17] En 1936 los franceses idearon un instrumento político-declarativo, un acuerdo intergubernamental de no intervención, con débil, por no decir debilísima, base en el derecho internacional de la época y totalmente al margen de la Sociedad de Naciones (SdN). Tuvo éxito, en cuanto que evitó la irradiación de la guerra española, si bien no previno la siguiente, europea y general. Condenó a la cuasi impotencia a un Gobierno reconocido internacionalmente y sentó un precedente peligroso. La República española, dejada en la soledad casi absoluta, no fue, en efecto, el único régimen al que las democracias llevaron al altar del sacrificio. Austria y Checoslovaquia compartieron después el mismo destino, todo ello —hay que decirlo— en nombre de una

---

gítima defensa, individual o colectiva, en casos en que alguno de los miembros fuese objeto de una agresión armada.

17. Abordar las similitudes entre los dos conflictos exigiría un análisis pormenorizado. Desde un punto de vista español he señalado algunos rasgos en Viñas, 2002. La idea de que, en particular, el Reino Unido trataba de evitar que los sucesos de España provocasen repercusiones internacionales es algo que sin dificultad captaron los diplomáticos de la época (TNA: HW 12/206, BJ065835: despacho de la embajada francesa en Londres al Quai d'Orsay, descifrado por los británicos). Gracias a estas interceptaciones el Foreign Office actuó con ventaja aunque no abarcasen las cruciales comunicaciones soviéticas. En 1927 cuando Churchill, ministro entonces en el Gobierno Baldwin, para justificar la ruptura de relaciones diplomáticas dio a conocer algunas de las ya obtenidas, Moscú pasó a utilizar nuevos métodos basados en códigos de un solo uso y los británicos no descifraron mensajes de alta calidad soviéticos hasta finales de la segunda guerra mundial (Reynolds, p. 212). El embajador que tuvo que regresar a Moscú fue Arkadi P. Rozengolts, a quien encontraremos posteriormente como comisario del pueblo para el Comercio Exterior.

visión alicorta de la *Realpolitik* y de sus propios intereses a corto plazo.[18]

Simultáneamente intervino la tercera dinámica: el apoyo, decidido y ultrarrápido, de los países fascistas no a los sublevados en su conjunto sino a uno de ellos, el general Francisco Franco. El Duce había estado mezclado desde el primer momento en los intentos conspiratoriales contra la República. Ya en abril de 1932 hubo una predisposición a ayudar a los monárquicos con armas y municiones. Como ha demostrado Heiberg, la República concitó la animosidad de Mussolini tan pronto como se estableció. La agresividad de la política exterior fascista nunca se separó demasiado de las tierras españolas y, según ha revelado la moderna investigación (Knox, pp. 142-144), utilizó el señuelo del anticomunismo como mera hoja de parra. No de forma muy diferente a lo que hacía un Führer hacia el cual el Duce se orientaba de forma creciente, antes del estallido del golpe militar en España.

Hitler, por el contrario, no se había preocupado de la evolución española, aunque fue el primero en echar su cuarto a espadas, como he demostrado documentalmente en otra obra. Actuaron por razones distintas. Coincidieron, no obstante, en la apreciación geopolítica de que con un poco de suerte podían provocar un cambio en España que permitiese establecer en las espaldas de Francia un régimen poco proclive a ésta y que, por consiguiente, pudiera debilitar la retaguardia francesa y las comunicaciones entre las dos orillas del Mediterráneo. En el caso de Mussolini se trataba, adicionalmente, de conseguir la hegemonía en el espacio geoestratégico, cosa que no se les escapó a los analistas gubernamentales británicos. En consecuencia, los dos dictadores, lubrificando sus decisiones con una oportunista declaración de principios anticomunista, cual era nada menos que la defensa de Europa frente a las hordas asiáticas, decidieron intervenir a favor de los sublevados para ayudarles a desembarazarse del molesto Gobierno de Madrid, proclive a Francia.

Ahora bien, la intervención de ambos, y Hitler se adelantó incluso a Mussolini, reconfiguró súbitamente el haz de influencias que desde el exterior incidió sobre los acontecimientos españoles y moldeó el comportamiento de las potencias democráticas induciéndolas hacia una re-

18. Nunca se insistirá suficientemente sobre este tipo de comportamientos de los políticos y burócratas para designar los cuales la historiadora Margaret George utilizó la amarga adjetivación debida a T. S. Eliot: «*the hollow men*».

tracción incluso más acelerada. Pesó más la acometida alemana que la italiana. Era, en efecto, el primer zarpazo que el Tercer Reich propinaba al tejido de relaciones intra-europeas en una zona alejada de los intereses germanos. La militarización de Renania no había sido un precedente ya que estaba conectada con la recuperación de la soberanía en una zona próxima y que nadie discutía era alemana. Por el contrario, en España el zarpazo sí se manifestó en toda su contundencia.

La cuarta dinámica entró en funcionamiento dos meses, dícese bien, dos meses más tarde: la decisión soviética de ayudar con armas a la República. No fue rápida pero, cuando se produjo, tuvo efectos significativos. Sin esas armas, y en ausencia de fuentes regulares de abastecimiento alternativas, el naciente Ejército Popular no hubiese podido resistir durante mucho tiempo los embates del adversario. Aun así, Madrid estuvo a punto de caer en manos de los sublevados, que habían logrado avances territoriales inmensos en parte gracias a la ayuda de las potencias fascistas.

Con todo, y a pesar de los suministros soviéticos, la maquinaria de guerra republicana casi nunca se vio dotada de los medios que necesitaba para compensar el apoyo que Franco continuaría recibiendo sin solución de continuidad e incluso intensificadamente. La República siempre careció de la confianza necesaria en poder movilizar suficientes reservas. No dispuso de los recursos humanos más o menos entrenados que desde el principio echó al combate el enemigo. Muchas de las fuerzas pro-republicanas, poco sensibles a las necesidades de militarización, ansiosas de revolución y de utopía, tuvieron grandes dificultades en acomodarse a las exigencias de una guerra que, primitiva en un principio, fue modernizándose a medida que transcurría el tiempo.

Las rupturas de equilibrios parciales fracasaron al no poder sostener ventajosamente el pulso frente a tropas sometidas a una disciplina estricta y abastecidas del material que recibían con regularidad de los arsenales fascistas. Los sublevados disfrutaron desde el principio de los efectos de un, para ellos, círculo virtuoso: abundancia de soldados mercenarios o profesionales —entre españoles y extranjeros, incluidos los marroquíes— con capacidad de absorber los nuevos sistemas de armas que llegaban a la Península. Y, cuando necesitaron expandir o modernizar tal capacidad, instructores alemanes e italianos les pusieron en condiciones de manejarlos en tiempo récord.

En el caso republicano la absorción del material extranjero tropezó con dificultades. No se trataba, en efecto, de tener armas sino también de saber utilizarlas en condiciones que poco a poco fueron haciéndose complejas. En el caso de aquellos productos decisivos en un combate que iba tecnificándose, tales como los tanques y la aviación, fue necesario establecer sistemas organizativos y logísticos que permitieran extraerles todo su rendimiento. Si los sublevados contaron desde el principio con soldados regulares extranjeros, duchos en el manejo de las armas modernas, cuando la República los obtuvo, bien a través de un segmento de las Brigadas Internacionales o en la forma de asesores soviéticos, muchos de sus consejos o apreciaciones chocaron con la pluralidad y polarización extremas que predominaban en los ámbitos político y militar. La subordinación de la diversidad política e ideológica en el campo republicano a las exigencias de la conducción militar no se llevó a cabo con la misma firmeza que entre los sublevados, quienes rápidamente se dotaron de un mando único. La República hubo de esperar hasta, aproximadamente, mitad de 1937.

La larga duración del conflicto no se debió exclusivamente a la resistencia o al peso del armamento que afluyó hacia la República sino también al comportamiento del propio Franco. Éste no aspiraba tanto a ganar pronto como a consolidar su preeminencia entre los sublevados y a triturar al adversario, a la odiada izquierda española, condenable a la desaparición histórica —y física— por razón de su propia perversidad, con independencia del costo humano que en las filas propias y ajenas tal estrategia implicase. No es de extrañar que, tal y como ha señalado en repetidas ocasiones Cardona, Franco deba pasar a la historia de España como aquel militar que más bajas produjo a sus adversarios pero también en las filas de su propio bando.

Tres tensiones centrales en la escena internacional

Detrás de estas cuatro dinámicas aleteaban numerosas líneas de fuerza: estratégicas, políticas e ideológicas. En España el golpe de Estado indujo el colapso del aparato gubernamental y abrió las compuertas a un proceso revolucionario. Muchos aspiraban al mismo pero ni disponían de medios ni habían hecho preparativos serios. Es de mero sentido común comparar proclamas arrebatadoras y retórica virulenta (muy propia de una época de intensa confrontación ideológica) con la orquestación de los instrumentos correspondientes. Cuando se desciende a este nivel la impreparación revolucionaria de la poliédrica izquierda española, ya fuese socialista, comunista o anarquista, salta a los ojos, aunque esta interpretación no la compartan autores proclives a contemplar la realidad desde la ideología.

El colapso creó un círculo vicioso. En primer lugar, fortaleció la creencia en países tales como Gran Bretaña y Estados Unidos de que en la zona republicana se ensayaba poco menos que un nuevo experimento para-soviético. No se trata de una exageración de historiador que juzga a la salva distancia de setenta años. Ya en la fecha tan temprana del 30 de julio, es decir, unos diez días después de estallada la sublevación, el embajador británico en España sir Henry Chilton se sintió autorizado para informar a Londres que en aquellas regiones en las que no había triunfado la rebelión «el control [...] está en manos de los comunistas» y que se estaban reproduciendo «muy fielmente» las condiciones de la «revolución [rusa] de 1917». ¡Pobre PCE! Nunca hubiese imaginado que un observador tan distinguido le adjudicara tal marchamo de importancia.

Esta exageración traducía más los considerables prejuicios ideológicos de sir Henry (un embajador que se movía bien en el Madrid de la preguerra) que el resultado de un análisis frío e imparcial. Pero lo importante es señalar que se anticipaba a muchos otros de tal porte y que cayó en terreno abonado. Las profundas alteraciones del orden republicano (quiebra de la autoridad, ejecuciones, incautaciones de la propiedad) alimentaron las preconcepciones de todos aquellos círculos gubernamentales anglosajones que habían divisado en la República un régimen débil, vulnerable a estallidos más o menos incontrolables y en cuya retaguardia se agitaban todos los demonios que generaba nada más ni nada menos que un comunismo desatado.[19]

Nada de lo que antecede es anecdótico porque fue el Reino Unido la potencia que más daño hizo a la República en cuanto estalló la guerra. También hay que tener en cuenta que la sublevación militar se proyectó sobre una escena internacional cuarteada por tensiones múltiples.[20]

19. Little ha estudiado estos planteamientos sobre la base de abundante documentación diplomática anglo-norteamericana. La referencia al embajador británico se encuentra en DBFP, segunda serie, vol. XVII, doc. 38. Thomson indicó en la época que la evidencia no demostraba que el conflicto hubiese sido obra de los comunistas, ya fueran españoles o soviéticos.

20. Véase una descripción, desde un ángulo complementario, en Moradiellos, 2001, pp. 46-58.

Tres eran centrales. En primer lugar la derivada de la sostenida pugna a favor de la ruptura del estatu quo por parte de las potencias descontentas de los arreglos que cerraron el primer conflicto mundial. Se trataba, básicamente, de Alemania e Italia. A esta pugna se añadió la reacción más o menos comprensiva del Reino Unido —seguido por una Francia debilitada y cuya política exterior y de seguridad iba a la rastra de Londres— ante los desgarrones que aquéllas propinaban al orden internacional. Dicha tendencia al acomodamiento tampoco se producía por azar: la conducta de un Tercer Reich en ascendencia se contemplaba como algo que no carecía de justificación dado que muchas de las leoninas condiciones establecidas en Versalles se consideraba que habían sido un error. Incluso el propio Stalin había compartido esta idea (Dullin, 2001, p. 143).

La segunda tensión procedía del hecho de que, para muchos, el fascismo no era el enemigo irreconciliable de un sistema de democracia liberal y capitalista que se esforzaba sin demasiado éxito por salir de las profundidades de la depresión económica y trampeaba mal que bien en condiciones de gran conflictividad social. El enemigo auténtico lo constituía la Unión Soviética, que proponía un sistema alternativo, que se encontraba en fase de crecimiento acelerado, que exhibía una proyección ideológica cuasi-universal, que proclamaba orgullosamente que el futuro le pertenecía porque la Historia, con mayúsculas, estaba de su lado y que contaba con las cuñas que le deparaban los partidos comunistas occidentales, más obedientes a Moscú que a las autoridades nacionales, despreciadas o despreciables en el altar del internacionalismo proletario.[21] Este tipo de apreciaciones estaban muy extendidas en el Reino Unido en donde se entremezclaban sentimientos de repugnancia y temor ante el ascenso del Tercer Reich y de atracción del mismo como baluarte contra el comunismo (Kershaw, p. 52).

21. Cabe recurrir para contrastar tal afirmación a Jacques Duclos, dirigente del PCF, cuando afirmó en 1949: «El internacionalismo proletario no se expresa sólo en la solidaridad con los trabajadores del mundo entero. Se expresa, ante todo y sobre todo, en el amor por la Unión Soviética, en la entrega a la Unión Soviética, en la lealtad para con el PCUS y para con el camarada Stalin» (Vaksberg, p. 263). Quince años antes hubiera podido decir, con igual exactitud, la misma cosa. Lazar (pp. 31s) ofrece otros ejemplos. Sin embargo, fue el PCF el partido que más y mejor fusionó la fidelidad a la URSS y una relación estrecha con Francia que le llevó a echar raíces profundas en el seno de la sociedad francesa.

En consecuencia, si el factor de contención de la Alemania nazi pesaba en algunos círculos, el vector anticomunista no era en modo alguno desdeñable. Las potencias que otrora habían intervenido en la guerra civil rusa, tales como el Reino Unido, Francia y Estados Unidos, se habían convencido de que aislar al naciente Estado bolchevique no servía de mucho. Las relaciones diplomáticas, económicas y comerciales se habían densificado, pero el resquemor sobrevivía. No tranquilizaban las proclamaciones retóricas que emanaban de Moscú a favor de la revolución socialista y de la lucha contra el enemigo capitalista. Tampoco limaba los temores la atracción que, en las condiciones de depresión económica y de autointerrogación constante sobre el sistema social, ejercía la opinión pública, manipulable y manipulada, de las democracias liberales. La Unión Soviética gozaba de gran popularidad en ciertos sectores de la clase obrera, e incluso de las clases medias, y la simpatía que numerosos artistas, intelectuales y científicos le testimoniaban[22] no hacía sino incrementar la precaución.

Finalmente, la tercera tensión de importancia iba ligada a la propia Unión Soviética. Este inmenso país se hallaba inmerso en una pugna titánica para determinar el curso de su evolución futura (salpicada de purgas que habían empezado a diezmar la vieja guardia bolchevique y que en los años de la guerra civil española adquirieron un paroxismo sangriento), tanto en el plano interno como en el exterior. No era una época para exportar el sistema comunista hacia otras latitudes, contrariamente a la machacona insistencia del movimiento trotskista. Era una época para protegerse de los nubarrones que se vislumbraban tanto al Oeste como al Este.

La crisis de Renania acababa de mostrar, en efecto, la veta agresora del nazismo. La estrella de Molotov pareció ensombrecerse durante algunos meses mientras aumentaba en Moscú la preocupación que despertaba una Alemania nazi que iba rompiendo sus compromisos uno tras otro. El conflicto español estalló, precisamente, en un período en el que el temor a una posible guerra permeabilizaba la política interior y exterior de la Unión Soviética. En tal coyuntura, no era irrazonable pensar que el consentir bazas a los agresores podría constituir una mala inversión. Dicho esto, Stalin era prudente en la escena internacional. Bajo las críticas al nazismo, un hombre de toda su confian-

22. Una imagen impresionista de este deslumbramiento colectivo se encuentra en el libro de Franck.

za, David Kandelaki, *torgpred* en Berlín (pero llamado a Moscú en 1937), exploraba y mantenía abierta una línea de comunicación de índole económica con el Tercer Reich,[23] por si las moscas. Pero no condujo a nada.

En este contexto una amplia gama de dimensiones estratégicas, políticas e ideológicas europeas se vieron afectadas en mayor o menor medida por las consecuencias del golpe militar semifracasado y semiexitoso que tuvo lugar en la remota Península. En general, su efecto combinado fue negativo para la República y llevó a su abandono por las potencias democráticas. Lo que terminó ocurriendo en la Península no es comprensible, en su destilación en guerra civil, sin una interacción constante con la pugna política, ideológica y de poder que se dibujaba fuera de las fronteras españolas.[24]

Esta interacción fue particularmente notable, por sus consecuencias operativas inmediatas, en el curso de los primeros meses, entre julio y septiembre de 1936. Fue entonces, en efecto, cuando se produjeron tres grandes fenómenos: el abandono del régimen republicano por parte de las potencias democráticas occidentales, la paulatina intensificación de la ayuda a Franco por parte de las potencias fascistas y el lento proceso al término del cual Stalin acudió en apoyo de una República que ya se percibía como acosada (por utilizar el feliz adjetivo que da título a una colección de ensayos dirigida por Preston) y estaba sangrantemente sola, pero que alarmó a los círculos conservadores en Francia y en el Reino Unido.

Tal decisión de Stalin, madurada a lo largo de un paulatino deslizamiento, siempre muy controlado, y sobre el cual subsisten numerosas leyendas en la literatura,[25] se adoptó cuando ya era demasiado tarde. En el corto lapso transcurrido desde julio, los sublevados habían logrado tantos éxitos militares y ocupado tal extensión de territorio que no resultaba verosímil ni desalojarlos ni hacerles retroceder, al

23. Este tipo de contactos, a los que alude entre otros Marie (pp. 482s), se han exagerado por todos quienes postulan que Stalin anticipaba ya, en 1935-1936, el escenario de 1939. Roberts (1995, pp. 40-46) los ha situado en su justo término.

24. El que ésta sea una interpretación que se encuentra con mayor frecuencia entre los autores que miran con simpatía la causa republicana y sea consecuentemente repudiada o disminuida por los autores pro-franquistas, no le quita, en mi opinión, un ápice de validez.

25. Una muestra se encuentra, por ejemplo, en Radzinsky (p. 327) quien afirma que la reacción de Stalin en apoyo de la República fue «instantánea».

menos no con los medios en presencia. A no ser, claro está, que las democracias permitiesen que el Gobierno republicano se abasteciera de sus arsenales o importara libremente todo el armamento que pudiese adquirir, sin más topes que los marcados por la disponibilidad de productos en el mercado y la capacidad de pagar tales suministros. Ambos factores existían. El mercado internacional estaba saturado de materiales bélicos. Muchos anticuados. Otros modernos. El Gobierno de Madrid no se encontraba ni en quiebra financiera ni en suspensión de pagos. Al contrario, estaba literalmente aplastado por el peso de unas, para la época, cuantiosísimas reservas.

El nervio de la guerra republicana

La capacidad de pago radicaba en la posibilidad de movilizar las reservas de oro conservadas en la cámara acorazada del Banco de España. Fueron éstas las que permitieron obtener divisas y adquirir suministros y servicios, bélicos y no bélicos, de la más variada procedencia. Fueron las divisas las que hicieron posible el pago de las armas y de los materiales no disponibles en España. No fueron sólo la ingeniosidad o la inventiva de un aparato de Estado colapsado las que contribuyeron a sostener un flujo de importaciones imprescindibles para que el aparato económico no se gripara, flujo tanto más vital cuanto más se recortaba el territorio republicano. Tampoco ayudaron al incipiente esfuerzo de guerra los movimientos centrífugos que, impulsados por anarquistas y nacionalistas vascos y catalanes principalmente, erosionaron la autoridad gubernamental. Por último, las tenencias en moneda extranjera derivadas de la enajenación del oro y de otros activos monetizables y monetizados aportaron, mal que bien, su granito de arena a la financiación, al menos parcial, del mayor éxodo humano que nunca se haya registrado en la historia de España.

En retrospectiva, y sin caer en la tentación de hacer de nuevo historia contrafactual, no cabe sustraerse a dos reflexiones. La primera es que de no haberse puesto las reservas de oro al servicio de la resistencia republicana es altamente verosímil que hubieran podido evitarse muchos muertos y muchos sufrimientos, mucho dolor y mucho sacrificio. Sólo cabe especular si, en tal escenario, la coalición vencedora hubiese sentido la tan intensa atracción por alinearse con el Eje, como ocurrió en la historia real. La segunda es que la inmovilización de las reservas durante los años anteriores a la guerra civil había impedido que la República las utilizase ya fuese de cara a una política de crecimiento o que se sirviera de ellas para acolchar los impactos negativos que sobre la economía española se derivaron de la depresión internacional. Con ello se privó de la posibilidad de paliar los efectos de las tensiones sociales que tanto recortaron el margen de maniobra política de los dirigentes republicanos. La ortodoxia y la legislación de la época no permitían tales «extravagancias».

En una famosa alocución (8 de agosto de 1936), Indalecio Prieto hizo referencia a lo que en terminología moderna serían «condiciones de infraestructura industrial», necesarias principalmente para garantizar una victoria. Siguiendo ese razonamiento, las reservas no fueron, en ningún momento, las condiciones suficientes. Éstas estaban vinculadas a la forja de un instrumento militar capaz de hacer frente a los rebeldes, si no de igual a igual al menos con una capacidad combativa que superara la muy escasa de que adolecían muchas milicias. La República tardó en desarrollarlo.[26] La alegría revolucionaria (con su cortejo de exacciones) así como el *élan* de unas masas pobremente entrenadas para frenar a la Legión, a las tropas coloniales o incluso a los soldados del reemplazo encuadrados por los jefes y oficiales sublevados no era algo que pudiera compensarse automáticamente con la movilización de los recursos metálicos, de las divisas, de la producción industrial (semiparalizada) o la utilización de un armamento heteróclito e ineficaz adquirido por vías recónditas.

El contexto internacional, el oro, las divisas y los armamentos son los pilares sobre los cuales se erige y desarrollaremos la fundamentación del viraje republicano hacia la Unión Soviética, constatada su soledad inicial. Fue este viraje lo que posibilitó el sostenimiento de un esfuerzo de guerra que oponer al de los sublevados, bien nutridos por el apoyo de las potencias fascistas. La República, con todo, fue vencida. No pudo aguantar los efectos combinados de la retracción de las democracias occidentales frente a las acometidas del Eje y sus propias discordias internas. Estos factores se advirtieron desde fecha temprana. El siguiente capítulo analiza los dos primeros.

26. Señala Ramón Salas Larrazábal (1973, p. 225): «los comités del Frente Popular o de las alianzas, más o menos amplias, de partidos y sindicales, ejercían de hecho el poder, mediatizaban la acción militar, e imponían sus objetivos. El Gobierno era mero espectador y el Ejército puro ejecutante».

2

Acciones de emergencia contra una sublevación

El Gobierno que el 19 de julio de 1936 asumió la responsabilidad de hacer frente a la sublevación estuvo presidido por el profesor José Giral, catedrático de la Facultad de Farmacia de la Universidad Central. Adoptó cuatro medidas de emergencia esenciales. Todas ellas pusieron en marcha el mecanismo por el cual la República empezó a sentar las bases para hacer frente a las consecuencias inmediatas de la sublevación. Las dos primeras se centraron en la vertiente interna. Las dos últimas se proyectaron hacia el exterior. Su consideración en conjunto permite encuadrar la «gran estrategia» del Gobierno Giral, que no suele tener buen cartel en la historiografía.[1] Todas están interrelacionadas. Desestructuradas las fuerzas armadas, había que recrearlas. No era un asunto fácil. Implicaba integrar en ellas a una amplia gama de milicias o de elementos civiles que proliferaron súbitamente, como setas tras las lluvias de otoño. Hubo, por otra parte, una grave carencia de capacidad para aprovechar los recursos materiales disponibles. No eran tan escasos como suele afirmarse. Pero tampoco eran demasiado modernos y, para colmo, muchos de ellos pronto cayeron en manos de los sublevados. Quizá el problema más angustioso estribó en qué hacer cuando la evidencia del combate puso de manifiesto que inmediatamente del lado de los rebeldes operaban soldados, aviadores y material extranjeros.

La impresión que ello causó fue terrible. En la desorganizada Ad-

1. Peor la tiene su predecesor pero como ha puesto de relieve Cruz (p. 232), el Gobierno Casares Quiroga, aun dentro de sus errores, no se quedó tan paralizado o inactivo como se afirma habitualmente.

ministración no tardó en cundir la sospecha, sustituida rápidamente por la certidumbre, de que la República era víctima de una agresión desde el exterior impulsada por las potencias fascistas. Añádase la profunda desconfianza hacia los militares profesionales, de entre cuyas filas había surgido la sedición, y se tendrán los componentes esenciales para una receta de desastre.

Medidas internas

El mismo 19 de julio se disolvieron, de entrada, los regimientos sublevados. El Gobierno licenció a sus tropas y ordenó armar a las milicias políticas y sindicales, hacia las cuales había empezado a afluir ya algún material. En puro análisis abstracto, y con la ventaja que da conocer el pasado, hay razones que permiten argumentar que tales decisiones estuvieron desenfocadas. En aquellos momentos, por ejemplo, la rebelión no se había extendido a todas las unidades. «Armar al pueblo» representaba, por así decir, cruzar un Rubicón. Según se especula, una de las razones por las cuales Casares Quiroga y tras él Azaña, desde la presidencia de la República, parecen haber cerrado los ojos a los rumores de conspiración es porque divisaban en las fuerzas armadas un aparato disuasor contra alegrías revolucionarias, entonces muy a la orden del día si bien con escasa capacidad de realización práctica. Cruz (p. 235) ha argumentado persuasivamente que dos de las razones que militaban detrás de tal reticencia eran el temor a alentar la incorporación al golpe de militares indecisos o neutrales y, desde luego, el que con ello trasladaban el poder político no al pueblo en armas sino a los sindicatos y partidos obreros.

La distribución de armamento actualizó tres posibilidades esenciales. Teóricamente, la de lanzarse a la defensa de la República. Pero también, no hay que olvidarlo, la de ajustar cuentas a los enemigos de clase. Por último la de impulsar, por la fuerza, la revolución tanto tiempo ensoñada. Ahora bien, en la dinámica del momento hubiese sido muy difícil, por no decir imposible, no tomar tal medida. El golpe reveló, en toda su crudeza, que el estamento militar estaba dividido y que parte del mismo se levantaba, pujante, contra el régimen. Al rememorar aquellos días, seis años más tarde, uno de los protagonistas de esta obra, el que fue ministro de Hacienda y más tarde presidente del Gobierno y responsable último de la política de defensa, el catedrático y político canario Juan Negrín, apuntaría:

> Discútase en su día cuanto sea acerca de errores y aciertos del Gobierno en el poder cuando estalló la revolución, y haya al enjuiciar las naturales divergencias humanas. En lo que no habrá duda es sobre que sin la audaz decisión de entregar las armas a las masas, la República no hubiera sobrevivido al primer día del levantamiento, y que gracias a ella se echaron por tierra los cálculos del enemigo que contaba, para su éxito, con hallar una nación inerme (Álvarez, p. 153).[2]

Estas masas (ya fueran republicanas, autonomistas, socialistas, anarquistas o comunistas) se sintieron traicionadas por los militares sublevados, a los que rápidamente se motejó de «fascistas» (en realidad no eran muchos los imbuidos de tan novedosa ideología), e incluso por un Gobierno que no había sabido estar a la altura de las circunstancias. Con independencia de la filiación concreta desde la cual se le contemplara, en el golpe se divisó un intento desesperado de eliminar las reformas económicas y sociales que el Frente Popular había empezado a desarrollar hasta entonces, recuperando en parte la dinámica del primer bienio. En ciertos sectores, embriagados por la propia retórica, se percibió además la anhelada posibilidad de liquidar de una vez por todas las inhibiciones que habían impedido la ansiada reestructuración social. Este aspecto desempeñó un papel nada desdeñable en las filas anarquistas.[3] Las dos medidas redujeron considerablemente la capacidad de las fuerzas armadas leales para respaldar el poder del Estado, estimularon la desconfianza popular

2. Un observador poco proclive a la República como fue el embajador de Chile, Aurelio Núñez Morgado, señaló que «la sublevación encontró, desde el primer instante, la más enérgica, como inevitable, resistencia por parte del Gobierno, el que no tuvo más remedio —justo es reconocerlo— que armar al pueblo sin pérdida de tiempo, medida que consideró imprescindible ante la avalancha avasalladora que le amenazaba y que, dada la rapidez inevitable y falta de selección con que fue ejecutada, dio lugar a los inauditos desastres y hechos de sangre que se siguieron y que constituirán la página más sombría de la historia de este pueblo» (España, p. 228).

3. Para el contexto, véase por ejemplo el lúcido análisis de Graham, 2002, pp. 84-87. Julián Casanova (p. 159) evoca la creencia fundamental del anarcosindicalismo: purificar la sociedad de «fascistas» (es decir, políticos conservadores, militares, propietarios, burgueses, comerciantes, clero, trabajadores de ideas moderadas, católicos, técnicos, etc.) y eliminar de raíz a los causantes de todos los males sociales.

en los militares profesionales y dieron rápido aliento a la creencia, ingenua, de que el pueblo en armas se bastaría para atajar la rebelión.[4]

A la par abrieron las compuertas a un proceso de rápido desmoronamiento del aparato estatal. Como ha señalado Aróstegui (2003a, p. 97) «fue la contrarrevolución la que, paradójicamente, desencadenó el proyecto revolucionario real en la España de 1936».[5] No lo había habido, al menos con capacidad de realización práctica, antes del golpe de Estado. Fue después de éste cuando emergieron poderes paralelos que usurparon con mayor o menor intensidad las funciones gubernamentales y cuyo efecto conjunto fue netamente perjudicial para el esfuerzo bélico. Los meses de agosto y septiembre de 1936 guardan un extraño paralelismo, que ya advirtieron algunos observadores extranjeros, con los meses críticos del comienzo de lo que se denominó el Terror en la revolución francesa. Muchos milicianos de variado pelaje que ansiaban el descoyuntamiento del orden social existente, y con él la consecución de la utopía, se encontraron de pronto con operaciones militares que no eran un dechado de modernidad bélica pero para las cuales no estaban en modo alguno preparados, ni técnica ni sicológicamente.[6]

El caos y la autonomización dejaron una pesada impronta en la evolución política, económica y militar de la zona republicana. El Gobierno se esforzó mal que bien por mantener su autoridad. Guardó el

4. A la par la dirección estratégica cometió varios errores fundamentales. Alpert (1987) ha señalado dos: la incapacidad de impedir el traslado desde Marruecos de las tropas sublevadas controlando el Estrecho y Algeciras y, más tarde, el envío de la flota al norte. A lo largo del conflicto, hubo más errores estratégicos que la República pagó caros.

5. Esto no significa olvidar que existe una tradición ilustre, pero exagerada, entre los historiadores conservadores que arguye que el Frente Popular, desmoronado, la radicalización del PSOE y las siniestras maniobras del PCE, alimentado por la Comintern, apuntaban de forma inexorable hacia la revolución. Como es lógico, nada de ello aparece en la brillante síntesis reciente de Juliá (2006, pp. 156-158).

6. La dialéctica guerra-revolución se desencadenó desde los primeros días del conflicto y, en parte, determinó su evolución. Todavía hoy se encuentran en la literatura pro-anarquista, poumista o simplemente anticomunista cantos al *élan* revolucionario como mecanismo, necesario y suficiente, para avanzar por el sendero de la victoria. En tanto que esquema interpretativo global dicha contraposición es insuficiente, aunque haya dominado la literatura durante decenios. Otra cosa es que, en la época, se divisara como la manifestación de pulsiones reales, nada teóricas.

contacto permanente con un entorno del que se esperaba ayuda y conservó cierta capacidad de disposición sobre lo que quedaba del Ejército. Contaba, en un principio, con más recursos que los rebeldes pero la verdad es que no pudo o, más probablemente, que no supo ponerlos en acción. Un protagonista fiable como fue Andrés García Lacalle (p. 23) recuerda, por ejemplo, que la mayoría gubernamental en pilotos y aviones se desperdició estúpidamente en el primer mes de operaciones. La recomposición de la autoridad del Estado y la creación de unas nuevas fuerzas armadas hubieron de realizarse en medio del fragor de los combates y de la discordia política, cuando ya se habían perdido bazas fundamentales.

La apelación a Francia

En la perspectiva en que se sitúa este libro no cabe minusvalorar la significación de la primera medida que el Gobierno Giral adoptó de cara al exterior. Su plasmación y recovecos se han estudiado exhaustivamente, aunque en general sin el contrapunto de la documentación española.[7] El Gobierno no tenía, literalmente, otra opción que la de dirigirse al exterior, y en primer lugar a Francia, en demanda de apoyo.

La petición republicana, conviene precisarlo, no implicaba una demanda de intervención. Se trataba de algo más elemental. Simplemente el que un país amigo permitiera el aprovisionamiento en armas y material, ya fuese procedente de sus arsenales, ya de sus industrias privadas. España contaba con una larga experiencia en este campo. Se derivaba del hecho bien conocido, pero de implicaciones escasamente analizadas, de que el Estado español no había estado nunca en condiciones de dotar por sí a sus fuerzas armadas de los medios necesarios para un combate moderno. Francia, el Reino Unido, Alemania y Estados Unidos eran suministradores tradicionales, como no se les ocultaba a los sublevados y, en primer lugar, a los propios Sanjurjo, Mola y

7. En la reconstrucción de estas gestiones iniciales nos han sido de suma utilidad un relato sin firma pero en el que aparece tachado el nombre de Ovalle con la fecha 24-8-36 manuscrita y un largo informe de Jiménez de Asúa del 20 de septiembre de 1936. Ambos se conservan en AFIP, carpeta «París. Comisión de compras». Daniel Ovalle era, según Howson, el alcalde socialista de Getafe y, por lo que se desprende del texto del relato, su autor.

Franco, que habían estado mezclados en operaciones de suministro y en el curso de las cuales habían anudado contactos que al menos los dos primeros activaron con toda urgencia.

No debe, en consecuencia, extrañar que se cursaran peticiones a los antiguos suministradores. En primer lugar, al Gobierno francés. En segundo término, a las autoridades británicas. En un tercer momento, y por paradójico que ello pueda parecer, a la Alemania nazi. También a la Unión Soviética. Este último caso fue el auténticamente novedoso. Por último, a Estados Unidos. No había muchos otros países a los que apelar. Portugal estaba controlado por una dictadura de derechas con la que los dirigentes republicanos habían tenido problemas.[8] Como la embajada británica en Lisboa recordó el 18 de agosto, las fuerzas armadas portuguesas eran más subdesarrolladas que las españolas. Los dirigentes madrileños no pensaron, obviamente, en Italia, centro ideológico del fascismo.

Las apelaciones se hicieron escalonadamente, por diversos conductos. El eco fue diferente según los casos. La dirigida al Gobierno francés estaba inserta en la lógica de la situación y hoy no debería dar origen a ninguna sorpresa, como con frecuencia se trasluce en la literatura anti-republicana. Para la República, Francia era uno de sus más firmes valedores, tanto ideológica como políticamente. La desigualdad tradicional en las relaciones bilaterales no quitaba un adarme a la importancia que Madrid atribuía al país vecino. Es más, los contactos se habían estrechado tras el triunfo de los respectivos Frentes Populares. La política exterior del francés, que asumió la responsabilidad gubernamental a principios de junio, la habían expuesto el presidente del consejo, el socialista Léon Blum, e Yvon Delbos, al frente del Quai d'Orsay, en el Senado y en la Cámara de Diputados respectivamente unas semanas antes del golpe, el 23 de junio. En tal exposición había habido una referencia explícita a las relaciones con España, algo que resultaba bastante inhabitual.

También resulta significativo que en el plano multilateral, poco más tarde, ante la SdN Barcia hiciese gala de una postura próxima a la francesa. Ambos países no tuvieron inconveniente en votar, el 4 de julio, a favor del levantamiento de sanciones contra la Italia fascista por

8. Se hizo rápidamente, eso sí, una gestión con Lisboa. El 18 de julio se solicitó que el Gobierno portugués evitase el traslado del general Sanjurjo al norte de África (sic), desde donde dirigiría el movimiento militar (DAPE, doc. 4).

su intervención en Abisinia. Se trataba de un paso muy importante en las circunstancias de la época.[9] Podría chirriar en el plano de los principios (era, en efecto, indiscutible que los italianos se habían comportado como potencia agresora) pero mostraba un paralelismo de actitudes que parecía augurar la irrupción de una nueva fase de entendimiento en las relaciones bilaterales hispano-francesas (Denéchère, 1999, pp. 299s, y 2003, p. 260). Acudir a Blum era, pues, una medida obvia. Además, con independencia de la conexión política e ideológica entre los Gobiernos español y francés, un cruce de cartas confidenciales realizado con ocasión de la firma del acuerdo de comercio de diciembre de 1935 preveía el suministro de material bélico francés a España. Este compromiso no había llegado a tramitarse en las Cortes republicanas y, por consiguiente, desde el punto de vista español tenía un valor jurídico endeble. Se había alcanzado en el marco de una política española de renovación del equipamiento material que, sin duda con vistas a parar una eventual algarada revolucionaria desde la izquierda, habían impulsado los gabinetes centroderechistas.

Un informe de diplomáticos españoles favorables a los sublevados, y al cual aludiremos seguidamente, resaltó que en la negociación de aquella carta los franceses habían indicado que no se trataba de una cláusula de orden comercial sino de carácter político-militar. Al parecer su idea era que el Gobierno español no habría de limitarse a «la compra pura y simple de material sino a la adquisición de patentes de aviación y de artillería para establecer fábricas en España que, en caso de guerra, pudieran abastecer al Ejército francés, por encontrarse toda la industria militar francesa en las regiones del norte, este y sureste, o sea bajo la inmediata amenaza de los grandes centros aero-militares alemanes e italianos».

La petición no se hizo sobre la base de tal compromiso. Ello no obstante, uno de los dirigentes republicanos que inmediatamente entraron en liza en París, Luis Jiménez de Asúa, vicepresidente socialista de las Cortes, afirmó que había armas contratadas de la época en que Gil Robles había sido ministro de la Guerra. Cuando el nuevo Gobierno Giral descubrió días más tarde dicha conexión previa debió de sentir que su gestión estaba, si cabe, más justificada. Entroncaba con unas relaciones trabadas cuando ninguno de los dos Frentes Populares

9. Sobre los antecedentes, es insustituible la obra de Quintana Navarro.

había llegado al poder.[10] Hoy se hablaría de la plasmación de una «política de Estado». A mayor abundamiento, pocas semanas antes de la sublevación, los franceses habían presionado para que Madrid adquiriese material, según habían acordado los respectivos gabinetes precedentes. El episodio tiene interés porque si bien la legalidad española de tal compromiso era frágil, desde el punto de vista francés, y como ha señalado Témime (p. 464), lo que ponía en juego era, nada más y nada menos, que la credibilidad de los compromisos internacionales asumidos por Francia.

La gestión de Giral no llegó a cuajar. Tras algunas semanas de controversia, el Gobierno parisino prohibió a los republicanos que accedieran a los canales de su industria bélica y, a mayor abundamiento, a sus arsenales. Esta retracción ha solido explicarse por motivos tanto de política interna como exterior y los autores se han dividido en cuanto al peso relativo que deban merecer unos y otros. Hace más de cincuenta años que Warner subrayó la crucial importancia de los primeros frente a los segundos. Tradicionalmente se ha indicado que Blum lideraba un gabinete y un país divididos y que, mucho más atento a las reformas que impulsaría el Frente Popular que a la acción exterior de Francia, no se atrevió a profundizar en las fracturas de la sociedad francesa aun cuando ello terminase conduciendo al descrédito del Gobierno y a la debilitación del propio Estado (Témime, p. 463).

Efectivamente, en un clima de creciente polarización entre la izquierda y la derecha, la faceta externa ganó en importancia rápidamente. Como es notorio, la inicial disposición de Blum fue atender la petición de Madrid, que su director de gabinete André Blumel recibió en un telegrama en claro en la noche del 18 de julio. Era muy modesta. El 21, Blum reunió a varios ministros y les dio a conocer sus propósitos. Asistieron Édouard Daladier, vicepresidente y ministro de Defensa,[11] Yvon Delbos y Pierre Cot, ministro del Aire. Según Lefranc (p. 185) se mostraron favorables, en particular el último (algo que no tardaron en saber, por ejemplo, los norteamericanos: FRUS, p. 148). Thiébaut recuerda que Blum prosiguió rápidamente sus encuentros bilaterales y

10. Bennassar (p. 133) se refiere, erróneamente, a un tratado. No era tal. Siguiendo en la estela de Rojo (1967, p. 199), muchos otros autores malinterpretan esta conexión previa pero no merece la pena rectificar sus opiniones.

11. Du Réau (p. 193) alude a una nota de Daladier en la que éste, en la línea de Blum, dio inmediatamente órdenes a los arsenales de preparar suministros y concentrarlos en Burdeos. Es una información correcta y verificable gracias a documentos republicanos.

poco a poco fue adquiriendo contornos precisos un plan de acción.[12] Sin embargo, sus propósitos no pudieron materializarse. En primer lugar, el embajador, ya en vísperas de traslado, Juan Francisco de Cárdenas, su ministro consejero y sucesor efímero como encargado de negocios, Cristóbal del Castillo, y el agregado militar, Antonio Barroso, interpusieron obstáculos, filtraron las peticiones y contribuyeron a generar un escándalo mediático que aprovecharon con rara intensidad los adversarios del Frente Popular para atacar con furia creciente al Gobierno Blum. En opinión de Jiménez de Asúa, se cometió un grave error político al involucrar a la embajada en este tipo de peticiones. Cárdenas estaba a punto de partir, no hizo la gestión a gusto y dio pie a la defección de sus colaboradores, enterados de lo que se cocía.[13]

Fernando de los Ríos, diputado socialista y ex ministro, que también lo había sido de Estado, se desplazó desde Ginebra para apoyar las peticiones como agente oficioso. Visitó sucesivamente a Daladier, Cot y al secretario general de la Presidencia, Jules Moch. De los Ríos telefoneó a Del Castillo tras cada visita y le comunicó que había recibido del Gobierno francés la aceptación para enviar de forma inmediata el modesto volumen de material solicitado. Esto indica que todavía no habían surgido obstáculos infranqueables. No podían surgir porque, según comentó a Jiménez de Asua, Daladier «se puso incondicionalmente a nuestra disposición e hizo saber que el Gobierno francés haría cuanto fuera necesario para la entrega de armamento, pasara lo que pasara». Esta rotunda afirmación está en absoluta contradicción con la imagen que de Daladier se conserva, con escasas excepciones, en la literatura. En dicha situación, tratando de paralizar o de retrasar la operación, Del Castillo alegó no estar autorizado formalmente para establecer ningún compromiso de pago ni para firmar contratos en la forma exigida por el lado francés. Sería preciso esperar a que Madrid le enviase la autorización, que solicitó el 23 por la noche. Al día siguiente la recibió así como el anuncio de constitución de un

12. El embajador italiano se apresuró a informar el 22 de julio a Roma que Blum y Cot se inclinaban a favor de la ayuda pero que Delbos temía complicaciones internacionales. Al día siguiente subió un peldaño en la escalada e indicó que Cot y Blum estaban dispuestos a apoyar a la República sin ni siquiera consultar al gabinete (DDI, IV, docs. 589 y 598). Las actuaciones de Cot se analizan en Jansen (pp. 308-313), utilizando material hasta ella desconocido.

13. Todo ello les valió su incorporación al servicio del «Nuevo Estado» franquista (Pérez Ruiz, pp. 88s) sin ningún problema.

depósito de 6 millones de francos en la Banque de Paris et des Pays-Bas. Era el 50 por 100 del importe del material.

La situación se ennegreció rápidamente. Del Castillo distorsionó los hechos y argumentó que lo que el Gobierno madrileño solicitaba equivalía a una petición de intervención extranjera y que habría de provocar actitudes recíprocas en otras potencias. Así, pues, se negó a firmar contratos o a formalizar pagos e inmediatamente dimitió.

Se hizo cargo de la embajada de manera interina el cónsul general Antonio Cruz Marín, quien oficializó el pedido de 20 aviones Potez, con su material de a bordo y sus pilotos, según se había convenido con el Ministerio del Aire (DDF, III, doc. 24). Es interesante destacar que, según el informe pro-franquista mencionado, se debió a la insistencia de los Ministerios de Defensa Nacional y del Aire el que se redactaran unos contratos que quedaron pendientes de firma.[14] La actuación de Cruz Marín, por su lado, la confirma indirectamente el informe del comandante Juan Aboal, que se reproduce en el apéndice documental. Por esta fuente, se observa la buena predisposición inicial de las autoridades aeronáuticas y militares francesas. La urgencia con que se necesitaba el material aéreo indujo al Gobierno de Madrid a inclinarse por tales aviones, de preferencia a los que se habían espejeado a los emisarios republicanos.

El Gobierno francés se divide

En esta coyuntura un tanto delicada la exposición pública del asunto por la prensa parisina complicó las cosas en un tiempo récord. Periódicos de derechas y de extrema derecha como *Le Jour*, *Le Figaro*, *L'Echo de Paris* y *L'Action Française* hicieron, literalmente, su agosto.

Las disensiones pronto se abrieron camino en el seno de la coalición gobernante. Personalidades de primera línea como Albert Lebrun, presidente de la República, Édouard Herriot, presidente de la Cámara, Jules Jeanneney, del Senado, y Camille Chautemps, ministro

14. AMAE: legajo R-1460, (E) 6. «Informe extractado sobre la actitud del Gobierno francés con motivo de la guerra civil española», sin fecha ni firma, pero indudablemente redactado con acceso a documentos o testimonios de la época. Es un documento que hay que manejar con cuidado. Los autores incidieron en numerosos errores fácticos, si bien en otro contexto.

de Estado, añadieron leña al fuego. Este último se cuidó en subrayar que nadie entendería en Francia que el Gobierno pudiera arriesgarse a incurrir en complicaciones exteriores cuando no lo había hecho, meses antes, con motivo de la remilitarización de Renania.

Chautemps conocía el campo y sabía cómo dirigir el tiro. Para entonces la política exterior y de seguridad francesa se desenvolvía al amparo y a remolque de la británica. Encarar a solas la posibilidad de un riesgo externo, sin el crucial apoyo de Londres, era algo que ponía los pelos de punta a muchos políticos y diplomáticos franceses. Jeanneney advirtió que el Reino Unido no seguiría. Herriot profundizó en esta vertiente. No es, pues, de extrañar que, según señala Soutou (2005a, p. 789), la actitud de Blum se explique también por su deseo de no erosionar la solidaridad francesa con los británicos.[15] Y éstos habían mostrado desde fecha temprana algo más que una reticencia gélida. No sometieron a Blum explícitamente a una presión insuperable en un viaje a Londres del 23 y 24 de julio y al que a última hora se incorporó, pero no dejaron de advertirle que un apoyo francés a la República era algo que no verían con buenos ojos. De los Ríos también se desplazó para seguir de cerca la evolución (Zapatero, p. 414).

Los dirigentes británicos contaban en París con fuertes aliados, tanto de contexto como de acción. En cuanto a los primeros hay que señalar que el *establishment* francés era bien consciente de que la III República no disponía de los medios necesarios para hacer frente sola a la amenaza alemana. Era imprescindible, cuando menos, la potencia británica. La debilidad militar se tradujo en debilidad política a lo largo del período en el que París se meció en los brazos de la «nodriza inglesa». Disminuir esta dependencia hubiera podido pasar por el reforzamiento de los lazos con la URSS, pero los militares franceses en general eran reticentes, esencialmente por motivos ideológicos, aunque siempre revestidos de consideraciones técnicas. De Gaulle era ya entonces uno de quienes criticaban tal actitud. El *establishment* político, desconcertado por la ausencia de un acercamiento anglo-soviético, no osó imponerse al EM (Doise/Vaïsse, pp. 368s). En cuanto a los alia-

15. Se añadieron factores como el acendrado pacifismo de una gran parte de la sociedad francesa y una sobreestimación de la capacidad alemana, pero el temor a actuar solos fue determinante. Con todo, resulta harto improbable que una intervención activa francesa hubiese podido conducir a un conflicto europeo, como se hartaba de gritar la derecha y como parecieron temer gentes del tipo Chautemps, quien en junio de 1937 sucedió a Blum en el puesto de primer ministro.

dos de acción, Thiébaut es uno de los autores que ha puesto de relieve que el deseo de desestimar la petición de Madrid respondía a un sentimiento profundo y ampliamente extendido en las altas esferas del aparato burocrático del Quai d'Orsay. Alexis Léger, secretario general (posterior premio Nobel de literatura bajo el seudónimo de Saint-John Perse), fue uno de los *grands commis de l'État* que lo articularon, lo defendieron y lo impusieron. Rodeado de hombres que él mismo había ascendido a puestos claves, sus advertencias cayeron en terreno muy abonado.

El «sabotaje» burocrático a las modestas peticiones de Madrid debió de contribuir a acentuar el efecto generado por el distanciamiento británico. Ello debilitó los intentos de atenderlas que pudieran sentir otros sectores del gabinete y del aparato administrativo franceses. Resulta significativo que en la noche del 24 de julio Blum recibiese a De los Ríos en su domicilio y en presencia de Auriol, Cot, Daladier y Delbos le dijera que mantenía sus promesas. Sólo Delbos exhibió reticencias. Cot habló más tarde en su casa con el diputado español y le anunció que era imposible convencer al ministro de Asuntos Exteriores de la licitud de que aviadores franceses llevasen los aviones a España.

Más importante fue que en la reunión del 25 el Consejo de Ministros se situó en una línea peculiar. Francia no daría seguimiento oficial a las peticiones españolas pero tampoco se impediría que la industria comerciase con el Gobierno republicano. Para entonces el Ministerio de Asuntos Exteriores ya había hecho saber que no cabía efectuar «ningún suministro de armas a una potencia extranjera sin consultar al Quai d'Orsay. A los servicios competentes no les ha llegado ninguna solicitud de tal índole». Se trataba, posiblemente, de un primer intento de disuasión tanto hacia adentro, de cara a otros sectores de la Administración, como hacia fuera, es decir, hacia la sociedad y hacia la industria.[16] La postura del Quai era que los suministros efectuados por el Gobierno supondrían una intervención en los asuntos internos de otro Estado. Se trataba, obvio es decirlo, de una opinión harto discutible. A ello añadían que si la Alemania nazi o la Italia fascista reconocían a los sublevados la gravedad de la situación resultaría evidente (DDF, III, doc. 30).

16. Un director general del Quay d'Orsay dijo a un colega de la embajada británica que el Ministerio había tenido que ejercer toda su influencia para evitar una decisión opuesta por parte del Gobierno. DBFP, doc. 19.

En algún momento Delbos hizo saber a De los Ríos y a Jiménez de Asúa que cesarían todas las dificultades si identificaban a un tercer país que hiciera las compras como si fuera para sí mismo. Esto es desconocido en la literatura. También lo es que los dos líderes socialistas consiguieron en tan tempranas fechas que México se prestara a jugar de intermediario (incluso los soviéticos pensaron en México, como veremos más adelante). Ello implica, por lo menos, un cruce de telegramas o, más verosímilmente, de conversaciones telefónicas de las que por desgracia no ha quedado rastro. Jiménez de Asúa relató que el embajador mexicano, autorizado por el presidente general Lázaro Cárdenas, se presentó a Daladier y planteó un pedido de armamento muy abundante. Quizá fuese un error. A los franceses les pareció excesivo y surgieron nuevos obstáculos. Eran de naturaleza burocrática, pero no desdeñables. El Frente Popular encontró dificultades con los funcionarios que le servían en el crítico Ministerio de la Guerra, al igual que también las tuvo en el Quai d'Orsay. Incluso la petición mexicana se perdió en los laberintos de la Rue Saint Dominique y fue necesaria reproducirla. Todo ello hizo perder tiempo, algo de lo que la República no andaba demasiado sobrada. El informe de Ovalle, quien venía de Estocolmo, señaló la urgencia como sigue:

> Llegada a París el lunes 3 de agosto a las 5.30. A las 7.30 primer contacto con Don F. de los R., exponiéndole el objeto de mi viaje. Me dice vaya a ver a Corpus Bargas, Hotel de París, 8 Bd. de la Madeleine, que es el que está encargado de estos asuntos. El martes día 4 a las 11 de la mañana primera entrevista con Corpus Barga, nueva explicación del objeto de mi viaje; después de intercambiar impresiones me dice le vaya a ver a la embajada a las 8 de la noche. Mi primer asombro nace al ver con la frialdad que perdían el tiempo, sabiendo yo que lo que nos hacía falta y nos sigue haciendo es ganar ese tiempo para enviar cuanto antes el material necesario a la tropa y milicias.

De los Ríos no debió de ver con buenos ojos esta aparición pero pronto se arreglaron. Ovalle constató

> un vaivén interminable de gente de todas clases en la embajada, algunos de los cuales yo conozco bastante bien y que son lo que se llama en Francia «débrouillards» pero que no poseen un céntimo de mercancía y si no se tiene costumbre de ellos se pierde un tiempo precioso o se pa-

san pedidos que después no pueden librar, o si lo libran ni es conforme al pedido, o si lo es a precios mucho más caros que el curso.

Es la misma impresión que tuvo el comandante Aboal:

> Llovían las ofertas más disparatadas, tanto de material militar como aéreo. Acudían personas de todas las categorías sociales, verdaderos mercaderes de negocios turbios que aprovechan las angustias de los países en guerra para organizar su explotación de un modo metódico y eficaz.

¡Qué diferencia con respecto a lo que ocurría en otras capitales en las que un general desconocido encontraba el apoyo no del equivalente de los *débrouillards* sino el de las más altas jerarquías de las potencias fascistas, de sus EM y de sus arsenales!

Berlín y Roma actúan

Todavía debía transcurrir un cierto tiempo antes de que la retracción inicial francesa estableciera un dogal de soledad en torno a la República. Lo que importa destacar aquí es que, en el mismo momento en que Francia empezaba a adentrarse por tal camino, el 25 de julio de 1936, fecha crítica en la historia del conflicto español, Hitler se dispuso a hollar precisamente el opuesto. El dictador alemán pensó mucho más estratégicamente y actuó con mucha mayor rapidez que su propio dispositivo diplomático y militar, también muy cauteloso. Su decisión dejó en mantillas los titubeos franceses y la desorganización inicial republicana.

Para Hitler, ayudar a la rebelión permitiría transformar la situación en el Mediterráneo occidental. Un régimen proclive a Francia podría verse sustituido por otro de tendencia contraria.[17] Inmediatamente se

17. En Viñas, 2001, he detallado pormenorizadamente el contexto. Sorprende que cuatro años más tarde un escritor como Eslava Galán (pp. 45ss) incurra tanto en errores fácticos de bulto como interpretativos al narrar la conexión Franco-Hitler. Más sintomático es que en su tesis doctoral Lucas Molina (según Vidal representante de «una generación de jóvenes historiadores que enlazan con los estudiosos militares de los años sesenta y setenta y que ha decidido no pactar con la dictadura del pensamiento único») caiga en las viejas interpretaciones de nazis embusteros (desahuciadas documentalmente) y excluya todo lo que no casa con ellas.

preparó la «Operación Fuego Mágico» y se enviaron por vía aérea veinte aviones Junkers para el transporte de tropas. El 31 de julio partió para España por barco la primera expedición, compuesta de 86 soldados profesionales cuidadosamente seleccionados y más de cien toneladas de material de guerra. Les acompañaban seis aviones de caza Heinkel 51 y veinte baterías antiaéreas. El 6 de agosto llegaron a Cádiz, después de que un navío republicano avistara el barco que los transportaba. Por lo demás, hacía ya quince días casi que el avión de Lufthansa en el que los mensajeros de Franco habían hecho el viaje de regreso de Berlín, reforzado por los aparatos que llegaron de Alemania, se dedicaba a transportar tropas coloniales de Marruecos a la Península. Para no aburrirse, también de vez en cuando había empezado a participar en alguna que otra acción bélica, aunque fueran españoles quienes lo pilotaran. De todas maneras, no se crea que el cuidado en no intervenir activamente durase mucho. La primera acción de guerra estrictamente alemana tuvo lugar poco antes del 15 de agosto de 1936 (Merkes, pp. 59-60). Si esto no era ir deprisa...

En fecha reciente un historiador italiano, Mauro Canali (pp. 245-254), ha reseñado hasta qué punto el espionaje de Mussolini había echado raíces en España. En Barcelona se había distinguido, bajo la cobertura de un modesto vicecónsul, el teniente coronel Emilio Faldella, agente del SIM. El gran jefe de la red de espionaje italiana era Santorre Vezzari, quien promovió su expansión tras la proclamación de la República. Como han indicado Heiberg y Ros, este Vezzari empleaba, entre otros muchos agentes, a un tal Ernesto Carpi, que representaría a toda una amplia gama de intereses políticos españoles en Roma (¡apañándose para trabajar a la vez con tres servicios de inteligencia diferentes!) tras haber estado involucrado en las tramas monárquicas para derribar a la República. Cuando, en febrero de 1942, solicitó que le recibiera Mussolini, señaló que la mala suerte y las circunstancias habían marginalizado en el verano de 1936 las conexiones monárquicas pre-establecidas y favorecido los contactos entre militares.[18]

No extrañará, pues, que los servicios fascistas conociesen la inminencia del golpe militar. Antonio Goicoechea, monárquico alfonsino,

18. Incidentalmente, a esta conclusión llegó también el propio Faldella quien resaltó la labor de Luccardi en comparación con otras conexiones previas.

profundamente reaccionario y posterior gobernador del Banco de España (una de las mejores sinecuras de la época), se lo había anunciado en fecha tan avanzada como el 14 de junio. Este prohombre se hizo entonces eco de la situación «anárquica» que predominaba en España e indicó que la única salida era un golpe de fuerza o la insurrección violenta. Goicoechea no ocultó que los «grupos de acción directa» (entiéndase, los pistoleros, generalmente falangistas) surgidos en el seno de los partidos «nacionales» actuaban contra la «revolución» por medio de atentados.[19] Recordó que existía «una vasta organización de carácter patriótico y nacionalista que ha sido formada, orientada políticamente en sentido antidemocrático y costeada por nosotros durante estos últimos años».[20] Para el golpe de Estado necesitaban fondos con los cuales cubrir la retirada económica de aquellos valerosos mílites que iban a participar en la sublevación. Goicoechea invocaba la necesidad de apoyo internacional, es decir, italiano (Saz, pp. 168-170). Se trataba, evidentemente, de uno de los muchos conspiradores, henchidos de amor patrio, que no sintieron el menor pudor en recurrir al apoyo exterior mucho antes de que los militares, no menos patriotas, dieran su golpe.

Incluso unos días antes, el 6 de junio, Giuseppe Luccardi, agregado militar en Tánger y hombre del SIM, había ya indicado que el movimiento «militar y falangista» parecía inminente y que estaba «en estrecho contacto con los líderes» del mismo (Heiberg, p. 51). Es evidente, pues, que con independencia de que la situación política es-

19. El embajador norteamericano no tenía duda alguna de que «fuerzas reaccionarias, hostiles a un régimen democrático, fomentaban intensamente incidentes que pudieran servir de cobertura ante el mundo exterior de la rebelión que se preparaba» (Bowers, p. 226). Otro tipo de información que suele ocultarse. Por ejemplo, no se hace eco de ella Beevor (p. 62), en cuya obra los asesinatos falangistas aparecen sólo tenuemente conectados con la extrema derecha monárquica. Frente a ello véase el lúcido análisis de González Calleja (pp. 139s).

20. Este tipo de informaciones las silencian sistemáticamente muchos autores pro-franquistas o anti-republicanos. Un ejemplo es el de Bolloten, tan minucioso en destacar los desmanes de la izquierda y mentor de toda una tradición interpretativa. Cabría afirmar, no obstante, que los pistoleros de la extrema derecha contribuyeron a asentar sólidamente en el ambiente político y social español un mecanismo de acción-reacción que se añadió a los ajustes de cuentas violentos entre la CNT/FAI y la UGT/PSOE/PCE y que en buena medida explica la intensificación de las denuncias de la derecha contra la inseguridad reinante. Nadal (pp. 92-95, 107-109) lo ha ilustrado, por ejemplo, en el caso de Málaga.

pañola se deteriorase o no (y su deterioro fue exagerado convenientemente por los portavoces de la derecha), una parte de los políticos derechistas se encontraba en contacto con un sector no despreciable del Ejército, y en particular con los mandos de las fuerzas coloniales.

Los italianos supieron también, antes que nadie, que el golpe estaba a punto de estallar. El 16 de julio uno de los militares implicados se lo anunció al cónsul general en Tánger, Pier Filippo De Rossi del Lion Nero, quien rápidamente transmitió la información a Roma (DDI, IV, doc. 541). Los servicios de inteligencia británicos descifraron su mensaje (TNA: HW 12/205, BJ065629).[21] En él ya aparecía Franco como jefe del pronunciamiento, que iba a iniciar la Legión Extranjera en Tetuán.[22] Pocos días más tarde, el 20 de julio, Franco preguntó, a través de Luccardi, si el Gobierno italiano estaba dispuesto a suministrar aviones para el transporte de tropas. También Luccardi caracterizó a Franco como jefe del pronunciamiento, a pesar de que el taimado general se había subido al carro sólo unas semanas antes. En aquella misma fecha, Alfonso XIII por su parte escribió directamente a Mussolini:

> Le supongo enterado de la enorme importancia del movimiento español. Faltan elementos modernos de aviación y con objeto de adquirirlos van a Roma Juan de la Cierva (inventor del autogiro) y Luis Bolín, personas de mi entera confianza. El marqués de Viana, portador de la presente, le explicará todos los detalles y la ayuda que espero nos prestará. Aprovecho esta ocasión para de nuevo felicitarle por sus nuevos éxitos que consolidan su labor formidable y gloriosa. Agradeciéndole lo que seguramente hará, quedo su afmo. amigo y admirador que le abraza (DDI, IV, doc. 577, en español en el original).

21. Dado que en esta obra los BJ se utilizarán con frecuencia, conviene señalar que también los italianos se esforzaban por hacer lo propio. Como han indicado Heiberg y Ros Agudo, la Direzione Generale della Pubblica Sicurezza del Ministerio del Interior tenía un servicio especial de interceptación dotado de equipos muy potentes. La estación radicada en la capital se denominaba «Roma Autocentro» y captaba comunicaciones en toda Europa. El problema es que los telegramas interceptados han desaparecido en su inmensa mayoría.

22. Franco no defraudó a De Rossi. El 22 de julio la orden del día de la Legión recogió un aumento de sueldo para los cabos y soldados e iba firmada por el general jefe superior de los Ejércitos de España y Marruecos español, cargo inexistente, en que ya se había autoconvertido (Rodríguez Jiménez, pp. 197s).

Esta gestión, que suele mencionarse de pasada en la literatura,[23] no dejó de tener importancia, tanto por el peso de su autor como porque permite intuir que el ex soberano no era ajeno a la trama conspiratorial. Fue uno de los factores adicionales que debieron de entrar en la ecuación que rápidamente se planteaba en Roma. ¿Ayudar? ¿No ayudar? No era una decisión fácil y Franco se apresuró a subrayar ante Luccardi que su intención era establecer un gobierno republicano de tipo fascista, «adaptado al pueblo español». Seguidamente insistió a De Rossi que los aviones no tenían por qué ser muy modernos. Lo que importaba era que pudieran transportar las tropas coloniales y los voluntarios marroquíes que se enrolaban en gran número. (*ibid.*, docs. 584 y 592).

El movimiento militar parecía muy patriótico[24] pero Franco emitía señales de que estaba dispuesto a obtener ayuda del extranjero a cualquier precio. El 23 de julio una fuente segura informó a Luccardi que el general rebelde se había lamentado de que no se hubiera aceptado inmediatamente su solicitud y caracterizado tal carencia de «miopía política». Si el movimiento triunfaba gracias a la ayuda italiana, ello permitiría que en su futura política exterior la influencia de Roma prevaleciera con respecto a la de Berlín (*ibid.*, doc. 596).[25] Con ello Franco iniciaba un juego de estímulo entre las dos potencias fascistas que continuó durante la guerra. Insistió, además, en que la sublevación se había convertido en una lucha entre las fuerzas del orden y el bolchevismo, apelando claramente al sentimiento anticomunista de Mussolini. Aquí tenemos una primera manifestación de uno de los componentes esenciales del mito fundacional por excelencia de la larga dictadura franquista: hubo que anticiparse a un golpe preparado por la larga mano de Moscú.

Se traen a colación estos detalles para dar una idea del grado de frustración que debía de sentir en aquellos momentos el rebelde general, no muy distinta de la que experimentaban por la misma época los

23. Collotti *et al.*, p. 289 y Beevor, p. 204, aluden a la carta simplemente. Saz (p. 243) la reprodujo. Una reconstrucción de las circunstancias en que Mussolini tomó su decisión la ha hecho Preston (1996).

24. Aunque hay explicaciones para todos los gustos. Así, por ejemplo, Lamb (p. 170) imaginaba que Franco se había sublevado a favor de la Iglesia.

25. Esto debió de ser balsámico para Mussolini quien, en el contexto de una política agresiva en el Mediterráneo, necesitaba una España pro-fascista, que no la obstaculizase y que no debiera nada a Francia (Mallet, p. 87).

dirigentes republicanos. La diferencia es que finalmente Mussolini adoptó la decisión de suministro.[26] Lo hizo a sabiendas de que Francia se abstenía de ayudar al Gobierno republicano, de que no había habido exportación de material francés, de que se habían introducido restricciones a las empresas francesas y de que Franco había enviado mensajeros a Berlín (Heiberg, pp. 61ss). Conocía igualmente que, a diferencia de lo que postularía tanto tiempo la historiografía franquista, tampoco la Unión Soviética estaba encantada con lo que ocurría en España (Preston, 1999, pp. 119 y 243).[27]

A este punto volveremos posteriormente, no en vano es crucial para la argumentación que se desarrolla en esta obra, pero ya aquí debemos refutar interpretaciones del tipo de que Mussolini se adelantó, con su decisión, a la creación en España de un «Estado soviético», según afirman Rovighi y Stefani (I, p. 78). Estos autores leen mal incluso en su propio idioma. El 23 de julio, por ejemplo, el encargado de negocios italiano en Moscú había insinuado que, para el Kremlin, sacrificar a España era un pequeño precio que podía pagarse con el fin de no perjudicar las relaciones con Francia y el Reino Unido. Como ha indicado Heiberg (p. 64), «está ampliamente documentado que Mussolini leyó el informe», antes de decantarse por la ayuda a Franco.

Retendremos, pues, que no debió de serle muy difícil vencer sus reticencias iniciales, lógicas ante la confusión creada y la importancia del paso de que se trataba. Amén de un barco cargado de municiones y material bélico, la ayuda incluyó inicialmente doce aparatos Savoia-Marchetti 81. Franco se enteró al anochecer del 28 de julio de que, por fin, Italia había hecho caso de sus peticiones (DDI, doc. 638). Tuvo que ser un gran día para él porque escasas horas antes había regresado la misión enviada a Berlín e informado de que Hitler había dado un paso al frente (Viñas, 2001, p. 416). No es exagerado pensar que el ya autoproclamado líder de la insurrección (quien ni siquiera había sido

26. Al Gobierno republicano le informó el 23 de julio su cónsul en Tánger que Italia había vendido 24 aviones a los rebeldes y que la ayuda material a éstos por parte de Alemania era también un hecho. Se adelantó tan sólo en un par de días (TNA: HW 12/205, BJ065688). Más tarde continuó señalando la llegada de los aparatos, el transporte de tropas a bordo de los Junkers y el reclutamiento de nativos en la zona del protectorado francés. Todo fue descifrado por los británicos.

27. Lamb (pp. 170s) explica la intervención italiana para que España «no cayese bajo la influencia francesa o virase al comunismo».

considerado para que formase parte de la naciente Junta de Defensa Nacional) respiraría tranquilo. En el corto lapso de diez días se había asegurado la ayuda de las dos potencias fascistas. Un general escasamente conocido fuera de España había logrado el reconocimiento de su lucha sin cuartel contra los muchos males de la Patria pero, y sobre todo, contra el comunismo, *leit-motiv* de lo que pronto fue santificado como «Cruzada».

Ello no significa desconocer que Franco jugó fuerte desde el primer momento y no tardó en declarar confiadamente a uno de los primeros periodistas extranjeros en entrevistarlo, Jay Allen, del *Chicago Daily Tribune*, que «avanzaría sobre Madrid y tomaría la capital a cualquier precio. Salvaré a España de los comunistas y la pacificaré». Allen no se equivocó al señalar en su crónica que Franco echaba un órdago despiadado en su camino hacia la dictadura y que contaba para ello con la fuente inagotable de las tropas moras. Con rara presciencia, el periodista consiguió que el hombre «que había hundido a España en la más espantosa guerra civil de su historia» reconociera que no retrocedería ante nada, aunque tuviera que fusilar a la mitad del país. Franco aprovechó a su vez la ocasión para recordar a los lectores de Allen que los intereses del Reino Unido, Italia y Francia estaban en juego. Ninguno de estos países podía consentir que España se hiciera comunista.[28] No había peligro de ello pero siempre venía bien echar leña al fuego de las tensiones internacionales.

Franco indicó que el golpe militar no había tenido nada que ver con el asesinato de Calvo Sotelo. Estaba en marcha y si se hubiera retrasado un par de meses el Ejército y la Armada, por no hablar de la economía española, se hubieran colapsado.[29] El nexo que Franco hizo con el trágico destino del «protomártir» por antonomasia se obviaría después en la interpretación ortodoxa de la «Cruzada».

Cuando los italianos dieron su propio paso al frente, hubo algún que otro sobresalto. Para escándalo de muchos, sólo nueve de los aviones llegaron a manos de Franco el 31 de julio. Dos tuvieron que hacer un aterrizaje forzoso en el Marruecos francés y otro se perdió. Pelillos

28. Aserto que retumba entre los historiadores de derechas prácticamente hasta nuestros días.

29. La crónica, muy famosa, se publicó el 28 de julio bajo el título «Franco orders: no let-up in drive on Madrid». Suele subrayarse en las referencias lo de que Franco no dudaría en fusilar a media España pero, en realidad, toda la entrevista es absolutamente notable.

a la mar. La intromisión mussoliniana empezó inmediatamente a coordinarse con la de Hitler (una primera reunión del almirante Wilhelm Canaris y del general Mario Roatta, jefes de los servicios de inteligencia militar de ambos países, tuvo ya lugar en Roma el 4 de agosto). Paradójicamente indujo a una mayor retracción en Francia en donde todos quienes preconizaban la abstención pusieron el grito en el cielo para no inmiscuirse en los asuntos españoles.

NACE LA NO INTERVENCIÓN BAJO EL SIGNO BRITÁNICO

En París, con el gabinete profundamente dividido, tuvo lugar una nueva reunión del Consejo de Ministros el 1 de agosto. Los favorables a la República (entre ellos los socialistas Auriol y Salengro y los radicales Cot y Zay) se apoyaron en la ayuda italiana para reclamar el envío de material de guerra al Gobierno de Madrid. Los opuestos lanzaron por el contrario la idea de una retracción internacional con respecto al conflicto español. Como señaló Moch (p. 131), la escisión no discurrió esencialmente por líneas ideológicas o de partido. Al final de la tarde el comunicado oficial (DDF, III, doc. 59) demostró que la balanza se había inclinado del lado que rechazaba el apoyo a Madrid.

Un aspecto significativo que debe subrayarse es que en esta reunión del Consejo de Ministros parece ser que el vicepresidente Daladier se opuso a quienes favorecían los suministros de armamento. Según ha señalado Palayret (p. 352), quizá el Estado Mayor (EM) le había convencido de que no era oportuno acudir a los arsenales oficiales ni compartir con los republicanos españoles los productos que salían de las fábricas. Como veremos más adelante, en el EM había gente con conexiones con los sublevados. Es también posible que el cambio de Daladier se debiera a otras causas que expondremos a continuación. En cualquier caso quedaba entreabierta una puerta para, eventualmente, revisar la postura. Por un lado se era consciente de que no sería fácil continuar negando a un Gobierno legítimo la posibilidad de que adquiriese armas en Francia si se le acosaba desde el exterior (aunque esto es, precisamente, lo que sucedió). Por otro, si se conseguía evitar que se hicieran suministros a los dos bandos quizá pudiera evitarse un aumento de la tensión externa a la vez que se facilitaría la tarea del Gobierno español, que en principio contaba con mayores recursos que los sublevados. Este cálculo no salió porque estaba basado sobre una premisa falsa: que las potencias que ya habían empezado a ayudar a los sublevados se pararían. Lo menos que cabe decir es que los políticos y diplomáticos franceses no hacían un uso adecuado de la información de que disponían.

Los asesores jurídicos del Ministerio de Estado republicano evocaron, tiempo después, los tres principios que Delbos precisó ese mismo día, 1 de agosto, en la Cámara de Diputados: i) El Gobierno español era un Gobierno legítimo, de hecho y de derecho, y amigo de Francia; ii) Ésta, sin embargo, no intervendría en el conflicto español, a pesar de que le era valiosa la amistad de España, teniendo en cuenta la frontera común y la posición geográfica española; iii) El Gobierno francés había interrumpido el comercio de armas con España.

Lo que había ocurrido en las bambalinas no se sabe con exactitud. Pero algunas informaciones muy preocupantes se filtraron a los republicanos, cuya documentación utilizamos en este punto, separándonos conscientemente del tenor habitual que se sigue en la literatura, ya que para describirlo haremos uso del informe de Jiménez de Asúa. El 3 de agosto por la noche, el ministro de Finanzas, Vincent Auriol, le llamó. Se citaron en la embajada, adonde el ministro se desplazó en taxi, con el fin de mantener secreta la entrevista. Auriol contó a su interlocutor lo que había sucedido. Cuando Blum quiso obligar a Delbos a que diese el último de los permisos que faltaba para que México pudiera obtener las armas encargadas, el responsable del Quai d'Orsay se echó atrás. Le pareció ridículo entregar material a un país tercero cuando todo el mundo iba a saber que se destinaba a España. Auriol, Blum y Daladier conversaron entre sí y acordaron que era mejor tratar directamente con el Gobierno español. A Delbos, que ya se había marchado, se le localizó por teléfono y dio su consentimiento. Jiménez de Asúa abordó con Auriol los detalles operativos. Convinieron en que al día siguiente presentarían las peticiones a Daladier. Las cantidades las dejarían en blanco para que éste aceptara lo que ya estuviese dispuesto, sin perjuicio de que se hicieran sucesivos pedidos.

En consecuencia, el 4 de agosto (DDF, III, doc. 77) el nuevo embajador, Álvaro de Albornoz, solicitó, de acuerdo con Daladier, el envío de dos millares de fusiles y dos millones de balas y 10.000 bombas de aviación. Según Jiménez de Asúa el pedido comprendía, además, 50 ametralladoras con las municiones correspondientes y ocho cañones del 75 con sus obuses respectivos. Las bombas se dividían, a partes iguales de 5.000, entre las de 10 y de 20 kilos. No era gran cosa[30] pero sí lo que se encontraba en el Parque de Artillería de Burdeos y listo para embarcar. Se trataba de un primer encargo, «ya que el segundo había de ser un poco más tarde y tal vez de material más abundante».

Las gestiones subsiguientes las detalló Jiménez de Asúa: se envió un emisario de toda confianza a Burdeos, se entrevistó al día siguiente con el coronel jefe responsable de las cesiones de material de guerra al extranjero, éste acudió a la embajada por la tarde y recibió un cheque de trece millones y pico de francos firmado por Cruz Marín, se convino en que la orden de entrega se daría telegráficamente... Y tuvieron que esperar. El último permiso, el del Quai d'Orsay, no llegaba. El 6 de agosto Jiménez de Asúa fue a ver a Blum a su domicilio particular:

> Me recibió —informaría el vicepresidente de las Cortes— en un estado de desesperación tan grande que las lágrimas se le desbordaban de sus ojos. Me comunicó que no había dormido en toda la noche y que la situación política era gravísima. Con absoluta reserva me confió que el embajador inglés había ido a ver a Delbos y que le había rogado que no se entregara por Francia material alguno y se plantease oficialmente a las potencias la no intervención, porque, de no hacerlo así el peligro de guerra era inminente y que en caso de conflicto internacional, Inglaterra no podría participar en la defensa de Francia.[31] A la tarde siguiente hubo un Consejo de Ministros [en realidad, un consejo de gabinete]. Esto era el día 7. Me anunció Blum que después de entregado el cheque por nosotros y de comprometido el Gobierno no había otra solución que dimitir. Confieso que esto me produjo una inquietud enorme. Marché a ver a Auriol que aún estaba en situación más desesperada que Blum y que creía que el solo camino digno era dimitir pues de ninguna manera se nos podía entregar material después de la gestión de Inglate-

30. En un borrador de nota (que se conserva en AMAE-AB, no intervención/caja 104) se indicaron también seis bombarderos Potez 54 y catorce Dewoitine. Más tarde se pidieron emisoras de radio.

31. Siempre se ha sospechado que hubo una presión británica. No se ha documentado fehacientemente aunque Berdah (p. 205) ha dado indicaciones al respecto. Si bien la nota de Jiménez de Asúa es evidencia circunstancial, no cabe desdeñarla. La escribió a las pocas semanas de los sucesos, con estos todavía frescos en la memoria, mucho más frescos que los tenía Blum cuando reveló sus recuerdos. Señalar las discrepancias entre mi versión y la consagrada en la literatura al uso sería una tarea tediosa.

rra y que no entregarlo cuando habían recibido el cheque era quedar desairado el Gobierno de Francia.[32]

A tenor, pues, de esta información que se dio a Jiménez de Asúa, el origen de la no intervención ha de enfocarse bajo una luz muy diferente a lo que se ha hecho habitualmente. La gestión de sir George Clerk no está documentada a prueba de bomba, pero es evidente que su intervención en el sentido apuntado debió de cambiar dramáticamente el signo de la balanza. Delbos y Daladier se situaron detrás de una sugerencia que no podían sino considerar como la *démarche* más o menos oficial de su principal aliado. Dando una de cal y otra de arena,[33] en un clima de intensa conflictividad y de algarada mediáticas, el titular del Quai d'Orsay ordenó a los embajadores en Roma y Londres (DDF, doc. 56) que sondeasen si los Gobiernos respectivos estarían dispuestos a adoptar, de acuerdo con el francés, reglas comunes de no intervención. Deberían indicar que, mientras tanto, ya que los rebeldes habían recibido armas del extranjero, París «consideraría difícil oponerse por principio a las peticiones de un Gobierno normal y reconocido oficialmente y que, a tal efecto, debía reservarse» su libertad de acción.[34] La consulta se hizo extensiva a Berlín. Un rápido viaje del vicealmirante Darlan a Londres, para subrayar el riesgo de implantación italiana en las Baleares, le hizo percibir que sus homólogos británicos consideraban que Franco («buen patriota español») sabría defenderse (Berdah, p. 204).

Londres evidentemente se adhirió a la idea francesa. ¡Cómo no iba a hacerlo! En todo caso sabía perfectamente, por los telegramas italianos que iba descifrando en cascada, el grado de intensidad que adquiría la intervención de Mussolini en España. También conocía las declaraciones de Franco a De Rossi de que había tomado la dirección del movimiento no por razones partidistas sino para «combatir el comu-

32. Recordemos que el vital informe de Jiménez de Asúa se encuentra en AFIP, carpeta «París. Comisión de compras».

33. El encargado francés en Londres comunicó al Foreign Office que, de no abrirse paso la solidaridad franco-británica, Blum no podría contener a los elementos que, en Francia, clamaban a favor del apoyo activo a la República: DGBP, doc. 51. Se trata de un ejemplo de colusión administrativa franco-británica.

34. En la comunicación a Londres se indicaba el objetivo de la propuesta: evitar que se formasen bloques de potencias que harían que resultasen vanos todos los esfuerzos por mantener la paz. Se trata de un tema justamente destacado por Renouvin, p. 334.

nismo en su país y darle un Gobierno estable». A los políticos conservadores británicos tampoco les sonaría mal la argumentación del general rebelde que no luchaba sólo por el futuro de su patria sino por la paz de los pueblos (sic), amenazados por el comunismo (TNA: HW 12/205, BJ065680).[35] Era el tipo de enfoque que arrasaba en Francia en la derecha y en la franja fascista. El coronel François de la Rocque, fundador de los Croix de Feu, clamó que si Franco perdía sería una derrota espantosa para la civilización occidental (Soucy, p. 117).

Los representantes gubernamentales en París se reunieron tras las malas noticias que Blum había proporcionado a Jiménez de Asúa. Éste, De los Ríos y De Albornoz creyeron que

> una dimisión del Gabinete francés en aquella hora sería para nosotros desastrosa y acordamos proponer a Blum la retirada del cheque de un modo voluntario para evitar la dimisión del Gabinete. Blum no estaba y pedí [Jiménez de Asúa] hablar con Auriol, al que le hice saber la decisión adoptada.

En Europa, mientras tanto, Bruselas tomó carrerilla. El 3 de agosto el ministro de Exteriores belga, el socialista Paul-Henri Spaak, se preparó a someter a la aprobación de su Gobierno una disposición por la que, en adelante, la exportación de armas y de material de guerra quedaría supeditada al otorgamiento previo de una licencia. Se denegaría en los casos en que los envíos se dirigieran a España. Con ello se mantendría una neutralidad absoluta (DDF, III, doc. 68). No se trataba de una medida banal, pues Bélgica contaba con una industria de material bélico y de una capacidad de exportación no desdeñables.[36]

35. Los británicos eran conscientes de que Mussolini buscaba una posición de preeminencia en el Mediterráneo, que ello podría afectar a sus intereses vitales y que España, que hasta entonces había sido un actor poco vibrante en el esquema de relaciones internacionales, podía convertirse en una incógnita. Pero buscaban un acomodo entre las potencias y preferían no antagonizar ni a Alemania ni a Italia (informe a la comisión delegada del Gobierno para política exterior del 19 de agosto, TNA: FO 371/20573). Esto pasaba por *Realpolitik*.

36. Para el caso belga Olaya Morales (pp. 54ss) menciona que ya el 30 de julio un coronel apellidado Romero se desplazó a París y luego a Bélgica e Inglaterra con el fin de contratar armamento. Las adquisiciones no se materializaron por dificultades que este autor eleva al nivel de categoría y que le sirven para condenar toda la actuación gubernamental, pasando por lo que caracteriza como ineficaz actuación de la embajada en París. Hacia el 28 de julio el diputado socialista por Málaga y antiguo

Poco más tarde, y esto es importante, la Unión Soviética manifestó, el 6 de agosto, su voluntad de adherirse al proyecto. La víspera el comisario adjunto de Asuntos Extranjeros, Nikolai Krestinsky, defendió la medida ante Stalin argumentando que «no podemos dar una respuesta negativa o dilatoria porque sería utilizada por los alemanes e italianos para justificar su ayuda posterior» (Narinski, p. 80). La URSS se manifestó a favor con tal de que Portugal también lo hiciera y que cesase de forma inmediata la ayuda concedida por ciertos Gobiernos a los sublevados (DDF, III, doc. 89). Roma tampoco se demoró demasiado en ofrecer una respuesta un tanto positiva, aunque solicitó precisiones adicionales retardatarias. Ni Mussolini ni Ciano tenían, claro está, la menor intención de acatar cualquier cortapisa contra la ayuda que ya hacían llegar regularmente a Franco. Del mismo modo se recibió una contestación pre-afirmativa de Portugal, si bien con la salvedad de que no podría adoptarse una decisión hasta que el Gobierno soviético no se hubiera adherido formalmente a la línea preconizada por Francia.

El 7 de agosto se reunió el consejillo, el ya mencionado consejo de gabinete, para tratar del tema. No participó en el mismo el presidente Lebrun, la primera vez que algo similar ocurría en la historia de la III República. Ni siquiera durante la Gran Guerra se había vivido tal circunstancia. Es, pues, evidente que ya se batían récords. Según informaron a Jiménez de Asúa

> se produjeron tales incidentes que Auriol hubo de decir a Delbos palabras durísimas y a las nueve de la noche el Gabinete estaba dimitido. Blum propuso entonces como fórmula que se hiciese la invitación de «no intervención» a las potencias. Tesis aceptada por todos, no sin que Auriol se resistiera y así acordaron ir al Consejo de Ministros que había de celebrarse al día siguiente.[37]

El 8 de agosto en la reunión formal volvió a advertirse que los socialistas estaban divididos, incluso en el caso de aquellos que regentaban carteras muy próximas. Auriol siguió apoyando la necesidad de acudir

---

coronel de artillería, Antonio Fernández Bolaños, lo intentó de nuevo en Bélgica pero las operaciones no se concluyeron (Largo Caballero, 2007, p. 3274).

37. Dado que la idea de la no intervención ya se había lanzado, la información recogida por Jiménez de Asúa puede haberse referido a algún tipo de oficialización.

en ayuda del Gobierno de Madrid. Por el contrario, Charles Spinasse, ministro de Economía Nacional, se opuso. Como quiera que fuese, y éste fue el toque formal de salida que abrió el largo proceso de soledad de la República, el Gobierno francés declaró que había decidido suspender las exportaciones de armas con destino a España. En esta ocasión se prohibía incluso la venta de aviones civiles o que pudieran ser suministrados por la industria (DDF, III, doc. 111). Con ello se cerraba una de las vías que identificó Aboal al resumir sucintamente la situación:

> Se perdieron las esperanzas de conseguir material aéreo militar solicitado con urgencia de Madrid. Estábamos acorralados. No hubo más recurso que acudir al material civil que por sus características y performances podía realizar un papel eficaz en el cuadro de las operaciones aéreas.

Álvaro de Albornoz, radical y ex ministro, encontró dos días más tarde la formulación exacta para dar a conocer el resquemor republicano:

> La suspensión de la exportación de armas al Gobierno español, en el preciso momento en que tiene necesidad especial de ellas para restablecer la normalidad jurídica en su propio territorio, lejos de estar conforme con el principio de no intervención, constituye una intervención muy efectiva en los asuntos interiores de España. En efecto, esa medida podría tener como resultado el hacer durar las circunstancias anormales actuales más tiempo del que si mi Gobierno, debido a esta medida, no estuviera privado de los medios de acción que habría podido normalmente procurarse en Francia... (DDF, III, doc. 120).[38]

El Gobierno de Madrid rechazó por principio y en términos teóricos y doctrinales la no intervención pero hubo de aceptarla, de mala gana, como un medio de prevenir complicaciones de carácter general. Recordó la conveniencia de que se pusiera en vigor rápidamente para evitar la injusticia que representaba así como la necesidad de establecer garantías para su estricta aplicación, porque de otra manera constituiría una fuente de dificultades. Es lo que ocurrió. La respuesta ofi-

38. Zapatero (p. 416) resume sobriamente lo que ello implicaba: «Una traición de las democracias europeas a la joven República española. No sería la última».

cial francesa el 19 de agosto[39] partió de una premisa no menos falsa: el acuerdo no podría causar detrimento al Gobierno republicano. Por lo demás, aceptaba la tesis española de que el valor de la declaración dependería esencialmente de la forma cómo se la pusiera en vigor y de la eficacia de las garantías que asegurasen su aplicación estricta.[40] Era una bofetada en toda regla que debió aumentar el resquemor y la sorpresa de los políticos y dirigentes madrileños que la leyeran. Los recuerdos de Barcia, entre otros, así lo atestiguan.

Menos formalmente, pero también con énfasis, De los Ríos y Jiménez de Asúa hablaron con Blum y Auriol. Les dijeron que era un auténtico disparate ya que no se trataba de dos beligerantes sino de un Gobierno regular y de «unos generales rebeldes», pero

> a salvo estas reservas, nosotros veríamos con menos disgusto la aludida propuesta si se hacía eficaz mediante un control inmediato que no permitiera a Alemania e Italia el envío de material a los rebeldes. Todavía quisimos forzar al Gobierno francés a que mientras este control no se pactara, debería entregarnos material y encontramos una enorme resistencia en Blum que alegaba por su parte que siendo Francia la autora de la proposición tenía que empezar a cumplirla.

Empezaba una comedia con resultados trágicos para los republicanos.

La retracción francesa en la práctica

La reconstrucción de ciertos aspectos esenciales del proceso decisorio francés, que hemos puesto en una comparación mínima con las rápidas actuaciones de las potencias fascistas, permite observar que desde el primer momento el contexto internacional de la guerra civil se caracterizó por una notable asimetría. El país más próximo a España

39. Los expertos que prepararon la publicación de los DDF no la encontraron en los archivos. Sí se hizo eco de ella, en parte, la revista mensual *Les documents politiques, diplomatiques et financiers*, de enero de 1937. Véase nota a pie de página en DDF, III, doc. 151.

40. Parte de estos datos se han tomado de las «Notas referentes a la comunicación que podría dirigirse al Gobierno francés», elaboradas por la Asesoría Jurídica del Ministerio de Estado, 23 de febrero de 1938, AJNP.

y con el que la República mantenía las más estrechas relaciones se inhibió desde fecha muy temprana. Esto determinó toda la evolución posterior y reflejó las presiones del Reino Unido, las preocupaciones ante un eventual desbordamiento del conflicto e incluso el temor a una posible generalización del mismo en la que Francia pudiera encontrarse sola. Tal temor era exagerado, aunque lo esgrimiera profusamente la derecha, aprovechando el profundo sentimiento pacifista de amplios sectores de la sociedad francesa para los cuales la sangría de la Gran Guerra estaba todavía muy presente. El pacifismo atenazaba, sobre todo, a la izquierda pero, como han dicho Doise/Vaïsse (p. 387), también enmascaraba lo que estaba realmente en juego.

La línea resultante fue la retracción. Se trata de una línea que hizo sudar sangre a ministros y políticos que sentían que dejaban en la estacada a la República y que podía incluso poner en peligro la situación estratégica de Francia. En este sentido no deja de ser interesante recordar que, según comunicó el director del gabinete de Blum al encargado de negocios norteamericano el 20 de agosto, había oficiales de la Marina y de la Aviación que deseaban el triunfo del Gobierno de Madrid, a pesar de sus escasas simpatías ideológicas hacia el mismo. Lo que les preocupaba era el posible impacto de una victoria de los sublevados sobre la posición estratégica francesa (FRUS, pp. 502-503). Silenció que había muchos otros que no se inquietaban en absoluto ante un triunfo de los insurrectos.

Los militares que se preocupaban no estaban solos. Sus temores se compartían en el propio seno del Gobierno. El 12 de agosto, por ejemplo, Auriol escribió una notable carta a Blum que merece ser rescatada en su casi totalidad de la oscuridad de los archivos.[41] Auriol no pensaba que fuese preciso intervenir en España. Pero a los rebeldes les ayudaban otros países que seguían una línea política a largo plazo dirigida contra la democracia, la paz y la propia Francia. Frente a ello, el gabinete se negaba a prestar apoyo a un gobierno amigo, legítimo, reconocido internacionalmente y con el cual Francia estaba ligada por acuerdos formales de suministro de armamentos. Auriol sabía por sus servicios de Aduanas que los rebeldes recibían ayudas exteriores. La única forma de pararlas era a través de un control estricto de las costas y fronteras españolas. Si había que ser neutral, todos tendrían que serlo y la organización de esa neutra-

41. Martín Aceña (2004, pp. 171s) la ha reproducido parcialmente. El texto completo lo he consultado en CHAN, 552, AP 22.

lidad debería hacerse rápidamente. Como tantos otros, el ministro de Finanzas pensaba que una España fascistizada y militarizada podía ser un riesgo para Francia. De forma implícita cabía extraer la conclusión de que no lo sería si en ella se mantenía un sistema democrático.

El ministro de Finanzas desdeñaba los temores de que un apoyo francés al Gobierno republicano pudiera desencadenar un conflicto general. No contemplaba la situación desde un punto de vista sentimental ni desde el de su amistad reconocida hacia la España republicana. Se colocaba inequívocamente en la perspectiva de la defensa de Francia y de sus valores. No veía cómo pudiera estallar una guerra europea a causa del apoyo que las potencias fascistas hacían llegar a Franco. De encresparse la situación internacional, lo normal es que fuesen Gran Bretaña o Estados Unidos quienes sugirieran una mediación. Y quizá la primera hubiese asumido su liderazgo. En cualquier caso, hubiera sido mejor que lo hubiese hecho ella y no Francia. Implícitamente Auriol argumentaba que París hacía el trabajo sucio que, normalmente, le hubiese correspondido a Londres. Tenía razón. El contexto internacional que rodeó desde el primer momento al golpe militar español hubiese sido muy diferente si el Reino Unido, y no Francia, hubiera tenido que dar el paso al frente en vez de escudarse en la timidez y la división de un Gobierno como el francés incapaz de pensar en términos nacionales. Palabras duras, sin duda, que reflejan una situación que no se le escapaba a alguno de los diplomáticos franceses destinados en la capital británica:

> La no intervención preconizada en París fue, sobre todo, la inacción de Francia. Una vez más una toma de postura puramente negativa que correspondía a la abulia de nuestros dirigentes pero que constituía también la única forma de no hacer estallar abiertamente la profunda división de nuestro pueblo (Du Réau, p. 195).

Finalmente, tras una serie de consideraciones sobre la utilización por parte de Franco de súbditos marroquíes en una guerra civil estrictamente española, el ministro de Finanzas informó al presidente del consejo que él no asistiría impasible a lo que se presentaba como un engaño (*un jeu de dupes*). Le embargaba no sólo una gran tristeza sino también los más vivos temores. Es inevitable no concluir que, para Auriol, el Gobierno francés se había precipitado al anunciar de forma tan rápida su inhibición en cuanto se refería a ayudar a la República y que mejor hubiera sido que hubiese aguardado a que las demás potencias dieran a conocer su juego.

Entre el 25 de julio y los primeros días de agosto de 1936 cristalizaron, en consecuencia, dos movimientos contradictorios: por un lado la asimetría en las respuestas oficiales de las potencias más directamente interesadas en lo que pasaba en España, con Francia, el Reino Unido y otros países en clara retracción frente a la acometida nazi-fascista; por otro, el desencanto que la actitud oficial contra el libre envío de armas a la República generó en ciertos sectores del cuerpo político y administrativo francés. La forma de cuadrar el círculo por parte francesa estribó, en un primer momento, en autorizar de tapadillo el envío de ciertos suministros[42] y, en un segundo tiempo, cerrar un ojo ante algunas de las manifestaciones de apoyo que no caían de inmediato bajo el dogal de la no intervención naciente. Esta dualidad de actitudes se mantuvo a lo largo de todo el conflicto y no constituyó nunca una base de confianza para centrar sobre ella la vertiente exterior del esfuerzo de guerra republicano.[43] Ello es así, porque la retracción, inesperada, sentó como un tiro a los dirigentes de Madrid.[44] Es impensable que este sentimiento, reflejado en corteses notas diplomáticas y después con un tono mucho más amargo en numerosos testimonios y memorias,[45] no se creara ya en aquellos días en que España entera se despeñaba en un verano sangriento. Es más, en mi opinión este desencanto se vio potenciado de manera inmediata. En primer lugar porque la República, como se indicará más adelante, ya estaba vendiendo oro a Francia. En segundo lugar, porque los suministros franceses que poco a poco fueron afluyendo se revelaron prácticamente inservibles, al menos en un primer momento.

La atención de los historiadores que han desmenuzado la génesis

42. En el imaginario colectivo francés ha quedado, no obstante, prendida la idea de que Blum montó una amplia operación de «contrabando legal» para ayudar a la República. Joffrin (p. 20) es, hoy por hoy, la última muestra de ello cuando se celebra el LXX aniversario de la llegada al poder del Frente Popular francés.

43. El lector interesado podrá comprobar fácilmente la ausencia de este tipo de consideraciones en la que se presenta, hasta ahora, como enciclopedia de la guerra aérea, y sus implicaciones internacionales, cual es la obra de Jesús Salas Larrazábal.

44. Los apuntes de Azaña (1990, p. 207) permiten intuirlo: «las primeras noticias del pacto de no intervención me dejaron estupefacto; sobre todo, su inmediata aplicación provisional por Francia».

45. Entre las que se llevan la palma las de Martínez Amutio (p. 19), incorrectas como suelen ser las suyas. Francia, afirmó, se negó a enviar el material «hacía ya tiempo encargado y pagado».

de la política de aislamiento con respecto al conflicto español ha solido centrarse en las mil y una maniobras diplomáticas en que se enmarcó. Por otro lado, autores de proclividades franquistas se han lanzado a ejercicios de contabilidad más o menos alambicados para demostrar que si los alemanes e italianos suministraban a Franco, también los franceses aprovisionaban a la República. Siempre aspiraron a identificar las aportaciones francesas que, a su entender, mantuvieron un cierto equilibrio de cara al robustecimiento de los niveles de fuerza en presencia. Estos ejercicios hay que tomarlos con un grano de sal, si no con dos. No tienen el mismo efecto las armas modernas que las anticuadas y no es irrelevante que los destinatarios las supieran integrar eficazmente en las operaciones o no. Los aspectos cualitativos no pueden olvidarse en ningún momento.

Las fuerzas armadas de la República se habían visto sustituidas por una amalgama de milicias entusiastas pero ni disciplinadas ni entrenadas. Un historiador de escasas simpatías republicanas no ha podido por menos de señalar las diferencias abismales en uno y otro bando en el terreno de la organización militar y del esfuerzo de guerra.[46] En qué medida estas calamidades podían compensarlas el reclutamiento apresurado de mercenarios, más o menos bien pagados, y las muy mediatizadas actuaciones de la «Escuadrilla España», que con André Malraux ocupó durante semanas los primeros titulares de la prensa internacional, es algo discutible. Se debe a Howson el mérito de haber desentrañado lo mucho que había de ficción detrás de los envíos franceses del arma entonces más preciada para favorecer la contención de los sublevados: la aviación. Su detallado análisis de los suministros exteriores ha dejado obsoletos muchos de los que hasta entonces habían hecho autoridad. El primer aparato, un caza Dewoitine 372, partió para Barcelona el 7 de agosto por la tarde. El 8 se concentró el grueso de la expedición: doce cazas más (tres de los cuales se averiaron al aterrizar) y seis bombarderos Potez 54.[47] Tales datos los confirma el informe del comandante Aboal.

46. Afirma Ramón Salas Larrazábal (p. 225), refiriéndose a la situación de la zona sublevada: «El Ejército asumiría el poder reuniendo en sí la potestad civil y la dirección de la guerra. Toda solución política se remitía al futuro. El presente lo absorbía la preferente atención de ganar la guerra [...] Los partidos y milicias eran simples auxiliares de su acción».

47. Saiz Cidoncha (p. 191) reseña números diferentes. La embajada norteamericana en Madrid (FRUS, p. 481) informó inmediatamente a Washington el 12 de agosto que se trataba, probablemente, de una veintena de aviones. Howson

A mayor abundamiento, ninguno iba preparado para acciones bélicas. Es más, en contra de lo que podría suponerse, ni siquiera tenían armamento.[48] García Lacalle (p. 22) menciona, adicionalmente, la ausencia de todo sistema para instalar y sincronizar las ametralladoras. Subsanar tales carencias llevó tiempo. Eso sí, se habían pagado a precio de oro.[49]

Para mayor desgracia los Potez necesitaban gasolina tetraetilada. Cuando llegaron a Madrid (el primero lo hizo el 10 de agosto) resultó que no había ni este producto ni tetraetilo de plomo con el cual preparar el carburante imprescindible. Los Junkers que recibió Franco tenían el mismo problema pero la gasolina en cuestión se envió rápidamente de Alemania. Muchos de los flamantes aviones franceses, que según la mitología franquista tipificaban el «inmenso» apoyo a la República, o al menos el máximo que los franceses pudieron hacer antes de que cayera la cortina de hierro de la no intervención, tuvieron que quedarse en tierra durante algún tiempo mientras se arbitraba una solución. Alguien dio pronto con ella. Se encargó a un catedrático de Medicina, Rafael Méndez, discípulo de Negrín y muy próximo al mismo, y a otro de Química, Antonio Madinaveitia, que fueran a París para obtener el carburante preciso.

Los enviados tuvieron un pequeño percance con los anarquistas que controlaban la frontera catalana ya que no reconocían los pasaportes diplomáticos emitidos por el Gobierno central. No es de extrañar que no los reconocieran puesto que, simplemente, querían abolir al que los emitía. Superado el incidente, cuando llegaron a París se encontraron con que la compañía Shell se negaba a vender. Para colmo, tampoco quiso hacerlo Air France, algo más sorprendente. El problema fue ascendiendo de importancia hasta llegar a la mesa del propio Blum, a quien Méndez y Medinaveitia fueron a ver acompañados de

---

(pp. 86-88 y 356s) señala (pp. 76s) que el precio al que se vendieron los cazas tenía una sobrecarga de casi el 27 por 100. Esta última aumentaba a un 73 por 100 para los bombarderos. No cabe afirmar, pues, que el Frente Popular francés permitiese un hilito de ayuda demasiado desinteresado. Esto tuvo consecuencias, hasta ahora no destacadas en la literatura.

48. Las afirmaciones recogidas por Ojeda (p. 143) de que en este período México ya actuó de pantalla para suministrar aviones a la República no están corroboradas por los hechos.

49. Nada de lo que antecede ha servido para eliminar afirmaciones como las de Arias Ramos (p. 106) según el cual el Gobierno francés aceleró el suministro de aviones, tras haber sido el que había exportado a España mayor cantidad de pertrechos.

Jiménez de Asúa. Sólo el presidente del consejo, tras telefonear a Cot, pudo desbloquear una situación que de no haber sido dramática hubiese resultado grotesca.[50]

Tal anécdota permite extraer tres conclusiones: la primera es que el Gobierno madrileño echaba mano de quien pudiera, con tal que fuese de la suficiente confianza; la segunda es que no debe exagerarse la importancia de los envíos de aviones ya que su empleo, al ir desarmados, carecer de la posibilidad de recibir fácilmente armamento y no disponer del combustible necesario, resultaba más complicado que lo que suele afirmarse en la literatura; la tercera es que en las semanas iniciales de la guerra el tan cacareado apoyo francés ha de ponerse bajo lupa. Howson no duda en considerar que el retraso y la pobreza de los suministros asestaron un golpe mortal a la República. En cualquier caso, Blum estuvo constantemente informado de los pormenores de las salidas de los aviones, según señaló su jefe de gabinete (Lefranc, p. 463). Una expedición de armas por barco, que levantó mucho humo mediático, hubo de abortarse. Es inverosímil que ello redujera el mal humor republicano ante el comportamiento francés, aunque por razones políticas y de imagen no se reflejara con toda la intensidad que sintieran.[51]

Jiménez de Asúa se refirió a los esfuerzos para contener los efectos de la peculiar lógica de Léon Blum en los términos siguientes:

> A pesar de ello, logramos que los aviones salieran y entre los requisados, caza y bombardeo que enviamos llegaron por entonces a 41. Hasta aquel instante, contábamos y hemos seguido contando hasta hace muy poco con la ayuda decidida de Pierre Cot y, más aún, de

50. Este episodio, al que cabe atribuir un valor sintomático, lo narra con su modestia y gracejo característicos el propio Méndez (pp. 61ss) quien había vivido los nuevos aires que el profesor Negrín aportó al comienzo de los años veinte a la Facultad de Medicina de la Universidad Central (hoy Complutense). Socialista también, llegó a ser director general de Carabineros y subsecretario de Gobernación. Activo en la adquisición de armas, emigró a Harvard y a México en donde se convirtió en un cardiólogo eminente. Agradezco a Guillem Martínez Molinos (quien investiga los suministros de carburante durante la guerra civil) que llamara mi atención sobre la importancia clave del famoso tetraetilo de plomo, que no menciona Jesús Salas.

51. Una muestra de lo que iba por dentro se encuentra en las memorias de Ángel Ossorio (pp. 239s), que fue durante un año embajador en París: «Fue Francia objeto de una venta miserable por un político cobarde en términos que nadie podría concebir si no hubieran sido sufridos por Francia en primer término y por Europa entera después [...] Blum fue un lacayo [del Reino Unido], [de] conducta miserable».

> Édouard Serre, el jefe del material de Air France, para el que no tendremos los españoles gratitud bastante en toda nuestra vida. Las gestiones políticas no se interrumpieron a pesar de todo. Durante todo el mes de agosto la Aduana francesa ha permitido que pasara material español desde la frontera catalana y hemos impedido mediante gestiones con el Ministerio del Interior que aviones y barcos destinados a los rebeldes llegaran a su destino. Los Fokker que salieron de Inglaterra fueron detenidos por la policía francesa a causa de nuestras gestiones y un barco ha sido descargado en la costa francesa impidiéndose que el material que llevaba continuase su ruta a Portugal.

La labor de ablandamiento de las autoridades francesas debió de ser extenuante. Jiménez de Asúa la evocó como sigue:

> Muchos días han sido catorce las visitas y gestiones al Ministerio de Hacienda, a la Presidencia del Consejo, al Ministerio de la Guerra y al Ministerio de Gobernación. Si han podido pasar camiones con armas y vituallas desde Barcelona a la frontera de Hendaya fue debido a que en el Ministerio de Hacienda pude tender una red perfecta con los aduaneros mediante el precioso concurso del compañero Cusin, uno de los agregados al gabinete de Auriol. Si ahora va a tener cartuchos Bilbao se debe también a estas gestiones penosísimas y lentas que personalmente he llevado yo con este último Ministerio.

Obsérvese que todo ello ocurría en las semanas finales de agosto o primeras de septiembre. Es decir, cuando la no intervención todavía no se había solidificado. Hay un mundo de diferencia entre la atmósfera que encontraban los republicanos en París y la que reinaba en Roma o en Berlín a favor de Franco.

El punto central que se desprende del análisis contenido en este capítulo es que a medida que transcurrían las primeras semanas tras el golpe no sólo se consolidó la asimetría inicial de las respuestas procedentes del exterior sino que sus efectos fueron haciéndose más evidentes en el balance de fuerzas, con una desproporción creciente que ilustra el propio Howson (p. 88). Frente a los 29 bombarderos, 6 cazas y otros 35 en camino, amén de un pequeño contingente de soldados profesionales y expertos, varias baterías antiaéreas y los servicios logísticos correspondientes que acudieron a reforzar los efectivos profesionales a las órdenes del general Franco, aportando técnica y un sentido de la organización, en el lado republicano se constata un desbarajuste considerable en los suministros franceses, tardíos, costosos, al principio no demasiado eficaces y cuyo flujo secaría rápidamente la aplicación de la no intervención. Si a ello se añaden los errores de apreciación táctica se tienen muchos de los ingredientes necesarios para explicar las derrotas iniciales. En algo más de dos meses y medio los sublevados anularon a la aviación gubernamental y se lanzaron a una rápida campaña de conquista en un torbellino de sangre y de fuego.[52]

Los esfuerzos de Cot se centraron en aplicar la decisión del 8 de agosto en sentido restrictivo, es decir, de cara al material de guerra propiamente dicho.[53] Autorizó, en consecuencia, ventas de aviones de transporte, deportivos o de entrenamiento, que podían transformarse seguidamente. Más tarde, también de características algo más adecuadas, a través de terceros países (Jansen, p. 312). En qué medida ello constituyera una aportación sólida en combate es discutible. Para entonces el incipiente conflicto español había desgarrado a Francia dado que, como ha señalado Laborie, se había integrado a las propias luchas internas francesas. Que en tal atmósfera la República pudiera contar con el apoyo del país vecino como una base sobre la cual sustentar el esfuerzo de guerra se escapa a mi imaginación. En la Francia del mes de agosto de 1936 ya despunta uno de los temas que no desaparecerán de la literatura pro-franquista, conservadora y anti-republicana: la violencia y las mutaciones políticas se interpretarán como la prueba evidente de un complot bolchevique y la puesta en práctica de sus métodos expeditivos. Como ha escrito Laborie,

> La dureza de los enfrentamientos asociada a las imágenes del «terror rojo», la importancia creciente de la ayuda de la URSS en la organización y encuadramiento de las Brigadas Internacionales hacen creíble, sobre todo entre quienes ya están convencidos de ello, la idea de un movimiento revolucionario internacional dirigido desde Moscú según

52. Hay que tener cuidado en no enredarse en los atractivos de un balance estático. Los suministros fascistas apuntaban hacia una escalada, ya que obedecían a una dinámica que operaba en tal sentido. Los suministros franceses, por el contrario, seguían una dinámica que se agotaba. Es algo que suele olvidar la historiografía pro-franquista.

53. Soutou (2005a, p. 788) alega que, en secreto, los franceses organizaron el envío a España de un volumen considerable de armamentos. Tan rotunda afirmación, que ha encontrado reflejo en una obra de carácter general, tiene hasta ahora una débil base documental a no ser que se refiera a las operaciones de contrabando realizadas por un Servicio de Adquisiciones Especiales, en parte bajo la égida del PCF.

> un plan preconcebido de insurrección y en el cual España constituye la primera fase (p. 94).

Para finalizar digamos, simplemente, que los sublevados sabían perfectamente que contaban con buenas cartas. En la fecha tan temprana del 4 de agosto, la Asesoría de Estado de la JDN reconoció que Francia parecía observar una cierta neutralidad por temor a que las potencias fascistas pudieran adoptar una actitud de apoyo. Significativamente, afirmaba que las fuerzas armadas estaban divididas, como lo demostraba «el ofrecimiento confidencial del Estado Mayor de boicotear toda orden que pudiera sernos contraria»[54] (Durango, introducción). Con todo, el lector podría preguntarse, ¿acaso no tenía la República otras alternativas?, ¿jugó todas sus bazas a la ayuda francesa? A este tema se dedica el capítulo siguiente.

54. Sería interesante perseguir esta pista que hasta Durango no había, que yo sepa, revelado ningún autor.

3

Una desgracia nunca viene sola, pero...

La respuesta asimétrica entre las potencias fascistas y las democracias occidentales que inició Francia fue, por desgracia para la República, intensificándose en el curso del tiempo. En la literatura hay agudas controversias acerca del grado preciso en que el inicial apoyo italo-germano contribuyó a la progresión de los sublevados. Está, sin embargo, fuera de toda duda que la ayuda se acentuó muy deprisa y que prestó una contribución esencial para el traslado a la Península de las tropas coloniales. Existen autores que afirman que, en un primer momento, ni Hitler ni Mussolini habían anticipado un apoyo duradero. Ciertamente, cuando echaron su cuarto a espadas a favor de Franco no sabían a ciencia cierta cuánto y en qué medida habrían de invertir en el auxilio de su protegido. Pero, en mi modesta opinión, este tipo de discusiones olvida lo fundamental: si los dictadores fascistas intervinieron en el conflicto español es porque pensaban obtener ventajas y beneficios estratégicos a largo plazo. En cuanto se puso de manifiesto que para lograrlos debían subir la apuesta ninguno dudó en hacerlo.

Ello impulsó desde el comienzo un flujo ininterrumpido de suministros a favor de Franco que los británicos, contables minuciosos, siguieron día a día en lo que se refería a los italianos. Tal flujo permitió consolidar la retaguardia rebelde y favorecer un avance rápido hacia el interior,[1] sofocando cruelmente los desbaratados e ineficaces

1. No pueden aceptarse numerosas tesis de autores proclives a los rebeldes que minusvaloran sistemáticamente la aportación nazi-fascista. Los datos exactos de las tropas transportadas en aviones alemanes hacia la Península se encuentran en Whea-

intentos de contención que iban oponiendo los elementos fieles a la República.

La primerísima bofetada británica

En comparación con la desilusión que produjo en el Gobierno Giral la postura oficial parisina, podría pensarse que quizá hubiera que situar en un segundo plano la reacción de Londres. Nada más lejos de la realidad. Los británicos actuaron en el trasfondo y cabría argumentar que a la larga sus efectos fueron no menos y sí más demoledores. Conviene recordar, ante todo, que en el Reino Unido se había seguido con cierta atención la evolución española. Ya a finales de mayo, un emisario de los conspiradores, el marqués de Carvajal, había anunciado al Foreign Office lo que se preparaba. Este episodio, rescatado por Moradiellos (1996, pp. 34s) de la oscuridad de los archivos, no permite intuir todo lo que pudiera saberse en Londres acerca de lo que se cocía en España. Subsisten rumores, por ejemplo, de que alguno de los conservadores británicos que participaron en la preparación del vuelo del *Dragon Rapide* para trasladar a Franco de Canarias a Marruecos trabajaba para el MI6.[2] Es posible que el grado de conocimiento previo que hubiese en Londres sobre los preparativos del golpe no haya salido del todo a la luz por falta de los necesarios soportes documentales. Quede apuntada aquí tal posibilidad para que la investiguen otros historiadores.

Se saben, no obstante, algunas cosas. El piloto, Cecil Bebb, no había sido informado de la identidad de la persona que debía trasladar a Marruecos. Creía que se trataba de un jefe rifeño. Cuando en la mañana del 17 fue a presentarse al cónsul británico, un tal Mr. Head, éste le deseó mucha suerte en su misión. Por la tarde, un testigo presencial,

ley (p. 101), basados en la contabilidad del Tercer Reich. Entre el 29 de julio y el 11 de octubre de 1936 llevaron a algo más de 13.500 soldados, entre españoles y marroquíes. Conviene subrayar que en este último momento todavía ni siquiera habían entrado en acción los primeros efectivos de las BI.

2. Dorril (p. 430) afirma que el viaje se organizó con la ayuda del servicio secreto. Se trata de un turbio tema que, por razones evidentes, no se ha documentado hasta el momento. Tendría gracia, no obstante, que un departamento del Gobierno británico hubiese estado en el origen de la dinámica que puso a Franco en el camino hacia un futuro en el que tantos sinsabores deparó a Londres durante el segundo conflicto mundial.

Domingo Navarro, vio a Franco reunido con varias personas, entre ellas dicho cónsul, que estaba casado con la hija de un ministro de Marina, ya fallecido, el almirante Ferrándiz.[3] En qué medida Franco absorbió el furibundo clima que contra las reformas del Frente Popular reinaba en los medios británicos del archipiélago no se ha demostrado todavía pero es verosímil que tuviera alguna influencia. Por desgracia las comunicaciones entre Franco y el «director» de la conspiración, general Mola, han desaparecido y el trasfondo operativo de la conexión británica, a través de Bolín y que llevó al alquiler del *Dragon Rapide*, presenta brumas que no nos es posible aclarar.

Con independencia de los sentimientos de la colonia británica en Canarias, de lo que sí podemos estar seguros es de que la embajada en Madrid, dirigida por sir Henry Chilton, quien naturalmente se había hecho eco en diversas ocasiones de los rumores de golpe (Moradiellos, 1996, pp. 33ss), no divisaba, en fecha tan avanzada como el 7 de julio, ningún peligro esencial a las propiedades británicas en España.[4] Ello no significa que no hubiese ciudadanos de tal nacionalidad que así lo presentasen.[5] Se han conservado informes, sumamente interesantes, del representante en Madrid de la Imperial Chemical Industries (ICI), un tal Gilligand, que destacaban la tensión en que se encontraba el Gobierno republicano, estimulado en un sentido por los extremistas a su izquierda y temeroso por otro de provocar una reacción entre sus más enconados enemigos. El 3 de julio Gilligand apuntó la posibilidad de formación de un nuevo Gobierno contraponiendo por un lado a la izquierda moderada y a la izquierda más extremista. Señalaba que Casares Quiroga y sus ministros se habían abstenido de entrar al toro y no habían atacado ninguno de los problemas serios

3. Este episodio se narra en Alcaraz, Anaya y Millares. El diario *La Provincia* del 13 de noviembre de 1969 contiene una entrevista con Bebb en el que éste relató su encuentro con el cónsul. Agradezco al profesor Luis Alberto Anaya todos estos detalles.

4. Esta impresión es importante porque en las semanas precedentes en Londres se había temido por la suerte de ciertas inversiones británicas (sobre todo en Río Tinto). Vansittart había convencido a Eden de que debía tocar el tema con Barcia en la reunión de la SdN en Ginebra, lo cual hizo a finales de junio (Little, pp. 214s).

5. Despacho de la misma fecha sobre los temores del director de la compañía de ferrocarril Zafra-Huelva. TNA: FO 371/20564. Los ejemplos podrían multiplicarse. No cabe olvidar que el 2 de julio, el director británico de una fábrica barcelonesa fue asesinado por unos pistoleros.

de índole económica y social que pendían sobre el país. Como comentó Chilton, el golpe militar no era algo que se esperase con carácter general.[6] No me parece, sin embargo, que las relaciones del Frente Popular con Londres y Washington estuvieran, como afirma Little (p. 219), al borde de la ruptura.

Consumado el golpe, el Reino Unido se dispuso a seguir al minuto lo que ocurría en España. También lo hicieron otras potencias, singularmente Francia y la Unión Soviética. Lo que diferencia el caso británico de todos los demás (incluidos los países fascistas, que al principio mantuvieron sus relaciones diplomáticas con la República) es que Londres contaba con bazas no desdeñables de las que los demás carecían. En primer lugar, la capacidad de desciframiento sistemático de las comunicaciones italianas, norteamericanas, francesas y republicanas, algo que ni siquiera aparece en la obra más reciente hasta la fecha sobre el marco internacional de la guerra civil, debida a Stone. Pero es que, además, inmediatamente montó un servicio de inteligencia especial (el Air Intelligence Service) que escudriñó día a día la evolución en España y cuya existencia tampoco ha aparecido, hasta ahora, en la literatura sobre el conflicto español. A sus resultados se aludirá más tarde.[7] Muchas de sus interpretaciones eran sesgadas pero los datos, puros y duros, hablaban otro lenguaje.

Sobre este trasfondo conviene resaltar un episodio que no ha pasado desapercibido en la inmensa literatura sobre la guerra civil pero del que cabe extraer conclusiones novedosas y extremadamente importantes. Como es notorio, Londres hizo oídos sordos a la petición republicana, cursada el 21 de julio, para que los buques de la flota pudieran repostar de víveres y carburante en Tánger y Gibraltar. En lo que se refiere a la ciudad internacional, tal posibilidad había suscitado la víspera el rechazo duro y formal de Franco en conversación con el cónsul británico. El general rebelde llegó incluso a amenazar con bombardear Tánger si ello ocurría. En la reunión del Consejo de Ministros

6. Los informes de Gilligand y Chilton se encuentran en TNA: FO 371/20565. Dado que no se trata de hacer aquí un resumen de los antecedentes del golpe militar, hemos traído a colación, identificando sus fechas, los últimos análisis realizados en la embajada antes de su estallido. Quizá sirvan para paliar las exageraciones que comenta acerba y acríticamente Vidal (2003, pp. 75s).

7. Sólo Moradiellos parece haber hecho uso, esporádicamente, de algún material de dicha procedencia, probablemente porque el fondo en que se conserva todavía no se había desclasificado cuando llevó a cabo su investigación.

en Londres del 22 de julio se adoptó una decisión sobre cómo proceder. Hoy cabe atribuirle una importancia excepcional puesto que, como veremos, determinó una primera toma de posición soviética de cara al incipiente conflicto español.

La cuestión resultó premonitoria de las dificultades con que toparía la República. La Shell, por ejemplo, anticipando la actitud que poco más tarde adoptaría ante Méndez en París con el tetraetilo, declinó el suministro.[8] El cónsul general norteamericano en Tánger sugirió a otra compañía, la Vacuum Oil, que demorara una decisión (lo que no llegó a ocurrir, aunque sólo entregó pequeñas cantidades y ello por medio de un intermediario).[9] El Departamento de Estado consideró que una actividad sistemática de suministros de tal naturaleza violaría el estatuto internacional de Tánger pero, en cualquier caso, el Comité de Control que regía la ciudad la prohibió de inmediato (FRUS, pp. 444-445). Los británicos sabían, no obstante, que el cónsul De Rossi, en su calidad de presidente, había estirado todo lo posible la interpretación del estatuto bajo el pretexto de salvaguardar la neutralidad tangerina. De Rossi, por lo demás, sabía cómo halagar a sus superiores al transmitirles su impresión de que «el comunismo internacional» no se plegaría ante los intentos de Franco de poner orden en España (TNA: HW 12/206, BJ065697s).

Aparte de ello, lo que la decisión del Consejo de Ministros de S.M. significaba, en realidad, era que mientras los franceses renqueaban, a trancas y barrancas, con la definición de una línea de actuación que pudiese contentar a todos, salvo a los republicanos, Londres (DBFP, doc. 7) asumía a toda velocidad, a los pocos días de estallado el conflicto, una actitud de «neutralidad» que favorecía a los rebeldes. Según ha señalado Moradiellos (1996, p. 48) ello se debía a la doble creencia de que la República carecía de la capacidad suficiente para frenar los conatos revolucionarios y que en modo alguno convenía a los intere-

8. Según Martínez Molinos, la Shell había quedado muy resentida de la expropiación de sus actividades en España por el Monopolio de Petróleos en 1927. No parece que suministrara a ninguno de ambos bandos en la guerra civil aunque en una reunión del consejo de administración de la CAMPSA de Burgos se le colgara el sambenito de que vendía «a los rojos».

9. Esta compañía, a tenor de los datos del mencionado autor, sí que suministró gasolina y grasas de aviación a los rebeldes, que habían formado un comité petrolero en el hotel Aviz, de Lisboa, y que estaba encabezado por Demetrio Carceller, de la CEPSA, posterior ministro franquista de Industria y Comercio.

ses británicos apoyar a un régimen cuya legalidad formal encubría un proceso político y social en el fondo aborrecible.

El Gobierno británico entorpeció, pues, las tareas de interceptación de la flota republicana, precisamente cuando la concentración de las unidades navales quizá hubiera podido obstaculizar en alguna medida el incipiente traslado por vía marítima de las tropas coloniales. La Armada, todo hay que decirlo, no había estado dentro de los planes de la conspiración, que habían desarrollado militares del Ejército de Tierra. Sin embargo, muchos de sus jefes y oficiales habrían deseado hacer causa común con los sublevados. La marinería se opuso resueltamente y se adueñó de los barcos. Aunque las pérdidas resultantes entre los mandos no habían alcanzado la dimensión que después adquirirían, la operatividad de los navíos se había resentido desde el primer momento. Con el cierre de las posibilidades de repostar en Tánger o en Gibraltar, sus labores no se vieron facilitadas.

Llovía sobre mojado. Si en este caso el problema era el repostaje de la flota, en Francia ya había surgido otro con el suministro de gasolina de aviación.[10] Los republicanos habían enviado un barco, el *Ciudad de Cádiz*, escoltado por el guardacostas *Tetuán*, a Marsella para cargar 300 toneladas de combustible y 60 de benzol. Llegaron el 24 de julio. En el Quai d'Orsay se entregó en mano una nota verbal el 29, lo cual probablemente signifique que hubo, al menos, retrasos.[11] En estas condiciones, dado que París se había adentrado en la estrategia de aislar en lo posible los acontecimientos de España, no es de extrañar que el Gobierno británico sostuviera firmemente tal orientación.[12] La perspecti-

10. AMAE-AB: no intervención/caja 104. Como no había tetraetilo, para conseguir gasolina etilada recurrieron en un primer momento a la mezcla clásica y bien experimentada, sobre todo por los italianos, de gasolina normal o un poco especial más benzol en una proporción aproximada de 75/25 que daba como resultado una mezcla carburante con un índice octano de 87, suficiente para que pudieran volar los aviones modernos. Martínez Molinos, a quien debo estos datos, dispone de un telegrama de CAMPSA del 18 de julio solicitando urgentemente gasolina etilada en bidones que pudieran moverse en barcos que no eran petroleros...

11. Una primera petición de CAMPSA se cursó el 22 de julio (es decir, casi inmediatamente después del golpe) y se reiteró dos días más tarde. La gasolina no era etilada lo que quizá indique que en aquel momento los viejos aparatos de la Aviación republicana no la necesitaban. (Telegrama cortesía de Martínez Molinos.)

12. A principios de agosto el cónsul general en Barcelona se hacía eco de asesinatos cometidos por bandas anarquistas extremistas y comunistas en contra de las órdenes del Gobierno y de los comités frentepopulistas, que no tenían la capacidad

va de la defensa de los intereses de clase, envuelta en y arropada por el lenguaje de la *Realpolitik*, creó desde el primer momento una actitud resueltamente negativa para la República. El primer lord del Almirantazgo y ex ministro de Asuntos Exteriores, sir Samuel Hoare, no pudo ser más claro: había que seguir una línea de neutralidad estricta y no hacer nada que pudiera inducir a la Unión Soviética a prestar apoyo a los comunistas españoles. Es más, el Reino Unido debía abstenerse de cualquier acción que fortaleciese las tendencias comunistas en España, desde donde podrían propagarse a Portugal. Esto sí que constituiría un grave riesgo para el Imperio Británico.[13] Ni que decir tiene que la dictadura salazarista se había preocupado desde el primer momento de hacer llegar a Londres tal interpretación (DAPE, doc. 24) que, por otro lado, no era necesaria.[14]

Los marinos de S.M., en la punta de lanza de la observación de lo que pasaba en España, no ocultaron sus simpatías para con los rebeldes. Se movían en un universo intelectual dominado por prejuicios y visiones apocalípticas que ya se habían exteriorizado en numerosos documentos antes del estallido del golpe militar. Uno de los más representativos se reproduce en el apéndice.[15] Ya en marzo o principios de abril los analistas de inteligencia de la Royal Navy (el «*senior service*» en las fuerzas armadas británicas y siempre de la más acrisolada actitud conservadora) dieron una nota de alarma. Nada menos que en marzo o principios de abril de 1936 se hacían eco de rumores que presagiaban una España en proa al desdeñamiento en una República soviética y de la preparación de un golpe militar, liderado por un dis-

de hacerse obedecer. DBFP, doc. 46. Por los documentos descifrados a los cónsules norteamericanos los británicos sabían también que éstos subrayaban igualmente la anarquía y el caos.

13. *Ibid.*, anejo al doc. 56. Estos objetivos los anuló la propia política que Londres siguió. Al negar su apoyo a la República, obligó a ésta a buscar, desesperadamente, ayuda allí donde podía encontrarla. El germen del viraje republicano hacia Moscú se encuentra, en buena medida, en la soledad estimulada por Londres. Las opiniones reproducidas se traen aquí a colación como representativas de las que se adujeron en la época. Moradiellos (1996, pp. 63s) desarrolla un análisis más amplio.

14. Así, Salazar divisaba ya el 23 de julio que el problema esencial estribaba en una victoria nítida de los sublevados o en la «implantación dentro de poco del comunismo» (DAPE, doc. 29).

15. Es curioso que Beevor, que reconoce el papel fundamental del Reino Unido en la guerra civil (p. 197), se haya abstenido cuidadosamente de mencionar este tipo de antecedentes, a pesar de que ya hay literatura que los ha ido identificando.

tinguido general. Tras los sangrientos días de julio, debió de ser muy fácil extrapolar tales percepciones y autofelicitarse por la exactitud de las predicciones. ¡Los hechos les habían dado la razón! Para la pragmática mente británica, la confirmación de tales temores debió de azuzar las turbias premoniciones con que contemplaban el futuro. Por lo demás, existen numerosos testimonios personales de esta actitud.[16]

También hay pruebas más contundentes en los primeros tiempos de la guerra. Así, por ejemplo, el 6 de agosto, el vicecónsul norteamericano en Vigo informó al Departamento de Estado que los oficiales y tripulación del navío de guerra británico *Vega* se identificaban públicamente con la causa rebelde (TNA: HW 12/206, BJ065778).[17] En consonancia con viejos prejuicios y resabios, la actitud de la Royal Navy no varió demasiado en el curso del tiempo.

No sólo eran los marinos. Siguiendo instrucciones de Ciano, cursadas a la embajada en cuanto Mussolini decidió apoyar a Franco, los diplomáticos italianos informaron continuamente a Roma de sus contactos con destacados miembros del Partido Conservador. El 29 de julio, por ejemplo, relataron las impresiones de uno de ellos, Leo Amery, para quien la «revolución española» había introducido crudamente en la política británica el problema de la defensa de Europa contra el comunismo. Todo el mundo, afirmó, estaba convencido en el Reino Unido de que los acontecimientos de España estaban organizados por Moscú (DDI, IV, docs. 633 y 641, y TNA: *ibid.*, BJ065760).

UNA ACTITUD DESPECTIVA

En este contexto preciso, la gestión de sir George Clerk ante los políticos franceses, a que hemos hecho referencia en el capítulo precedente, no cabe duda que representaba un sentir extendido entre ciertos sectores de la burocracia británica, con independencia de que hubiera sido autorizada o no explícitamente desde Londres. Podría no

16. A los oficiales de la Royal Navy les aterrorizó el espectáculo de la flota republicana, en la que la marinería tomó venganza contra sus mandos al querer éstos unirse a los rebeldes.

17. Y no sólo los marinos. El vicecónsul se negó a participar en un baile que su colega británico organizó en honor de ellos pero con el propósito de donar lo que se recaudara a los rebeldes (Bowers, p. 265).

haber ocurrido pero los efectos sobre el seguidismo francés no dejaron de ser menos inhibitorios.

La traducción a la práctica de este tipo de percepciones experimentó adaptaciones tácticas pero no varió en lo sustancial. El embajador que representó a la República en Londres desde finales de septiembre de 1936, Pablo de Azcárate, procedente del secretariado de la SdN, tuvo que lidiar, según recoge en sus memorias (p. 24), con un Gobierno conservador en el que predominaban «los elementos más reaccionarios del partido y en el cual incluso sus elementos más liberales no se distinguían por una especial simpatía hacia nuestra república». La investigación ulterior ha confirmado estas impresiones. Un ejemplo sintomático de hasta dónde llegaba tal aversión se encuentra en las instrucciones que la compañía de armamento Vickers-Armstrong's Ltd cursó a su filial en Placencia de las Armas, localidad que quedó en un principio en territorio republicano. La empresa española, S.A. de Placencia de las Armas, fue controlada inmediatamente por fuerzas adictas al Gobierno que se dedicaron a proseguir, sin solución de continuidad, los trabajos de fabricación en curso. Versaban en lo esencial sobre un millar de proyectiles de 12 cm y la terminación de un pedido de cañones de 40 mm. Poco después de la caída de San Sebastián, los republicanos desmantelaron las instalaciones y se llevaron a Sestao todo lo que pudieron. El general Cabanellas exigió al director, un tal A. de Calonje, que pusiera inmediatamente en producción la fábrica tan pronto como pudiera.

La compañía británica pidió explicaciones al Foreign Office. En el expediente afloraron dos rasgos de interés: el primero, y más significativo, es que Vickers-Armstrong's había dado órdenes a su filial para que no suministrase armas a los «rojos». En segundo lugar, a la pregunta específica de si podría suministrar a los sublevados la respuesta, formal, fue que tampoco. Ahora bien, si como era de esperar las autoridades militares la forzaban, poco sería lo que el Foreign Office pudiera hacer al respecto.[18] Como es natural, una cosa era el nivel gubernamental y otro el de las empresas —y bancos— privados. En este segundo nivel los sublevados gozaron rápidamente de gran predicamento lo cual, a su vez, influyó sobre el primero. La City nunca apostó por la República.

18. Este episodio se describe en TNA: FO 371/20570, «Interests in Spain of Messrs. Vickers-Armstrong's».

También el Banco de Inglaterra, cuyo gobernador Montagu Norman mantenía un enfoque pro-germánico y anti-francés (George, p. 52), siguió los acontecimientos. En los archivos de la entidad se conservan algunos de los informes que llegaban. El primero, del 5 de agosto, se hacía eco de la falta de preparación de las improvisadas milicias que no podrían competir contra el ejército rebelde. La moral se había hundido y se constataban deserciones. Faltaba munición. Las ejecuciones de elementos fascistoides habían empezado. Que Madrid caería en poder de los rebeldes no ofrecía duda, aunque pudiese durar un par de meses.

No cabe, pues, afirmar que las teorías conspiratoriales y teleológicas que han animado gran parte de la literatura pro-franquista o simplemente conservadora carezcan de pedigrí. Su origen es coetáneo de los hechos mismos y, lógicamente, están enraizadas en las pasiones que desde fecha temprana despertó la contienda y en las anteojeras ideológicas con que se la contempló. En el Reino Unido las percepciones de grandes sectores de la Administración y de los aparatos de Estado permiten detectar una gran congruencia en el análisis. De aquí su retracción y de aquí el manto de soledad que pronto echaron sobre la República.

Un segundo análisis tempranero no daba demasiadas oportunidades a la derecha. La no intervención, entonces en ciernes, no alteraría la evolución española. Los comunistas habían financiado durante años muchas actividades en la Península y desde febrero su influencia había aumentado considerablemente. Italia y Alemania podrían oponerse a tal influencia pero era difícil que lograran vitalizar a una derecha española decadente. Las izquierdas no sólo eran numéricamente superiores a los rebeldes sino que tenían más fuerza y determinación. Eran quienes siempre se habían visto oprimidos por unos pocos y entonces, armados hasta su último hijo y con la mente puesta en la victoria, estarían dispuestos a luchar hasta el fin antes que someterse al yugo derechista una vez más. Pero las derechas combatirían desesperadamente y España sería un escenario de pugna permanente durante muchos, muchos años. En esta percepción, el autor no andaba demasiado equivocado. No por nada el golpe militar se lanzó contra las reformas del Frente Popular.

Otro funcionario del Banco de Inglaterra, en un informe del 20 de agosto, se basó en impresiones recogidas por un familiar suyo, llegado unos días antes de Valencia, para pintar un nuevo cuadro de predominancia miliciana y sindical sobre la autoridad del Gobierno. La situación, por el contrario, en Cádiz era muy diferente. En las calles reinaba orden e incluso una banda de música amenizaba el paseo. Se oían, eso sí, disparos todas las noches. En la cárcel se ejecutaba a los partidarios del Gobierno. Pero no eran muchos. Más atención merecían las historias sobre las atrocidades de los comunistas (sic). El agente de Lloyd's conocía el caso de un hombre al que le habían sacado los ojos. A los niños pequeños de derechistas muy significados se les había colgado cabeza abajo de los balcones. Los moros, a su vez, cometían barbaridades para excitar a los republicanos y así continuaba funcionando el círculo vicioso. Pero la moral era alta en ambos bandos y ambos estaban dispuestos a luchar hasta el amargo final. Una nota exógena la daba un barco alemán que había descargado dos aviones e inmensas cantidades de municiones para los sublevados.

El autor de este último informe dejó constancia, no obstante, de que había algo de trágico en la situación y que los dos bandos tenían su justificación. El ejército porque estaba harto del vacío de autoridad bajo el Gobierno de Casares Quiroga y la izquierda porque divisaba en el golpe militar el intento de reintroducir en España todos los abusos sociales que habían mantenido al país a un siglo de distancia con respecto al resto de los países europeos occidentales.[19] Frente a ese temor al «comunismo» (concepto elástico en el que se subsumía a toda la izquierda, la revolucionaria y la no revolucionaria) y a los desmanes cometidos en territorio republicano, desde fecha temprana se puso de manifiesto que no variaría demasiado la política de apaciguamiento hacia los cada vez más inquietantes zarpazos del Tercer Reich.

El Gobierno Giral no tuvo demasiada suerte en Londres. Su embajador, Julio López Oliván, cuyas comunicaciones interceptaban los británicos, acababa de presentar credenciales y no tardó en sumarse a los rebeldes.[20] Siguió, no obstante, en su puesto desde el cual saboteó peticiones de ayuda e informó a los agentes de los sublevados en Londres de las gestiones que se le encomendaron desde Madrid.[21] Aunque

19. Los informes mencionados, meros ejemplos, se encuentran en ABI: OV 61/2.

20. Desconociendo lo que antecede, De Azcárate (pp. 23s) trazó un semblante muy positivo de López Oliván y atribuyó su deserción al asesinato de un cuñado en la cárcel Modelo de Madrid.

21. Dos diplomáticos en la embajada ante la Santa Sede, Ángel de la Mora y José María Estrada, dimitieron de sus puestos y en el Ministerio de Asuntos Exteriores italiano les dijeron que hubiesen debido continuar para así enterarse del contenido de las comunicaciones con Madrid (Raguer, p. 119).

esto de por sí ya encerraba un grave peligro, López Oliván hizo mucho más daño a la República.[22]

La traición de un embajador

El 24 de julio, a la semana de estallar la sublevación López Oliván visitó en plan de amigo, según se cuidó en subrayar, a sir Anthony Eden y le ofreció un análisis de prospectiva. Según él, había tres posibilidades: que triunfaran los rebeldes, que ganara el Frente Popular o que lo hicieran los comunistas (sic). Esta última era, en su opinión, la más probable (DBFP, doc. 17). Hay diagnósticos que matan y este debió de contribuir, en la medida que Eden concediera crédito a los escenarios diseñados por el embajador, a reforzar más aún las preconcepciones que corrían a raudales por los pasillos del Foreign Office y que afloraban en los análisis que le preparaban sus subordinados o que le transmitían el AIS y los servicios de inteligencia naval. López Oliván fue incluso más allá. Siguiendo instrucciones de Barcia (TNA: HW 12/216, BJ065770), planteó a Eden cuál sería la reacción oficial británica en el caso de que se cursara alguna petición de compra de aviones de tipo civil. La respuesta fue que se trataba de mercancías sobre cuya exportación las autoridades no ejercían control alguno. De aquí el embajador pasó al tema de la exportación de armas y municiones. El ministro, muy diplomáticamente, señaló que ésta exigía la obtención de una licencia previa. Se tramitaba a través de los mecanismos burocráticos correspondientes.

Eden informó poco después de la entrevista a sus colegas en el consejo, en el que algunas voces se alzaron para indicar que la producción británica debía destinarse al rearme propio. Formalmente se le autorizó a seguir los procedimientos administrativos normales en el caso de que recibiera alguna petición oficial española. El ministro dejó constancia manuscrita de su esperanza de que si ésta se materializaba se encontrasen los medios apropiados para evitar la exportación (DBFP, doc. 30).[23]

22. Para su propia versión véase Pérez Ruiz, pp. 94-96.

23. Son un misterio las razones por las cuales Lamb afirma (correctamente) que la mayoría del Gobierno y del Partido Conservador británicos se pusieron pronto del lado de Franco pero que Eden (a quien en su obra ataca duramente por su posición con respecto a Italia) no (p. 171).

El embajador en Londres perjudicó mucho más a la causa republicana que su colega de París, un aspecto que no suele destacarse en la literatura. Mientras Cárdenas dimitió casi inmediatamente de su puesto, el representante en Londres continuó su doble labor. Por ello, cuando telegrafió el contenido de la entrevista, en Madrid no sospecharon nada y se dieron cuenta de la posibilidad de poder comprar en Inglaterra aviones de pasajeros. Acto seguido se envió al comandante Carlos Pastor Krauel, quien llegó a la capital británica el 4 de agosto. Era un momento en que al mercado concurrían también los agentes de los rebeldes, dirigidos por el ingeniero Juan de la Cierva, de vuelta de su misión en Roma. Unos y otros adquirieron aparatos civiles más o menos destartalados. Para el militar republicano debió de ser una misión complicada, porque muchas de sus instrucciones, así como sus informes, fueron descifrados por los británicos. Éstos conocieron, por ejemplo, las primeras impresiones de López Oliván de que sería muy difícil comprar aviones militares (TNA: HW 12/216, BJ065789). También se enteraron de que México podía surgir como pantalla para ocultar la adquisición de armas con destino a España. Un tal Jacques Marcovici, rumano, se había aproximado a varias empresas para comprar armamento con destino al país azteca. Londres captó el telegrama de Albornoz en el que le identificaba como agente republicano (BJ065927).[24]

La misión de Pastor Krauel tuvo algún éxito, si bien las compras comprometidas no se correspondieron con las entregas efectivas porque hubo accidentes y dificultades administrativas de diverso tipo. En último término, el 19 de agosto las autoridades británicas se quitaron la careta y prohibieron la exportación pura y simple de aviones civiles a España. Con todo, llegaron a Barcelona catorce aparatos y a Burgos diez (Howson, pp. 101s, 133-139).[25] La medida equivalió, como ya

24. Sería, sin duda, el director administrativo de la Société Européenne d'Études et d'Entreprises, que mencionaremos próximamente. En realidad se llamaba Simon (Howson, p. 117ss).

25. DBFP, doc. 112. Los italianos pensaron que a la España rebelde fueron 19 (BJ065955). En cualquier caso, y con independencia de la exactitud de las cifras, los efectos no pudieron ser los mismos sobre la dinámica de fuerzas en presencia. Para entonces la intervención de las potencias fascistas se había consolidado, lo que permitiría a los sublevados encarar el porvenir con cierto optimismo. Para la República, por el contrario, el panorama político y diplomático exterior se ensombrecía considerablemente.

había ocurrido con el caso francés, a una declaración unilateral de no intervención. Ni en el Reino Unido ni en Francia se esperó, en consecuencia, a que se formalizara la reacción de todos los países a los que ya se habían cursado invitaciones con el fin de que se adhirieran. Los británicos siguieron atentamente los progresos de las compras republicanas: el 16 de agosto habían salido para Barcelona tres aparatos *Dragon Standard* (BJ065930). El 24 Pastor pensaba todavía que tal vez sería posible adquirir algunos más, aunque a un precio elevadísimo, pero que resultaría muy difícil sacarlos del Reino Unido. Para estas fechas en Madrid se sospechaba, sin duda, que no había mucho que hacer en Londres y se le ordenó que se trasladara a París (BJ06618).[26] Para entonces el Ministerio del Aire había ya indicado públicamente que se retiraría la licencia a cualquier piloto que hiciera declaraciones falsas sobre el destino de vuelos al extranjero o que suministrase aviones, directa o indirectamente, a España burlando la prohibición (TNA: FO 371/20535). No se trataba de un juego.

En la Administración británica es improbable que surgieran muchas dudas acerca de la rectitud de la orientación adoptada. La embajada en Madrid había informado de que el Gobierno carecía de autoridad en la capital y que la ley y el orden brillaban por su ausencia. Los diplomáticos de S.M. *in situ* se hacían eco de estimaciones (muy abultadas): desde el comienzo de la sublevación habrían sido asesinadas en Madrid unas 7.000 personas (cifra exagerada) y para la aristocracia, la derecha y el centro se había instaurado un régimen de terror. Los anarquistas, comunistas y socialistas de izquierda controlaban la situación (DBFP, doc. 100).[27]

El primer ministro, Stanley Baldwin, consideraba que en España se estaba poniendo en marcha un régimen comunista. Había dicho a Eden, confesó a uno de sus asesores, que en modo alguno debía alinear al Reino Unido con la Unión Soviética si la actitud que tomaba Francia ante el conflicto español era intervencionista (Little, pp. 226s). Si

26. Pastor regresó más tarde a Londres y se habló de él como posible agregado aéreo a la embajada, pero para entonces los británicos ya impedían la entrada en el Reino Unido a extranjeros de quienes pudiera sospecharse que ayudaban a los dos bandos en liza. El famoso director del MI5, coronel sir Vernon Kell, se opuso a su estancia («Activities of Commander Pastor, 16 de octubre de 1936, TNA: FO 371/20581).

27. El 7 de diciembre, en retrospectiva, el agregado militar francés se hizo eco de no menos de 40.000 ejecuciones (DDF, IV, doc. 111).

hay un ejemplo de hasta qué punto los prejuicios políticos e ideológicos pueden distorsionar al más alto nivel el análisis de lo que ocurre en otro país, éste es, sin duda, el caso británico con respecto a la República, aunque para el analista el peso de los intereses estratégicos y económicos no deba pasar a segundo término. Los primeros fueron subrayados en el informe de la Junta de Jefes de Estado Mayor. El riesgo estribaba en que en España pudiera implantarse un régimen fascista o comunista con escasas simpatías hacia el Reino Unido. De aquí se derivaba como corolario que no había que apoyar en modo alguno esta segunda posibilidad. En cuanto a la alternativa fascista, había que dar poco pie a Italia a intervenir en España.

El informe contenía un error de perspectiva extraordinariamente profundo.[28]

Pablo de Azcárate, que no tardaría en ser nombrado embajador en Londres, hizo un esfuerzo supremo. Aprovechando sus contactos con la misión británica ante la SdN en Ginebra, trató de explicar lo que estaba en juego en España. Su análisis, hasta ahora desconocido, permite iluminar las percepciones del Gobierno republicano. La primera fue, sin duda alguna, la amargura y el desencanto que la actitud anglofrancesa había provocado, no ya por el lanzamiento de la idea de no intervención sino también por la premura en aplicarla cuanto antes. La segunda, y quizá más importante, era de perplejidad ante la posibilidad de que los Gobiernos de Londres y París pudieran creer en la patraña que lo que estaba sucediendo en España era una confrontación entre comunismo y anticomunismo. Si los países democráticos ayudaban a la República ésta podría neutralizar la rebelión y así fortalecerían el núcleo duro de republicanos de pro y de socialistas moderados en torno al cual podría establecerse la futura estructura política y social de España. Al tiempo, reforzarían sus posiciones en ella. De Azcárate no creía que los sublevados pudieran ganar. Su triunfo constituiría un fracaso político lamentable. Sólo los factores internacionales podrían llevarles a la victoria. Este análisis fue premonitorio.

La carta, que se elevó a conocimiento de Eden el 20 de agosto, despertó comentarios contrapuestos. Para algunos, el diplomático español ignoraba las razones profundas del comportamiento británico. Para otros, un apoyo anglo-francés a la República podría excitar aún

28. El informe se comenta algo en Moradiellos (1996, pp. 78s). Se encuentra hoy en TNA: FO 371/20535.

más a las potencias fascistas y, con ello, desencadenar un conflicto. Era el temor al *worst-case scenario* erigido como clave de la única acción política posible. Uno de los diplomáticos que lidiaba con la situación, acertó en la diana: las masas populares estaban sólidamente opuestas a los rebeldes y el triunfo de éstos sólo era pensable con un fuerte apoyo extranjero (TNA: FO 371/20536). Tenía toda la razón pero el esfuerzo de Pablo de Azcárate no condujo a nada. Los prejuicios y temores estaban profundamente arraigados en el corazón mismo de la alta burocracia británica.

Gestiones en el Spree y en el Potomac

Las aciagas noticias de Londres y París tuvieron que exasperar los ánimos de los dirigentes madrileños. Por muy intensa que fuera la exaltación revolucionaria y republicana, en los corredores del poder siempre hubo gente que conocía bien las consecuencias de las decisiones exteriores. Su efecto sólo apuntaba en una dirección: la del estrangulamiento del equipamiento material de los desmoronados batallones. No es de extrañar que se pensara en gestiones algo más exóticas. La primera de ella, aunque también fue denegada, debió causar con todo menos sorpresa que la que proporcionaron las actuaciones francesas y británicas. Se dirigió, créase o no, a la Alemania nazi. El 1 de agosto por la mañana Barcia convocó al representante de la Federación de la Industria Aeronáutica alemana en Madrid Hans Sturm. El Gobierno republicano deseaba adquirir con la máxima urgencia aviones de caza y de bombardero no demasiado pesados. También necesitaba bombas de aviación de 50 y 100 kilogramos. El pago se realizaría en las condiciones que eligiesen los proveedores sin excluir la posibilidad de hacerlo en oro. Barcia rogó a Sturm que no utilizase sus medios de comunicación sino los de la embajada. Ésta, por supuesto, no informó de lo que antecede a la Federación sino a la Wilhelmstrasse.

Sólo en apariencia había algo de extraordinario en esta petición. Las relaciones de suministro de material bélico entre Alemania y España eran antiguas y se habían mantenido tanto en los años de la Monarquía como de la República. Los representantes de la industria bélica germana en Madrid gozaban de gran consideración y siempre habían tenido un acceso fácil a los medios gubernamentales, con independencia de los vaivenes políticos. Durante la etapa de Gil Robles en el Ministerio de la Guerra se habían activado muchos de estos contactos, que en parte echaban raíces en los años veinte, con el fin de examinar la posibilidad de rearmar al Ejército y la Aviación con material alemán. Por diversos motivos en los que no hay por qué entrar aquí tales propósitos no llegaron a buen puerto. No era totalmente ilógico, aunque sí sorprendente, que la República quisiera probar suerte con Alemania.

En Madrid, como en toda Europa, corrían rumores de que Hitler ya había decidido ayudar a los sublevados. Los republicanos tenían noticias fidedignas y disponían de datos fragmentarios al respecto (al menos según revelan sus comunicaciones de la época que descifraban los británicos). Habían pedido explicaciones días antes tanto a la embajada como a la Wilhelmstrasse. Podrían pensar, no obstante, que el Tercer Reich lo hacía por motivos económicos. Si era así, quien controlaba las divisas y las reservas metálicas era el Gobierno. ¿Por qué no intentarlo? Nada se perdía y quizá el comportamiento ante una petición formal permitiría esclarecer las intenciones alemanas.

Los círculos berlineses se hicieron los sordos. Tres días más tarde el Gobierno republicano exigió a Sturm una respuesta. No valían las excusas. También, todo hay que decirlo, los rumores de la intervención alemana se habían consolidado. La animosidad contra los nazis crecía. En la embajada se temía incluso que los republicanos se incautaran de algunos aparatos de la Lufthansa (como habían hecho los rebeldes en Canarias). Para zafarse de la presión, Sturm propuso enviar a Berlín a algunos delegados que pudieran negociar con las autoridades.[29] El 6 de agosto partió acompañado del teniente coronel Luis Riaño Herrero, quien ya había actuado como asesor para adquirir material en París.[30]

Al día siguiente, Sturm se personó en la Wilhelmstrasse donde se le puso al corriente de la situación. Se le aconsejó que entretuviese a Ria-

29. Para los antecedentes de las relaciones militares véase Viñas, 2001. El episodio Sturm se describe en ADAP, docs. 21 y 28, y en Viñas, 1979, pp. 43s y 59. Sturm vivía en Madrid desde los años veinte. Tenía buenos contactos con los militares españoles. En enero de 1928 se había pensado en él como agente del servicio de inteligencia alemán. No es improbable que colaborase con la Abwehr. De haber sido así, tendría un cierto tinte irónico el que los republicanos recurriesen precisamente a un agente de Canaris para conseguir material de guerra en la propia Alemania.

30. Había sido también jefe de la base de Cuatro Vientos en donde había tomado medidas preventivas (Hidalgo de Cisneros, p. 172).

ño todo lo que pudiera. En la tarde del 7 de agosto, en una reunión en la que participó el almirante Canaris, se decidió no aceptar la propuesta. Acompañado de Sturm, Riaño hizo vanas visitas en repetidas ocasiones. Una y otra vez se le dieron largas hasta que por fin decidió regresar a Madrid el 18 de agosto. La intervención nazi a favor de los sublevados se desarrollaba ya con toda intensidad y las relaciones se tensionaban entre el Tercer Reich y la República.

La aventura berlinesa de Riaño tiene particular interés porque muestra, indirectamente, la conmoción que poco a poco iba esparciéndose en los círculos gubernamentales. De manera inesperada, en el exterior todo el mundo les iba cerrando las puertas. El regreso del teniente coronel se produjo pocos días tras la prohibición británica de exportar aviones a España aunque fuesen de pasajeros.[31] ¿Qué salidas quedaban?

Ciertamente, no la de Estados Unidos cuyas puertas no se abrieron de par en par. El entonces secretario de Estado Cordell Hull seguía muy de cerca lo que pasaba en la Península. Estaba preocupado por lo que pudiera ocurrir a los ciudadanos e inversores norteamericanos y había protestado enérgicamente ante el Gobierno Giral por la expropiación de varias empresas estadounidenses. Algunos de sus altos funcionarios pensaban que en España se daba una repetición de la revolución bolchevique de 1917. No era ésta una perspectiva alentadora ya que reforzaba la creencia de que en el extremo occidental de Europa surgía un nuevo experimento para-soviético. La reacción inmediata en Washington, aparte de protestar, consistió en esperar y ver, pero no existía mucho interés oficial en ayudar a la República.

A principios de agosto en el Departamento de Estado se era consciente de que si el Gobierno de Madrid no recibía armamento de los países europeos, lo normal sería que se tornara hacia Estados Unidos, uno de sus suministradores históricos. Ello planteaba la posibilidad de que los norteamericanos pudiesen ayudar a un Gobierno comunista (sic) o para-comunista que, si ganaba la contienda, estimularía la expansión del bacilo por el continente (Little, pp. 232-235). Así, cuando el 10 de agosto un representante de la Glenn L. Martin Company telefoneó al Departamento de Estado para saber cuál sería la actitud de

31. Sorprende que Jesús Salas Larrazábal no profundice en la misión de Riaño en Berlín, en mi modesta opinión muy significativa tanto en el plano histórico como en el político de la época.

las autoridades ante el suministro a la República de ocho aviones de bombardeo, la respuesta fue gélida.

Se trataba de aviones cuya fabricación había sido contratada por el Gobierno el 1 de febrero de 1936, pero cuya venta no se había consumado porque por razones no aclaradas los españoles se habían negado a hacer un pago en Nueva York. Aquella misma mañana, sin embargo, la compañía había recibido un telegrama en el que Madrid aceptaba dicho pago y solicitaba la entrega inmediata de los aparatos. Esto no sería posible, sin embargo, hasta noviembre.

El Departamento de Estado respondió confirmando que, si bien carecía de poderes legales para impedir la transacción, el Gobierno seguía una política de no intervención en los asuntos internos de terceros países. Había una serie de disposiciones legales sobre la neutralidad que no eran de aplicación al caso español porque se orientaban sólo a los conflictos entre Estados. Ello no obstante, el suministro de armas a España no se correspondía con los deseos oficiales (FRUS, pp. 474-476). De todas maneras estaba abierta una ventana de oportunidad que los agentes republicanos empezaron a explorar inmediatamente. El 13 de agosto, por ejemplo, el cónsul general en Nueva York informó que un tal Cornudella le había dicho que podría hacerse con una veintena de aviones usados de los años 1934 y 1935 a 10.000 dólares por unidad en muelle (TNA: HW 12/206, BJ065881).

La postura oficial norteamericana era sólida, como se le dijo al encargado de negocios francés. Incluso la idea de participar en la no intervención, que por entonces se ponía en marcha estaba totalmente descartada (DDF, III, doc. 127). No se trataba sólo de un problema de política exterior, sino también de política interna. La opinión pública atravesaba por un período de introversión y la Administración, dividida entre quienes apoyaban ideológicamente a la República y quienes la combatían, no tenía interés en invertir en el tema el menor adarme de capital político, empezando por el propio presidente y ello con independencia de sus credenciales de centro-izquierda.

Los demócratas necesitaban el voto católico para las elecciones presidenciales de noviembre pero, como ha puesto de relieve Rey García (pp. 42-48), no fue éste el único factor. Lo que hubo fue una multiplicidad de causas que se reforzaron las unas a las otras. Entre ellas figuraban la alineación con el Reino Unido y Francia y el escaso deseo del presidente de revocar el embargo moral. Antes al contrario, Roosevelt lo acentuó en cuanto pudo, en enero de 1937, transformándolo en legal. Los diplomáticos españoles en Washington eran conscientes de las complejidades de la situación y ya el 12 de agosto el embajador Luis Calderón solicitó que no se inmiscuyera directamente a la embajada en tales actividades porque la opinión pública y la prensa exigían al Gobierno que mantuviera una posición de neutralidad. Era mejor utilizar intermediarios o agentes especializados (TNA: HW 12/206, BJ065996). Calderón sabía, porque se lo habían dicho anteriormente en el Departamento de Estado, que Estados Unidos no tenía la intención de ayudar ni a la República ni a Franco. Poco después, dimitió de su puesto. Con todo, en los meses del otoño de 1936, antes de que entrara en vigor el embargo legal, hubo posibilidades de adquirir material y varias comisiones de compras se desplazaron para obtener todo lo que pudieran lo más rápidamente posible. De hecho, el canal norteamericano, hasta que se cerró, constituyó una de las pocas puertas entreabiertas a la República.

Una petición con posibilidades

Descartadas como fuentes Francia, Gran Bretaña y Alemania y con la no intervención despuntando en el horizonte, el Gobierno de Madrid tenía ante sí un negro panorama. No quedaban, en efecto, muchas alternativas pero, aparte de Estados Unidos, sí había alguna. Como ya hemos indicado, De los Ríos y Jiménez de Asúa, siguiendo la sugerencia de Delbos, plantearon la posibilidad de que el país azteca adquiriese en Francia, como si fueran para él, armas y municiones que se enviarían a la España republicana. El 1 de agosto se extendió a compras que pudieran efectuarse en Bélgica y en el Reino Unido. La segunda no prosperó pero ello fue debido a la oposición británica (Ojeda, pp. 141-142).

El día 11 el embajador en México, Félix Gordón Ordás,[32] telegrafió a Barcia. Consideraba probable obtener material de guerra y pedía autorización para realizar las oportunas gestiones. A la vez deseaba información sobre la índole del material que se necesitase. Dos días más tarde recibió respuesta: veinte aviones de bombardeo (que se habían

32. Se trata de uno de los héroes de este relato. Cordero ha hecho una breve semblanza biográfica del mismo. Sabemos, no obstante, que la idea probablemente no fue suya (a no ser que se le ocurriera de forma espontánea) sino que tenía como origen las gestiones en París.

solicitado a Francia) y otros tantos de caza. Se precisaban antes de un mes. El mismo día Gordón Ordás obtuvo una idea más exacta de lo que podrían aportar los mexicanos tras visitar al presidente Cárdenas, al ministro de Negocios Extranjeros, general Eduardo Hay, y al director de la Aviación Militar. Ayudarían en la medida de sus posibilidades: podrían enviar fusiles y gran cantidad de proyectiles. No había, sin embargo, aviones de los tipos solicitados. Sí disponían de motores de avión de transporte adaptables a ciertos aparatos de bombardeo y de otros de caza. Podían hacer gestiones para adquirir los aviones. Los cazas costarían en torno a los 24.000 dólares y los bombarderos pesados unos 40.000. Lo que posiblemente no sospecharon Gordón Ordás ni los mexicanos era que las vigilantes antenas de Londres descifrarían de forma inmediata las comunicaciones en las que el embajador daba cuenta de sus gestiones. Este telegrama crucial fue uno de los primeros (TNA: HW 12/206, BJ065929). Desde entonces el Reino Unido estuvo al tanto del amplio abanico de actividades que desplegaría el representante republicano en México. Que yo sepa, no es ésta una cuestión que se haya examinado hasta ahora en la literatura.

La reacción mexicana era la que el Gobierno republicano hubiese esperado de Francia o, eventualmente, del Reino Unido. Ahora bien, mientras las gestiones en París se enredaban en los complicados rodajes de la política interior y exterior francesa, los mexicanos no dudaron. Con el respaldo presidencial, es decir, el más elevado, se vaciaron los arsenales de todos los fusiles y municiones almacenados en cuanto se les informó de los deseos españoles. El Gobierno de Madrid solicitó el 17 de agosto el envío urgente de fusiles y cartuchos, que repetidamente había pedido a Francia sin el menor resultado. Al día siguiente, Cárdenas comunicó a Gordón Ordás que había cursado órdenes al ministro de la Guerra para se pusieran a disposición española veinte mil fusiles y veinte millones de balas. Inmediatamente, Cárdenas dio un paso adicional. El 20, anotó que había autorizado al embajador en París, coronel Adalberto Tejeda, para que, a petición española, comprase por cuenta de la República todo el armamento que pudiese.[33] Como

33. Ignoro cómo puede afirmar Payne (p. 185) que en el mes de agosto de 1936 la URSS era «el único país que proporcionaba ayuda». La económica y humanitaria de procedencia soviética no era todavía gran cosa y sobre lo que fuera a hacer en el futuro no habría seguridad, al menos en Madrid. Todo esto se analizará en los siguientes capítulos.

hemos visto Tejeda ya se había movido en tal sentido. Las instrucciones debieron de versar sobre volúmenes mucho más significativos. La adquisición de material en Gran Bretaña[34] y en Estados Unidos por parte de México topó, sin embargo, con dificultades.

Cárdenas no ocultó las razones de su apoyo. En sus *Apuntes* señaló que «México proporciona elementos de guerra a un gobierno institucional, con el que mantiene relaciones» y que concitaba «la simpatía del gobierno y sectores revolucionarios de México». Su conclusión era que «la responsabilidad interior y exterior está a salvo». Es más, proclamó su apoyo a los cuatro vientos. El 1 de septiembre de 1936, en su tradicional informe a las dos cámaras, reunidas en sesión solemne, sobre las labores del Ejecutivo realizadas en el año precedente, indicó sucintamente que se habían puesto a disposición del Gobierno republicano 20.000 fusiles de 7 mm y veinte millones de balas de fabricación nacional. Le contestó en nombre de los dos cuerpos legislativos el presidente del Congreso, Luis Enrique Erro, quien afirmó que «vender pertrechos de guerra y prestar ayuda moral —e incluso material— a un gobierno amigo, legítimamente constituido, está perfectamente ajustado a las normas de ética que presiden la vida de relación internacional. Obrar de otro modo equivaldría a conceder implícita beligerancia a una insurrección militar».[35]

Esta forma de contemplar las cosas no había calado, evidentemente, en el Quai d'Orsay. Las acciones mexicanas debieron de caer como bálsamo en las heridas que la rebelión había abierto entre los dirigentes republicanos. El contraste no podía ser mayor con el comportamiento francés o británico, por mucho que éste obedeciera a razones propias no trasplantables al caso mexicano. La actuación de Gordón Ordás, embajador político, también destaca al compararla con la de muchos otros diplomáticos españoles. En puestos claves como París sus deserciones se produjeron después de interponer todos los obstáculos posibles a las desesperadas gestiones del Gobierno y de sus enviados. En otros, como Londres, la traición se hizo de forma más sutil. Hubo quien rápidamente afirmó su fidelidad a la República y quienes lo hicieron respecto a los sublevados.

34. El mismo 20 de agosto el encargado de negocios en Londres solicitó autorización para exportar armas a México. Los británicos sospecharon inmediatamente. TNA: FO 371/20535.

35. Este episodio está descrito en Gordón Ordás, I, pp. 499-501. Se han tomado datos adicionales en CREM, pp. 24-25. Una excelente reconstrucción es la reciente obra de Ojeda.

Los primeros SOS hacia Moscú

Éste es el momento en el que hay que mencionar los humildísimos orígenes de la gestión que a la larga resultó la más importante para el esfuerzo de guerra y que rompió la soledad de la República: el viraje hacia la Unión Soviética. Como gestión, a primera vista podría pensarse que fue una más de las realizadas por el Gobierno Giral cuando inició sus contactos para adquirir armamento y material en el exterior. Se trató de la dirigida, el 25 de julio de 1936, al embajador de la Unión Soviética en París, al tiempo que De los Ríos abordaba al embajador mexicano. La documentación republicana a la que he tenido acceso no permite aclarar si se planteó en conexión con las medidas restrictivas que en esa misma fecha adoptaría el Consejo de Ministros francés o si se tomó de forma preventiva. En ningún caso hay que atribuirle la siniestra condición (la prematura gravitación republicana hacia la esfera soviética) que Radosh y sus colaboradores (pp. 20s) perciben en ella. Es más, hay que reprochar a estos autores que la presenten como un descubrimiento fundamental cuando lo cierto es que el telegrama de Giral había sido ya utilizado diez años antes por lo menos por un estudioso ruso en su tesis doctoral (Schauff, p. 205).

El telegrama al embajador soviético en París no era muy específico ni precisaba las necesidades. Simplemente indicaba que la República se veía obligada a aprovisionar a sus fuerzas armadas con armamento moderno. Señalaba, eso sí, que los rebeldes habían iniciado una guerra civil y que ya estaban obteniendo armas y municiones en grandes cantidades desde el exterior. Esto no era todavía exacto y tal vez se tratase de un intento de estimular una respuesta positiva. El Gobierno necesitaba armamento y municiones de todo tipo de categorías y en cantidades significativas.[36] Ahora bien, esta gestión podría no haberse producido siguiendo la misma lógica que la que tiñó las gestiones con París, Londres, Berlín, Washington o México, sino haber respondido a una lógica particular y de la más elevada importancia. Podría, en efec-

36. Este episodio tiene también importancia porque nada menos que el presidente de la República rechazó rotundamente que el Gobierno hubiese solicitado apoyo ruso «en ninguna forma» (Azaña, 1967, p. 476). El 29 de julio el embajador británico en Moscú se hizo eco de los comentarios de prensa que negaban que el Gobierno republicano hubiese pedido ayuda a la Unión Soviética (TNA: FO 371/20525).

to, haber sido la reacción a una decisión soviética. En fecha tan temprana como el 22 de julio el tema español se discutió por primera vez en las alturas del Politburó. Fue el mismo día en el que CAMPSA solicitó urgentemente gasolina a Francia. Tal discusión no pudo ser un tema baladí. Para entonces los miembros del Politburó eran la autoridad central en materia de política exterior, defensa e interior y en él las opiniones de Stalin eran absolutamente básicas. El Sovnarkom ocupaba una posición subordinada y Litvinov, por ejemplo, no formaba parte del primero (Watson, pp. 135, 138-139).

Informalmente[37] se acordó ordenar al Comisariado del Pueblo para el Comercio Exterior (NKVT) que enviara combustible a España a un precio reducido, en las cantidades necesarias y en buenas condiciones.[38] Esta decisión, cuya significación al menos política no puede sobreestimarse lo suficiente, se tomó al *día siguiente* de que el Gobierno republicano se hubiese dirigido a Londres planteando la posibilidad de abastecimiento de la flota y un *día antes* de que el Consejo de Ministros británico la desestimara. La pregunta esencial que suscita es

37. Corresponde a Rybalkin (p. 37) el honor de haber sido el primer historiador en descubrir esta decisión. La encontró en el archivo presidencial (fondo 3, inventario 74, legajo 20, página 51). En RGASPI, donde se conserva la documentación del Politburó, no he hallado la menor traza de ella, ni entre las decisiones normales ni entre las extras. Tampoco se ha recogido en la recopilación de estas últimas publicada en 2001. No hubo reunión formal del Politburó entre el 17 de julio y el 1 de septiembre (Schauff 2000, p. 115) por lo que la decisión no pudo tener un trámite administrativo previo del tipo habitual. Beevor, p. 211, la menciona e incluso da una referencia al archivo presidencial (la única que contiene su obra). Como coincide exactamente con la que ofreció años antes Rybalkin (p. 77) hay que suponer que la habrá tomado de éste sin reconocerle como fuente. Algo que, desde el punto de vista británico, no sería *fair play*. Tengo también la sospecha de que Beevor ha bebido de Rybalkin más de la cuenta, sin especificarlo. Las siete referencias que da a los archivos centrales del Ministerio de Defensa (pp. 719, 731 y 736) figuran en las fuentes de Rybalkin (pp. 77-79, 101). Esto es significativo porque los archivos departamentales no suelen ser accesibles, con la única y parcial excepción del Ministerio de Asuntos Exteriores. Por último las referencias de Beevor al GARF (pp. 727 y 728) también figuran en Rybalkin (pp. 102 y 33, respectivamente). Con todo, Beevor –militar de carrera y que por consiguiente debería tener olfato para situaciones política y logísticamente complejas– no atribuye a la decisión ninguna significación especial ni se cuestiona cómo pudo adoptarse tan rápidamente.

38. Guillem Martínez Molinos es de la opinión que la reducción de precio era irrelevante en el contexto. Lo importante era tener la posibilidad de retirar la mercancía y transportarla. Probablemente los suministros se hicieron a crédito.

cómo podía conocerse en prácticamente tiempo real, la necesidad acuciante que los republicanos sentían de tal producto. Por otro lado, no es necesario ser un militar o diplomático experimentado (basta con ser un modesto funcionario o saber mínimamente cómo funciona la Administración) para reconocer que una decisión a tan elevado nivel tuvo que implicar por necesidad algún tiempo de preparación. Es improbable que Giral llamase por teléfono a Molotov. Para solicitar armas se había servido del medio más modesto que era un telegrama al embajador soviético en París.

Pues bien, en el Politburó se tomaron cartas en el asunto de manera no ya urgente sino urgentísima. Apenas si medió tiempo entre la petición española a Londres y la reacción, ¿inesperada?, de los soviéticos. Todo se hizo a una velocidad tal que recuerda la decisión casi instantánea de Hitler. Mientras no se demuestre documentalmente el proceso de preparación sólo cabe plantear interrogantes. ¿Existía algún agente de los servicios de inteligencia soviéticos en el entorno próximo al Gobierno republicano? ¿Había llegado directamente al Kremlin, y cómo, conocimiento de la petición española? Esta alternativa no puede descartarse porque, al fin y al cabo, «alguien» tuvo que decidir solicitar combustible a Francia. Ahora bien, cabe especular algo más: ¿Se trataría por ventura de una información que procedía de Londres? ¿Serían los agentes soviéticos en el propio Foreign Office quienes filtraron la solicitud, antes de que el Consejo de Ministros británico se pronunciara?[39] Dejemos constancia de todos estos interrogantes a manera de pistas que otros autores podrán seguir en el futuro.[40] Lo único que parece claro es que tal envío, si se produjo, debió de ser a bordo de un barco soviético porque por aquellas fechas no había petroleros

39. Es notorio que uno de los cifradores del Foreign Office, John Herbert King, trabajaba para el INO. Se le descubrió a raíz de la huida de Krivitsky a Occidente (Roewer *et al.*, p. 237). En lo que se refiere a los archivos rusos no he visto, para tal período, indicaciones sobre informes procedentes de agentes afincados en España. Ello no obstante, Slutsky (quien en 1936 era el jefe del INO) había estado años antes en la Península (*ibid.*, p. 425) cuando era *rezident* en Berlín y responsable de las operaciones encubiertas en Europa.

40. Lo que sí cabe descartar son «cuentos chinos» como el que refiere Amba (p. 28) de que ya el 23 de julio salió una primera expedición de aviadores soviéticos en la que él participó. Jesús Salas (p. 199) le menciona en la batalla de Madrid, meses más tarde. Esto significaría que habría ido a España bastante más tarde de lo que afirmó tan exótico tejedor de leyendas que, por cierto, no han penetrado en la literatura.

españoles en aguas soviéticas o en las cercanías. Aludiremos a esta cuestión más adelante.

Teóricamente la decisión entre los miembros del Politburó podría ser consecuencia del seguimiento de los acontecimientos de España. La Comintern, como veremos más adelante, los seguía al minuto. Se ignora hasta qué punto lo hacía el Sovnarkom. El último documento soviético que hemos localizado con reflexiones sobre la situación política española data del 14 de junio, un mes antes. ¿Hubo otros? En tal fecha un tal Tz. Kin preparó un informe, extremadamente interesante, que envió, entre otros, a Litvinov y Krestinsky así como al Departamento de Prensa e Información del NKID. Dado que hasta ahora los únicos informes que se conocen son los emanados de los agentes de la Comintern en Madrid es reconfortante comprobar que, como es lógico, España no era totalmente ignorada dentro del Ministerio de Asuntos Exteriores, con independencia de que todavía no hubiera establecidas embajadas recíprocas. Sin embargo, el informe de Kin permite pensar que estudiar la evolución española no era una ocupación diaria de los diplomáticos soviéticos. Kin dio un repaso a la misma desde las elecciones del Frente Popular en lo que parece haber sido una especie de balance un tanto analítico y, por fortuna, sin estar lastrado por la pesada jerga ideológica del momento. Sus rasgos dominantes fueron la constatación de un crecimiento de la inquietud popular en las ciudades y en el campo (denominada «lucha revolucionaria») y un aumento de la reacción fascista (este calificativo es del original y lo entrecomillaremos en este breve resumen), que había sido derrotada electoralmente pero no destruida.

Kin subrayó que inmediatamente después de las elecciones la agitación campesina se había encrespado y adoptado formas agudas. Se había manifestado en la expropiación fáctica de ciertas propiedades en zonas de latifundios con el resultado que en pocos meses más de 60.000 campesinos habían entrado en posesión de tierras, tantos como en los años de la «revolución» (es decir, del bienio republicano-socialista). El Gobierno se había visto obligado a legalizar tales acciones al tiempo que la lucha de clases adquiría tonos más violentos. En ocasiones se había derramado sangre. Las fuerzas de orden público habían actuado contra el campesinado. En otras, la Guardia Civil (sic: gendarmería) y los «fascistas» habían cometido asesinatos. Sabemos por las confidencias que Goicoechea hacía a los italianos en aquellos momentos que tales afirmaciones tenían un componente de verdad.

La conflictividad social aumentaba y el Gobierno había tenido, en parte, que contemporizar con las peticiones populares. Había habido una amnistía. Se había obligado a las empresas a reaceptar en sus puestos de trabajo a trabajadores despedidos por motivos políticos durante el bienio negro (añadamos nosotros que ésta era una de las decisiones que más habían soliviantado a la colonia británica, al menos en Canarias). Se había aumentado el salario medio en el sector metalúrgico. Se había actuado contra la Falange. El Gobierno también había hecho concesiones a la derecha. Entre las más importantes figuraba una muy precisa: los generales Franco y Goded (que, según afirmó Kin, habían intentado organizar un golpe de Estado tras las elecciones) no habían sido detenidos sino que se les había enviado a las provincias. En otras ocasiones, los republicanos votaron contra el PSOE y el PCE en las Cortes, donde la recalentada atmósfera reflejaba la situación relativa entre derechas e izquierdas.

En estas condiciones, los ataques contra elementos significados de estas últimas y contra las masas obreras permitían pensar que se acentuaban las contradicciones sociales y la inestabilidad política. La reacción («el fascismo», tal y como se expresaba Kin) se mantenía indemne y se había refugiado en las fuerzas armadas y en las instituciones del Estado, sobre todo en la magistratura, donde las depuraciones habían sido muy limitadas. Era imposible afirmar que el Gobierno republicano actuaba enérgicamente contra él por el mero hecho de proceder contra los falangistas cuando apenas si hacía nada para contener la violencia de la reacción, agazapada en el aparato del Estado.

Kin llamó la atención sobre las disensiones en el PSOE entre los centristas y la izquierda socialista. Se habían agudizado en temas tales como la participación o no en el Gobierno, la creación de un frente único proletario y la actitud ante los partidos burgueses. Estaba en juego, en último término, la definición del carácter y objetivos del Frente Popular. En tales condiciones era difícil predecir lo que pudiera ocurrir. La amenaza fascista era seria. La Iglesia, los terratenientes y el capitalismo financiero estaban bien atrincherados y dispuestos a lanzarse a la lucha política con el fin de romper la fuerza del movimiento obrero. Kin señalaba, con claridad, que «hay posibilidades de un nuevo golpe de Estado fascista y, en particular, de un golpe militar-fascista». Es la primera vez que hemos encontrado una afirmación de tal porte en un documento soviético interno.

Entre los problemas con los que el Gobierno había de lidiar figuraba en primer término la cuestión campesina. La reforma agraria continuaba pero no resolvería los problemas por sí sola. El «fascismo» haría todo lo posible para no perder posiciones en el campo y utilizaría sus métodos habituales de demagogia social, con el fin de obtener apoyos aprovechándose del atraso general del campesinado español. Las organizaciones «fascistas» habían preservado todos sus cuadros y la posibilidad de actuar en materia de agitación y propaganda.

Kin señalaba que a pesar del crecimiento del PCE (60.000 miembros) y del incremento de su papel político, y a pesar del giro hacia la izquierda y de la aproximación entre el PCE y la izquierda socialista, la unidad organizativa y política de la clase obrera no se había producido. La influencia del Frente Popular en el campo era insuficiente. La «revolución» agraria se producía de manera caótica y espontánea, sin dirección por parte del mismo. El PCE insistía en la confiscación de propiedades pero, bajo ciertos supuestos, cabía pensar que los partidos republicanos hicieran causa común con la derecha para bloquearla.

La pequeña burguesía, en particular, que se había desplazado hacia la izquierda, probablemente dudaría a la hora de maniobrar entre socialistas y anarquistas. No cabía excluir que «traicionara» (sic) al movimiento obrero y que hiciera todo lo posible para sabotear la creación de un frente proletario único. Con todo, Kin divisaba posibilidades al respecto. Existían importantes contradicciones entre los diferentes grupos capitalistas y, por otra parte, era constatable el gran éxito del PCE, situado a la izquierda de las masas socialdemócratas. Era preciso insistir, señaló, de forma consistente en la marcha necesaria hacia un frente único antifascista.

La conclusión fue relativamente optimista. España constituía uno de los eslabones más débiles del sistema capitalista en Europa y el éxito de tal estrategia abriría nuevas posibilidades para coordinar el movimiento obrero, los campesinos y las «nacionalidades» reprimidas bajo la dirección única del proletariado (AVP RF: fondo 010, inventario 11, legajo 53, expediente 71, páginas 13-16).

Ahora bien, de todo este análisis no se desprendía automáticamente una intervención activa del lado soviético. La situación no evolucionaba mal y, probablemente, la reacción en Moscú consistió en dejar que los acontecimientos siguieran su curso. Los agentes de la Comintern, cuyos informes han estudiado Elorza/Bizcarrondo, se cuidarían de todo lo necesario.

Lo que el informe de Kin muestra es, pues, un cierto interés, no mucho más, en las alturas del NKID por lo que ocurría en España. También lo había en otros Ministerios de Asuntos Exteriores occidentales pero ni siquiera en la Wilhelmstrasse o en la Gestapo, que había enviado camuflado a uno de sus agentes a la embajada en Madrid, ello hacía previsible la acción que surgiría tras el golpe militar.

Es verosímil que cuando se adoptó la decisión de suministro de combustible el 22 de julio los soviéticos la comunicasen al Gobierno de Madrid. Si la dieron a conocer rápidamente, lo cual no es absurdo, la petición de Giral al embajador ruso en París cobraría una tonalidad diferente. Sería entonces Madrid la que hubiese reaccionado al haber visto entreabrirse, quizá, una posibilidad en Moscú. Lo que sí se sabe (Martínez Molinos, 1987-1988, pp. 67-68) es que, de cara al suministro de combustible soviético, el dirigente socialista Toribio Echevarría[41] recibió hacia mediados de agosto instrucciones urgentes por radio de presentarse en París para tratar con la Soyuzneftexport —la compañía exportadora de petróleo— la cuestión de los abastecimientos a la República.[42] Es un tema al que regresaremos posteriormente.

Con todo, ni siquiera cabe pensar que la medida implicaba una intervención inmediata en los acontecimientos de España. Hubiera sido sorprendente, a pesar de que Stalin cuando quería decidir lo hacía con gran rapidez tras valorar todos los factores y detalles.[43] Que las impli-

41. Echevarría p. 423. Guillem Martínez Molinos considera que su viaje, pocas semanas antes de su nombramiento como director general de la CAMPSA republicana (*Gaceta* del 10 de septiembre de 1936), tendría que ver con la necesidad de ultimar detalles y firmar el nuevo contrato, que ya habrían bendecido instancias superiores gubernamentales. Echevarría fue también consejero del Estado en el Banco de España durante la guerra civil (*Gaceta* del 20 de septiembre).

42. La empresa soviética era un suministrador tradicional del mercado español desde antes de la implantación del Monopolio en 1927. Echevarría fue el primer delegado en la CAMPSA republicana, nombrado por Indalecio Prieto, a la sazón ministro de Hacienda, en mayo de 1931. Dimitió en septiembre de 1933. Había co-gestionado el importante contrato –suponía sobre el papel casi 2/3 del consumo español– para el suministro de derivados petroleros soviéticos durante tres años prorrogables. Tales productos se importaban ya por cierto durante la dictadura primorriverista. El Gobierno denunció el contrato en noviembre de 1934. Los cargamentos finales habían llegado a puertos españoles pocos meses antes de la sublevación. Agradezco todos estos datos a Guillem Martínez Molinos.

43. Stalin era un trabajador empedernido, con jornadas de trabajo que llegaban a 16 o 17 horas. Dotado de memoria prodigiosa, se empapaba de todos los detalles de cualquier expediente (Chinsky, pp. 12, 33 y 57).

caciones eran limitadas, se puso de relieve pocos días más tarde. La inicial petición a través de la embajada soviética en París no quedó aislada, en efecto. Antes al contrario. El Gobierno de Madrid insistió en sus gestiones, aunque esto es algo de lo que tampoco hasta ahora se haya tomado noticia en Occidente. Fernando de los Ríos, a quien nadie en su sano juicio podría caracterizar como socialista pro-soviético, apremió al embajador de la URSS en París para que Moscú suministrara con toda urgencia material de guerra de cualquier forma que les pareciese conveniente, incluso desde Francia. Si bien esta última referencia es un tanto críptica, De los Ríos se mostró dispuesto a ir a Moscú y firmar en la capital soviética los acuerdos oportunos.[44] Innecesario es señalar que nada de ello podría haberse hecho sin el visto bueno o la impulsión de Madrid. Por desgracia las comunicaciones entre la embajada republicana en París y el Ministerio de Estado al respecto no se han localizado.[45] De los Ríos no hizo jamás, que yo sepa, la menor alusión a aquella idea, sin duda políticamente incorrecta para su imagen ulterior como embajador en Washington y, *a fortiori*, tras la guerra civil.

Tenemos, pues, que desde fecha muy temprana, bien de forma autónoma o como reacción a una medida que en Madrid debió de considerarse prometedora, el Gobierno acudió a los soviéticos en demanda de material de guerra. Nada permite pensar que este episodio, poco iluminado, se separe de la lógica que seguía la República al multiplicar sus peticiones, a diestro y siniestro, con el fin de obtener material de guerra. Las últimas gestiones de De los Ríos debieron de acontecer en los últimos días de julio o primeros de agosto porque el 6 de este mes el famoso periodista Mijail Koltsov, de *Pravda*, recién llega-

44. Sorprende que nada de esto haya penetrado todavía en la historiografía occidental. Que no se mencione en la última biografía de De los Ríos es comprensible pero tampoco lo indican Beevor, Kowalsky y Schauff, que han leído a Rybalkin.

45. Sí se ha localizado un telegrama de la embajada soviética en París el 26 de julio en el que se daba cuenta de una entrevista con Malraux, que regresaba de España. Según dijo a los rusos había hablado con Giral y varios ministros. Le habían comunicado que el Gobierno no disponía de más de 2.000 bombas de aviación. Los franceses iban a enviar aviones (unos veinte). Los españoles necesitaban urgentemente 30 pilotos que el Gobierno francés no podía proporcionar. La ilusión madrileña era tal que se había dicho a Malraux que con media docena de pilotos podrían arreglarse (RGASPI: fondo 558, inventario 11, legajo 214, página 29). A no ser, claro está, que Malraux se lo inventase. Este telegrama se remitió a Stalin y se ordenó a la embajada en París que enviara más información.

do a París camino de Barcelona, se vio asaltado por el hijo de Giral. Éste le comunicó que la República necesitaba mandos, pilotos y bombas de aviación.[46] Podemos comprobar independientemente la verosimilitud de esta información pues por el informe de Ovalle del 24 de agosto se sabe que en los primeros días de tal mes el hijo de Giral se encontraba, en efecto, mezclado con múltiples gestiones para adquirir material.[47] Innecesario es señalar que estas *démarches* estaban desprovistas de connotaciones ideológicas. De lo que se trataba era, exactamente, de comprar armamento, como se había intentado en otros países.

Poco más tarde, uno de los agentes de la NKVD incrustado en la embajada de París escribió a sus superiores que los republicanos parecían dispuestos a aceptar cualesquiera condiciones con tal de recibir ayuda lo antes posible.[48] Aún pasaría algún tiempo antes de que Stalin se decidiera. Como veremos en el capítulo quinto el comisario adjunto de Asuntos Exteriores, Nikolai Krestinsky, le había escrito el 9 de agosto informándole de cuál sería la mejor forma de reaccionar a las peticiones republicanas.

La inicial respuesta soviética

La postura de Moscú evolucionó de forma muy diferente a la descrita en los casos anteriores, aunque el fantasma de la inmediata intervención comunista en los asuntos españoles había moldeado siempre

46. Koltsov no dice nada de ello en su diario. Hay una cierta controversia en la literatura sobre si acudió a España en calidad de periodista o como agente de Stalin (se sabe que su colega Ilya Ehrenburg envió a este último desde Cataluña varios informes en aquella época). En el caso de Koltsov parece evidente que su inmediato contacto con el hijo de Giral debió de exigir una preparación previa en la que probablemente intervinieron las embajadas soviética y republicana en París. No se ha localizado hasta ahora la base documental que la alumbre.

47. El informe dice así: «Me apercibo que un muchacho joven que luego supe se llamaba Giral, hijo del ministro del mismo nombre, estaba tratando con un individuo de los "débrouillards" antes citados, Croix de Feu, y que yo conozco bastante bien».

48. También corresponde a Rybalkin (p. 28) el honor de haber descubierto este tipo de gestiones. Por otro lado, entre los especialistas rusos circulan rumores de que los servicios de inteligencia soviéticos sabían, como era el caso de los italianos y británicos, que en España se estaba preparando un golpe. Por desgracia no se dispone todavía de evidencia al respecto.

las valoraciones y posicionamientos de la derecha levantisca. Franco estaba obsesionado con él desde fecha temprana.[49] Sin embargo, observadores como el embajador francés Herbette no habían atribuido significación particular a la agitación comunista, aunque éste, que había representado a Francia en Moscú durante cerca de siete años, terminó siendo un anticomunista y un pro-franquista furibundo. Desde el comienzo de su misión en Madrid en 1931, había apuntado más bien a los peligros que para la República podrían derivarse de los anarquistas, algo en lo que también abundaría su colega norteamericano Claude G. Bowers.

El Gobierno republicano había tardado mucho tiempo en establecer relaciones diplomáticas con la Unión Soviética hasta el punto que España era uno de los pocos países que más se retrasaron en reconocer al Estado soviético. En ello se diferenciaba de distinguidos exponentes del capitalismo occidental que ya lo habían hecho, olvidada su propia intervención armada en la guerra civil rusa. Entre los que más habían resistido se distinguía por derecho propio Estados Unidos que por fin las estableció en noviembre de 1933, no sin vencer ciertas dificultades, conceptuales, políticas y, no en último término, burocráticas (De Santis, pp. 27-29; Glantz, p. 19s).

La ausencia de relaciones diplomáticas es significativa porque el Gobierno español, tanto durante la dictadura primorriverista como en el «bienio negro», no era más fervientemente anticomunista que los de Francia o el Reino Unido, que sí las tenían desde años, aunque su establecimiento en el caso del primero se produjo tras una larga pugna interna en la que se distinguió, luchando a su favor, el entonces periodista Jean Herbette. Para una amplia gama de la derecha española, que en ello mantenía muchos de los prejuicios y visión de las relaciones internacionales de la época monárquica, al establecimiento de relaciones con la URSS se le otorgaba una significación especial. La derecha pensaba que con una embajada en Madrid, el trabajo disolvente de los comunistas se vería grandemente facilitado. Es una interpretación que aflorará incluso en los comienzos de la transición democráti-

49. Como se refleja, por ejemplo, en sus apuntes (1987), pp. 21, 24s, 31. Uno de los grandes «genios» de la propaganda franquista, Bolín (a quien se le debería, entre otros, el haber nutrido desde sus comienzos las mentiras sobre la destrucción de Guernica) no tendría empacho en destacar, en fecha tan avanzada como 1967, que ya en junio de 1936 los rusos habían desembarcado armamento en Sevilla y Algeciras, amén de instrucciones para un golpe (p. 151 y 177).

ca cuando en 1977 se reabrieron embajadas tras el largo paréntesis del franquismo. No debe extrañar, pues, que al menos al nivel diplomático los soviéticos hicieran alguna que otra gestión. Kowalsky (pp. 14s) recuerda a este respecto sugerencias de Krestinsky y del propio Litvinov, autorizado por Stalin. No llegaron a mucho porque en el primer bienio la conjunción republicano-socialista tenía temas más importantes en los que invertir capital y prestigio políticos y no merecía la pena gastar pólvora en salvas.

Según las investigaciones de Martínez Molinos una de las armas de que se sirvieron los soviéticos para tratar de inducir un cambio en la actitud española fue la política petrolífera. Tras la denuncia del contrato de suministro en noviembre de 1934, el Gobierno de Madrid intentó reanudar las relaciones con la URSS en este ámbito sensible en el marco de un acuerdo comercial que contemplara la compensación con exportaciones de productos españoles. Fue un fracaso total. Los soviéticos exigieron previamente a cualquier negociación el intercambio de embajadores. Por otro lado, las posibilidades disminuyeron.

Había, naturalmente, intelectuales españoles más o menos izquierdistas proclives al establecimiento pero en ello coincidían con otros que no lo eran. Entre estos últimos figuraban, por ejemplo, Gregorio Marañón y Jacinto Benavente. De hecho, no fue hasta julio de 1933 cuando el entonces ministro de Estado, Fernando de los Ríos, apoyado por Indalecio Prieto logró despejar las últimas dificultades. Se intercambiaron cartas que reflejaban el reconocimiento mutuo pero no llegaron a abrirse embajadas. Por parte soviética, el embajador designado fue el antiguo comisario del pueblo para la Instrucción Pública y personalidad muy conocida en el extranjero, Anatol V. Lunacharski. En noviembre Litvinov le informó en París sobre su futura misión pero falleció en diciembre antes de trasladarse a España. Por parte española, se había pensado enviar a Moscú al periodista socialista de izquierdas, y a la sazón embajador en México, Julio Álvarez del Vayo, pero la caída del Gobierno Azaña no lo permitió. Bajo el Gobierno Lerroux los españoles plantearon una serie de dificultades que dilataron aún más el intercambio de embajadores.

Fue el delegado permanente español ante la Sociedad de Naciones, Salvador de Madariaga, uno de los actores que más influyeron, en su caso mediante gestiones ante los países latinoamericanos, para que la Unión Soviética fuese admitida en septiembre de 1934, mientras que los británicos se empeñaban a fondo en el mismo sentido con los países de la Commonwealth. La URSS ingresó por fin tras un áspero debate en el cual sobresalieron por su feroz oposición el representante suizo, Giuseppe Motta, y el portugués (Dullin, 2001, pp. 226s). Posteriormente, se produjeron algunos intentos adicionales, también a través de Madariaga. No dieron resultado.

El intercambio de embajadas ha de verse desde la perspectiva de las dos partes. Las asociaciones de amigos de la URSS (había muchas) lo reclamaban pero el Gobierno republicano tenía otras cosas en que pensar. Esto no significa que se hubiera olvidado del mundo exterior.[50] Desde el punto de vista soviético se era consciente del valor simbólico de regularizar la situación, que naturalmente tenía que crear alguna molestia en el NKID. Pero, aparte de ello, no da la impresión que España hubiese despertado demasiado interés entre los rectores de la política exterior y de seguridad soviética. Autores que han hecho calas en su formulación, como Haslam, Kowalsky y Schauff, no parecen haber encontrado pruebas documentales que permitan inferir que España se acercase, ni siquiera remotamente, a los intereses centrales en torno a los cuales definían las mismas. El informe Kin que ya hemos mencionado tampoco permite inferirlo. La ausencia de embajadas significaba que, en la hipótesis de que actuaran en España agentes de inteligencia soviéticos, como lo hacían los alemanes, franceses, italianos y británicos, no gozarían de protección diplomática de ningún tipo.[51]

La situación era diferente vista desde el ángulo de la Comintern, que sí contaba con agentes en Madrid desde hacía años. Aunque los diferentes pivotes en que se sustentaba la proyección internacional de influencia soviética estaban subordinados a Stalin, no siempre coincidían sus intereses inmediatos ni tampoco lo hacían sus tácticas. Las

50. No es fácil entender las razones por las cuales Payne escoge este tema para dirigir sus baterías contra Azaña. En unas declaraciones de abril de 1936 a Ehrenburg el presidente de la República afirmó que le hubiera gustado visitar la URSS el año anterior (cuando estaba en la oposición) porque su régimen era una «garantía de paz». Ello da pie al distinguido historiador norteamericano para indicar que Azaña demostraba así que «su capacidad de percepción no era más aguda en los asuntos extranjeros que en los nacionales». Es evidente, no obstante, que en 1935-1936 la URSS no generaba ningún peligro de agresión directa contra Occidente. Era la época en que el Kremlin apostaba por la seguridad colectiva y cuando Litvinov triunfaba en toda la línea.

51. En la preparación de este libro no he buscado información fidedigna para identificar agentes franceses pero, indudablemente, también existían.

zancadillas y los encontronazos estaban a la orden del día. Los diplomáticos soviéticos trabajaban en una atmósfera enrarecida en la que la orientación de Litvinov se veía entorpecida desde los sectores fundamentalistas del PCUS o de la Comintern. No se ha encontrado todavía constancia documental de que Stalin hubiese prestado un interés particular hacia España antes del golpe.[52]

Elorza y Bizcarrondo han estudiado documentalmente la política de la Comintern de cara a la evolución española antes del golpe militar así como la interacción del PCE con otros partidos de la izquierda. De su análisis cabe desprender varias notas: el seguimiento regular y sistemático que se hacía en la central de Moscú de las mil y una facetas en que se reflejaba la actuación de un partido con escasa capacidad de influencia sobre su entorno, aunque sí podía generar efectos de arrastre; la manipulación de su actuación en un contexto social y político que o no se entendía en la capital soviética o se contemplaba con anteojeras muy estrechas; el entrecruzamiento de posiciones ideológicas diversas, de lo que se desprendían consideraciones muy diferentes para la acción. Ambos autores, como Kowalsky y tantos otros, señalan la importancia que para una mejor comprensión de la ulterior política soviética tuvieron las decisiones de la Comintern que abrieron la estrategia de Frentes Populares.

La IC tenía tras de sí una complicada historia de giros estratégicos y adaptaciones tácticas, de pendolazos hacia la derecha o a la izquierda que diseñaban un puzle no siempre fácil de interpretar. En un libro no demasiado logrado, Payne ha tomado sobre sí la ímproba tarea de mostrar a los españoles la verdad de lo que, en la guerra civil, se les vendría encima. Afirma a tal efecto:

> En diciembre de 1921 [la IC] había adoptado la estrategia revolucionaria del «frente unido desde abajo», lo que se traducía en el objetivo de formar «frentes unidos» comunistas directamente con trabajadores que pudieran pertenecer a otros sindicatos o partidos, saltándose completamente las estructuras organizativas no comunistas [...] La política soviética en el extranjero se hizo menos activa durante 1924, año en el que Stalin introdujo la doctrina del «socialismo en un solo país» [...]. La primera tarea de los comunistas en el extranjero consistía aho-

52. Otra cosa es después. Payne, no obstante, apunta (p. 177) connotaciones un tanto siniestras: «Mucho antes [de la reunión del Politburó del 21 de agosto] Stalin había mostrado un gran interés en la política con respecto a España». Sin documentar.

> ra en defender a la Unión Soviética; al lado de ello, el objetivo de fomentar la revolución en el extranjero, aunque seguiría vigente, pasaba a un segundo plano. En las relaciones con los partidos obreros de otros países, el Comintern introdujo en 1924 la táctica del «frente unido desde arriba», abriendo el camino a las fusiones negociadas, antes que a los intentos subversivos de tomar el poder desde abajo (2003, pp. 14 y 16).

En realidad hay otra lectura posible. En 1921 la táctica adoptada fue la del «frente único por arriba», consistente en buscar el acuerdo con la dirección de la socialdemocracia para realizar la unidad de acción. Fue el momento de los intentos de atraer a los partidos socialistas a la recién creada organización mediante la adopción de las famosas 21 condiciones, de los intentos de extender la revolución a Hungría y a Baviera. Fue a partir de 1923, tras el relativo fracaso de las escisiones «terceristas» y el aplastamiento de las tentativas revolucionarias en Alemania por los gobiernos en que participaban los socialdemócratas, cuando se consolidó una línea de oposición a cualquier forma de colaboración con éstos que se materializó en el V Congreso (1924). La estrategia pasó a ser la del «frente único por abajo» (lo contrario de lo que afirma Payne), es decir, la unidad de acción bajo la dirección comunista con las bases socialistas sin contar con los dirigentes de éstos, a los que se pretendía desenmascarar como «socialtraidores». En 1925 se produjo un nuevo giro hacia el «frente único por arriba», debido a la alianza circunstancial de Stalin con Bujarin en contra de la «oposición de izquierda» liderada por Zinovev y Trotsky. Terminaría con la caída de estos últimos y el triunfo de las tesis del «socialismo en un solo país». Por último, un nuevo viraje ultraizquierdista fue adoptado por el VI Congreso (1928), a la vez que se eliminaba a Bujarin en el contexto de un supuesto peligro de guerra contra la URSS, se procedía contra el trotskismo y se iniciaba la colectivización forzosa. Fue a partir de este momento cuando se acuñó el término «socialfascismo» y se propugnó la consigna del «frente único por la base». Ésta era la línea que, según Stalin, correspondía a lo que denominó el «tercer período» del capitalismo (después de su implantación a lo largo del siglo XIX y de su fase monopolista-imperialista) y que se caracterizaría por la lucha de «clase contra clase».[53]

53. En honor a la verdad hay que reconocer que Payne expone «su» visión de la evolución de la Comintern con más detalle en las pp. 37-41 pero dado que parte de presupuestos erróneos, el resultado es un pequeño lío, inaceptable en quien pretende

En el VII Congreso de la IC, que tuvo lugar en los meses de julio y agosto de 1935, se dio un giro dramático en el plano conceptual.[54] Estuvo basado en la constatación de que los comunistas se veían enfrentados a peligros contra los cuales no podían hacer frente con éxito si confiaban exclusivamente en sus propias fuerzas. Necesitaban aliados y debían buscarlos allí donde pudieran encontrarlos. Se trataba de englobar a sectores muy varios que incluyesen no sólo a los obreros y campesinos sino a la pequeña burguesía, a los intelectuales, a los pacifistas y a los antifascistas de toda laya. En definitiva, se iniciaba la estrategia que abrió las compuertas a la formación de «Frentes Populares» (con gran éxito en Francia, España y Chile). En tal estrategia se reflejó la solución dada a un doble problema: cómo navegar en un entorno caracterizado por la emergencia de amenazas no desdeñables y cómo abordar las consecuencias operativas de la naturaleza ambivalente de la acción exterior de la URSS: en su origen un Estado revolucionario de nuevo cuño, debía sobrevivir en un entorno internacional no revolucionario, sobre el cual pendían la amenaza nazi y la frialdad de las potencias democráticas. Obligada a transigir con la relación de fuerzas en el exterior, la Unión Soviética extraía consuelo y apoyo de los movimientos favorables a la futura y postergada revolución. El primer deber de éstos estribaba en sostener a todos los Gobiernos que aplicasen un programa de lucha contra el fascismo y contra la guerra y, al hacerlo, apoyar los esfuerzos de la propia Unión Soviética. A la par, se subrayaba la necesidad de movilizar todas las iniciativas para asegurar el éxito de la revolución proletaria mundial, según declaró retóricamente Dimitrov.[55] Pero, como señala Haslam (pp. 58s),

---

fundamentar sus discutibles tesis sobre la sovietización de la República en el implacable mecanismo de la subordinación mecánica de los PPCC a los intereses moscovitas, tal y como los planteaba la Comintern. Mucho más claros son Elorza y Bizcarrondo en su obra ya clásica. Agradezco la tutela de Fernando Hernández Sánchez para navegar por las traicioneras aguas de la ideología comunista de la época.

54. Había estado precedido, cosa que se olvida con frecuencia, del acuerdo de julio de 1934 entre el PCF y la SFIO, que acercó a los dos grandes partidos de la izquierda francesa (Haslam, p. 55).

55. La embajada francesa en Moscú presentó su análisis más o menos en tales términos en un informe del agregado militar de 26 de agosto de 1935. SHD: legajo 7N 3122.

el descontento con la nueva orientación fue apagado. El movimiento comunista internacional pasó de una rigidez sectaria total a la completa improvisación. Viejos dogmas y principios considerados otrora sagrados fueron machacados como si fuesen iconos arcaicos representativos de tiempos superados ampliamente y barridos del suelo del congreso en una atmósfera de desesperación inducida por la dominante amenaza que emergía de la Alemania nazi. El movimiento comunista internacional debía movilizarse en su totalidad de cara a una guerra en alianza con antiguos y futuros enemigos.

Aunque la ambivalencia subsistía, algo consustancial con la política exterior soviética, no parece inadecuado afirmar que el VII Congreso fue una de las consecuencias de un viraje previo de gran calado propinado a la primera. La IC iba a la zaga no en la vanguardia. Tal viraje se remonta a diciembre de 1933, cuando el Politburó empezó a jugar seriamente la carta de la seguridad colectiva. La crisis en Austria, con el fallido intento subversivo hitleriano, y las ventajas que poco a poco fue mostrando la política internacionalista de Litvinov, terminaron reflejándose en la IC y en la suavización de su actitud hostil hacia los partidos socialistas. La llegada de Dimitrov, aureolado por su triunfo ante el tribunal de Leipzig que le exoneró de la acusación de haber estado involucrado en el incendio del Reichstag, precipitó el cambio. Su plasmación en los países que lo experimentaron estuvo más bien anclada en razones endógenas[56] que en la dirección moscovita, pero el hecho es que la estrategia de la Comintern se alineó en tal coyuntura con la del NKID: ambas apuntaban en la misma dirección e identificaban el mismo peligro, un fascismo ascendente que amenazaba los intereses de seguridad de la Unión Soviética (Haslam, pp. 29, 52-54, 59).

Si bien todavía no se han documentado adecuadamente las reflexiones inmediatas sobre el golpe militar que se hicieran en el seno del Politburó o del Sovnarkom de cara al golpe, al menos sí se conocen en grandes líneas las de la Comintern, que Elorza y Bizcarrondo han des-

56. Ésta no es la obra en que pueda examinarse tal proceso. Baste con señalar que Vidarte (p. 25) reivindica para sí la idea de creación del Frente Popular en una carta dirigida a Prieto en fecha tan temprana como el 20 de marzo de 1935, meses antes del famoso congreso de la Comintern. Barranquero ha subrayado el antecedente de Málaga con la creación de un frente único antifascista en 1933 que llevó a las Cortes al médico comunista Cayetano Bolívar.

velado. Se trata de una aportación muy importante pero que por sí sola no permite reconstruir toda la historia. Es relevante destacar que, en el marco de sus operaciones de captación y descifrado de comunicaciones diplomáticas y de inteligencia, los servicios británicos habían prestado una atención especial a la Comintern, cuyos mensajes interceptaban. Hoy se encuentran disponibles en los archivos nacionales londinenses. Esto significa que, de todos los países cuyos Gobiernos definieron los parámetros dentro de los cuales se lidió en el plano internacional con las consecuencias del golpe militar, fue el Reino Unido el que estaba en posesión de las mejores cartas pues a las comunicaciones de la Comintern añadía el conocimiento de las francesas, norteamericanas, italianas y republicanas.

Aquí no podremos realizar un análisis de tales interceptaciones (conservadas en TNA: HW 17/26). Su lectura, al menos de las que se refieren a la primavera de 1936, permite inferir que ya en fecha temprana se pensaba en Moscú en la posibilidad de golpes de Estado reaccionarios (mensaje del 26 de febrero) o de una revuelta anarquista (mensaje del 9 de abril).[57] No estaba en el orden del día la creación de un poder soviético. Lo que contaba por el momento era el fortalecimiento del Frente Popular y el establecimiento de un régimen democrático que permitiese poner un valladar al fascismo y a la contrarrevolución. Los choques con las fuerzas del orden público debían evitarse (mensaje del 2 de junio) porque resultaban contraproducentes, comprometían al Gobierno y favorecían a los elementos contrarrevolucionarios que, con sus provocaciones, trataban de impedir la puesta en práctica del programa del Frente Popular. Había que organizar a las mujeres y evitar herir por todos los medios sus sentimientos religiosos (15 de junio). Nada de esto hubiese permitido inferir a los analistas británicos que la Comintern estaba preparando un golpe comunista en España.

Una cosa son las intenciones. Otra las capacidades. Las veleidades revolucionarias o al menos de acción extraparlamentaria de algunos sectores de la Comintern, que las hubo, chocaron en cualquier caso con el susto que en Moscú deparó la agravación de la situación internacional tras la remilitarización de Renania y que puso una vez más

57. Esta idea puede parecer extraña. Sin embargo, si el libro de Canali ha demostrado algo es hasta qué punto el movimiento anarquista estaba infiltrado por agentes fascistas, mal que ello pese a los historiadores pro-libertarios.

sobre el tapete la conveniencia de subordinar la acción de los Frentes Populares en Francia y en España a las exigencias de la política de seguridad colectiva. Las comunicaciones de la Comintern recogieron fielmente dicho impacto (Elorza/Bizcarrondo, pp. 269 y 280s). A medida que la situación española se crispaba, el tono de las instrucciones de Moscú experimentó cambios. Así, por ejemplo, en un crucial mensaje del 17 de julio de 1936, la línea se puso más en sintonía con la evolución, se hizo más radical. Además de ordenar que el PCE mantuviese firmes las filas del Frente Popular se le pidió que adoptara todas las medidas que pudiesen contrarrestar la ascensión del fascismo. Entre ellas figuraban la detención de diputados conservadores, la confiscación de las propiedades de la aristocracia en liga con los conspiradores y el fortalecimiento de las milicias. Ahora bien, es obvio que en aquellos momentos ni el PCE ni sus escasos diputados, carentes además de poder sindical, determinaban la estrategia ni la táctica del Gobierno republicano. En realidad, la Comintern centraba su atención en un golpe anarquista, detrás del cual se encontraría oculta la mano de los auténticos conspiradores fascistas (sic). Nada de ello parecía preludiar la revolución para-soviética que poco después espejearon los diplomáticos y burócratas en el Reino Unido.[58]

La sublevación militar pura y dura puso a la Comintern frente a una nueva situación. La perplejidad moscovita se dejó traslucir en toda su intensidad cuando el 19 preguntaron acerca de la significación del nuevo Gobierno Giral, cuál era la situación en el ejército y si los partidos del Frente Popular actuaban solidariamente contra el golpe. Elorza y Bizcarrondo (pp. 294-297) han analizado el tráfico de aquellos días. En los mensajes de la capital española el tono era más bien tranquilizador. La rebelión, calificada inevitablemente de fascista, se venía abajo ante los embates de las fuerzas populares, en particular de las milicias. Pero Victorio Codovilla, responsable de tan miríficas valoraciones, pronto se vio obligado a atemperar su entusiasmo.

Uno de los aspectos que hasta ahora no se han considerado en la literatura es la convergencia que se manifestó, a los pocos días de esta-

58. Una de las características que quizá demuestre el tipo de comportamiento de Radosh y sus colaboradores es que se abstengan cuidadosamente de mencionar cualesquiera interceptaciones británicas anteriores al golpe. A no ser, claro está, que éstas no se hubiesen comunicado a Estados Unidos, en donde afirman haber visto las ulteriores. Los mensajes tras el 18 de julio se encuentran en TNA: HW 17/27.

llada la guerra, entre el Politburó y la Comintern, aunque las acciones concretas que se adoptaran por uno y otra discurrieran por cauces diferentes. Si el 22 de julio, como hemos visto, se acordó suministrar petróleo a la República, en la reunión del día siguiente, cuando el tema español se suscitó en el secretariado de la IC, nada menos que Dimitrov sentó la interpretación canónica a que se atendría la Comintern durante largo tiempo. La revuelta en España había creado una situación compleja. Pero esta situación no debía aprovecharse para avanzar por el camino de la dictadura del proletariado ni, mucho menos, para crear soviets. Hacer algo así sería un error fatal. (Entre paréntesis, esta afirmación, lógica pero innecesaria, podría indicar que en la IC existían corrientes que apuntasen precisamente en tal dirección.) Por el contrario, lo que había que hacer era *situarse bajo la bandera de la defensa de la República*, no abandonar en aquel momento las posiciones mantenidas por el régimen democrático, precisamente cuando las masas obreras disponían de armas. Había que aconsejarles que hicieran causa común con la pequeña burguesía, con los campesinos, con los intelectuales a fin de fortalecer la república democrática venciendo a los elementos fascistas y contrarrevolucionarios. Cuando esto se lograra, ya se vería. Entonces habría que avanzar resolviendo las cuestiones concretas que en tal momento se planteasen.

Dimitrov, con un ojo puesto en la situación internacional, advirtió en contra de las exacciones revolucionarias, precisamente las que en aquellos momentos ya distinguían la utopía anarquista en la práctica. Si la revolución se excedía, por ejemplo, confiscando empresas e industrias, la pequeña burguesía, los intelectuales y los campesinos darían la espalda a los comunistas, que no disponían de fuerzas suficientes para sostener la lucha.

Por último planteó el dilema operativo: ¿cómo actuar de cara al combate? ¿Desarrollando el sistema de milicias? ¿O creando un ejército nuevo en torno a los oficiales que habían permanecidos fieles a la República? Las implicaciones eran muy diferentes. Dimitrov se pronunció a favor de la segunda. Con razón, diremos nosotros. De cara a una parte del ejército en rebeldía, las masas desorganizadas no podrían oponer demasiada resistencia. Un Ejército popular, sí. Obsérvese que esto se afirmaba a la semana escasa de haberse producido el golpe.[59]

59. Éste es un documento importante (reproducido por Radosh *et al.* como número 5) pero que debe interpretarse con cuidado. Ha sido publicado en la colección

En consecuencia, al día siguiente de la reunión del secretariado de la IC, las instrucciones remitidas a Codovilla y al PCE contuvieron una orientación totalmente explícita a la que aludiremos en el capítulo quinto.

En los días finales de julio, cuando presumiblemente se estuviera digiriendo en Moscú la primera gestión de Giral a través de la embajada soviética en París, los informes ya describían un panorama complejo. Si a ello se añade la posible información privilegiada procedente de un agente que actuaba en el gabinete de Pierre Cot, se comprende la cautela de que entonces hizo gala la dirección soviética. Como veremos más adelante, a la luz de algunos documentos del servicio de inteligencia militar (GRU) y del análisis de las decisiones fundamentales del Politburó, sólo cuando a principios de agosto ya se veía que España se deslizaba por una pendiente lubrificada por la intervención fas-

Komintern, doc. 30. Da la impresión de que se trata de algo escrito rápidamente. Radosh ha procurado hacer astilla del mismo en todo lo posible. Así, por ejemplo, la parte en cursiva que se indica en el cuerpo del texto está mal traducida. La versión que da (*in the guise of defending the Republic* en lugar de *bajo la bandera de la defensa de la República*) es una interpretación extraída de su contexto y que choca con él. La traducción alternativa es la contraria a lo que dijo Dimitrov y que recoge correctamente Schauff, p. 124. Por razones extrañas, esta última versión correcta también aparece en Radosh *et al.* aunque relegada a una nota en la p. 515 («*under the banner*») sin explicación alguna de la discrepancia. Dimitrov, por lo demás, debió de espejear posibilidades teóricas. Es cierto que su intervención en el secretariado de la IC recogió la idea de que si se hubiese «tomado» la guarnición en el centro (¿Madrid?) «hubiéramos» podido dar un golpe de Estado y sustituir al Gobierno de Azaña. Esto lleva a Radosh a postular que tal era la intención oculta de la IC. Pero es una interpretación insostenible. La guarnición de Madrid fue dominada (algo que oculta Radosh) y tal circunstancia no desencadenó un golpe comunista que en modo alguno estaba sobre la mesa y que el PCE ni podía ni quería llevar a cabo. La referencia que Radosh afirma que hizo Dimitrov a las posibilidades que se hubieran abierto al PCE en Madrid no tiene sentido. Cito literalmente: «*The [rebellion] began in the army units in Morocco. If the garrison in the center had been seized* [¿por quién?], *we might, in the Bulgarian or Greek way, have carried out a revolution in twenty-four hours, overthrown the Azaña Government early in the morning, issued a manifesto from the new government, a real Republican government, and so on...*». Es más, Radosh no parece advertir la discrepancia entre una interpretación dictada por su *parti pris* y las instrucciones concretas que la IC envió seguidamente a sus agentes en España. ¿Cómo podía pensar Dimitrov que el PCE por sí solo hubiese podido dominar la guarnición madrileña en 24 horas?

cista a favor de los sublevados empezó a producirse un giro muy cauteloso en la postura del Kremlin.[60]

Con independencia de los resultados que los analistas británicos obtuvieran del examen del tráfico de la Comintern, ciertos sectores de la inteligencia militar del Reino Unido hicieron sus diagnósticos, que presumiblemente enviaron a los decidores fundamentales. Entre ellos no faltaría Eden como titular del Foreign Office. La importancia de estos informes no puede sobreestimarse lo suficiente. Combinan informaciones abiertas, las recibidas por los canales diplomáticos y, no en último término, las procedentes de fuentes veladas. En su conjunto ofrecen una visión generalmente fría y desapasionada de lo que estaba en juego en España. No han inspirado todavía, que yo sepa, la literatura y ni siquiera los cita la obra, por lo demás excelente, de Stone.

El Air Intelligence Service (AIS), en su primera reflexión sobre los acontecimientos en España, demostró que creía en la patraña de un golpe preventivo:

> El temor del partido militar a que los anarquistas y los comunistas fuesen a ganar rápidamente control del Gobierno de España, así como intereses fascistas, monárquicos y clericales, figuran entre los factores más importantes que condujeron a la revolución que estalló el 17 de julio de 1936.

En qué medida este diagnóstico reflejaba preconcepciones muy arraigadas es difícil de determinar. La imagen que el AIS difundía de lo que estaba ocurriendo tras el golpe militar debió de favorecerlas:

> Antes de la revolución, el Frente Popular ya daba signos de deterioro muy serios y el control del Gobierno sobre las fuerzas del orden público se debilitaba muy rápidamente. Este proceso de desintegración se ve acelerado ahora por la guerra civil. Da la impresión de que soviets

60. Quien siga la prensa de la época que aparecía en la zona franquista encontrará alegatos muy diferentes. En ellos se presentaba a los sublevados como si combatiesen directamente contra Moscú. Un ejemplo se encuentra en el *ABC* (Sevilla) del 6 de agosto, el mismo día en que llegó la primera expedición alemana. El conocido periodista Manuel Sánchez del Arco caracterizaba el avance por tierras de Extremadura bajo el título «Moscú ha perdido su última esperanza. España no será más que para los españoles». La lógica propagandista y exculpatoria del golpe con las bobadas sobre la conspiración comunista, «inspirada y dirigida desde el exterior, por la anti-España», la ha analizado recientemente Rodríguez Jiménez (pp. 226-234).

> locales como el proclamado en Barcelona se implantarán en otras ciudades. La FAI ha asumido un papel importante en la desintegración de la administración, que se intensifica a causa de la decisión del Gobierno de armar al pueblo. En comparación, los rebeldes, integrados por los militares, los monárquicos y el partido clerical, están bastante unidos.

La utilización acrítica de conceptos con acendrada carga emotiva en el plano ideológico (¡soviets en Barcelona!) hizo pasar a segundo plano la forzada por no decir forzadísima amalgama de anarquistas y comunistas en una misma facción. Éste era un error que podía explicarse en los casos de propagandistas, como el del general de Castelnau, y en los comentarios de prensa de la época. Era menos disculpable en el de analistas de inteligencia profesionales. Su mensaje central era que la República estaba en vías de desintegración mientras que los sublevados se presentaban unidos. Como veremos, en Moscú se hacía más o menos hacia el mismo tiempo una lectura diametralmente opuesta. Tanto británicos como soviéticos organizaron su percepción de la misma realidad a través de lentes etnocéntricas. No obstante, cabría señalar que mientras los rusos estaban lejos y su contacto con España había sido superficial, muy diferente era el caso de los británicos. En principio, conocían mejor España pero permitieron que sus prejuicios se superpusieran a un análisis frío de la realidad. No sería la primera, ni fue la última, vez en que un servicio de inteligencia diera una interpretación profundamente desenfocada de una realidad extranjera.

Otra cosa era, claro está, el análisis de los hechos. En la medida en que éstos eran determinables y, sobre todo, cuantificables la ayuda italiana a Franco se exponía correctamente en sus rasgos fundamentales y se mencionaba el empleo de, al menos, 14 bombarderos pesados y 10 cazas. En el caso de Alemania se destacaba la utilización de 10 y 6 aparatos respectivamente. Para Francia, antes de la aplicación de la política de no intervención, el AIS identificó 22 cazas y 6 bombarderos pesados. Lo importante es destacar que el AIS no había recibido informes confirmados acerca del suministro de armas y municiones por parte soviética. Era una trivialidad: no las había. Los analistas británicos no retrocedieron ante el riesgo de estimar las líneas esenciales del balance de fuerzas. Los rusos harían lo mismo y casi al mismo tiempo. Según el AIS, la mayor parte del Ejército, la mayoría de los oficiales de Aviación y la mitad de la Guardia Civil estaban con los sublevados. Del lado republicano habría quedado un número más elevado de aviones, aunque en su mayor parte obsoletos. Así, de los 72 bombarderos y 33 cazas identificados sólo 6 y 22, respectivamente, eran modernos. Los sublevados contaban con 34 bombarderos modernos (de 73) y 16 cazas de esta calidad (de 34). Por último, los republicanos carecían de bombas a principios de agosto.[61] Es difícil saber hasta qué punto estas valoraciones influyeron en el proceso de toma de decisiones del Gobierno británico. Una cosa es segura: no favorecieron en modo alguno una revisión de la política que ya se estaba aplicando hacia la República.

Como conclusión de esta reconstrucción del contexto en el cual el Gobierno de Madrid diseñó una serie de actuaciones en el plano exterior para apuntalar los esfuerzos contra la rebelión, cabe subrayar una vez más la asimetría de la respuesta por parte de las potencias democráticas y de la URSS, por un lado, y de las potencias fascistas por otro. En el plano político, diplomático y de suministros se había iniciado una dinámica en la que estas últimas tomaron claramente carrerilla. Las primeras se inhibieron por diversas razones, entre las cuales el temor a auxiliar un conato para-soviético en España no fue el menor. Francia, que tenía un análisis más diferenciado, no pudo y no quiso separarse de su aliado central, el Reino Unido. El único que no sintió la menor duda fue México pero ni por su lejanía, ni por su capacidad bélica o industrial podía constituir un canal adecuado por el que transitara un flujo de suministros que reforzase la capacidad de resistencia de unas fuerzas armadas profundamente desorganizadas. Ello hizo que la atención republicana se concentrara, desde el primer momento, en la obtención de armamento por canales subrepticios, detalladamente estudiados por Howson, así como en la habilitación de los medios necesarios para pagar tales adquisiciones.

Y en cuanto a la Unión Soviética, ¿qué? Se han destacado y analizado brevemente toda una serie de movimientos de piezas de ajedrez potencialmente importantes. La decisión sobre el carburante no es desdeñable. Pero las gestiones efectuadas desde el lado republicano, fuesen o no respuesta a la misma, hay que enmarcarlas en el cuadro de búsqueda desesperada de ayudas exteriores, en la que tantas puertas se cerraron a la República. Las espadas estaban en alto y lo que sí está

61. Todos los informes del AIS se encuentran en TNA: HW 22/1.

claro es que Stalin, a diferencia de Hitler y Mussolini no dio, en principio, un paso al frente.[62] Ello no obstante, el Gobierno de Madrid contaba con cartas que rápidamente puso en juego. Es lo que abordamos en el siguiente capítulo.

62. Ya afirmó Rojo (1967, p. 212): «es posible que la conexión España-URSS existiese antes de estallar el conflicto, a través de organismos políticos de ideología similar, de igual modo que existía entre los hombres del levantamiento y los países nazifascistas o de régimen político conservador o tradicionalista; pero es notorio que no había acuerdos de cooperación de tipo militar o revolucionario, porque de haberlos habido la ayuda habría surgido eficazmente desde el mismo mes de julio, como ocurrió en el campo de los adversarios del Gobierno».

4

Un tenue puente de oro

SI LA EXPERIENCIA de las primeras semanas de conflicto no fue muy positiva para los republicanos en el plano exterior, la que sufrieron en las siguientes en el plano interno no fue mucho mejor. Pronto resultó evidente que lo que había comenzado como una asonada sangrienta no podía contenerse. Las tropas más fogueadas de las fuerzas armadas españolas, el Ejército de África, implantadas rápidamente en el sur dieron comienzo bajo las órdenes de Franco a una vertiginosa marcha ascendente. Dejaron tras de sí un reguero de sangre. La recluta de marroquíes empezó de forma inmediata. En el primer mes y medio se incorporaron casi 10.000 guerreros. La lucha contra el comunismo ateo, el atractivo de las armas y de las compensaciones económicas, la sed de venganza y el hambre empezaron, entre otros factores, a actuar velozmente (El Merroun, pp. 39s y 52). En el plazo de pocas semanas este ejército fortalecido conectó con las columnas de Mola que descendían del norte y selló la frontera con Portugal. La continuidad territorial de una extensa zona sublevada hacía presagiar que el balance se inclinaba peligrosamente en contra de la República. Por lo demás, la aviación desmoronó la resistencia de las desorganizadas milicias. Los pilotos alemanes e italianos no tardaron en sumarse, con entusiasmo, a la tarea.

Negrín recordaría más tarde, en tonos casi épicos, los desafíos y las percepciones gubernamentales:

> Hombres patriotas, ciudadanos devotos del orden, de rancio abolengo republicano, que nunca utilizaron ni para trepar en la política ni para beneficiarse de la cosa pública, asumieron las ímprobas tareas del primer pe-

> ríodo de la guerra. Sortear las gigantescas dificultades de salvar, frente a un enemigo preparado a todo evento y apoyado en fuertes ayudas exteriores, a un Estado al que bruscamente se le robaba su sostén organizado; evitar que en un exceso de natural recelo popular se deformara un sistema indispensable de colaboración ciudadana en un régimen de turbamultas y se instaurara una oclocracia,* que hubiera significado inevitable derrota, y lograr prevenirlo sin debilitar por ello el *élan* del pueblo; iniciar en lo más álgido de la contienda la recuperación de un aparato de Gobierno descoyuntado por el choque de la revuelta fue, todo ello, tarea ciclópea que, con sólo imaginarla, hubiera acobardado ánimos hercúleos, pero que el entonces Gobierno acometió y encaminó con éxito (Álvarez, p. 154).

La última de las medidas que ilustró la estrategia con la que el Gobierno Giral se encaró con la sublevación se adoptó a los dos días de tomar posesión, es decir, el 21 de julio. Se trató de la movilización de las reservas, que se inició cuando Blum se planteaba atender a la petición de armamento.

Un dogal interno que se afloja

Las reservas se encontraban en el Banco de España, sobre todo en su central madrileña. Era entonces una entidad privada, como ocurría en numerosos países. A pesar de todas las acusaciones que la derecha había lanzado contra una República a su entender excesivamente reformista, por no decir cuasi-revolucionaria, no se había producido ningún movimiento significativo a favor de su nacionalización aunque la Comintern había abogado por ella en mayo de 1936 (Elorza/Bizcarrondo, p. 286). Ello diferenciaba la situación española de la británica en la que el banco emisor, epítome del capitalismo más quintaesenciado, se había enfrentado ya con tal riesgo. En marzo de 1926 el Partido Laborista había intentado, vanamente, iniciar un proceso nacionalizador que no dio mucho de sí.[1] El Frente Popular francés, por su parte, modificó los estatutos del Banco de Francia pero la nacionalización propiamente dicha no tuvo lugar hasta enero de 1946.

* Según el diccionario de la Real Academia, gobierno de la muchedumbre o de la plebe.

1. Hennessy, pp. 207s. En febrero de 1939 la posibilidad de una nacionalización en el Reino Unido volvió a evocarse pero ésta no se inició hasta 1945.

El Banco de España tenía la forma de una sociedad anónima, con un capital de 177 millones de pesetas. Estaba representado por 354.000 acciones nominativas de 500 pesetas cada una. Como entidad a la que el Estado había concedido el privilegio de emisión estaba sujeta a control. El Gobierno, por ejemplo, nombraba al gobernador y a los dos subgobernadores. También influía en el Consejo General, baluarte de la oligarquía financiera, compuesto por 21 miembros. De éstos quince eran elegidos por los accionistas, uno por los bancos y banqueros, otro por el Consejo Superior de Cámaras de Comercio y otro por las confederaciones agrícolas. El Gobierno nombraba a tres, a propuesta del ministro de Hacienda, como representantes del interés público.

España disponía en Madrid de cuantiosas reservas movilizables que, según el criterio que se aplique, pueden cifrarse entre 715 y 719 millones de dólares de la época, equivalentes a 635 o 639 toneladas de oro fino y, respectivamente, a 20.415.721 o 20.544.324 onzas troy. El importe en dólares no era una cifra secreta. El 7 de agosto, por ejemplo, *The New York Times*, lo expresó con exactitud en 718 millones. Los balances del Banco se publicaban normalmente y los círculos financieros internacionales podían seguir las oscilaciones del nivel de reservas. Las que cabía movilizar con facilidad se contabilizaban entonces por un importe de 2.188 millones de pesetas oro (aplicando otros criterios, 2.198 millones).

Respecto a su composición se sabe que en un 81 por 100 se trataba de monedas extranjeras (entre las cuales sobresalían los dólares —39 por 100—, las libras esterlinas —27 por 100— y los francos franceses —14,7 por 100). Las monedas españolas representaban el 29 por 100 restante. La mayor parte de estas últimas era de 25, 20 y 100 pesetas. En contra de una opinión ampliamente extendida, el oro antiguo constituía una fracción despreciable (0,01 por 100) y el oro en barras era absolutamente insignificante.[2]

Había, además, un depósito en Francia, efectuado en la lejana fecha de 1931 para cubrir una operación de crédito, y el Tesoro disponía en el extranjero de algo más (en total el metal no disponible en Madrid ascendía a 204 millones de pesetas oro). Por supuesto, había existencias en las sucursales del Banco en toda la geografía nacional,

2. Se me escapa cómo Juan Francisco Fuentes (p. 288) puede considerar que el oro estuviese formado por lingotes, monedas y limaduras, como si los tres componentes fueran iguales en importancia.

pero su importe no era muy elevado (según los datos del propio Banco 17,65 millones de pesetas oro).[3] Las detalladas estadísticas del Banco de Pagos Internacionales (BPI) de Basilea muestran que, por magnitud de reservas, España ocupaba el cuarto puesto en el ranking internacional.[4]

Eran unas reservas, en todo caso, enormes. Al lector la cifra de 719 millones de dólares de 1936 no le dice nada. Sí le dirá algo su expresión en dólares actuales: una friolera de 9.725 millones, cifra superior en algo más de dos mil millones al total de reservas que España tenía a finales de septiembre de 2005 (que ascendía a 7.509 millones de dólares, equivalentes a 6.236 millones de euros).[5]

La posibilidad legal de la movilización de aquellas, aparentemente, inmensas reservas estaba establecida en la Ley de Ordenación Bancaria (LOB). A su tenor, el Banco no podía disminuir las existencias en

3. Todos los datos y argumentaciones técnicas en apoyo de las afirmaciones del texto se hallan en Viñas, 1976, pp. 19-34. Todavía hoy cabe encontrar afirmaciones según las cuales las reservas se habrían venido acumulando desde tiempos de los Reyes Católicos, «cuando ingentes cantidades de oro de los aztecas y de los incas fueron transportadas en barcos desde Suramérica y Centroamérica» (Zavala, p. 260). Como este autor tiene sus fobias bien determinadas, sigue repitiendo la misma canción hasta la fecha (Zavala, 2006, p. 286). Es posible que Gazur (p. 80) o Kowalsky (p. 232) sean sus fuentes.

4. *Sixième rapport annuel,* 11 de mayo de 1936. A la misma conclusión llegó un informe secreto del Committee on Economic Information, del Economic Advisory Council, de junio de 1938, presentado al Consejo de Ministros británico. A la fecha de junio de 1936 los *stocks* de oro de los principales Bancos Centrales, en millones de onzas de oro fino, eran los siguientes: USA, 302,8; Francia, 102,3; Reino Unido, 50,9; Bélgica, 18,2; Suiza, 13,1 y Holanda, 11,5. Las 635 toneladas de fino españolas equivalían a unos 20,5 millones de onzas (TNA: CAB 24/78).

5. Este cálculo se ha hecho de la forma más simple posible, multiplicando los 20,54 millones de onzas troy por el valor actual de ésta (473,5 dólares, según la cotización a finales de septiembre de 2005 de la London Bullion Market Association) y aplicando un tipo de cambio euro/dólar de 1,204, que era el existente en el último día del citado mes de septiembre. Tal cálculo, directo e inmediato, tiene, en mi opinión, mucho más sentido que el que cabría derivar de métodos alternativos que recojan la pérdida del valor del dólar desde 1936 o que, pasando por la peseta, transformen las de este último año en pesetas ulteriores y euros actuales. Agradezco su ayuda a Rafael Álvarez Blanco, director del Departamento de Estadística y Central de Balances del Servicio de Estudios del Banco de España, quien tuvo la amabilidad de proporcionarme los datos correspondientes. Para la aplicación de métodos alternativos no hay que olvidar que en España no se dispone de series tan largas y homogéneas sobre la evolución de los precios.

oro sin contar con la preceptiva autorización del Consejo de Ministros. Había, no obstante, una excepción: el Gobierno tenía la facultad de poder acudir a la entidad y solicitarle que vendiese oro con el fin de actuar en el mercado monetario e influir en el tipo de cambio de la peseta. Era una disposición que estaba pensada lógicamente para actuaciones en tiempo de paz y que constituía un dogal para utilizar con fines de política de crecimiento las cuantiosas reservas españolas. La LOB fijaba unos requisitos extremadamente severos que regulaban la cobertura oro de la circulación fiduciaria. Poco antes del golpe, hasta la autorizada voz de un ex ministro de Hacienda de la Monarquía, Juan Ventosa, cuyo nombre aparecerá más adelante en estas páginas, se había levantado para deplorar la parsimonia con la que el Gobierno había actuado en la materia.

En sonados artículos en *España Económica y Financiera* (23 de mayo) y *ABC* (29 de mayo), que fueron cuidadosamente diseccionados por la embajada británica (TNA: FO 371/20565), Ventosa hizo historia de las exportaciones de oro que se habían iniciado en octubre de 1930 y se lamentó de que España viviera aislada en cuanto a un manejo inteligente de las mismas se refería. La situación monetaria externa empezaba a tornarse crítica, afirmaron los diplomáticos británicos, en tanto que Gilligand, representante de la colosal ICI, achacaba a la revaluación de la peseta muchas de las dificultades con que topaba la economía española, que obstaculizaban el proceso de ajuste estimulando las importaciones y desincentivando las exportaciones con lo cual contribuían a la exasperación del clima de confrontación social. Ahora bien, si la ortodoxia económica de los Gobiernos republicanos no dejaba de tener inconvenientes, su reflejo legal era un corsé apretadísimo de cara a las circunstancias absolutamente excepcionales que provocó la sublevación. Si en la época de paz habían obedecido al «pensamiento único» en materia de manejo de las reservas, hubiese sido una estupidez mayúscula respetar la LOB cuando lo que estaba en juego era la supervivencia de la República. Confrontado con la sublevación, y con la necesidad de allegar armas y municiones en el exterior, tampoco preocupó demasiado al Gobierno la estabilidad externa del signo monetario. Lo que se planteó como primerísima y urgente necesidad fue la manera de allegar los medios, financieros entre otros, para aplastar la rebelión. Así, pues, siguiendo el proverbio *salus patriae suprema lex*, las autoridades orillaron conscientemente la LOB (¡ya era hora!) y pusieron en marcha una mecánica que terminaría equivaliendo, en la práctica, a una nacionalización parcial encubierta del Banco de España. Por supuesto no se ofreció compensación alguna a los accionistas privados. Si muchos españoles derramaban su sangre en defensa de la República, no era necesario hacer proezas ideológicas para pensar que también el oro de las reservas debía prestar su contribución a la causa. Se tratara, legalmente, de la propiedad de los accionistas del Banco de España o no. Por lo demás, como muchos de estos militaban en la derecha, o pronto hicieron causa común con los sublevados, las lágrimas republicanas no hubiesen sido sino de cocodrilo.

Del lado de los sublevados se volcaron eminentes juristas que se ganaron gran prestigio manejando argumentos con los que rebatir las actuaciones republicanas. El efecto de tales maniobras fue contrario a los fines perseguidos pues atemorizaron a las autoridades de la República que pensaron, no sin razón, que podrían topar con dificultades. Ello las indujo a adoptar medidas que se rodearon del más espeso secreto. ¿Por qué debían exponer a la luz pública los mecanismos de financiación del esfuerzo destinado a aplastar la sublevación? La fórmula para obtener oro estaba perfectamente definida y se había utilizado en numerosas ocasiones previas. No había que inventar nada. Existían autorizaciones previas del Consejo de Ministros del 3 de marzo y 13 de mayo de 1936 para proceder a sendas operaciones de venta, con el fin de intervenir en el mercado de cambios. Las peticiones al consejo habían sido dirigidas por los dos sucesivos ministros de Hacienda de los Gobiernos del Frente Popular, Gabriel Franco y Enrique Ramos.

Es en esta trayectoria en la que, ya el 21 de julio, Ramos acudió de nuevo al Consejo, como se muestra en documento que afortunadamente se ha conservado. A su tenor, el Gobierno autorizó al Banco de España para que vendiese oro por un montante de 25,2 millones de pesetas, valor nominal, para ejercer una acción interventora en el cambio de la peseta.[6] Aunque el texto de las tres autorizaciones era el mismo, en el último caso se trataba de una excusa ya que las circunstancias se

6. En qué medida los depósitos de oro en el exterior se atenían siempre a ello es algo que no cabe dilucidar aquí. El 5 de marzo de 1936 el embajador Bowers telegrafió al Departamento de Estado el contenido de una conversación con el director del COCM en la que éste había sugerido la posibilidad de depositar oro en Nueva York por importe de 80 millones de dólares con el fin de saldar retrasos cambiarios (TNA: HW 12/201, BJ064126). Yerra Kowalsky (p. 232) al afirmar que el Banco de España entregaba sus lingotes (sic) al Gobierno con el fin de adquirir armamento.

habían modificado drásticamente.[7] En esta ocasión se tenía, además, en cuenta una ley del 2 de junio (*Gaceta* del 4) que permitía al ministro obtener recursos hasta llegar a aquel importe. En el Ministerio de Hacienda no se lanzaron a demasiadas elucubraciones. Los dispositivos existían y había que apoyar las gestiones de los enviados que, en París, tratarían de adquirir suministros y pertrechos a toda prisa. Hubo un texto estándar de las disposiciones, reservadas, a tenor de las cuales terminó desarrollándose la operación. En ellas se observa que pronto se introdujo una fórmula por la que el Gobierno aceptaba la responsabilidad de la operación, que en su día se sometería al Parlamento para su regulación constitucional. Esto era el reconocimiento implícito del contorneamiento de la LOB.

El Banco de España disponía de sendas Agencias en París y Londres. Esta última había intervenido en una operación de depósito de soberanos de oro en mayo de 1936 por importe de 211.600 libras, de las cuales 25.000 se habían entregado a la Société Générale pour Favoriser le Développement du Commerce et de l'Industrie a un precio que entonces se situaba a 139 chelines 11½ peniques por onza troy de oro fino. El Banco de Inglaterra estaba, por lo demás, interesado en adquirir oro que pudiera saldar los déficits acumulados contra España en el comercio bilateral. Ello no obstante, se había visto obligado a desistir de tales intenciones a causa de la negativa de las autoridades españolas y de la actitud poco favorable de la embajada británica en Madrid, que no quería irritarlas inútilmente.[8]

Comienza la venta de metal amarillo

Según la LOB el Banco de España estaba obligado a anticipar al Estado la mitad de la aportación. El 24 de julio el Consejo de la entidad debatió y aceptó la comunicación de Ramos.[9] Inmediatamente se

7. Juan Negrín conservó los expedientes de tales operaciones, que se encuentran en sus archivos en París (designados en lo que sigue como AJNP).

8. Información al respecto en ABI: C 43/446.

9. La respuesta formal fue del siguiente tenor: «Se ha dado cuenta al Consejo General del Banco en su sesión de hoy de la comunicación de V.E. fecha 21 del actual [...] El Consejo del Banco de España, atento siempre al interés nacional y en cordial colaboración con los propósitos del Gobierno de la República, oídas las manifestaciones que he tenido el honor de formular, se ha servido aprobar la propuesta que se le ha he-

avisó al Banco de Francia de que al día siguiente partiría una primera remesa consistente en 144.000 libras esterlinas en oro.[10] Era la fecha en la que se reunía el Consejo de Ministros francés para debatir la línea a seguir de cara a los acontecimientos de España y que se tradujo, como ya hemos visto, en una primera retracción.[11] El gesto debió de fortalecer la postura de Auriol, pero que los republicanos pudieran pagar al contado los suministros que solicitaban no significaba necesariamente que el Gobierno francés los autorizase.

La República necesitaba con urgencia constituir un *stock* de divisas en París para satisfacer el importe del material que obtuviera de Francia antes de que aplicara unilateralmente la no intervención. En esta perspectiva, pronto siguieron otros envíos de oro por pequeñas cantidades. La primera venta al Banco de Francia se realizó el 31 de julio. Se cedieron entonces 432.000 libras equivalentes a algo más de 53 millones de francos franceses. Esta suma, y la posibilidad de disponer de más fondos en el futuro, lubrificó las mil y una actuaciones que a partir de agosto se hicieron ante empresas privadas y un sinfín de intermediarios para adquirir material, tanto en Francia como en otros países. En todo momento los posibles vendedores fueron conscientes de que el Gobierno republicano estaba dispuesto a liquidar al contado los suministros que obtuviera. Los pagos en oro que el teniente coronel Riaño ofreció en Berlín no eran una baladronada. Estaban basados en disponibilidades reales, contantes y sonantes, que aumentaban sin cesar.

En efecto, en los días 3, 4, 6, 10 (cuando se firmó el segundo convenio entre el Tesoro y el Banco de España) y 12 de agosto se vendieron otras 856.000 libras esterlinas en oro al Banco de Francia. Su contrava-

---

cho, acordando se conteste al requerimiento hecho por mí como subgobernador en funciones de gobernador en nombre y representación del Gobierno en el sentido de prestar su más decidida cooperación a la realización de los fines expresados en su citado oficio...». Más tarde se abreviaron todas estas expresiones y se sustituyeron por la mera constatación de que el préstamo se acordaba, «a los efectos de formalizar la mencionada operación y en cumplimiento de las disposiciones estatutarias».

10. Naturalmente, los diplomáticos extranjeros, como por ejemplo los portugueses, informaron a sus capitales (DAPE, doc. 44).

11. Martín Aceña (2001, pp 50s), que ha estudiado el proceso con documentación francesa, recoge que inmediatamente se desplazaron a París Ramos y Méndez Aspe, subsecretario de Hacienda, para hacer las gestiones necesarias. Vieron a Fernando de los Ríos en la embajada y le comunicaron que podía contar con el oro del Banco de España para hacer frente a los compromisos que contrajera con el Gobierno francés.

lor fue ingresado en el Banco Español en París por un total de casi 106 millones de francos.[12] Éste no era, sin embargo, un buen sistema. La colonia española residente en la capital francesa se había dividido irremediablemente, como otras tantas en el exterior, y la confidencialidad de las transacciones no era fácil de mantener. Si la embajada se había convertido en un colador, era imposible que al banco en París no le aguardase idéntico destino. En Madrid estaba muy viva la deserción de los diplomáticos que, tras torpedear la tramitación de las gestiones de compra de material, acudieron al molinillo mediático y luego se pasaron a los sublevados. Era, pues, imprescindible cambiar el *modus operandi*.

A partir del 20 de agosto los abonos se tramitaron a través de una cuenta que el Banco de España tenía abierta en el de Francia desde 1931. Así, por lo menos, se resguardaba la operación ante los ojos de los curiosos, de los partidarios de los rebeldes y de los espías. De todas maneras, no todo podía mantenerse en secreto. La embajada norteamericana informó al Departamento de Estado sobre el primer envío, haciéndose eco de las noticias aparecidas en la prensa derechista (FRUS, p. 449). El agregado militar francés en Berlín trasladó a Daladier que la prensa alemana resaltaba los suministros hechos a la República y los nuevos envíos de oro a París (DDF, III, doc. 79). El 13 de agosto llegaron a Roma datos que apuntaban a que habían aterrizado en Le Bourget siete aviones Douglas y que cada uno transportaba un cargamento de 12 a 14 cajas de oro. Roma repercutió la información a su embajada en Londres y los ingleses la descifraron (TNA: HW 12/206, BJ065954).

En realidad, en aquellos tumultuosos primeros días todavía no se había puesto un bozal a las noticias sobre la movilización. El 15 de agosto, la revista madrileña *Economía* se hizo eco del fortalecimiento del fondo de maniobra que el Tesoro detentaba en el exterior. Se tra-

12. La víspera de la firma del nuevo convenio Koltsov (p. 39) se entrevistó por primera vez con Giral y recogió sus impresiones: «Lo único catastrófico es la falta de armamento. Hacen falta aviones, artillería, tanques y, ante todo, fusiles. ¡Por Dios, fusiles! El Gobierno se ha dirigido a todos los países no fascistas, pide armas en Europa, en América del Norte y del Sur. Ofrece el precio y las condiciones que sean [...] La preocupación fundamental y única del Gobierno es, ahora, el armamento». Dado que Koltsov había visto unos días antes al hijo de Giral en París, la desesperación que denotaba el jefe del Gobierno podía servir también para llevar de nuevo al ánimo del periodista soviético que la situación era desesperada. Sin embargo, las referencias a las actuaciones gubernamentales eran exactas.

taba, afirmó, de envíos de pequeña cuantía y que no representaban mucho más de un millón de libras oro (lo cual era correcto). Generaban grandes ventajas ya que del contravalor podría disponerse en el extranjero. La escueta noticia no reflejaba las urgencias existentes. ¿Cómo transferir divisas a los agentes republicanos que empezaban a desparramarse por toda Europa? Las prescripciones de la LOB y el ordenamiento jurídico que hasta entonces habían amparado los pagos en el exterior eran claramente insuficientes. Estaban pensados para transacciones económicas y comerciales normales, no las que hacía imprescindibles la situación de emergencia.

El 30 de agosto, cuando las operaciones militares iban decantándose en un sentido muy contrario al deseado por el Gobierno, se adoptó el primer decreto reservado que permitiría cubrir las ventas de oro al exterior bajo un velo mínimo imprescindible. Podría incluso afirmarse que se adoptó con cierto retraso aunque es preciso tener en cuenta que en el Ministerio de Hacienda, como en tantos otros departamentos, las semanas transcurridas desde el comienzo de la sublevación fueron muy agitadas. Hubo que proceder a innumerables destituciones de cargos de lealtad más bien dudosa y las persecuciones lanzadas contra los enemigos de la República, reales o presuntos, no contribuyeron a calmar los ánimos. El decreto colmó el vacío jurídico.[13]

Dado que la República estaba confrontada con una grave rebelión, era deber del Gobierno atender a su aplastamiento. Para ello se precisaba actuar en numerosos campos. En el frente financiero exterior era indispensable poder utilizar fondos. Su situación y disposición debían obedecer a una normativa precisa. Se trataba de una actuación fundamental para el desarrollo y conducción de la lucha a la que la República se veía abocada. En virtud del mismo el ministro de Hacienda quedó

13. Esta disposición, esencial, fue incomprensiblemente ignorada por Sardá. Se dio a conocer en Viñas, 1976, pp. 39-42. El que fue subsecretario de Hacienda, Jerónimo Bugeda («Mis recuerdos de Don Juan Negrín», FCJN) recordaría que «me comentó en líneas muy generales la situación financiera de nuestros pagos en el exterior y le aconsejé que propusiera un decreto al Consejo de Ministros, para que éste, con las plenas facultades delegadas por las Cortes, autorizase tanto el traslado como la custodia y las disponibilidades sobre las reservas monetarias. El decreto fue aprobado, omitiéndose su publicación en la Gaceta oficial, como es obvio, dada su naturaleza secreta en tiempos de guerra, quedando autorizado el Dr. Negrín, en consecuencia, para adoptar las decisiones que creyese oportunas sobre el oro y las situaciones de fondos en el extranjero». La memoria fallaba a Bugeda. Hubo dos decretos en octubre de 1936.

autorizado a disponer de los depósitos hechos en el extranjero.[14] ¿Podía publicarse tal disposición en la *Gaceta*? La pregunta hubiese hecho sonreír en la época. En tiempos de emergencia no siempre es posible aferrarse a la legalidad de los tiempos de paz. La República se esforzó en mantener una ficción legalista en ciertos ámbitos cruciales. Mientras que los rebeldes proclamaron de manera sistemática el estado de guerra, que ponía automáticamente a las autoridades civiles bajo la bota de los soldados, los republicanos lo hicieron sólo parcial y localmente, a pesar de la presión de sus propios mandos militares. Sin duda también querían evitar que desde el exterior reforzara las tentaciones de reconocer a los sublevados la condición de beligerantes. Ello no obstante, en otros ámbitos había que dotarse de una nueva legalidad. En estos cambios muchos de los preceptos no llegaron a aflorar públicamente. En el área financiera la República adoptó una larga serie de disposiciones reservadas. La más importante, a decir verdad la fundamental, no se aprobó, sin embargo, hasta abril de 1938.

Este enfoque puede ser objeto de crítica y ciertamente se criticó en su momento. Es, sin embargo, un tema en el que resulta preciso andar con cuidado. A efectos comparativos no cabe retrotraerse a los ejemplos de la Gran Guerra, ya que en ésta la remodelación del ordenamiento jurídico en los grandes países contendientes se hizo a través de la aprobación de nuevas medidas, generalmente por los parlamentos correspondientes. Mucho más sentido tiene, al menos en la opinión de quien escribe, poner la actuación republicana en relación con el comportamiento de las autoridades de la zona franquista. Y, ¿qué hicieron éstas? Algo no muy diferente. Con independencia de la normativa secreta generada en el curso de la propia guerra, y que aquí no cabe exponer, en cuanto se alzaron con la victoria desgranaron de forma monótona, pero no por ello menos sistemática, una amplia serie de dis-

14. El decreto del 30 de agosto fue atacado violentamente como anticonstitucional por el bando franquista y desde el punto de vista del objetivo del «seudo Gobierno rojo» de «costear los gastos de la guerra que sostiene en nombre de la minoría bolchevique que le sigue, con el intento de yugular —digámoslo con su propio léxico— la Santa insurrección de la España auténtica, tradicional y progresiva a un tiempo, personificada en el glorioso Ejército, en las masas acaudilladas por el Jefe del Estado». Todo esto lo afirmó, y firmó, el asesor jefe del Banco de España en Burgos, César Antonio de Arruche, en un largo dictamen del 28 de octubre de 1937 (reproducido en Viñas, 1976, pp. 473-513). Obsérvese la prudente yuxtaposición de adjetivos para caracterizar la España franquista.

posiciones con profundas implicaciones políticas y financieras bajo la forma de Leyes Reservadas o de decretos reservados de la Jefatura del Estado. Jamás se dieron a conocer públicamente, ni antes ni después.

El régimen de Franco pasó a la historia sin que nadie, que yo sepa, los glosara. Sin duda estaban sometidos a derecho en términos de la legalidad vigente, dado que al Jefe del Estado le correspondía la prerrogativa de dictar normas generales con fuerza de ley, uno de los criterios a los que cabe acudir para caracterizar a su régimen como, ni más ni menos, dictadura.[15] Pero este tipo de actuaciones no se circunscribió ni a la postguerra ni a los años tormentosos del segundo conflicto mundial. Antes al contrario, continuó hasta fecha muy tardía. El último ejemplo que ha llegado a mi conocimiento data, nada menos, que del 1 de febrero de 1957 (¡), es decir casi veinte años más tarde después de terminada la guerra. Probablemente existan incluso casos posteriores que otros investigadores documentarán.

Los republicanos son unos traidores execrables

Si el Gobierno se fijó de manera inmediata en el oro, también lo hicieron los sublevados. La diferencia es que el primero podía movilizarlo, los segundos no. En la zona que éstos controlaban disponían, sin embargo, de funcionarios de Hacienda y del Banco de España que les asesorasen. El propio subgobernador primero, Pedro Pan, figuraba entre ellos. Fue cesado el 4 de agosto. Desde entonces se preocupó, entre otros menesteres, de que los directores de las Agencias del Banco en París y Londres siguieran sus instrucciones.[16] Otros expertos a los que el conflicto cogió en territorio republicano gravitaron hacia las filas rebeldes. El tenue puente de oro tendido hacia Francia no podía que-

15. Naturalmente, cabría argumentar que la República vulneró sus propias normas de la época de paz. Pero contra ello podría afirmarse que, de haber ganado la guerra, es verosímil que hubiese regularizado la situación y convalidado las disposiciones reservadas. El tema tiene un indudable interés desde el punto de vista de la polémica jurídico-política pero, en mi opinión, ninguno en el plano operativo.

16. El director en Londres era Aurelio Valls quien, al parecer, estuvo dudando sobre cómo reaccionar. El 23 de septiembre el Banco de Inglaterra le comunicó formalmente que en tanto en cuanto el Gobierno británico siguiese reconociendo al republicano, sus decretos tenían fuerza de ley. El nombre de Pan se borró de la lista de mandantes (ABI: C 43/446).

dar oculto, ni en España ni en París, y no lo quedó. La reacción atravesó dos fases, una privada y otra pública, durísima.

La privada data del 7 de agosto de 1936. En la Agencia del Banco de España en París se reunieron el conde de Limpias y su hijo, cajero de la entidad, y los Sres. Díaz Merry y Erviti, funcionarios. Todos ellos se dieron por enterados de una carta del general Cabanellas del 3 de agosto al gobernador del Banco de Francia. El ex embajador de la Monarquía, José Quiñones de León, quien vivía en el hotel Meurice, no precisamente una chabola, había establecido las conexiones oportunas. La carta no era un dechado de sabiduría jurídica. Recordaba que la Junta de Defensa Nacional (JDN) se había hecho cargo de todos los poderes del Estado. En consecuencia, el depósito de oro que existía en el Banco de Francia a nombre del de España «pertenece a esta Junta». Al igual que los demás depósitos, cuentas de moneda, billetes, valores o efectos. Es decir, confrontada con un conflicto ya desatado, la JDN no tenía el menor inconveniente en presentarse como «propietaria».[17]

La fase pública se inició con un decreto de la JDN del 14 de agosto. No dejaba títere con cabeza. Se negaba toda validez a los actos republicanos, se impugnaba la legitimidad de las autoridades, se calificaba su comportamiento de delictuoso y se abrían las puertas del castigo a todos, españoles y no españoles, que en ello se vieran involucrados, acusados de traición. Se aplicarían penas severísimas (que en el lenguaje escasamente codificado de los militares no requerían de mayor explicación) a quienes intervinieran en aquellas operaciones así como a todos los que realizaran actos similares desde el propio sector privado. Los rebeldes querían el oro para sí o, como insinuaban, para ponerlo al servicio de la nación. A la dura advertencia pública le habían precedido desde los primeros momentos gestiones más discretas pero de significación transparente. Así, por ejemplo, el 3 de agosto el general Cabanellas había enviado a Quiñones de León una carta para el gobernador del Banco de Francia en la que se solicitaba perentoriamente que pusiera «a disposición de esta Junta como única representación legítima de España, todas cuantas cantidades existan a nombre del Banco de España en esa capital». Es evidente que la Junta deslegitimaba al Gobierno de Madrid y se autoproclamaba como la única representante de España ante el mundo exterior. Es improbable que Ca-

17. La carta y una descripción de las circunstancias que rodearon su entrega se encuentran en AMAE, legajo R-1040, E 5.

banellas pensara que su gesto fuera a tener el menor éxito pero, indudablemente, sentaba las bases de una acción sostenida que debió de encolerizar a los dirigentes republicanos.

Cinco días más tarde un telegrama dirigido al Gobierno francés marcó las grandes líneas de la postura de los sublevados. Su texto era de una gran dureza y ya mencionaba las exportaciones de oro que habían comenzado quince días antes (Viñas, 1976, pp. 107 y ss.)

Establecía una contraposición entre la paz mirífica protegida por las bayonetas en una amplísima zona de la geografía española y una anarquía «roja», comunistoide y sovietista muy adecuada para alentar la contrapropaganda. La venta (o, en los términos utilizados, el saqueo o el robo) del oro revelaba con toda nitidez la naturaleza perversa del régimen contra el cual el Ejército se había levantado en armas. La argumentación, esgrimida en fecha tan temprana, sigue resonando en una cierta (sub)literatura en el momento de escribir estas líneas.

Los partidarios de los sublevados camuflados en la zona republicana ya habían hallado medios para hacerles llegar noticia de lo que estaba ocurriendo. Es verosímil que se encontraran en las filas de los funcionarios del Ministerio de Hacienda o del propio Banco porque, en realidad, el trasiego de informaciones hacia la autodenominada zona nacional continuaría durante toda la guerra. Como incipiente botón de muestra puede citarse la noticia transmitida el 7 de agosto en la que se señalaba que «el Douglas que lleva el oro entre Madrid y París sale a las 10, se eleva a 4.000 metros y no lleva ametralladoras» (*ibid.*). Aun así, no le pasó nada. No hay constancia alguna de que ninguno de los transportes que aseguraban el tenue puente de oro tendido entre las dos capitales sufriera un derribo.

A la par se olvidaba que los sublevados, con escasos recursos financieros a su disposición, entreveían líneas de actuación que, en sustancia, no eran muy diferentes. El 3 de agosto se había presentado un plan al general Mola para «facilitar la movilización de recursos financieros en el extranjero» y para crear «una base de crédito en Londres». Se preveía la incautación del metal amarillo, de los billetes de banco y de los cheques en divisas en las provincias ocupadas («liberadas»), su transporte a Lisboa, su depósito en un banco portugués y su ulterior remisión al Kleinwort Sons & Co. londinense, ligado al financiero Juan March. En la misma fecha la JDN acordó la pignoración en Portugal de treinta millones de pesetas en billetes y para que negociara, como pudiese, las mejores condiciones de crédito. Sin oro, había que apañarse de otra manera. La necesidad de recurrir al extranjero era muy similar (Viñas, 1979, pp. 42s).

El 11 de agosto Mola comunicó a Franco que «el subdirector del Banco de España, Pan, nos dijo que si no entrábamos en Madrid antes de fin de mes nuestra situación en el orden económico podría llegar a ser gravísima. El papel se agota rápidamente y más ahora que tenemos que depositar 30 millones en billetes para que Portugal nos abra un crédito de 400.000 libras esterlinas para ciertos pagos apremiantes» (Franco Salgado-Araujo, 1977, p. 349).[18] Más fácil era actuar en el terreno declarativo y de las relaciones públicas para acosar, advertir y sentar posiciones. Inmediatamente después, el general Cabanellas se dirigió al Quai d'Orsay sin escatimar halagos:

> Es público y notorio, lo ha dicho con detalle la prensa de París, que aterrizaron en territorio francés, especialmente en Le Bourget, aviones procedentes de Madrid cargados de lingotes de oro producto del saqueo del Banco de España. La Junta de Defensa Nacional de Burgos expresa su confianza en que el Gobierno de la República Francesa hará, si no los hubiere ya hecho, los debidos esclarecimientos encaminados a averiguar el destino de ese oro y procederá a retener tan precioso cargamento conservándolo bajo custodia en tanto duran las circunstancias actuales de España...[19]

Los franceses se hicieron los sordos. Quiñones de León multiplicaría gestiones y contactos, aprovechando sus excelentes relaciones con los medios conservadores. Tampoco sirvió de nada. Ello no hizo sino confirmar a los sublevados la parcialidad en su contra de la actitud del Gobierno de París. No se equivocaban. Desde el primer momento las autoridades francesas habían examinado las dos posibilidades alterna-

18. Pocos días después, Mola continuó: «Ya que tú estás en buenas relaciones con Italia y Alemania es necesario conciertes con ellas un crédito ilimitado, porque el empréstito de Portugal se está agotando rápidamente. Hemos tenido que pagar a precio de oro aviones de escaso valor militar, cosa que me he visto precisado a hacer para mantener la moral de esa gente que si no vuelan por encima de ellos se me arruga...» (*Ibid.*, p. 351). Es curioso que no se critique a los franquistas por satisfacer esos precios delirantes que denunciaba Mola y sí a los republicanos, que también sentían una necesidad similar. Como Howson ha mostrado, por lo demás, los vendedores eran, con frecuencia, si no los mismos sí de la misma nacionalidad.

19. Viñas, 1976, pp. 105-109, e *ibid.*, 1979, pp. 72-73.

tivas de suministrar material bélico procedente de los arsenales o de los *stocks* de la industria privada. La no intervención las había descartado finalmente. Ahora bien, había otra que no caía bajo la mecánica de la retracción del apoyo. Se podía adquirir oro español a cambio de moneda nacional (francos) o de divisas extranjeras (generalmente libras y dólares) con lo cual también se ayudaba a la República. Gracias a la conjunción de intereses entre vendedores y compradores el Gobierno francés podía cuadrar el círculo. Por un lado apoyaba el esfuerzo de guerra republicano y, al tiempo, ampliaba las reservas metálicas propias. No era mucho, pero algo más que nada.

En definitiva, el tenue puente de oro tendido entre Madrid y París permitía a los dirigentes gubernamentales franceses dar una de cal y otra de arena.[20] Incluso quizá confiasen en que los republicanos les estuvieran agradecidos. Es curioso, en cualquier caso, que entre las memorias que han dejado muchos de los protagonistas sobre los tejemanejes de aquellos días el oro español apenas si aflore. No lo menciona Moch, por ejemplo. Como secretario general del Gobierno representó a Blum en el selecto grupo de altos funcionarios que se preocuparon de aprovechar todos los intersticios de la no intervención para ayudar a la República. En él se reunían personas de gran confianza que trabajaban con Auriol o con Cot. Entre ellos, por ejemplo, figuraba el después famoso Jean Moulin, héroe de la resistencia francesa contra los nazis en la segunda guerra mundial.

Las primeras dificultades bancarias

Inasequibles al desaliento, los sublevados persistieron en sus advertencias, ataques e incluso amenazas. El 24 de agosto se dirigieron al Banco de Francia y al de Inglaterra, al Midland Bank, a las Agencias del Banco de España en París y Londres, al Banco Internacional de Pagos de Basilea, al Banco Español en París, a la Banque de Paris et des Pays Bas, a Luis Dreyfus et Cie y a Morgan and Co. de París. Era una muestra de los principales establecimientos bancarios con que habían

20. Mi argumentación no es cínica. Caracteriza, simplemente, el tenor general de la política francesa en un sentido global y no la circunscribe a la actitud decididamente pro-republicana del ministro de Finanzas y del gobernador del Banco de Francia, como parece hacer mi buen amigo Martín Aceña (2001, p. 85).

trabajado las autoridades españolas durante los años de paz. Esta vez los rebeldes levantaban la voz:

> Consejo Banco de España, constituido Burgos, y formado por auténticos consejeros residentes territorio sometido jurisdicción Junta Defensa Nacional, formula enérgica protesta contra salidas oro propiedad Banco, decretadas Gobierno Madrid, vulnerando abiertamente vigente Ley Ordenación Bancaria... (No existe) posibilidad cohonestar estas salidas con ningún otro precepto legal, ya que no tiene finalidad interventora cambio internacional ni de regulación mercado monetario. Siendo, por tanto, en definitiva, manifiesto despojo que en lo porvenir dificultaría insuperablemente solución problemas financieros carácter internacional que tanto influyen mantenimiento estrechas relaciones todos los países; debiendo, finalmente, advertir que nos reservamos el ejercicio en su día de cuantas acciones correspondan en derecho.[21]

En dicho telegrama se destacaban ya todos los argumentos legales que el bando franquista nunca abandonó. Existe una línea directa entre estos argumentos de 1936 y los que resonarán, en el silencio de las cancillerías, hasta por lo menos 1955. Las acciones emprendidas desde Burgos eran comprensibles. En qué medida se apoyaban en derecho internacional no era evidente. Ahora bien, tiñeron de dudas las acciones financieras republicanas en el exterior y tuvieron efectos sobre algunas transacciones urgentes que necesitaban efectuar las autoridades madrileñas. Se trata de un tema escasamente estudiado. Aun así es posible dar algún botón de muestra hasta ahora no alumbrado en la literatura.

En el período en que se desarrollaban tales actuaciones de la Junta de Defensa Nacional, el director del Barclays Bank de París se presentó a la embajada británica el 24 de agosto para dar cuenta de las perplejidades que le inspiraban dos operaciones. Cinco días antes, el Cha-

21. Acta de la reunión del consejo general del 30 de septiembre de 1936 en Viñas, 1979, pp. 158ss y 187. En el Banco de Inglaterra se decidió no dar respuesta alguna. Uno de los altos cargos del Midland Bank británico (entidad que surgirá más adelante en nuestro relato) se apresuró a llevar copia del telegrama al Foreign Office en donde dejó un memorándum en el que exponía que la salida de oro de España implicaba que el Gobierno ya se había gastado el depositado en el exterior (lo cual era totalmente incorrecto en la medida en que afectaba al oro de Mont-de-Marsan). Un diplomático británico apuntó no obstante que también podía ocurrir que se enviara al extranjero para ponerlo a buen recaudo («Withdrawals abroad of gold from Bank of Spain in Madrid», 26 de agosto, TNA: FO 371/20565)

se Bank había transferido, siguiendo instrucciones del embajador Álvaro de Albornoz, la suma de 200.000 libras esterlinas a la cuenta de un cliente del Barclays. Este cliente había dado órdenes inmediatamente para que se hicieran diversos pagos a bancos en Ginebra, Hamburgo (sic) y Estocolmo. El banco sueco se puso en contacto con el Barclays para informarle que se trataba de una operación de venta de armas y que, en consecuencia, no podría llevar a cabo el pago solicitado (y ello a pesar de que el Comité de No Intervención todavía no había dado comienzo a sus actividades). El cliente en cuestión pidió que lo hicieran sin que mediasen los oportunos documentos acreditativos pero los de Estocolmo continuaron negándose. A raíz de ello el innominado cliente solicitó al Barclays que hicieran la transferencia a otro establecimiento bancario, lo cual se efectuó.

El director informó que el mismo 24 de agosto, cuando se entrevistó con los diplomáticos británicos, otro viejo cliente había enviado un contrato con la legación mexicana por un importe que podría alcanzar la suma de cien millones de francos a fin de adquirir material de guerra para el país azteca. La idea estribaba, según comunicó el cliente, en adquirir ametralladoras por intermedio de Vickers. También añadió que el embajador español le suministraría fondos para comprar alimentos. Naturalmente, el director del Barclays pensó que se trataba de un pretexto transparente. Acudía a la embajada ya que no deseaba condonar operaciones que pudieran ser contrarias a la política del Gobierno británico. También había pensado en contactar al Ministerio francés de Finanzas para ver qué opinión le merecía la transacción.

Al día siguiente regresó. Su adjunto se había entrevistado, acompañado del cliente en cuestión, con el jefe de gabinete de Vincent Auriol. Éste le había dicho que la transacción era correcta y que en el caso de que suscitara críticas el Barclays siempre podría contar con su ayuda. Para la embajada la situación era clara. Si el cliente hubiese afirmado que el destino del armamento era España, el Barclays podría verse acusado de complicidad («*of being accessory before the fact*») a la hora de vulnerar una disposición del Reino Unido. Sería preciso evacuar consultas con Londres. El director relató entonces que los dos clientes del banco habían anunciado la recepción inmediata de 223.000 libras esterlinas. Tales sumas las suministraban bancos a cambio de oro que, para él, era indudablemente de origen español.

El tema se discutió en el Foreign Office y en los Ministerios de la Guerra, Tesoro y Comercio. La transacción sueca se había efectuado y el comentario que suscitó era que, evidentemente, resultaba difícil controlar los pagos internacionales. El segundo caso despertó mucho más interés, pero tampoco parecía vulnerar ninguna disposición legal (TNA: FO 371/20573). Salvo información complementaria, todo debió de terminar en un retraso de las transacciones, no en su obstaculización que es lo que ocurrió pocas semanas después.

Algo más tarde, el 25 de agosto, un nuevo decreto de la JDN declaró nulas todas las operaciones que se hubieran celebrado o fuesen a celebrarse y amenazó con duras consecuencias.

La estrategia estaba clara. Se trataba tanto de quebrar el tenue puente de oro tendido entre Madrid y París como de yugular sus efectos. Primero, advirtiendo al Gobierno francés para que no adquiriese oro. Segundo, informando a los bancos que realizasen las transacciones ordenadas por los agentes y diplomáticos republicanos que se exponían a las correspondientes consecuencias. Si bien la documentación consultada para el mes de agosto de 1936 no permite identificar grandes efectos, no es inverosímil que el ejemplo del Barclays se repitiera en otros casos. Aun cuando la consecuencia sólo fuera un retraso, ya ello sería importante porque, como resultado de la no intervención *avant la lettre* practicada por Francia y el Reino Unido, los agentes republicanos tuvieron que introducirse de golpe y cabeza en el mundo de los traficantes de armas en el que la rápida disponibilidad de fondos podía ser determinante para concluir negocios o arruinar otros.

Los republicanos se adentran en un mundo oscuro

En el desarrollo de las primeras actividades de adquisición de armamento en el extranjero, los agentes republicanos se enfrentaron a un panorama que era, simultáneamente, simple y complejo. Simple porque con la movilización del oro podían disponer de divisas en cantidades significativas. Complejo porque esta disponibilidad era condición necesaria, no suficiente, para obtener material de guerra. Quedaba el mundo de la realidad, el de los traficantes de armas, el de los aventureros de toda laya, alumbrado por Howson. Los recuerdos de quien llegó a ser uno de los más eminentes cardiólogos en el exilio, Rafael Méndez, aluden (p. 65) a las avalanchas:

> Durante los dos días que estuve en París con lo del tetraetilo de plomo se comentaba en la embajada española que se presentaban toda clase de personas ofreciendo ventas de armas. Era un negocio socorrido en el que intervenían algunas personas serias, pero en su gran mayoría aventureros.

En este mundo no todos sabían cómo manejarse. Howson (p. 45) recoge, por ejemplo, el caso de Fernando de los Ríos, socialista ejemplar y lo menos radical que uno pueda imaginarse. Se sentía horrorizado ante la compra de bombas de aviación de cien kilos, que le parecían ingenios diabólicos de muerte y destrucción. Con bombas de quince, afirmó, la República podría apañarse. Ovalle alertó a Prieto y a las organizaciones del Frente Popular del desbarajuste que se había creado en París. Dijo que se había hecho eco de una oferta a su entender razonable pero que De los Ríos no había mostrado el menor interés. Repitió la misma cosa en otras ocasiones hasta que, en presencia de Echevarría, De los Ríos le conminó a que en el futuro se dirigiera al embajador y no a él. Estas incidencias no fueron las únicas. Probablemente exasperado, De los Ríos llamó por fin a una persona a la que Ovalle debía explicar sus gestiones. Éste se rebeló porque no quería ponerlas al descubierto ante un extranjero. Se trataba de un rumano naturalizado francés, evidentemente el Marcovici mencionado en el capítulo precedente. En el curso de la conversación, que debió de ser un tanto tensa, solía asentir a lo que decía De los Ríos con un «¡Verdad, jefe!» y preguntó a Ovalle qué importancia tenía si caía San Sebastián. Éste comprendió que le habían concedido el monopolio de las compras que se realizasen.

Fue una idea desdichada, cuyo progenitor es hoy difícil de determinar con absoluta precisión. En algún sitio se lee que su origen se encuentra en el embajador Álvaro de Albornoz pero tampoco cabe descartar que De los Ríos tuviera que ver con la misma. El hecho es que el 8 de agosto aquél firmó un contrato con la Société Européenne d'Études et d'Entreprises con objeto de adquirir armas y otras mercancías a través de la misma. Dicho contrato otorgaba nada menos que una exclusiva: el Gobierno republicano no podría operar sino por conducto de la empresa a la cual se le reconocía una comisión del 7,5 por 100 sobre el importe de las compras que por ella se tramitaran.[22] Tal actuación traducía,

22. Olaya Morales (pp. 467s) reproduce el contrato sin indicar fuentes. Yo lo encontré en los papeles de Pascua. Los sublevados rápidamente identificaron su actividad y dirección (24 rue Ponthièvre) e informaron de ello a los británicos, queján-

probablemente, premuras, desesperación y, en último término, incompetencia.[23] Es improbable que se firmara sin el respaldo de Madrid. Howson (p. 117) indica que ni Giral ni Barcia hablaron del caso a otros ministros, pero que sí lo conocían. En principio, era una medida un tanto absurda: ni el embajador ni el Gobierno podían otorgar un monopolio de tal tipo que convertía a la antedicha sociedad en suministradora exclusiva del Estado español.[24] Es más, para dar ese paso trascendental no existía la menor base jurídica. El destacado jurista Angel Ossorio y Gallardo, embajador en Bruselas, se pronunció en su contra, al igual que su no menos distinguido colega de profesión Felipe Sánchez Román.

Los documentos conservados por el posterior embajador en París, Marcelino Pascua, muestran que la empresa no presentó justificación alguna sobre compras por importe de 100 millones de francos, que retuvo otros 64 millones por comisiones sobre operaciones en las que ni siquiera había intervenido y que reclamaba 28 millones más. Fue, pues, una aventura desastrosa. No sería la única. Ovalle fue cáustico en su informe a Prieto y se despachó a gusto contra todos. Sarcásticamente recogió que algunos de los improvisados compradores veían en Marcovici poco menos que al salvador de España pero que vendedores de mayor credibilidad divisaban en él a un auténtico gángster. Ovalle hizo sugerencias concretas y envió copia de su informe no sólo al PSOE sino también al PCE, a IR y a UR. Clamaba por la denuncia del contrato con la Société, destituir a los responsables del mismo, centralizar las compras y depurar al personal de la embajada y del consulado.[25]

---

dose amargamente de los apoyos que Francia prestaba a la República. TNA: T160/683, despacho del embajador Chilton del 8 de septiembre de 1936.

23. El diputado granadino Alejandro Otero, ginecólogo de renombre, escribió a Largo Caballero (2007, pp. 3271-3280) un informe sobre las primeras gestiones de adquisición de armas y reveló la angustia, la impotencia y las dificultades de toda índole: sabotajes bancarios, carencia de licencias, ausencia de permisos de exportación. En esta coyuntura, a Otero la Société le pareció un acierto pero sólo la identificó como «contratante y pagadora».

24. Habría que indicar que en condiciones normales. Los sublevados no se plantearon este tipo de problemas. Junto con los alemanes montaron rápidamente una empresa ficticia, la Hispano-Marroquí de Transportes (HISMA), bajo cuyo amparo se disfrazaron los primeros suministros bélicos del Tercer Reich (Viñas, 2001, pp. 417-419).

25. No puede tomarse el de Ovalle como un testimonio imparcial. En el informe que tantas veces hemos utilizado, Jiménez de Asúa le fulminó. Sabía, dijo, que había contribuido a que la atmósfera se espesara en Madrid. Ovalle se creía «un Napoleón injerto en negociante» y había dicho «que para él todas las dificultades se allanarían.

En realidad, el desbarajuste que se había producido en el país tenía su reflejo en el plano exterior y no era fácil remediarlo. El Banco de España y el Centro Oficial de Contratación de Moneda (COCM), por ejemplo, mantenían contabilidades en orden y ajustadas a las reglas en cuanto a los envíos de divisas se refiere. Otra cosa era su aplicación. Para ilustrar este último aspecto cabe recurrir a un largo informe sobre el denominado Servicio de Adquisiciones Especiales (SAE) fechado el 10 de diciembre de 1936 y que se encuentra en el archivo Negrín de París. En tal documento se diferencian dos etapas, con la primera dividida en dos subperíodos, a saber, del 27 de julio al 24 de agosto y desde esta última fecha hasta el 16 de septiembre.

En el primer subperíodo el COCM transfirió a la embajada republicana casi 176 millones de francos a ritmo bastante rápido, como se muestra en el cuadro IV-1:

CUADRO IV-I
Envíos de divisas a la embajada en París

27 de julio	a Banque de Paris et des Pays Bas (BPPB)	14,00 millones
27 " "	Banco Español en París (BEP)	5,00
29 " "	BPPB	1,00
31 " "	BEP	3,00
3 de agosto	BEP	40,00
3 " "	BEP	10,00
5 " "	BEP	10,00
6 " "	BEP	17,00
6 " "	BEP	8,00
14 " "	BEP	15,00
18 " "	Chase Bank, de la Banque Commerciale pour l'Europe du Nord (BCEN)	36,43
24 " "	Chase Bank, de Louis Dreyfus & Cie	16,46

Fuente: Servicio de Adquisiciones Especiales,[26] AJNP

No fue así». Ovalle criticó la operación hasta que De los Ríos, exasperado, le dio una suma importante «con la que hubo de pasearse también como los demás delegados con el mismo éxito negativo» (Asúa *dixit*).

26. Otero lo identificó como «Oficina de adquisiciones especiales» y afirma que empezó a funcionar el 26 de agosto en los locales de la Oficina comercial de la embajada de España pero fuera de la cancillería.

En el segundo subperíodo el remitente único fue ya el Banco de España y los envíos se hicieron exclusivamente al Chase Bank, al siguiente ritmo: 24 de agosto, 34 millones; 31 de agosto, 40; 7 de septiembre, 35, 15 y 25; 14 de septiembre, 70, y 16 de septiembre, 20 millones.[27] A partir del 24 de agosto, los datos conservados en el archivo Negrín de París, pueden casarse con las estadísticas del Banco de Francia, según se registraron las cesiones de oro en sus asientos contables.[28]

Estos datos precisan y complementan los que ya se conocen (Viñas, 1976, pp. 94 y 98). Los destinatarios eran el embajador de España (Álvaro de Albornoz para las transferencias del 31 de agosto y las de septiembre; en el caso de las del 14 y 16, indistintamente con Alejandro Otero) y el cónsul general, Antonio Cruz Marín (para la del 24 de agosto). Obsérvese que, quizá para evitar las filtraciones que hemos apuntado, las transferencias al BEP no tardaron en detenerse. Por último no cabe ocultar la importancia de la aparición por primera vez, el 18 de agosto, de la BCEN, banco soviético con sede en París. Quizá ello tuviera que ver con el pago de los suministros de combustible que se habían decidido en Moscú y que en ese mismo día reiteraría Stalin, como veremos en el próximo capítulo. Por el momento, no cabe sino consignar esta aparición porque la BCEN llegará a ser la protagonista indiscutida de gran parte de la historia que se analiza en esta trilogía.[29]

¿Quiénes eran los oferentes? Otero precisaría que se trataba de armeros, fabricantes, intermediarios, ladrones y espías. No se sabía

27. En una obra que es un auténtico caso de «pornografía histórica», Zavala (2006, pp. 266ss) se lanza a una diatriba contra algunas de tales operaciones, que presenta como comienzo de un expolio de la República. Lo sorprendente es que tal obra, una de las más deleznables sobre la guerra civil que se han publicado en la España democrática, cuente con la caución —y el prólogo— del profesor Stanley G. Payne.

28. Así, por ejemplo, éstos identifican anotaciones en el haber el 24 de agosto (35,4 millones), el 27 (35,5), el 5 de septiembre (35,5), el 7 (18,7), el 11 (51,2), el 14 (13,8), el 15 (18,7), el 21 (70), etc. Los receptores fueron el embajador De Albornoz, Miguel Álvarez Buylla (cónsul general en Londres), Alejandro Otero, Rafael Méndez y Francisco Órdenes, entre otros. En estas estadísticas la BCEN no aparece hasta el 24 de octubre (SAEF, fondo B-33673).

29. No he encontrado documentación que me permita compartir el juicio de Olaya Morales (p. 67) de que «todo el mundo era consciente de que, por encima de la impericia de la comisión de compras de París, existía una obstrucción sistemática del gobierno, al restringir draconianamente el envío de fondos, obedeciendo así a una política deliberada de reducir las adquisiciones de pertrechos mientras no pudiera disponer de un ejército propio».

«dónde termina el entusiasmo, la ayuda, y dónde comienza el lucro, el afán de comisión».

¿Y CÓMO SE APAÑABAN LOS SUBLEVADOS?

En el plano teórico, los rebeldes no hubieran debido tener demasiadas posibilidades, pero la realidad se encargó de mostrar que su situación era, en realidad, esperanzadora si no bastante cómoda. Los resultados que obtuvieron fueron, con el tiempo, excepcionalmente ventajosos. Es obvio que ello no dependía de la clarividencia del general Franco ni del genio de sus asesores. Tampoco del recurso a fórmulas poco menos que milagrosas o en las que no hubieran fácilmente recabado. Éstas se iniciaron con la movilización de los recursos en joyas, dinero y valores que desembocaron en lo que más tarde se denominó la «Suscripción Nacional». Comenzó por una proclama emitida por Franco en fecha tan temprana como el 5 de agosto en la que ya se afirmaba la necesidad de recaudar también oro y metales preciosos «para restaurar el encaje del Banco de España, robado miserablemente por las hordas comunistas y restaurar la Economía nacional». Con los recursos allegados se trató de adquirir inmediatamente aviación. Se sabe que los generados en Zaragoza y Teruel, por ejemplo, se encaminarían a la compra de nueve Heinkel 51, completamente nuevos y pertrechados, por el precio total de 765.000 marcos.[30]

Ahora bien, nada de ello impidió tener que recurrir al crédito abierto por las potencias fascistas si bien éstas, en ocasiones, solicitaron entregas de ciertas cantidades en oro y divisas. En el caso de Italia, ello no fue desconocido de los británicos. Hacia mitad de agosto, por ejemplo, se sabía en Londres que los italianos exigían pagos en Mallorca. Una vez que se efectuaron, los sublevados lo comunicaron gracias a la Marina italiana (a través del destructor *Maestrale*) y el Ministerio de Asuntos Exteriores de Roma al eterno conspirador anti-republicano Pedro Sainz Rodríguez, para que pusiera en marcha los suministros (TNA: HW 12/206, BJ066008ss). Más tarde, el informe de uno de los agentes de los rebeldes, por desgracia no identificado pero que sin duda era de alto nivel, ofrece una luz vívida sobre los

30. La Suscripción Nacional se examinó por primera vez en Viñas, 1976, cap. V. La referencia a lo afirmado en el texto se encuentra en pp. 394 y 401s.

trapicheos que iban montándose. En Roma se entrevistó con el ministro de Asuntos Exteriores, conde Galeazzo Ciano, quien le deparó una acogida extremadamente cordial. Según le dijo, el material enviado hasta el momento consistía en 12 aparatos Savoia, 12 Fiat de caza enviados a Melilla, otros 9 que estaban a punto de llegar a Galicia, 5 carros de asalto, municiones, gasolina, etc. Había otros 9 Savoia a punto de partir, ya pintados con marcas españolas.[31] Ciano se mostró dispuesto a atender la petición de Franco de aparatos de bombardeo ligero y de acompañamiento. También enviaría tripulaciones. Se ampararía con cobertura aérea la operación contra Mallorca, isla por la que los italianos sentían un gran interés y desde la cual podrían realizarse, como así fue, incursiones aéreas contra las costas catalanas y levantinas.

El emisario franquista planteó la cuestión del pago. Hizo notar «el sacrificio inmenso» que representaba, dada la carencia de divisas. Ciano le interrumpió, extrañado, y preguntó a su jefe de gabinete «¿Qué es eso de dinero? ¿Qué dinero se ha pedido?». La respuesta fue que se había solicitado un depósito de cinco millones y medio de liras. El ministro afirmó contundente: «*Pas un seul mot de plus sur des questions d'argent. Après la victoire on en parlera, pas maintenant!*».[32]

Ello no obstante, no todos los italianos se mostraron tan generosos como Ciano. Una misión en la que figuraba Sainz Rodríguez había llevado a Roma la friolera de 250 kilos de oro (equivalentes a 3,5 millones de liras) que se añadieron a otros 5,5 millones remitidos a través de Francia e Inglaterra (equivalentes a 7 millones de francos) y que también fueron a parar a manos italianas. Es un ejemplo de las decenas de transacciones financieras que, sin duda, alimentaron o estimularon el flujo de aprovisionamientos exteriores a favor de los rebeldes. De vez en cuando surgen, incluso, atisbos de las actuaciones de personajes muy conocidos como March (el gran enemigo de la República). Había hecho propuestas de conjunto que no habían sido aceptadas por lo que se esforzaría por allegar oro, valores y metálico en Italia y Mallorca. El agente le instó a que «pusiera su crédito al servicio de la

31. Coverdale (p. 87) señala que el 7 de agosto salieron, entre otro material, 27 cazas.

32. «Ni una palabra más sobre temas de dinero. Ya hablaremos de ello después de la victoria. ¡Ahora no!»

Patria» y que se acercase de nuevo a la Junta de Defensa Nacional «en forma que parezca menos comercial».[33]

El problema esencial estribaba en incitar a las potencias fascistas a que no cesaran sus suministros de material bélico. Para lograrlo lo primero que se hizo fue confiscar productos que se les remitieron en la medida en que eran de interés de cara a su esfuerzo bélico. Particularmente importante fue este enfoque con el Tercer Reich, que desde fecha temprana planteó la cuestión de las compensaciones. La economía alemana funcionaba en clave autárquica, se preparaba para la guerra y no era cuestión de enviar material a España sin ninguna contrapartida.

Como la necesidad obligaba, la JDN no retrocedió ante la necesidad de dictar disposiciones para asegurarse el control de tales productos. El decreto número 70 del 27 de agosto contraponía los grandes objetivos del movimiento militar (atajar la anarquía y prevenir el establecimiento de un régimen soviético, cuya primera medida sería la supresión de la propiedad privada) y la indispensabilidad de productos esenciales para las exigencias militares (que por lo demás no se identificaban). Dos días más tarde, Franco quedó autorizado a confiscar piritas de las minas de Río Tinto, una de las empresas de propiedad británica cuyos manejos habían concitado la reprobación de las derechas y de las izquierdas en la época de paz.

Mientras los agentes de los sublevados pululaban por Roma, el Tercer Reich envió una segunda expedición que salió de Hamburgo el 13 de agosto en el vapor *Kamerun*, cargado de combustible (probablemente tetraetilado), cuya carencia se había hecho sentir agudamente. Al día siguiente partió el *Wigbert* con 372 toneladas de bombas y municiones y dos Junkers 52. Simultáneamente el general alemán a cargo de la ayuda se entrevistó con Franco, quien le solicitó 20 aviones. El 18 de agosto se cursaron las oportunas órdenes para 20 Heinkel 46 (que llegaron a Lisboa el 31) y se decidió suministrar sólo a Franco. Es evidente que el hecho de que fuese el único en recibir apoyo alemán e italiano no debió de perjudicar a su imagen entre los altos mandos de la sublevación. El mismo día en que la Alemania nazi se adhirió a la no intervención, el 24 de agosto, Hitler decretó que el apoyo a Franco debía intensificarse en la medida de lo posible. La primera expedición con destino al territorio controlado por Mola tuvo lugar el

33. Viñas, 1989, pp. 48-51. El informe lleva fecha del 26 de agosto.

26, a través del *Girgenti*, que transportó 8.000 fusiles, 8 millones de balas y 10.000 granadas de mano. Evidentemente, la ayuda se prestaba sin solución de continuidad, con independencia de cuáles pudieran haber sido los cálculos iniciales. Una vez hecha la apuesta, y constatada la retracción de las potencias democráticas, ¿por qué no continuar?

Otra operación vital no se desarrolló bajo el signo fascista sino con un contenido típicamente norteamericano. Estribó en la posibilidad de obtener suministros petrolíferos de la Texaco en volumen significativo y en condiciones crediticias muy favorables. El furibundo anticomunista y de tendencia filonazi, Torkild Rieber, de origen noruego, presidente del consejo de administración, dio el primer paso. Se le atribuye la expresión del «*don't worry about payments*» («no se preocupen del pago») aunque, según Martínez Molinos, debe relativizarse porque hasta que los bancos no garantizaron adecuadamente los pagos la Texaco no sirvió un solo kilogramo. También es verdad que concedió un crédito perpetuo de 90 días pero, pasados éstos, la ejecución del compromiso era inevitable. De todas maneras puso su inmensa flota a la disposición de Franco, casi graciosamente, mientras que la República sudó sangre para conseguir fletes. Un falangista de primera hora, José Antonio Álvarez Alonso, empleado de CAMPSA, cuidó con mimo los contactos operativos necesarios que terminaron convirtiéndose en un puntal para la economía de guerra del bando franquista.

Nunca fue posible obviar la necesidad de obtener divisas libres. Para ello los sublevados recurrieron también a ciertos medios internacionales. Ni tantos como en la época señaló la propaganda de izquierdas ni tan pocos. El mismo día de la Victoria, el 1 de abril de 1939, Franco encontró tiempo, por ejemplo, para firmar una Ley Reservada de la Jefatura del Estado en la que se identificaban los préstamos obtenidos durante el conflicto. Las cantidades que de ellos se hubieran dispuesto se considerarían, a todos los efectos, como deudas oficiales del Estado Español. En el primer año de guerra, el más complicado para los sublevados a efectos financieros, se habían obtenido tres. El primero lo concedió la Sociedad General de Comercio, Industria y Transportes de Lisboa.[34] Como única garantía contaba con bi-

34. En AMAE, legajo R-1041, E 6, se encuentra la decisión de la Junta de Defensa Nacional que encargaba, con total libertad, al vocal de la comisión asesora de Hacienda, Andrés Amado, negociar la operación. La Junta se comprometía a aceptar el resultado.

lletes del Banco de España. Lo otorgó en fecha muy temprana, el 11 de agosto, precisamente en el período que examinamos en este capítulo. Ascendía a 13,5 millones de pesetas y llegó hasta un total de 175.000 libras (no las 400.000 a las que aludió Franco Salgado-Araujo). Aunque era por un año, se renovó múltiples veces y devengaba unos intereses del 5,5 por 100. Poco después de cerrado el crédito, el embajador español en Lisboa, Claudio Sánchez Albornoz, a pesar de encontrarse en una situación casi imposible, se enteró de algunos detalles de los que inmediatamente dio cuenta a López Oliván en Londres. Según le dijeron en la operación estaban involucrados Gil Robles y un hombre de negocios portugués (TNA: HW 12/206, BJ065915).

Lisboa era, claro está, un centro de intriga en el que los sublevados se desenvolvían a sus anchas. Los observadores franceses informaban del apoyo que les prestaban las autoridades portuguesas y los británicos lo interceptaban igualmente. Gracias a ello se supo en Londres, si es que no lo sabían antes, del viaje de Sanjurjo a Berlín antes del golpe militar (*ibid.*, BJ065766s).

El segundo crédito fue de un millón de dólares. Franco lo obtuvo el 22 de octubre de 1936, por un año, prorrogado en varias ocasiones.[35] También se aumentó en 200.000 dólares más. Lo concedió la Compañía General de Tabacos de Filipinas, sin intereses, a través del banco parisino «Movellan y Compañía». La suma se ingresó en el Westminster Bank de Londres, en una cuenta denominada «A. O. Tinckler». A esta transacción aludiremos posteriormente. El tercer crédito data del 6 de abril de 1937. Lo otorgó el banco londinense Kleinwort & Sons en el que March estaba involucrado. Lo fue por seis meses, prorrogables, al 4 por 100 y por un total de 500.000 libras, que unos meses más tarde se aumentó hasta llegar a 800.000. El Kleinwort trabajaba con empresas alemanas (hay restos de sus operaciones con éstas en los archivos nacionales británicos). Atravesó por numerosas peripecias y sigue estando presente, de una u otra forma, en la City londinense.

De esta somera reseña (que cabría ampliar para recoger otros tantos créditos posteriores) se derivan tres conclusiones: la primera es

35. Una fotocopia del contrato inicial se encuentra en mi archivo particular. Está firmado por Fidel Dávila, presidente de la JTE, y Antonio de Movellán y Sánchez Romate.

que, como no podía ser menos, los sublevados recurrieron al crédito,[36] al igual que hizo más tarde la República. En su caso, sin embargo, no había otra alternativa. En segundo lugar, tal apelación es algo que los sublevados mantuvieron en el secreto más estricto. La Ley Reservada de la Jefatura del Estado no se dio a conocer hasta 1979. Los historiadores pro-franquistas no tienen demasiada base para criticar el secretismo con el que la República abordó estos temas. Por último, las deudas se convalidaron como obligaciones del Estado español, como sin duda hubiese tenido que hacer el Gobierno de Madrid/Barcelona en el improbable supuesto de que hubiese logrado salir victorioso en la contienda.

Así, pues, republicanos y rebeldes se apañaron como pudieron. Los primeros tenían muchos más recursos financieros, pero no les ayudaba casi nadie con armas y municiones. Tampoco disponían de crédito diplomático o político externo, al menos no de cara a los Gobiernos que decidían. Las finanzas de los segundos eran precarias, pero Hitler y Mussolini, Mussolini y Hitler tendieron sobre ellos sus manos protectoras. Al Banco de Inglaterra se le informó (ABI: OV 61/2) hacia mediados de septiembre que si los sublevados hubiesen dispuesto de la cuarta parte de los recursos financieros del Gobierno, la lucha se hubiera terminado mucho antes.

Dicho lo que antecede parece difícil no pensar que ya en el verano de 1936 la dinámica política externa se inclinaba decididamente contra la República. ¿Había alternativas al dogal impuesto por Francia y el Reino Unido, aparte de la modesta ayuda mexicana? Sí, las había. Estaban ligadas, esencialmente, a la actitud de la Unión Soviética, aunque hubiese hecho oídos sordos a las desesperadas peticiones que le habían cursado Giral y su hijo, por no mencionar las invocaciones efectuadas por Fernando de los Ríos, dispuesto a desplazarse en cualquier momento a Moscú. Poco a poco, en un proceso de deslizamiento hasta ahora poco analizado documentalmente en la literatura, la locomotora soviética se puso en marcha. Abordaremos cómo lo hizo en el siguiente capítulo.

36. Los créditos se dieron a conocer por primera vez en Viñas *et al.*, 1979, pp. 288-289. Una fotografía de la primera página de la ley que los convalidó (y que se conservaba en el Archivo Reservado) ha sido reproducida en facsímil en Tesoros (Ministerio de Hacienda), pp. 36ss, junto con otras más tardías.

5

¿Una esperanza por Oriente?

YA HEMOS ANALIZADO en el capítulo tercero la primerísima muestra de un interés activo soviético en torno a lo que ocurría en España, localizado en aquel santo de los santos que era el Politburó. También hemos destacado los esfuerzos republicanos por entablar contactos directos para el aprovisionamiento de armas. No parecieron tener resultados. Stalin procedería de forma muy prudente,[1] si bien no tardó en emitir algunas señales que debieron recibirse en Madrid como agua de mayo. Junto con la actuación de México fueron posiblemente las únicas buenas noticias que llegaron al Gobierno. Pons (pp. 42-44) ha puesto de relieve, con razón, que la respuesta a los acontecimientos de España fue más cautelosa que la que se había producido varios meses antes cuando la remilitarización de Renania. Tras un período de espera (en el que, sin embargo, hubo gestos positivos) Stalin no se decantó por una acción directa a favor de la España republicana hasta que resultó evidente que el Tercer Reich y la Italia fascista se reían de la no intervención y continuaban un apoyo creciente a Franco.[2] Mientras aguar-

1. En la presente obra tratamos de colmar el hueco en la historiografía que lamenta Stone (p. 40) donde hasta ahora no se han perfilado las circunstancias que condujeron a la decisión de Stalin con la misma precisión que en los casos de Hitler y Mussolini.

2. Esta afirmación está contrastada en la historiografía y es documentable más allá de toda duda, como se verá más adelante. Subsisten, sin embargo, alegaciones como las de Arias Ramos (p. 102) del tenor siguiente: «De todas las potencias europeas, y aunque hay historiadores que no participan de esta opinión, la que no tuvo desde un principio sonrojo (sic) en manifestar su claro, rotundo y no disimulado apoyo a uno de los dos bandos fue la URSS».

daba a ver cómo evolucionaba la situación, transcurrieron casi dos meses durante los cuales los sublevados hicieron progresos irreversibles.

En este capítulo trenzaremos las informaciones que procedían de los observadores extranjeros en Moscú, muy jaleadas y con frecuencia distorsionadas en la literatura, con datos menos conocidos.

Lo que se detectaba en Moscú: desconcierto y preocupación

Los diplomáticos destinados en la capital soviética seguían con atención los atenazados medios de comunicación, en busca de indicios que permitiesen interpretar de dónde y hacia dónde soplaban los vientos del Kremlin. Al principio la prensa hizo hincapié en las ayudas que prestaban a los sublevados Alemania e Italia. En ella se negó enérgicamente que el Gobierno español hubiese solicitado ayuda y también que un petrolero soviético se encontrara cerca de la costa marroquí[3] (DBFP, doc. 32). La primera afirmación no era cierta. Pero no era posible reconocer públicamente que la República lo había hecho y que, además, insistía. En cuanto a lo segundo, la presencia de petroleros sería sólo cuestión de tiempo. Se trataba, con todo, de «omisiones blancas», a las que no hay que atribuir demasiada importancia.

El primer diplomático que identificó en el comportamiento soviético las dos características con que se subtitula este apartado fue el 23 de julio Vincenzo Berardis, encargado de negocios italiano. Informó a Roma (DDI, IV, doc. 604) que, por un lado, los acontecimientos de España obligaban a la Comintern a ayudar al PCE, pero que por otro un eventual triunfo de los sublevados no dejaría de tener repercusiones sobre Francia y que comprometería la política de apoyo a los Frentes Populares. Las cosas tampoco se presentaban muy claras si triunfaban los «obreros armados». Ello induciría una rápida «sovietización» de España, lo cual fortalecería las corrientes antibolcheviques en toda Europa. Tal evolución haría peligrar la política de normalización que seguía la diplomacia soviética y, por ende, minaría su capacidad de llegar a acuerdos con todos aquellos Estados hostiles a la Alemania hit-

3. Había habido incluso rumores de que un barco comercial (sic) ruso había bombardeado Ceuta el 20 de julio (DAPE, doc. 17). Sin duda una muestra de la intoxicación que por entonces se entremezclaba en las noticias sobre España.

leriana y al expansionismo japonés. Por último, generaría reacciones hostiles en, sobre todo, los países vecinos de España (tales como Italia) o en aquellos (Reino Unido) con intereses en el Mediterráneo. En definitiva, al Gobierno soviético le interesaba demostrar que no abandonaría, sucediese lo que sucediese, una postura oficial, y cómoda, de prudente neutralidad. Un portavoz de los círculos dirigentes moscovitas le había confirmado que el Kremlin estaba bastante fastidiado y perplejo y que en ningún caso se entrometería en los asuntos internos de la Península, donde tenía todo que perder y nada que ganar. Era un análisis que llegó a la mesa de Mussolini quien solía anotar los despachos de su representante. Siempre pensó que eran excelentes y que daban en la diana del sentimiento profundo de los dirigentes soviéticos. Sus propias decisiones se vieron afectadas por ellos, que hacían ver que Italia tenía vía libre de cara a España.

Cabría añadir, por nuestra parte, que Berardis adoptó un ángulo de interpretación correcto. Una intervención directa podría tener repercusiones negativas sobre el acercamiento soviético a las potencias democráticas occidentales.[4] Ello explicaba por qué la prensa se había limitado a expresiones de simpatía platónica en tanto que los dirigentes habían evitado por todos los medios tomar partido de manera oficial. El análisis del diplomático italiano contrasta con las invocaciones al peligro soviético que se vertían histéricamente en la prensa francesa y que ha analizado Pike (pp. 72, 89).

Por canales también diplomáticos las afirmaciones que empezaron a filtrarse hacia los diplomáticos occidentales fueron igualmente rotundas. Al encargado de negocios norteamericano, Roy Henderson, un alto cargo del NKID (FRUS, p. 452) le dijo el 31 de julio que, si bien no estaba autorizado a hacer ninguna declaración oficial al respecto, sí podía comunicarle privadamente que el Gobierno soviético se había abstenido cuidadosamente de hacer cualquier cosa que pudiera considerarse como una interferencia en los asuntos españoles.

4. Serrano (p. 51) descubrió en los archivos de la policía parisina la nota redactada por algún informador el 25 de julio a tenor de la cual los soviéticos habían pedido al PCF que se guardara de grandes manifestaciones de simpatía a favor de la España republicana a fin de no poner en un brete a Francia. Esto podría explicar el telegrama de Thorez (Dimitrov-Pons, p. 42) del 30 de agosto protestando contra los «intentos de presión por parte de la embajada soviética a propósito de nuestra línea en relación con España».

No se habían enviado armas ni equipo militar. Tampoco habían tenido ningún papel, ya fuera directo o indirecto, los funcionarios soviéticos. Todo lo que se afirmaba en contrario en los medios de comunicación eran meras acusaciones italianas y alemanas efectuadas con el fin de justificar la propia intervención a favor de los sublevados.

Esta «filtración» privada obedecía a una línea política. En general, los diplomáticos soviéticos no hubieran hecho ante un colega occidental declaraciones de tal índole sin autorización previa y, claro está, para alcanzar un fin. En este caso probablemente se trataba de tranquilizar a los norteamericanos, con quienes las relaciones habían pasado por altos y bajos desde su establecimiento (Chinsky, pp. 63s). Ello no obstante, la argumentación era sustancialmente exacta. Es más, a Henderson se le comunicó que las potencias fascistas planeaban intensificar la ayuda en el futuro, algo necesario para asegurar el triunfo de los rebeldes. También esto daba en el clavo. La fuente soviética señaló de todas maneras que si el Gobierno de Moscú hubiese suministrado ayuda al de Madrid hubiera sido difícil que se le pudiera criticar por ello ya que no había principio alguno en derecho internacional que impidiera que un Gobierno vendiese armas a otro Gobierno cuando éste se enfrentaba a una rebelión.

Sin entrar en disquisiciones jurídicas, cabe señalar que estos argumentos estaban fundamentados y, sobre todo, que no hacía mucho tiempo que había habido ejemplos de su aplicación. Los británicos descifraron un telegrama al Quai d'Orsay en el que se hacía referencia a las vacilaciones turcas de adherirse a la incipiente no intervención porque habían suministrado armas al Gobierno de Atenas para que pudiese lidiar contra una insurrección interna.[5] Turquía, en el futuro, deseaba conservar toda su libertad de acción (TNA: HW 12/206, BJ065797). Nos hemos acostumbrado tanto a la idea de la no intervención que se nos olvida hasta qué punto algunos contemporáneos no la consideraron como un mecanismo casi automático.

En Moscú el desconcierto empezó a superarse a medida que transcurría el tiempo y la situación se deterioraba en contra de las masas

5. Probablemente se trataría de la rebelión venizelista contra el Gobierno griego en la primavera de 1936. En tal caso la postura de París también había estribado en no vender armas al primero (Renouvin, p. 331). El tema resurgió de nuevo en los medios, al estallar la guerra civil.

obreras españolas. Las señales que hicieron prever un interés algo más activo se remontan al 1 de agosto cuando, aprovechando el aniversario de la declaración de guerra de la Alemania guillermina al imperio zarista en 1914, *Pravda* presentó la imagen de un mundo capitalista en agitación permanente, de lo que el conflicto español era todo un síntoma. En *Izvestia* el conocido periodista Karl Radek planteó un enfoque más radical: la guerra se aproximaba y lo que ocurría en España exigía una respuesta inmediata. Era deber de las potencias occidentales forzar al Tercer Reich a elegir entre el aislamiento o la participación en la paz colectiva.[6]

Simultáneamente se cursaron instrucciones a los agentes de la Comintern en Madrid. Había que apoyar, por todos los medios, al Frente Popular. La República se enfrentaba con el fascismo, la anarquía y la contrarrevolución en defensa de la democracia. Era preciso presentar un bloque unido en el que no tenían cabida las exacciones contra la propiedad de extranjeros ni los ataques contra los sentimientos religiosos del pueblo. Todos los compromisos con otros Estados serían respetados. Esto era un catálogo de pías intenciones que quedaba muy por detrás de la dinámica sobre el terreno y, sobre todo, de los intentos anarquistas por realizar su propia y encandilante utopía. Pero eran preceptos que, de haberse aplicado, hubieran servido para tranquilizar a las potencias democráticas.[7] Correlato de estas instrucciones fue que el 2 de agosto la Comintern ordenó al PCGB que participara activamente en la movilización del apoyo popular al Gobierno democrático de España (West, p. 196). Los británicos captaron el mensaje. Consignas similares se dirigirían al PCF.

6. Radek no era un don nadie. Había sido uno de los fundadores del KPD y miembro del Comité Ejecutivo de la Comintern en sus primeros años. En mayo de 1934 se le había puesto a la cabeza de la Oficina de Información Internacional, encargada de preparar la que se suministraba al aparato central del PCUS (Belooussova, pp. 25s). Durante algún tiempo Stalin se sirvió de él para lanzar opiniones en materia de política exterior y actuaba como una especie de portavoz semioficial. Ello no obstante fue detenido en septiembre de 1936 y encausado en el segundo gran juicio de Moscú, cuando se le condenó a diez años de trabajos forzados. Fue asesinado por sus compañeros en Siberia en 1939.

7. Instrucciones en Radosh *et al.*, doc. 7. Mi interpretación es completamente diferente a la de Bennassar (p. 175) quien se basa en este mismo documento para empezar a lanzar, aunque no demostrar, su tesis de la manipulación soviética de la República. Los británicos interceptaron el telegrama.

Inmediatamente se organizaron manifestaciones en Moscú (120.000 personas) y en otras ciudades (100.000 en Leningrado). De puertas afuera se trataba de expresar el apoyo del pueblo soviético al Gobierno republicano, a medida que la posición de éste se hacía más precaria, como no dejó de señalar Henderson (FRUS, p. 461). Es, sin embargo, notable que en la gran manifestación de la Plaza Roja no actuase ningún alto dirigente de la Comintern o del PCUS, dato que no pasó desapercibido para los kremlinólogos. Sí intervinieron el máximo dirigente del Consejo Central de los Sindicatos, dos obreros, un escritor y un miembro de la Academia (Solidarité, p. 514). En realidad, la dirección soviética emitía señales y espejeaba posibilidades. De puertas adentro las cosas no se veían claras.

Así, por ejemplo, cuando los franceses empezaron a indagar acerca de la posibilidad de que Moscú se uniera a la no intervención, el comisario adjunto de Asuntos Exteriores Krestinsky, respondió velozmente al encargado de negocios, Jean Payart, que la idea le parecía buena, dado que la Unión Soviética no se entrometía en los asuntos de España. Como ya se ha indicado previamente, tenía tan sólo dos deseos: que cesara inmediatamente la ayuda que varias potencias extranjeras prestaban a los sublevados y que Portugal se adhiriera también. Esto era razonable (DDF, III, doc. 89).[8] Al embajador soviético en París le comunicó Krestinsky, en paralelo a la argumentación que ya había aducido ante Stalin, que si la URSS participaba en la no intervención privaría a las potencias fascistas de su pretexto

8. A la luz de lo que antecede quizá sea posible interpretar algunas de las afirmaciones que contienen los apuntes de Litvinov, publicados tras su fallecimiento en 1952 y diseccionados por el eminente historiador que fue E. H. Carr. En ellos (p. 208) se indica que el Politburó había considerado la adopción oficial de una política de no intervención, si bien se sugirió que no había por qué llevarla a la práctica. Dice mucho a favor de la veracidad de esta parte de los apuntes que insistan en que los esfuerzos soviéticos se orientaban a conseguir la neutralidad de Portugal. Como Lisboa no lo aceptaría, la Unión Soviética podría actuar si fuese necesario. Los apuntes continúan afirmando que el Politburó no se sentía inclinado a suministrar armas gratis a los republicanos y que Stalin quería ganar algo a cambio (aunque escrito esto último en forma críptica). Carr establece (p. 12) nítidamente los diferentes grados de aceptabilidad o de verosimilitud de tales apuntes: una parte procede indudablemente de Litvinov de una u otra manera y otra consiste en modificaciones añadidas más tarde, probablemente escritas por alguien próximo a Litvinov, pero que contienen una gran dosis de ficción. Hay, pues, que pensar que en las referencias indicadas se trataría de un añadido o que no había sido escrito por el propio comisario.

para apoyar la sublevación, a saber, que Moscú intervenía en los asuntos españoles.[9]

Berardis, un diplomático de mente analítica, registró el 6 de agosto que los círculos dirigentes soviéticos estaban mucho más preocupados que antes. Se daban cuenta de que la guerra en España iba para largo, que durante bastante tiempo reinaría en la Península una situación anárquica y que las repercusiones sobre la escena internacional serían notables. Si, por razones ideológicas, era obvio que Moscú tenía que situarse del lado gubernamental, desde el punto de vista del realismo político también temía un posible efecto negativo sobre Francia. En realidad, afirmó Berardis, el Kremlin se encontraba en un brete: si intervenía a favor de la República, provocaría una reacción poco favorable en ciertos sectores de la opinión internacional, sobre todo en el Reino Unido. Con ello, la obra paciente de Litvinov de reforzamiento de la seguridad colectiva amenazaría con venirse abajo. En consecuencia, la URSS se había esforzado por comprometerse lo menos posible. De aquí que la sugerencia francesa de no intervención le viniese como anillo al dedo (DDI, IV, doc. 693). Era otro análisis brillante.[10]

De cara a la opinión de izquierdas, las manifestaciones habían desembocado en una campaña de solidaridad para recaudar fondos con destino al pueblo español. No había sido una evolución fácil. A Henderson, por ejemplo, se le dijo que existían discrepancias entre los funcionarios soviéticos acerca de la oportunidad de enviar tales fondos a España porque podrían justificar la continuación de la ayuda que las potencias fascistas prestaban a los rebeldes. Dado que los rublos debían convertirse en divisas (¿qué iba a hacer la República con una moneda extranjera inconvertible?), hubiera resultado imposible negar la implicación del Gobierno soviético. Ya entonces, sin embargo, algunos dirigentes habían utilizado un argumento que no dejó de tener validez a lo largo de la contienda: si la URSS quería mantener una posición de liderazgo entre el proletariado internacional no podía sustraerse, en un momento de crisis, a la necesidad de hacer algo para defenderla.

9. Al embajador en Roma le dijo lo mismo añadiendo que no esperaban llegar a un acuerdo sobre el tema y que no dudaba un minuto que italianos y alemanes seguirían prestando ayuda hasta la derrota final de los sublevados (Haslam, pp. 112s).

10. En esa misma fecha, sin embargo, la embajada portuguesa en Varsovia señaló que, «según una persona informada, los sóviets están interviniendo directamente en España» (DAPE, doc. 110).

Estas informaciones pasadas a Henderson revelan un grado de sinceridad sorprendente.

Las implicaciones de la línea adoptada por los medios de comunicación las estudiaban atentamente otros observadores. El embajador británico, vizconde Chilston, se haría eco (DBFP, doc. 78) de que «la prensa soviética, aunque desde el comienzo otorgó una gran cobertura a la guerra civil [...] no dio signo alguno durante las primeras semanas de que el Gobierno de Madrid pudiera esperar algo más que simpatía platónica por parte de la Unión Soviética». En esto coincidía hasta en la elección de los términos con su colega italiano. Chilston creía que «esta actitud correcta y neutral se habría mantenido posiblemente a no ser por la creciente evidencia de que los dos principales Estados fascistas apoyaban activamente a los insurrectos». A tal efecto señaló que «el 2 de agosto, unos quince días tras el estallido de la revuelta, todavía no se había dicho una palabra sobre ninguna manifestación "popular". Al día siguiente, reuniones indignadas y manifestaciones populares tuvieron lugar por millares en todos los lugares de la Unión Soviética». Evidentemente, no fue una casualidad.

Comentando al artículo de Radek, Chilston indicó agudamente que desvelaba una de las preocupaciones esenciales del Kremlin: si la intervención nazi-fascista ponía en peligro la seguridad de Francia, también podría poner en peligro la seguridad de la Unión Soviética. En esto no andaba desencaminado. Los expertos del Foreign Office calificaron de «interesante» tal informe. Mostraba, en efecto, «que el Gobierno soviético no está totalmente detrás de los comunistas en España». Teniendo en cuenta que en el lenguaje del Foreign Office de aquella época el término «comunista» se aplicaba a todo el haz de fuerzas de la izquierda española, la conclusión era correcta. No sería la primera vez que los especialistas en temas soviéticos discreparan de las visiones más apocalípticas de aquellos otros colegas que detrás de lo que ocurría en la España republicana siempre vieron la proyección de la larga mano de Moscú. Se trata de un tema que convendría estudiar con mayor detalle.

Ahora bien, a diferencia de los anteriores análisis, ¿qué se desprende de los documentos soviéticos? En mi opinión, un proceso de deslizamiento suave y progresivo, sumamente controlado por Stalin, hacia la ayuda a la República.

La inicial valoración interna soviética

Sólo de manera limitada podemos abordar aquí este fascinante tema. En teoría, las valoraciones que se realizaron debieron de serlo a través de los canales del poder soviético: el Sovnarkom (consejo de comisarios), con sus órganos especializados (en particular, el servicio de inteligencia militar o GRU y el INO, su contraparte en el marco de la NKVD), y la Comintern. Empezaremos por esta última.

Está publicado un informe realizado por Pyotr Abramovich Chubin, director adjunto del Departamento de Información del secretariado de la IC, a Dimitrov con fecha 7 de agosto. Tiene importancia porque este último, aparte de subrayarlo en varios lugares, le dio explícitamente su visto bueno. No se trata de un informe sobresaliente pero sí significativo. En primer lugar, recalcaba que las dos potencias fascistas no se limitaban a enviar armas y aviones a los insurgentes sino que también participaban directamente en operaciones militares. Un acorazado, el *Deutschland*, cubría las baterías rebeldes situadas en la costa contra los ataques de la aviación republicana.[11] Los aparatos italianos y alemanes habían transportado tropas. La conclusión que de ello se extraía era que sin la participación directa de las potencias fascistas los rebeldes no hubieran podido sostenerse.[12] Es el tipo de afirmaciones que apoyaría la preocupación con la que en el Kremlin se contemplaba la evolución española.

En el frente diplomático, continuó Chubin, Alemania e Italia querían reconocer al mando sublevado como un segundo Gobierno, lo cual implicaba una forma indirecta de intervención. A la vez, se lanzaban a disquisiciones múltiples acerca de lo que debiera considerarse como tal. Esto les permitía evitar dar explicaciones acerca de una ingerencia fehacientemente demostrada. Lo que trataban era de ganar tiempo y de prevenir la ayuda que las masas del mundo democrático estaban dispuestas a conceder al pueblo español y a su Gobierno. En el plano militar las operaciones mostraban, por ejemplo en el norte, que allí donde los rebeldes no contaban con el apoyo directo alemán e

11. Esto era exagerado. No lo era el que el acorazado había visitado Ceuta el 3 de agosto y que tal acción había despertado una gran emoción en el exterior (Merkes, p. 165)

12. Esta conclusión es aceptable en la perspectiva de hoy. Cortado del apoyo nazi-fascista, ¿qué hubiera podido hacer, a la larga, Franco?

italiano tenían dificultades en hacer frente a los ataques de las fuerzas republicanas. La situación era diferente en el sur, en donde el fascismo autóctono era sólo una tenue cobertura para la actuación de las tropas legionarias ayudadas por los soldados alemanes e italianos (doc. 33 en Komintern). En consecuencia, era necesario acelerar la ayuda que el mundo democrático concediera a la República porque el fascismo no esperaba sino que actuaba con una energía salvaje y avasalladora. Ésta era la conclusión operativa más importante.

Del informe de Chubin es necesario retener la noción de que la Unión Soviética estaba dispuesta a adherirse a la no intervención, con tal de que los países más involucrados también lo hicieran. Era la idea que se había transmitido a los franceses. La Comintern seguía los pasos del Sovnarkom y la unidad de acción se mantuvo a todo trance en aquellos momentos iniciales. Fue el Sovnarkom, liderado desde el PCUS por el Politburó, quien llevó la iniciativa. Si bien no conocemos el tipo de valoraciones que se hicieran en la NKVD, si es que se hizo alguna, es posible reconstruir las que por aquella época empezó a redactar el servicio de inteligencia militar (GRU) en el seno del Estado Mayor del Ejército Rojo (RKKA) sobre la evolución de la situación en España. Son informes que, naturalmente, se dirigieron a Vorochilov, en su calidad de comisario para la Defensa. Solía transmitirlos el *komkor* (general) Semyon Petrovich Uritsky.[13] El primero data del 7 de agosto, el mismo día en que Chubin compuso el suyo para la Comintern. Uritsky indicó que estaba basado en materiales de los que disponía el GRU (probablemente recogidos a través de sus agentes) y de datos tomados a la prensa extranjera. Rogó a Vorochilov que le indicase a quién debería enviar tal tipo de información. Es inevitable pensar que Stalin encabezó el pequeño círculo de destinatarios de estos análisis, por naturaleza muy secretos. Es un documento importante porque cubrió los acontecimientos acaecidos en España desde el 17 de julio hasta el 5 de agosto. Sus autores inmediatos fueron el *komdiv* Nikonov, adjunto de Uritsky,[14] y un comisario de regimiento llamado Yolk.

13. Se encuentran en RGVA: fondo 33987, inventario 3, legajo 845.

14. Como señala Zaloga, el Ejército Rojo no había vuelto a utilizar la designación tradicional para los grados de jefes y oficiales. En aquel tiempo empleaba otra basada en el papel que desempeñaban. *Komrot* significaba comandante de compañía, equivalente a capitán, y *kombat* comandante de batallón. Con frecuencia el coman-

Este primer informe caracterizó el golpe de inmediato como «sublevación militar fascista» y de «movimiento contrarrevolucionario». Como foco más peligroso consideró el del noreste. En el transcurso de unos cuantos días los amotinados se habían aproximado a las sierras que rodean Madrid y llegaron muy cerca de los embalses que suministran agua potable a la capital. Gracias a la decisión gubernamental de armar al pueblo se había detenido su avance en tanto que se limpiaban de rebeldes las zonas catalana y norteña. Los «fascistas» ocupaban, no obstante, una región bastante amplia, poco desarrollada industrialmente. En Navarra disponían de un fuerte entronque social entre la población «engañada», bajo la poderosa influencia de la Iglesia católica. Formaban parte de tal base los campesinos acomodados (*kulaks* en la terminología original)[15] pero también los menos ricos ya que la reforma agraria no había afectado a la región. Se estimaba que las fuerzas amotinadas ascendían en un principio a unos 30.000 hombres, con artillería pesada y aviación (entre 30 y 40 aviones). Había que añadir las milicias carlistas.

La valoración de la situación republicana no era negativa. La base principal la constituía Barcelona, cuyo desarrollo industrial era comparativamente elevado. Las fuerzas leales y las milicias populares irradiaban fuera de Cataluña. Toda la costa se encontraba en manos gubernamentales. La comunicación con la capital de las provincias del litoral, avanzadas económicamente y ricas en agricultura, aseguraba el aprovisionamiento de Madrid y de los ejércitos. La parte central quedó del lado del Gobierno y constituía una importantísima base política para impulsar la capacidad de lucha republicana. El campesinado estaba muy estratificado y en su mayoría simpatizaba con el Gobierno. Su influencia abarcaba una gran parte de Extremadura y Andalucía, las zonas latifundistas por excelencia. La reforma agraria había te-

dante de brigada (*kombrig*) se hace corresponder con general. Dado que se había suprimido el rango de teniente coronel, *kombrig* podría, no obstante, equivaler a coronel. Por encima se encontraban las denominaciones siguientes: *komdiv*, *komkor*, *komdarm* de segunda clase y *komdarm* de primera clase, es decir, generales de una a cuatro estrellas. El último era la graduación más elevada por debajo de la de mariscal. Tales denominaciones se publicaron el 23 de septiembre de 1935 y de ellas informó a París el teniente coronel Simon ocho días más tarde. SHD: legajo 7N 3122.

15. El empleo de tal vocablo permite inferir que el autor se preocupaba de transferir a unas coordenadas inteligibles para la alta dirección política una situación social que en modo alguno era similar a la evolución soviética.

nido repercusión principalmente en tales regiones en donde cerca de cien mil familias campesinas habían recibido tierras.

En comparación con la situación que reinaba al comienzo de la sublevación, la correlación de fuerzas había empezado a cambiar a favor del Gobierno. Los sublevados mantenían su superioridad en fuerzas militares regulares, pero los republicanos,

> apoyándose en los centros del país económicamente avanzados y en el enorme entusiasmo de las masas, han sabido, en el curso de los esfuerzos por aplastar la rebelión, igualar tal discordancia, armando a cerca de 100.000 trabajadores. En la actualidad, continúa el crecimiento de las fuerzas armadas del Gobierno.

Con todas las reservas, los analistas soviéticos se lanzaron a la ardua tarea de estimar, nada menos que desde Moscú, las fuerzas en presencia en términos estrictamente cuantitativos hacia los primeros días de agosto. El resultado, bastante infracuantificado, de sus esfuerzos se refleja en el cuadro V-1.

CUADRO V-1
Estimación por el GRU de la correlación de fuerzas[16]
(en los primeros días de agosto de 1936)

	Gobierno	*Sublevados*
1. Infantería	30 batallones	55 batallones+Legión
2. Caballería	2-4 regimientos	2-3 regimientos
3. Artillería ligera	70 baterías	95 baterías
4. Aviación	70 por 100 del conjunto (unos 250 aviones)	30 por 100 del conjunto (unos 100 aviones)
5. Combatientes	cerca de 50.000	cerca de 100.000

Fuente: Informe Nikonov/Yolk, página 6, RGVA: fondo 33987, inventario 3, legajo 845

Según estos cálculos, cuya base estadística no se explicita en el informe y que por desgracia no hemos localizado, las fuerzas armadas

16. Lo que nos interesa en este momento es documentar las percepciones que iban desarrollándose en Moscú, no la exactitud de las mismas. De este informe lo más importante es la apreciación de que la situación evolucionaba de forma favorable para el Gobierno. Los siguientes la aguarían rápidamente.

republicanas podían ascender a unos 40.000 hombres con unos 250 aviones. Habría que añadir una parte de la Guardia de Asalto y de la Guardia Civil, unos 10.000 hombres más. Una gran parte de los aviones estaban averiados. Es fascinante comparar las estimaciones anteriores con las realizadas, casi al mismo tiempo, por el AIS en Londres. Estas últimas eran más próximas a la realidad. Ambas coincidieron en que el arma que estaba llamada a desempeñar un papel esencial en la contienda, la aviación, adolecía de numerosos aparatos defectuosos. Mientras el AIS, por otro lado, se concentró en los aspectos cuantitativos, el GRU, que no se fijó en aquel momento en los aspectos cualitativos, ligados al diferente nivel de formación militar de los contendientes, tendió, por el contrario, a subrayar la importancia del apoyo popular al Gobierno republicano. A la vez minusvaloró el que recibían los rebeldes, fallo en el que el AIS no incurrió.

El GRU argumentaba, en efecto, que a diferencia de los sublevados, el Gobierno disponía de un gran apoyo social y estaba respaldado por las masas trabajadoras, los campesinos (todavía poco incorporados a la lucha), la pequeña burguesía de las ciudades y por algunas capas de la mediana. Todos los partidos y organizaciones de masas tomaban parte en la guerra contra los sublevados. Tales organizaciones eran: el PCE, que tenía en sus filas antes de la sublevación 130.000 militantes; la Unión de Juventudes Socialistas y Comunistas (sic), con 100.000 miembros; el PSOE con 50-60.000 miembros, la UGT con cerca de un millón de afiliados; la CNT, con cerca de medio millón y otras. Eran cifras que se referían a la totalidad de España y que exageraban, cuando menos, la importancia del PCE a la vez que disminuían la del PSOE. En las zonas ocupadas por los sublevados, las organizaciones de masas sólo tenían posibilidad de manifestarse en las ciudades en donde no había guarniciones.

El principal esfuerzo republicano se había dirigido contra «el decisivo frente norte» mientras que en el sur se había creado una barrera activa en contra del general Franco en las provincias de Málaga, Córdoba y Sevilla.[17] En general, el informe tendía a subestimar la capacidad de estos sublevados. Aunque se habían hecho fuertes en la zona de Cádiz-Algeciras-Córdoba-Granada se trataba de una base poco esta-

17. Nótese el énfasis puesto en las milicias como componentes esenciales de la capacidad de resistencia y avance republicana. No respondía en modo alguno a la realidad y ello da una curiosa impresión de análisis abstracto a este informe del GRU, que abarca las páginas 2-9.

ble. En ella abundaban las masas campesinas proclives a la acción revolucionaria. Para los sublevados la base principal era Marruecos, desde donde habían empezado el transvase de fuerzas, si bien en pequeño volumen, a la Península. Esto último era correcto. En aquellos primeros días de agosto todavía no se habían revelado en toda su potencialidad dos fenómenos decisivos: la capacidad del general Franco de traspasar rápidamente los contingentes de tropas coloniales a Andalucía, en parte gracias a la ayuda aérea alemana, y la intimidación del campesinado con actuaciones de extrema violencia.

Nikonov y Yolk afirmaban, no sin razón, que la principal actividad de los sublevados se orientaba hacia la toma de Madrid y en la dirección de San Sebastián y Bilbao (para llegar a un puerto desde el cual pudiera establecerse comunicación con las fuentes alemanas de suministro). Con menos razón señalaban que también se dirigían hacia Murcia-Valencia con el fin de cortar el suministro de alimentos a Madrid.

¿Cómo se enjuiciaban otros aspectos de la situación desde el punto de vista del Gobierno? El abastecimiento de las fuerzas republicanas era problemático. La industria militar en España era débil, estaba muy esparcida y en parte se encontraba en el territorio ocupado por los sublevados. En manos gubernamentales había quedado la fábrica de artillería de Trubia pero estaba cortada de Madrid. En manos rebeldes radicaban ya la fábrica de Oviedo y las de Granada y Sevilla. Era imprescindible parar a los sublevados en su acometida contra la capital. De haber caído Madrid en aquellos momentos el impacto hubiera sido demoledor. Más interés tienen las valoraciones que partían del supuesto de que la avalancha de Mola pudiera contenerse. En este caso, para los analistas del GRU la evolución futura dependería de tres circunstancias cardinales. Ante todo, de la voluntad del Gobierno de anunciar e iniciar una aplicación radical de la reforma agraria. La participación del campesinado en las filas republicanas era claramente insuficiente. Resultaba imprescindible descomponer el conglomerado de fuerzas rebeldes incitando a los campesinos a la deserción. A las proclamaciones a favor de la democracia y la República había que unir la confiscación de las propiedades de los terratenientes y la supresión de los gravámenes («feudales») que soportaba el campesinado.[18] Tam-

18. Ésta es la primera valoración moscovita que conocemos que pone el énfasis en dicho factor, que discurrirá como una línea roja por muchas posteriores y llegaría a su apogeo en los consejos que Stalin dio a Largo Caballero a finales de 1936.

bién era de capital importancia atacar la problemática autonómica. A la de Cataluña debía unirse la del País Vasco y Galicia.[19] Más significativo incluso era Marruecos. El Gobierno debía declarar libres a los rifeños.[20] Dicho lo que antecede, para Nikonov y Yolk la suerte del Frente Popular dependería en gran medida del factor externo. Desde el punto de vista de la dinámica interior, el Gobierno tenía claras posibilidades de victoria. Ahora bien, debido a la ayuda que recibían los sublevados de las potencias fascistas, las perspectivas republicanas empeoraban considerablemente. En este caso el análisis del GRU y de la Comintern coincidieron. Para el primero la prolongación y el carácter encarnizado del conflicto, la ayuda militar extranjera y la presencia en aguas españoles de 60 a 65 barcos de guerra (37-40 británicos, 7 alemanes, 5 italianos, 12 franceses) daban pie a condiciones que podían provocar serias e inesperadas complicaciones en el plano internacional.

De este somero resumen del primer informe del GRU se desprenden desniveles cualitativos importantes. La percepción sobre la dinámica interna de los sublevados subestimaba a Franco y sobrestimaba a Mola. Destacaba los activos en manos del Gobierno pero planteaba interrogantes muy claros sobre el futuro: la ingerencia de las potencias fascistas auguraba desgracias para la República. No hacía demasiado hincapié en el distinto valor militar de las fuerzas en presencia, quizá porque todavía no se había manifestado en toda su crudeza la incapacidad de las milicias de sostener combates contra fuerzas aguerridas (las coloniales y la legión) y dirigidas con mano de hierro por profesionales que sabían maniobrar tácticamente de manera adecuada, en tanto que los milicianos ni tenían entrenamiento ni sabían oponer una resistencia sostenida.

La lectura del informe induce una impresión inmediata. Es difícil que los analistas militares y políticos no enfatizaran que resultaba imprescindible conocer mejor lo que ocurría sobre el terreno. En esto es

19. La primera se llevó, naturalmente, a la práctica. En cuanto a la segunda era inviable ya que Galicia estaba controlada por los sublevados. Es inevitable pensar que el GRU transponía algunos de los esquemas intelectuales del período de la preguerra.

20. Ésta fue una recomendación muy importante. No tuvo, sin embargo, consecuencias operativas aunque un sector del Gobierno republicano consideró la cuestión. En el verano de 1936 era, no obstante, de difícil realización y hubiese interferido con las gestiones que se realizaban con Francia.

inverosímil que toparan con rechazos. La conveniencia de establecer una presencia soviética en España, una zona de conflicto de la que apenas si se sabía nada en Moscú, era algo que debían compartir los dirigentes. El establecimiento de tal presencia, absolutamente necesaria para cualquier valoración estratégica y operativa seria, se hizo con arreglo a una doble línea de conducta. La primera fue abierta. Se plasmó espectacularmente en el envío de una misión hacia Madrid y en el establecimiento de una embajada en buena y debida forma. El personal que la componía estaba compuesto en gran medida de agentes de los servicios de inteligencia. Ello permite intuir su íntimo enlace con la segunda línea. Ésta fue oculta y se destinó, tanto en la Unión Soviética como en el extranjero, a: i) influir en el comportamiento del PCE; ii) obtener información de primera mano sobre lo que realmente ocurría en la trastienda española y, sobre todo, iii) ayudar al Gobierno republicano, aunque de forma no comprometedora todavía.

Una embajada con personal de doble dependencia

El Sovnarkom no podía limitarse a las comunicaciones y contactos establecidos por la Comintern tiempo atrás. Hubiese sido suicida continuar dependiendo de los canales de la época de paz. En tiempos de crisis había que subordinar más estrechamente que nunca la actuación de la Comintern a los intereses estatales soviéticos, una distinción que suelen pasar por alto quienes se concentran en esta última como si representara la auténtica portavocía de aquéllos. La IC fue utilizada, por el contrario, como un mero instrumento de una diplomacia paralela.[21] En agosto de 1936 resultaba obvio que el aparato gubernamental soviético necesitaba disponer de sus propios agentes en España.

La fuente más inmediata la constituía el NKID, que en aquel tiempo estaba algo más alejado de los planteamientos ideológicos que habían prevalecido en los años veinte. Otras fuentes eran, claro está, los servicios de inteligencia, ya fueran del RKKA o de la NKVD. En consonancia con la rápida decisión sobre ayuda, siquiera económica, que

21. Esto no significa ignorar que, al contemplar la política exterior soviética, muchos observadores contrapusieran en la época una tendencia «nacional», moderada, y otra expansionista, «doctrinal», liderada por la Comintern. El influyente sir Robert Vansittart, en el informe de un viaje a Alemania, argumentó así.

de cara a la España republicana se había adoptado desde los primeros momentos, la selección del equipo de representantes debió iniciarse en los primeros días de agosto. El 9, por ejemplo, el comisario del pueblo para la Defensa espejeó ante Stalin dos candidatos. Uno para el puesto de agregado militar y otro como experto en comunicaciones. Se trataba del *kombrig* Vladimir Efimovich Gorev y de un tal Bruno Bundt (Schauff, pp. 203s). No cabe duda de que los informes de Nikonov y de Chubin servirían de apoyo a tal medida, que probablemente ya se habría planteado con anterioridad.

El reflejo de las reuniones del Politburó[22] muestra que el 16 de agosto se aceptó la propuesta de Krestinsky de que la solicitud de placet no se hiciera directamente a Madrid sino que se tramitara a través de las respectivas embajadas en París. Esto significa que la decisión de enviar un embajador debió de tomarse en paralelo, o incluso antes, a la preselección de Gorev y Bundt. Es en este período cuando el 17 de agosto el GRU envió a Vorochilov su segundo informe sobre la situación en España. Era obra de Yolk. En el ejemplar que he consultado no se mencionan destinatarios. Esto hace pensar que el comisario para la Defensa podría haber ordenado que su circulación fuese restringidísima y se la reservara él mismo pero parece imposible que no remitiera a Stalin este tipo de informaciones.

El segundo informe del GRU destacó que la situación del Gobierno había empeorado notablemente. Badajoz había caído. Los sublevados que subían hacia el norte podían unirse, como así ocurrió, con los que se encaminaban hacia el sur. Ello creaba una amenaza seria para Madrid. Los rebeldes estaban cerca de San Sebastián. Si lo tomaban, la ganancia política sería considerable.[23] Los republicanos tenían dificultades para liquidar con rapidez el tapón del Guadarrama. A la vez, para detener el avance de Franco desde el suroeste, les eran necesarias grandes fuerzas. En Zaragoza no se progresaba y Teruel había caído. Los bombardeos habían obstaculizado la interceptación de los refuerzos por mar. Sin embargo, era evidente que el mayor peligro de los «contrarre-

22. La documentación relevante se encuentra en RGASPI, fondo 17, inventario 162, asunto 20.

23. El informe hizo de nuevo hincapié sobre la posibilidad de utilizar el puerto donostiarra para aprovisionarse de Alemania. Sin duda el GRU desconocía que Hitler había decidido abastecer a Franco y sólo a Franco y que los puertos que se usarían al efecto serían los andaluces y Lisboa. Sólo en una ocasión se utilizó el de La Coruña.

volucionarios» ya lo constituía el grupo del general Franco. Sin duda a Moscú llegaban noticias contradictorias. Yolk hizo de él el comandante en jefe «de todas las fuerzas armadas de los fascistas», «por decisión de todos los cabecillas del levantamiento». Algo prematuro. Un párrafo aludía a lo que aparecía como un desequilibrio irremediable:

> El principal contingente de su ejército de choque, que avanza por Badajoz hacia el noreste, son los rifeños y las unidades de la Legión Extranjera. Está bien pertrechado. Desde el comienzo de la sublevación el general Franco ha recibido un total de 97 (sic) aviones de guerra de Italia y Alemania. También han llegado aviadores. Por los datos que obran en nuestro poder, en un barco alemán que zarpó de Bremen hacia Gibraltar el 8 de agosto se cargaron 22.000 fusiles Mauser, 1.000 ametralladoras Vickers y otras tantas Lewis, así como una considerable cantidad de granadas de mano.[24]

Por el contrario, el Gobierno sufría de graves deficiencias en cuadros preparados. La aviación no podía utilizarse por falta de pilotos de confianza. Hacían falta buenos artilleros y marinos expertos. Era una apreciación correcta. Yolk afirmó:

> Siguen creciendo el levantamiento popular y el entusiasmo revolucionario de las masas. En estos últimos tiempos es característica la formación de innumerables focos de movimientos guerrilleros (sic) en el territorio de los amotinados. Las masas campesinas se incorporan paulatinamente a la lucha. Por los datos de que disponemos, en la retaguardia del general Mola crece el descontento de los campesinos por los nuevos impuestos que han establecido los fascistas. A pesar de una serie de provocaciones (asesinato en Barcelona de uno de los líderes de los sindicatos socialistas y otros hechos), organizadas por los fascistas para romper el Frente Popular, la unidad de la clase trabajadora continúa reforzándose.

No extrañará que una de las reacciones inmediatas consistiera en informar al PCGB el 9 de agosto que la combinación entre la intervención

24. Las cifras eran exageradas y alguien escribió a mano: «estos datos requieren comprobación». Se trataba de una información ambigua. Después del *Usaramo*, que llevó una parte de la inicial ayuda alemana a Franco, los siguientes barcos fueron el *Kamerun* y, sobre todo, el *Wigbert*, con rumbo a Lisboa. El informe de Yolk se encuentra en las páginas 12-14 del legajo mencionado.

de las potencias fascistas y la retracción de las democracias había dado por resultado que los sublevados ganaran ascendente. Era un análisis impecable.[25] En tal circunstancia el comportamiento del Gobierno británico revestía una significación primordial. La izquierda debía hacer presión sobre el mismo. Si no cambiaba de actitud ante el previsible triunfo fascista, la derrota de la democracia y el estallido de una guerra,[26] habría que ir a una huelga general (West, pp. 197s). Pero no se llegó a ella.

La segunda reacción estribó en promover con urgencia el envío de representantes sobre el terreno. El 22 de agosto el Politburó nombró *polpred* (representante político plenipotenciario, es decir, embajador) a Marcel I. Rosenberg, uno de los colaboradores de Litvinov y secretario general adjunto de la Sociedad de Naciones, ante la cual también había formado parte de la delegación soviética.[27] La elección no era, en principio, desafortunada. Como consejero en París, Rosenberg había conocido los problemas relacionados con la fracasada instalación de embajadas mutuas en las dos capitales y, según señala Dullin, había mantenido una postura un tanto reservada ante el triunfo del Frente Popular francés. Rosenberg temía, en efecto, que ello diera demasiadas alas al PCF, lo cual acentuaría los temores ante la subversión o la revolución entre la derecha y el centro derecha. Éste era un enfoque del que participaba el propio Litvinov.

La imagen que de la gestión de Rosenberg en España aparece en la literatura no se compadece demasiado con esta actitud. Se trataba de un hombre de temperamento nervioso, según informaciones recopiladas por Dullin. El ulterior representante de la NKVD en España, Alexander Orlov, a quien aludiremos con frecuencia, trazó de él un retrato poco agradable. En la actualidad, la imagen que de Rosenberg mantienen algunas personas que llegaron a conocerlo es que no estuvo a la altura de sus responsabilidades ni supo tratar a los españoles. Quizá fuese consciente de ello ya que en alguna ocasión ofreció su dimisión a Litvinov, que no la aceptó. En cualquier caso, y como vere-

25. Cruz (p. 268) lo resume así: «desde principios de agosto, la intervención alemana e italiana reequilibró a favor de los rebeldes una situación previa de práctica rendición».

26. Esto era, sin duda, reflejo de la ansiedad que atenazaba al Kremlin. La caracterización de los tres riesgos se mantuvo largo tiempo.

27. La carta de Kalinin, presidente del Comité Central Ejecutivo de la URSS, a Azaña dándole cuenta del nombramiento está fechada la víspera. AMAE: legajo 364, E Rosenberg.

mos seguidamente, Rosenberg se comportó de forma poco diplomática desde el primer momento y hubo que llamarle la atención en repetidas ocasiones.[28]

En la misma ocasión el Politburó nombró al equipo inmediato. Lo componían Lev Gaikis como consejero político, Gorev como agregado militar y un tal I. Winzer como agregado comercial.[29] Es evidente que, en teoría, hubiera debido tratarse de funcionarios elegidos con cierto cuidado. La Unión Soviética no podía exponerse a que sus representantes cometieran errores de bulto. El caso de Gaikis, que sucedió a Rosenberg como embajador por breve tiempo en febrero de 1937, es interesante y ha sido aireado por Dullin. En los años veinte había flirteado con la oposición trotskista, por lo que Litvinov solicitó autorización al CC antes de enviarlo a España. Indudablemente, en la atmósfera del primer proceso de Moscú, el comisario no habría querido exponerse a que se le pudiera acusar de falta de celo.[30] Una de las razones que pudieron aconsejar el nombramiento es que hablaba español. Por su parte, Gorev trabajaba para el GRU. Según el currículum que ha descubierto Schauff, había participado en labores de inteligencia en Estados Unidos y China y gozaba de una excelente reputación. Cuando fue designado para España estaba al frente de una brigada mecanizada.[31] Cabe establecer con precisión el momento en el

28. Éste es un aspecto hasta ahora poco conocido en la historiografía. Mi sospecha es que, por razones de imagen, el Kremlin prefirió dejarle en España durante algunos meses hasta que al final Stalin ordenó su regreso en febrero de 1937.

29. Sorprende que Radosh *et al.* no mencionen estos tres nombramientos ni que tampoco indiquen la fecha en que se produjeron. No son datos irrelevantes. Los que se ofrecen difieren de los que indica Kowalsky, pp. 29 y 412. Los mismos nombramientos se indican en el acta de la reunión del Politburó del 1 de septiembre de 1936. No se ha encontrado, que yo sepa, documentación republicana que muestre los contactos que debieron de preceder al envío de los representantes soviéticos. Zavala (2005, p. 187) hace a Berzin agregado militar, lo cual no es correcto.

30. En una carta a Kaganovich del 20 de agosto Litvinov escribió: «En su pasado de militante hay un fallo. En 1923 votó por la plataforma trotskista. Esta situación, que nunca ha ocultado, no le ha deparado ninguna crítica del partido en el momento de las depuraciones ni ha impedido su trabajo en el Comisariado o en el extranjero. Dadas las circunstancias actuales, no considero sin embargo posible transferir a Gaikis a un puesto en España sin una autorización especial del Comité Central» (Dullin, 2001, p. 242).

31. De la Cierva (2003, p. 505) afirma que Gorev llegó a Madrid incluso antes que el embajador.

que empezó a actuar: fue en torno al 5 de septiembre. En esta fecha, en efecto, el gabinete de Información y Control del Ministerio de la Guerra le extendió una autorización para que pudiera entrar y circular y el EM le concedió otra que le permitiría visitar los frentes y zonas de guerra.[32] Bundt era de origen alemán, había servido en la Armada guillermina e ingresado en el Partido Comunista en 1918. Se había destacado en el establecimiento de comunicaciones ilegales entre Tokio y Moscú.

La borrosa figura de Winzer debe subrayarse por dos razones. La primera es porque numerosos autores suelen identificar al primer agregado comercial con Artur Stajewsky, a quien se le atribuiría la idea del posterior envío del oro a la Unión Soviética. Se trata de un mito que dura hasta nuestros días y al que aludiremos en un capítulo posterior. Ahora bien, Winzer no era un modesto agregado comercial sino un agente camuflado del GRU aunque formalmente dependía del Comisariado del Pueblo para el Comercio Exterior (NKVT), mucho mejor dotado en hombres y recursos que el NKID y que, como es frecuente entre ambas orientaciones de la acción exterior estatal, solía enzarzarse en fuertes pugnas burocráticas con este último. Su doble dependencia no se ha identificado hasta ahora en la literatura.[33]

Que una de las primeras decisiones del Politburó recayera en el envío a Madrid de agentes del GRU no debe sorprender a nadie. En la capital habían actuado, en el período de la preguerra, agentes del Tercer Reich, de la Italia fascista, del Reino Unido y de Francia, países que también disponían de sendos aparatos de inteligencia en España.[34] No sabemos si había habido agentes soviéticos pero, en cualquier caso, la situación creada obligaba a enviar nuevos hombres. Esto obliga a pasar por un cendal crítico el no siempre fiable testimonio de Krivitsky según el cual los primeros agentes que operaron en el escenario español los decidió él autónomamente. Se trata de una afirmación inverosímil *per se* desde el primer momento.

32. AHPCE: sección EM soviético, legajo 28, docs. 324 y 326.

33. Agradezco a Boris Volodarsky, quien está escribiendo una biografía de Orlov, esta información.

34. En los años veinte, por ejemplo, la parte operativa del SIS había adoptado una estructura geográfica basada en grupos por países que supervisaban la labor de los agentes y estaciones radicados en el extranjero. España figuraba dentro del «grupo suizo» que se encargaba de Suiza, Francia, Italia y España (Ph. Davies, pp. 67s). Se trae esto a colación porque hay historiadores franquistas que se desmelenan ante la idea de agentes soviéticos en el suelo patrio.

La aparición del embajador soviético supuso, afirma Zugazagoitia (p. 138), «un balón de oxígeno para nuestras esperanzas que habían sufrido rudos golpes». Rosenberg arribó a Madrid prácticamente de incógnito el 27 de agosto, acompañado de dos expertos militares, según informó Ogilvie-Forbes inmediatamente. No se dijo, en un primer momento, nada a la prensa pero al día siguiente el embajador chileno, Aurelio Núñez Morgado, manifestó a su Gobierno que «su entrada y salida en el hotel donde se hospeda se hace con imponente aparato de fuerza, rodeando un espeso cordón de soldados una cuadra entera de la Gran Vía, suspendiéndose el tráfico» (España, p. 207). Litvinov comunicó con urgencia el nombramiento a lord Chilston, sin duda para prevenir cualquier sentimiento de sorpresa desagradable. Es un aspecto que no debemos dejar de subrayar. El 29 tuvo lugar la presentación de credenciales con el ceremonial de costumbre y el nuevo embajador fue agasajado por la multitud (TNA: FO 371/20559). Los discursos intercambiados se publicaron en la *Gaceta* (30 de agosto).

Tras el equipo inicial llegó una amplia gama de colaboradores. Uno de los primeros fue el agregado naval, Nikolai Kuznetsov, hacia el 29 de agosto.[35] El equipo puramente militar, dirigido por Jan Berzin, antiguo jefe del GRU,[36] hizo visitas diarias a los frentes y debió de generar un torrente de información hacia Moscú, por desgracia todavía desconocida, aunque posiblemente se integrara en los resúmenes preparados por los servicios centrales del GRU. Obsérvese la predominancia clara desde el principio de este servicio, en consonancia con la particular situación que se daba en España.

35. Según narra en sus memorias (p. 133) «la víspera se había bombardeado por primera vez a la capital» (en lo que participaron aviones alemanes: ADAP, pp. 51-53). Como esto ocurrió el 27/28 de agosto, hay que situar su llegada inmediatamente después de la de Rosenberg. El 30 de agosto *ABC* publicó ciertos extremos de la entrevista que Azaña había concedido a Koltsov. El presidente habría afirmado: «Transmita usted al pueblo soviético que su simpatía, su importante apoyo, nos han emocionado profundamente; pero no nos ha asombrado. Para mí siempre ha sido evidente que la gran democracia soviética (sic) no podía menos de ser solidaria con la democracia española». Convenía ser no ya cortés sino hipercortés. Kuznetsov no era «almirante», como afirma De la Cierva (2003, p. 289).

36. No, como indica De la Cierva (2003, p. 501) «hasta entonces jefe del GRU». Es un error que se repite hasta nuestros días (por ejemplo, Stone, p. 42 y Madridejos, p. 63). Su currículum figura en Schauff (p. 233): en 1921 fue nombrado director adjunto del GRU y tres años más tarde su director. En 1935 pasó a la segunda jefatura del Ejército del Lejano Oriente.

No todo el equipo soviético figuró en la lista diplomática. La primera aparición de una entrada correspondiente a la URSS (añadida a mano en la edición de febrero de 1936) contaba con sólo seis nombres: el embajador y su esposa, Gorev (como agregado militar), Winzer (como agregado comercial), un agregado (Yuri Bondarenko) y otra persona (Vasily Lyubimtsev), sin identificación de puesto.[37] Quizá se tratara de Bundt. Como se observará, en tal inscripción no figuraba Orlov, lo que nos lleva a creer que no pudo ser el representante de la NKVD para España, ya que éste no careció de tal cobertura. Cuando fue nombrado a tan exaltada posición, se le incorporó a la lista diplomática.[38]

Todavía por aquella época Berardis señalaba que el Kremlin hubiese preferido no tomar una posición demasiado expuesta de cara a los acontecimientos españoles. En Moscú, afirmó, no se subrayaba demasiado la dimensión ideológica pro-comunista porque «en definitiva podría volverse en contra, al provocar inevitablemente reacciones opuestas de la "burguesía occidental"». Parecía obvio que el estallido de la guerra y de la revolución en España hacían surgir la contradicción entre la ideología por un lado y la necesidad de aplicar una visión realista a las nuevas turbaciones de la escena internacional (DDI, IV, doc. 814).

En un primer momento el Gobierno ofreció a los soviéticos el famoso hotel Gaylord como sede para la embajada, pero no lo aceptaron. Rosenberg informó al encargado de negocios británico porque la residencia de éste ocupaba dos pisos del mismo. Ogilvie-Forbes se dirigió inmediatamente al ministro Giner de los Ríos, quien por ausencia de Álvarez del Vayo se ocupaba de la cartera de Estado, para manifestarle el 27 de septiembre su esperanza de que la presencia de los nuevos ocupantes no supusiera la menor interferencia o restricción con sus privilegios e inmunidades diplomáticas (TNA: FO 371/20542).[39]

37. Según Volodarsky, ambos eran también agentes del GRU.

38. Dado que la dirección que se indicaba de la embajada era el hotel Palace, cabe pensar que la nota hubo de escribirse poco antes de su instalación en éste, que tuvo lugar a finales de septiembre (*El Popular*, Málaga, 30 de septiembre. Agradezco esta referencia a María Ángeles Ayala). Ignoro si la correspondiente entrada se distribuyó a las representaciones extranjeras.

39. Es verosímil que la proximidad del diplomático británico hiciera que los soviéticos, siempre muy cuidadosos en materia de seguridad, prefirieran otro lugar.

Implantación soviética en Barcelona y en Bilbao

Fue ésta la época en que también se estableció en la Ciudad Condal un consulado general soviético, dirigido por Vladimir Antonov-Ovseenko, ex oficial de carrera que en 1917 había sido secretario del comité militar revolucionario de Petrogrado (antes y hoy San Petersburgo). Se había dado a conocer al asumir el mando de las fuerzas que asaltaron el Palacio de Invierno y hecho prisioneros a los miembros del Gobierno provisional ruso. Más tarde fue director del Departamento Político del RKKA y representante en Checoslovaquia, Lituania y Polonia entre 1924 y 1934. Se trataba, pues, de un personaje un tanto notorio. Cuando se entrevistó con su colega británico el 12 de octubre, éste le encontró avejentado y cansado (si bien sólo tenía 53 años).[40] No hablaba inglés ni español y no estaba familiarizado en modo alguno con España. El encuentro debió de ser un tanto estirado. King extrajo la impresión de que su interlocutor consideraba que los rebeldes tenían grandes probabilidades de ganar. Antonov-Ovseenko subrayó que las fuerzas gubernamentales consistían en jóvenes entusiastas, pero estaban mal equipadas, carecían de disciplina y eran incapaces de resistir el acoso de contingentes bastante bien entrenados (TNA: FO 371/20582). Las iniciales actividades del cónsul soviético, quizá un tanto exageradas en la literatura en la que se han comentado abundantemente, no se abordarán en este libro. Aquí señalaremos que el 4 de octubre el comisario adjunto de Asuntos Exteriores Krestinsky le escribió informándole que las necesidades del puesto obligaban a poner a su disposición un agregado militar y un ayudante, camuflados bajo la cobertura de vicecónsul y segundo secretario. Ambos dependerían funcionalmente de Gorev en Madrid y tendrían como misión informar sobre temas militares.[41]

Convendría mencionar el tercer despliegue diplomático soviético en España. Tiene ciertas peculiaridades que en esta obra sólo pueden mencionarse de pasada. Queden citadas como muestra de que una línea de investigación futura sería deseable, en base a la documentación

40. La impresión de King coincidió con la de Azaña (1990, p. 129) a quien le pareció un «viejo fanático».

41. AVP RF: fondo 097, inventario 1, expediente 102, legajo 14, página 19. En este legajo se encuentran numerosos informes de Antonov-Ovseenko, algunos de los cuales están reproducidos en Radosh *et al.*

que pueda conservarse en Moscú. Tal despliegue se hizo de cara al País Vasco, algo más tarde, en circunstancias todavía no desentrañadas. Rosenberg y Antonov-Ovseenko fueron agasajados a los pocos días de llegar a sus destinos. El enviado a Bilbao se comportó con gran reticencia, bien por razones personales o, lo que es más posible, siguiendo instrucciones. Los franceses, muy implantados en la capital vizcaína, no se enteraron al principio de su llegada. Según Egaña, en un libro por lo demás plagado de errores, el que se estableciera una presencia soviética en Bilbao fue fruto de diversos contactos, en los cuales estuvieron mezclados Manuel de Irujo y Juan Astigarrabía, secretario del PCV. A principios de noviembre, el lehendakari José Antonio Aguirre dio a conocer que la embajada soviética había acreditado a Josef Tumanov como consejero.

Se hizo llamar «embajador» y en la prensa de la época a veces aparece con esta designación. Esto llevó a Herbette a contraponer los vocablos rusos «*polpred*» y «*posol*» (consejero o asesor diplomático) y a afirmar que este último se utilizaba para designar a un jefe de misión diplomática autónoma, lo cual implicaba, según él, que Moscú reconocía al País Vasco una categoría similar a la de un «*Dominion*», en el sentido británico.[42] Tumanov no se apresuró a visitar a los cónsules radicados en Bilbao. El francés informó que la representación soviética la componían, además, un agregado (militar, un tal Jansson, según *Euzkadi*) y un secretario de embajada (un tal Struganoff, a tenor de la misma fuente). No era gran cosa. Por otro lado, el Gobierno vasco se apresuró a ofrecer a Tumanov una de las residencias más apreciadas de la ciudad.[43] Este comportamiento nos hace pensar que Tumanov no era diplomático profesional por lo que nuestra interpretación es que se trataría de un agente del GRU o, más verosímilmente, del INO.

42. En su correspondencia con Moscú, Tumanov utilizó papel con el membrete de la embajada de la URSS en España. Muestras de ello se hallan en AVP RF: fondo 097, inventario 1, expediente 102, legajo 17.

43. Toda esta información procede de diversos despachos, generalmente manuscritos, conservados en CADN, caja 566B. Por la de origen vasco estoy muy agradecido a Juan José Sánchez Arreseigor.

Movimientos que NO se detectaban[44]

Volviendo a Moscú hay que afirmar que la dinámica interna se les escapaba a los diplomáticos occidentales. No es nada de extrañar. Ahora bien, el Gobierno Giral había aprovechado inmediatamente la llegada de Rosenberg para reiterar la necesidad urgente de obtener armamento y ayuda soviéticos (Schauff, p. 206).[45] Por desgracia, la solicitud formal no se ha encontrado hasta el momento. Era, no obstante, la cuarta que hacía en poco más de un mes, tras la efectuada a la embajada de la URSS en París y las gestiones de Fernando de los Ríos y del hijo del propio presidente del Gobierno. Con un representante en Madrid las comunicaciones se facilitarían considerablemente.[46] También se dieron algunos movimientos no evidentes. Para esta obra son de importancia cuatro.

Primer movimiento: Éste lo captaron los servicios de interceptación británicos.[47] Se trata de los telegramas que el secretariado de la Comintern envió a Madrid el 23 y el 24 de julio. El primero se colocaba bajo el lema de la necesidad de preservar y reforzar a toda costa el Frente Popular e inmediatamente planteaba una serie de cuestiones operativas: ¿Cuál era el número de tropas leales al Gobierno? ¿En qué manos se encontraba la mayor parte de la aviación y de la artillería? ¿Había confianza en la flota? ¿Tenía ésta suficiente combustible?[48] ¿Qué se hacía para desmoralizar al enemigo?, etc. La comunicación

44. Quizá convenga señalar que muy poco de lo que se aborda en este apartado y en el siguiente figura en la Biblia por excelencia en que para numerosos autores se ha convertido la obra de Bolloten.

45. Innecesario es destacar que afirmaciones como la de Zavala (2005, p. 248), por muy recientes que sean, según las cuales la URSS había enviado material bélico a España desde el 25 de julio carecen de todo fundamento. Tampoco me es posible seguir a Kowalsky (2004, p. 94) cuando afirma que «los líderes republicanos no tuvieron más remedio que aceptar de mala gana la ayuda soviética». Muy al contrario. La ansiaban.

46. Esta reconstrucción choca frontalmente con la afirmación de Largo Caballero (2007, p. 3436) de que no se sabía muy bien quién había hecho pedidos de armamento a la Unión Soviética, como si la iniciativa de enviarlo no hubiese tenido nada que ver con los Gobiernos republicanos.

47. Se encuentra en TNA, HW 12/27. El efecto que tuvo el conocimiento de las comunicaciones interceptadas en los medios dirigentes británicos parece que fue nulo.

48. Es inevitable comparar esta pregunta con la decisión el día anterior de enviarlo, como ya vimos en el capítulo tercero. Elorza y Bizcarrondo mencionan este telegrama pero reproducen otra parte del mismo. La afirmación de Vidal (1998, p. 48) de que la IC no mostró interés por lo que ocurría en España no es sostenible.

del 24 contenía instrucciones muy precisas. Divulgadas en sus elementos esenciales por Elorza y Bizcarrondo (pp. 297-298), contenían una prescripción a la que la Unión Soviética se atuvo de forma inalterable:

> Hoy, cuando es absolutamente esencial unir a todas las fuerzas de las milicias populares y las de las unidades militares leales a la República para derrotar la rebelión, consideramos muy inadecuado suscitar la cuestión de sustituir al ejército regular por las primeras, particularmente porque en las batallas en curso se forjará un nuevo ejército republicano que, junto a ellas, apoyará al régimen republicano contra los enemigos internos y externos. Siempre que sea posible reclutad a oficiales leales a la República y esforzaos por convencer a las unidades rebeldes a que se pasen al lado del Frente Popular.
>
> Es esencial que el Gobierno declare una amnistía a favor de quienes abandonen las filas de los sublevados y se unan al pueblo.[49]

Esta receta respondía a una dinámica concreta: la República se había visto sorprendida por un golpe militar que amenazaba con extenderse. Para cortarlo, era preciso disponer de un aparato militar, más o menos basado en lo que pudiera salvarse del ejército regular. Como ha señalado Alpert (p. 65) eran los comunistas «los que tenían ideas más claras sobre la situación». Pero, en realidad, habría que decir, con Cardona (2006, p. 53), que esto era extrapolable también a los militares de ambos bandos y a la totalidad de las derechas. El resto de las instrucciones muestra las prioridades tal y como se divisaban en Moscú en aquellos primeros días. Ante todo, la necesidad imperiosa de «concentrarse en la tarea más importante del momento, es decir, en la rápida supresión y liquidación definitiva de la rebelión fascista». En definitiva, no a las algaradas revolucionarias. «Evitar cualesquiera actividades que pudieran socavar la unidad del Frente Popular en la lucha contra los rebeldes.» La República hubiese hecho bien en no olvidarlo. «Cuidarse de cualquier tendencia a exagerar nuestras propias fuerzas y las del Frente Popular así como subestimar las dificultades y nuevos peligros.» «No lanzarse hacia delante, no separarse de las pos-

49. Las instrucciones (Radosh *et al.*, doc. 6) están tomadas del telegrama descifrado por los británicos. Ignoro por qué estos autores no utilizaron la transcripción del original que se encuentra en Dallin y Firsov, pp. 46-48. Ello les impide mencionar el visado explícito de Stalin, que no es un dato despreciable, aunque quizá lo fuera posteriormente. Estaban en línea con las afirmaciones de Dimitrov del día anterior.

turas favorables al régimen democrático y no ir más allá de la lucha a favor de una república genuinamente democrática.» Por último, «en tanto en cuanto sea posible evitar una participación directa de los comunistas en el Gobierno, no hacerlo ya que así será más fácil mantener la unidad del Frente Popular. La participación sólo en circunstancias absolutamente extraordinarias, caso de ser imprescindible para derrotar la sublevación». El mensaje era, claro está, secreto pero si el Gobierno republicano lo hubiese conocido es posible que no hubiese visto en él nada de objetable. En una situación que amenazaba con convertirse en una guerra, la reacción se atenía a una lógica de guerra. Es algo que no percibieron con tanta rapidez muchos socialistas caballeristas y que tardaron mucho más tiempo en aceptar los anarquistas.

En consonancia con tales instrucciones a primeros de agosto empezó a afluir a la España republicana personal soviético con la idea de obtener informaciones sobre el terreno. Sin ir más lejos, cuando Chubin y Nikonov estaban terminando sus sendos informes, ya el día 7 los agentes de la Comintern en Madrid comunicaron que habían hecho acto de aparición en el cielo español aviones de un tipo diferentes a los habituales, probablemente italianos (TNA: HW 17/27), lo cual no pudo sorprender a los británicos. Simultáneamente se desplazaron numerosos expertos en propaganda mientras las organizaciones de masas y las publicaciones más o menos controladas por los partidos comunistas occidentales acentuaron el significado antifascista de la lucha que se dirimía en suelo español. Todo esto debió de ser del agrado del Gobierno de Madrid. Parecería, en efecto, que el poderoso movimiento comunista internacional basculaba hacia un cierto tipo de apoyo. Las colectas de víveres y medicinas que orquestaron las autoridades soviéticas acentuarían tal percepción. No es, pues, de extrañar que a lo largo del mes de agosto el acosado Gobierno Giral empezase a ver en la Unión Soviética un contrapeso a las limitaciones que iba imponiendo la no intervención, aunque todavía no estuviese declarada formalmente.

Segundo movimiento: De éste sabemos poco. Se trató de una decisión del Politburó el 17 de agosto a tenor de la cual las autoridades soviéticas se declararon dispuestas a aceptar la visita a la URSS de un grupo de cincuenta personas para que entraran en contacto con objetivos y unidades militares. El grupo lo componían oficiales y suboficiales republicanos y ex combatientes de la guerra y partiría desde Francia. El Comisariado del Pueblo para la Defensa (NKO) se ocuparía de ellos. La importancia de este movimiento radica en que debía basarse sobre contactos previos en unos momentos en que todavía no había embajada soviética en Madrid. En principio se presentan dos posibilidades: que se hubiesen establecido a través de las respectivas embajadas en París o que se hubieran hecho por medio de los agentes de la Comintern en la capital española.[50]

Tercer movimiento: Éste estuvo relacionado con la Comintern y también lo captaron los británicos. El 21 de agosto un mensaje de Moscú a Madrid se hizo eco del envío de expertos militares que debían asesorar al EM, no al PCE. Dos días más tarde la respuesta permite identificar que se trataba de únicamente dos (sic) y que sólo había llegado uno, a quien se había dado la misión de organizar las milicias. No se había pensado en conectarlos con el EM. En el PCE se era consciente de que no se debía duplicar a éste. El día 25 Moscú sugirió el envío de seis instructores aéreos y preguntó a la antena en Madrid a quién deberían adjudicárselos (TNA, HW 17/27). Es evidente que no se trataba de una operación en gran escala y que se estaba llevando a cabo con un cierto desconocimiento de las realidades sobre el terreno. Su importancia radica en que tanto en el PCE como quizá en el Ministerio de la Guerra tales señales debían de robustecer la impresión de que la Unión Soviética empezaba a mover sus peones en un sentido favorable a la República.[51] También es significativa la fecha. Hasta ahora, a tenor de las informaciones de Manfred Stern (Radosh *et al.*, doc. 60) se había pensado que los primeros instructores llegaron a mitad de septiembre.[52]

Para entonces la Comintern se había dado cuenta de que sus comunicaciones cifradas eran interceptadas por los británicos. No he lo-

50. RGASPI: fondo 17, inventario 16, asunto 21, número de expediente 240.

51. En el diario de Dimitrov, hay una referencia el 31 de agosto al envío a España de emigrados españoles desde América (sería América Latina) y de otros países, amén de pilotos y ayuda material. No estoy de acuerdo con la afirmación de Fuentes (p. 292) de que antes de la llegada de Rosenberg ya era un hecho habitual la presencia de «agentes, espías, técnicos y asesores soviéticos». Al contrario, era totalmente incipiente.

52. Salvo que se acepte al escasamente fiable Martínez Amutio (pp. 22-27) según el cual «Stepanov» y otro agente (Grigory Stern) llegaron el 30 de julio. Ahora bien, dado que este Stern fue el sucesor de Berzin como consejero militar jefe y que no apareció hasta 1937 (Schauff, p. 234) hay razones para dudar de tales aserciones. Tampoco pudo ser el homónimo (Manfred Stern) porque llegó más tarde de lo que afirma Martínez Amutio. De la Cierva (2003, p. 501) y Stone (p. 42) también meten a Grigory Stern en el saco.

grado localizar documentación que permita averiguar cómo lo hicieron. Lo que sí está claro es que Dimitrov anotó esta información en su diario el 26 de agosto de 1936.[53] Naturalmente hay que pensar que a raíz de ello se modificaría la cifra, aunque también se conservó la anterior para evitar que Londres se diera cuenta de que en Moscú se habían enterado. Esto explica, quizá, que los telegramas de la IC hacia España que se conservan en los archivos británicos vayan perdiendo interés de manera progresiva.

Cuarto movimiento: Fue, quizá, el más significativo. No sólo porque no lo detectaron los británicos sino porque por primera vez salió del marco relativamente estrecho de la Comintern. Es por ello por lo que le dedicamos el epígrafe siguiente.

¿Cómo ayudar eficaz y subrepticiamente a la República?

Por los documentos que hemos podido escudriñar, parece evidente que en los primeros días de agosto numerosos funcionarios soviéticos debieron de sudar sobre el tema español. ¿Qué hacer? La respuesta estándar consiste en afirmar que pronto empezaron a fluir hacia España periodistas y propagandistas. La realidad es más compleja. Se había formado un triángulo cuyos vértices radicaban en Madrid, París y Moscú y que englobaba a numerosas personas. Por el lado republicano, la oscuridad documental es completa. Quien pudo saber del problema, lo calló o lo reflejó en comunicaciones muy reservadas que hasta ahora no han aflorado.

Es posible echar alguna luz sobre este puzle gracias a un informe que Krestinsky elevó a Stalin el 9 de agosto.[54] Lo remitió también a tres comisarios que algo tenían que decir (Vorochilov, Kaganovich, Ordjonikidze) así como a Vlas Y. Chubar, a la sazón miembro del Politburó y que se encargaba de los temas de comercio exterior. Este informe permite pensar que entre el NKID y la embajada soviética en

53. Esto es algo que parece habérsele escapado a West. Es cierto que en la versión de Banac la referencia es algo críptica. Hay que recurrir a la alemana, al cuidado de Bayerlein (p. 126), para darse cuenta plenamente del caso. En la misma entrada aparece Moskvin, por lo que la información quizá procediera de la NKVD.

54. Figura en AVP RF: fondo 010, inventario 11, legajo 53, expediente 71, páginas 29s.

París se habían cruzado telegramas de naturaleza operativa sobre cómo responder a las peticiones republicanas.[55] En algún momento alguien, no identificado, había lanzado la idea de que quizá fuese posible adquirir material de guerra en el Reino Unido por cuenta de la República utilizando los servicios de un tercer país. Krestinsky aguardaba informaciones de un momento a otro sobre los procedimientos a seguir para proceder a tales compras. Había gente inteligente como «Aschber»[56] que podría adquirir lo necesario. Obsérvese que la primerísima atención por parte soviética se había dirigido hacia el mercado británico. Es algo que sorprende aunque Moscú probablemente no ignoraba las reticencias que la República despertaba en los medios gubernamentales británicos. Cierto es que en aquellos momentos la maquinaria de Whitehall todavía no se había puesto en acción. En cuanto lo hizo, algunos días más tarde, este tipo de elucubraciones perdió todo su sentido.

Krestinsky planteó la cuestión central. Una vez conocidos los procedimientos habría que decidir si la URSS intervenía subrepticiamente de una manera u otra. En su opinión, no debería atenderse a la petición española de suministros directos soviéticos. Dos razones militaban en contra. Ante todo, en Moscú no se conocía a los intermediarios que pudieran actuar a favor de los republicanos, lo cual, añadamos, hace pensar que la idea que había animado a Giral de que la Unión Soviética pudiera vender armamento estaba pura y simplemente descartada. Tampoco se sabía si se trataría de personas leales y fiables. En estas condiciones, si había que ayudar a los españoles, mejor sería hacerlo por y con medios propios y no confiar en gente que pudieran ser poco menos que contrabandistas profesionales.

Según Krestinsky, habría que seguir más bien otro enfoque: lograr que los españoles se dirigieran a empresas mexicanas o de algún tercer país latinoamericano. En México, ciertamente, el Gobierno era tan radical como el español por lo que no había duda de que le ayudaría (en realidad, recordemos nosotros, empezaba a dar los primeros pasos por esa vía).

La propuesta final fue, en consecuencia, no suministrar a los es-

55. Era, en efecto, la respuesta a un telegrama enviado desde París en un código especial y por conducto hiperseguro.

56. Ignoro de quién pudiera tratarse y tampoco si era un seudónimo o denominación en clave.

pañoles sino ordenar al camarada Bentsov[57] que entrara en negociaciones con los representantes españoles en la capital francesa para ayudarles, pero sin que participara directamente ninguna instancia soviética. Éste es el origen, hasta ahora desconocido, de la intervención camuflada de agentes soviéticos en el proceso de adquisiciones de armas y sobre el cual Krivitsky montó su propia leyenda. México ya participaba, *de motu propio*, y los republicanos no tardaron en dirigirse a agentes de otros países latinoamericanos en busca de ayuda en ese mundo opaco y tenebroso del tráfico internacional de armamento.

De todas maneras, la ayuda soviética abordó otros aspectos no menos significativos. Stalin, por ejemplo, seguía siendo consciente de la importancia de los suministros de petróleo. Sin ellos no habría resistencia. Pocos días después de recibir la sugerencia de Krestinsky y antes de marcharse de vacaciones el 14 de agosto a su dacha de Sochi, en el mar Negro, cerca de Georgia, dejó preparado y a punto el proceso que dio comienzo poco después contra sus viejos compañeros Kamenev y Zinoviev (amén de otros catorce bolcheviques a los que se acusaría de las más absurdas complicidades con el trotskismo y el fascismo).[58] El día de su marcha encontró tiempo para hablar con Krestinsky a fin de impulsar el envío de productos petrolíferos a la República. No olvidemos que ésta había sido la primera línea de actuación soviética desde los momentos iniciales. El comisario adjunto replicó inmediatamente. Había transmitido al Comisariado para el Comercio Exterior el contenido de los telegramas recibidos de la embajada en París. El NKVT le prometió inmediatamente hacer todo lo necesario a través del representante de la empresa petrolífera soviética en la capital francesa.[59] Cuando los interrogatorios de los presuntos «trotskistas» estaban a punto de iniciarse, Stalin formalizó por telegrama el 18 de agosto a su brazo derecho, Lazar M. Kaganovich, sus instrucciones sobre lo que habría que hacer de cara a España, tras conocer los preparativos adoptados:

57. Debía de tratarse de Simon Bentsov, agregado aéreo en París.

58. En DBFP, pp. 162-166, se encuentran las explicaciones y especulaciones del embajador británico sobre este primer gran proceso, que sólo duró unos pocos días y terminó con la masacre de todos los encausados. Esta farsa judicial y sus antecedentes han sido examinados de forma vívida por Sebag Montefiore, pp. 189-198.

59. La carta de Krestinsky está en AVP RF: fondo 010, inventario 11, legajo 53, expediente 71, página 37.

> Considero necesario vender inmediatamente petróleo a los españoles en las mejores condiciones posibles y, caso de ser preciso, a un precio de amigos. Si les hicieran falta cereales y alimentos en general también deberíamos vendérselos en condiciones de favor. Dime urgentemente cuánto petróleo ya hemos suministrado. El Comisariado para el Comercio Exterior debe encargarse de ello rápidamente y con exactitud (R. W. Davies *et al.*, p. 327).

Éste es un telegrama publicado hace años pero que, en mi opinión, no ha sido interpretado adecuadamente. Se ha pasado por alto el dato esencial que de él se desprende, inequívocamente, que la operación de venta de combustible derivada de la decisión del mes de julio estaba ya en marcha. Ahora Stalin la acentuaba. Sería deseable conocer la evidencia documental en la que se basó, pero nada de ella ha traslucido hasta ahora, salvo la carta de Krestinsky, y en los informes que hemos examinado del GRU no hay la menor referencia a la situación de combustible.[60] Es una lástima porque, ya lo hemos señalado, Stalin solía adoptar sus decisiones después de pesar los pros y contras cuidadosamente. Como ha indicado alguien que le conoció en la época, Sergo Beria (p. 148), «nunca improvisaba».

La respuesta de la capital soviética no se hizo esperar. Kaganovich[61] y otros prohombres del aparato (entre ellos Ordjonikidze, cuyo nombre volverá a estas páginas) telegrafiaron a Sochi el mismo día: ya se habían vendido 6.000 toneladas de combustible y se había ordenado que otro buque tanque se hiciera a la mar en cuanto estuviese cargado. También se habían cursado instrucciones para identificar urgentemente las necesidades españolas de cereales y productos alimenticios.

¿De qué se trataba? Gracias a las investigaciones de Guillem Martínez Molinos cabe profundizar en este tema, hasta ahora desconocido. Uno de los buques de la CAMPSA, el *Remedios*, había puesto

60. El Politburó había decidido el 17 de agosto que el NKVT vendiera inmediatamente a los españoles a precio reducido cualesquiera cantidades necesarias y en las condiciones más favorables. RGASPI: fondo 17, inventario 162, legajo 20, número de expediente 244. Indudablemente el tema se había tratado anteriormente al más alto nivel.

61. Rayfield, p. 196, esboza un retrato profundamente negativo de Kaganovich, cruel, insensible al dolor de otros y monomaniático. Hombre del aparato, sin apenas estudios, sobre él escribió una biografía Kahan, sobrino suyo norteamericano. En la introducción a su correspondencia con Stalin hay una breve reseña. Se le ha identificado como signatario individual de unas 36.000 sentencias de muerte (p. 35).

rumbo a la terminal de Constanza, muy solicitada, por donde Rumania exportaba su importante producción de refinados, la segunda en Europa detrás de la soviética. En Constanza le esperaba un cargamento de precisamente 6.000 toneladas de gasoil servido por la Concordia, empresa rumana controlada por la Petrofina belga. La partida se encuadraba en el pequeño contrato para el suministro de 12.000 toneladas firmado por CAMPSA con esta última el 17 de junio.

Aquella singladura del *Remedios* no transcurrió como un viaje de rutina. El 21 de julio la oficina en París de Petrofina envió una carta a CAMPSA en la que confirmó el anunciado arribo del petrolero a Constanza. Lamentó, eso sí, la imposibilidad de cargarlo por no haber recibido los documentos de pago a través del Banco de Bilbao, en París.

Esto era un pálido reflejo de lo que debía de ocurrir en millares de casos en el activo entramado de relaciones comerciales exteriores españolas. Es más, Petrofina se puso en contacto en sucesivas ocasiones con CAMPSA sin recibir respuesta. El *Remedios*, mientras tanto, seguía amarrado en Rumania porque su capitán se negaba a partir sin carga o medio cargado.[62] Éste fue el barco a través del cual verosímilmente se ejecutó una de las primeras decisiones de Stalin en relación con la guerra civil. Lo que había ocurrido en Madrid es fácilmente imaginable. El golpe de Estado y sus secuelas desbarataron la organización de CAMPSA, diezmaron su consejo de administración y sus cuadros directivos y provocaron la pérdida de una parte significativa de productos, instalaciones y personal que pasaron bajo el control de los sublevados, más o menos de forma parecida a lo que ocurrió con el Banco de España. Los programas de suministro, huelga decirlo, se vieron profundamente alterados. El Gobierno debió moverse con rapidez, aun en circunstancias caóticas, para asegurar los vitales suministros de derivados petrolíferos y el mantenimiento de las reservas estratégicas. Correspondió a Toribio Echevarría asumir los retos.

En tal contexto el *Remedios* recibió instrucciones de dar por finalizada su larga e inútil espera en Constanza y poner rumbo a Batúm, una de las terminales de carga soviéticas del mar Negro. Innecesario es afirmar que todo ello supuso contactos previos entre Echevarría y las autoridades soviéticas o entre las dos embajadas en París y de la republicana con Madrid de los que, por desgracia, no he encontrado ras-

62. Martínez Molinos ha descubierto que a finales de noviembre de 1936 Petrofina comunicó a CAMPSA que consideraba anulado el contrato de junio.

tro. Al parecer, el petrolero cargó una partida de gasoil y otra de mazut o fuel, combustible utilizado en los buques de la Armada, y zarpó con rumbo a España.[63] El *Remedios* abrió camino. Otros petroleros, bien de la CAMPSA, soviéticos o fletados en el mercado internacional, le sucederían en la travesía hacia el mar Negro para retirar los productos con los que satisfacer las necesidades vitales de la República.

En la perspectiva en que se sitúa esta obra tanta o mayor importancia que las incidencias petroleras tiene la discusión que sobre el tema español se produjo en una reunión extraordinaria del Politburó del 28 de agosto y de la que por desgracia todavía no se sabe demasiado. Fue en aquel momento, sin embargo, cuando se suscitó por primera vez la posibilidad de ayudar a la España republicana mediante la creación de un cuerpo de voluntarios internacionales.[64] Tal referencia significa, ni más ni menos, que las famosas Brigadas, que la moderna literatura casi unánimemente retrotrae a las reuniones del plenario y del Comité Ejecutivo de la Comintern a mitad de septiembre de 1936, tienen un primer certificado casi de nacimiento, todavía tentativo, que cabe datar de finales de agosto. Es improbable, en efecto, que la discusión del Politburó no tuviera seguimiento alguno. Quede apuntada aquí esta línea de investigación para otros autores.[65]

Lo que antecede significa, pues, que durante el mes de agosto, cuando en Moscú se tomaban decisiones de calado potencialmente considerable (establecimiento de la embajada, envío de propagandistas, de observadores, de expertos militares camuflados, etc.), también empezó a pensarse en una intervención más activa, aunque todavía sin participación en gran número de soldados soviéticos.

A defecto de otras fuentes más fidedignas, que sin duda existirán, hay que recurrir a las memorias póstumas de Orlov, cuyo grado de

63. Las facturas de esta operación, por un importe total de unos 60.000 dólares, las abonó la CAMPSA el 25 de noviembre.

64. Banac, p. 27, transcribiendo la entrada del diario para ese día de Georgi Dimitrov. También se encuentra en Bayerlein, p. 126. Esto deja obsoletas las elucubraciones de Vidal (1998, p. 50) de que «durante meses [...] la actitud de la Comintern, que se puede documentar con exactitud», excluyó «siempre una intervención armada en la guerra civil».

65. A tenor de lo indicado por Brun-Zechowoj (pp. 70s), que ha utilizado documentos comunistas búlgaros relacionados con Dimitrov, éste señalaría que fue el Comité Ejecutivo de la Comintern el que se hizo cargo de los preparativos.

coincidencia con la realidad es en muchos aspectos cruciales totalmente aleatorio, para intuir lo que se estaba preparando. Las fechas, en cualquier caso, encajan. La víspera de la reunión del Politburó, Orlov afirma que se entrevistó con Vorochilov, Uritsky y con el predecesor de éste, Berzin. El comisario de Defensa indicó que la Unión Soviética enviaría a España tanques, aviones, artillería y soldados del RKKA. Lo que le preocupaba es que el material no cayera en manos de los alemanes (Orlov, 2004, p. 212).[66] El EM estaba ya estableciendo planes de contingencia. En el supuesto de que ello fuese cierto, esto no significa que Stalin estuviese ya a punto de dar la luz verde y sin ésta nada era posible. Orlov, según indica (p. 212), acudía a España para ayudar a los republicanos a montar un servicio de inteligencia militar y desarrollar las bases para una guerra de guerrillas. Tal afirmación es sorprendente. Si se trataba de lo primero lo más fácil hubiera sido reforzar los efectivos del GRU. Lo segundo, en agosto/septiembre de 1936, podía ser respuesta a algunas de las afirmaciones contenidas en los informes de Nikonov y Yolk.

Los tampoco siempre fiables recuerdos de Suvoplatov (pp. 44s) permiten, no obstante, horquillar lo que pudiera haber sido la verdadera misión de Orlov: preparar actuaciones contra los comunistas heterodoxos, los trotskistas y la gente que debiera ser «neutralizada», es decir, liquidada. Orlov no era un general de la NKVD (invención que ha engañado a decenas de historiadores) sino un simple comandante (equivalente como mucho a coronel en el RKKA) y, según la misma fuente, su envío a España se debió a una maniobra de su buen amigo Slutsky, el patrón del INO, para alejarle de Moscú con el fin de apagar el escándalo causado por el suicidio, ante la temida Lubyanka, de una joven agente del mismo servicio, amante despechada.[67]

En resumen, a lo largo del mes de agosto la actitud de Moscú fue cambiando. Lo hizo lentamente pero el giro auguraba buenas cosas para los dirigentes republicanos. Si comparaban el silencio de un mes

66. Orlov aprovechó la ocasión para lanzar fuertes puyas contra Vorochilov que, según él, había dicho que de no ser posible arreglarlos sobre el terreno habría que dinamitarlos. Vorochilov no era un genio de la guerra y muchos, entre ellos el temible Beria, le consideraban bastante estúpido. Stalin, al parecer, jugaba con él (Beria, p. 165). Volkogonov (p. 191) ofrece una imagen bastante negativa suya, tanto política como profesional: «ejecutor estúpido, incapaz de una opinión personal».

67. Volodarsky destruirá muchos otros de los mitos que sobre sí mismo tejió Orlov y de los que últimamente se ha hecho portavoz, patético, Gazur.

antes, que había acompañado a sus deseos de recibir suministros, con lo que podían intuir que empezaba a perfilarse en el horizonte tras el establecimiento de la embajada y los movimientos reseñados era posible pensar que en el lejano país de los soviets comenzaban a calar los acontecimientos de España. Es necesario describir tal evolución en tonos mesurados pero una cosa era la realidad de las relaciones intergubernamentales hispano-soviéticas y otra, muy diferente, la atmósfera de exaltación que reinaba en los círculos de la izquierda española y europea. El lento proceso de maduración de una decisión en Moscú contrasta vivamente con las proclamas ideológicas que emanaban de los medios comunistas españoles y no españoles. La ayuda a una República que ya empezaba a experimentar las heces amargas de la soledad era, para la Unión Soviética, un tema preñado de consecuencias y dificultades. Como había anticipado Berardis a Mussolini, habría de incidir sobre su política exterior y de seguridad y no era fácil discernir cuál sería el resultado.

¿Qué perspectivas se abrían? La evolución de la actitud soviética dependería esencialmente del análisis que hiciese Stalin, conectado por vía telefónica y telegráfica segura con el Kremlin desde su retiro, amén de por un ejército de mensajeros de la NKVD que le surtían con todo tipo de informaciones.[68] Desde el punto de vista del control de las decisiones para Stalin no había, en realidad, mucha diferencia entre continuar en Moscú o «reposarse» en Sochi. Para el historiador, sin embargo, la diferencia es nítida. Desde la suave costa del mar Negro, el todopoderoso dictador soviético, trabajando largas y agotadoras jornadas, daba instrucciones constantes que han quedado reflejadas en documentos cuidadosamente conservados. Gracias a ello han podido reconstruirse muchas decisiones que, de haber sido adoptadas en Moscú, quizá no hubieran dejado tantos reflejos. En Sochi, Stalin iba a tener a España en sus pensamientos con cierta frecuencia y no iba a tardar en dar un empujoncito al deslizamiento que ya estaba produciéndose. Falta hacía. En su ecuación estratégica debía integrar dos factores: lo que ocurriese en España sobre el terreno y cómo evolucionaría la no intervención, partiendo del verosímil supuesto que las potencias fascistas continuarían riéndose de ella.

68. Chinsky ha sido el primer autor en haber explorado los paquetes de documentos que se enviaban a Sochi pero, naturalmente, no se ha fijado en el tema español. He aquí, pues, otra futura línea de investigación.

El deterioro de la situación militar

El presumible suspiro de alivio de los responsables republicanos al observar que México tal vez no se quedara solo en su apoyo, no pudo ser de larga duración. La situación militar, en efecto, se tornaba lenta pero decisivamente en contra de las autoridades de Madrid. Con grandes dificultades, las desorganizadas fuerzas de soldados, guardias y milicianos habían logrado contener a las columnas de Mola fijándolas en la sierra. Habían puesto en marcha un mecanismo defensivo sumario y absurdo, como reconoció el nuevo agregado militar francés, el teniente coronel Henri Morel. Le llamó la atención, por ejemplo, que por una especie de acuerdo tácito los combates se centraban en torno a las carreteras. No en las montañas, «permeables a una infantería de tipo medio», pero que ni se las defendía ni se las atacaba. Había muy pocas tropas en línea. Un batallón comunista tenía tres cuartas partes de sus efectivos en la retaguardia. Las baterías gubernamentales del 75 y del 105 habían malgastado la mitad de sus proyectiles ajustando el tiro interminablemente. Sólo contaban con un oficial. Había, eso sí, «buena voluntad, buen humor, una amabilidad a toda prueba, pero una falta de experiencia total del combate, incluso entre los pocos profesionales».[69] Éste es un juicio duro que quizá no compartan los historiadores militares españoles pero, en realidad, fuera de los «africanistas» lo cierto es que los cuadros de las desvencijadas fuerzas armadas no habían pasado por muchos conflictos, por no decir ninguno. La guerra sólo se aprende haciéndola.

En el sur y al oeste el panorama que se presentaba era muy diferente. Irradiando desde Sevilla y Huelva, y complementados por los refuerzos que se transbordaban continuamente desde Marruecos, los sublevados constituían una amenaza mortal. Organizados rápidamente en columnas que, como recuerda Cardona (1985, pp. 210s), habían sido la forma de combate en Marruecos y con la que estaban familiarizados hasta la saciedad los militares españoles, emprendieron rumbo al norte. No eran muchas tropas, pero sí experimentadas, sometidas a una disciplina férrea y que revivieron en tierras andaluzas y extremeñas el tipo de campañas coloniales, de baja intensidad material, crue-

69. Telegrama del 18 de agosto. Mientras no se diga lo contrario, las informaciones suministradas por Morel proceden de SHD: legajo 7N 2755. Ninguno de ellos ha sido publicado en los DDF.

les y rápidas, a que estaban acostumbradas. Uno de los telegramas enviados por Franco a Mola es revelador a tal respecto:

> Ayer domingo salió columna Sevilla dirección Badajoz [...] Tan pronto como tengamos aviones nuevos en vuelo esperamos destruir o anular escuadra y llevar a cabo acción intensa sobre Madrid. Berlín avisado [...] Lo reiteraré [...] Estoy en relación íntima Alemania Italia. Hoy ofrecen de Inglaterra, desconozco estado, ... aparatos. Éstos entrega pago contado. Hecho pago Londres volarían a ésa. Aquí no nos convienen. Díganme si le interesan y disponen divisas.

Este telegrama del 3 de agosto de 1936 merece un comentario mínimo. Todavía la República no había recibido apoyo material francés y estaba a punto de enfrentarse a la dramática decisión del Consejo de Ministros de dos días más tarde pero ya Franco anunciaba sus planes, que se materializarían en el caso de Madrid antes de que acabara el mes. Se permitía el lujo de asignar aviones a Mola ya que para la campaña no le eran en aquel momento necesarios. Esta valoración la repetiría al día siguiente:

> Me dice Gil Robles Lisboa dispone de 8.000.000 pesetas en divisas nuestra disposición. Material que yo adquiero no me apuran pago. Espero poderte prestar muy pronto poderosa ayuda aérea.[70]

Las columnas no avanzaron como el cuchillo al rojo se hunde en la proverbial mantequilla, pero también orillaron sin gran dificultad los obstáculos iniciales. En los primeros cuatro días, por ejemplo, cubrieron 120 kilómetros. Tras ellas quedaron regueros de sangre. Se debe a la tenacidad de Espinosa, entre otros autores, la recuperación histórica de la naturaleza prístina de esta campaña, acompañada por oleadas de terror contra las masas campesinas y jornaleras, la *intelligentsia* liberal y de izquierdas, los cuadros republicanos y los símbolos del Estado que los sublevados estaban dispuestos a liquidar y a consignar al basurero de la historia.

De lo que se trataba, en efecto, era de dar un vuelco que permitiese volver a los tiempos felices anteriores a las malhadadas reformas republicanas. El golpe militar se reveló en Andalucía y en Ex-

70. Citados en Espinosa (2003, pp. 9s) que contiene una vívida descripción de la campaña.

tremadura en toda su crueldad y en su naturaleza más genuina. Se inició con baños de sangre tan pronto como explotó. Queipo de Llano, en particular, promovió acciones violentísimas. De lo que se trataba, según cita Espinosa (2006, pp. 114s), que ha exhumado la sanguinaria documentación militar de la época, era «lograr no solamente castigo culpables sino ejemplaridad». Ésta requería auténticas pirámides de cadáveres. No se aspiraba sólo a asegurar la victoria en la paz de los cementerios. Graham (2005, p. 32) ha captado de manera precisa el fin último: realizar una auténtica contrarreforma agraria que convirtió tales regiones en los *killing fields* de la época.[71] No es de extrañar que los autores pro-franquistas, anti-republicanos o simplemente de derechas se hayan centrado en el «terror rojo» (que en la actualidad parece tener buena acogida, como muestran los éxitos editoriales de, entre otros, César Vidal) y hayan olvidado el terror «blanco» y de «fascismo agrario» (por seguir la terminología de Tuñón de Lara), que se decretó desde las alturas del mando. La simbiosis entre la mentalidad africanista y el odio acumulado de los latifundistas generó, como ha señalado Preston, un clima absolutamente letal.

Molesto con algún retraso, Franco decidió traspasar el mando de la columna Extremadura a su hombre de confianza, el teniente coronel Juan Yagüe, uno de los africanistas más proclives a los novedosos planteamientos fascistas y ejecutor disciplinado de la durísima represión que desde el primer momento se abatió sobre los republicanos.[72] Poco más tarde, se puso al frente de las columnas unificadas. La orden que lo nombraba, reproducida por Espinosa, contenía un significativo párrafo:

71. Como señala Preston (2005, p. 197) la «deliberada brutalidad constituía lo que un estudioso ha denominado "didactismo por el terror". El objetivo era enterrar literalmente de una vez por todas la aspiración de los campesinos sin tierra de colectivizar las grandes fincas».

72. Espinosa (2002, p. 11) ha popularizado las instrucciones que formalizó Yagüe en Marruecos el 30 de julio: «utilizar las fuerzas moras», «conferir el mando del orden público y seguridad en las ciudades a elementos de Falange», «detener a las autoridades civiles españolas que sean sospechosas», «eliminar los elementos izquierdistas: comunistas, anarquistas, sindicalistas, masones, etc.». No estará de más recordar que, todavía en el momento de escribir estas líneas, existen calles en España dedicadas a la imperecedera memoria de este auténtico *killer*.

> Los actos de crueldad serán severamente castigados; las razias y el pillaje desprestigian a la unidad que los cometen (sic) deshonran al Ejército; no pueden admitirse por lo tanto más que como castigo impuesto y ordenado por el Mando.

A tenor de sus propios términos, las crueldades y asesinatos que jalonaron la marcha de la columna (compuesta por fuerzas de la legión y coloniales principalmente) deberán por consiguiente ponerse en el debe de los mandos militares que las ordenaron, las cubrieron o las permitieron. Balfour (pp. 533ss) ha escrito al respecto páginas de gran dureza, ligándolas a las experiencias de la guerra colonial: la limpieza por el fuego o por la sangre como medidas ejemplarizantes y disuasorias. La guerra se impuso a los campesinos desprovistos de tierra, pero llenos de esperanza tras la victoria del Frente Popular, como si fuese una campaña dirigida contra indígenas insubordinados e irrespetuosos para con la aristocracia agraria, tan ligada a una parte del estamento militar. De aquí el terror como arma disuasoria. Nunca hay que olvidarse de este factor que explica en gran medida lo que pronto iba a ocurrir. El 11 de agosto los sublevados tomaron Mérida, nudo de comunicaciones que permitía el enlace con Mola y que aisló Badajoz con respecto a Madrid. Tres días más tarde entraron en la capital extremeña, donde tuvo lugar una de las primeras matanzas que dieron el salto a la prensa internacional.

«Badajoz» se convirtió, en efecto, en un símbolo del terror que imponía la máquina militar hispano-marroquí. A mayor abundamiento, el 3 de septiembre cayó Talavera[73] que, como recordaría García Lacalle (p. 152) «inició el derrumbe de nuestro frente terrestre y la iniciación de la desintegración de la aviación de caza». Cuando, retrospectivamente, Franco dio a conocer el 6 de octubre su análisis de la campaña a un diplomático alemán que fue a visitarle a Salamanca reconoció con toda claridad la inmensa superioridad del «ejército nacional» sobre «los marxistas». En el avance de Badajoz a Toledo, estos últimos habían sufrido 16.000 muertos en tanto que las bajas de los primeros, in-

73. Señala Cardona (1985, p. 213) que la lucha se planteaba «entre un ejército profesional y columnas mal estructuradas de milicianos que establecían la defensa de acuerdo con una técnica muy simple. Sin servicio avanzado de seguridad, reservas ni organización en profundidad, la posición defensiva era una sola línea transversal. Cuando el enemigo lograba romper las primeras posiciones, todo el frente se derrumbaba sin posiciones retrasadas que lo sostuvieran».

cluidos los heridos, no pasaban de 1.600. Según el victorioso general, ya aupado a la Jefatura del Estado, la causa agente más importante habían sido las ametralladoras, no la artillería (ADAP, doc. 96).

Esta campaña, que ascendía desde el sur, provocó cuatro efectos que se potenciaron mutuamente: i) promovió un «pacto de sangre» entre quienes perpetraron las atrocidades que la jalonaron; después, no habría marcha atrás. Esto, por lo demás, y a pesar de algunos intentos de mediación internacional, era algo que los militares sublevados jamás habían contemplado; ii) expandió la zona geográfica que controlaban y que, tras enlazar con la ocupada por las fuerzas de Mola, cubrió desde la Andalucía occidental hasta Galicia. Cuando a comienzos de septiembre cayó Irún, prácticamente sólo la frontera catalana quedó expedita para el trasiego de material y personas de y hacia Francia.[74] Esto tuvo consecuencias dramáticas en los planos estratégico, operativo y logístico que se hicieron sentir a lo largo de toda la contienda; iii) afectó a la cohesión republicana. Quien pudo escapar al avance de las tropas moras y legionarias lo hizo. Quien no, con frecuencia lo pagó con su vida. Los refugiados, cargados de míseras pertenencias, afluyeron hacia el norte y muchos terminaron dirigiéndose hacia Madrid; iv) finalmente, estimuló la sed de venganza. Lo que no había ocurrido en muchos lugares controlados por la República durante los días iniciales de violencia desatada se produjo después. Las consecuencias fueron amargas.

La tambaleante imagen republicana

Elementos extremistas, entre quienes predominaban los anarquistas, se lanzaron a hacer «su» revolución. Numerosos incontrolados asentaron rápidamente un régimen de violencia despreciando los intentos de las autoridades gubernamentales e incluso de los comités de enlace del Frente Popular.[75] Sus atrocidades dañaron considerablemente a la Re-

74. La posibilidad del cierre de la frontera con Francia por Irún ya la habían señalado los agentes de la Comintern en Madrid el 16 de agosto, cuando anunciaron que el enemigo disponía de grandes cantidades de suministros italianos y alemanes (TNA: HW 17/27).

75. Nadal (pp. 128-132) ha ejemplificado esto en el caso de Málaga; Ledesma (pp. 61-70 y 134-141) en el de Zaragoza. Véase también la contribución general de este último autor a la obra colectiva dirigida por Muñoz Soro *et al.*

pública. Ocuparon los grandes titulares de los diarios occidentales, tiñeron las percepciones de las cancillerías e hicieron pensar a muchos que España se despeñaba por una de sus periódicas orgías de sangre. Era una violencia, en efecto, observable. Los diplomáticos extranjeros la vieron e informaron de ella, con mayores o menores sesgos. Los periodistas extranjeros también lo hicieron, con frecuencia según la propia ideología y/o para producir un efecto buscado de revulsión contra una República desbordada. En el mundo anglosajón, en particular, se mezclaron en extraño maridaje fobias históricas, como las nutridas por el recuerdo de la Inquisición, y la repulsa, muy contemporánea, de las corridas de toros (lo demostraremos llegado el momento). Los despachos y documentos diplomáticos (son notables algunos escritos por el cónsul general británico en Barcelona, Norman King) encauzaron este tipo de planteamientos hacia los círculos de decisión y robustecieron ampliamente las percepciones que vehiculaban los medios periodísticos.[76]

No cabe negar que las matanzas fueron significativas ni que se dirigieron contra grupos concretos y determinados, en particular el clero, regular o secular que tanto daba, los propietarios rurales e industriales y personas con responsabilidades administrativas o políticas en la época del «bienio negro» (Godicheau, p. 110ss). Las páginas de *Solidaridad Obrera*, órgano anarquista, se llenaron de clamores de venganza.[77] Otros medios abundaron en ello. No se perdonaba a la Iglesia su tradicional simbiosis con la derecha política y los conventos y otros edificios religiosos aparecieron súbitamente como lugares desde los cuales se disparaba contra el pueblo. Ahora bien, como ha señalado Raguer (pp. 171, 178s), suele olvidarse hoy que tales explosiones de violencia no fueron de larga duración, que el Gobierno hizo lo que pudo por controlarlas en cuanto recuperó los poderes del Estado

76. Buchanan (1993) ha hecho una excelente descripción de los clichés sobre el carácter español que circularon en el discurso político público en el Reino Unido en la izquierda y, en menor medida, en la derecha. El problema es que muchos de ellos nutrieron también el proceso decisorio en las covachuelas de la Administración y, singularmente, en el Foreign Office. Moradiellos (2002) recoge que en la imagen británica de los españoles se combinaron seis elementos, tres negativos (crueldad, beatería, vanidad) y tres positivos (valor, orgullo, individualismo).

77. Para ser objetivos, también hay que recordar que igualmente dieron cobijo a fuertes llamamientos contra las acciones incontroladas y que el rotativo de la CNT figuró entre los más firmes defensores de los tribunales populares. En la obra de Peirats se recogen ejemplos al respecto.

y que a partir de septiembre de 1936, por ejemplo, los sacerdotes y religiosos empezaron a ser conducidos delante de los tribunales populares y condenados a penas de prisión. En mayo de 1937, los anarquistas y el POUM perdieron por fin el control de la calle en Cataluña.

La violencia en la zona republicana fue algo diferente de la que había acompañado otras convulsiones de importancia histórica. Como ha recordado Andress, en la guerra de independencia norteamericana hubo milicias semi-oficiales o bandas armadas que cometieron durante años y años grandes atrocidades contra la población civil. Muchos historiadores estadounidenses que hoy siguen retorciéndose las manos ante lo que pasó en el territorio bajo control republicano, no suelen ponerlo en paralelo con lo que ocurrió en su propio país cuando éste se rebeló contra el poder británico. También la revolución francesa se vio ensangrentada por una guerra civil, en gran medida en respuesta a una agresión exterior. De la soviética mejor es no hablar. En la República, sin embargo, la violencia fue disminuyendo a medida que el control gubernamental aumentó, mientras que en el lado franquista el «terror blanco» fue escalando cotas y disciplinándose progresivamente en aras a una mayor efectividad. En una zona se trató de una erupción por lo general desde abajo,[78] en la otra un ordeno y mando impuesto desde arriba por un ejército autonomizado y rebelde que divisaba, por fin, la ocasión de ajustar cuentas con sus enemigos ideológicos.

Es verdad que en los Ministerios se sabía, más o menos, lo que estaba pasando. También lo sabían todos los que veían cadáveres en los amaneceres bochornosos a que aludió Zugazagoitia (y hubo muchos, según recogieron testigos diplomáticos extranjeros). Por lo demás, lo describieron en novelas de calidad varia, aunque nunca grande, idiosincráticos autores como Agustín de Foxá, Wenceslao Fernández Flórez y tantos otros. Igualmente es cierto que, en gran medida, en la represión contra los «fascistas» —concepto tan confuso como el de «comunistas»—, fueron las autoridades provinciales y locales las que asumieron la sucia tarea a través de «patrullas de control», «comisarías de investigación» y un sinnúmero de comités revolucionarios. Lo que antecede es indiscutible.[79] Pero de ahí a presentar la República como

78. Nada de esto significa olvidar la persistente mitologización de un «terror rojo» impulsado desde el Gobierno, tema que ha destacado Vidal entre muchos otros autores pro-franquistas.

79. Cervera (pp. 58-76) ha escrito agudamente al respecto.

un régimen sangriento (idea favorita de los autores pro-franquistas, antes y ahora) media un pequeño abismo. Se olvidan, a tal efecto los intentos constantes por cortar la orgía de sangre a medida que avanzaba el proceso de recuperación de la autoridad del Estado. Ésta no fue fácil y dependió de numerosos factores políticos, ideológicos, sociales y geográficos. Sobre las razones que impulsaron los intentos de detener el alborozo revolucionario cabe, evidentemente, discutir. Al lado de la benevolencia y la piedad, hubo también razones políticas y la necesidad, imperiosa, de controlar la retaguardia. En cualquier caso personajes muy diversos como, valgan los ejemplos, Azaña, Prieto, Irujo, Zugazagoitia, Peiró,[80] Ansó y muchos otros condenaron las atrocidades (ejemplos inencontrables en el bando franquista en el cual los *killers* mismos ocuparon los puestos de poder y en ellos permanecieron).

Si en la zona republicana el Estado apenas si existió *de facto* en los primeros meses de guerra, aunque nunca se desplomó totalmente, una de las claves sobre las que se asentó el proceso de recuperación paulatina de su autoridad fue, con el ejército y la economía, el «orden público». Esto se reflejó en la voluntad de retirar la administración de la violencia a los micropoderes y grupos armados que la aplicaban a su aire. Lo cual significó en ocasiones ser duro (como ocurrió con los tribunales populares en las primeras etapas de la recuperación o, más tarde, con el SIM) pero también la remisión paulatina de la violencia, aunque fuese con ritmos discontinuos. La correspondencia entre la progresiva reconstrucción del Estado y el descenso de las atrocidades es, a mi entender, incuestionable por más que se manifestara con distinta velocidad. Dependió, en efecto, de los ritmos dispares de la recuperación del poder del Estado en cada marco regional. Fue un proceso salpicado en ocasiones de roces agudos (por ejemplo en la disolución *manu militari* del Consejo de Aragón). Se tradujo en la preferencia por condenas en campos de internamiento, en el respeto —salvado algún caso— a las embajadas (repletas de refugiados) o en la autorización para que salieran miles de amenazados. No en último tér-

80. Aunque es algo sobradamente conocido, no estará de más recordar aquí que estas dos personalidades, que tanto hicieron por salvar vidas de derechistas, fueron entregados por los nazis a Franco tras la guerra civil. Siempre atento a realzar los valores cristianos, el régimen los fusiló sin la menor compunción, a pesar de los múltiples testimonios a su favor.

mino aparecieron mecanismos para juzgar los excesos. ¿Cuáles son los equivalentes en el otro bando y cuáles fueron las medidas adoptadas por Franco ante sus *killers*?[81]

IMPRESIONES VATICANAS, BRITÁNICAS Y FRANCESAS

La derecha política, militar y eclesiástica fue la que más se agitó para enturbiar las aguas y desprestigiar a la República. No deja de resultar significativo que el 22 de agosto el diario *Osservatore Romano* publicara un editorial en el que denunciaba la ferocidad de la represión y abogaba a favor de una intervención humanitaria. Ahora bien, como señaló el embajador británico ante el Vaticano el mismo día, lo notable era que podía aplicarse por igual medida a ambos bandos (TNA: FO 371/20535). Más tarde, a medida que se acentuaba la persecución religiosa, el ambiente en la curia fue cambiando. El 31 de agosto, por ejemplo, el mismo embajador tuvo una larga audiencia con el papa Pío XI. Le encontró sumido en un estado de gran sufrimiento, acentuado quizá por la lectura de un despacho, aquella misma mañana, de su representante en Madrid. El papa se distanció, visiblemente indignado, de la sugerencia de que los republicanos y los rebeldes pudieran ser medidos con la misma vara. El secretario de Estado, cardenal Pacelli, pareció sin embargo ser más sensible a la idea de que el Vaticano pudiera tratar de intervenir para evitar que los sublevados siguieran desacreditándose con sus propias atrocidades.

Con todo, lo más revelador de las actitudes de la curia lo describiría más tarde el mismo embajador al relatar su conversación con el adjunto de Pacelli. Los españoles, afirmó este alto cargo vaticano,

> no han sido nunca realmente un pueblo católico en la plena acepción de este término. Siempre han sido, y continúan siéndolo, una raza supersticiosa y así se agolpan para asistir a las procesiones religiosas y solicitan los últimos sacramentos cuando van a morir. Los mismos comunistas que asesinan a curas y monjas y que queman las iglesias también los piden cuando les llega la hora. Pero, en términos generales, los españo-

81. Agradezco a José Luis Ledesma, que está haciendo un magnífico trabajo sobre la violencia en la zona republicana, su inapreciable ayuda en este punto. Godicheau (p. 97) nota la diferencia entre el caso español y el soviético. En el primero, la revolución —o la marea revolucionaria— simplemente no triunfó.

> les nunca han alcanzado el ideal y la disciplina morales que constituyen el corazón mismo de lo católico, a pesar de toda la devoción que prestan a las formas externas y al ceremonial.[82]

Ello no obstante, ante el exterior, incluso en su famoso discurso del 14 de septiembre, Pío XI se mantuvo en un tono mesurado, lo cual mereció la repulsa de muchos fanáticos entre los sublevados (Raguer, pp. 119-123). Cinco días más tarde el jesuita Enrico Rosa publicó por fin un artículo en *Civiltà Cattolica* en el que mostró su repugnancia ante los ataques republicanos, apoyados por los rusos (sic), contra centenares de religiosos. Sacó a relucir la quema de conventos, la violación de monjas y los asesinatos por doquier. Se trataba de un artículo, señala Godman (p. 190), que superaba por su tono crítico todo lo que la revista había publicado hasta entonces sobre el nacionalsocialismo. Con ello ya apuntaba el doble rasero que la Iglesia católica aplicaría hasta 1945 e incluso después. Entre el terror nazi y el comunista, nunca tuvo dudas.

Pasados los momentos de furia iniciales hubo otras masacres. Las de Madrid tuvieron un impacto considerable, que se manejó en ciertos países para borrar o aguar el recuerdo de Badajoz. En la cárcel Modelo, por ejemplo, una amplia gama de grupos radicalizados (que ni Vidarte, Zugazagoitia o Carrillo identifican) asesinaron el 22/23 de agosto a destacados políticos de derechas, entre ellos a Melquíades Álvarez y a José Martínez de Velasco.[83] No se salvó un odiado comisario de policía, Santiago Martín Báguenas, confidente de Mola y protagonista en la red de contactos que llevaron al golpe militar. Actos de

82. Despacho del 3 de septiembre de 1936, TNA: FO 371/20538.

83. Vidarte (p. 419), quien fue a visitar la cárcel tras ocurrir los luctuosos sucesos, reconocería que «la exasperación se apoderaba del pueblo que clamaba la venganza por los crímenes cometidos por los sublevados y estaba dispuesto a tomarse la justicia por su mano». Sobre la autoría existe alguna confusión. Los implacables anticomunistas que eran los británicos pudieron leer una atribución similar de responsabilidades en dos telegramas interceptados de origen muy diferente. El primero, del día 24, procedía de la embajada norteamericana e hizo referencia a «elementos extremistas, dominados por anarquistas». El segundo, del día siguiente, provenía de los agentes de la Comintern en Madrid y hablaba de «bandas de anarquistas armados» (TNA, HW 12/206, BJ065989, y HW 17/27, respectivamente). En sus memorias, Bowers (pp. 304-306) acentuó este último componente. Beevor (p. 123) se refiere, simplemente, a «milicianos enfurecidos». Cervera (pp. 86-88), que reconoce que en la Modelo perecieron una treintena de personas, no se pronuncia.

este tipo causaron un grave daño a la imagen republicana en el exterior, lo que no ocurría con la de los sublevados por sus masacres de campesinos innominados en los remotos campos de la España interior, en los que no penetraban diplomáticos extranjeros. Hubo un intento de paliar las consecuencias para la imagen externa de la República con la creación, inmediata, de un tribunal especial para juzgar delitos de rebelión, sedición y contra la seguridad del Estado. Surgió tras el impacto de la masacre en la Modelo, por más que ya hubiese planeado la idea en los despachos gubernamentales. Los nuevos órganos debieron moverse en el filo de la navaja. Por un lado, aplicar la moderación legalista, esencial de cara al extranjero. Por otro, hacer gala de una cierta contundencia que los hiciera creíbles de cara al interior como sustitutos de la «ira popular» incontrolada. Lo cierto es que, con la extraordinaria excepción de Paracuellos, la actuación de los tribunales acabaría en general con la violencia.

El daño no tardó en acentuarse, promovido inteligentemente por una feroz campaña en contra de una República a la que se presentaba como si estuviera apresada en las garras de todos los demonios de la revolución. Las repercusiones fueron particularmente importantes en el país clave, el Reino Unido, en donde los prejuicios anti-republicanos se vieron nutridos abundantemente.[84] No se diferenciaba demasiado entre los causantes. Ya advirtió un observador incisivo como Jellinek (p. 352) que en ciertos círculos británicos se amalgamaba bajo el epíteto de «comunistas» a casi toda la izquierda. Sólo más adelante empezó a diferenciarse entre los autores.[85]

El encargado de negocios británico, George Ogilvie-Forbes, no dudó en advertir con fuerza de tal daño al ministro de Estado, Augus-

84. El testimonio de Pablo de Azcárate (pp. 26-27) es revelador al respecto: «Todo esto produjo un daño irreparable a la República [...] Los periódicos del mundo entero publicaban cada mañana [...] informaciones folletinescas sobre la anarquía y el caos reinantes en la capital del Estado». Ello produjo un «profundo impacto [...] en la sociedad inglesa entera, desde la City hasta Transport House», donde radicaba la central del Partido Laborista y de los sindicatos. Churchill se negó a estrecharle la mano, «declaró que no quería tener relación alguna conmigo y se alejó murmurando entre dientes: "sangre, sangre..."». Zugazagoitia (pp. 138ss) ha dejado también páginas imborrables.

85. Los más nombrados eran los anarquistas y la FAI (en Barcelona, Valencia, Bilbao y Santander), en menor medida (y sólo en Madrid) los comunistas. Sobre las ejecuciones de los sublevados se disponía de menos datos (DBFP, doc. 289).

to Barcia,[86] y al líder socialista, Francisco Largo Caballero. Ambos aludieron a la creación de tribunales especiales, encargados de mantener el orden y de reorientar por los cauces legales adecuados este tipo de justicia expeditiva. El diplomático escocés tenía cierta autoridad. Había establecido relaciones amistosas con Julio Álvarez del Vayo, de quien afirmaba el 22 de agosto que sería el futuro ministro de Estado en un Gobierno socialista.[87] Fue también el primer jefe de misión en Madrid que se entrevistó con Largo Caballero. Éste le invitó a que se dirigiera a él personalmente en caso de que algún interés británico se viera afectado por el comportamiento de las milicias.

Poco más tarde encontró a Álvarez del Vayo muy preocupado. La superioridad aérea de los sublevados era notoria. El ya teniente coronel Ignacio Hidalgo de Cisneros, antiguo agregado aéreo en Roma y Berlín, le contó que el Gobierno sólo disponía de cuatro aviones en condiciones en tanto que los rebeldes contaban con 35, entre los que se incluían 6 Furies, 5 Junkers y 18 Fiat. Si bien los republicanos habían recibido 12 aparatos de Francia, estaban desarmados y no se encontraban en condiciones de entrar en combate. ¿Se trataría de los que llegaron a Barcelona y que identificó Howson? En cualquier caso, la disparidad de trato entre Francia y Alemania era evidente. Los republicanos, evidentemente, no lo ocultaban ni siquiera al representante de la potencia que, entre bambalinas, había desestimulado al Frente Popular francés. En consecuencia, los gubernamentales se veían en una situación crítica y Largo Caballero estaba solicitando la colaboración de todos los socialistas con el fin de formar una coalición de todo el abanico de partidos, incluido el PNV, que debería poner fin a las atrocidades indiscriminadas que se cometían en la retaguardia.[88]

86. Fue el primero que habló a Azaña de las checas.

87. Conviene subrayar esta información porque hay fuentes que aducen que Largo Caballero tenía otras intenciones.

88. Despachos de Ogilvie-Forbes en TNA: FO 371/20535 y 20536. En este mismo período, sin embargo, Luis Araquistáin, director del periódico caballerista *Claridad*, denunciaba al Gobierno Giral por carecer de autoridad y competencia para «hacer la guerra a fondo y acabarla con una victoria absoluta y revolucionaria». Según él, todo el mundo estaba convencido de que la guerra podía acortarse y que si ello no ocurría era por «la inepcia del Gobierno». El asalto a la cárcel Modelo demostraba su impotencia. Un eventual Gobierno Prieto inspiraría gran desconfianza «desde el punto de vista del proceso revolucionario». La solución estribaba en un Gobierno de

Aunque muchos diplomáticos acentuaron los manejos represivos de los comunistas, cosa que encajaba por lo demás en la propaganda de los sublevados, otros sabían distinguir. El 19 de septiembre, por ejemplo, el mismo Ogilvie-Forbes, en carta personal al subsecretario del Foreign Office, sir Robert Vansittart, hizo tres observaciones que es preciso rescatar de la oscuridad de los archivos. La primera se refería al aumento de la tensión en Madrid a medida que se aproximaban los rebeldes que, de haber estado mejor dirigidos, afirmó, ya hubieran debido entrar en la capital. Confiaban demasiado en su superioridad aérea, que desmoralizaba a los milicianos, pero habían perdido oportunidades preciosas sobre el terreno. La segunda observación abordaba la continuación de la represión, que en parte resultaba de la rabia e impotencia que producía dicho avance militar. «Es evidente —señaló—, que cuanto más se acerca el enemigo, mayor es el deseo de los anarquistas de liquidar a todos quienes muestren simpatía con las derechas.» La tercera era que la gente estaba más segura en las cárceles oficiales que en sus casas o que en las checas o prisiones de partidos (TNA: FO 371/20542). Otros testimonios extranjeros recogen igual impresión. Obsérvese, en cualquier caso, que para Ogilvie-Forbes la autoría anarquista era incuestionable.

En Francia, por supuesto, la campaña mediática había continuado *in crescendo*. En un país más cerca de España, más dividido y con un Gobierno teóricamente menos neutral que el británico la prensa periódica constituía una salida, y un potenciómetro, para las pasiones que desataba el conflicto español. En *L'Écho de Paris*, órgano de la derecha burguesa, católica y nacionalista, cristalizaron todos los temas que, desde entonces, sustentarían la visión conservadora y derechista de los acontecimientos en España. Un famoso artículo del general De Castelnau, ilustra con sin igual claridad los elementos constitutivos de tal visión.[89]

¿Cuáles eran? En primer lugar, la constatación de que España era

---

coalición. Si la idea no se aceptaba, «sería el momento de pensar si la toma violenta del poder había de hacerse sin esperar el fin de la guerra». Araquistáin seguía fiel a su verborrea revolucionaria y tenía engatusado a Largo Caballero (1996, pp. 7s).

89. Alexander (p. 101) tiene un lenguaje fuerte para caracterizar a tal cruzado: «*a bigoted clerical*». Evidentemente, los furibundos ataques de la derecha francesa han de interpretarse también en clave interna, como mecanismo para desgastar al Frente Popular y, en ciertos medios, a su líder judío, Léon Blum.

un «país aparte», escasamente perteneciente al mundo civilizado. En segundo lugar, que en España se estaba debatiendo, por las armas, el conflicto prístino por excelencia del siglo XX: la lucha entre la civilización cristiana y la barbarie moscovita. En tercer lugar, que hubiese sido mejor que los españoles, como antaño, se hubieran cocido en su propia salsa. En cuarto lugar, que esto, por desgracia, no había sido posible merced a la influencia perniciosa de la Comintern, no sólo sobre España sino sobre una serie de países (ante todo Francia).

A la Comintern, y por extensión a la URSS, se le imputaban todo tipo de designios imperialistas. España estaba (casi) en sus garras. Afortunadamente, ciertos patriotas se habían levantado contra los proyectos de Moscú en un acto de violencia legítima. Aun así, había, fuera de España, que estar en guardia: la Comintern se infiltraba por todas partes, manipulaba los partidos políticos y las conciencias; hablaba de paz y patriotismo pero pensaba en la aniquilación de la civilización y, en particular, de los católicos. Que se viera, si no, el caso de España. Este tipo de planteamientos recuerdan, y no es un azar, a los que por aquella época ya proliferaban en la Alemania nazi contra la «hidra judía».

Desde esta perspectiva era, por supuesto, irrelevante que el PCE se opusiera a la explosión «revolucionaria» y que las atrocidades no respondiesen a una dirección centralizada, como había sido el caso en Rusia. La derecha y la extrema derecha metían a todo el mundo en un único cubo: anarquistas, socialistas y comunistas eran medidos con la misma vara. Como se afirmaba que el Frente Popular estaba en las manos de la Comintern, los ataques contra la Iglesia y los católicos aparecían como su obra directa. También las atrocidades. En España se jugaba, nada menos, que el envite de la historia universal.

Las visiones en Londres y Washington del «terror rojo» (aunque en puridad, mejor debería hablarse de «violencia») hicieron pasar a un segundo o tercer plano la mano no ya dura sino durísima de los militares sublevados que, sin remilgo alguno, acometieron masacres entre las masas de trabajadores y campesinos y entre los cuadros republicanos que no huyeron. Pocos fueron los que entonces plantearon demasiadas diferencias entre ambos tipos de atrocidades, a pesar de que obedecían a mecanismos y lógicas muy diferentes. De no haberse producido el golpe, es difícil pensar, en efecto, que la violencia se hubiera desatado. El «terror blanco», por el contrario, fue consustancial con la sublevación. Como ha señalado Graham (2005, pp. 27ss) en el primer caso cabe constatar un hilo de continuidad con las tensiones políticas de la anteguerra y el abortamiento de las reformas generado por la derecha. En el segundo, la acción purificadora se dedicó a extirpar todo lo que representaba cambio económico, cultural y social y a sentar las bases para reimponer un orden que nunca hubiera debido violarse y, como tal extirpación, fue premeditada y sancionada desde la cúpula.

El Gobierno francés, por su parte, se mostraba preocupado por otras razones. El 24 de agosto su embajador en Londres se entrevistó con Eden. París estaba desesperado con el retraso que iba tomando la no intervención. Su gran aportación a la política internacional de cara a la guerra civil corría riesgos. Menos mal que la aceptación, en esa misma fecha, por parte de la Alemania nazi (que no tenía la menor intención de seguirla), había abierto la puerta a la esperanza. Lo que había que hacer después era vigilar su cumplimiento. Para ello el comité de control que se constituyera debía ubicarse en Londres. Eden aplicó una buena dosis de vaselina y felicitó a su interlocutor: Blum había dado muestras de una gran valentía al adoptar la iniciativa. Londres se sentía feliz de comprobar que había servido para algo (DBFP, pp. 160-161). La víspera la Unión Soviética había formalizado su adhesión. En Moscú la embajada francesa pensaba que el retraso del Kremlin obedecía a una cierta perplejidad, al temor a aparecer a remolque de los acontecimientos e incluso a un cierto complejo de inferioridad ante la dinámica del orden político internacional (DDF, docs. 156 y 193).[90]

Mientras tanto, Franco empujaba y estimulaba a los italianos. En tanto las potencias no intervencionistas se entregaban a los ensueños anteriores, informó a De Rossi que el apoyo en «hombres y material», especialmente aviación, que «los elementos subversivos», es decir, los republicanos, recibían por parte de Francia y Rusia (sic) dificultaba la marcha en Extremadura. Por consiguiente, solicitaba rendidamente a Mussolini que incrementase el apoyo «a la cruzada anticomunista por la libertad de la Patria» (DDI, IV, doc. 786). Con toda probabilidad no imaginaba hasta qué punto las potencias fascistas estaban dispuestas, y cómo, a complacerle.

90. La decisión fue adoptada en la reunión del Politburó del 29 de agosto, en la que se cursaron instrucciones al Comisariado del pueblo para el Comercio Exterior a fin de que prohibiera las exportaciones de armamento a España y lo anunciara en la prensa. En la misma ocasión se aceptó la participación soviética en el comité de control que vigilaría en Londres la aplicación de la no intervención (RGASPI: fondo 17, inventario 162, legajo 20, número de expediente 395).

El 28 de agosto Canaris se entrevistó de nuevo con Roatta y poco después con Ciano. Según comentó éste sólo un punto de los expuestos por parte alemana (el sexto) necesitaba un cierto retoque. Canaris propuso establecer un enlace oficial con los sublevados con un cuádruple objetivo: crear una relación estrecha con Franco, proteger los intereses de los dos países, aconsejarle en la medida en que el general español estimase conveniente y convenir el pago de los gastos militares en que el Tercer Reich e Italia habían incurrido por ayudarle. La reacción de Ciano fue soberbia: nada de dejar a Franco que decidiese acerca de los consejos que se le dieran. Al contrario, era de capital importancia que siguiese las orientaciones de italianos y alemanes ya que eran éstos quienes financiaban la sublevación. Italia, por ejemplo, había invertido 55 millones de liras. No había solicitado nada a cambio y tampoco Franco había hecho ningún ofrecimiento para pagar. Con todo, Italia no pediría nada porque, de hacerlo, crearía dificultades a Franco. La causa «nacional» coincidía con los intereses de todos los países anticomunistas. Era suficiente.[91]

Se consolidaban así dos percepciones diferentes. Italia quería «mangonear» en España, de forma congruente con la agresiva política del Duce. El Tercer Reich no daba nada a cambio de nada. Los historiadores que siguen fijándose obsesivamente en la idea de la penetración soviética ulterior en España, cuya dinámica definiremos en esta trilogía, harían bien en distinguir entre intenciones y capacidades. Los fascistas italianos se vieron más tarde obligados a admitir que entre unas y otras existía una pequeña diferencia.

¿Quién ganará?

Como conclusión a este capítulo no podemos sino señalar que lo que los republicanos no hubiesen considerado posible cuando apelaron a Francia a finales de julio, era ya un hecho amargo un mes más tarde. Su territorio se encogía, los sublevados avanzaban, la política de no intervención se extendía, el aprovisionamiento en armas no llegaba a materializarse y la reorganización de las fuerzas armadas no era sólida. La República, en una palabra, estaba sola. En tanto

91. Agradezco a Heiberg (pp. 73s) su ayuda en este punto basándose en la documentación aportada por Rovighi y Stefani, I, docs. 6a-6c.

que los sublevados no habían tardado un par de semanas en dotarse de un órgano colegiado de coordinación y decisión (la JDN) el variopinto haz que actuaba en el lado republicano apenas si superaba sus cuarteamientos internos, tanto en el plano militar como en el estrictamente político. El Gobierno Giral, monocolor, no era representativo de las nuevas realidades. Parecía urgente ampliar la base política de las autoridades centrales, reconstituir las fuerzas armadas, contener los poderes paralelos y, sobre todo, fundir voluntades y corazones al servicio de un esfuerzo de guerra más sostenido y menos caótico.

Es cierto que algo se había hecho. Desde principios de agosto proliferaban los esfuerzos por constituir un nuevo ejército. Topaban con numerosas dificultades, particularmente entre los anarquistas y los socialistas de izquierdas. Alpert (p. 41) subraya con razón que «la rebelión militar había cristalizado el sentimiento de aversión hacia el militarismo español [...] y se expresó en forma de creencia de que había llegado el momento de terminar de una vez con el sistema». Los resultados fueron poco positivos. El que no se hiciera más no fue por miopía política. La reconstitución de las fuerzas armadas representaba una tarea ímproba, en lo técnico, y un inmenso desafío a los partidos políticos, que divisaban en las milicias de variado pelaje el soporte de su propio poder.

Entre los observadores extranjeros, Morel era uno de los que no estaban demasiado impresionados por los resultados. Sólo las milicias de Izquierda Republicana y de las Juventudes Socialistas le parecían aceptables. El resto era un desastre. Los comunistas se dedicaban a reclutar tanto con criterios políticos como militares. Con mente analítica, Morel precisaba los factores que actuaban en contra de los esfuerzos del Gobierno:

La repugnancia española hacia la conscripción.
La carencia casi completa de cuadros militares.
La necesidad de alimentar sin cesar los frentes de combate.
El sabotaje de la defensa por parte de los anarcosindicalistas.[92]

En la víspera del cambio de Gobierno, el Foreign Office realizó un agudo análisis de la relación entre los intereses británicos y el eventual

92. Telegrama del 22 de agosto de 1936. Esta última valoración de un militar profesional extranjero coincidiría, ¿por casualidad?, con la que rápidamente hicieron los asesores soviéticos.

resultado del conflicto en España. En él se reconocía que, si ganaba, una República triunfante no miraría con demasiada simpatía hacia Londres. La no intervención y el no suministro de armas al Gobierno legítimo en lucha contra una rebelión se verían entonces como lo que eran en realidad, una actitud escasamente amistosa. Por el momento, sin embargo, no se veía bien quién podría ganar. Los sublevados habían consolidado su posición y se disponían a emprender operaciones a mayor escala, pero los preliminares no generaban gran optimismo. A pesar de estar más disciplinados que las fuerzas republicanas, entre sus mandos no parecían abundar los grandes estrategas.

El factor crucial, se añadía premonitoriamente, sería el grado en el que los distintos adherentes a la no intervención se saltaran las obligaciones que se derivaban de la misma (DBFP, doc. 157). Ésta era, en efecto, una de las cuestiones esenciales. Ni que decir tiene que, en tanto en cuanto el Reino Unido y Francia estaban dispuestos a cumplirlas, nada de ello podía predicarse de la Alemania nazi y de la Italia fascista. Respecto a este último aspecto el AIS no se equivocó en lo más mínimo. En su segundo informe sobre la situación en España afirmó, con contundencia, que «se sabe del Gobierno italiano que no tiene hasta el momento la menor intención» de cumplir con las obligaciones de la no intervención. Los analistas señalaban que sólo tres días después de imponer el embargo a las exportaciones de armamento el Ministerio de Asuntos Exteriores italiano había contactado con el cónsul en Tánger sobre la venta de un hidroavión a los rebeldes y que a finales de agosto un grupo de doce aviones había llegado a Burgos.[93] Otros aparatos italianos participaban en la defensa de Mallorca. Naturalmente, no hubo la menor referencia a ninguna intervención soviética, simplemente porque ninguna se había producido.

Es probable que el análisis del AIS hubiese sido más contundente, y negativo para la República, de haber conocido con precisión la escala que ya había adquirido el apoyo italo-germano a Franco. En la entrevista entre Canaris y Roatta ya mencionada (DDI, IV, doc. 819) las dos partes se comunicaron lo que habían suministrado. El Tercer

93. El que los datos fuesen correctos o no es algo que, en la óptica en que nos situamos, no tiene demasiada importancia. Lo que es realmente significativo es que quienes tenían que tomar decisiones en el Reino Unido contaban con ellos. Extrajeron unas consecuencias y no otras. Aun así, las referencias, por ejemplo, a los 12 aviones eran correctas. Estaban a punto de partir.

Reich había enviado 26 Junkers de bombardeo con sus correspondientes tripulaciones, 15 cazas Heinkel sin ellas, 20 piezas de artillería, 50 ametralladoras, 8.000 fusiles, bombas y municiones y 5.000 máscaras anti-gas. Por el lado italiano los suministros habían sido los siguientes: 12 bombarderos con armamento y tripulaciones, 27 cazas igualmente dotados, 12 ametralladoras antiaéreas de 20.000 con 96.000 proyectiles, 40 ametralladoras St. Etienne con 100.000 proyectiles, 5 carros veloces con armamento y tripulaciones, 100.000 proyectiles para ametralladoras del modelo 35, 50.000 bombas de mano, 20.000 bombas de 2 kilos, 2.000 bombas de 50, 100 y 250 kilos, 400 toneladas de gasolina y carburante, otras 300 por cuenta del Tercer Reich y 11 toneladas de lubricantes. Desde el punto de vista de necesidades petrolíferas se trataba, claro está, de una gota en el océano. En la perspectiva táctica mostraba que, a diferencia de lo que ocurrió con los suministros aéreos franceses a la República, los protectores de Franco se cuidaron mucho de que su apoyo fuese operativo desde el primer momento.

En conjunto, y en el caso del material más preciado, aviones, los bombarderos suministrados a Franco ascendían a 38 y los cazas a 42. No estaba nada mal en el corto lapso de sólo el primer mes. Es importante destacar que italianos y alemanes convinieron que, para garantizar el control político de la operación, los pertrechos que se encaminasen a España procederían únicamente de los arsenales respectivos. Los suministros privados no se permitirían. Tampoco se toleraría que los compromisos de la no intervención impidieran la regularidad de la ayuda.

Pero lo más significativo no eran los suministros bélicos, aunque no hubiesen dejado de crecer desde los primeros momentos. Lo más importante era la dinámica que ya se había establecido. Por el contrario, la República se encaraba con la no intervención, después de haber saboreado rápidamente sus primeras y acerbas mieles, cuando Francia y el Reino Unido decidieron aplicarla de forma unilateral. En el haber del Gobierno sobresalían tan sólo dos factores: había empezado a movilizar el oro del Banco de España y estimulado los movimientos que se percibían en el lejano México y en la no menos lejana Unión Soviética. Demasiado poco como para compensar las partidas que se habían acumulado en su debe. Algo debía ocurrir y ocurrió, tanto en Madrid como en Sochi. Lo veremos en el capítulo que sigue.

Segunda parte

Ayudas y autoayuda

6

Cambios en Madrid, movimiento en Sochi

El golpe de Estado se transformó en un dilatado conflicto a causa, entre otras, de las tendencias identificadas en el primer capítulo. Todas empezaron a exhibir sus potencialidades en septiembre de 1936 y lo hicieron simultáneamente. Las más novedosas fueron las vinculadas al encuadramiento exterior. Pero sólo dejaron sentir todos sus efectos deletéreos en conjunción con las internas. Estas últimas se resumen brevemente: en seis semanas de sangrienta pugna los sublevados se habían esparcido sobre una gran extensión del territorio. Habían reajustado a su favor el balance inicial de fuerzas gracias a la captura de una porción no desdeñable del equipamiento republicano y al control sobre una amplia gama adicional de recursos naturales y humanos. A finales de agosto disponían de una base sólida, estaban pletóricos de moral y habían visto fundirse las débiles resistencias ante sus arremetidas. Jugaba en la misma dirección el que en el lado del Gobierno de Madrid las fuerzas armadas no lograban rehacerse y que la revolución —con sus secuelas de profunda alteración de las condiciones económicas, políticas y sociales— se había disparado, disipando fuerzas y energías que hubieran debido encauzarse hacia el esfuerzo bélico.

Un Gobierno para luchar contra el fascismo

El Gobierno que, presidido por Francisco Largo Caballero, se constituyó el 4 de septiembre marcó un hito en la evolución política de la España republicana.[1] Al lado de Izquierda Republicana y de Unión Republicana, del PNV y de Esquerra Republicana de Catalunya, el nuevo gabinete se apoyaba en socialistas y comunistas. Daba cabida así a un amplio segmento de las fuerzas políticas y sociales más activas en la encogida España en que todavía ondeaba la enseña tricolor. Sólo faltaban los anarquistas, muchos de los cuales eran reacios a participar en las tareas y responsabilidades gubernamentales. Tardaron en hacerlo dos meses. Los prolegómenos de la participación comunista, la primera en un Gobierno español, los han documentado convincentemente Elorza y Bizcarrondo (pp. 307ss). Chocaba con las instrucciones que en su momento había visado Stalin y los comunistas se negaron en un principio.[2] La primera actuación estribó en enviar una delegación de alto nivel, compuesta por Maurice Thorez, André Marty y Jacques Duclos, dirigentes del PCF, para que se entrevistaran con Largo Caballero y los responsables de la CNT/FAI. Debían explicarles que era imposible adoptar medidas de corte socialista (y mucho menos comunista) y que, por el contrario, había que centrarse en conducir hasta su conclusión lógica la revolución democrática y aplastar la «contrarrevolución fascista». No podían llevarse a cabo inmediatamente medidas en España que pudieran ser un pretexto para la intervención extranjera o la capitulación del Gobierno francés.

Algo más tarde, la cuestión de la participación del PCE se discutió el 2 de septiembre al más alto nivel en el Kremlin entre Molotov, Kaganovich, Vorochilov y Ordjonikidze, quienes recabaron por teléfono la opinión, obviamente determinante, del propio Stalin. Por fin se decidió aceptar la incorporación de dos ministros, en el marco de un Gobierno de defensa nacional, que Giral continuaría presidiendo. Esto último es, en nuestra opinión, lo más significativo. Stalin deseaba que

1. Largo Caballero se encontró con condiciones bastante precarias. En Presidencia, por ejemplo, había para gastos reservados un remanente ridículo de 24.000 pesetas. Cuando cesó, el 17 de mayo de 1937, disponía de algo más de 129.000. Se traen a colación estos datos (AJNP) para indicar que la contabilidad republicana no era necesariamente mala. El problema es que ha desaparecido.

2. Esto ya lo afirmó Álvarez del Vayo (1963, p. 237) aunque no se le hizo mucho caso. En el Politburó se aceptó, como mal menor, intentar una transformación del Gobierno Giral en un Gobierno de defensa o de unidad nacional encabezado por él mismo (Banac, p. 28). Naturalmente, lo que se pensaba en Moscú no tenía por qué ser la variable principal en torno a la cual gravitase la evolución política republicana, algo que suelen olvidar muchos anticomunistas de toda la vida.

el Gobierno de Madrid siguiera dirigido por un auténtico republicano como era Giral, a pesar de que desde el punto de vista de las condiciones locales ello parecía harto inverosímil. En la reunión también se abordó la ayuda a España.[3] Aunque no conocemos la documentación que los dirigentes soviéticos tuvieran sobre la mesa, es improbable que en ella no figurase el tercer informe del GRU, que Uritsky había elevado a Vorochilov la víspera y que también se debía a Yolk.

Este informe reconocía que para el Gobierno la situación en los frentes continuaba siendo muy tensa. Los esfuerzos destinados a liquidar los puntos de apoyo de los sublevados en Zaragoza, Teruel, Córdoba, Granada y Oviedo no habían tenido éxito. Tampoco se confirmaba la toma de Segovia por los republicanos. En el frente occidental surgía una constelación peligrosa. Yagüe había iniciado la marcha hacia Toledo, donde aguantaba el Alcázar. Desde Cáceres se avanzaba sobre Madrid. El frente estaba ya a unos 120-140 kilómetros de la capital. En la zona minero-industrial de Río Tinto los focos de resistencia habían sido aplastados. La aviación sublevada reforzaba su actividad. Para el Gobierno la situación se complicaba porque no había sido todavía capaz de establecer la unidad de mando. No había planes operativos. En la práctica no funcionaba el EM. La escasez de cuadros se agudizaba. Faltaban pilotos y artilleros, fusiles, ametralladoras, piezas de artillería. En las milicias populares había un fusil por cada tres soldados. «Por lo tanto, el gran entusiasmo de las masas y su disposición para la lucha contra los fascistas no pueden utilizarse en medida suficiente».[4]

En el plano político la situación no era mejor. En la retaguardia se acumulaban las dificultades debido, sobre todo, a la irresponsable actitud de los anarquistas. Sólo una parte se empeñaba en la lucha armada. Al amparo de la realización inmediata de la «revolución social» expropiaban, ocupaban las fábricas, intentaban lograr la «socia-

3. Bayerlein, p. 126, transcribiendo la entrada correspondiente al 2 de septiembre del diario de Dimitrov. Banac, p. 28, lo ha traducido indicando que la ayuda «se discutiría adicionalmente» en el Politburó. En Dimitrov-Pons, p. 43, se afirma que lo abordaría «posteriormente». Esto último es lo que nos parece más exacto.

4. En esta obra no se procederá a una exégesis de los informes del GRU en el plano militar. Lo que cuenta es subrayar que, para los dirigentes moscovitas, los datos que contenían debían de tener mayor importancia que las noticias publicadas en la prensa soviética a la hora de enjuiciar los problemas y perspectivas para la República en la lejana España.

lización» de la industria y frustraban los intentos gubernamentales por introducir orden en la actuación de las fuerzas republicanas. En Barcelona y Valencia se habían apoderado de transportes de combustible destinados a Madrid. En Barcelona entregaban la producción de algunas fábricas de material de guerra a sus propias milicias. Tampoco los socialistas proporcionaban suficiente apoyo al Gobierno. En este tercer informe, Yolk rendía, no obstante, tributo a los «grandes esfuerzos del partido comunista». Gracias a ellos se lograba conservar una cierta atmósfera de unidad, mantener la autoridad mínimamente, reforzar el frente y la retaguardia. El tono era ditirámbico:

> El PCE se ha convertido, a juicio de todos, en la fuerza decisiva del Frente Popular. El Gobierno se dirige al CC solicitando consejos relacionados con los asuntos más importantes. Los ministros tienen consejeros comunistas. La defensa del Guadarrama se hizo gracias a la iniciativa y planificación del CC. El partido ha conquistado entre las masas una reputación de republicano fiel y activo. El número de afiliados ha crecido hasta llegar a las 140.000 personas.

Todo esto era exagerado pero quizá explique lo mucho que pesó en la reunión del Politburó la conveniencia de permitir la participación comunista en el Gobierno en formación.[5]

Mientras tanto, los rebeldes avanzaban rápidamente en su estructuración política, institucional y militar a pasos agigantados. Era lógico: se encaminaban hacia un régimen militar, alejado lo más posible de los molestos constreñimientos de la política democrática. Estaban en posesión de la verdad única y se sentían dispuestos a imponerla por la sangre y la purificación a quienes no se sometían a sus dictados desde el primer momento (e incluso a quienes lo hacían). De aquí que, y no por paradoja, todos los que defendieron el orden republicano terminaron acusados de prestar auxilio a la rebelión. Frente a esta unidad de propósitos, informes de observadores no comunistas coincidían

5. Los dos ministros comunistas fueron Vicente Uribe, que se encargó de Agricultura, y Jesús Hernández, de Instrucción Pública. Es verosímil, pero todavía no está demostrado documentalmente, que este último perteneciese ya al aparato secreto de la IC. Agradezco esta información, preciosa, a Fernando Hernández Sánchez, que está preparando una tesis doctoral sobre él. El informe se encuentra en RGVA: fondo 33987, inventario 3, legajo 845, páginas 17-19.

con el GRU en que del lado gubernamental la idea de un régimen fuerte no había hecho demasiados progresos.[6] Chocaban dos visiones: las de los partidarios de hacer la revolución y la de quienes deseaban prestar primordial atención a la tarea no pequeña de sostener —y ganar— la guerra.[7]

En consecuencia, la idea que animó a Largo Caballero fue forjar la unidad antifascista. Como ha señalado Aróstegui (2003, p. XII), a través de «una alianza de clases». Era el momento de impulsar «una estrecha colaboración entre un obrerismo reformista y unas fuerzas burguesas para salvar la República, aplazando para después [...] la definición de proyectos sociales a más plazo ante la necesidad de vencer a la sublevación». El propio Largo Caballero (pp. 2559-2961) no ocultó la estrategia que perseguía. Pocos días después de encargarse de la presidencia del Gobierno y de la cartera de Guerra,[8] en una entrevista con Koltsov declaró taxativamente:

> Nuestro Gobierno representa a todas las fuerzas del pueblo, unidas en defensa de la patria contra el fascismo y sus cómplices. Nosotros constituimos un grupo dirigente, coherente, con una sólida finalidad: aplastar el fascismo. Nuestra tarea primordial consiste en asegurar la unidad del poder y del mando de las fuerzas...

6. Muchos observadores extranjeros concentraban su atención en la revuelta en la retaguardia, donde las cosas no eran simples. Por ejemplo, el cónsul norteamericano en Bilbao telegrafió al Departamento de Estado el 11 de septiembre e indicó que la anarquía estaba en ascenso (TNA: HW 12/207, BJ066221).

7. Araquistáin, en su carta a Largo Caballero del 24 de agosto, cuadró el círculo apostando por un Gobierno de coalición que no despertase alarmas en el interior ni el exterior, que hiciera la guerra y que podría ser, «sin decirlo», «un gran gobierno revolucionario». Cómo lograrlo era un misterio. A los comunistas les asignaba Obras Públicas y/o Trabajo, en combinación con la CNT. La izquierda socialista se quedaba con Presidencia, Guerra, Gobernación, Marina o Hacienda y Estado o Agricultura. Para los socialistas moderados podría elegirse entre las cuatro últimas carteras amén de Industria y Comercio. La incoherencia teórica y el oportunismo político de tales planteamientos los ha destacado brillantemente Graham (2005, pp. 80s).

8. Asumir la responsabilidad de la dirección militar fue, en mi modesta opinión, un gran error. Largo Caballero no tenía ni la edad, ni los conocimientos, ni la visión, ni la energía que exigía su doble desafío. Esto no es, sin embargo, hacer el caldo gordo a la postura comunista ulterior que reclamó virulentamente que dejase la cartera de Guerra.

Y, quince días más tarde, en la última sesión de las Cortes que se celebraría en Madrid, afirmó:

> Todos nosotros, con diferentes ideologías, al constituir el Gobierno, renunciamos, de momento, a cuanto pudiera significar principios ideológicos, de tendencia de toda clase, para unirnos en una sola aspiración, que es común a todo el Gobierno: la de vencer al fascismo, en lucha contra España.

El guiño a las potencias democráticas occidentales fue evidente: «Tenemos el convencimiento de que, al luchar España por su libertad, no lucha sólo por la libertad de España: lucha por la libertad de España y por la libertad de Europa».

Aparatos alemanes habían participado unos días antes en los primeros bombardeos de Madrid. Habían arrojado octavillas que anunciaban la destrucción de la capital como represalia por los ataques gubernamentales a ciudades indefensas y —según afirmaban— en los cuales se habían utilizado gases. No era cierto. Pero, según contó a un colega alemán un mecánico español al servicio de Lufthansa, que conocía bien los aviones Junkers y el ruido característico de sus motores, no había duda de que se trataba de tales aparatos, que la técnica del ataque no había sido española y que de los residuos de las bombas caídas se desprendía sin lugar a dudas que se trataba de explosivos germanos. Si el mecánico se lo había contado al compañero alemán, es difícil no pensar que también se lo habría contado a las autoridades.[9] No era, pues, una exageración que éstas pensasen que las potencias fascistas estaban agrediendo a la República en connivencia con los sublevados.[10] Ahora bien, tras las declaraciones de lucha contra el fascismo latía igualmente una experiencia histórica. Los partidos de izquierda habían sido triturados en Italia y Alemania. Se les había amedrentado

9. Este episodio figura en el telegrama de Madrid a Berlín del 29 de agosto. ADAP, doc. 62. La embajada norteamericana telegrafió que aviones rebeldes habían sobrevolado la capital durante tres noches seguidas para desmoralizar a la población (TNA: HW 12/207, BJ066153).

10. Era mucho más exagerado afirmar que la República se encontraba bajo las garras de Moscú, interpretación que funcionaba tanto en la prensa de derechas como entre muchos analistas gubernamentales británicos y franceses. Para entonces los ejemplos de la intervención alemana eran múltiples pero no merece la pena identificarlos en esta obra.

a cañonazos en Austria. Ahora tocaba el turno a España. Cabía argumentar que la intervención en la Península no se producía al azar y que seguía un plan.[11] De aquí que, al combatir al fascismo, la República no luchase sólo por la libertad española sino también por la de otros países europeos amenazados.[12] Añádase a ello una pizca de propaganda y la necesidad de conectar con la interpretación que la izquierda no española propalaba en Europa. El problema estribaba en cómo trasladar táctica y operativamente tal diagnóstico en un entorno reacio.

Para lograrlo Largo Caballero siguió tres pistas, a veces contradictorias. La primera no estribó, como hubiera podido pensarse, en restañar sinceramente las profundas divisiones que habían cuarteado al PSOE desde antes de las elecciones del Frente Popular. En el mes de mayo precedente (una eternidad) la facción caballerista se había opuesto a que Prieto asumiera la presidencia del Gobierno, quizá el error político más importante cometido por un partido de izquierdas en los meses de paz. Es más, había evocado la necesidad de proceder a una revolución socialista cuando ni tenía los medios para hacerlo ni un designio coherente. Largo Caballero, como ha argumentado Graham (2005b, pp. 82s), consagró, al menos teóricamente, la preeminencia de algunos de los postulados de la izquierda del PSOE. La segunda pista consistió en adaptar la noción de revolución a las exigencias que imponía el conflicto. Por último, mantuvo a Giral en el Gabinete como ministro sin cartera, lo cual facilitó la transmisión de información entre uno y otro equipo.

La crucial cartera de Estado

En el plano externo, por su parte, era necesario continuar denunciando la no intervención y subrayar insistentemente la ayuda fascista a los militares sublevados; era preciso convencer a las potencias de-

11. Tal noción la mantuvo Negrín hasta el final, la hizo pública en repetidas ocasiones y la desarrolló en sus escritos. El «malo de la película» no era necesariamente Hitler sino el Estado Mayor alemán, ansioso de controlar la posición geoestratégica de España.

12. Esta perspectiva fue acentuándose con el paso del tiempo. El 25 de octubre Rafael de Ureña, secretario general del Ministerio de Estado, afirmó ante el encargado de negocios francés: «Vuestro egoísmo os perderá. Aunque no quiera batirse por defender a la España republicana, Francia va a encontrarse arrastrada a una guerra general en cuatro meses» (DDF, III, doc. 406). Se equivocó en tres años, los de la guerra civil.

mocráticas que apoyasen a la República; era indispensable estimular la cooperación que prestaba México; era obligado proseguir los esfuerzos de adquisición de armamentos y era fundamental obtener una ayuda de la Unión Soviética algo más que simbólica.

Augusto Barcia no podía continuar. Su gestión no había sido demasiado eficaz y el presidente de la República parece que sentía por él un gran desdén. En sus apuntes de memoria, se refirió a la «actitud pusilánime y encogida» del ministro y a su «vanidad presuntuosa». La crítica, aunque críptica, fue siempre dura: «vaguedad de pensamiento», «expresión oratoria y vacua», «no sé si comprendía bien algo», «incapaz de hacer comprender claramente nada», «nunca he entendido ningún asunto explicado por él», «facilísimo hacerle decir lo que se quisiera. Hacerlo ya era otra cosa» (Azaña, 1990, pp. 203 y 205). El presidente dudaba incluso de su republicanismo.[13]

Largo Caballero tenía, al parecer, su propio candidato: su mentor en temas internacionales y responsable de su deriva ideológica hacia posiciones de una ultraizquierda más retórica que real. Se llamaba Luis Araquistáin.[14] Si así fue, Azaña le puso el veto. El presidente de la República conocía mejor que muchos otros la importancia de lo que estaba en juego. La retracción francesa le había herido en lo más profundo. No tardaría en anotar que la única salida posible era una mediación. Tampoco es de extrañar que en fecha tan temprana Azaña se diera cuenta de que la República no podría ganar la guerra porque, simplemente, las circunstancias internacionales no lo permitían. En tal contexto que Araquistáin pasase al Ministerio de Estado debió de constituir para Azaña un trapo rojo. Añadamos que, en nuestra opinión, no andaba equivocado.

Según las notas escritas posteriormente por José María Aguirre, secretario político de Largo Caballero, cuando éste se dirigió el 4 de septiembre al Palacio Nacional a presentar a Azaña la lista de un Gobier-

13. Lo cual no impidió a Barcia dedicar en términos calurosos su opúsculo a Azaña, «entrañable amigo mío». En el ejemplar que conservaba el doctor Pascua esta expresión está subrayada, como si el antiguo embajador en Moscú se sintiera sorprendido por ella.

14. Si expresamos alguna duda es porque en sus memorias el propio Largo Caballero no dice nada al respecto (2007, pp. 3239-3240). Antes al contrario, afirma rotundamente que a Estado iría Álvarez del Vayo. Por lo demás, como ya hemos indicado, en los mentideros de Madrid también se había hablado de este último como futuro ministro.

no republicano-socialista-sindicalista, en ella figuraba Araquistáin como ministro de Estado. Aguirre era el único acompañante del futuro presidente del Gobierno. Se habían desplazado desde el Ministerio de la Guerra, en donde se llevaron a cabo las gestiones y consultas previas, y era él quien había mecanografiado la lista de ministros. La audiencia con Azaña duró casi hora y media. Largo Caballero emergió indignado. «¡No hay todavía Gobierno!», declaró secamente. Un periodista testigo, amigo de Aguirre, le preguntó: «¿Cuándo vuelve usted, señor presidente?». La respuesta fue críptica: «Si vuelvo, esta tarde. Si no, tal vez declinaré el encargo por simple comunicación telefónica».

En el coche, Aguirre preguntó lo que había pasado. Azaña, respondió Largo Caballero, había vetado a Araquistáin lo que le había llevado inmediatamente a declinar el encargo de formar gobierno. El presidente de la República, sin embargo, le había suplicado que consultase con el interesado y que fuese él quien decidiese. Largo Caballero se había resistido. Según consignaría Aguirre, afirmó que Álvarez del Vayo era un agente soviético y que los rusos habían hecho presión sobre Azaña, como la habían hecho sobre él, para que se le confiara la cartera. De lo contrario, no enviarían armas. Sin ellas la guerra estaba perdida. Araquistáin se inclinó y argumentó que como Álvarez del Vayo no era muy listo lo rodearían. Él iría de embajador a París. Había que hacer lo imposible por no sucumbir.

El trasfondo de esta historia sólo podemos iluminarlo parcialmente gracias a la documentación soviética. Rosenberg informó a Moscú que había intentado influir en la composición del nuevo Gobierno. Por qué lo hizo está por demostrar. Fue la primera vez que dejó entrever ante sus superiores su carencia de tacto político. El resultado, sin embargo, fue que se granjeó una reprimenda por parte de su protector, el comisario de Asuntos Exteriores. Es una de las sorpresas que guardan los archivos rusos. El 4 de septiembre, Litvinov envió un telegrama rotundo en el que decía que habían provocado gran descontento en Moscú las noticias que Rosenberg había transmitido acerca de sus intentos de influir en la composición del Gobierno. El comisario aprovechó la ocasión para ordenarle en los más tajantes términos que de ninguna manera se mezclase en los asuntos internos españoles y que se abstuviese de actuar en materia de combinaciones gubernamentales. Eran, subrayó, un asunto de los españoles mismos.

Sin duda, Rosenberg no estaba solo en sus intentos de «inspirar» la situación porque Litvinov también se refirió en términos similares a la información transmitida por el agregado militar en la que había indicado su aspiración a inmiscuirse en los asuntos castrenses y, en definitiva, a «mandar». Las instancias competentes ya se habían ocupado de hacer llegar a Gorev las oportunas órdenes para que evitase tal tentación.[15]

En otro orden de cosas menor, Litvinov envió un suave reproche a Rosenberg que no está exento de interés. En Moscú habían llamado la atención el laconismo y la falta de claridad de los mensajes cifrados que remitía el embajador. Ello también había generado cierto descontento que estaba plenamente justificado. El propio comisario no había podido comprender del todo una críptica insinuación hecha por Rosenberg entre el envío a la URSS de un embajador español y la posible designación de Del Vayo.[16] Estas faltas de claridad eran inadmisibles cuando se necesitaba una contestación urgente.

Es evidente, pues, que Rosenberg parecía comportarse como un embajador novato, quizá aterrado por la responsabilidad que se le había venido encima en un puesto de alto riesgo (al fin y al cabo sus telegramas estarían en la mira de Litvinov y del propio Stalin). Por otro lado, cualesquiera que fuesen sus maniobras en Madrid, y las del propio Gorev, no contaban con el respaldo de Moscú, ni en el NKID ni en el NKO. Es más, al informar de sus manejos a las respectivas centrales en ambos casos se rechazaron sus sugerencias. Dicho lo que antecede cabe evocar dos hipótesis. La primera es que, en el calor de la mini-crisis política, Rosenberg o Gorev dejaran caer, como por azar, el tema del suministro de armas (fintas más extrañas forman parte del repertorio diplomático habitual). En contra de ello milita el que, a finales de agosto o principios de septiembre, Stalin no estaba todavía preparado para dar el paso al frente en materia de suministros y esto es documentable de forma independiente. La segunda hipótesis es que Aguirre, simplemente, se inventó la idea del «chantaje», retrotrayendo a septiembre de 1936 alegaciones que se harían en el futuro. Al fin y al cabo, en sus notas se deslizaron dos gazapos sorprendentes. Largo Caballero, según las mismas, leyó hacia las 4.30 de la tarde la lista del

15. La reconvención se encuentra en AVP RF: fondo 010, inventario 11, expediente 71, legajo 53, páginas 56s. Elorza y Bizcarrondo (p. 460) han mencionado sólo una parte de este telegrama pero de tal suerte que ni ella ni los desbordamientos de Rosenberg y de Gorev son aparentes.

16. Esto podría quizá indicar que a Rosenberg le habrían llegado rumores o informaciones que a Del Vayo se le pensaba enviar a Moscú.

nuevo Gobierno: «Estado, Julio Álvarez del Vayo; Marina, Indalecio Prieto; Justicia, Federico García Oliver...». El ministro de Justicia fue, por el contrario, Mariano Ruiz Funes (de Izquierda Republicana). García Oliver, anarquista, que no se llamaba Federico sino Juan, no entró en el Gobierno, en circunstancias dramáticas muy diferentes, hasta un mes más tarde y ello a pesar de las objeciones de Azaña. No cabe, pues, atribuir *a priori* demasiada credibilidad a la nota de Aguirre quien señalaría en ella que «soy el único superviviente de aquel triste episodio de forcejeo y de chantaje» y que «tal y como lo recuerdo, lo confío a Ramón, el hijo único de Luis Araquistáin».[17]

Juan Negrín entra en escena

Gracias a los recuerdos de Vidarte (pp. 481-485) se conocen algunos detalles que no deben pasarse por alto. Álvarez del Vayo, que en parte por sus proclividades comunistas no suele gozar de buena reputación en la historiografía, transmitió a Prieto el deseo de Largo Caballero de que la Comisión Ejecutiva del PSOE participara en el futuro Gobierno con tres ministros.[18] Había una condición: uno de ellos debía ser el propio Prieto quien se encargaría de la cartera de Marina y Aire, crucial en la medida en que para entonces el papel del arma aérea en las hostilidades estaba fuera de toda duda.[19] Si Prieto, su rival en la determinación de la estrategia socialista, no aceptaba, Largo Caballero no asumiría la responsabilidad gubernamental. Prieto y la Ejecutiva se inclinaron. El así conminado sugirió los otros dos nombres: Juan Negrín, para la cartera de Hacienda, y Anastasio de Gracia, para la de Trabajo (aunque luego terminó recabando en la de Industria y Comercio.

Parece ser que la Comisión Ejecutiva sugirió que fuese el mismo Prieto quien ocupase la cartera de Guerra. Vidarte afirma que la idea provino de alguno de sus miembros y que el propio Prieto la rechazó

17. La nota («Formación de un nuevo gobierno por Francisco Largo Caballero») se encuentra en AHN, papeles de Luis Araquistáin, legajo 71/22.

18. Largo Caballero (2007, p. 3239) lo confirma.

19. Hidalgo de Cisneros (p. 192), amigo de Prieto, fue nombrado inmediatamente jefe de las Fuerzas Aéreas de la República. El puesto de subsecretario del Aire fue a parar al coronel Ángel Pastor Velasco.

argumentando que Largo Caballero quería tal cartera para sí. Ello no obstante, Ramón Lamoneda, secretario general del PSOE, en una circular fechada en agosto de 1939, recordó que había sido la Ejecutiva misma quien había propuesto el nombre de Prieto para una cartera de Defensa unificada y que Largo Caballero rehusó. Según Lamoneda,

> Caballero alegó —quizá con razón— que Prieto no era hombre amado por las milicias y que su innegable y universal pesimismo era un estorbo. No es la primera vez que un hombre es propuesto y rechazado para un cargo sin que se hunda el mundo. Desde luego, esas dos veces no se hundió.[20]

Tiene importancia destacar que nada hace pensar que Negrín estuviese a la caza y captura de un sillón ministerial. Antes al contrario. Había tenido una carrera política relativamente discreta, aunque atendiendo a sus responsabilidades de manera ejemplar.[21] Se había especializado en temas financieros y contaba con alguna experiencia en gestión administrativa.[22]

A Negrín la preselección no le hizo muy feliz. Vidarte y Lamoneda hubieron de emplearse a fondo para que aceptara. Zugazagoitia (p. 164) añade también a Jerónimo Bugeda y a Manuel Cordero. Ambos testimonios coinciden en que Negrín se negó en un principio a aceptar. Bugeda, en notas no publicadas, lo confirma. Zugazagoitia pone en los labios de Negrín una reacción inicial agria: «La constitución de ese Gobierno es peor que si hubiese caído Getafe en poder de Franco. No conozco mayor disparate, considerado nacional e internacionalmente.

20. La circular se encuentra en AJNP. La segunda vez fue en mayo de 1937 cuando la Ejecutiva volvió a la carga. Ignoro si llegó a distribuirse.

21. Álvarez del Vayo (1950, p. 290) alude a la independencia de espíritu de Negrín. Fue el único diputado del grupo parlamentario socialista que votó a favor de la pena de muerte contra Sanjurjo. Tres años más tarde arriesgó mucho para salvar a sacerdotes, escritores y derechistas, en medio de las pasiones desatadas tras el golpe.

22. Gabriel Jackson y Enrique Moradiellos están escribiendo sendas biografías de Negrín para las que han utilizado parte del material procedente de los archivos privados que subyacen a esta obra. Serán, sin duda, cada una en su estilo una visión rompedora de los viejos clichés que siguen deformando su memoria. Un anticipo del trabajo del primero está ya disponible en el mercado. Hasta el momento, la biografía política más reciente es la debida a Ricardo Miralles.

¿Es que se busca resueltamente que se pierda la guerra? ¿Se trata de un desafío a Europa?».[23]

La Comisión Ejecutiva visitó al nuevo presidente del Gobierno y se puso a su disposición. Largo Caballero lamentó las divergencias pasadas («nuestro partido fue y ha sido siempre un hervidero de pasiones, porque está compuesto de hombres libres») y los días perdidos por Casares Quiroga y Giral. Al enemigo se le había dado tiempo para «organizarse y recibir una poderosa ayuda de Portugal, Italia y Alemania en hombres, en artillería, en aviación. Nosotros carecemos de todo y tenemos que enfrentarnos a ellos con sólo el heroísmo de nuestros hombres. Francia se niega a cumplir sus compromisos con nosotros y la no intervención nos ahoga». Quizá a Largo Caballero le hubiera interesado conocer que en Moscú, en aquellos momentos, la situación en España se consideraba crítica y que ya se había decidido enviar a un agente a París para ayudar al PCF en materia de adquisición y transporte de armas y aviones con destino a España (Banac, p. 28).[24]

Negrín, muy lejos de la animosidad que más tarde, durante los años amargos de las derrotas continuas durante la guerra civil le demostró Largo Caballero, consagró un recuerdo emocionado a su memoria:

> Requirió la prolongación de la lucha un cambio. Tomó las riendas quien frente al país representaba un espíritu combativo inquebrantable; quien por su arraigo profundo en amplios sectores del proletariado, del que procedía, significaba aliento y seguridad en el triunfo;[25] quien inspiraba la confianza necesaria para posibilitar se concentraran

23. La preocupación de Negrín se explica también porque debía de saber que el candidato de Largo Caballero para la crucial cartera de Estado quizá hubiese sido Araquistáin.

24. Y, mientras tanto, Diego Martínez Barrio, metido en temas de organización de un nuevo ejército, se había acercado al PCE o a los agentes de la Comintern en Madrid para ver si podían ayudar para que algún correligionario de la masonería francesa echase una mano en el suministro de armas. Los británicos interceptaron el mensaje enviado a Francia el 5 de septiembre. TNA: HW 17/27.

25. La talla de un hombre se mide en la forma en cómo trata a sus adversarios o a sus contrincantes. Negrín se comportó con gran dignidad. Una muestra de la actitud de Largo Caballero, 1985, p. 302: «perdida la guerra todos los odios se concentran, muy justificadamente, sobre don Juan Negrín y sus auxiliares, que con una política insensata y criminal han llevado al pueblo español al desastre más grande que se conoce en la Historia de España».

> bajo una dirección y un mando único, indispensables para el éxito, los esfuerzos desperdigados, incoherentes y a veces antagónicos; quien, en fin, podía vincular a una función de Gobierno todas las tendencias en lucha, políticas y sindicales [...] A todos esos cometidos se dio satisfacción. Y a otros más (Álvarez, p. 154).[26]

Para el ministro de Hacienda el centro de atención en aquellos momentos no podía ser otro que Francia, por razones que se expondrán seguidamente. Es más, Francia se encontraba también en el punto de mira del nuevo presidente. Hacia el 7 de septiembre, Negrín encomendó a Vidarte una misión reservada. Estaba en ciernes la conclusión de un contrato de compra de armas de gran importancia. Vidarte era fiscal del Tribunal de Cuentas, amén de abogado, y por consiguiente la persona indicada para ver lo que había detrás. Por su parte Largo Caballero deseaba saber por qué en el mitin gigantesco del velódromo de invierno del 3 de septiembre en París,[27] en el que las masas enfebrecidas habían rugido su apoyo a favor de la República y su deseo de que se le enviaran todos los pertrechos necesarios, no habían hablado los socialistas Fernando de los Ríos y Luis Jiménez de Asúa o distinguidos republicanos como Marcelino Domingo. Le había chocado que la voz del Frente Popular la hubiese llevado Dolores Ibárruri, con cuya intervención estaba por lo demás plenamente de acuerdo. Una de las frases de Pasionaria estaría destinada a dar la vuelta al mundo («El pueblo español prefiere morir de pie a vivir de rodillas»: GRE, I, p. 316).

Lo que afloraba a la superficie no era, en definitiva, lo más sustantivo de la realidad de la República y de sus vitales contactos con París. Por su parte el nuevo presidente del consejo quería saber lo que había pasado con un convoy de armas que la Generalitat había pro-

26. Si hacemos un uso extensivo de este discurso de Negrín del 14 de abril de 1942 es porque en él se reflejan, como en pocos otros, su filosofía política, su sentido de la historia y la destilación de sus experiencias en la guerra civil. Lo trabajó cuidadosamente. En AFCJN, carpeta 31p, se encuentran sucesivas versiones y muestras de la laboriosa redacción del manuscrito. Ossorio y Gallardo, prominente monárquico sin rey, se alineó inmediatamente (p. 233) con la línea del nuevo Gobierno, como todos «cuantos sentíamos una mínima devoción a la patria. Desde aquel momento no cabían distinciones y ser español era la misma cosa que ser republicano».

27. Algo más tarde, en el mitin de Luna Park, Blum hizo una encendida defensa de la no intervención en contra de una parte de su propio partido, profundamente dividido, y de la oposición frontal del Partido Comunista (Lefranc, p. 192s; Blumel, p. 464). No dio su brazo a torcer ni se separó de la línea británica.

porcionado al Gobierno para el frente de Irún. Este convoy había hecho el trayecto hacia el oeste a través de Francia y los franceses no habían permitido su descarga en la frontera (Vidarte, pp. 485-486).[28] La toma de Irún dio pie a un observador francés, Roger Franco, a escribir una amarga carta al ministro Auriol. En ella señalaba que había presenciado la toma de la ciudad el 4 de septiembre y había visto que los republicanos carecían de armamento y munición, a pesar de que en los medios socialistas franceses se afirmara que se habían enviado en grandes cantidades. No era verdad, subrayó (CHAN: 552 AP, 22). La caída de la ciudad tuvo una gran importancia estratégica, ya que cerró la frontera e hizo que la República perdiera el contacto con Francia.

Todavía bajo el impacto de esta derrota,[29] Negrín se había encontrado nada más llegar a Hacienda con que los funcionarios le tenían preparado para la firma un convenio entre el Tesoro y el Banco de España por el cual se autorizaba una nueva venta de metal amarillo por importe de 50,44 millones de pesetas oro. Era un convenio importante porque durante el Gobierno Giral y bajo la responsabilidad de Enrique Ramos sólo se habían firmado dos. Negrín se enteró entonces de las interioridades de la operación en curso que no era excesivamente complicada. Ello le puso en contacto inmediato con las complejidades de la política interior francesa y con el papel que desempeñaba en la compra de oro el ministro de Finanzas.

Que entre ambos se trabaron contactos urgentes puede inferirse de los recuerdos de Vidarte. Éste se entrevistó en París con Blum, Auriol y Moch. Planteó la cuestión de la descarga de armas detenidas en la frontera. Se le dieron seguridades de que se resolvería, ya que única-

28. Zugazagoitia (p. 169) también alude a la falta de munición en la ciudad fronteriza. Los aduaneros franceses, señala, contribuyeron a la victoria de Mola, deteniendo con malas artes el convoy. Lo mismo dijo Prieto a Nenni, según anotó éste (p. 163). El embajador norteamericano (Bowers, p. 282) menciona seis vagones de ferrocarril, cargados de armas, que la Generalitat había enviado camino de Irún por el sur de Francia y que no pudieron atravesar la frontera. El ministro vasco Manuel de Irujo (p. 215) afirmó que la pérdida se debió a diversos factores pero «fundamentalmente, por no decir exclusivamente, [...] por falta de municiones. Si hubiéramos tenido municiones, no habría sido evacuada».

29. El propio Largo Caballero (2007, p. 3242) recordaría que «las milicias no resistían a la artillería y aviación enemiga [...] muchos milicianos iban al frente con escopetas de caza, los de la retaguardia esperaban a que cayese alguno de los de la primera línea de fuego para apoderarse del armamento».

mente quedaba pendiente un permiso aduanero y las aduanas dependían de Auriol. Al día siguiente, sin embargo, la situación había cambiado. El EM consideraba que se trataba de un tráfico de armas que violaba el compromiso de no intervención. Es más, como ya hemos indicado, el embajador británico se había entrevistado con Delbos y advertido de las consecuencias de una eventual autorización:[30] el Reino Unido se consideraría desligado de todo compromiso en el caso de que Francia consintiera tal violación.[31] Blum se inclinó, no sin derramar algunas lágrimas ante el crimen que «todos estamos cometiendo con España». Largo Caballero había previsto tal actitud. Al encargar la gestión a Vidarte le había dicho:

> Que no le vengan a usted con cuentos. No pueden ampararse en el Comité de No Intervención porque todavía ni siquiera se ha reunido. Además, explíqueles a aquellos amigos la ayuda que les están facilitando a los rebeldes Portugal, Italia y Alemania. ¡Que sean hombres y cumplan los compromisos que tenían con la República! Ya sé que le dirán que ellos también están expuestos a una guerra civil. ¡Que aprendan de nosotros y tomen sus precauciones! Que se fajen los pantalones, como nosotros, y no sean «caguetas».[32]

30. Al enviado de Cárdenas, Isidro Fabela, Blum le comentó que «el embajador británico vino a comunicarme que en caso de que el Gobierno francés decidiera enviar armas a España, Gran Bretaña se mantendría estrictamente neutral en el evento de un conflicto europeo» (citado en Ojeda, p. 141). No es exactamente lo mismo pero sí algo muy similar en aquellas circunstancias históricas. Va en la misma línea que las informaciones transmitidas por Jiménez de Asúa.

31. En DBFP, doc. 170, nota 2, se indica que el embajador llamó la atención de Delbos sobre una información aparecida en un periódico francés en torno al suministro de armas de los milicianos al Gobierno de Madrid. Es posible, no obstante, que las explicaciones le bailen a Vidarte. En efecto, Irún había caído el 3 de septiembre por lo que también resulta verosímil que cuando se entrevistó con Blum los militares franceses se opusieran a la descarga del convoy porque ya no hubiese servido para mucho. Tal vez temieran que las armas no fuesen a parar a las fuerzas gubernamentales que estaban siendo vencidas. Con todo, la obstrucción francesa puede arrojar luz sobre las quejas de muchos combatientes republicanos de que en el frente guipuzcoano habían carecido del suficiente armamento.

32. Es preciso subrayar estas manifestaciones (posiblemente el adjetivo que Largo Caballero utilizase fuera inimprimible) porque revelan: i) una clara exasperación con la política del Gobierno francés; ii) una cierta minusvaloración de sus limitaciones internas y externas; y iii) la añoranza de una línea más firme frente a la agresión de que era objeto la República.

Auriol también se inclinó. Pero uno de los encargos de Negrín sí pudo efectuarlo. El ministro de Hacienda deseaba adquirir un contingente de fusiles, depositado en la isla de Oleron, sobrantes de los que utilizaba el cuerpo de aduanas francés. Es un tipo de armamento que se destinó a fortalecer el cuerpo de Carabineros, que rápidamente se expandió. Auriol se las apañó para que se entregaran al Gobierno republicano.[33] Es evidente que tales gestiones necesitaban de contactos previos y el episodio muestra que entre los dos ministros los hubo desde el primer momento.[34] El problema es que, como en tantas otras ocasiones, la base documental republicana ha desaparecido y la francesa todavía no se ha utilizado plenamente.

Stalin cursa instrucciones

Mientras tanto, Stalin continuaba trabajando en la costa del mar Negro. Fue el último verano que tomó vacaciones. En los nueve años siguientes ya no abandonó Moscú. Su estancia en Sochi en 1936 fue importante por diversas razones. Había liquidado a sus primeros compañeros de la vieja guardia bolchevique y se disponía a lanzar una oleada de terror sin precedentes en la ya de por sí ensangrentada historia soviética. Tenía en mente otros temas tanto o más importantes que los acontecimientos de la lejana España, que de todas formas seguía asiduamente, al igual que lo hacía Mussolini.

Es indudable que los informes de la nueva embajada en Madrid, cuyo tenor por desgracia sigue siendo desconocido y que representan una obvia línea de investigación futura, se le remitirían a Sochi. Lo que sí cabe documentar, aparte de los análisis sobre la evolución que preparaba el GRU, son dos cosas; la primera que el 3 de septiembre la Comintern reconoció claramente que la situación en España era crítica y que había que enviar a algún agente para que ayudase al PCF en la tarea de comprar y transportar armas y aviones para la República (Banac, p. 28). La aceleración es obvia, porque la evolución española volvió a

33. No fueron suficientes y, al final, Negrín tuvo que solicitar armamento soviético.

34. Es posible incluso que se conocieran desde antes de la guerra, pues Auriol había visitado España en 1934 y 1935 para interesarse por la suerte de los detenidos tras la revolución de octubre y preparar un informe para las organizaciones socialistas internacionales.

abordarse al día siguiente. Con todo, más importante fue que ya el día 6, inmediatamente después de la formación del nuevo Gobierno republicano, Stalin decidió aumentar su apuesta. Lo hizo de manera cautelosa. No se trataba aún de dar la cara, pero ya se movía con mayor rapidez. Si el tema de la ayuda se había abordado en el Politburó el 2 de septiembre (recordemos que las veces anteriores lo había sido el 28 y el 31 de agosto) cuatro días más tarde las reflexiones de Stalin apuntaron inequívocamente hacia un apoyo activo a la República.[35]

El 6 de septiembre, en efecto, telegrafió a Kaganovich el siguiente mensaje:

> Estaría bien vender a México 50 bombarderos de gran velocidad y que México los revenda inmediatamente a España. También podríamos escoger a una veintena de nuestros mejores pilotos para que participen en combate y al tiempo puedan entrenar a sus colegas en el manejo de esos aparatos. Piensa sobre este asunto pero con rapidez. Igualmente podríamos vender de la misma forma 20.000 fusiles, un millar de ametralladoras y unos 20 millones de balas. Lo que necesitamos es conocer los calibres (R. W. Davies *et al.*, p. 351).[36]

Éste es un documento de una importancia excepcional. Stalin identificó con gran precisión el material a suministrar aunque desconocía cuestiones elementales (como los calibres), sin duda porque la documentación de que disponía en Sochi no las ilustraba. Sabía que México estaba actuando de pantalla para la República (aunque todavía en sus comienzos), que ésta necesitaba urgentemente material de aviación moderno y que los pilotos españoles debían entrenarse en los aparatos que se vendieran. No cabe pasar por alto que el número de aviones que tenía en mente era, en aquellos momentos, elevado.

Dado que los servicios de inteligencia soviéticos seguían, como hacían los británicos, el ritmo de envíos italianos y alemanes y tenían una

35. Esta reconstrucción difiere de la ofrecida por Kowalsky (pp. 196s), tanto en el plano diacrónico como en el argumental. Tampoco establece lazo alguno entre el proceso decisorio soviético y el envío de las reservas de oro a Moscú que tal autor defiende pero que no está documentado (p. 236).

36. Aunque este telegrama está disponible en traducción inglesa y su texto es claro, no puede descartarse que en parte estuviera escrito en clave. Más tarde Vorochilov utilizaría el término «México» para designar a España. No cabe olvidar que se trataba de un tema de la máxima sensibilidad. Stalin, y con él la alta jerarquía soviética, estaban obsesionados por la seguridad.

idea del volumen de sus suministros (si bien exagerada), que Stalin ordenase que se estudiara el envío de cincuenta bombarderos de tecnología avanzada abre la puerta a una especulación inevitable. ¿Optó por fijar un volumen de suministros inferior al que le había comunicado el GRU (salvo que éste fuese objeto de revisión ulterior)? ¿Deseó, caso de haber obtenido datos más fidedignos, que la República estuviera en condiciones de contrabalancear el número de aviones que hasta entonces habían recibido los sublevados? Ambas preguntas no son inocentes y constituyen una pista para ulteriores investigaciones.

En este contexto, el cuarto informe del GRU, debido de nuevo a Yolk, puso de relieve dos grandes contrastes. Por un lado, las fuerzas del general Franco intentaban abrirse paso hacia Madrid. La resistencia republicana se endurecía en ocasiones pero los fracasos continuaban. Irún había caído. San Sebastián estaba amenazado. Según datos incompletos, en el frente central el Gobierno contaba con efectivos de hasta 25.000 personas y en el frente catalán hasta 20.000, pero los sublevados mandados por Mola ascendían a 40 o 50.000 personas y desde África, a disposición de Franco, se habían desplazado hasta 15.000. Más importante es que los «fascistas» contaban con el 80 por 100 de los oficiales del viejo ejército. Su situación no era demasiado boyante por dos circunstancias: muchos efectivos tenían que quedarse en la retaguardia para evitar y reprimir eventuales levantamientos de la población y porque las movilizaciones encontraban una sorda oposición. Estaban bien armados pero carecían de suficientes recursos humanos.

En el lado gubernamental, por el contrario, la amenaza contra Madrid seguía siendo real. El Gobierno había tomado medidas para organizar tanto el frente como la retaguardia y el PSOE y el PCE exigían la creación de un auténtico ejército centralizado. En las masas populares el entusiasmo no cejaba y se reforzaba la decisión de acabar con los sublevados. Con todo, la falta de disciplina de los anarquistas, la carencia de mando único y la indisciplina de la tropa eran factores negativos que explicaban por qué no había podido doblegarse la resistencia del Alcázar. Los anarquistas, en particular, se habían negado a ir al frente. De este tipo de análisis se desprendía, aunque Yolk no lo dijera, que la coyuntura era apropiada para intervenir porque, de lo contrario, todo hacía pensar que el destino de la República quedaría sellado. Sin embargo, el Gobierno contaba con medios para mantener la defensa. Así, pues, no extrañará que las órdenes de Stalin se estudiaran con toda celeridad y, por lo que cabe inferir de documentos un tanto disgregados, se llevaran a la práctica inmediatamente. Constituyeron la primera de las cuatro fórmulas a las que se atuvo la intervención activa soviética. La segunda consistió en el suministro de armamento usado utilizando dos vías complementarias: las compras en ciertos países europeos y el vaciado de los arsenales soviéticos. La tercera se reflejó en la creación de las BI. La cuarta y última se plasmó en las ventas directas de material si no de guerra al menos que podían utilizarse de cara al combate. Todas se contemplaron más o menos en el mismo lapso de tiempo y las decisiones formales se tomaron con una separación máxima de ocho o diez días entre las dos primeras y, a su vez, entre las dos últimas. Esto es acorde con lo que se sabe acerca del modo de proceder de Stalin.

Fue en este período cuando un barco tripulado por 41 marineros comunistas y anarquistas atracó en Batúm, en la costa georgiana. En él iban el diputado comunista por Málaga Cayetano Bolívar y otras dos personas.[37] Esta misión está envuelta en el misterio y desentrañarlo representa un auténtico desafío que, sin duda, acometerán otros historiadores. Querían combustible y armas. El 12 de septiembre se entrevistaron en Moscú con Palmiro Togliatti (conocido también por su sobrenombre de «Ercoli»), en el secretariado de la Comintern, y le solicitaron entre 18.000 y 20.000 fusiles amén de 500 ametralladoras y pertrechos. Nada hace pensar que siguieran en ello instrucciones del Gobierno de Largo Caballero,[38] que sí debía conocer una gestión oficial de mucho más alto nivel y a la cual aludiremos posteriormente.

De las órdenes de Stalin a Kaganovich una parte era de fácil cumplimiento, por ejemplo el envío de pilotos, y se ejecutó sin dilaciones. Se sabe desde hace mucho tiempo que en el mes de septiembre partie-

37. Bolívar había hecho el doctorado en medicina en Alemania y, naturalmente, hablaba alemán. Sobre su viaje a la URSS no me ha sido posible obtener informaciones fiables. Sus relaciones con el PSOE no eran buenas, según afirma Barranquero.

38. Banac, pp. 31s, transcribiendo la entrada del diario de Dimitrov correspondiente al 13 de septiembre. Esta misión no pudo ser la que Krivitsky (p. 80) menciona en otro contexto: unos altos funcionarios republicanos habrían llegado en agosto a la Unión Soviética, ofrecieron grandes cantidades de oro y se les alojó durante largo tiempo en un hotel en Odesa sin que nadie les hiciera caso. En mi opinión se trata probablemente de una invención de la que han caído víctimas numerosos historiadores. El último, por ahora, es Kern (p. 62) quien todavía aceptó esta versión cuando ya se disponía de los diarios de Dimitrov en varios idiomas.

ron para España al menos tres pilotos de caza, nueve pilotos y navegantes de bombarderos y dos ingenieros (Solidarité, pp. 534-535). Los recuerdos de otro piloto, G. Prokofiev, apuntan en la misma dirección.[39] Cuando en algún momento de aquel mes llegó a Alcalá de Henares, conoció a los tres primeros, que ya habían realizado dos o tres vuelos de combate, y a la mayor parte de los restantes, entre los cuales había un italiano y un húngaro (pp. 366-369). Todavía entonces los famosos Dewoitine franceses seguían, al parecer, sin estar armados, lo cual es congruente con la información que Hidalgo de Cisneros había ofrecido días antes al encargado de negocios británico.

Prokofiev fue destinado a una escuadrilla en la que había búlgaros, checos, polacos, serbios y rusos blancos emigrados, aunque su núcleo fundamental estaba compuesto por españoles. Es obvio, pues, que no llegó en la primera hornada y probablemente lo hizo hacia finales de septiembre. Ello no es de extrañar. De cumplirse al pie de la letra las instrucciones de Stalin, la selección de pilotos debía llevar algún tiempo. Pero no se trataba tan sólo de aviadores. Un joven oficial, Alexander Rodimtsev, teniente de ametralladoras, que había solicitado repetidamente que se le permitiera ir a España, recibió el 12 de septiembre la autorización por parte de Uritsky, organizador de la ayuda a la República. Con Rodimtsev viajó otro oficial y en el tren, camino de Barcelona, se le presentó quien sería su inmediato superior en España, K. A. Meretskov, posteriormente mariscal de la Unión Soviética (Rodimtsev, pp. 11s y 19s).

Según García Lacalle (pp. 134ss), quien conoció a muchos de entre ellos, los pilotos de caza soviéticos eran, «más que buenos, excepcionales. Los habían escogido y seleccionado de escuadrillas destinadas en muy distintas ciudades. Algunos tenían experiencia de combate por haber actuado contra la aviación japonesa». Más adelante, después de la caída de Talavera de la Reina, llegaron pilotos de bombardeo que se vieron impedidos de hacer ataques de efectos destructores porque los aviones republicanos existentes, los Breguet, no estaban preparados para tal tipo de acciones. En cualquier caso, todo hace pensar que, como no podía por menos de ocurrir, las órdenes de Stalin se ejecutaron a rajatabla.

En lo que se refiere a los aviones, con gran diferencia la parte más

39. Que entre los pilotos que entonces acudieran a España figurase, quizá, Amba es algo que no me es posible ni probar ni descartar.

sustantiva de las mismas, no he encontrado hasta ahora prueba documental de que las órdenes se llevasen a cabo de manera inmediata. Pero existen dos indicios de que al menos se intentó. Si México no era una clave interna (como lo fue más tarde) posiblemente los expertos soviéticos consideraron que una venta directa a este país encerraba riesgos. Las fuerzas aéreas mexicanas eran pequeñas. Según afirmó el comandante José Melendreras, uno de los militares republicanos que más adelante fueron a Estados Unidos y a México para adquirir armas, contaban con 30 aviones de reconocimiento Corsair de una aceleración máxima de 150 km/h y con nueve aviones «adaptados» que podían llegar a ella. No tenían bombarderos que valieran la pena (informe reproducido en Olaya Morales, p. 495). En estas condiciones, una operación que implicase la venta por parte de la URSS a México y la reventa desde México a España de 50 bombarderos modernos de alta velocidad no podía pasar desapercibida. Ahora bien, sí podría ocultarse si la venta se hacía a la República desde México. Ello significaba que los aviones no podían proceder de Europa, donde la no intervención hacía estragos y hubiera impedido que un pedido tan gigantesco permaneciera en secreto. La única fuente posible no situada en Europa pero próxima a México era Estados Unidos.

Hay un primer indicio que no se ha reflejado hasta ahora en la literatura. Merece la pena traerlo a colación, aun a sabiendas de que contiene un elevado grado de especulación. El tema es lo suficientemente importante como para no silenciarlo. Como en otras ocasiones, aquí se ofrece como una posible pista que futuros investigadores podrán confirmar o rechazar. El 8 de septiembre el embajador Gordón Ordás informó haber recibido una oferta de la empresa Henry Green & Co. (165 Broadway, Nueva York)[40] por 50 aviones de bombardeo a un precio de 50.000 dólares cada uno, con bombas de 300 libras a 600 dólares y cargadas con un nuevo explosivo con fuerza equivalente a 600 libras de TNT. La oferta comprendía también 5.000 ametralladoras Thomson a 200 dólares, 400 ametralladoras francesas Hotchkiss de 8 mm a 575 dólares, amén de granadas de mano y otras municiones. Era una oferta enorme que, según dijeron al embajador,

40. Esto no estaba lejos de 120 Broadway, donde se había situado una empresa, Weinberg & Posner, dirigida por Ludwig Martens, que en los primeros años veinte había constituido el enlace con la Oficina Soviética (De Villemarest, pp.109s).

cabía ampliar a otros tipos de armamento.[41] No he encontrado documentación que pruebe que respondía a los deseos de Stalin pero la coincidencia en el número de aviones y la cercanía de fechas son, cuando menos, sospechosas. Era bastante difícil, por no decir imposible, que 50 bombarderos pudieran venderse así como así en el mercado negro, o menos negro, sin intervención de los poderes públicos. A no ser, claro está, que se tratara de un intento de fraude.

Más tarde el informe Melendreras identificó una oferta (o quizá la misma, repetida) hecha por un gángster (sic) por 50 aviones de bombardero Martin Bomber, armados, además de numeroso material de guerra adicional. La oferta se hizo (o reiteró) en México. Ésta sí parece coincidir con la que menciona Gordón Ordás y que maquilló convenientemente.[42] La operación se estudió en Madrid y el 5 de octubre Álvarez del Vayo informó al embajador que sólo interesaban los aviones pero no la totalidad sino únicamente la mitad. También le pidió que no mencionase nombres porque en Madrid se tenía el temor de que la cifra republicana era insegura (BJ066518). Las razones por las cuales la operación no prosperó no están claras. Melendreras afirmó que los fondos no llegaron, a pesar de que el precio era razonable. Según él, las autoridades madrileñas achacaron en parte el retraso a los impedimentos que interponían los bancos. Esto, como veremos en su momento, respondía a una realidad. En el supuesto de que hubiese habido una conexión soviética tras esta operación, no hubiera sido difícil montarla en un momento u otro. La URSS disponía, por ejemplo, en Nueva York de una poderosa organización comercial, la famosa Amtorg, controlada por los servicios

41. Como era habitual con los telegramas de Gordón Ordás, los británicos lo descifraron (TNA: HW 12/207, BJ066399ss). Había ofertas de otras empresas y Henry Green & Co. ya se había manifestado unos días antes. Podría, pues, ocurrir que la interpretación de este primer indicio no sea correcta, aunque el 15 de septiembre el embajador informó que la oferta se mantenía. Para entonces se hacían otras de aviones muy modernos, a entregar vía México, y era posible contratar a pilotos militares experimentados por un sueldo de mil dólares al mes amén de gastos de viaje (BJ066073).

42. Coinciden en la referencia al gángster, pero discrepan en el tiempo, lugar (Washington) y motivos de que se malograra. También difieren en cuanto al momento de la detención de aquél. Melendreras afirmó que mientras la llegada de fondos desde Madrid se retrasaba, el gángster dio a parar con sus huesos en la cárcel. Según Gordón Ordás la detención había tenido lugar antes.

de inteligencia.[43] Inducir una primera oferta a través de una empresa norteamericana, dejando para más tarde ulteriores precisiones, no debería haber sido demasiado complicado.

Quedan, finalmente, los rifles, las ametralladoras y el municionamiento. Las instrucciones al respecto no presentaban dificultad alguna y sería sorprendente que su ejecución hubiese llevado demasiado tiempo. La vinculación a través de México podía establecerse con facilidad. Ya se ha indicado que el embajador en Francia, Adalberto Tejeda, tenía órdenes directas de Cárdenas de comprar armas para la República. Hacia el 15 de septiembre Gordón Ordás lo reconfirmó. Tanto el presidente como el ministro de Asuntos Exteriores mexicanos le dijeron que su red diplomática estaba al servicio de la República, siempre y cuando las autoridades de los países en que se hicieran las compras no pidieran confirmación de que se trataba de material destinado para México porque su intención era la de responder con toda sinceridad. Dos autores, Ojeda (p. 180) y Howson, han detallado algunas de las adquisiciones efectuadas y no cabe descartar que entre ellas figurase armamento cuya venta encubierta correspondiese a las instrucciones de Stalin. Naturalmente, como ese tipo de suministros podía camuflarse con mayor facilidad y se superpuso a las compras que desesperadamente realizaban por entonces los agentes republicanos en el extranjero, no hay por qué pensar que, de forma necesaria, se realizara sólo a través de los canales mexicanos.

Se sabe desde hace tiempo que la primera gestión activa se puso en práctica de manera camuflada. Estribó en operaciones encubiertas para proporcionar armamento y municiones. Sólo parcialmente cabe levantar las brumas que todavía la rodean. La dio a conocer, al terminar la guerra civil, uno de los grandes desertores soviéticos, Walter G. Krivitsky.[44] Según relata, el 14 de septiembre tuvo lugar una conferen-

43. Abreviatura de «*Amerikanskaya Torgovlia*» (o American Trading Organisation), sucesora de la Oficina Soviética. Fue establecida en 1924. Dos años más tarde contaba con 66 inspectores. En 1928 tenía 220 colaboradores, en 1929 ya eran 575 y en 1930 había 1.064, de los cuales sólo una tercera parte eran norteamericanos, seleccionados por el PCUSA (datos tomados de De Villemarest, p. 145). La casa matriz estaba en Moscú. Uno de los agentes soviéticos que más aflora en esta obra, Alexander Orlov, se ocupó en los años veinte de supervisar sus actividades (Costello y Tsarev, p. 43).

44. Sus memorias, un tanto sensacionalistas, han de manejarse con extremo cuidado, a pesar de que numerosos historiadores siguen acudiendo a ellas no sólo sin

cia en la Lubyanka, sede de la temida NKVD. Presidida por el comisario del pueblo de Interior y jefe de la misma, Yagoda, en ella estuvieron presentes algunos personajes que han aflorado o aflorarán en esta obra: el general Uritsky[45] y Abram Slutsky, jefe del INO. Debían establecer los preparativos para enviar agentes a la España republicana. Si bien Krivitsky no participó, ya que seguía camuflado en La Haya, Slutsky le relató al parecer lo que ocurrió. Pues bien, la presentación que hace Krivitsky de esta reunión, tan destacada en la literatura,[46] no es demasiado afortunada. Si se produjo, debió de ser consecuencia operativa de otra, mucho más importante, que tuvo lugar con amplios objetivos y de la cual verosímilmente no le llegaron noticias pues de lo contrario la hubiese subrayado y acentuado lo más posible.[47]

Esta reunión, que sí está documentada, se celebró en el Kremlin y los participantes fueron de muchísimo mayor nivel. Estuvo presidida por Molotov, como cabeza del Sovnarkom, es decir, del Consejo de Comisarios. Con él estuvieron el vicepresidente, Andrei Andreevich

---

prevenciones sino elevándolas al nivel de casi incontrovertibles («declaraciones fidedignas», para De la Cierva, 2003, p. 399). En el caso de España, al que se dedica el capítulo III, contienen afirmaciones que cabe clasificar en tres categorías: las que parecen acertadas (por ejemplo, cuando minimiza el papel de la Comintern, tan destacado por la historiografía de la guerra fría). En la segunda cabe situar las que ni están contrastadas documentalmente ni encajan con la reconstrucción contrastable, al menos por ahora. En la tercera y última, las que además de ser especulativas chocan con la base documental disponible. En la presente obra se hará de vez en cuando una crítica puntual al tratamiento de Krivitsky que está atravesando por uno de sus periódicos renacimientos como si la historiografía no hubiera hecho progreso alguno. Mis objeciones se centran en sus referencias a los asuntos españoles. Es obvio que en otros, de los que sabía mucho más, dejó mejores testimonios, ya fuese en público o en privado. Desertor auténtico, hizo bastante daño a la Unión Soviética, como entre muchos otros autores ha mostrado recientemente West (pp. 200ss) que ha publicado (pp. 247-300) el informe del *debriefing* de Krivitsky por el MI5.

45. Esto significa, probablemente, que su antecesor, Jan Berzin, ya había salido para España donde ocupó el cargo de consejero militar jefe. Berzin era, según De Villemarest (p. 123), un genio del espionaje amén de tener grandes disposiciones para la represión policial. Uritsky era, al parecer, muy diferente y un hombre de gran y extensa formación (*ibid*., p. 142).

46. El último autor en basarse en ella es Stone (p. 42).

47. En una entrevista con Payne en abril de 1968, Orlov negó veracidad a la historia de Krivitsky sobre la reunión. Sin embargo, este último tenía parcialmente razón y Orlov, que debió de ser un embustero compulsivo, no (la entrevista está reproducida en Zavala, 2005, pp. 438-452).

Andreev, y Kaganovich, amén de Mijail Abramovich Moskvin, del Comité Ejecutivo de la Comintern. La composición muestra, pues, en el más elevado grado posible las dos ramas esenciales del poder soviético, el Politburó y el Gobierno, sin dejar de lado, aunque en un escalón más bajo, a la Comintern.[48] También participaron Yagoda, Slutsky y Uritsky por lo que no cabe descartar que las noticias que llegaron a Krivitsky fueran tal vez un tanto sesgadas. Quizá en vez de haber dos reuniones tuvo lugar una sola.[49]

Krivitsky sitúa en torno a tal fecha la decisión de Stalin (sic) de encomendarle que pusiera en marcha un sistema para adquirir armas y municiones con destino a España.[50] En consecuencia, afirma, a partir del 21 fue creando toda una red de empresas de *export-import* en París, Londres, Copenhague, Ámsterdam, Zurich, Varsovia, Praga, Bruselas y otras ciudades europeas. Su cometido era localizar material de guerra disponible que pudiera enviarse a España burlando la no intervención. Krivitsky identifica como fuentes importantes empresas francesas, polacas, holandesas, checoslovacas (Skoda) e incluso alemanas. No todo el material adquirido, admitió, era de primera calidad pero al menos podía utilizarse. Empezó a llegar a la España republicana hacia mitad de octubre. Howson ha pasado por un fino cendal tales afirmaciones y llegado a la conclusión (pp. 292-297) de que muchas de las que versan sobre el suministro de armas «son completamente falsas». Es imposible saber, añade, si se trata de un engaño debido al desertor mismo o al «negro» que contribuyó a las memorias.

Por desgracia, todavía se ignora bastante acerca de cómo funcionó el específico mecanismo de contrabando al que se refirió Dimitrov en su diario (entrada correspondiente al 14 de septiembre). Hay dos alterna-

48. No he encontrado la menor base documental directa o indirecta que me permita apoyar la tesis de Kowalsky (p. 236) de que las reuniones de Moscú tuvieran algo que ver con la promesa de las autoridades republicanas de movilizar el oro inmediatamente. En este período la única referencia al oro la hizo Krivitsky al alegar, como ya hemos indicado, que unos «delegados» españoles se presentaron inopinadamente en Odesa con la intención de vender oro para adquirir armamento. Se trata de una historia que suelen resaltar quienes siguen acríticamente sus afirmaciones. Ello no obstante, es posible que hubiese otra variante, como argumentaremos en el décimo capítulo.

49. En qué medida todo ello permite reivindicar la credibilidad de Krivitsky, como señala Kowalsky (p. 455), es en mi humilde opinión harto dudoso.

50. Vidal (1996, p. 51) anticipa en quince días las presuntas órdenes a Krivitsky. Repite este error, que no es inocente, todavía hoy (2006, p. 65).

tivas que no se excluyen: pudo haber operado por alguna de las vías a través de las cuales los agentes soviéticos empezaron a adquirir armamento en países de la Europa Central y que, por caminos más o menos circunspectos, hicieron más tarde llegar a España. O pudo haber entrado en contacto con el denominado Servicio de Adquisiciones Especiales que tendría un papel protagonista. En los informes de éste se identifican varios miembros del PCF. Éste es el enfoque que posiblemente funcionase en primer lugar, siguiendo las ideas de Krestinsky. Se conocen, eso sí, sus resultados. El 13 de diciembre de 1936 Vorochilov escribió a Stalin informándole acerca del volumen de material enviado a España desde puertos soviéticos y extranjeros. En este último caso se trataba de armas y municiones adquiridas en Checoslovaquia, Francia y Suiza y pagadas con fondos propios por un total aproximado de dos millones de dólares. En este documento, al cual ha aludido Howson (p. 159), no se menciona México pero ello no significa que no hubiese aparecido como adquirente en los documentos de compra.

Según la relación de Vorochilov tales adquisiciones versaron sobre fusiles (algo más de 60.000), fusiles ametralladores (un millar), ametralladoras pesadas (casi 2.400) y balas de fusil (59 millones), todo de segunda mano. Se trataba, lógicamente, de material que no era demasiado pesado. No había tanques ni aviones ni artillería, es decir, los medios necesarios para una guerra moderna y que Franco había ido recibiendo de las potencias fascistas. El comisario de Defensa indicó que en la facturación se tomaron los precios europeos promedio a los que se dedujo entre un 10 y un 20 por 100 para evitar cualquier reproche. En el caso del material de segunda mano se añadió un descuento complementario de entre el 40 y el 50 por 100. Todo fue reparado y se envió en buen estado.[51] Es, pues, verosímil que en dicho documento se computen no sólo las adquisiciones directas hechas por los soviéticos sino también los envíos procedentes del vaciado de sus arsenales. Esta última operación plantea una serie de problemas especiales y a ella nos referiremos en el correspondiente contexto.

51. La lista de Vorochilov arroja nuevas dudas acerca de las aseveraciones de Krivitsky (pp. 88-92), y asumidas por Kern, de que *de motu propio* logró adquirir 50 aviones obsoletos para la República. Según aquél los envió a bordo de un barco noruego a Barcelona pero Stalin ordenó se dirigieran a Alicante con el fin de que no reforzaran la resistencia catalana (sic). Afirmación muy interesante en el plano político pero Howson (pp. 303s) señala que tal operación, simplemente, no pudo ocurrir.

Nacen las Brigadas Internacionales

La tercera fórmula por la que discurrió el proceso de deslizamiento tuvo como escenario la Comintern. El tema español se había convertido en ella en objeto de discusiones sin cuento. El 13 de septiembre Dimitrov consignó la melancólica reflexión de que el PCE no había cumplido bien su papel. El trabajo que realizaba estaba muy desorganizado. Uno de sus más altos cargos, André Marty, iba por su cuenta. Thorez, secretario general del PCF, se quejaba de él. Probablemente informó de que el PSOE quería descarrilar al Frente Popular y transferir sobre los comunistas la responsabilidad de la ruptura. Esto era, sin duda, exagerado pero debió de ser un factor que se consideraría de una u otra manera en las decisiones que iban a tomarse. La melancolía, en efecto, no cortocircuitó la acción.

El paso siguiente ha quedado prendido de la mitología de la guerra civil bajo la bandera de la solidaridad de la izquierda internacional hacia la causa republicana. Había mucho de verdad en ello. Sin embargo, la creación de las BI, porque de eso se trataba, ha de verse, en mi opinión, como un escalón más en el proceso de maduración del apoyo activo soviético a la República. Como ya hemos indicado, un embrión de fórmula a tal efecto lo había abordado el Politburó en su reunión del 28 de agosto. En este momento no se llegó a ninguna conclusión definitiva. Se trata no obstante de un antecedente que no cabe olvidar pues es difícil que no lo tuviera en cuenta el grupo de trabajo creado en Moscú para estudiar cómo poner en práctica las órdenes de Stalin. En cualquier caso, no era un paso que partiese de cero. Desde los primeros momentos de la guerra se habían incorporado a las milicias numerosos voluntarios extranjeros antifascistas. El golpe militar coincidió con la preparación en Barcelona de la Olimpiada Popular, la respuesta desde la izquierda a los Juegos Olímpicos que aquel año se celebraban en Berlín y que instrumentalizó sin ningún pudor la propaganda nazi. Algunos de los atletas llegados del extranjero se quedaron en España. También lo hicieron muchos curiosos, como Gerhart Wohlrath, que se incorporaron a pequeños grupos. Otros, generalmente comunistas, como Karl Jung y Albert Schreiner, pero también de diferentes formaciones políticas antifascistas (Golda Fridemann), empezaron a atravesar los Pirineos para ofrecer sus servicios a la República. Ésta, a su vez, contrataba a pilotos y a personal de vuelo a peso de oro. Hans Beimler, miembro del Comité Central del clandestino KPD, se desplazó inmediatamente a Barcelona. Allí estaban representantes de la plana mayor de la izquierda, entre ellos Willy Brandt y Max Diamant (Thalman, p. 108), amén de numerosos periodistas de todo el mundo.

También retornaron muchos españoles en el extranjero y su ejemplo cundió. Nada de ello puede considerarse como un refuerzo significativo en el plano militar, aunque sí en el ámbito de la moral y de la propaganda. Por ejemplo, a finales de agosto la famosa centuria Thälmann, que desfiló marcialmente por la Rambla de Cataluña, no contaba más de 82 voluntarios (Jagow, p. 72). El malogrado Carlos Serrano (pp. 56-58) encontró datos de la policía francesa que muestran que entre el 19 de julio y el 10 de septiembre los voluntarios que pasaron la frontera por Cerbère ascendieron a unos 1.200. La exigüidad de las cifras habla por sí misma. Se trataba de voluntarios y aunque testimoniaban el compromiso de ciertos españoles radicados en el exterior y de extranjeros de izquierda, lo que menos necesitaban las milicias eran hombres. Lo que necesitaban eran cuadros y mandos que fuesen respetados o que se hicieran respetar. Éstos no vinieron.

Según la reconstrucción hecha por Skoutelsky (pp. 50-54), en los últimos días de agosto llegó a Madrid un peso pesado, Luigi Longo, quien se entrevistó con la plana mayor del PCE para discutir las posibilidades de reforzar una centuria italiana ya existente. Poco más tarde hizo acto de presencia Randolfo Pacciardi, dirigente del Partido Republicano Italiano, con el proyecto de formar algún tipo de unidad entre sus compatriotas desperdigados en las milicias. Pacciardi logró visitar a Prieto, favorable a la idea, aunque Largo Caballero se mostró al parecer reservado. El dato a retener es que para entonces ya había grupos más o menos inconexos de voluntarios extranjeros, decididos a aportar su grano de arena a la resistencia republicana. Entre los italianos figuraban, sin embargo, espías fascistas (Canali, pp. 249 y 755) que, a mayor abundamiento, se habían infiltrado en la FAI y en el POUM. Se trataba de una evolución de la que el régimen mussoliniano se prometía, sin duda, pingües dividendos.

Sobre este trasfondo, y una vez que comenzara la puesta en práctica de las órdenes cursadas por Stalin, tuvieron lugar las reuniones del presidium y del Comité Ejecutivo de la Comintern entre el 16 y el 19 de septiembre (Elorza/Bizcarrondo, pp. 322-324; Schauff, pp. 126-130). Fueron precedidas por otra del secretariado en la que se estudió la situación internacional en relación con España. En las reuniones formales se adoptaron decisiones de gran importancia operativa. Una de las principales ideas, que no dejó de tener profunda influencia sobre la actividad comunista en España durante la guerra civil, fue la necesidad de concentrar todas las fuerzas populares en la lucha contra los rebeldes. También lo había dicho ya Largo Caballero. Era una propuesta lógica y la exigencia de la hora. El problema radicaba en su traducción a la práctica. Uno de los preconizadores de tal línea, Thorez, lo expuso sucintamente: «*Un seul but: battre l'ennemi fasciste. Rassembler les plus larges masses dans ce but*».[52]

Entre otras medidas el presidium se pronunció a favor de estrechar la acción conjunta con el PCF, la SFIO, el PCE y el PSOE, sin olvidar la Internacional Obrera Socialista. Esto iba también en la dirección correcta. De este enfoque general se derivaron dos grandes orientaciones operativas. En primer lugar, la necesidad de articular una fuerte campaña de solidaridad con la República en torno a directrices tales como la denuncia de la política alemana, italiana y portuguesa. No se trataba de nada novedoso porque, como veremos posteriormente, ya lo había dicho el Gobierno republicano un par de días antes. En segundo lugar, y esto fue mucho más significativo, la conveniencia de empezar a reclutar voluntarios entre la clase obrera de todos los países que contasen con experiencia militar y organizar el envío a España de obreros y técnicos cualificados. Esto fue, ni más ni menos, el acta de nacimiento de las BI, sobre las cuales existe abundante literatura.

Es preciso tener cuidado con las fechas y con el análisis de los elementos esenciales de la dinámica que acompañó a este movimiento hacia la ayuda activa soviética. Es obvio que quedan problemas que aclarar documentalmente, que sólo una investigación más detenida de los archivos rusos podría permitir (la documentación sobre las BI se conserva en el RGASPI).[53] Pero ello no significa desconocer que los contor-

52. «Un solo objetivo: vencer al enemigo fascista. Reunir a las mayores masas posibles con tal fin.»

53. En este sentido no puedo dejar de mencionar que en la última versión del libro de Vidal dedicado a las BI sólo hay una referencia a un documento de tal archivo (2006, p. 65) del 10 de octubre de 1936. Esto induce a pensar que está basado esencialmente en literatura secundaria. También es sorprendente que este autor no haya mencionado en su bibliografía la obra de Kowalsky. En el mundo académico dejan recuerdo tales «descuidos». Quizá fuese a Vidal a quien se refirieron Elorza y Bizcarrondo en un notable artículo en *El País* (7 de noviembre de 2000) al citar el caso de un presunto pionero en trabajar sobre los archivos de la Comintern que ni siquiera los había pisado. *A fortiori*, el de las Brigadas. Dicho lo que antecede no que-

nos están, en mi opinión, bastante bien definidos. Esto es lo que permite abordar críticamente uno de los principios casi inconmovibles de numerosas historias escritas por los policías, periodistas y soldados al servicio del bando rebelde. Dicho principio estribó en presentar, o al menos interpretar, el giro de los sublevados hacia Berlín y Roma como la respuesta inesquivable, motivada por un sólido afán de autopreservación, a la intervención de la larga mano de Moscú en los acontecimientos de España o a las decisiones al respecto que habrían tomado inmediatamente después del 18 de julio los malvados bolcheviques. El añorado Southworth (2002) sometió este mito a devastadora crítica y en él no entraremos. Sí cabe, no obstante, añadir una consideración complementaria.

Durante muchos años, dado que los archivos soviéticos permanecieron cerrados a cal y canto, las fuentes franquistas o pro-franquistas crearon un mecanismo de autoalimentación que se mantuvo durante largo tiempo. A él hubo de recurrir, por ejemplo, Castells (p. 56), autor de una obra que desde tiempo constituye, por su solvencia, un referente esencial para el estudio de la problemática de las Brigadas[54]

---

remos pasar por alto que en 2006 Vidal cita, de entre los centenares de legajos en RGASPI sobre la Comintern, únicamente cuatro (pp. 353-355 y 397) y que reproduce seis documentos de un archivo de denominación ya extinguida.

54. A Castells le había precedido, entre los autores modernos, un destacado historiador militar como Martínez Bande. Este señaló (1967, p. 25) que «ya el 21 de julio [...] hubo en Moscú una reunión conjunta de los representantes del presidium central (diputación permanente del Consejo Supremo de la URSS), de la Comintern [...] y de la Profintern (Internacional Sindical Comunista) en la que se acordó organizar, a escala mundial, la ayuda a favor de los revolucionarios españoles». La fundación de las BI se habría hecho cinco días después en Praga. Tal afirmación es totalmente fantasiosa. Castells, aunque criticado por Vidal (1996, p. 49), tuvo buen cuidado en identificar la procedencia de la información. También indicó que había encontrado confirmación en la seminal obra de Hugh Thomas, basada en la opinión de un alto cargo del PCF. El libro de Martínez Bande, por el contrario, tenía el marchamo del extinto Ministerio de Desinformación (nombre oficial: Información y Turismo) que regentaba Manuel Fraga Iribarne. Treinta años después de Martínez Bande, el profesor Ricardo de la Cierva (1997, p. 54) acudiría de nuevo a Castells para identificar la fecha de nacimiento de las BI reafirmando el cuento de la lechera de Praga. Es más, en una demostración desgarradora de que hay autores que no leen lo que no encaja en sus leyendas ni tampoco se mantienen al día, lo sigue defendiendo en 2003 (p. 504), a pesar de que las obras de Elorza/Bizcarrondo y Skoutelsky ya habían aportado evidencia documental en contrario. Serrano (p. 48) ha identificado el origen de esta deliciosa interpretación franquista: un panfleto publicado en Londres en 1937 por unos misteriosos Spanish Press Services,

y del que algún autor ha plagiado más o menos descaradamente. El análisis diacrónico y documental desarrollado hasta el momento muestra que ni las interpretaciones ni las referencias franquistas son correctas. Es más, que incluso antes de septiembre ya discutió el Politburó la posibilidad de formar algún tipo de fuerza internacional. Pero es que decidir arropar a través de los mecanismos de la Comintern la canalización y estimulación sistemáticas de voluntarios hacia España no equivalía automáticamente a un apoyo activo con fuerzas y armamentos regulares, como ocurría en el lado rebelde desde finales de julio. Quedaba todavía por franquear un último paso, que por cierto no llevó demasiado tiempo. Con la carga de tensiones y movimientos contrapuestos, que hemos tratado de ilustrar mínimamente, los dados habían empezado a rodar.[55]

El cambio de orientación no lo percibieron los británicos en Moscú. No es de extrañar. Todavía no había salido fuera del proceso decisorio de un régimen obsesionado con la seguridad y que divisaba, en términos de su propia lógica interna, espías y saboteadores por todas partes. El 18 de septiembre la embajada del Reino Unido comentó que la actitud del Gobierno soviético no había variado fundamentalmente desde que lord Chilston hiciera sus agudos comentarios de finales de agosto.[56] Aumentaba, eso sí, la crítica a la no intervención, de la que se responsabilizaba fundamentalmente a Londres. Podríamos apostillar que quizá con ello los soviéticos quisieran evitar herir la susceptibilidad francesa en unos momentos en que Stalin y Litvinov cortejaban a las autoridades de París. *Le Journal de Moscou*, portavoz del NKID, se permitía incluso una suave crítica a la aceptación por parte

---

bajo la autoría de «un abogado» y titulado *I Accuse France*. Yerra Vidal (1996, p. 51) al situar la fecha de creación de las BI a finales de septiembre. Es más, lo reitera hoy (2006, p. 65), como si no fuera posible determinarla con precisión.

55. No puede dejar de mencionarse en este respecto la inefable versión de Arias Ramos (p. 147). Según ésta, la decisión se habría adoptado en septiembre de 1936 en una reunión en París del PCI con dirigentes del PCF y del representante de la Comintern en el PCE (sic). «Pero, claro está, debía de ser sometida a la aprobación del máximo dirigente comunista mundial, que era el que manejaba los hilos del marxismo en todo el orbe, Josef Stalin. Éste, con la anuencia de sus generales, a los que presenta el proyecto, acepta la idea y encarga a la Comintern la ejecución de dicho proyecto.» Este tipo de literatura pasa por historia.

56. Ese mismo día Dimitrov discutió precisamente con Codovilla, que había acudido desde España, el responsable de la Comintern en Francia y el secretario general del PCGB los detalles técnicos de la ayuda (Banac, p. 34). También convocó a Marty.

soviética de la no intervención. La argumentación no carecía de cierto sentido:

> Habría bastado con decir firmemente a Alemania que no tenía que entrometerse en los asuntos españoles y que no se atreviese a enviar una flota para sostener a los generales fascistas y Hitler habría bajado el pabellón inmediatamente. Afirmar que esto hubiese entrañado una amenaza de guerra no es muy convincente. No hay persona con sentido común y que conozca la relación de fuerzas entre los Estados europeos que pueda aceptar que Hitler se hubiese lanzado contra Francia a causa de España.

Los británicos estimaban que subía la animadversión contra la no intervención. Indicaban de nuevo una hipótesis que probablemente desempeñó un papel creciente: la idea de que la aceptación de tal política causaba una impresión muy negativa entre los comunistas extranjeros. De aquí que se reanudaran las colectas de dinero, víveres y otras manifestaciones de ayuda humanitaria (TNA: FO 371/20678, despacho del 18 de septiembre). El cambio subyacente no lo captaron.

Informes que precedieron la decisión de Stalin

Por el momento no se conocen con certidumbre todas las informaciones que Stalin manejó para decidir la ayuda directa a la República. Hemos, no obstante, localizado cinco documentos que pueden arrojar alguna luz al respecto. El primero es del GRU. Está fechado el 15 de septiembre y como ya era habitual su autor fue Yolk. El segundo, también del GRU, se preparó cuatro días más tarde, sin duda un reflejo de la urgencia con que los dirigentes soviéticos necesitaban informaciones. Su autor fue el jefe del primer departamento, el comisario de cuerpo Steinbruk. El tercero, publicado en ruso, procedió de España y su autor fue el agente principal de la Comintern, Victorio Codovilla. Lleva fecha del 22 de septiembre. El cuarto fue del 25 de septiembre, pocos días antes de que el líder soviético se decidiera a ayudar a la República activamente. Su autor, Gorev, lo envió a Vorochilov. Finalmente, tenemos el quinto informe, del GRU, del 27 de septiembre. Coincidió con la luz verde de Stalin y lo abordaremos al estudiar ésta.

El primer informe subrayó desde el comienzo que la situación en los frentes no se desarrollaba de forma satisfactoria para los republicanos. San Sebastián había caído, una columna de socorro penetraba hacia Oviedo, había retrocesos en Aragón y Franco y Mola habían establecido conexión entre las fuerzas que comandaban. En el frente del Guadarrama los sublevados procedían a maniobras de flanqueo, que representaban un gran peligro para los gubernamentales quienes todavía carecían de una dirección única operativa. Estaban, por lo demás, lastrados por la dispersión, la autonomía y la débil interacción de sus efectivos. No habían podido ocupar Córdoba ni Granada y en Ronda se acumulaba la potencia enemiga. Si los rebeldes avanzaban de forma decisiva y en círculos concéntricos sobre Madrid, la capital correría peligro. El Gobierno había valorado correctamente la «alarmante situación creada» y organizaba la defensa de la región central. Habían llegado unos 5.500 catalanes, aunque sin prisas para ir al frente. El despliegue se veía frenado por la falta de armamento y por la conducta desorganizada de los anarquistas. Mientras tanto, continuaba el suministro de armas y municiones de Alemania e Italia. Habían llegado más pilotos. El armamento alemán entraba desde Portugal (lo que era exacto). A Cádiz había llegado un barco de la misma nacionalidad (información también correcta). Sin embargo, no todo estaba perdido ya que a pesar de una serie de ventajas (mejor equipamiento técnico, cuadros de mando cualificados) los sublevados no parecían capaces de lograr éxitos decisivos. La razón se divisaba en el número insuficiente de soldados de confianza de que disponían y en la resistencia de las fuerzas republicanas. Los generales Franco y Mola se veían obligados a apoyarse principalmente en las milicias fascistas de voluntarios, en los destacamentos de la Legión y en las fuerzas marroquíes.

Yolk destacó, finalmente, que mientras tanto el PCE no prestaba la suficiente atención al trabajo político en la retaguardia de los sublevados. De su informe se desprendía que si bien la situación era lábil no era desesperada. Steinbruk, por su parte, señaló de entrada que la situación republicana continuaba empeorando. El avance concéntrico hacia Madrid había comenzado. Las columnas de Franco estaban apoyadas activamente por la aviación. Los refuerzos gubernamentales los componían tropas mal entrenadas e indisciplinadas. Los anarquistas se habían dado a la fuga y provocado la ruptura del frente. El Gobierno presentaba muestras de flaqueza. La defensa de la capital estaba en mantillas. Con todo, la moral de los sublevados no parecía muy elevada y se mantenía gracias a la serie de victorias. ¿Qué pasaría en el caso de que experimentasen derrotas?

El tercer informe combinaba todo, la evolución militar, social y política. Su autor, Codovilla, había participado en las cruciales reuniones de mitad de septiembre de la IC a las que ya hemos aludido. No es exagerado pensar que estaría al tanto de lo que se pensaba en los corredores del poder soviético. Su informe, de una longitud desmesurada, se remontó a los preparativos de la rebelión (con la connivencia de Hitler y Mussolini, abriendo una tradición a la que la historiografía comunista se atendría rigurosamente).[57] Al principio los gubernamentales habían pensado en que podrían combatir al enemigo por sus propios medios pero pronto se dieron cuenta de que no era así. Los sublevados empezaron a recibir armamento moderno y, sobre todo, aviones que habían establecido un puente sobre el Estrecho de Gibraltar. Ello les había permitido formar columnas rápidamente en Andalucía y Extremadura, regiones donde los republicanos eran débiles. Desde Portugal también habían recibido ayuda. La superioridad gubernamental en materia de aviación (lo cual era una valoración correcta) se había evaporado. Los aparatos italianos y alemanes eran más rápidos y eficaces que los que había en España y los pocos que la República había recibido.[58] El problema estribaba en recibir armas del exterior. La eventual producción propia, que era imprescindible, se desarrollaría en el futuro. Las necesidades urgentes no esperaban.

Codovilla pasó revista detalladamente a la situación política. No innovaba en lo más mínimo. Su análisis enfatizó el apoyo comunista al Frente Popular y a las reformas impulsadas por el Gobierno Giral. No fue parco en sus críticas a quienes las habían aguado. Araquistáin y los socialistas de izquierda aparecían como semi-trotskistas, con su tendencia a favorecer la revolución social, al igual que hacían los anarquistas, en detrimento de la resistencia contra el «fascismo», si bien diferenciaba entre las distintas corrientes que existían en el movimiento

57. La investigación historiográfica ha establecido límites precisos a tal interpretación que respondía a unos hechos ciertos pero que fueron mitificados y abultados.

58. Esto es un tanto discutible. Los Junkers, por ejemplo, no parece que estuviesen al nivel de los modernos aparatos franceses. Otra cosa es que estos tardaron en ser operativos, en tanto que los alemanes e italianos lo fueron desde el primer momento.

confederal. Un aspecto que conviene resaltar es el que se refería a las ejecuciones —sin precedentes, afirmó— que llevaban a cabo los cenetistas. Todo ello repercutía negativamente sobre la conducción de la guerra. Para esto lo que se requería era un ejército potente, bien organizado y unificado. Entre sus conclusiones realzó la sorpresa republicana ante el contexto exterior en que se había encuadrado el conflicto. La ingerencia de las potencias fascistas es algo que no se esperaba. Había sido súbita y amplia y permitido a los sublevados pasar inmediatamente a la ofensiva. En segundo lugar figuraba la retracción de Francia, algo contrario a sus intereses de seguridad («aunque no a los de Léon Blum»). Si la República hubiese contado desde el primer momento con armas y municiones, las derrotas no se habrían producido. De aquí deducía que «habría que actuar deprisa en términos de solidaridad internacional, no sólo en forma de discursos sino con algo mucho más concreto». Por ejemplo, impidiendo que los enemigos recibieran armamento del extranjero. Más significativa fue su afirmación de que «la lucha durará mucho tiempo». Codovilla era lo suficientemente perro viejo como para no solicitar de forma abierta la ayuda soviética que a buen seguro sabía estaba en preparación. Se limitó a señalar que «si la ayuda a los fascistas no continúa como hasta ahora, si el programa del Gobierno se realiza, si se establece la unidad de mando y de operaciones y si se transvasan las fuerzas de un frente a otro, el fascismo será destruido».[59]

En la delicada balanza de factores que intervinieron en la decisión de Stalin pudo también tener algún impacto el informe que Gorev envió a Vorochilov desde Madrid el día 25, probablemente a instancias del mando. Se trata de una mezcla de consideraciones políticas y militares (un tanto distorsionada por Radosh *et al.*)[60] y en las cuales el agregado militar expresó claramente que, al menos en lo que se refería a las primeras, se trataba de impresiones generales, «porque había muchas cosas poco claras para mí en estos temas». Aun así, Gorev, quien obviamente no era un demócrata ni tenía por qué serlo, se quejaba de las interferencias que generaba el multipartidismo (algo molesto para todas las élites de regímenes dictatoriales); preconizaba —en la línea

59. El largo informe de Codovilla está reproducido en Komintern, doc. 35, pp. 119-145.

60. Han sido retomadas por Martínez de Pisón (pp. 84 y 238). El informe de referencia es el doc. 16.

políticamente correcta— la fusión del PSOE y del PCE y predecía, tras la victoria, la inevitabilidad de la confrontación con los anarquistas. Esta última afirmación (que algunos autores interpretan como prueba de los oscuros designios de Stalin sobre España) no resulta, en puridad, sorprendente. Desde una lógica de guerra la contribución que prestaban era reducida. No podía ser de otra manera, ya que sus líderes se oponían a la militarización de sus milicias y, por consiguiente, a perder cuotas de influencia donde creían que se dirimía la batalla: en las calles de las ciudades y pueblos así como en los campos de la España republicana, no necesariamente en contra de los sublevados.

En lo que se refería al componente comunista Gorev reconocía que el PCE no había tenido demasiado anclaje en las masas, pero que la situación estaba cambiando, que incluso viejos oficiales aprobaban el énfasis en potenciar las fuerzas militares y que muchos oficiales jóvenes se habían incorporado. Esto era correcto. Teniendo en cuenta «despistes» inevitables, en los que no nos detendremos, no cabe apreciar intenciones siniestras en este informe. Era más concreto y exacto en los aspectos militares. En ellos se recogía que los sublevados mantenían la iniciativa en casi todos los frentes y que las jóvenes unidades milicianas se batían en retirada al primer asalto.[61] Carecían de cuadros de mando, especialmente suboficiales, y de equipamiento, aunque su moral era elevada, superior a la del contrario. Gorev reiteró análisis como los hechos semanas atrás por su colega francés: los sublevados, a pesar de la superioridad de medios, de tener tropas excelentes (las coloniales y la Legión) y de contar con la mayoría del cuerpo de oficiales, no habían abordado tácticas elementales como por ejemplo concentrar su aviación para dar un golpe decisivo o concentrar sus tropas para destruir a las gubernamentales.[62] Gorev no creía, sin embargo, que estuviesen dirigidos por imbéciles.

61. Muchísimo más duro fue el encargado de negocios alemán, Hans-Hermann Völckers, para quien el valor militar de las milicias era absolutamente nulo. No eran sino carne de cañón frente a unas fuerzas entrenadas como las que las desbordaban. Aunque Völckers anunciaba ya, el 23 de septiembre, que a los puertos mediterráneos llegaban inmensas cantidades de material soviético (ADAP, doc. 87), una comparación entre los dos informes, el soviético y el alemán, revela similitudes sorprendentes que Radosh y su equipo ni se molestan en destacar.

62. En una charla con Fischer, que éste cuenta con detalle, Gorev le había dicho que «con un millar de soldados del Ejército Rojo habría tomado el Alcázar en veinticuatro horas». El problema, le comentó un oficial republicano, es que no había un millar de buenos soldados. Según Fischer la moral entre las tropas era muy baja (pp. 343 y 351).

En cuanto a las perspectivas era difícil afirmar nada seguro. El Gobierno tenía que resolver ante todo el problema del liderazgo político, planificar mejor las operaciones e inyectar grandes dosis de ideología entre los combatientes. Era necesario arbitrar nuevos mandos y, en general, crear un nuevo ejército. De todas maneras, el resultado de la lucha dependería del equipamiento de las fuerzas. En este ámbito se registraba un fuerte desequilibrio en comparación con los sublevados. En ello, y sin saberlo, Gorev coincidía con las apreciaciones del AIS en Londres. Con todo, había recursos. Lo que el Gobierno necesitaba era más organización y menos pánico. La pérdida de Toledo y eventualmente la de Madrid serían una catástrofe pero no equivalían a la derrota (afirmación un tanto discutible). Aun así, empezaba a difundirse un cierto sentimiento acerca de la inevitabilidad de esta última, en particular en los círculos gubernamentales, lo cual era cierto.[63] El mensaje final, con las salvedades de rigor, era que no todo estaba perdido.[64]

Las relaciones completas que se trabaron en septiembre entre el Gobierno Largo Caballero y la Unión Soviética son todavía desconocidas. Han aflorado, eso sí, algunos documentos que permiten hacer pensar que debieron de ser más complejas de lo que suele creerse. Ello se refleja, por ejemplo, en los resultados de la última fórmula por la que atravesó la creciente imbricación soviética. En comparación con las anteriores es mucho menos espectacular pero también importante. Nos referimos al suministro de camiones, uno de los medios esenciales para el transporte en la subdesarrollada España de la época. Hubo varias operaciones en este ámbito sensible, pero la inicial se formalizó el 5 de octubre, lo cual hace pensar que debió de prepararse con cierta antelación, probablemente a finales de septiembre porque el 28 de este mismo mes la CAMPSA firmó un efecto para pagar un suministro de víveres al Ayuntamiento de Madrid (AJNP). Esta segunda operación versó sobre un pedido significativo: un millar de vehículos al precio de 1.250 dólares cada uno, más 60 dólares por un juego de piezas de re-

63. El 30 de septiembre Völckers remitió un telegrama en el que se hacía eco de fenómenos de disgregación en los círculos gubernamentales: ADAP, doc. 90.

64. Por el contrario, las implicaciones de la versión de Fischer (pp. 350s) hay que tomarlas con un grano de sal. Había hablado con Rosenberg sobre el peligro que corría Madrid. ¡Como si la embajada no lo supiera! El embajador le pidió que le escribiese una nota para enviar a Moscú. Se la dio el 30 de septiembre. Fischer no llegó a afirmar que él estuvo en el origen de la decisión de ayuda de Stalin a la República, pero...

puestos, entregables en puerto español y pagaderos en tres plazos de 70, 85 y 100 días.[65]

La exposición anterior habrá mostrado que a lo largo de septiembre la actitud inicial que había dominado en el lejano país de los sóviets fue dando paso paulatinamente a una postura mucho más activa. Tras masivas manifestaciones de apoyo, y mientras la solidaridad de la izquierda internacional con la República se agitaba o la agitaban, Stalin inició una revisión de la línea. Creada ya una embajada en la capital española, se intensificó la reflexión sobre cómo ayudar a la República, aunque todavía de forma encubierta. Las referencias a México, la adquisición soterrada de armas y la decisión sobre las BI auguraban una nueva dinámica. Era una época en la que la conexión por radio entre los agentes de la Comintern en Madrid y el exterior estaba interrumpida. Se les había roto el aparato, carecían de operador, no tenían máquina de escribir y, sobre todo, el 24 de septiembre todavía no habían recibido directivas que consideraban esenciales, dada la gravedad de la situación política y militar. Coyunturalmente hablando, la acumulación de todos estos obstáculos no dejaba de ser significativa. La operación no funcionaba con esa precisión de reloj implacable que tanto gustaba a Bolloten. Sólo el 25 de septiembre se anunció la llegada de un correo con una nueva cifra. El radiotelegrafista, Francisco Hernando, no salió de Francia hasta el 30.[66] El 2 de octubre la desesperación de Codovilla llegaba a un máximo: «Apresuraos a enviar por todos los medios posibles aviones y técnicos. Si los recibimos inmediatamente la situación puede cambiar a nuestro favor. Ya hemos hablado a Largo al respecto y está dispuesto a hacer todo lo necesario».

Mientras Codovilla y demás compañeros se desesperaban, la recomposición de las fuerzas armadas republicanas comenzó a hacer progresos, si bien con lentitud. Resultaba evidente para muchos, que frente a tropas profesionales o conducidas por profesionales, la bravura miliciana en campo abierto no servía. De nuevo, un testigo de excepción, el teniente coronel Morel, informaría a sus superiores el 11 de

65. Lo que antecede está tomado de un informe «Camiones rusos», del 1 de marzo de 1937, en AJNP.

66. Todo esto se desprende de los telegramas de la época, interceptados por los británicos, que se conservan en TNA: HW 12/27. Radosh y sus colaboradores se abstienen de mencionarlos. El caso de Hernando es un tanto misterioso. Al parecer donde se le necesitaba era en el norte. El 7 de octubre se dijo a París que nadie debía ir a España sin que Madrid lo pidiese (pero ya lo había hecho en tal ejemplo).

septiembre que el Gobierno y los partidos del Frente Popular estaban haciendo grandes esfuerzos para contener la amenaza, cada vez más aguda. Sin embargo, todos esos esfuerzos resultaban un tanto ilusorios debido a dos factores: una crisis grave de armamento y una desorganización total en materia de abastecimiento. El número de fusiles, por ejemplo, era insuficiente. En los cuarteles la penuria de armas y municiones dificultaba la instrucción. El batallón «Joven Guardia» tenía 14 fusiles para 300 hombres. La mayor parte de los milicianos acudían al frente sin haber hecho jamás un disparo. También faltaban fusiles en la primera línea. En Talavera compañías enteras carecían de armas. Las piezas de artillería, que se habían transportado en camiones, fueron capturadas porque no podían desplazarse ni era posible defenderlas. No había intendencia. No se pagaba a los reclutas.

Se nos presenta, pues, un bastidor variopinto en el que se entrecruzarán los dos hilos en torno a los cuales irá trenzándose la argumentación de esta obra: el viraje exterior de la República y la obtención de recursos bélicos con los cuales sostener el esfuerzo de guerra. No sería un proceso cómodo porque a mitad de septiembre de 1936 quedó ya más o menos consolidada una dinámica de compromisos y de retracción por parte de las potencias democráticas occidentales que sólo apuntaba en una dirección: al abandono de los republicanos. El que éstos pudieran seguir combatiendo en tan solitarias circunstancias se debió esencialmente a la irrupción de un nuevo actor en el reñidero español y a la movilización de los recursos metálicos. Es lo que mostraremos en el capítulo a continuación.

7

Medidas para sostener la contienda

Los problemas interiores ligados al incontenible avance de los rebeldes eran graves. Pero sobre ellos el nuevo Gobierno podía actuar mediante ciertas palancas con efectos inmediatos. Otras tenían efectos más diferidos. El nervio de la guerra, ya suavemente tensionado, podía romperse si la movilización de las reservas se veía obstaculizada. En Madrid no estaban demasiado seguras. Despertaban apetencias entre los anarquistas. Si se quedaban en la capital y ésta caía, toda posibilidad de resistencia o al menos de financiar un exilio urgente caería por su base. Con nueva documentación, mantenida hasta ahora en el más riguroso secreto, analizaremos en este capítulo la medida más importante que demostró que la República no tenía intención de rendir sus armas, por mucho que el entorno despertase inmensas preocupaciones adicionales y que sobre él fuese mucho más difícil actuar. El 9 de septiembre, por ejemplo, a los pocos días de que Stalin propinara un primer empujón al deslizamiento soviético, tuvo lugar la primera reunión del Comité de No Intervención en el salón de Locarno del Foreign Office. Posteriormente se reuniría los días 14 (cuando se decidió crear un subcomité), 21 y 28 y el 9, 23 y 28 de octubre, por citar sólo las del período en el que se adoptaron decisiones cruciales para poder continuar la guerra. Nada de ello hacía presagiar un futuro radiante para la República. Se formalizaba un aparato al margen de la SdN sin más base jurídica que una mera agregación de declaraciones intergubernamentales.

SE VACÍAN LAS CÁMARAS ACORAZADAS

Juan Negrín, en el Ministerio de Hacienda, no dudó un minuto y afrontó con decisión algunos de los desafíos que aherrojaban el margen de maniobra republicano: de entrada, había que vender oro más rápidamente, obtener divisas y adquirir armamento; en segundo lugar había que poner las reservas a buen recaudo y en lugar seguro. En consecuencia, el Tesoro multiplicó sus convenios con el Banco de España y el Consejo de Ministros los autorizó a un ritmo desusado hasta entonces: el 28 y 30 de septiembre y el 16, 23 y 30 de octubre de 1936 (Viñas, 1976, p. 51). El convenio siguiente se firmó ya el 4 de enero de 1937 y el Banco de Francia continuó situando fondos a favor de la República hasta finales de marzo. En total, desde el 24 de julio se autorizaron ventas por un importe mínimo de 595 millones de pesetas oro, equivalentes a 23,6 millones de libras esterlinas oro y a 3.894 millones de francos papel. Representaron el 27,2 por 100 del valor nominal del oro amonedado y en barras al estallar la guerra civil, una porción que en modo alguno puede considerarse desdeñable (Viñas, 1979, p. 86).[1]

Las autoridades franquistas conocieron muchas de estas operaciones. Espías y simpatizantes les suministraron informaciones que tuvieron reflejo en múltiples gestiones para obstaculizar la enajenación. Continuaron las protestas públicas y se alentaron numerosas campañas de prensa. Los sublevados estuvieron siempre al tanto de las transferencias en divisas hechas a los agentes republicanos. En ocasiones, el grado de exactitud de sus informaciones fue notable.

A finales de mes, poco antes de la devaluación del franco el 26 de septiembre, el general Cabanellas, todavía presidente de la JDN, se dirigió a la Sociedad de Naciones para que se adoptaran medidas que impidiesen las ventas de oro. Su tono era duro:

> La aceptación por parte de Gobiernos y de Bancos Centrales del metal oro destinado por el Banco de España a garantizar el valor fiduciario de su moneda constituye una complicidad monstruosa con la banda marxista. La Junta de Burgos se sentiría afectada por una grave res-

1. No tiene razón Kowalsky (p. 233) al afirmar que una quinta parte de las reservas se embarcó inmediatamente de Cartagena rumbo a Marsella para convertirla en dinero en efectivo.

> ponsabilidad si no elevara el caso, junto con su más enérgica protesta, a la Institución internacional llamada a velar por la defensa de los intereses permanentes de los países adheridos a la Sociedad de las Naciones y que se encuentran bajo la tiranía de una banda internacional que pretenden ser los representantes del pueblo español.[2]

Mientras tanto, un peligro mucho más inmediato apuntaba hacia Madrid. El nuevo Gobierno había nombrado al general José Asensio Torrado jefe del teatro de operaciones del Centro que pretendió desgastar al adversario con una mezcla ofensivo-defensiva (Cardona, 2006, p. 77) a la vez que preparar la defensa de la capital. No creía que fuera fácil. Asensio llegó a convertirse, meses más tarde, en la bestia negra de los comunistas. Se estrenó atacando Talavera el 5 de septiembre y repitió el intento al día siguiente con renovados bríos, pero también con escaso éxito. Al final, se vio rechazado el 8. Fue una derrota significativa que permitió el ensanchamiento de la zona de contacto entre las fuerzas de Franco y Mola. A partir de aquí los sublevados pudieron establecer una posición sólida, con aumento de sus posibilidades futuras de maniobra. Ante los riesgos que se acumulaban en el horizonte Negrín sugirió una medida precautoria: evacuar las reservas de oro fuera de Madrid. Es verosímil, aunque no está demostrado documentalmente, que a ello le impulsara el propio Giral, quien ya había intentado hacerlo un mes antes. Tras el avance en flecha de los sublevados respondía a una necesidad evidente. Por lo demás, existía un cuerpo de doctrina: los funcionarios de Hacienda o del Banco de España que recordasen la historia financiera de la primera guerra mundial no habrían olvidado que el Banco de Francia había exportado grandes cantidades de oro a Londres con el fin de obtener créditos (Sédillot, p. 288).

Esta hipótesis es tan plausible que, aparte de los funcionarios, tampoco otros lo habían olvidado. Ya en agosto el dirigente anarquista Abad de Santillán (p. 132-133) y el consejero de defensa, nombrado por la CNT, de la Generalitat Felipe Díaz Sandino, habían expuesto sus ideas al entonces presidente Giral aconsejando el traslado.

2. Se encuentra en el acta de la reunión del 30 de septiembre del Consejo del Banco de España en Burgos. Está redactada en un francés deficiente, que he intentado preservar en la traducción. Como indicaremos más tarde, el diario *Le Figaro* (9 de octubre) daría cuenta con pelos y señales, casi todos correctos, de la operación de venta de oro al Banco de Francia.

En realidad Giral y Ramos habían intentado convencer ya en tal mes al gobernador Lluís Nicolau d'Olwer de que sería mejor que las reservas se pusieran a buen recaudo fuera de la capital. El gobernador se había empleado a fondo para disuadirles. Sus argumentos habían sido que las cámaras acorazadas ofrecían seguridad y que un eventual traslado, que no pasaría desapercibido, suscitaría alarma.[3] En septiembre habían perdido validez ante el peligro que corría Madrid. También en el Ministerio de Hacienda y en la Presidencia del Gobierno había dos hombres de carácter enérgico. Por lo demás, ni era necesario que Madrid cayera. Bastaba con que los sublevados pudieran entorpecer los cruciales envíos por el ya menos tenue puente de oro que ligaba la capital española con París. A Negrín le llegaron incluso rumores de que el Gobierno precedente había estado pensando en evacuar las reservas al extranjero, bien consciente de que eran el nervio de la resistencia.

En septiembre Giral continuaba en el Gobierno y la idea de poner en lugar seguro las reservas metálicas no se había volatilizado como si fuera humo. A mayor abundamiento, según relata Vidarte (p. 503), el presidente Companys había advertido a Largo Caballero que «se está preparando, por la FAI, un asalto a las bóvedas del Banco de España, para adueñarse del oro allí depositado y traerlo, como lugar más seguro, a Barcelona. Le he pedido que tome toda clase de precauciones». Podría pensarse que se trataba de una exageración pero es, exactamente, la misma idea que más tarde relató Abad de Santillán (p. 140-141).

No extrañará, pues, que sobre Negrín, sobre Largo Caballero y sobre el Gabinete en general se conjugaran la premura del tiempo, las amenazas anarquistas, el temor al avance de los sublevados y la preocupación por el eventual corte de comunicaciones aéreas mal protegidas —la aviación republicana era una mera sombra y poco contundente en comparación con la adversaria— para abordar una decisión que hubiera, quizá, debido tomarse con anterioridad. Abundaban los rumores. A un empleado de la embajada británica un alto cargo del COCM le dijo que el Gobierno tenía la intención de trasladar el oro a Alicante (sic) y que en el camino se produciría un «accidente». Antes que verse envuelto en ello, el funcionario republicano pensaba esfumarse (telegrama del 8 de septiembre, TNA: FO 371/20538).

Por desgracia, la documentación que precedió a la orden de eva-

3. Proporcionó estas informaciones *a posteriori* a los consejeros del Banco de España cuando se discutió la evacuación en septiembre en el seno del Consejo General.

cuación no se ha localizado, si es que todavía se conserva. Debió de ser abundante. ¿Quién sugirió, por ejemplo, que las reservas se trasladaran a la base de Cartagena? La expedición implicaba a funcionarios de varios Ministerios: Guerra, Marina, Transportes y, por supuesto, Hacienda. La decisión de principio, la evacuación fuera de Madrid, debió de tomarse a toda prisa. Los detalles se arreglarían más tarde. Una cosa es segura. En Cartagena, hasta entonces, no se habían adoptado medidas. Hubo que hacerlo rápidamente. Hacienda, Guerra y Marina se vieron obligados a colaborar.

La orden de evacuación se materializó en un decreto reservado firmado el 13 de septiembre por el presidente Azaña y por Negrín, con la aprobación del Gobierno, en todo o en parte. En la literatura, sobre todo la más proclive al banco vencedor, solía rodearse tal medida de acerbos comentarios,[4] que terminaron reduciéndose en su carga crítica. Se trataba de una decisión que, en puridad, no debía sorprender. Otros países habían hecho antes algo similar y más tarde casos análogos se repitieron.[5] El texto del decreto tiene una gran importancia. Como es lógico, no daba indicación alguna sobre el lugar al cual pudieran trasladarse las reservas.[6] De aquí que en una interpretación lata, y en conexión con el de 30 de agosto, pudiera pensarse que el posterior envío a Moscú quedaba cubierto por el mismo.[7] Volveremos a este tema más adelante pero no estará de más indicar aquí que, según la documentación conservada por Prieto, de dicho decreto reservado se dio cuenta a las Cortes el día de su apertura, es decir, el 1 de octubre. Nadie ha hecho referencia a tal episodio, que yo sepa. La co-

4. El decreto se publicó en el avance informativo sobre la dominación roja en España (Causa General) como muestra de la expoliación marxista del patrimonio nacional. Zavala (2006, pp. 286s) ha retomado la tradición de los comentarios acerbos, pero desnortados.

5. Tres ejemplos. En Francia, señala Lepotier, ya en 1938 había empezado a dispersarse el oro entre las sucursales del Banco de Francia, cerca de las costas, e incluso en bancos extranjeros en ultramar. El de Bélgica había depositado 200 toneladas de oro en Francia, que siguieron la suerte de las reservas francesas. En Polonia, iniciadas las hostilidades, 75 toneladas se trasladaron a Francia, como relató Doherty.

6. No es correcta la afirmación de Beevor (p. 233) de que el Consejo de Ministros autorizó entonces el traslado del oro a Moscú. Tampoco ofrece la menor prueba documental.

7. Uno de los originales del decreto figura entre los documentos que Negrín se llevó al exilio y que se entregaron al Gobierno español en 1956. Sin embargo, varias copias se habían filtrado hacia los sublevados.

municación, obviamente, se hizo de manera reservada y es obvio que no fue conocida por la totalidad de los parlamentarios. Probablemente se aplicó el secreto de guerra. Hubiera sido imposible mantener la confidencialidad si todos los parlamentarios hubiesen debido convalidar el decreto.

También está por aclarar si el decreto fue conocido por la totalidad de los ministros. El 29 de octubre, por ejemplo, Prieto escribió a Negrín e indicó que lo ignoraba. Prieto no lo hizo en modo alguno en plan de queja pero su falta de información casi un mes y medio más tarde plantea incógnitas que no nos es posible resolver. En cualquier caso, los dirigentes republicanos que lo supieran debieron de verse confortados en la decisión porque al tiempo, y como para acentuar las sombras que se cernían, cayó San Sebastián. Mientras se ideaba y pergeñaba el decreto comenzaron los preparativos técnicos de la evacuación. Llevaron entre ocho y diez días, pues no eran algo baladí. Nunca se habían movido las reservas fuera de las cámaras acorazadas. Negrín encargó parcialmente la puesta en práctica de la operación a dos funcionarios, Amaro del Rosal (1977, p. 535) y José María Rancaño.[8] Supervisaron los preparativos y dejaron reflejo de sus experiencias. Acompañado por el hasta entonces subsecretario del Ministerio de Hacienda y nuevo director general del Tesoro, Francisco Méndez Aspe, Negrín estableció con Del Rosal el plan a seguir. Para llevarlo a cabo se solicitaría el concurso de personal de toda confianza del sindicato madrileño de la Federación Nacional de Banca y de un grupo de tranviarios de la UGT.

El disminuido Consejo del Banco se reunió en sesión secreta en la tarde del 14 de septiembre para darse por enterado del decreto. Nicolau d'Olwer señaló que sabía que algunos de los asistentes habían transmitido al Gobierno su parecer en cuanto a la evacuación. Esto demuestra que no hubo demasiada sorpresa. Entre los consejeros varios eran contrarios. Él, sin embargo, opinaba que se trataba de una medida que había que acatar lealmente. Recordó que el decreto era de naturaleza reservada por lo que convenía guardar silencio sobre el asunto. No se le ocultaba, con todo, que dado el amplio número de personas que debían participar en la operación, difícilmente podría

8. A ambos les conocí personalmente y, en lo sustancial, me confirmaron sus recuerdos. Rancaño estaba casado con Delfina de Azcárate, hija del embajador de la República en Londres.

permanecer en el secreto deseado. No todos los asistentes compartieron esta postura. Uno de los representantes del Estado, Agustín Viñuales, economista de prestigio, pensó que era mejor que las reservas se quedasen en el Banco. El subgobernador segundo, José Suárez Figueroa, se alineó con Nicolau d'Olwer pero recalcó que si se hubiera consultado al Banco los consejeros no hubieran dejado de exponer los inconvenientes que tenía la resolución adoptada. Para Enrique Rodríguez Mata, director del COCM y también representante del Estado, la movilización de las reservas podría hacerse a un ritmo similar al seguido hasta entonces y que él conocía bien. No era necesario evacuar de golpe todo el oro, sino que sería mejor hacerlo operación por operación. Éste era un argumento totalmente especioso.

Si los representantes del Estado no desbordaron de entusiasmo, éste fue inexistente en el caso de los consejeros que defendían los intereses de los accionistas.

Depósito en Cartagena

La operación no podía mantenerse en secreto.[9] El traslado comenzó el mismo día 14 con destino a los polvorines de La Algameca, en la base naval de Cartagena.[10] Visto en retrospectiva, no era una elección sorprendente. En Valencia o Alicante no había instalaciones adecuadas. Barcelona no resultaba un lugar idóneo. No sólo por las apetencias anarquistas sino porque las relaciones entre el Gobierno central y la Generalitat no pasaban por horas brillantes. El golpe había exacer-

9. El embajador belga en Madrid se enteró y lo comunicó a Bruselas el 15 de septiembre. Los británicos lo interceptaron (TNA: HW 12/207, BJ066331). Al encargado de negocios norteamericano, Wendelin, un contacto le informó el 21 y confirmó al día siguiente que el oro había salido por tren con destino desconocido. Wendelin pensó que el Gobierno se precavía para el caso de que tuviera que abandonar Madrid (NACP: Confidential U.S. State Dept. Central Files: Spain, Internal Affairs, LMO 74, RL 7, FR: 648 y 831, 852.00/3217 y 3246 respectivamente).

10. Franco Salgado-Araujo, p. 212, recuerda que la noticia del «robo del oro del Banco de España, que los rojos estaban utilizando para sus fines bélicos, pagando con él las deudas por adquisición de armamento en diferentes países» contribuyó a cambiar el optimismo que se respiraba en el Cuartel General. También apuntó en la misma dirección la información sobre la organización de las Brigadas Internacionales. Lo compensó la ruptura del cerco de Oviedo, anunciada el 14 de octubre.

bado tendencias centrífugas y cada cual quería hacer la guerra, o la revolución, por su cuenta. La Generalitat había exigido a Madrid grandes cantidades de divisas para poder desarrollar su comercio exterior, lo que no decía mucho a favor de la cohesión de las fuerzas antifascistas. Giral no fue muy hábil y las tensiones habían llegado al punto que el ejecutivo catalán dictó un decreto el 27 de agosto por el cual las sucursales del Banco de España radicadas en Cataluña se veían obligadas a entregar el metal que estuviese depositado en las mismas. Los catalanes habían enviado oro a París para adquirir su propio armamento y contribuido a aumentar el desconcierto y la duplicación de esfuerzos que reinaban en la embajada española.[11]

Frente a ello, la estrategia general de restablecimiento del poder central y de lucha contra los poderes paralelos que alentó el Gobierno Largo Caballero no militaba a favor del traslado a la Ciudad Condal. Cartagena, por el contrario, presentaba indudables ventajas. Tenía una gran base naval, pertrechada y defendida. Estaba alejada del teatro de operaciones y enclavada sólidamente en la zona bajo la autoridad del Gobierno. Por último, facilitaba las ventas al Banco de Francia ya que se podrían enviar por vía marítima. Esto era algo absolutamente vital.[12]

El control de la carga lo llevó directamente Méndez Aspe, con ayuda de Rancaño. En informes que tras la guerra civil recogió el Banco de España se afirma que el gobernador Nicolau d'Olwer ordenó la apertura de la caja blindada a los tres claveros que guardaban las llaves de acceso a la misma: el subgobernador segundo, Suárez Figueroa, Adolfo Castaños, el interventor, y el cajero Tomás Sanz (quien se suicidaría en noviembre). El traslado se efectuó bajo el control de carabineros y de milicias desde la madrileña plaza de la Cibeles hasta la cercana estación de ferrocarril del Mediodía. También participaron unidades de «La Motorizada», unidad adicta a Prieto. Éste podría, pues, haber conocido la operación e ignorar, como afirmó, su base le-

11. Estos envíos de oro llegaron a conocimiento directo de Stalin por una de las cartas (del 17 de septiembre) que, sobre la situación en Cataluña, recibiría de Ilya Ehrenburg y que se han reproducido en Radosh *et al.*, docs. 11-13. El Banco de Francia, al parecer, se negó a aceptarlos porque no procedían del Banco de España (ABI: C 43/446, nota del 16 de septiembre). En el ínterin Federica Montseny clamaba contra el Gobierno central que, según ella, negaba a Cataluña el oro que necesitaba.

12. No es correcta la afirmación de Payne (p. 196) de que cuando el oro se trasladó a Cartagena cerca de una cuarte parte de las reservas se había remitido ya a Francia «para usos comerciales».

gal. La época y la medida eran de una excepcionalidad total. La primera expedición hacia Cartagena salió el 15 de septiembre a las 11.30 de la noche.

El convoy llegó a Cartagena a las 4.30 horas de la tarde del 16 de septiembre. El transporte se demoró tanto porque fue preciso trasbordar parte de la carga en Alcázar, La Roda y Hellín ya que el exceso de peso recalentó los cojinetes de algunos de los vagones. Las 800 cajas que componían la expedición se guardaron en los polvorines. Esta labor se terminó el día 17 a las 2.30 horas de la madrugada. Como no había disponible personal del arsenal, en la descarga intervinieron brigadillas de obreros que recibieron 1.300 pesetas. Pequeñas gratificaciones adicionales se dieron a chóferes y carretilleros. Continuamente se informaba por telegrama de los trabajos mientras los equipos en la capital seguían preparando nuevos envíos. El día 17 se expidieron 1.860 cajas. El 18, 1.780. El 19, 2.357. El 20, 1.930 y el 21 de septiembre, 1.237. En total se evacuaron 10.000 cajas de oro. Para entonces se había constituido en Cartagena una «brigada de descarga bancaria». En Madrid se había designado a varios cobradores de la banca privada para que ayudasen a los servicios del Banco que paulatinamente iban yendo a la ciudad costera. Los refuerzos se incorporaron a su nuevo destino el 23 de septiembre.

El ministro sin cartera, José Giral, recibió instrucciones de visitar el lugar del depósito. Lo hizo cuando la operación de descarga y acomodo de las cajas y talegas en los polvorines estaba en pleno apogeo. De los tres polvorines que se necesitaban uno estaba ya lleno y otro casi lleno, lo cual permite estimar que su inspección debió de tener lugar hacia el final de la operación, es decir a finales de septiembre o principios de octubre. Bajo el título de «Notas de Cartagena» rindió un informe que Negrín conservó preciosamente. En ellas describió con minuciosidad la situación de los túneles y de los siete polvorines que en ellos se habían acondicionado. Hizo atinadas observaciones sobre el nivel preciso para una vigilancia adecuada y recomendó que para preparar lo necesario habría que arreglarse con el jefe de la base Antonio Ruiz y el gobernador militar, general Toribio Martínez Cabrera. Evidentemente, era un refugio no desdeñable pero no se trataba ni siquiera de un modesto remedo de Fort Knox. Giral recomendó que un jefe u oficial se trasladase para comprobar sus observaciones, modificar lo que procediese, preparar el oportuno presupuesto para que pudiera afectarse el crédito correspondiente y, no en último término, examinar la cuestión de la seguridad disponiendo el alojamiento de las fuerzas necesarias. El informe de Giral, un documento totalmente desconocido, se reproduce en el apéndice.

A Cartagena se trasladó no sólo el oro, sino por supuesto la plata depositada en la central del Banco de España y también grandes cantidades de billetes (amén de valores en cuantía desconocida). Si las remesas de oro terminaron el 21 de septiembre, las de plata comenzaron cuarenta y ocho más tarde, desde el 23 de septiembre al 6 de octubre y, posteriormente, el 6 de noviembre. El ritmo de remesas se describe en el cuadro siguiente:

CUADRO 7-1
Remesas de plata y billetes a Cartagena
y su importe en millones de pesetas

Fecha	*talegas de plata**	*importe*	*cajas de billetes*	*billetes por caja*	*importe*
23	948	4,74	24	2 millones de 50 pts	100
24	2.150	10,75			
25	3.750	18,75			
26	3.930	19,65			
27	4.100	20,50	40	2 millones de 100 pts	200
28	4.000	20,00	50	2,54 " de 1.000	2.540
29	3.740	18,70	13	0,673 " de 1.000	673
			84	4,336 " de 500	2.168
30	4.130	20,65	41	2,045 " de 500	1.022,5
			33	2,556 " de 100	255,6
Oct					
1	4.080	20,4	130	10,396 mill de 100 pts	1.039,6
2	4.050	20,25	98	7,048 " " 100	704,8
3	3.380	16,9	10	1,2 " " 25	30,0
			10	0,72 " " 100	72,0
			100	7,776 " " 100	776,0
4	4.460	23,3	41	2,952 " " 100	295,2
			67	6,7 " " 50	335,0
			10	2,2 " " 25	55,0
5	4.000	20,0	33	3,3 " " 50	165,0
			100	10,0 " " 25	250,0
6	4.170	20,85			
Total	50.888	254,44	884		10.481,7

* Valoradas, cada una, a 5.000 pts
Fuente: Notas sobre remesas de plata y billetes, AJNP

Por él se observa que se remitieron casi 51.000 talegas de plata y billetes, de las cuatro denominaciones superiores, por casi 10.500 millones de pesetas papel, en un total de casi novecientas cajas. Los traslados más importantes de billetes se hicieron en los días finales de septiembre. Hacia el 6 de octubre estaba concluida esta fase de la operación. Conviene retener esta fecha pues, como veremos más adelante, en ese día se adoptó una decisión trascendental.

En ese momento había en fábrica, para las necesidades del Banco, 4,72 millones de billetes de 25 ptas (118 millones) y 2,94 millones de 100 (294 millones). En caja las existencias ascendían a 113 millones de pesetas en billetes de mil, a 25 millones en billetes de quinientas y a 122 millones en billetes de otras clases. En cuanto a la plata quedaban 24.185 talegas de tres tipos. En primer lugar, 12.815 de duros. De estas 600 contenían moneda rota, para fundir. El total ascendía a 64,075 millones de pesetas. En segundo lugar 11.745 talegas de pesetas dobles, por un total de 55,785 millones y, por último, 24.185 talegas con pesetas sencillas y medias, por un total de 1,125 millones. Estas talegas se remesaron a Cartagena en noviembre.

El acomodo en los polvorines se hizo rápidamente a medida que iban llegando los envíos. En Madrid el gobernador Nicolau d'Olwer invitó a los consejeros del Banco a que viajasen a Cartagena para que se convencieran de que las reservas se encontraban en lugar seguro y bien defendido. Martínez Fresneda declinó el ofrecimiento pues «de haberlo aceptado, hubiera mermado la eficacia de su protesta». Nada hace pensar que en la operación hubiese mucho desbarajuste. Ha generado grandes discusiones el valor del oro evacuado. Según nuestros cálculos debe cifrarse en un máximo de 1.734.166.767 pesetas oro, importe que fue el comunicado por el Banco de España reunificado al fiscal instructor del oportuno sumario en el Juzgado Militar Especial de Banca y Bolsa Oficial tras la guerra civil.[13] El peso no es difícil de estimar en términos de oro fino y ascendía a 503 toneladas. Sin embargo, como no se encontraba en lingotes sino en monedas de muy diversas clases, hay margen para el error. Consideramos como representativa una ley media de 900 milésimas. El peso del metal enviado a Cartagena estaría próximo, pues, a las 559 toneladas como mínimo.

13. Las noticias que divulgó casi veinte años más tarde la prensa franquista (*Arriba*, 13 de enero de 1955) son un puro cuento chino.

La evacuación del oro y de la plata debió de quitar una preocupación en unos momentos en que el horizonte seguía cargado de nubarrones para la República: el 27 de septiembre, mientras la plata rodaba hacia el Mediterráneo, Toledo caía ante el empuje de las tropas de Franco.[14] No se sabía entonces que, gracias a la desviación, probablemente Madrid se había salvado. El impacto psicológico de la toma del Alcázar, por el que habían pugnado durante tanto tiempo las tropas republicanas, no dejó ver que Franco, por mor de una victoria política (Preston, 2002, p. 206), había perdido el tiempo necesario para que su todavía fácil presa se le volara de entre las manos. Simultáneamente, el teniente coronel Morel informó a París que el prestigio militar del Gobierno estaba por los suelos, algo de lo que se aprovechaban los anarcosindicalistas. Le habían llegado rumores de que se habían llevado la mayor parte del oro del Banco de España al castillo de Villena, cerca de Alicante. Esto es, como sabemos, inexacto. No lo era el que la CNT/FAI continuaba almacenando armas.[15]

Se intensifica la operación con Francia

La caída de Toledo «produjo una conmoción que no tendría parangón en toda la guerra», como recoge con razón Ramón Salas Larrazábal (p. 491). Desde el lado republicano se observaría que

> ... la victoria de Toledo y la liberación de los héroes del Alcázar determinó un bien justificado regocijo en la zona nacionalista. Las campanas de las iglesias repicaron alegres. Las radios difundían la noticia con las promesas más halagüeñas: la próxima etapa del recorrido victorioso de las tropas nacionales era Madrid. La guerra, que estaba comenzando, se aproximaba, según los augures de las estaciones emisoras, a su fin. La conquista de Madrid, que ningún poder humano evitaría, sería el punto final de las operaciones... (Zugazagoitia, p. 164).

14. En un telegrama del 30 de septiembre Morel se hizo eco de la desmoralización de las milicias, en plena huida hacia Madrid. Bastaba un cañoneo ligero de los sublevados para generar una espantada. Las primeras líneas no tenían armas automáticas, carecían de instrucciones y de apoyo artillero, los pueblecillos de la retaguardia estaban llenos de desertores. Una imagen ligeramente diferente de la que propalaba la propaganda.

15. Telegrama del 22 de septiembre.

La gravedad de la situación resultaba palpable. Martínez Bande (1968, p. 75) señala que a la salida de la reunión del Consejo de Ministros celebrado el mismo día de la caída de Toledo se dio a conocer una declaración en la que se confesaba que el enemigo se aproximaba a Madrid, que había que generar una contraofensiva y que era preciso defender la capital a todo trance. Con las reservas en Cartagena, el Gobierno republicano se aseguraba plenamente el control absoluto de los recursos que le permitirían continuar adquiriendo, por vías subrepticias y literalmente a precio de oro, armas y material en el extranjero. Es más, mostraba ante el único Gobierno que conocía la magnitud de la movilización financiera, el francés, que la operación podía proseguir. Y, en efecto, las remesas a Francia no se detuvieron. Desde al menos el 14 de septiembre los envíos por avión se hicieron ya a Toulouse. El nuevo destino no estaba tan expuesto a la mórbida curiosidad de la prensa como el aeropuerto de Le Bourget en París. Casi diariamente, excepto del 18 al 20 y del 26 al 28 de septiembre, salieron expediciones a Francia. Revelaban, con toda claridad, la intensificación ya mencionada del esfuerzo republicano.

Desde la costa existía la posibilidad, que ya hemos mencionado, de aumentar considerablemente los envíos. Si hasta entonces las remesas se habían hecho por avión, el 26 de septiembre se recurrió a la vía marítima. En tal fecha se cargaron 250 cajas en un barco rumbo a Marsella y en los primeros días de octubre se remitieron otras tantas a la misma ciudad y por igual procedimiento. Según nuestras estimaciones, en ambos casos se envió metal por valor nominal de unos 50 millones de pesetas oro, equivalentes a casi 15 toneladas de fino y a unas 17 toneladas de oro aleado. Naturalmente, tales envíos no quedaron ocultos. El 6 de octubre la agencia telegráfica Radio informó a sus abonados que el navío *Campillo* había descargado por la mañana 250 cajas de oro en cabo Janet, próximo a Marsella, con destino al Banco de Francia. Al tiempo, desmentía otras noticias que cifraban en 30 el número de las transportadas. Poco más tarde, el diario conservador *Le Figaro*, alimentado por fuentes próximas a los sublevados, publicó el 9 de octubre un artículo, ya mencionado, en el que se daban innumerables detalles sobre la operación en curso. La causa agente fue la expedición a cabo Janet. Cuando se interrogó a las aduanas francesas «rehusaron dar la menor explicación, habiendo recibido sin duda orden de guardar silencio».

El periódico francés hacía su análisis:

> ... Desde el comienzo de la revolución española se han efectuado otros envíos de oro. Las autoridades de Madrid pretenden que sólo se aplican al pago de sus compras en el extranjero: víveres, ropa, armas, municiones, etc. Ahora bien, entre estas sumas, por elevadas que sean las que impliquen sus pedidos, y el importe de las divisas que representan los lingotes (sic) y las monedas de oro expedidos fuera de España, existe un margen demasiado considerable para que resulten admisibles como únicos motivos los que invocan los gubernamentales [...] La verdad es muy distinta: el Gobierno de Madrid no se contenta con tomar del *stock* de oro del Banco de España los fondos que necesita para saldar sus deudas con los proveedores extranjeros, que se niegan a concederle crédito, sino que lleva a cabo una operación de mayor envergadura, cual es la de apoderarse del tesoro del Instituto nacional de emisión y enviarlo al extranjero, a pesar de que las regulaciones financieras en vigor prohíben al Gobierno disponer de las reservas del Banco mientras no superen los límites establecidos como garantía de la circulación fiduciaria [...] Esta desposesión es un acto de gravedad excepcional pues priva eventualmente al país, cualquiera que sea el régimen que sustituya mañana al actual estado de anarquía, de un recurso vital.

Tal argumentación adolecía de una contradicción lógica fundamental: por un lado se reconocía que los proveedores (no identificados) del Gobierno republicano no le daban crédito, por otro se le acusaba de utilizar el único recurso disponible para hacer frente a los pagos exteriores. Si el razonamiento era defectuoso, los datos que le servían de apoyatura correspondían a los hechos, muestra de que los informantes de *Le Figaro* estaban conectados con la operación, ya fuese porque la siguiesen desde el bando sublevado, ya porque conocieran sus pormenores desde la Administración francesa.

> En cajas de dimensiones estrictamente limitadas se embarcan casi diariamente las barras y las monedas en aviones, ya sea españoles o franceses, reclutados a tal efecto. Cada uno de ellos lleva alrededor de 19 cajas, es decir, unas 152.000 libras esterlinas de oro. A las cajas les acompañan dos empleados del Banco de España y dos milicianos armados que van con ellas hasta Le Bourget. Desde aquí se las transporta al Banco de Francia, a no ser que se depositen en Toulouse. De tal manera se han expedido a París entre el 28 de julio y el 28 de agosto 2.312.000 libras esterlinas. El mes pasado y al comienzo del corriente el ritmo de tales envíos se ha acelerado de suerte que en la actualidad

son varios millones los que guardan nuestro Instituto de emisión y los bancos de Toulouse...

Le Figaro continuó con su cruzada. El 18 de octubre informó de que la víspera habían llegado otras 17 toneladas de oro a bordo del *Tramontana*. Incluso la siguiente expedición de la serie no escapó a los inquisidores de la prensa francesa. *Le Temps* (próximo al Gobierno) señaló, el 3 de noviembre, que el mismo barco llevaba casi 54 toneladas de oro. Añadía, para remachar:

> Es el tercer envío de este tipo que llega a este puerto. La guardia del tesoro —se trata de más de mil millones de francos— está confiada a un piquete de milicianos. El *Tramontana* ha amarrado en cabo Janet desde donde se procederá, bajo fuerte custodia, al desembarco de tal cargamento de oro destinado al Banco de Francia.

La evacuación de las reservas facilitó la movilización de recursos en el país vecino. En la segunda quincena de septiembre salieron 33 millones de pesetas oro, equivalentes a 1,31 millones de libras y a 9,6 toneladas de fino. En el mes de octubre se alcanzaron cotas más elevadas: 179 millones de pesetas oro, equivalentes a 7,12 millones y a 52 toneladas respectivamente. Este rápido ritmo de ventas, aparte de permitir la adquisición de divisas, sirvió también para demostrar que la República disponía de los recursos metálicos y, por ende, que mantenía su capacidad ofensiva en el terreno financiero. El control de las reservas apuntaló, pues, en los momentos iniciales de la guerra civil la posición financiera exterior del Gobierno de Madrid.[16]

Funciones de la evacuación de las reservas

Por lo que antecede, habrá quedado en claro a estas alturas que la evacuación cumplió tres funciones esenciales: en primer lugar, sustraer las reservas a la posibilidad de que corrieran un riesgo derivado del avance enemigo o de un golpe anarquista, un motivo precautorio como

16. Quizá tenga interés mencionar aquí que en los DDF no hay prácticamente mención alguna a la operación de venta del oro ni a las reacciones que suscitara en el seno de la Administración francesa. Hay que acudir, entre otros, a los papeles de Auriol en los Archivos Nacionales, o a los del Banco de Francia, para documentarla.

el que se suscitaría en condiciones similares en otros países durante la primera y la segunda guerras mundiales; en segundo lugar, posibilitar su movilización en Francia mediante envíos masivos por vía marítima, tras los remitidos inicialmente por vía aérea; y, por último, mantener enhiesta la capacidad de control de las reservas. Los franceses no dudaron nunca de ello porque eran adquirentes del oro. En el caso británico, el Foreign Office lo presumía y pronto Negrín, como veremos más adelante, empezó a vender metal en Inglaterra.

El ministro de Hacienda no ocultó la primera función pero silenció cuidadosamente las dos últimas. Aparte de los datos, maquillados, que ofreció en diciembre de 1936 al periódico británico *Daily Herald*, de tendencia laborista, ya en el momento mismo del traslado comunicó su versión a Louis Fischer, periodista norteamericano de neta proclividad republicana y soviética. Era un visitante grato en Moscú. Cuando Fischer (p. 345), poco antes de la caída de Toledo, fue a ver al ministro le preguntó de cuantos recursos disponía.

> Negrín señaló que me lo diría porque yo era un amigo, pero que si lo publicaba o lo daba conocer de cualquier otra manera la República se vería afectada. Fue a su mesa de trabajo, abrió un pequeño cajón y sacó un papel lleno de cifras que había escrito a tinta: «Tenemos 2.446 millones de pesetas oro, 25 millones de pesetas en moneda extranjera [...] y 650 millones de pesetas en plata. Todo se ha retirado de Madrid», afirmó sin que yo le preguntara. «¿Significa esto que no combatirán por Madrid?» «No —replicó—, pero no podemos correr ningún riesgo.»[17]

A finales, pues, de septiembre la República había puesto a buen recaudo los recursos imprescindibles para resistir. Tradicionalmente el traslado se ha criticado con gran dureza en la literatura generada durante el franquismo. Hoy los autores suelen, aunque no siempre, aceptar el motivo precautorio. La crítica, en efecto, siempre estuvo condicionada ideológicamente. A este respecto conviene, quizá, recordar que los franceses, por ejemplo, empezaron a sacar oro de Francia, por si acaso, cuando los nubarrones europeos hacían temer por el futuro y que acentuaron su salida sobre todo a partir de noviembre de 1939. Los des-

17. Negrín le dio a conocer además los recursos de que se disponía: unos 600 millones de dólares oro al contado, pero habría más —como así fue— una vez que se movilizaran recursos adicionales.

tinos preferidos fueron Nueva York, Fort-de-France (Martinica) y Kayes (en el actual Mali). Las expediciones se hicieron a veces de manera precipitada y las últimas terminaron en junio de 1940, en plena derrota francesa. Salvaron cerca de 2.000 toneladas de oro.[18] En comparación, el Gobierno de Madrid fue más prudente que aquellas autoridades francesas que tanto menospreciaron sus esfuerzos. Otro ejemplo podría ser el de Bélgica. En marzo de 1938 el Banco Nacional planteó al de Inglaterra un tema delicado. En el caso de que estallara una guerra en la que Bélgica, país neutral, pudiera verse implicada, ¿estarían los británicos dispuestos a hacerse cargo del oro y los valores en poder del mismo? La respuesta fue, naturalmente, afirmativa. (ABI: C 43/376). Obsérvese la anticipación con la que obraban los belgas que no fueron invadidos hasta dos años más tarde, cuando el Tercer Reich violó su neutralidad.

Hacia un nuevo Ejército

En todo caso se siguieron pautas ya establecidas, pero ello no quiere decir que el impulso fuera el mismo. En lo que se refiere al primer aspecto, por ejemplo, en agosto se había iniciado la creación de batallones de voluntarios en base a reservistas y bajo el mando de oficiales y suboficiales de carrera.[19] Los voluntarios afluyeron rápidamente. Como recoge Alpert (p. 40), un primer batallón desfiló por primera vez en Albacete el 17 de septiembre. Una semana más tarde, pasó revista un segundo batallón. Aunque pronto se abandonaría la idea de constituir más batallones (sólo se formaron cuatro cuyas cabeceras es-

18. El oro depositado en Nueva York se utilizó esencialmente en 1944 y 1945 para cubrir las necesidades de divisas y para restituir al Banco Nacional de Bélgica las reservas que confió a Francia y que cayeron en manos alemanas. El oro de Fort-de-France y Kayes se repatrió entre 1945 y 1947 para cubrir el déficit exterior. Este tipo de informaciones no penetró demasiado en la literatura pro-franquista. (Banque de France, pp. 104s.)

19. La embajada norteamericana informó el 30 de agosto que también se reconocía con claridad la necesidad de disponer de un mando unificado, como sugería entre otros Indalecio Prieto. Largo Caballero, sin embargo, «y otros dirigentes extremistas», insistían en que el nuevo ejército se formara sobre la base de las unidades de milicias ya existentes a mando de sus oficiales. Los inconvenientes de la carencia de un mando unificado eran considerables a la hora de combatir a los rebeldes y la ineficacia resultante de las operaciones militares podría, quizá, convencerles de que habría que aceptarlo (TNA: HW 12/207, BJ066107).

tuvieron en Castellón, Cuenca, Murcia y Jaén) en beneficio de las milicias, éstas experimentaron un conato de militarización bajo la égida de una Inspección General, establecida en la fecha temprana del 8 de agosto. A su frente se nombró a un prominente oficial comunista recientemente ascendido, el coronel Luis Barceló. El Gobierno Giral se lanzó también a la reorganización de la Armada y de la Guardia Civil.

En paralelo fue evolucionando una unidad de instrucción en torno a la cual se forjó rápidamente la leyenda, aunque la realidad fuera menos rosada que la que pretendía describir: el Quinto Regimiento, controlado por el PCE. Aportó una concepción más realista de las necesidades que imponía el curso de las hostilidades: la disciplina, el entrenamiento, la subordinación al mando y la ejecución de las órdenes recibidas fueron componentes del enfoque que empezó a esparcir. A los oficiales profesionales debió de atraerles la idea, elemental, de que los militares no debían actuar en condiciones de subordinación a los responsables políticos, algo que predominaba en las milicias.

El Quinto Regimiento formó unidades de combate, las Compañías de Acero y la Brigada de la Victoria, que pronto se fusionaron. Las primeras contaban con sus propios servicios y constituyeron el germen de lo que más adelante serían las brigadas mixtas, unidades básicas del futuro Ejército Popular. Alpert (p. 55) ha llamado la atención sobre la gran discrepancia que media entre las proezas militares de las unidades glorificadas por el PCE[20] y la dura realidad sobre el terreno.

Largo Caballero procedió a una serie de nuevos nombramientos. Destaca en primer lugar el paso a la Subsecretaría del general Asensio Torrado, una medida que terminó siendo muy controvertida y que amargó la vida al presidente a causa de la virulencia de los ataques que pronto dirigieron a Asensio los comunistas que, como indica Cardona (2006, p. 88), le acusaron de incompetencia por oponerse a los mandos de milicias, muchos de ellos miembros del PCE. Su sucesor en el teatro de operaciones del Centro fue el general Sebastián Pozas, ex ministro de la Gobernación bajo Giral. El recuerdo de otros nombramientos fue arrasado por la marcha de los acontecimientos. También

20. Cardona (2006, p. 63) indica, con razón, que «sus éxitos no se deberían a la genialidad ni a los conocimientos sino a la naturaleza de la militancia comunista, animada por una fe y una entrega sin límites y sometida por el estalinismo a una disciplina sin concesiones». Los conocimientos militares de Líster o Modesto, que habían recibido previamente en Moscú, eran muy elementales.

tuvo importancia la reorganización del Estado Mayor. No es irrelevante que su composición fuese anunciada el mismo día en que Largo Caballero ocupaba sus puestos de presidente y ministro de la guerra. Varios nombres esenciales en la historia militar republicana aparecieron en él: Antonio Cordón, Segismundo Casado y, sobre todo, Vicente Rojo. Ello no obstante, Largo Caballero se abstuvo de nombrar un general en jefe, probablemente porque no confiaba en ninguno. Fue un error que la República pagó caro. Con todo, el problema no eran los altos niveles de mando, sino la ausencia de mandos intermedios entrenados y preparados para el combate, como fuera. Los rebeldes no carecían de ellos.

Pronto se advirtió que lo más urgente era restablecer la autoridad de la cadena de mando, cuya necesidad se hacía sentir en todas partes. Incluso la Generalitat abogaba por ella. El diario *Claridad*, que tanta responsabilidad había tenido en el azuzamiento de las controversias internas del PSOE y que se había opuesto, pasó a reclamarla con urgencia. En igual sentido se había pronunciado Prieto, antes de asumir su cargo ministerial[21] (Gibaja, p. 136). La idea estribaba en lograr que todas las fuerzas se considerasen como dependientes del Ministerio de la Guerra, incluidas las milicias anarquistas de Aragón. A lo que se iba, lo decía la prensa diaria, era a la creación de un Ejército popular de nueva planta. Aparecería, por fin, algo más tarde. Había llevado, sin embargo, demasiado tiempo. La visión del pueblo en armas, garante de la revolución y ariete de la victoria, había penetrado profundamente en las masas anarquistas, poumistas y socialistas de izquierda. Algunas se reconvirtieron, como se reconvirtió el propio Largo Caballero bajo el peso de la responsabilidad y la necesidad de adoptar decisiones de las que dependía, literalmente, el mantenimiento del forcejeo o la posibilidad de una rápida derrota. En otras, sin embargo, la ilusión duró mucho más tiempo y el Gobierno central no pudo asentar su autoridad sobre las mismas hasta después de los luctuosos acontecimientos de mayo de 1937. Desde la óptica del esfuerzo de guerra, se había perdido un tiempo que nunca más pudo recuperarse.

Esto no significa en modo alguno que en la época se ignoraran los problemas. Se conocían y, lo que es más, se exponían abiertamente.

21. El 26 de agosto había escrito: «Hemos pasado del período del entusiasmo inicial para entrar ya de lleno en el de la organización, sin la cual no habrá modo de proseguir con éxito la guerra. Y no hay organización posible sin mando único».

Un ejemplo de ello se encuentra en el manifiesto de los diversos partidos del Frente Popular que apareció a finales de septiembre. Iba firmado por la Comisión Ejecutiva del PSOE, por el Comité Central del PCE y por los comités nacionales de Izquierda Republicana y de Unión Republicana. Se pronunciaba en tonos épicos a favor de la unión sagrada de todas las fuerzas antifascistas, la prioridad absoluta que debía darse a la necesidad de ganar la guerra, el mando único y la coordinación total, en una sola disciplina. Una de sus rotundas afirmaciones ilustraría los carteles de la imaginativa propaganda que siempre esmaltaron la España republicana. En tonos heroicos proclamó: «¡Madrid debe ser y será la tumba del fascismo!» (*ABC*, 23 de septiembre). La evolución ulterior se encargó de demostrar la distancia entre los buenos deseos y la dura realidad de los intereses partidistas.

Combinaciones diplomáticas

Los cambios de énfasis internos se vieron acompañados de tonos más enérgicos en el plano de la acción exterior.[22] Los interrogantes eran múltiples. Sobre algunos se podía influir, sobre otros no. Por ejemplo, no cabía influir con seguridad de éxito sobre el estrechamiento del dogal de la no intervención. También era imposible evitar o frenar los suministros fascistas a los sublevados, que continuarían realizándose sin interrupción.

Una gestión del nuevo ministro de Estado, Álvarez del Vayo, demostró que el Gobierno sabía lo que estaba en juego. En conversación con el encargado de negocios de S.M. en Madrid el 7 de septiembre, apeló al sentido del *fair play* del Reino Unido. La izquierda española siempre había apostado por la amistad británica. España se había comportado responsablemente durante la crisis de Abisinia y apoyado las posturas de Londres (por lo cual Roma se desquitaba entonces). El embargo sobre los armamentos afectaba sólo al Gobierno republicano. Los

22. Poco antes de asumir la cartera Prieto se había pronunciado al respecto: «Tenemos derecho, quienes aquí resistimos la acometida del fascismo, a la solidaridad de la democracia del mundo entero. Pero no a una solidaridad platónica que tiene por objetivo meros mensajes de simpatía, sino a una solidaridad que se traduzca en apoyos efectivos [...] Vencerá quien disponga de más elementos modernos de combate. Que no se nos nieguen a nosotros aquellos a que moral y legalmente tenemos derecho» (Gibaja, p. 136).

sublevados recibían ayuda del Tercer Reich y de Italia, sin contar Portugal. La caída de Irún había sido en parte el resultado de la carencia de unas armas que Francia había impedido que llegaran a la República. El Gobierno no podría objetar si se le vencía en lucha leal pero sí protestaba contra una neutralidad que le conducía a la derrota. Estaba dispuesto a llevar a la SdN toda la evidencia documental recopilada sobre la intervención fascista. La gestión no sirvió de nada y ni siquiera obtuvo respuesta, tal y como decretó Eden. Uno de los diplomáticos británicos que comentó el telegrama de Madrid indicó lo que podría considerarse el tipo de valoración que terminaría sellando el destino de la República:

> Las consecuencias políticas de dar al Gobierno legítimo las facilidades a las que sin duda alguna tiene derecho son tan graves que no cabe correr ningún riesgo (DBFP, nota al doc. 172).

Es difícil encontrar constancia de un planteamiento que no sé si cabe caracterizar como cínico o como ejemplo torcido de *Realpolitik*.

La visita a Londres de un enviado de los rebeldes, el marqués de Merry del Val, ofrece un interesante patrón para continuar auscultando las opiniones del Foreign Office. Sir Robert Vansittart no le recibió, pero sí lo hizo uno de sus funcionarios. Merry del Val explicó que el Gobierno provisional (la JDN) no había contraído obligaciones con ninguna potencia extranjera, no era fascista y deseaba mantener buenas relaciones con Francia y el Reino Unido como en el pasado. Advirtió, no obstante, que si no encontraba el ansiado eco no tendría más remedio que estrechar relaciones con los países que le eran más favorables. Se quejó de la postura francesa y denunció las ventas de oro que les dejarían sin fondos cuando tomasen Madrid. Este episodio dio pie a un comentario obvio. Los rebeldes necesitarían ayuda en cuanto ganaran, pero también la necesitaría el Gobierno republicano si prevalecía. La pedirían, claro está, a quienes les hubiesen ayudado. No estaría, pues, mal hacer algún sondeo de cara a los rebeldes. En consecuencia la línea era continuar con la política de no intervención y pensar en la posibilidad de una apertura hacia las autoridades burgalesas.[23] Para los analistas británicos del servicio de inteligencia militar,

23. Este episodio se describe en el expediente «Spanish Revolt: Question of Great Britain's Relations with Future Spanish Government», 9 de septiembre de 1936. TNA: FO 371/20538.

el futuro, fuese en el lado rebelde o en el gubernamental, se presentaba inestable. En el primer caso, podría haber roces entre los militares y los medios fascistizados que les financiaban. En el segundo, los cortes eran profundos entre los socialistas, los sindicatos, los comunistas y los anarquistas. A ello se añadían las tendencias catalana y vasca en búsqueda de independencia (Informe n.º 2, TNA: HW 22/1). La idea era clara: no había que hacer experimentos.

Era, por lo demás, la época en que el *Journal Officiel* francés publicó (8 de septiembre) la noticia de que el tránsito y la reexportación de armas, municiones y material de guerra hacia España quedaban prohibidos. La preparación de la nota había sido efectuada por los servicios del Quai d'Orsay conjuntamente con los de Auriol (DDF, III, doc. 236). Jules Moch, desde la Secretaría General de la Presidencia del Gobierno, se había preocupado de consultar cuál era el Ministerio que lanzaba la iniciativa. Correspondía a Exteriores. «*Hélas!*», escribió (CHAN, 552 AP 22). Con ello se cerraba reglamentariamente el dogal que había empezado a aprisionar a la República desde hacía un mes. Jiménez de Asúa describió el contexto en su informe del 20 de septiembre:

> Desde hace cuatro días, el tránsito que estaba permitido se prohíbe ya. Auriol, que es uno de los denodados defensores de España, ha detenido durante diez días las exigencias de Daladier, a su vez presionado por Inglaterra, para que prohibiera el tránsito y por fin no ha tenido más remedio que dictar la disposición correspondiente. Por otra parte, Pierre Cot, que hasta unas semanas nos permitía la salida de aviones se ha vuelto en estos últimos días un enemigo más. En orden al Gobierno francés, yo creo que todo está ya concluido y a mí me parece urgente que el embajador nombrado [Araquistáin] [...] venga enseguida para que una nueva voz en términos más duros y más autorizados pueda hacer saber al Gobierno francés la responsabilidad en que está incurriendo.

Ya el 15 de septiembre (la víspera había tenido lugar la segunda reunión del Comité de No Intervención) el Gobierno Largo Caballero se dirigió a los encargados de negocios de Alemania, Italia y Portugal. Constató que desde el inicio de la rebelión militar se habían acumulado pruebas de que los sublevados gozaban de una ayuda continua de los dos primeros países. Se plasmaba, lo cual era cierto, en el envío de armas, municiones y personal. También se reflejaba, en el tercer caso, en la colaboración que prestaban las autoridades en el plano de los aprovisionamientos y del tránsito del material extranjero hacia las fuerzas rebeldes. Ésta era, igualmente, una afirmación correcta.

Hay detrás de las notas que se enviaron a las embajadas de las potencias fascistas una historia que no está todavía elucidada ya que la documentación correspondiente no ha salido a la luz. El consejo había preparado unos borradores iniciales de extrema dureza. Los ministros eran conscientes de ello hasta el punto que no fueron comunicados a Azaña pero éste se enteró de su tenor por explicaciones que le dieron el propio Álvarez del Vayo y el cónsul general en Londres, Miguel Álvarez Buylla, a la sazón en Madrid. El presidente de la República pidió entonces que se le mostraran. Sólo se conoce su impresión: eran, prácticamente, dos ultimátums. Azaña llamó al ministro de Estado y a Largo Caballero y les pidió que las reconsideraran en el consejo. Preguntó si querían, acaso, declarar la guerra a Alemania e Italia (Azaña, 1990, pp. 207-209). Los ministros reconsideraron el tono de los borradores y optaron por reducirlo considerablemente. El resultado fue nulo.

En retrospectiva se trató, posiblemente, de un error. Nadie estaba para entonces interesado en alimentar una chispa que pudiera encender un fuego internacional, pero la República se jugaba su supervivencia. Azaña no alicató lo suficiente hasta qué punto las potencias democráticas estaban dispuestas a no ayudar. Deseoso de mantener, a toda costa, una actitud responsable y constructiva dejó pasar una oportunidad única. En aquellos momentos de entrada en actividad del nuevo Gobierno, una postura conminatoria hacia Alemania e Italia o no hubiese tenido resultados (con lo cual su efecto no hubiera sido otro que el de mostrar una extraordinaria bisoñez que hubiese hecho sonreír en las cancillerías) o encrespar a Hitler y Mussolini, tal vez induciéndoles a pasos más agresivos. Es, lo sabemos, un escenario contrafactual pero, apegada a las buenas formas y pautas de comportamiento internacional, la República no evitó la derrota.

Al día siguiente, cuando la primera expedición de oro llegaba a Cartagena, Álvarez del Vayo remitió una nota a las restantes representaciones diplomáticas de los países que participaban en el CNI. El ministro se preguntaba si los Gobiernos respectivos se daban cuenta de que el embargo sobre la exportación de armas a la República, «y la tolerancia de hecho de una intervención directa de parte de Italia y Alemania a favor de los facciosos», creaban un precedente de extrema gravedad para el orden internacional. La nota solicitaba la eliminación del embargo y la prohibición del suministro de material de guerra a los rebeldes. Era todo muy correcto pero insuficiente.

En consecuencia, el gabinete Largo Caballero no indujo una reorientación fundamental de la política exterior republicana. Tomó, eso sí, medidas más activas que el precedente y se adaptó, bien que mal, a unas circunstancias externas en proceso de cambio. El mismo 16 de septiembre, por ejemplo, se aprobó el decreto que creaba la embajada en Moscú. Evidentemente, se trataba de responder al paso previo dado por la Unión Soviética pero no cabe duda que detrás de tal acción se albergaban propósitos más operativos que los que entonces se dieron a conocer en la exposición de motivos.[24]

Zugazagoitia, en prosa inigualable, describió (pp. 137s) el ambiente que se respiraba en Madrid:

> Claras ya las ayudas importantes que el enemigo recibía de Italia y Alemania, que le facilitaban material y hombres; negados los apoyos que teníamos derecho a esperar de las potencias democráticas, con una de las cuales habíamos suscrito un tratado de comercio por el que nos obligábamos a comprarle material de guerra, que en el momento en que nos era más necesario se negaba a vendernos, se hacía forzoso, como último recurso, pensar en Rusia, para tratar con la cual lo primero que necesitábamos era tener relaciones diplomáticas que no las teníamos [...] Acudimos a su amistad cuando nos sentimos desahuciados de las que con más intensidad habíamos cultivado. La República española no se había hecho de la noche a la mañana comunista. Mucho más simple: el instinto de conservación la empujaba inexorablemente hacia la URSS [...] Rusia era [...] nuestro único asidero.

La descripción era absolutamente exacta. Como en tantas otras ocasiones Zugazagoitia, en pocas palabras, dio en el clavo y penetró hasta el corazón mismo de la situación. En qué medida se sabía en Ma-

24. Decía así: «En momentos en que España inicia una nueva estructuración de su vida político-social, inspirándose en anhelos que responden al concepto de libertad y renovación, estima el Gobierno de la República indispensable no sólo mantener y fomentar sus relaciones internacionales sino estrecharlas con otras democracias afines, entre las cuales es uno de sus más altos exponentes la Unión de Repúblicas Socialistas Soviéticas. Identificado, por otra parte, el Comité central ejecutivo de la URSS en los mismos ideales de paz y progreso, por cuya consecución viene laborando, ha dado forma tangible al reconocimiento mutuo de ambos Gobiernos y designado su embajador extraordinario y plenipotenciario».

drid cómo avanzaba el proceso soviético de preparación de la ayuda no está documentado por el momento, a no ser que se recurra a los poco fiables recuerdos de Orlov.[25] Según afirma, hacia el 20 de septiembre fue a ver a Largo Caballero. En el supuesto de que esta entrevista, inverosímil cuando a Orlov ni siquiera se le hacía figurar en el elenco diplomático soviético en Madrid, hubiese tenido lugar, el presidente habría preguntado al agregado militar, Gorev, acerca de la ayuda que Moscú daría a la República pero no obtuvo ninguna respuesta clara. Largo Caballero sugirió que quizá pudieran enviarse a la Unión Soviética jóvenes españoles para que se entrenaran como pilotos. Rosenberg aplaudió la idea (Orlov, p. 216).[26] De ser cierto, era una buena señal, porque en el Reino Unido la actitud era muy diferente.[27] Cuando la embajada en Londres lanzó una idea similar en noviembre los británicos tuvieron una reacción tan gélida que inmediatamente los republicanos desistieron de formalizarla. Para el Reino Unido entrenar pilotos era tomar partido, algo que, en la retorcida ortodoxia de los apaciguadores de la época, no era posible hacer. Al igual que en otros temas, también en éste la cerrazón británica condenó a la República a volcarse del lado soviético.[28]

La sugerencia de Largo Caballero se llevó a la práctica con rapidez. García Lacalle (p. 138) señala que el proyecto de instalar escuelas de

25. En el libro de las hermanas Abramson (pp. 186ss) hay informaciones a tenor de las cuales los españoles estuvieron descontentos de Orlov. También lo estuvo el propio Berzin, quien lo recibió de mala gana y pronto comprobó que el agente de la NKVD se entrometía con frecuencia en asuntos que no le competían.

26. Gazur (p. 57) señala que este intercambio tuvo lugar en la presentación de credenciales (sic) de Orlov y Gorev al presidente del Gobierno, precisión un tanto infortunada. Sólo los embajadores las presentan.

27. Este desconocido tema se alumbra, mínimamente, en TNA: FO 371/20581. Hubo, no obstante, algún que otro curso de aprendizaje en Francia de vuelo elemental (Lario, p. 101). La experiencia costó un dineral y no dio buenos resultados, por lo que se eliminó en cuanto fue posible (Hidalgo de Cisneros, pp. 197s y 236). Es improbable que ya en septiembre funcionase un curso en Cartagena sobre mantenimiento de los bombarderos Katiuska del futuro, como afirma Jesús Salas (p. 173) recogiendo el testimonio de un participante.

28. Quizá no sea preciso subrayar demasiado que la distorsión brutal de todo este proceso es la pieza esencial de la argumentación de Radosh y sus colaboradores en un libro de interpretación mediocre e hipersesgada que el profesor De la Cierva (2003, pp. 21s y 393) califica de «definitivo». En esta obra aludiremos a algunos de sus numerosos errores.

pilotos españoles en la URSS se debió al general «Douglas» Yakob Smushkevich (al igual que la de la fabricación en España de los aviones de caza biplanos I-15, «chatos»),[29] pero esto debió de ser la consecuencia de una idea preexistente en las alturas y que era totalmente razonable. Adelina Abramson (pp. 80s) recoge el testimonio de dos de los jóvenes españoles que fueron en la primera hornada como estudiantes a la URSS (hubo tres). La decisión de montar la escuela se adoptó en diciembre, cuando se hizo una selección en Los Alcázares para el curso de pilotos al que, entre otros, se incorporó Meroño (p. 41). Una nota, sin fecha, establece unos mínimos pormenores de los gastos de instrucción, aprendizaje y entretenimiento de aquellos aspirantes: 1,2 millones de dólares. De éstos, casi 373.000 correspondían a la parte alícuota de explotación de materiales y 783.000 a lo demás. El costo de la instrucción sería, por tanto, alrededor de 6.000 dólares por aspirante,[30] unos 81.000 dólares en valores de 2005.

Por consiguiente, si la alusión de Orlov a la sugerencia de Largo Caballero es correcta, es difícil no pensar que el presidente del Gobierno debería de estar preocupado por saber el destino de las gestiones hechas hacia Moscú por Giral y a las que hasta entonces no se había recibido ninguna respuesta concreta.

En el contexto de una intensificación de la acción exterior se nombraron nuevos embajadores en los puestos más sensibles: París, Londres, Washington, Moscú y Bruselas. Constituían el poliedro dentro del cual se situaba realmente el destino de la no intervención desde el lado que interesaba a la República. Ésta todavía contaba con encargados de negocios en Berlín y Roma, pero estaban aislados y, naturalmente, debían de sentirse en terreno enemigo.

Cada nombramiento tenía su particular historia. El más significativo fue el de París, donde la actuación de los servicios de la embajada estaba resultando caótica. Se eligió a Luis Araquistáin[31] quien presen-

29. Su destino, como el de tantos otros, fue trágico. Detenido en Moscú dos semanas antes de que estallara la guerra con el Tercer Reich, cuando estaba recuperándose de un grave accidente, fue fusilado en octubre de 1941 y rehabilitado en 1956. Fue dos veces héroe de la Unión Soviética.

30. AFCJN: carpeta 24, 1-38. La expedición a que estos gastos se refiere la componían 192 hombres.

31. Javier Tusell ha hecho una excelente presentación de Araquistáin en el volumen de sus escritos. Mi opinión personal sobre él es, sin embargo, bastante negativa. A pesar de su experiencia de embajador (poco más de un año en Berlín, de febrero de

tó sus cartas credenciales al presidente Lebrun el 10 de octubre. Ya en su protocolario discurso señaló que en la España creadora e imperecedera que representaba se abría paso con fuerza una conciencia internacional que hasta el momento sólo existía de forma confusa. Resulta significativo que al comentar el informe del acto, uno de los funcionarios del Foreign Office se sintiera obligado a consignar que «en lo que se refiere al Sr. Araquistáin, intelectual socialista radical, íntimo del Sr. Largo Caballero, ha habido indicios de que su reciente influencia en Madrid ha sido demasiado violenta para el gusto de Moscú» (TNA: FO 371/20568).[32]

En Londres el clima era patético. Muchos de los funcionarios se habían pasado a los rebeldes y algunos habían incluso marchado a Alemania, en donde probablemente informaron de las gestiones republicanas. Habían dejado la contabilidad en una situación calamitosa y a la embajada sin fondos (a finales de agosto sólo disponía de 24.000 libras) (TNA: HW 12/207, BJ066276s). El nuevo embajador, Pablo de Azcárate, ex secretario general adjunto de la SdN, era muy respetado y ya había echado una mano en París. Para Washington se eligió a Fernando de los Ríos, conocedor de los primeros entresijos de la no intervención. En el corto lapso de mes y medio el barbudo profesor, diputado y ex ministro tuvo que dar un salto mental de las orillas del Moscova a las del Potomac.

A Moscú se destinó a Marcelino Pascua, ex director general de Sanidad[33] y diputado socialista, de tendencia moderada y buen amigo de Negrín. Su nombre había sido mencionado en conexión con dicho puesto en el ya lejano año de 1933. No era el candidato del nuevo ministro de Estado y resulta verosímil que Negrín indujera su nombramiento, aprobado en el Consejo de Ministros del 21 (*Gaceta*, 22 de septiembre).[34] Militaba en su favor el que hubiese sido vicepresidente

1932 a mayo de 1933), tenía una visión muy personal y profundamente desenfocada de las relaciones internacionales de la época. De temperamento un tanto violento, sus juicios hay que tomarlos con dos toneladas de sal.

32. También le caracterizó como «un ardiente estudioso del experimento soviético».

33. Suele caracterizársele como ex director general pero fue la categoría de ex subsecretario la que se comunicó a Rosenberg oficialmente.

34. A Rosenberg se le informó del futuro nombramiento el 12 de septiembre a la vez que se le rogó que gestionara con urgencia el correspondiente plácet, cosa que hizo el mismo día: AMAE: legajo 317, E 22640. Esto significa que la decisión respecto a Pascua se tomó casi inmediatamente después de que el nuevo Gobierno se constituyera.

de la Comisión de Asuntos Exteriores de las Cortes y que se hubiese batido por el establecimiento de relaciones diplomáticas.[35] Hablaba bien francés, aunque ni siquiera parloteaba el ruso. Había actuado de intérprete entre Rosenberg y Largo Caballero en alguna ocasión en la que, según recogió más tarde, habían tocado «muchos e importantes temas», entre ellos la cuestión de la ayuda soviética (Miralles, 2003, p. 90), muestra inequívoca de que el nuevo presidente del Gobierno la tenía en su agenda, por mucho que después lo minimizara. Rápidamente se le proporcionó el pasaporte diplomático y una semana más tarde se encaminó hacia la URSS. Sus primeros despachos se reproducen en el apéndice documental. Las instrucciones que llevaban eran rotundas: promover por todos los medios posibles la ayuda.[36] En el Estado Mayor Central se le proporcionaron las últimas noticias militares. No eran buenas.

Pascua llegó a Moscú el 7 de octubre.[37] El mismo día telegrafió que la recepción había sido muy cordial, como también lo había sido en Leningrado. Se albergó de entrada en el hotel Nacional.[38] Según informó lord Chilston el 16, en la estación moscovita le esperaban Krestinsky y tres altos cargos del NKID, así como representantes del Comisariado de Defensa, de la guarnición, del sóviet de la capital y de la Sociedad para Relaciones Culturales. Por el contrario, al nuevo embajador italiano, Mario Rosso, que también llegó el mismo día, sólo le recibieron tres humildes funcionarios. En la misma noche Pascua dio una primera conferencia de prensa. Indicó que los progresos de los rebeldes se explicaban por el apoyo que recibían del exterior pero no mencionó a ningún país en particular ni tampoco se refirió a la no intervención.

35. Referencias biográficas en el anexo del despacho de lord Chilston del 16 de octubre de 1936 (TNA: FO 371/20568), a su vez tomadas de la prensa soviética de la época.

36. Kowalsky (p. 44) las ha reproducido. Silencia las visitas al Estado Mayor. A este autor y a Payne (p. 247) parece molestarles que las instrucciones no hubieran sido más concretas. En un ejemplo francés, cabe recordar que cuando por primera vez se envió a Moscú a un agregado militar (en el marco de una operación de amplios vuelos) las instrucciones que recibió de las autoridades políticas parisinas, presidentes de la República y del Gobierno, no fueron mucho más precisas (Guelton, p. 68).

37. A efectos administrativos se consideró que tomó posesión de su destino el 1 de octubre. Saiz Cidoncha (p. 235) aduce que la llegada de Rosenberg coincidió con la presentación de credenciales de Pascua.

38. AMAE-AB: 8/telegramas/caja 164.

Presentó credenciales el 9 y al día siguiente Molotov, en su calidad de presidente del Sovnarkom, le ofreció una cena, honor que hasta entonces no se había otorgado a ningún embajador. Todos los líderes soviéticos más conocidos estuvieron presentes, salvo Stalin y Kalinin que se encontraban fuera. Lord Chilston informó que fue también la primera ocasión en la que el nuevo comisario de Interior, el temido Yezhov, se mostró en público estando un extranjero presente (TNA: FO 371/20568).

Finalmente, a Bruselas fue a parar un abogado de prestigio: Ángel Ossorio y Gallardo, quien describió en sus memorias el ambiente mefítico que encontró en la capital belga. Sus comentarios sobre Paul-Henri Spaak, el ministro de Asuntos Exteriores, «tan adornado de las cualidades socialistas como yo de una misión apostólica en Indochina», son hirientes ya que, al parecer, «era todo desvío y menosprecio para España» (p. 235).

Álvarez del Vayo aprovechó la reunión anual de la Asamblea General de la SdN para denunciar la no intervención. La víspera de su discurso se preocupó de anticipar a los británicos sus líneas maestras. Se encontró con que sus interlocutores le echaban a la cara las ejecuciones irregulares que tenían lugar en Madrid (DBFP, doc. 246). En esta reunión bilateral se defendió como pudo. Más tarde, ante la Asamblea, y a pesar de las pruebas documentales que aportó y que evidenciaban la ingerencia activa con hombres y material de la Italia fascista, sus apasionados alegatos no tuvieron resultado alguno (Berdah, p. 258s). La SdN no era el foro en el que pudiera arrancarse a la comunidad internacional las posturas que rehuían sus miembros más importantes, aunque fuese, como afirma Beevor (p. 200), por «responsable pragmatismo». Ossorio, que acompañó a Del Vayo, dejó en sus memorias la constancia poco diplomática de que se trató de «una de las más descaradas comedias que he presenciado».

¿Qué hacer ante la soledad que iba envolviendo a la República? ¿Rendirse? ¿Abrazar el combate? El Gobierno no lo dudó y apostó claramente por la segunda alternativa, como se indica en el siguiente capítulo.

8

Franco y Stalin dan un paso al frente

Con independencia de las medidas que hemos indicado en el anterior capítulo, a finales de septiembre de 1936 algunos de los dirigentes republicanos más expuestos a las realidades internacionales tuvieron la impresión muy vívida de que las cosas iban mal. Significativo en este aspecto es un telegrama, descifrado por los británicos, que envió el consulado norteamericano en Ginebra al Departamento de Estado el día 29. El cónsul se hizo en él eco de una confidencia que le había transmitido uno de los ministros, que no identificó, asistente a la reunión de la Asamblea General de la SdN y que era amigo de Álvarez de Vayo. Éste le habría dicho que la guerra estaba perdida y que la captura de Madrid era sólo cuestión de días. Poco antes, el 19, el mismo cónsul había informado que, al parecer, los rebeldes estaban preparándose para la eventualidad de tener que enviar una delegación, al frente de la cual iría Quiñones de León. Esto hubiese colocado a la SdN en una posición difícil (TNA: HW 12/208, BJ066582).

Otro indicio: el 21 el ministro Giner de los Ríos, titular de la cartera de Comunicaciones, pero que se había hecho cargo de la de Estado cuando Álvarez de Vayo viajó a Ginebra, manifestó en tonos pesimistas al encargado de negocios alemán que cuando regresara de Alicante, adonde la embajada iba a trasladarse, no encontraría sino piedras y cadáveres en Madrid, «porque estaremos enterrados bajo los escombros de la ciudad» (ADAP, doc. 85). El propio presidente de la República (Azaña, 1990, p. 209) creía que la «victoria es una ilusión» y que lo que se imponía era tratar con Franco, a través de una mediación y luego mediante un plebiscito. Ahora bien, algunos políticos con quienes abordó la cuestión le replicaron: ¿quién se lo decía a la gente?

Azaña pensaba melancólicamente que se trataba del único camino.[1] Su análisis de la desesperada situación de la República era correcto. Su salida, no. Es poco pensable que Franco se hubiese avenido a una mediación incluso en el caso de que le hubiesen ido mal las cosas. Pero es que le iban, por el contrario, de viento en popa. Contaba con la ayuda de las potencias fascistas en tanto que la República se veía aislada. ¿Para qué negociar? Morel, por su parte, reconoció que sólo los socialistas de izquierdas y los comunistas eran partidarios de la resistencia a toda costa y que los moderados y los republicanos *estrictu senso* se habían quedado en Madrid por temor a que pareciera que huían (telegrama de 28 de septiembre).[2]

La preocupación de los republicanos se habría puesto al rojo vivo caso de haber podido descifrar las comunicaciones italianas. Por ellas hubieran podido colegir que sus más negros temores estaban bien fundados. En este capítulo examinaremos dos aspectos centrales de la dinámica política y militar de la guerra civil: el descarnado espaldarazo dado por Franco a los planteamientos de sus aliados italianos y la decisión de Stalin de abrir la espita para que se pusieran en práctica los planes que ya se habían preparado en Moscú.

Franco se presenta como jefe del Gobierno

En el mes de septiembre de 1936 fueron apilándose rápidamente sobre la mesa de los decidores londinenses las pruebas de la dinámica a que obedecía la ingerencia de Mussolini en España, tanto en el plano militar[3] como político. Los telegramas interceptados dieron cuenta

1. Entre las personalidades a quienes comunicó sus reflexiones figuraban Julián Besteiro y Felipe Sánchez Román, quienes se mostraron de acuerdo. A Prieto la idea le pareció irrealizable. Álvarez del Vayo rechazó la idea tajantemente. Araquistáin hizo una mueca de extrañeza en cuanto le oyó. Ossorio y Gallardo afirmó que «si no hay victoria, no queda más recurso que morir».

2. En aquellos momentos Morel pensaba que el árbitro de la situación sería posiblemente la CNT, indecisa entre una resistencia desesperada o el pacto con los sublevados. De su análisis tiene importancia el que no destacase para nada el factor comunista.

3. Un ejemplo entre muchos: en el vapor *Aniene*, que zarpó el 15 de septiembre, se enviaron a Franco 12 aviones CR-32, 10 RO-37, 500 bombas incendiarias de 20 kg y otras de pesos inferiores, 150.000 cartuchos, 5 toneladas de aceite de ricino y 300 kg de grasas. Le había precedido otro envío el día 7 (TNA: HW 12/207, BJ066364s).

con gran detalle de los envíos, con frecuencia en respuesta a peticiones específicas de Franco. Los analistas del Gobierno de S.M. pudieron basarse en datos precisos sobre expediciones y puertos de destino (Vigo y Lisboa), material (aviones, bombas, munición, etc.), incidentes acaecidos a los suministros, detención por parte republicana de al menos un aviador, contraprestaciones económicas de los rebeldes (exportaciones de mineral de cobre). No es de extrañar que en Londres se considerara que los sublevados tenían la superioridad aérea y que ello se reflejaba en la frecuencia con que tomaban la iniciativa, en tanto que los gubernamentales utilizaban sus aviones con fines esencialmente defensivos.

El desciframiento reveló también las consideraciones políticas que iban formulándose en Roma y las reacciones de los sublevados. Así, por ejemplo, el 14 de septiembre el Ministerio telegrafió a De Rossi para que recordara a Franco que no debía olvidarse de los aspectos sociales de su movimiento y que era preciso que hiciese un esfuerzo para ganarse el corazón de los españoles. Había que distanciarse todo lo posible de un «pronunciamiento» militar clásico y dar la impresión a otros países de que la «revolución nacional» era cosa de todo el pueblo y que se desarrollaba en beneficio de todos.[4] En definitiva, De Rossi debía entrevistarse con Franco. Era una misión delicada. De no llevarse a cabo con tacto el general podría pensar que desde Roma se le trazaba, o quería trazársele, una determinada línea de conducta. Cuando, meses más tarde, Rosenberg se permitió dar ciertos consejos a Largo Caballero, el presidente del Gobierno le respondió fríamente.

De lo que en su fuero interno Franco pudiera pensar ante las incitaciones italianas no sabemos demasiado. Pero sí conocemos su comportamiento. De Rossi habló con él durante una hora el 20 de septiembre. Lo hizo en el más estricto secreto, en Sevilla, a bordo del cazatorpedero que le había trasladado a la Península y al que Franco

4. Esta expresión se encuentra en el informe número 4 del AIS. El original figura en DDI, V, doc. 58. La carrera política y administrativa de De Rossi se expone en Heiberg, pp. 53s. Es curioso que los historiadores conservadores que han puesto el grito en el cielo ante las recomendaciones que Stalin y sus verdugos hacían a la República no hayan dicho mucho sobre las que los italianos hacían a Franco. Bolloten (p. 1110), por ejemplo, ni siquiera menciona la existencia de los DDI en una extensa bibliografía de casi setenta páginas. Esto es consistente con su orientación metodológica, por lo menos extraña, de abordar una situación de guerra centrándose en prácticamente sólo uno de los bandos.

acudió so pretexto de una visita de cortesía. Los detalles los había arreglado unos días antes.[5] Nadie estuvo al corriente de ello y en la reunión únicamente participó Queipo de Llano. De Rossi expuso las ideas italianas. Franco, ¡qué casualidad!, respondió que coincidían exactamente con las suyas. Es importante subrayar esta circunstancia. Imaginemos los alaridos de los profesionales del anticomunismo y del anti-republicanismo si se encontraran declaraciones de tal tenor por parte de Largo Caballero, de Prieto, de Álvarez del Vayo o, ¡horror de los horrores!, de Negrín ante un emisario de Stalin. De seguro que serían aducidas como prueba irrevocable e incontrovertible de que los socialistas pretendían uncir la República al yugo del Kremlin.

Tan interesante o más es que, en segundo lugar, Franco aprovechó la ocasión para proyectarse como la suprema encarnación de la autoridad entre los sublevados. Si la entrevista tuvo lugar el 20, como los británicos intuyeron al identificar los movimientos del barco que transportó a De Rossi, se adelantó un día. Fue el 21 en efecto cuando la JDN discutió, y aprobó en principio, su nombramiento como «Generalísimo», aunque todos los participantes se comprometieron a mantener la decisión en secreto (Fernández Santander, p. 90). Pero el rebelde general no dejó pasar la ocasión de autoerigirse como un mini-Duce ante su interlocutor italiano y señaló que ya en la última reunión que había tenido con «sus ministros» (sic) tal era precisamente el programa que les había dado a conocer.[6] Éstas son, no hay que enfatizarlo demasiado, declaraciones sorprendentes. No había Gobierno (no lo era la JDN), el futuro —o reciente— nombramiento había sido acogido con cierta frialdad y, naturalmente, tampoco había ministros. Las reticencias y cautelas de Franco en incorporarse a la conspiración (y que ocultaron los primeros «historiadores» —soldados, periodistas y policías— del régimen victorioso) formaban parte de un pasado remoto.[7] Para De Rossi el que Queipo, quien tenía una relación difícil con Franco (Preston, 2002, p. 199), no dijese palabra debió de ser con-

5. Los británicos interceptaron la comunicación, de la que podía colegirse que se trataba de algo realmente importante (TNA: HW 12/207, BJ066385s) e identificaron un navío italiano, el *Pancaldo*, que llegó el 20 al mediodía y se marchó el 21 por la mañana.

6. Esto podría indicar que la entrevista con De Rossi se celebró algo más tarde y que el navío italiano no fue el *Pancaldo* sino otro.

7. Su minucioso desvelamiento es uno de los méritos de la reciente obra de Rodríguez Jiménez (pp. 210-224).

firmación adicional de que Mussolini había encontrado el aliado perfecto.

Franco aprovechó la ocasión para agradecer otra vez al Gobierno italiano y al Duce «la amplia ayuda moral y material otorgada a su país, que intentaba ligar con el nuestro, manteniendo el orden y una paz romana en el Mediterráneo contra cualquier invasión del bolchevismo». De Rossi preguntó sobre cómo iban las hostilidades. Franco respondió que se desarrollaban según estaba planeado. Se evitaban las maniobras tácticas apresuradas y se apuntaba hacia el ataque contra Madrid. Pensaba tomar la capital hacia finales de octubre, cuando la preparación de las tropas estuviese completa. No albergaba la intención de hacerlo después porque no estaban equipadas para resistir el invierno. Añadió:

> Tenía información de que los soviéticos estaban preparando en el mar Negro una gran cantidad de envíos militares que llegarían a los puertos españoles del Mediterráneo hacia mitad de octubre y que abundantes suministros habían llegado recientemente de México.

Esta afirmación es extremadamente significativa. Adelantemos que los hechos ulteriores la corroboraron. Ahora bien, todavía a mitad de septiembre los soviéticos no estaban moviendo nada en el mar Negro, a no ser que se tratara de transportes de combustible. Franco podía jugar de farol o revelar información confidencial que hubiese obtenido por fuentes que, por desgracia, ignoro. Desde luego, no parecía estar excesivamente preocupado, según se desprende de su peculiar argumentación:

> Para prevenir que ello ocurra [...] confiaba mucho en poder utilizar el crucero *Canarias* tan pronto como fuera posible. [...] Completaría pronto su dotación de armamento. Le pregunté si su tripulación estaría en condiciones de utilizar armas modernas. Me aseguró que no tenía la menor duda.[8]

Era ser un tanto optimista. Por muy eficaz que fuese el *Canarias* es difícil que, por sí solo, hubiese podido interrumpir los eventuales su-

8. La información sobre la entrevista Franco-De Rossi, que no suele abordarse en la literatura, se encuentra en TNA, HW 12/207, BJ066419, y aparece en DDI, V, doc. 97. El telegrama de De Rossi lleva la fecha del 23 de septiembre. Por si las moscas, los italianos enviaron personal cualificado, que el propio cónsul había sugerido (Coverdale, p. 107).

ministros soviéticos. También en esto Franco hubo de depender de la ayuda generosa que le proporcionaron las potencias fascistas y, en particular, Italia. No lo ocultó en ningún momento. Sabía por el representante de los sublevados en Roma, almirante Magaz, que los italianos habían estado debatiendo acerca de la posibilidad de que sus submarinos cooperasen con la aviación en España para atacar y dejar fuera de combate a los barcos de guerra republicanos. Éstos molestaban las comunicaciones con Marruecos y aseguraban la lealtad de los puertos y ciudades de la costa al Gobierno de Madrid. Así, pues, Franco quedaría muy agradecido a Italia si tal ayuda pudiera realizarse tan pronto como fuese posible. Aquí se encuentra uno de los gérmenes de la idea que lanzó a los submarinos italianos, meses más tarde, contra los buques soviéticos y de otras nacionalidades que transportaban pertrechos y víveres para la República.

En resumen, a mitad de septiembre Franco se lanzaba a una escalada hacia la cúpula. Estaba dispuesto a hacer todo lo que fuera necesario. Incluso hasta reducir la presión sobre Madrid, a pesar de lo que consideraba inminente ayuda soviética a la República. El desvío hacia Toledo, que más adelante impuso, ha de interpretarse esencialmente no en clave militar, sino política. De Rossi se permitió sugerir, dado que tales planes eran ya objeto de consideración, si no sería mejor ponerlos en práctica enseguida, «con el fin de decidir rápidamente una lucha que, por razones de política internacional, pero sobre todo por la salvación de la propia España, no debería prolongarse demasiado». Esta frase reflejaba sin duda el deseo italiano de liquidar la intervención antes de que surgieran complicaciones. Para el cónsul la utilización de una gran fuerza no conllevaba muchos riesgos pues las unidades navales republicanas eran escasas y se encontraban muy desorganizadas tras la rebelión de sus tripulaciones.

Por el lado alemán, el teniente coronel de Estado Mayor Walter Warlimont (no general, como afirma De la Cierva, 2003, p. 482), quien se haría famoso durante la segunda guerra mundial, estaba ya acreditado ante Franco, aunque todavía de manera informal. Berlín no había tardado mucho en enviar a la zona rebelde personal militar de la más absoluta confianza y ello porque la intervención crecía casi automáticamente. Los aviones de caza disponibles recibieron repuestos y quedaron como nuevos. Hacia finales de septiembre llegaron diez aparatos más con media docena adicional de reserva. La escuadrilla nazi actuaba en todos los frentes. Franco recibió también artillería antiaérea pesada, técnicos en comunicaciones, especialistas de la Marina y los primeros contingentes del Ejército de Tierra. Se trataba de un grupo blindado con 41 tanques en dos compañías, una de transporte, piezas de artillería y 120 soldados. Al frente de los tanquistas figuraba el teniente coronel Wilhelm von Thoma. Las unidades de infantería estaban mandadas por el coronel de EM, y posterior agregado militar, barón Hans von Funck, que había sido ayudante del jefe del Ejército de Tierra, general Werner von Fritsch. Cerca de medio millar de soldados alemanes actuaban en la España rebelde. No eran muchos pero sí altamente cualificados (Merkes, pp. 67-69). Teniendo en cuenta los efectivos italianos cabría pensar que para entonces Franco disponía de, por lo menos, un millar de soldados de las potencias fascistas amén de un *stock* de armamento que crecía rápidamente. Al ya acumulado a finales de agosto, y que hemos indicado en el anterior capítulo, habría que añadir el chorro de septiembre. Se había configurado un proceso que sólo apuntaba en una dirección: hacia arriba.

Obsérvese que todo esto había ocurrido antes de que Stalin terminara de deshojar su propia margarita. Ello traducía la diferente dinámica de las intervenciones extranjeras: dados el dinamismo y la agresividad de las potencias descontentas con el estatu quo en las relaciones intraeuropeas, el conflicto español deparaba la posibilidad de obtener ganancias geopolíticas y geoestratégicas de cierta importancia. El caso no estaba tan claro desde el punto de vista de los intereses de seguridad soviéticos y no es de extrañar que, a la par que empezaban a hacerse algunos preparativos, Stalin procediera cautelosamente. El Gobierno republicano, por su parte, no podía hacer demasiado salvo invocar la necesidad de una ayuda política y de suministros que no encontraba ni en el Reino Unido ni en Francia (aunque algunos destellos sí había en esta última) y azuzar, en lo posible, para que la Unión Soviética saliera de su compás de espera.

Nada de esto corresponde a una reconstrucción abstracta *a posteriori*. Ya en la época abundaban las pruebas de la retracción franco-británica, de la cautela soviética y de la agresividad fascista. Los analistas militares británicos, por ejemplo, tenían muy claro que los italianos sólo iban a defender la no intervención de boquilla. Ni se adherían a sus principios ni lo harían tampoco en el futuro inmediato. En cuanto al balance de fuerzas, el informe número 3 del AIS indicó a mitad de septiembre que los republicanos disponían de unos 85 aparatos, de los cuales únicamente 13 bombarderos y 24 cazas eran de nivel moderno.

En el caso de los sublevados las cifras ascendían a unos 107, 39 y 32, respectivamente. Por el lado gubernamental, la carencia de pilotos se hacía sentir agudamente. García Lacalle (pp. 23 y 124s) combina ambos elementos: con escasez de buenos pilotos, la superioridad de los Fiat 3-32, Heinkel 51 y Junkers 52 sobre los mal armados y con frecuencia viejos aviones republicanos iba haciéndose cada vez más evidente. Los británicos se fijaban en lo que hacían otros países. En el caso de Francia, no tenían evidencia alguna de que rompiera la no intervención. No se habían identificado pilotos o mecánicos franceses. De la Unión Soviética no se decía, por supuesto, una palabra. A finales de septiembre, el AIS recogía una elevación del nivel de eficacia en la gestión republicana de los asuntos militares y, significativamente, señalaba: «Esto presagia a su vez una resistencia mucho más enconada a las embestidas de los rebeldes que lo que generalmente se cree». La defensa de Madrid, afirmaron, dependería en gran medida de los flujos de suministro de material de guerra moderno. Si se recibía, la capacidad de aguante aumentaría considerablemente. Era una anticipación analítica que encontraría adecuada plasmación pocas semanas más tarde.

Los expertos del Reino Unido no dudaban en explicar en gran medida el rápido avance de los sublevados por la superioridad aérea de que disfrutaban. En el otro bando, una visita al frente del agregado militar norteamericano le había permitido comprobar un alto grado de «confusión, indisciplina y desmoralización» como consecuencia de los fuertes bombardeos a que se habían visto sometidas las fuerzas. En las operaciones transcurridas los sublevados habían hecho uso abundante de los aparatos que les suministraban las potencias fascistas. A modo de ilustración se ofrecía el siguiente estadillo:

Cáceres: 1 Douglas; 3 Junkers; 4 S. 81 y 10 CR-32
Sevilla: 3 S. 81; 5 CR-32; 10 Junkers y un hidroavión
Palma: 3 S. 81; 3 Macchi 41 y 3 S. 55
Coruña: un hidroavión
León: 4 Breguets; 3 Junkers; 4 Fokker y una avioneta
Tetuán: 4 Breguets; 3 Junkers y 3 Fiat CR-20
Logroño: 2 Fokkers; 3 Breguets y 1 Dragon

Reflexiones en Moscú y Sochi

En septiembre de 1936 fue poco a poco levantándose un clamor de entusiasmo. Si bien Franco había dado su paso al frente, la República dejó de estar sola. Según Castells (pp. 58s) parece ser que Rosenberg, tras el cambio de Gobierno en Madrid, sugirió la formación y envío a España de una fuerza bien organizada, con mandos adiestrados por la Comintern y provista de armas eficaces. De ser cierto, hubiera respondido a un análisis de la situación sobre el terreno pero que enganchaba con las reflexiones que ya en Moscú se habían iniciado a finales de agosto. Que tal informe, si existió, tuviera algún peso en las decisiones del 16 y 19 de septiembre de la IC, es verosímil. Enriquecería los preparativos que su Comité Ejecutivo ya había lanzado.

Lo importante, en nuestra opinión, es que el Gobierno republicano no tardó en tener constancia de que, con el apoyo de la URSS, estaba en preparación una ayuda internacional efectiva. Castells menciona un viaje del secretario general del PCF, Maurice Thorez, a España donde sostendría entrevistas con líderes políticos y militares republicanos y con los miembros de la embajada soviética. Otros documentos, utilizados por Serrano (p. 61), muestran que en el mes de septiembre André Marty estuvo también en Madrid. Evidencia documental exhumada por Skoutelsky (pp. 53s) indica que este último, apoyado por ciertos expertos (entre ellos Vital Gayman),[9] había puesto en marcha un plan en Moscú que comunicó a José Díaz, secretario general del PCE, y a Antonio Mije, enlace con el Ministerio de la Guerra. Lo que nos interesa es subrayar que hacia finales de septiembre, por uno u

9. Consejero municipal comunista de París, oficial de la reserva, será más tarde el jefe de EM de las BI bajo el seudónimo de «Vidal» (Serrano, p. 52). Fue uno de los expertos que en agosto visitaron España. Aunque Skoutelsky también menciona la participación de Manfred Stern ésta parece ser inexacta. Según Brun-Zechowoj (pp. 70s) Stern llegó a Madrid el 10 de septiembre como asesor militar del Comité Central del PCE, empezó a hacer sus primeras armas en el Quinto Regimiento, visitó los frentes e incluso fue a Toledo. Estos datos están tomados del informe que Stern escribió a Manuilski, secretario del Comité Ejecutivo de la Comintern, quien le había enviado a España. Se ha reproducido en Radosh *et al.*, doc. 60. La escasa credibilidad de Martínez Amutio (pp. 20s) se muestra en que no lo identifica como el futuro general y que indica que su llegada se hizo «a primeros de julio», un mundo totalmente diferente. Según tal memorialista, Stern fue el primero en recomendar el envío de material.

otro conducto, los líderes republicanos debieron de saber oficialmente acerca de la ayuda que estaba en vías de preparación. Conviene destacar este extremo porque, como veremos posteriormente, no supieron de antemano si y cuándo iban a arribar soldados y material soviéticos. Otra cosa es que, según ha revelado Serrano (p. 56), las llegadas de voluntarios a España fuesen muy limitadas. Entre el 11 de septiembre y el 10 de octubre, un período clave, atravesaron la frontera por Cerbère sólo unos 180.

Otro signo alentador lo dieron, por aquella época, los envíos de víveres, vestimenta y otra ayuda humanitaria. El primer barco que llegó a España (Alicante) fue el *Neva* el 25 de septiembre (ADAP, doc. 89),[10] seguido por el *Kuban*. No hay por qué dudar que los datos que el consejero de la embajada soviética en Londres, Samuel B. Kagan, dio al CNI en la reunión del 9 de octubre no correspondieran a la realidad,[11] aunque los informantes de los diplomáticos alemanes, por ejemplo, se hicieran eco de que la carga disimulaba armamento.[12] En definitiva, en los últimos días de septiembre todo hace pensar que la República sabía que podía esperar ayuda de la Unión Soviética.[13] Incluso es posible que ya hubiera planteado la adquisición de camiones y sus juegos de repuesto. Pero nada se le había dicho, que sepamos, de suministros de material bélico. Es, pues, conveniente regresar a la escena moscovita y analizar cómo evolucionaba el proceso de deslizamiento tras la decisión de constituir las BI, porque Stalin no tardaría en dar su luz verde a la ayuda que había ido planeándose.

10. La afirmación de Jesús Salas Larrazábal (p. 173) de que en este envío llegaron 1.360 cajas de fusiles y 4.000 cajas de munición no está, en mi opinión, contrastada documentalmente.

11. Abarcaban 57.000 *pounds* de mantequilla, 156.000 de azúcar, 30.000 de harina, 11.000 de pescado ahumado, 17.000 de alimentos conservados amén de 250.000 latas, 1.000 cajas de huevos, etc. (DBFP, p. 392).

12. La decisión de suministro de productos alimenticios se tomó por el Politburó en la segunda mitad de septiembre. Recayó sobre medio millón de latas de carne en conserva de 100 gramos, 100 toneladas de embutido y ahumados de cerdo y 200 toneladas de manteca. El comité de reservas debía liberar otro medio millón de latas de conservas cárnicas de 400 gramos y el Narkomfin habilitar los medios necesarios para financiar la exportación.

13. Saiz Cidoncha (p. 294) afirma, sin indicación de fuentes, que en septiembre ya había llegado un transporte con 33 mecánicos y armeros soviéticos, especialistas en su mayoría en el SB-2. Sorprendente.

Es un tema objeto de tratamientos muy dispares. Para los historiadores comunistas, o de simpatías comunistas, el origen y desarrollo del apoyo directo soviético no plantea dificultades conceptuales. Siguiendo una tradición que se remonta a los tiempos de la guerra misma, les parece una manifestación de solidaridad inesquivable en la lucha contra el fascismo. Al lado opuesto hay otra literatura, nutrida de corrientes ideológicas más diversas pero que ofrece una interpretación absolutamente contraria. También echa, en parte, sus raíces en los tiempos de la guerra civil. Para anarquistas, trotskistas y poumistas (todos muy activos en la difusión de sus tesis en escritos y, sobre todo, vía internet), Stalin deseaba ahogar en sangre las posibilidades de emancipación auténtica del proletariado español, anulando la embriagante revolución que, impetuosa, se abría camino. Para los conservadores y la derecha, el dictador soviético aspiraba a crear en España un anticipo de lo que serían las democracias populares de la Europa central y oriental. En los tiempos de la guerra fría y de la confrontación ideológica y política entre los dos bloques ésta fue una fórmula que tuvo pleno éxito y que sigue encontrando sostenedores muy firmes. Entre ellos figuran en lugar destacado, y por derecho propio, Bolloten, Payne y, sobre todo, Radosh y sus colaboradores.

La demostración por encima de toda duda de estas segundas tesis es más difícil. Una argumentación relativamente reciente es de origen ruso y procede nada menos que de un general y de un coronel de lo que fue el Ejército Rojo. Ambos afirmaron, en los años de júbilo en Occidente posteriores al colapso de la Unión Soviética, que «a juzgar por los numerosos documentos que hemos examinado, Stalin empezó a ver en el Gobierno español una especie de rama del Gobierno soviético obediente a los dictados de Moscú. Por ejemplo, a finales de 1937, cuando en una reunión del Politburó se debatió la situación española se aprobó una amplia directiva para dar a los españoles. Entre otras cosas abarcaba la necesidad de expulsar del ejército a los traidores y saboteadores, tomar medidas para movilizar la industria de cara a la producción con fines militares y limpiar la retaguardia de agentes y espías fascistas», amén de otras medidas relacionadas con la agricultura, la propaganda, etc. etc. (Sarin y Dvoretsky, p. 4).[14]

14. Ambos militares no dieron precisamente en el clavo. Esas mismas recomendaciones figuran en documentos soviéticos muy anteriores y a ellas aludiremos con frecuencia. Tampoco es irrelevante mencionar que, por supuesto, jamás se molesta-

Por la reconstrucción efectuada en capítulos anteriores habrá podido colegirse que la dinámica que condujo a la ayuda soviética siguió un proceso de aceleración paulatina. Esto se sabe desde hace tiempo. Quizá no se acentúe como se debiera que fue muy diferente, en este aspecto crucial, de la alemana o de la italiana, rápidas, inmediatas, oportunistas e imaginativas. Subsisten, eso sí, grandes discrepancias entre los historiadores en cuanto a las razones del lento proceso decisorio soviético. Para quien esto escribe es claro que la dinámica se puso en marcha en fecha muy temprana, muchísimo antes de lo que ha solido indicarse en la literatura, aunque de forma diferente a los mitos amamantados durante el franquismo. Tal dinámica fue generando poco a poco mayor velocidad pero Stalin siempre mantuvo la posibilidad de retraerse, de corregirse, de pararse. Nada de esto se produjo. ¿Por qué?

Creemos que no deben subestimarse dos fenómenos esenciales y en cuyo sustrato es preciso detenerse con algún detenimiento. En primer lugar, la comprobación *ad nauseam* de que las potencias fascistas habían continuado en España con su política agresiva. Si bien las opiniones en Moscú podían divergir en cuanto a la etiología es verosímil que el abanico no fuera muy amplio, porque al fin y al cabo casi todos los decidores estaban de acuerdo en que el fascismo, al menos en su vertiente germana, representaba una amenaza para la seguridad de la Unión Soviética. El problema era cómo lidiar con su agresividad en términos operativos y, sobre todo, qué hacer en el caso de España. En segundo lugar, la guerra civil provocó una gran efervescencia en la opinión mundial de izquierdas. Una parte de ella obedecía, ciertamente, a las campañas desarrolladas por los propios partidos comunistas. Otra no. La combinación de ambos fenómenos afectaba, sin embargo, de manera crucial a dos dimensiones esenciales de la política soviética: los esfuerzos por robustecer el sistema de seguridad colectiva (es decir, esencialmente de contención del Tercer Reich) en las mejores condiciones posibles para la URSS y la autoconcepción de ésta como líder

ron en reproducir ninguna prueba de sus afirmaciones generales y de gran calado, aunque sí algunos documentos puramente tácticos u operativos. Sus errores históricos son inmensos. Dos botones de muestra: el Gobierno del Frente Popular lo formó Largo Caballero; éste pidió ayuda a la URSS, «a pesar de no tener relaciones diplomáticas con ella». Una crítica durísima de tales autores se encuentra en Kowalsky, p. 365, quien les otorga un premio «a la labor más chapucera». Ello no obsta para que Payne los haya elogiado.

de la izquierda internacional. Eran dos dimensiones en las que existían enfoques contrapuestos.[15]

Litvinov y el NKID abogaron por no interferir en España. Aspiraban a impulsar una dinámica que, tras el pacto franco-soviético de 1935, condujera a Francia y, por ende, al Reino Unido a establecer un valladar contra los designios expansionistas que atribuían, con razón, a Hitler. Tal actitud está hoy, por fortuna, perfectamente documentada. En una carta a Maisky, embajador en Londres y representante en el CNI, del 25 de junio de 1937 (y a la que éste, prudentemente, no alude en sus memorias, como no lo hace en general con las instrucciones que recibía), Litvinov no ocultó que la decisión de intervenir le parecía desafortunada.

> Si hubiéramos permanecido al margen de la guerra civil el resultado cierto de esta postura hubiese sido un reforzamiento de nuestros vínculos con Gran Bretaña y Francia. Se hubiera dado un paso hacia adelante a favor de una combinación anglo-franco-soviética que hubiera sido de considerable importancia para consolidar las fuerzas amantes de la paz en la coyuntura de un período pre-bélico (Dullin, 2004, p. 130).

Esto es dudoso. Litvinov, anglófilo convencido, casado con una inglesa, con gran experiencia del Reino Unido, no tenía suficientemente en cuenta la animadversión profunda que reinaba en los círculos gobernantes británicos en contra de un *rapprochement* hacia la Unión Soviética. La actitud del comisario y del NKID reflejaba, en buena medida, una postura defensiva que interpretaba correctamente la hostilidad que Hitler albergaba hacia la Unión Soviética. De hecho, Krestinsky se la había comunicado con claridad al embajador soviético en Berlín (Pons, p. 45).

Al comisario de Asuntos Exteriores le bailaban ante los ojos dos ideas. Dado que los pactos con Francia (y Checoslovaquia) eran, al fin y a la postre, inadecuados porque carecían de un componente militar, la primera estribaba en inducir un acuerdo de esta índole con el Fren-

15. Quizá en este sentido puedan entenderse las confidencias que Litvinov hizo más tarde, el 16 de noviembre, al nuevo embajador francés, Robert Coulondre, uno de los hombres de Léger: «También nosotros tenemos dificultades y ni yo, ni mis colegas, ni Stalin hacemos todo lo que queremos, contrariamente a lo que se piensa en París» (DDF, doc. 497). Coulondre se apresuraría a señalar que en Moscú no se utilizaba nunca a la ligera el nombre de Stalin.

te Popular francés (Dullin, 2001, p. 152). La segunda apuntaba hacia un «gran bloque defensivo» formado por la Unión Soviética, Francia, Checoslovaquia, Rumania, Yugoslavia y Turquía que pudiese inducir a Hitler a retroceder. Era posible, pensaba, que generase cierto respeto en el Reino Unido y en Italia, incluso aun cuando no lo firmaran. Era verosímil que Polonia se adhiriese. Sólo Hungría se alinearía con Alemania. Tal coalición era tanto más urgente cuanto que los pasos que Hitler estaba dando tendían, a su vez, a aislar a la Unión Soviética (Pons, p. 46). Ciertamente era lo que ocurría con Italia.[16] La idea, sin embargo, fue desestimada por el Politburó. En este contexto se produjo la decisión de Stalin de ayudar a la lejana República española.

En cuidado lenguaje, Litvinov había espejeado esta posibilidad en el telegrama a Rosenberg de 4 de septiembre, un documento fundamental,[17] y en el que también le reconvino por su ingerencia en la política interna española. Según el comisario la ayuda al Gobierno español se había discutido en innumerables ocasiones tras la marcha del embajador y se había llegado a la conclusión de que no era posible enviar nada. Era preciso que los españoles comprendieran que, debido a la lejanía, la carencia soviética de fusiles y cartuchos de los calibres que se necesitaban en España y los riesgos de que los sublevados interceptaran los transportes, las posibilidades eran muy limitadas.

Se trataba de consideraciones pragmáticas que terminaron dejándose de lado. Litvinov utilizó una argumentación que desde el primer momento se había abierto camino en el NKID. Según ella una eventual ayuda soviética podría servir de pretexto a Alemania e Italia para or-

16. Litvinov se lo reprochó, el 19 de octubre, cuatro días antes de la firma del protocolo del Eje, al nuevo embajador italiano, acusando a Roma de llevar a cabo una política que sólo podía interpretarse como hostil hacia la Unión Soviética. Todo Gobierno que se alineara con Berlín «tenía que despertar en Moscú tal impresión, ya que es evidente hoy que la Alemania nazi es la enemiga declarada de los soviéticos» (TNA: HW 12/208, BJ066777). Pero el que la URSS «debía ser excluida de cualquier plano en la pacificación de Europa», era ya un tono que apuntaba entre los diplomáticos fascistas (Collotti *et al.*, p. 286). Litvinov fue, en particular, muy duro siguiendo la idea de que Italia había continuado trabajando en pos de un acuerdo cuatripartito (con Francia, el Reino Unido y Alemania). Ésta era una de las nociones que le amargaban la vida (Roberts 2000, p. 89).

17. Según Roberts (1999, p. 101) el telegrama se mencionó en una publicación rusa en 1993 pero sin indicación de fecha. Esto nos hace pensar que tal vez sólo se diera a conocer parcialmente. Se encuentra en AVP RF: fondo 010, inventario 11, legajo 53, expediente 71, páginas 56-58.

ganizar una intervención abierta y enviar suministros a los sublevados, alcanzando unas dimensiones que Moscú no tendría posibilidades de igualar. Las potencias fascistas podían enviar armamento bajo protección. La Unión Soviética, no. Estaban más cerca y en comparación con la ayuda que pudiera proporcionarse al Gobierno, los sublevados recibirían mucho más. Era inevitable que ello empeorase la situación de las tropas gubernamentales.

Tenía toda la razón y ello permite intuir que, al menos en este aspecto, sus apuntes no andaban desencaminados. El comisario desgranó su argumento subrayando que en Moscú se entendía perfectamente que los sublevados ya recibían ayuda de sus amigos del extranjero, aunque tenía que realizarse de manera subrepticia por lo que su amplitud, indudablemente, no era grande. Consciente de las discusiones en Moscú, Litvinov añadió, no obstante, que si se demostrara fehacientemente que a pesar de las declaraciones de no intervención las potencias fascistas seguían prestando ayuda a los sublevados cabría modificar la posición y ejercer influencia sobre el Gobierno francés. Éste era, en efecto, el que tenía más posibilidades de ayudar a la República que todos los demás países europeos juntos.[18] En esto el jefe del NKID era premonitorio.

Litvinov señaló que las noticias de prensa sobre los suministros a los sublevados no equivalían a una prueba formal. La detección de cualquier tipo de aviones de marca alemana o italiana, o incluso de pilotos, tampoco podía servir como prueba de una violación de la no intervención ya que los culpables siempre podrían afirmar que los aviones o los pilotos habían sido enviados antes de que entrara en efecto. Era en el CNI donde cabía exponer todo tipo de quejas relacionadas, basadas en evidencia indiscutible y testimonios imparciales. De ello da la impresión que Litvinov confiaba en él, por lo menos al principio.

No extraña por ello que los apuntes del comisario indiquen que el Politburó había discutido extensamente la actitud a tomar. Más adelante contienen valoraciones que, por desgracia, todavía no he visto documentadas. Según tal fuente, Stalin se inclinaba hacia una política

18. Parte de esta carta se encuentra en Elorza/Bizcarrondo, p. 460. Hay otra parte, que estos autores no han considerado, en Schauff, p. 206. Aquí se recoge de forma más amplia en base al original que, repetimos, se conserva en el legajo de la nota anterior.

de completa neutralidad. Molotov se oponía y Vorochilov le apoyaba. De ser ello cierto, significaría, ni más ni menos, que en un principio no hubo una línea unívoca, que Stalin dejó que revoletearan bastantes ideas (aunque no tardasen en aflorar las que preconizaban una acción de apoyo directo) y que es difícil que no surgieran las consecuencias verosímiles sobre el acercamiento soviético a Francia, la posición de ésta, su debilitamiento estratégico caso de que triunfase la sublevación apoyada por las potencias fascistas y la aspiración a robustecer (aunque en términos propicios al Kremlin) la política de seguridad colectiva. Ahora bien, después de la primera reunión del CNI las posturas cambiaron. Entonces Molotov solicitó que se enviara ayuda a Largo Caballero en la primera ocasión, aunque en Moscú no se tenía mucha confianza en él. ¿Qué había pasado? Lo que había pasado es que Stalin, desde Sochi, había empezado a dar comienzo a su propio giro, que Molotov se plegaba rápidamente y que las solemnes declaraciones de no intervención se revelaban como un auténtico fracaso.

Estrategia e ideología en la decisión estaliniana

En las reflexiones que Stalin fue madurando en Sochi hubieron de pesar consideraciones geoestratégicas y geopolíticas[19] que algunos autores, como por ejemplo Smyth, acentúan muy particularmente. Si España se hundía en manos del fascismo, ello representaría un peligro para Francia y Francia constituía el primer eslabón de la cadena que debía cercar las ansias expansionistas del Tercer Reich.[20] Ni que decir tiene que en tal supuesto Hitler se vería inducido a llevar a cabo una política más agresiva.[21]

19. Que Stalin podía ser un pragmático vigoroso lo ha argumentado Chinsky (p. 72). En un momento en que la lucha contra el fascismo era la pieza central del dispositivo ideológico comunista, Stalin «recomendó» a Kaganovich y Molotov el 15 de septiembre de 1935 que la prensa soviética no cediera a la histeria antinazi. Hay más ejemplos.

20. Cabría añadir que la prensa del PCF había venido remachando que al batirse por España, los republicanos se batían también por la seguridad de Francia: Broué, pp. 74s. El 12 de agosto el dirigente comunista francés Jacques Duclos subrayó que no cabía aceptar que se cercara a esta última.

21. En lógica correspondencia Vansittart, en su viaje a Alemania durante el mes de agosto, no había detectado la menor posibilidad de que Hitler considerase seriamente un acercamiento a la URSS.

Ésta, tarde o temprano, se dirigiría en contra de la URSS. Como se observa por el análisis de la política soviética efectuado por la embajada británica en Moscú, y que reproducimos en el apéndice documental, la relación de la URSS con Francia es algo que, al interpretar la postura soviética, parecía esencial a los diplomáticos del Reino Unido al situarse en el punto de vista del Kremlin. Si Francia se veía en peligro, la estrategia de seguridad soviética que en 1936 pivotaba sobre Francia se vería amenazada. Era un escenario que cabía contener: el tenor de los informes que verosímilmente estuvieron sobre la mesa de trabajo de Stalin en Sochi coincidían en numerosos aspectos. Dos de ellos eran esenciales: en primer lugar, que la República no tenía necesariamente perdida la partida; en segundo lugar, que una eventual victoria era sólo posible si se reequilibraban los sustanciales apoyos materiales que prestaban a los sublevados las potencias fascistas.

Ahora bien, si el elemento político-estratégico dominó la decisión de Stalin ello no significa que no hubiese otros.[22] El dictador soviético tenía preocupaciones adicionales muy básicas en los meses de agosto y septiembre de 1936. Había lanzado un combate sin cuartel contra el desviacionismo trotskista. Su implicación personal, directa, inmediata y continuada en la dinámica que condujo a la ejecución de Kamenev, Zinoviev[23] y restantes coacusados, punta del iceberg de la bautizada «facción zinovievista-trotskista», está documentada con toda minuciosidad. Es algo que no se les escapaba a los funcionarios de la Comintern. En el informe de Chubin de 7 de agosto, que ya hemos mencionado, una gran parte se dedicó al movimiento trotskista y a su relación con los acontecimientos de España. El autor destacó como factor relevante el que los trotskistas en Francia se hubiesen apresurado a señalar que ya ellos habían previsto la evolución que seguiría la situación española. La rebelión, en particular, había sido preparada por los errores y equivocaciones del Frente Popular y no sería la República burguesa la que salvara a España sino la revolución proletaria. En esta perspectiva, parece que la impresión que de ello se desprendía

22. Desgraciadamente, no puedo coincidir en este punto con mi buen amigo Moradiellos (2006, p. 335) al sobreenfatizar los motivos políticos y estratégicos en el cambio estaliniano.

23. Esta ejecución fue un hito. Era la primera vez que se aplicaba la pena capital a encausados que habían sido revolucionarios de la primera hora y, además, ocupado funciones de la más alta importancia. El teniente coronel Simon lo subrayó en un informe secreto del 29 de septiembre. SHD: legajo 7N 3122.

era que España constituía un campo abonado para el éxito de las tesis y predicciones trotskistas. No es algo que en Moscú pudiera contemplarse con serenidad. ¿Qué hacer? Chubin sugería tres alternativas: ignorar a un movimiento cuya influencia era muy reducida pero esto no resultaba conveniente porque los trotskistas aprovecharían todas las ocasiones posibles para esparcir sus provocaciones; hacer frente a sus puntos de vista contrarrevolucionarios en Francia y España sin conectar tal acción con la Unión Soviética. Tampoco esto parecía correcto teniendo en cuenta la penetración del trotskismo en las filas anarquistas, como se demostraba en Barcelona. Finalmente, había que considerar las posiciones trotskistas en ambos países desde el punto de vista de su relación con el Gobierno soviético y los intentos por derrumbarlo, lo cual equivalía a querer derrotar a la Unión Soviética en su lucha contra el imperialismo. Era, afirmó, la única vía adecuada para la acción.

No cabe, pues, descartar la perspectiva ideológica como reflejo de un análisis que no carecía de elementos paranoicos. En Sochi, cuando el 6 de septiembre Stalin inició el giro de su política hacia España, dio a conocer sus propias impresiones a Kaganovich sobre la forma en que *Pravda* hubiera debido tratar y explicar el juicio contra la facción «zinovievista-trotskista» y que no hizo. Los ejecutados albergaban, según él, las más aviesas intenciones y eran reos del mayor pecado posible en la jerarquía de la repugnancia soviética: «la derrota del socialismo en la URSS y la restauración del capitalismo». La pugna contra

> Stalin, Vorochilov, Molotov [...] y otros es una lucha contra los sóviets, contra la colectivización, contra la industrialización [...] Porque Stalin y los demás dirigentes no son individuos aislados sino la personificación de todas las victorias del socialismo en la URSS, la personificación de la colectivización, de la industrialización y del florecimiento de la cultura, es decir, la personificación de los esfuerzos de trabajadores, campesinos y de la *intelligentsia* trabajadora en pos de la derrota del capitalismo y del triunfo del socialismo (R. W. Davies *et al.*, pp. 349s).

Al nivel del jefe supremo no cabe menospreciar este tipo de afirmaciones y autores que han estudiado al Stalin de aquella época, tal es el caso de Chinsky, se han cuidado mucho de no hacerlo. Son afirmaciones que permiten, subraya (p. 122), aquilatar el peso de la ideología en la práctica política estaliniana. Es evidente que Stalin quería que su primera gran purga política se percibiera desde el punto de vista que, con gran precisión, desarrollaba ante Kaganovich. Lo había echado de menos en *Pravda* y lo lamentaba. Se había perdido, afirmó, una gran oportunidad. Tampoco se trataba de meras elucubraciones teóricas. El 11 de septiembre Stalin aceptó la sugerencia de expulsión del comisario del pueblo adjunto para la Industria Pesada, a pesar de que éste había participado con otros «sospechosos» pocas semanas antes en una campaña de prensa denunciando a zinovievistas y trotskistas y solicitando la ejecución de los acusados. En la reunión del presidium de la Comintern del 16 una de las cuestiones más importantes había estribado en identificar las lecciones que cabía extraer del juicio de cara a los partidos comunistas y al movimiento obrero internacional (Banac, p. 33). No menos significativo es que poco más tarde, el 25 de septiembre, Stalin ordenase la remoción de Yagoda de su puesto de comisario del pueblo para los Asuntos de Interior y que lo sustituyera un hombre incluso más terrible, Nikolai I. Yezhov, quien rápidamente se convirtió en su mano derecha para el lanzamiento de una campaña masiva de purgas y de terror. En rápida escalada, el 29 de septiembre, el mismo día en que el Politburó aprobó formalmente el envío de suministros militares a España, Stalin firmó el decreto sobre «los elementos contrarrevolucionarios trotskistas y zinovievistas», que apuntaba pura y simplemente a la destrucción total de los mismos (Khlevniuk, 1995, p. 159).

La discusión ideológica discurría en la misma línea. En los debates del presidium de la Comintern pocos días antes, Palmiro Togliatti (uno de los hombres importantes de Stalin en España en el futuro) se había basado en el diagnóstico de Dimitrov de que la lucha contra el trotskismo era un componente integral del antifascismo. Togliatti, para su eterna vergüenza, fue más allá: según ha recordado Pons, el trotskismo no podía considerarse como una corriente dentro del movimiento obrero. Se había convertido, ni más ni menos, en la vanguardia de la contrarrevolución y no cabía combatirlo centrándose en grupos aislados. Era preciso purgar de manera drástica a los agentes de los enemigos de clase incrustados dentro del movimiento proletario.

Éste era, pues, el ambiente que flotaba en el Politburó, en el Sovnarkom y en la Comintern en el mes de septiembre de 1936. En una palabra, no es absurdo suponer que probablemente Stalin no deseara que, «desde la izquierda», pudieran reprochársele componendas con los agresores fascistas. En puridad, ningún aspecto significativo de la política comunista o de la política soviética de la época es entendible sin referencia a la acción contra el trotskismo. Añádase la noción, surgida en los primeros días de la guerra civil, de que la Unión Soviética no podía perder su liderazgo entre las masas antifascistas e izquierdistas. Para Claudín, que escribió muchos años más tarde, no era dable a la URSS eludir su deber de solidaridad activa con el pueblo español en armas a menos de perder su prestigio a los ojos del proletariado mundial.

Así, pues, se combinaban riesgos de variada naturaleza: estratégicos, políticos, ideológicos. Para los dirigentes moscovitas, en particular el pequeño grupo del que Stalin se había rodeado,[24] la ideología no era algo que pudiera tomarse a la ligera. Contaba y mucho. Y la decisión de Stalin de intervenir en España se produjo en un contexto de gran exacerbación ideológica. No es razonable pensar que esta segunda vertiente no tuviera efectos sobre la geoestratégica y geopolítica.[25] Es sobradamente conocido que Stalin analizaba todos los acontecimientos, incluso los más nimios, desde una óptica política. Avanzando, pues, en el análisis podría afirmarse que la extensión a España del combate y aniquilación de los «traidores trotskistas», o de los izquierdistas desviacionistas (esencialmente anarquistas), estaba pre-programada ya que era un correlato de la intervención. De aquí que un cuasi-exterminador de la NKVD, Orlov, se desplazase a España junto con un pequeño equipo mucho antes de que llegaran los contingentes soviéticos que debían ser protegidos de la contaminación de las malvadas ideas trotskistas.[26]

En definitiva, la intervención en España, en septiembre de 1936,

24. Según puede seguirse en su correspondencia con Molotov, ya en 1930 Stalin había inducido una fusión personal muy intensa entre la dirección del PCUS y el Gobierno (Lih *et al.*, pp. 68s).

25. Como recuerda Dullin (2001, pp. 15s) en la literatura existe una discusión todavía no zanjada sobre los postulados últimos de la política exterior estalinista: unos acentúan las dimensiones de *Realpolitik*, otros los objetivos ideológicos. En mi opinión, en septiembre de 1936, y para el caso español, puede descartarse la «exportación» a España del modelo soviético, aunque esto siga aflorando en la literatura. Ahora bien, ello no significa que la decisión estuviese al margen del contexto de exacerbación ideológica y de lucha contra el trotskismo y otras desviaciones izquierdistas que se avecinaba.

26. Utilizamos la caracterización de «cuasi-exterminador» a sabiendas de que no responde a una categoría reconocida porque deseamos ubicar a Orlov si no entre los *killers* profesionales sí al menos entre aquellos que no dudaban un segundo en contribuir al derramamiento de sangre ajena.

cumplía objetivamente, como gustaba de afirmarse en la jerga soviética, varias funciones de cierta trascendencia. No se trata de establecer un catálogo ni mucho menos de ordenarlas por su nivel de importancia. Esto último es posible hacerlo, con cierto grado de confianza, en el caso de Hitler y de Mussolini, pero no tanto en el de Stalin, faltos como estamos de fuentes directas sobre sus reflexiones en Sochi:

—Constituía un aviso a los agresores, en particular al Tercer Reich, para que anduvieran con cuidado en sus ejercicios de intimidación.

—Ilustraba la «corrección» de las ideas que Stalin había ido elaborando paulatinamente sobre el carácter de un posible conflicto futuro en el que el fascismo alemán se configuraba como la amenaza por excelencia.

—Daba a entender a Francia que la Unión Soviética era un socio fiable, atento a proteger la seguridad colectiva en un momento en que ésta flojeaba.

—Ayudaba a reforzar el papel de Francia en el dispositivo soviético.[27]

—Mostraba a la izquierda mundial, y a la propia población soviética, que la Unión Soviética no dejaba en la estacada al proletariado español.

—Contribuía a reducir las posibilidades de victoria del «fascismo» en una guerra que había desencadenado y cuya «variante trotskista» podría penetrar, caso de éxito, por los intersticios del sistema estaliniano.

En este sentido cabría aducir que precisamente en las semanas siguientes a la decisión de Stalin se multiplicaron las detenciones como si las autoridades, señaló el agregado militar francés, quisieran persuadir a la opinión pública de que los detenidos estaban en connivencia con organizaciones extranjeras, hostiles al Estado soviético. Altos cargos militares, aunque no tan conocidos como los que caerían víctimas de las purgas en los años siguientes, figuraban entre ellos, amén de numerosos comunistas extranjeros, particularmente alemanes.[28]

Abundan los autores para quienes las vacilaciones de Stalin se ex-

27. No hay que olvidar que en septiembre/octubre de 1936 los rusos trataron de avanzar en el terreno militar con Francia, a fin de robustecer una postura común contra Alemania y reducir el grado de dependencia de París con respecto a Londres (Dullin, 2001, pp. 156s).

28. Los detalles se encuentran en un informe secreto referido a los acontecimientos de octubre y noviembre del teniente coronel Simon, fechado el 5 de diciembre de 1936. SHD: legajo 7N 3122.

plican por la necesidad de combinar dos tensiones contrapuestas: ayudar por un lado a la República sin alienarse por ello el cortejeo de las potencias democráticas ni antagonizar demasiado por otro al Tercer Reich.[29] Ahora bien, al filo del desencadenamiento de la gran oleada de terror, no había ninguna otra medida que cumpliera de forma simultánea toda una serie de funciones en las que se mezclaban, inextricablemente, consideraciones estratégicas, de política exterior y de ideología, en la única «versión» permisible a la que ya tendía el sistema estalinista. A ellas se añadirían rápidamente otras, en parte ligadas a la lucha sin cuartel que Stalin emprendía contra todos los desviacionismos, a su «izquierda» y a su «derecha», o relacionadas con las experiencias bélicas que pudieran hacerse en los lejanos campos de España combatiendo al temido agresor nazi.[30] Éste es un escenario algo más complejo que el que consiste en hipertrofiar la noción de que lo que Stalin persiguió desde el primer momento era establecer una base que apoyara la constitución en España de un remedo de república popular *avant la lettre*.[31] La política soviética hacia la guerra civil evolucionó en el tiempo, como también lo hizo la política nazi. Sólo la italiana se enlodó en el avispero español sin encontrar ni nuevas motivaciones ni nuevas alternativas.

29. Por ejemplo, McDermott y Agnew (p. 140). En este contexto no estará de más recordar que, precisamente en el momento en que Stalin se encaminaba hacia su decisión, en Moscú se sopesaba con cuidado la mejor forma de reaccionar ante los tonos dialécticamente agresivos del congreso del Partido Nazi. Mientras unos propugnaban una respuesta robusta (incluidos Litvinov y el embajador en Berlín), otros (entre ellos Kaganovich) se decantaban por un tono mesurado. Sometida el 14 de septiembre la cuestión a Stalin, éste prefirió escoger la segunda opción (R. W. Davies *et al.*, p. 356), lo que fue confirmado por el Politburó el día 20. *Osoboy Papki*, doc. 246.

30. En la entrevista de Litvinov con el nuevo embajador italiano éste ganó la impresión de que el miedo al Tercer Reich empezaba a convertirse en una auténtica obsesión.

31. Que, no cabe olvidar, también era un argumento coetáneo. Se encuentra por ejemplo en un despacho de la embajada italiana en Moscú del 16 de septiembre que los británicos interceptaron (TNA: HW 12/207, BJ066349ss). Lo propaló Krivitsky y desde entonces hasta hoy en día no ha dejado de tener valedores, sobre todo en las filas de la derecha y los guerreros de la guerra fría, que no han ido mucho más allá.

9

Nuevas bases de la guerra

Fue hacia finales de septiembre cuando empezó a dibujarse la dinámica que marcaría el rumbo futuro del conflicto. Tras el despegar del lento proceso de militarización de las milicias a que hemos aludido en el capítulo séptimo el primer factor que contribuyó a establecer unas nuevas bases sobre las cuales se sostendría la guerra civil fue que la Unión Soviética apoyó con armas y asesores a la República, lejana y sola. Fue una condición necesaria aunque no suficiente. Los suministros exteriores no podían reemplazar el esfuerzo interior. Lo que sí podían lograr, en el mejor de los casos, era un equilibrio con los que iban recibiendo ininterrumpidamente los sublevados. A la ayuda exterior, centrada en México y en la Unión Soviética, había que añadir el esfuerzo de autoayuda, el fundamental.

En segundo lugar, Negrín estaba ya trabajando por aquellas fechas en la ardua tarea de introducir los lineamientos esenciales de la futura economía de guerra. Nada similar se había hecho antes en España. No es de extrañar que no lograra florecer sino tras un cierto período de experimentación que se inició en los dos ámbitos más urgentes y en los que los apremios eran mayores: cortar las tendencias cantonalistas que amenazaban disgregar la economía republicana y centralizar las tenencias de divisas y activos monetizables que se encontraban en manos del público. Se trataba de allegar de recursos para un conflicto que al menos Negrín consideró que sería largo. Hubo, desde luego, decisiones más dramáticas relacionadas con las reservas metálicas pero a tales decisiones, por su importancia crítica y por la turbamulta de discusiones que han suscitado, debemos dedicar un tratamiento singular y pormenorizado en los capítulos siguientes.

TRAS LA LUZ VERDE DE STALIN

En comparación con cualquier análisis de las razones que pudieran animar a Stalin, como con buena o mala fortuna hemos realizado en el anterior capítulo, es mucho más fácil reconstruir el proceso de puesta en práctica de la decisión. Éste, en efecto, hubo de reflejarse en órdenes, movimientos y actuaciones que han dejado huellas escritas y que Rybalkin (p. 29) ha sido el primer autor en desentrañar. Quedan huecos, sin duda, pero los contornos parecen claros. En ellos encajan las observaciones que hizo Yagoda, el temible jefe de la NKVD, ya a punto de ser cesado, al despedir a Orlov (p. 213): España sería el campo de batalla donde se pondrían a prueba los tanques, aviones y soldados soviéticos. «Demostraremos a los franceses y a los británicos lo útiles que podemos ser como aliados y a Hitler lo peligroso que puede resultar meterse con nosotros.»[1]

El visto bueno estalinista había llevado su tiempo, al menos en comparación con las decisiones tomadas en Berlín. Se sabe, y está perfectamente documentado, que el 26 de julio de 1936, tras la determinación rápida de Hitler de prestar apoyo a Franco, en Hamburgo y en la capital alemana se había puesto en marcha la eficiente máquina bélica para preparar los primeros envíos (Viñas, 2001, pp. 375s). Exactamente dos meses después, el 26 de septiembre, a las 15.45 de la tarde, el mariscal Vorochilov recibió una llamada telefónica desde Sochi. Stalin le sugirió que se considerara urgentemente la posibilidad de vender a los republicanos el siguiente material: entre 80 y 100 tanques T-26, desprovistos de cualquier señal que pudiese demostrar que habían sido fabricados en factorías soviéticas, amén de 50-60 bombarderos SB, *a través de México*, y equipados con ametralladoras de procedencia extranjera. Con los tanques debía ir el personal necesario para utilizarlos.

Rybalkin (p. 29) ha descubierto la anotación en la que el comisario para la Defensa dejó constancia de la llamada. A diferencia de lo que afirman Kowalsky, Schauff, Stone y Beevor, no fue Vorochilov

1. Hemos hecho un uso mesurado, y un poco *à contre-coeur*, de las memorias de Orlov en aquellos puntos que no chocan con la reconstrucción o con la evidencia documental disponible. Pero hay muchos otros, relacionados con España, que son pura y simplemente maquillaje o claras mentiras. Destacaremos las que más directamente tienen relación con el ángulo en el que se sitúa nuestro relato.

quien telefoneó a Stalin. Fue al revés y esto tiene una significación, política, histórica e institucional relevante para comprender las realidades de la Unión Soviética en aquellos tiempos. Como ha señalado Rybalkin:

> ... todas las disposiciones [...] relacionadas con la ayuda militar a España se tomaron en las reuniones del Politburó. No obstante, la última palabra sobre los volúmenes y plazos de entrega la tenía Stalin. En Sochi, por ejemplo, dirigió por teléfono todo el trabajo de organización de la operación «X». En aquella época, la dirección soviética reaccionaba operativamente a las peticiones del Gobierno republicano, como demuestran las grabaciones telefónicas que se conservan.

Habría que señalar que los tanques y aviones de que se trataba no eran material anticuado o vetusto. Eran elementos que constituían parte esencial de los arsenales soviéticos, aunque no de primera línea.[2] Ésta es una afirmación que puede contrastarse documentalmente. En el mismo mes de septiembre en el que se preparó la decisión de ayuda tuvieron lugar grandes maniobras del RKKA. A ellas fueron invitados como observadores militares británicos, franceses y checoslovacos. Hemos podido localizar los informes de los primeros, encabezados por el general A. P. Wavell, quien se haría famoso en la segunda guerra mundial.

Tales informes fueron objeto de extensos comentarios por los analistas británicos. Se trataba de la primera vez que observadores extranjeros habían contemplado en maniobras al Ejército Rojo, con su complemento de tanques, aviones y formaciones paracaidistas. Eran conscientes, claro está, de que se había invitado a extranjeros a las maniobras para impactarles, pero aun así la impresión que despertaron en Londres fue que sería peligroso subestimar la potencia militar soviética. Las operaciones con más de un millar de tanques, en particular, las analizó con ojo sumamente crítico una de las mayores autoridades de la época, un tal coronel Martel. Su conclusión fue que los rusos habían alcanzado un alto grado de eficacia técnica y que la fiabilidad de las máquinas era notable. Uno de los expertos militares del Foreign Office concluyó, por su parte, que el RKKA parecía haber lo-

2. También éste había sido el enfoque inicialmente seguido por Hitler en su ayuda a Franco.

grado avances inmensos en comparación con el de 1920 y que era mucho más eficiente y estaba mejor armado que en los tiempos del zar. Con todos los recursos del Estado soviético detrás, era indudable que continuaría haciendo avances espectaculares en los años venideros.

Los tanques medios T-26 de seis toneladas estaban copiados de un modelo británico de Vickers. Los rusos los utilizaban para apoyo a la infantería pero también disponían de brigadas mecanizadas basadas en los mismos. El mejor tanque soviético era, con todo, el BT, desarrollado a partir del Christie norteamericano. Otro experto británico, el coronel Wigglesworth, analizó la actuación y efectivos de la aviación, que no constituía un arma separada. Los bombarderos medios SB, copiados de los Martin 139, constituían el tipo esencial de tal categoría. Su eficacia era alta, según recogió el Comité Imperial de Defensa.[3]

En Moscú ya se habían puesto a punto los preparativos necesarios antes de que Stalin cursara las órdenes a Vorochilov. Al día siguiente, 27 de septiembre, el jefe adjunto del GRU, Nikonov, y Yolk, prepararon un informe dando cuenta de la evolución militar en España. Registraba los avances alcanzados por los sublevados, la baja moral republicana y una ligerísima mejora de la situación política en Madrid. En particular en el frente de Toledo, cuya caída se preveía, los efectivos gubernamentales, mal organizados, constituidos con prisas y mal entrenados, habían dado muestras de gran inestabilidad. La toma de Toledo, afirmaron, tendría una gran repercusión política y moral y privaría a los republicanos de la fábrica de cartuchos. Es inverosímil que este informe no lo estudiaran los pocos que iban a participar en la decisión formal de ayuda a la República. Por lo pronto, el NKO confirmó en esa misma fecha que se encontraban listos para el envío un centenar de tanques (de ellos la mitad de forma inmediata), 387 especialistas, 30 aviones sin ametralladoras y tripulación completa para 15 aviones,[4] además de las tripulaciones y municionamiento correspondientes. Podían ir en barco a México (sic) y desembarcar en Cartagena.[5]

3. Los informes se encuentran en TNA: FO 371/20352 y 20353, respectivamente.

4. En R. W. Davies *et al.*, p. 368, se mencionan sólo 30 aviones. Schauff, p. 207, se inclina por 45.

5. La combinación que antecede es lo que permite plantear la hipótesis de si las referencias a México no serían un código. Resulta del todo inverosímil que en el Comisariado para la Defensa no se conociese la ubicación geográfica de la base naval republicana. Se han subsanado en el texto algunos errores que se advierten en Schauff (p. 207) y Kowalsky (p. 197). Zavala (2005, p. 251) no encuentra extraño que el bar-

La fecha precisa de la comunicación a Stalin desde el NKO en Moscú permite pensar que las numerosas noticias que pululaban por los medios internacionales, de forma abierta o confidencial, respecto a los desembarcos que ya habrían tenido lugar en España de ayuda soviética no respondían a los hechos. Una demostración indirecta se encuentra en el telegrama de la embajada belga en Madrid del 21 de septiembre, descifrado por los británicos, en el que daba cuenta de la petición que el Gobierno republicano había hecho para que Bruselas levantase el embargo sobre las armas destinadas a España y lo aplicara a las que se adquirían para los rebeldes. El representante belga pensaba que tal gestión estaba inspirada por los rusos ya que en los medios «extremistas» de la capital se hablaba abiertamente de la próxima intervención de la URSS (TNA: HW 12/207, BJ066413).

Abundaban más las informaciones, sin embargo, que se hacían eco del desembarco de armas soviéticas transportadas por algunos barcos que, en realidad, llevaban ayuda humanitaria o, simplemente, víveres. Así, por ejemplo, el 29 de septiembre desde Alicante alemanes e italianos señalaron que el *Neva*[6] estaba descargando probablemente un número desconocido de aviones soviéticos desmontados, que se trasladarían en camiones a Cartagena donde los montarían oficiales rusos allí estacionados (TNA: HW 12/208, BJ066492). En la misma fecha Roma comunicó a la embajada italiana en Londres que, «según fuentes fiables», un barco soviético había partido de Odesa el 18 de septiembre con material de guerra para España y que ésta no era la primera expedición porque ya hacia mitad de agosto se había registrado otra *(ibid.*, BJ066529).[7] Nada de ello era correcto.

Los comienzos del giro de Stalin datan, exactamente, del 6 de septiembre. Pero, en cualquier caso, como señaló en su momento *Le Journal de Moscou* y analizaron los británicos, el muelle primario para

---

co saliera de México (sic). La referencia la toma de Kowalsky (sin mencionarle) pero lo que en este último es un error disculpable se convierte simplemente en algo grotesco en el caso de un autor español.

6. En ADAP, docs. 88s, se indica que no había noticias exactas sobre vulneraciones del embargo por parte soviética pero que cabía presumirlas. En el caso del *Neva* se pensaba que transportaba municiones.

7. Incluso la noticia telegrafiada por el cónsul italiano en Odesa sobre la salida para España, el 27 de septiembre, de que el vapor *Kuban* (TNA: HW 12/208, BJ066530) transportaba municiones resulta sospechosa.

ayudar a la República no radicaba en la Unión Soviética, sino en Francia y en el Reino Unido.

Una conocida carta de Kaganovich a Ordjonikidze, comisario para la Industria Pesada, del 30 de septiembre, al día siguiente de la autorización formal del Politburó y de la partida del primer cargamento soviético de armas, arroja alguna luz (Khlevniuk *et al.*, doc. 132). El tema español, afirmó el confidente de Stalin, no iba demasiado bien.

> Los «blancos» se acercan a Madrid [...] Hemos ayudado de alguna manera y no sólo con víveres.[8] En estos momentos estamos pensando en algo más importante, tanques y aviones. Pero todo es técnicamente muy difícil y por su parte padecen de falta de orden y de organización. Nuestro partido es todavía bastante débil. Los anarquistas continúan siendo fieles a sí mismos. A pesar de toda la combatividad en la base, la organización y el mando sobre el terreno no son muy buenos [...] De todas maneras, no cabe pensar que la defensa de Madrid sea algo tan desesperado como dan a pensar las comunicaciones cifradas que nos llegan del embajador[9] [...] Si tuviéramos una frontera común con España nos hubiera sido fácil enviar ayuda.[10]

Dicho lo que antecede no cabe olvidar otra línea de ayuda de la que se sabe todavía muy poco y que no está integrada en la decisión de Stalin que hemos analizado. Nos referimos a la que discurrió por el vaciado de arsenales soviéticos de armas viejas, cuando no vetustas, y que se enviaron a España a bordo de un carguero español, el *Campeche*. Éste partió de Feodosia en Crimea el 26 de septiembre (es decir, el mismo día en que Stalin dio la luz verde) y llegó a Cartagena el 4 de octubre (Howson, p. 383). En puridad, se trata del primer suministro de material bélico a la República por parte de la Unión Soviética.[11]

El cargamento del *Campeche* se reproduce en los escritos de Largo

8. Como se ha indicado en capítulos anteriores, hubo otras formas de ayuda y los suministros de combustible se hicieron desde el primer momento.

9. Con frecuencia se ha escrito que eran muy optimistas. Fischer (p. 351) afirmaría, por ejemplo, que Rosenberg había urgido la necesidad de intervenir. Azaña (1967, p. 476) atribuye a los despachos del embajador la generación de un mayor realismo respecto a las dificultades con que topaba la República.

10. La carta de Kaganovich en su totalidad la ha reproducido Dullin (2001, pp. 164s). Agradezco al Dr. Khlevniuk el envío de una fotocopia del original.

11. Howson (p. 181) afirma que Stalin mismo dio la orden de partida.

Caballero (2007, p. 3458): unos 20.000 fusiles viejos, de procedencia extranjera (Mauser del 7,92, Manlincher de 8mm y Brescia de 11mm), 351 ametralladoras pesadas (St. Etienne y Vickers 7,7) y 200 ligeras (Lewis 7,7), seis obuses Vickers del 11,5 con 6.000 proyectiles, 7,6 millones de cartuchos de ametralladora, 100.000 bombas y 10 millones de cartuchos de fusil. Según Howson sólo los obuses eran útiles. Lo demás era auténtica morralla.

La inminente llegada de los suministros preludiaba una modificación de las bases en que hasta entonces se había sustentado el esfuerzo bélico republicano. Pero la ayuda externa no era lo más importante, aun siendo imprescindible. También resultaba fundamental lo que hemos denominado autoayuda y es en este ámbito en el que el nuevo ministro de Hacienda no tardó en dar muestras de su gran capacidad de innovación.

La contribución esencial de Juan Negrín

Con el Gobierno de Largo Caballero se dio un giro a la conducción de lo que, dentro de la elementalidad todavía de las medidas, podría calificarse de «economía de guerra». Ello no se produjo a imperativo soviético, como algunos autores piensan con más malicia que conocimiento de causa.[12]

El análisis del establecimiento de las bases económicas para la guerra no se presta a una prosa ligera. Es, sin embargo, muy importante porque también en él se reflejó el proceso de paulatina recuperación de la autoridad del Estado que tantas críticas levantaba entre los círculos anarquistas, poumistas y autonomistas. Es más, de no haber establecido tales bases es difícil pensar cómo la República hubiera podido sostener el esfuerzo de guerra durante algo más de dos años y medio. La contienda, en efecto, no sólo se dilucidó en los frentes sino también en la retaguardia y la batalla para disciplinar los recursos disponibles, aunque subordinada a confrontación política, ideológica y militar, que son sin duda mucho más excitantes para cualquier lector, nunca dejó de ser significativa.[13]

12. Renovados bríos han dado a esta grotesca teoría Radosh *et al.* (p. 22) para quienes el genio de la reordenación económica republicana sería, nada menos, que Stajewsky. Siguen en el surco de Krivitsky, como antes que ellos también hizo Bolloten (p. 256).

13. Lo que no haremos es abordar la economía bélica tal y como se implantó en los sectores productivos y en el comercio exterior. No es que no se trate de temas menores, es que saldrían del marco de esta obra.

La aparición de una «economía de guerra» fue el resultado normal de querer poner al servicio del esfuerzo bélico los recursos disponibles. Negrín lo reconoció paladinamente. En algunas reflexiones escritas mucho más tarde señaló:

> Durante cerca de tres años se mantuvo la guerra española comenzada en julio de 1936 y, por lo que a la parte financiera atañe, hubiera podido proseguir sin dificultad. La circunstancia de que el enemigo estuviese en posesión de todo el armamento de la nación por haberse apropiado de él en los primeros momentos de la criminal sedición, obligó al Gobierno español, desde el mismo instante y durante un prolongado período, a movilizar sumas considerables de dinero para conseguir la adquisición, a *cualquier precio*, de armas, municiones y material móvil.[14]

Obsérvese que en este apunte Negrín no identificaría a aquellas potencias, lo cual no es difícil de realizar. Todavía el recuerdo del Frente Popular de Léon Blum escabulléndose de los compromisos de 1935 debía de doler al ex presidente. La referencia al precio es, por supuesto, esencial. La República estuvo dispuesta a pagar lo que le pidieron con tal de obtener armas. Con ellas, cabía sostener un pulso. Sin ellas, sólo se vislumbraba la derrota. Finalmente, no cabe pasar por alto la creencia inconmovible de Negrín, que en ello la compartía con muchos de sus coetáneos, que la debilidad de las democracias frente a los zarpazos de las potencias fascistas más que impedir había facilitado un conflicto general ulterior. Incluso el Gobierno más indomablemente entregado a la política de apaciguamiento, el de Chamberlain, terminó reconociendo en marzo de 1939 que no cabía continuar retrocediendo ante las ansias expansivas del Tercer Reich.

El proceso que llevó a una auténtica economía de guerra se inició de forma controlada en lo esencial por socialistas y miembros de los partidos puramente republicanos y en el que los soviéticos, en realidad, no

14. Negrín falleció, en 1956, cuando había empezado a redactar notas sueltas para unas memorias que nunca llegó a elaborar. Se conservan algunos retazos. Éste procede de sus archivos parisinos. Naturalmente, la referencia a que el adversario contó desde el primer momento con todos los arsenales no es correcta pero no es menos cierto que poco a poco fue haciéndose con ellos, bien por captura inmediata de los centros de producción (por ejemplo, los astilleros en Galicia, la fábrica de Plasencia de las Armas) o en la campaña del norte, bien por la del material de unas fuerzas republicanas que al principio derrotaba con facilidad.

entraron, tal vez porque no tenían expertos ya que, al fin y al cabo, en la URSS se había desarrollado un sistema económico y financiero alternativo al capitalista. Esto no significa que Negrín no absorbiera toda la información, incluso exótica, que pudiera obtener. Antes al contrario. El 6 de octubre, por ejemplo, se dirigió al agregado comercial soviético, Winzer, para solicitarle el envío, con la mayor premura, de los presupuestos generales de su país.[15] Simultáneamente se dirigió a Pascua en Moscú y al ministro (embajador) en Berna con un gesto de humildad:

> La Administración pública y la economía nacional carecen en España, como sabe V.E., de las necesarias condiciones de flexibilidad, rapidez y eficacia que permitan acomodarlas a las nuevas realidades del país. Se impone, en consecuencia, una transformación radical. Para efectuar los estudios conducentes a este fin, dentro de las garantías que demanda la resolución satisfactoria de problemas tan trascendentales, se hace preciso conocer la organización de aquellos países que ofrecen en las actuales circunstancias un interés de referencia, con objeto de obtener la mayor copia de conocimientos técnicos y prácticas. Con tal objeto, le remito a V.E. el adjunto cuestionario, rogándole que con la máxima urgencia disponga reunir los datos pedidos a persona o dependencia competente de esa Legación (AJNP).

En definitiva, el nuevo ministro de Hacienda no estaba en disposición de ignorar otras realidades y deseaba aprender. De todas maneras, apresurémonos a indicar que el montaje de las bases financieras que sostuvieron el esfuerzo bélico se sitúa en una tradición honorable de disposiciones adoptadas por países occidentales en guerra, antes o después. Los expertos republicanos que le asesoraron no tenían otra experiencia que la que se derivaba de sus lecturas sobre los esfuerzos realizados durante el primer conflicto mundial y de su conocimiento de primera mano de los mecanismos que, en tiempos de la República en paz, habían regulado las relaciones económicas y financieras con el exterior.[16] No necesitaban de mentores extranjeros y, salvo que se demuestre lo contrario, los que pudieran aparecer por el Ministerio de

15. Esta comunicación anodina es muy importante, porque revela que en ese día Winzer se encontraba en Madrid. Más tarde veremos que Negrín se equivocó al respecto en uno de sus apuntes escrito veinte años después. ¿Pudo tratarse de una comunicación en código? Para mi es dudoso y habría que demostrarlo.

16. Quien lo desee puede consultar a tal efecto el capítulo I de Viñas *et al.*, debido esencialmente al esfuerzo conjunto de Fernando Eguidazu y Senén Florensa.

Hacienda no debieron de hacer grandes aportaciones conceptuales a la causa. Resulta difícil pensar que Stajewsky, con quien Negrín entró en una buena relación a partir de su llegada a Madrid a finales de octubre, pudiera desplazar el asesoramiento de los altos funcionarios republicanos. Sólo en temas de reconversión industrial fue importante el asesoramiento soviético.

Contra el taifismo, el cantonalismo y la anarquía

Las primeras medidas respondieron a una necesidad evidente. Cabía dudar si resultaba razonable que Cataluña o el País Vasco quisieran poco menos que labrarse un papel autónomo en el ámbito de las relaciones económicas con el exterior. Era intolerable que la gestión de la frontera la llevaran a cabo los anarquistas. Resultaba difícilmente justificable no utilizar los recursos de quienes se habían levantado en armas o ayudasen a la rebelión. Era inaceptable que el Gobierno no reforzara los controles de exportación de divisas o que no centralizase los activos expresados en moneda extranjera. No era posible eludir la necesidad de captar los activos en divisas en manos del público. (Estas dos últimas líneas de actuación tuvieron su correlato en la zona franquista y, naturalmente, también en ella se adoptaron las disposiciones correspondientes.) Por último había que pensar si convenía, o no, practicar una política cambiaria «de prestigio».

Era, por el contrario, absolutamente urgente poner disciplina allí donde no abundaba. Largo Caballero y Prieto lo harían en sus ámbitos, más espectaculares, de la política militar. A Negrín le tocó empezar a moverse en el árido ámbito de las finanzas en el que, a juzgar por cierta literatura, suele cosechar más críticas que alabanzas. Debemos, pues, restablecer un cierto equilibrio. Ni la fisiología ni la medicina predisponían al nuevo ministro para empezar a montar la economía de guerra republicana. Tal vez le ayudara algo más su pasado papel en la comisión de Hacienda de las Cortes. En todo caso, el que tan rápidamente se impusiese en un terreno extraño dice mucho de su capacidad de aprendizaje, absorción y decisión.[17]

Se rodeó, en primer lugar, de gente de confianza. De entre las filas

17. Nada de ello es óbice para que Martínez Barrio (p. 381) le tratata de «oscuro ministro de Hacienda».

socialistas escogió a Jerónimo Bugeda para que se hiciera cargo de la Subsecretaría, en sustitución de Méndez Aspe, quien la había dirigido con Enrique Ramos y que, como hemos visto, pasó al Tesoro. Negrín pidió a Bugeda que le hiciera propuestas sobre los altos cargos. José Aliseda asumió la Dirección General de Propiedades, Marino Saenz la dirección de las minas de Almadén y Arrayanes, Luis de la Peña la Dirección General de Rentas. José Prat, posteriormente famoso, se hizo cargo de lo Contencioso. Las Aduanas fueron a las manos de Andrés Saborit. Recuerda Bugeda que en el movimiento de personal subsiguiente, el nuevo ministro quiso evitar

> que se publicara en la *Gaceta* [...] el nombre de los funcionarios dados de baja, pues tales medidas se consideraban como prueba de falta de lealtad al Gobierno y podían provocar, como en muchos casos aconteció desgraciadamente, represalias de los grupos extremistas, no controlados todavía por el poder central. La medida que inteligentemente adoptó Don Juan fue la de eliminar de las listas a todas las personas que se encontraban en territorio de la República y limitar la publicidad de las bajas administrativas a quienes residían en el campo nacionalista, pues la desafección al Gobierno redundaría en su beneficio.[18]

Se conservan trazas de tales gestiones para evitar males mayores. El subgobernador del Banco de España, José Suárez Figueroa, acudió al ministro para evitar represalias contra sus dos hijos, Alberto y Carlos. Bugeda recordaría que en una ocasión Negrín se las apañó para sacar de prisión a un importante banquero para que le acompañara a París a resolver un asunto urgente. Allí dejó a su libre albedrío regresar o no a la España republicana.[19] En alguna carta Negrín se lamentó de las ejecuciones irregulares en Madrid y también de que, para salvarse de las amenazas que sobre él pendían, uno de los más prometedores técnicos españoles, Manuel Arburúa, se pasara al bando rebelde.[20]

18. En sus apuntes, no publicados, «Mis recuerdos de Don Juan Negrín», repetidamente citados (FCJN).

19. También Schlayer (pp. 84s) se refiere a la intercesión de Negrín, a petición suya, para que, en los sangrientos días de noviembre, fueran liberados los parientes de uno de los grandes banqueros españoles.

20. El 19 de abril de 1955 Franco dijo a su pariente y amigo: «Recibí a Arburúa cuando salió de la zona roja y me entregó documentación ampliada con todo género de detalles relacionados con el robo del oro. Entonces Arburúa era un funcionario modesto que nada pudo hacer por evitar tal atropello que fue un acto de fuerza del

De creer el testimonio de Bugeda, Negrín pensaba en una guerra prolongada. A finales de septiembre o principios de octubre, se entrevistaron con él unos representantes de la casa Douglas para abordar ciertas cuestiones financieras relacionadas con el suministro de unos aviones que estaban en vías de fabricación. Resultó que el último de la serie no estaría disponible hasta 1938. Bugeda pensó que los plazos eran demasiado largos pero el ministro no aceptó sus objeciones pues «creía firmemente que continuaríamos peleando no sólo en 1937 y 1938, sino también quizá en 1939». Esta actitud chocaba frontalmente con la desesperanza que diplomáticos extranjeros advertían en los altos escalones de la Administración.

La inicial tarea de Negrín en el Ministerio de Hacienda se resume brevemente:

—Recuperar el control sobre las actividades económicas y financieras.

—Fortalecer el aparato funcionarial dependiente del ministro.

—Atender a las necesidades que imponía la contienda.

Las orientaciones generales son conocidas desde hace tiempo. Un testigo, Álvarez del Vayo (1940, pp. 168ss), señaló que el secreto de la economía de guerra de la República se basó en tres factores: un control riguroso sobre la economía y la hacienda, el análisis de las repercusiones sobre el esfuerzo bélico y una discreción, por no decir opacidad, absoluta. El lema negrinista consistió siempre en asignar a la guerra los recursos escasos. Esto implicaba transacciones múltiples. Para mantener la resistencia, gracias a la desviación de los mismos al sector bélico de la economía, era imprescindible recuperar y fortalecer la autoridad del Estado. La alternativa era el caos.

El nuevo ministro no contempló con demasiada simpatía las actuaciones de la FAI, las de la CNT o las del POUM. Eran, en su opinión, co-responsables de la anarquía en que se había sumido la España republicana y sus huestes eran excesivamente permeables a todo tipo de infiltrados. Consideraba que traducían un extremismo dema-

Gobierno Rojo, amparado por la guardia civil (sic)» (Franco Salgado-Araujo, 1976, p. 100). Naturalmente es difícil saber si esta estupidez la dijo o no Franco en estos términos. Lo que sí está claro es que Arburúa (uno de los más eficientes ministros de Comercio en el franquismo) era, en el verano de 1936, jefe de cambios del COCM y acababa de ascender a subdirector del mismo. Un funcionario que sólo era modesto si se le medía por los altos patrones del Jefe del Estado.

gógico y que daban demasiado pábulo a personajes más o menos iluminados que creían que todo era posible en el verano del 36. Muchas de las atrocidades del momento las ponía claramente en su debe. Contener los embates facciosos exigía otro tipo de enfoque.[21]

La primera actividad llevó a Negrín a abordar las consecuencias del colapso del aparato del Estado, que favoreció el taifismo y la disgregación de la autoridad. En una nota conservada en su archivo parisino se recoge, por ejemplo, que la embajada solicitaba instrucciones del Ministerio de Hacienda sobre un pedido de «Bilbao» (es decir, del Gobierno vasco) que importaba treinta millones de pesetas. Una nota manuscrita de una tal Matilde decía:

> Querido Negrín, por lo visto eso de los 30 millones de París es cosa de Bilbao. No sé nada, ya que toda la periferia española está en «cantón comercial independiente». Pero si piden por su cuenta... supongo que pensarán pagar por su cuenta.

Matilde[22] y Negrín se hubieran sentido bastante más preocupados de haber sabido lo que se cocía en ciertos sectores del PNV. El 20 de agosto, por ejemplo, Rafael Picavea, diputado por Guipúzcoa, y Francisco Bastarrechea Zaldívar, miembro del Tribunal de Garantías Constitucionales, habían visitado la embajada británica en París, encargados de una misión supersecreta. El embajador estaba ausente y se vieron obligados a tratar con un consejero. Tras algunos dimes y diretes pronto se desprendió que lo que los visitantes deseaban era sondear si el Reino Unido podría, en principio, apoyar una eventual autonomización vasca, cuyos límites no quedaron definidos (¿secesión?). La entrevista se desarrolló con toda cautela por parte de los delegados del PNV que justificaron su gestión con argumentos relacionados con el hecho de que aunque el PNV había apoyado al Gobierno republicano, también miraba hacia el futuro. Ni el comunismo ni el bolchevismo les interesaban. Los vascos, dijo Picavea, que llevó la voz cantante porque podía expresarse en francés, eran una raza aparte, más inteligente que el resto de los españoles (sic) y no querían exponerse a ningún riesgo. La

21. En AFCJN se conserva una parte de su correspondencia en 1953 con el embajador Bowers, cuando éste quiso aclarar con él algunos puntos de cara a la publicación de su libro. Sus afirmaciones sobre la CNT y el POUM no fueron positivas.

22. Aunque la nota no la identifica debió, sin duda, de tratarse de Matilde de la Torre, diputada socialista.

protección del Reino Unido podría amparar (no quedó muy claro) su porvenir. La respuesta fue, evidentemente, que los británicos no se entrometían en los asuntos internos de España y que la embajada no podía actuar como intermediaria entre el PNV y el Gobierno de Londres.[23] Si se hiciera un inventario de las veces que un partido político español ha dado muestras de provincianismo y ombliguismo ésta debería formar parte del mismo.

Negrín abordó con energía la restauración de la autoridad del Estado en materia económica. En noviembre de 1936 un decreto otorgó al ministro de Hacienda la facultad de conceder franquicias arancelarias, arrebatándoselas a los poderes de hecho; se creó una comisión interministerial para la revisión del arancel, con el fin de reducir los derechos sobre los artículos necesarios para el consumo o la economía de guerra; se reorganizó la Inspección General de Aduanas y, no en último término, se robusteció el Cuerpo de Carabineros que se convirtió en una de las fuerzas de choque de la República.

El ministro reforzó el papel central del Ministerio. Creó una comisión técnica y una secretaría general para estudiar los proyectos legislativos sobre la reforma de las disposiciones reguladoras de los ingresos y gastos públicos y, en general, de todo el régimen hacendístico. Un Consejo de Dirección sirvió de órgano de preparación de las decisiones y de asesoramiento. Su composición mejoró al añadirse a los altos cargos toda una serie de especialistas en distintas ramas de la economía, la banca y la acción social. La copiosa legislación hacendística y económica lleva indeleblemente la impronta de tal consejo, cuya documentación se ha volatilizado o al menos no se ha encontrado en el volumen y cuantía deseables.

Un decreto del 23 de septiembre de 1936, cuando el oro se reubicaba en los polvorines de Cartagena, permitió ver hacia dónde dirigía su artillería, nunca mejor dicho, el nuevo ministro. En esa fecha se creó la denominada Caja de Reparaciones.

Su objetivo era lograr que quienes hubieran desencadenado la guerra o hecho causa con ellos aportasen su contribución a la reparación

23. Este episodio se encuentra en TNA: FO 371/20535, bajo el expresivo título de «Attitude of the Basque Nationalists towards the Spanish Government». Ilustra, ciertamente, la tesis de que, «al oscilar todavía entre el tradicionalismo y la aceptación plena de la democracia liberal, el partido tenía tanto miedo a la revolución como al centralismo de la derecha» (De Pablo y Mees, p. 169).

de los estragos causados por la rebelión. La Caja proporcionaría los auxilios y otorgaría los créditos necesarios al efecto. Empezó sus actividades con una dotación inicial de 25 millones de pesetas, a través de un crédito concertado por el ministro de Hacienda y con la garantía del Estado. Los bienes de las personas incursas en responsabilidad responderían de las obligaciones. Su determinación corrió a cargo de un Tribunal popular que conocería de los delitos de rebelión. Este tribunal acordaría que la Caja se hiciera cargo de los activos y bienes en cuestión como garantía, a su vez, de los créditos concedidos por la misma. Como director fue nombrado el ya mencionado Amaro del Rosal, entonces socialista pero próximo al PCE, presidente de la Federación Nacional de Banca y del Sindicato de Banca de Madrid y vocal de la Comisión Ejecutiva de la UGT. Ya había participado en la operación del traslado del oro a Cartagena.

A finales de 1937 la Caja disponía de unos 200 kilogramos de oro y platino, de casi 25.700 de plata y de alhajas y objetos preciosos por importe próximo a los seis millones de pesetas, sin contar el metálico y los muy diversos valores que había podido localizar (Sánchez Recio, pp. 205s).[24] La mayor parte de lo recaudado no sirvió de masa compensatoria ni para allegar divisas y su destino final fue muy diferente del previsto (dio cuerpo, esencialmente, al lamentable episodio del *Vita*, lo que suscitó incontables rencillas con Indalecio Prieto, alma del mismo). El resto, auténticos despojos, se devolvió en la medida de lo posible a sus propietarios de origen gracias a la contabilidad existente.

Las cesiones de moneda extranjera se suspendieron y el COCM sólo entregaba las que autorizaba el Ministerio de Hacienda. Esto, en realidad, se remontaba a los primeros días del conflicto. Se conserva, por ejemplo el permiso otorgado el 20 de julio a favor de Manuel Blasco Garzón, cónsul de España en Buenos Aires, para que pudiera salir con 25.000 pesetas en efectivo o su equivalencia en moneda extranjera. Se reforzaron, pues, los controles y más adelante fue el Banco de España el encargado de situar fondos en el extranjero.

Las aportaciones inmediatas a la mejora de las bases hacendísticas de la economía de guerra se plasmaron en dos decretos reservados de

24. Naturalmente, los cuervos del mercado internacional estaban a la caza y captura. Se conservan indicios de una oferta, por ejemplo, hecha al Gobierno republicano por una empresa de Amberes interesada en adquirir el *stock* de joyas de que pudiera disponer. AMAE-AB: caja 123/carpeta 3.

octubre de 1936,[25] paso intermedio en el desarrollo, a trompicones, del ordenamiento jurídico necesario para utilizar los medios financieros que requería el esfuerzo de guerra. Además, el Consejo de Ministros autorizó el 20 de octubre al de Hacienda una amplia capacidad de disposición de los recursos financieros generados. Decía así:

> En uso de las facultades extraordinarias otorgadas al Gobierno por las Cortes y al objeto de atender a necesidades urgentes que deriven de la intervención en los cambios, el Consejo de Ministros acuerda, con carácter reservado, autorizar al de Hacienda para disponer de los fondos precisos con cargo a la cuenta corriente del Tesoro en concepto de «anticipaciones al Ministerio de Hacienda» (AJNP).

Obsérvese que, en consonancia con la ficción que se mantenía con respecto al Banco de España y a los préstamos en oro que el Gobierno solicitaba a la entidad, la autorización del consejo estaba redactada en los mismos términos de «intervención en los cambios». Ello no obstaba para que Negrín obtuviera prácticamente carta blanca a la hora de movilizar los recursos financieros necesarios. En este sentido, esta autorización reviste una importancia simplemente capital. El proceso de creación de una nueva legalidad fue lento y, en realidad, no concluyó sino hasta muy avanzada la contienda. Se construyó a remolque de los acontecimientos y no llegó a su conclusión hasta agosto de 1938, como se demuestra en el apéndice.

En el plano de la economía real, para encauzar las incautaciones de empresas, que tanto desasosiego produjeron en el exterior, se creó una comisión asesora, que se amplió más tarde al comercio y a la minería. No es objeto de este trabajo abordar la economía de guerra republicana, afectada durante mucho tiempo por el taifismo. Los problemas fueron considerables. Sirva un botón de muestra: el 6 de julio de 1937 la Subsecretaría de Armamento del Ministerio de Defensa Nacional dirigió un pedido de barras de cobre y chapa a la entidad Comercial de Cobre y Metales de Barcelona. La Comisión de Industrias de Guerra de la Generalitat negó su autorización para efectuar el suministro fun-

25. Es absurdo pensar que este tipo de medidas pudiera deberse a incitaciones soviéticas, a no ser que se haga caso omiso de la considerable experiencia republicana en materia de control de cambios y de reglamentación del comercio exterior. Sin embargo, la idea perdura hasta el momento (Beevor, p. 235).

dándose en el peregrino argumento (el conflicto acababa de empezar su segundo año) de que el material quería enviarse fuera de Cataluña (documentación conservada en AJNP).

Por decreto del 2 de diciembre de 1936 se sometió a permiso previo de exportación la salida de productos, con el fin de que fuese el Estado el que percibiera las divisas que se obtuvieran de esas ventas y aplicarlas a las compras y adquisiciones en los países suministradores. Se entregó a los exportadores el contravalor en pesetas. Todas las ventas al exterior en moneda nacional fueron prohibidas, ya que lo que interesaba era allegar divisas. Tales disposiciones generaron una fortísima oposición entre los exportadores incontrolados y entre los poderes fácticos o regionales que deseaban quedarse con el producto de la exportación local.[26] Más tarde, un decreto del 13 de agosto de 1937 sometió a una licencia previa endurecida la importación y exportación de mercancías. Fue el Banco Exterior de España el encargado de canalizar hacia las arcas del Estado las divisas generadas.

Con el fin de desarrollar la producción y exportación se crearon grandes centrales como la de agrios, la de uva de mesa, la de frutos secos, la de pimentón, etc. que se dedicaron a mejorar técnicamente el comercio de sus respectivos productos. Merece la pena destacar que la actuación de Negrín y de su equipo se destinó a contrarrestar el arbitrismo[27] que había florecido desde el primer momento, sobre todo en las zonas controladas por los anarcosindicalistas, así como las operaciones de trueque o de compensación, al amparo de las cuales medraban numerosos traficantes, regulares e irregulares, que canalizaban productos escasos en beneficio propio o de sus agrupamientos, políticos o sindicales.

26. También, hay que suponer, porque dificultaba las mil y una triquiñuelas que se utilizaban para burlar las disposiciones o aprovecharse de sus agujeros. Un ejemplo de las corruptelas seguidas se encuentra en las informaciones suministradas por el vice-cónsul de Noruega en Valencia al Departamento de Extranjero del Banco de Inglaterra el 22 de septiembre de 1936 (ABI: OV61/2).

27. Este fenómeno no sólo se observa en la gestión de los servicios productivos sino también en las finanzas. El 21 de octubre de 1936 un tal Francisco Aumatell Tusquets, abogado, envió a Negrín unas «sujerencias (sic) para un proyecto de estabilización monetaria», bajo el eslogan «defensa económica en la lucha contra el fascismo», que era un auténtico engendro. Las medidas preconizadas incluían un nuevo sistema monetario en el que las monedas de plata (como las de cuproníquel y bronce) no tendrían valor intrínseco y la anulación de los seguros de vida. El comercio exterior sería ejercido por el Estado «o por quien hiciere sus veces». En AJNP.

Se trataba de forzar la producción industrial y agrícola sustitutiva de importaciones, estimular las exportaciones no necesarias para el consumo interno, y expandir el intervencionismo y la centralización: los pilares básicos de todo esfuerzo de guerra, como se habían establecido en el primer conflicto mundial y se fortalecerían con precisión e intensidad extraordinarias en el segundo.

Desde el punto de vista de la captación de divisas para asignar al esfuerzo bélico el ministro empezó a jugar sus cartas con el decreto de 3 de octubre de 1936. No hubo en ello mucha dilación, si se considera que hacía menos de un mes que había tomado posesión de la cartera. No se trataba, desde luego, de una disposición demasiado innovadora. Los innovadores habían sido los sublevados en uniforme que desde fecha muy reciente habían introducido *manu militari* (nunca mejor dicho) una rápida devaluación de la peseta.[28] Negrín aspiraba, como ha señalado Eguidazu, a «concentrar en manos del Estado todo el oro y divisas en poder de los particulares, así como los activos susceptibles de liquidación en divisas». El decreto obligaba, en efecto, a la entrega o depósito del oro, de las divisas y de los valores extranjeros de toda clase. El público podía optar por recibir el pago a la cotización establecida por el COCM u obtener resguardos como garantía. Con objeto de que la medida tuviera eficacia era imprescindible prohibir la exportación del oro y divisas, a lo cual atendió otro decreto de la misma fecha.

En el archivo parisino de Negrín se encuentran indicios de los primeros resultados del decreto del 3 de octubre. Al 27 de dicho mes el oro entrado en el Banco de España (donativos, depósitos y ventas) ascendió a 5.280.300 pesetas oro, los valores extranjeros en poder de establecimientos bancarios puestos a disposición del Banco de España a 9.411.350 pesetas nominales y los valores extranjeros depositados en este Banco a 229.950. Las divisas extranjeras, por su parte ascendieron a un millón de pesetas aproximadamente.[29]

La centralización en serio de tales activos se inició con el decreto de 4 de enero de 1937. Todos los bancos que tuvieran en su poder oro, divisas o valores quedaron obligados a entregarlos al de España, ya ra-

28. Por orden del 23 de agosto. Las disposiciones de los sublevados, paralelas a las republicanas, se recogen en Viñas *et al.*, vol. I, pp. 144ss.

29. Según datos comunicados por el gobernador Nicolau d'Olwer el 27 de octubre de 1936. Se trataba de los entrados en el Banco de España. Faltaban los ingresos de algunos bancos y lo que ya se había recogido en las sucursales.

dicado en Valencia. Finalmente, un decreto de 22 de febrero de 1937 autorizó la retirada de las monedas de plata de la circulación con el fin de evitar su atesoramiento.

En aplicación de las disposiciones iniciales, y en particular del decreto de 3 de octubre de 1936, se recogieron cerca de 8,5 millones de pesetas oro en los últimos meses del año a los que cabría añadir casi un millón más por otras operaciones. Es difícil que por estos conceptos pudiera el Tesoro republicano entrar en posesión de más de 3,5 toneladas de oro fino. La mera mención de estas cifras, y las de la Caja citadas anteriormente, permite pensar que el peso de la financiación internacional de la guerra civil por parte republicana tuvo que descansar, como no podía ser de otra manera, sobre las reservas metálicas. A esta misma necesidad no se sustrajo tampoco el Gobierno de Burgos, que hubo de enajenar el producto de las campañas destinadas a obtener recursos en oro, plata y alhajas en su zona.

Ahora bien, una cosa eran las disposiciones legales y otra, muy diferente, su enforzamiento. Éste no fue fácil. Chocaba con el taifismo, con el deseo de autonomía de los poderes locales y regionales, con el colapso del aparato administrativo, con las pugnas ideológicas y, no en último término, con la incapacidad de imponerse del Gobierno central.

Se abandona a su suerte el tipo de cambio de la peseta

Hubo un tema transversal que ha dado origen a numerosos comentarios, la mayoría de las veces malintencionados o fundamentados, en mi modesta opinión, erróneamente. Es notorio que el signo monetario de la República se despeñó en los mercados internacionales en tanto que la peseta franquista siempre dio muestras de solidez. Se considera por lo general que esta divergencia fue la contrastación irrefutable de una gestión financiera republicana que no se duda en calificar de desastrosa. Este tipo de críticas se suscitó ya durante la guerra civil y sigue siendo aceptado en la actualidad sin demasiadas preocupaciones.

A mi modo de ver, tales críticas están desenfocadas. Podría afirmarse, con un tanto de superficialidad, que siempre hubo evidentes razones políticas que explicaron la reacción favorable a la peseta franquista. La marcha de la guerra, sin ir más lejos, y la creciente verosimilitud de una victoria de Franco. Son razones, sin embargo, que no tienen en cuenta suficientemente las condiciones técnico-monetarias en que se desarrolló la contienda.

En primer lugar, hay que subrayar que en un país netamente importador como España la situación bélica debía deteriorar aún más la balanza de pagos, a consecuencia del tirón de las compras al exterior (armas, municiones, pertrechos y elementos para la economía bélica y la civil). Una política cambiaria de prestigio, como la de la época de paz, hubiese tratado de mantener el tipo de cambio, al menos durante algún tiempo, utilizando divisas escasas para adquirir pesetas en los mercados extranjeros. Negrín, que afortunadamente no era economista y no compartía la ortodoxia del momento, ni lo intentó. Con gran sentido común subordinó la política monetaria a la compra de elementos bélicos y no bélicos que exigían las circunstancias y eso le llevó a despreocuparse de la caída de la peseta republicana.

Esta caída estaba, por lo demás, predeterminada. En marzo de 1936 se había prohibido a los bancos establecidos en España que admitiesen billetes españoles procedentes del extranjero, salvo si iban acompañados de una autorización de exportación que justificara su salida del territorio español. Tal autorización debía demostrar que su salida se había efectuado legalmente. Los billetes que careciesen de esta «guía» se presumía que habían sido exportados ilegalmente y no gozaban de ninguna garantía. Fue en esta situación cuando estalló la guerra que, lógicamente, añadió presiones a la peseta.

A finales de septiembre de 1936, tras el realineamiento de las principales divisas y, en particular, del dólar, la libra esterlina y el franco francés, la Europa monetaria se había dividido en cuatro grandes grupos. En el primero se encontraban los países de la zona de la libra que habían devaluado antes del 26 de septiembre; en el segundo los países con monedas depreciadas legalmente o de hecho antes de tal fecha; en el tercero los países con monedas no devaluadas teóricamente pero más o menos bloqueadas y en el último los países con monedas devaluadas después del 26 de septiembre. España figuraba en el segundo y era el país cuya moneda más se había depreciado: en un 74,77 por 100 con relación al franco suizo de 0,29 gramos de oro fino que era la moneda de cuenta del BPI de Basilea. Los restantes compañeros eran Austria (-23,98), Yugoslavia (-25,25), Rumania (-27,94), Bélgica (-28,00) y Hungría (-36,49). Esto significa que la depreciación de la peseta republicana fue brutal y muy rápida y que se produjo antes de que se esfumara su respaldo en oro.[30]

Lo que hubo detrás de tal depreciación se expone fácilmente: ya antes del golpe militar la cotización se vio influida por el carácter ilegal de las existencias de billetes que habían salido de España a consecuencia de la enorme evasión de capital tras las elecciones que dieron el triunfo al Frente Popular. Sobre un mercado anegado de pesetas «ilegales» que no encontrarían mucha demanda, se acumularon tras el estallido de la guerra los rumores relativos a la movilización de las reservas y la confianza —en disminución— que inspiraba el futuro de la República, dada su pérdida progresiva de territorio. Todo ello contribuyó a que, con el paso del tiempo, la moneda republicana «cotizada» exteriormente terminara siendo una peseta «ilegal» a todos los efectos porque no podía retornar ya que no estaba protegida por las disposiciones legales.

Añádase que la peseta carecía de convertibilidad, por lo que su mercado exterior era extraordinariamente estrecho y recortado. Pues bien, este mercado NO es un buen barómetro para medir la gestión financiera republicana. Negrín no tenía interés en sacrificar divisas para adquirir pesetas «ilegales» y la cotización de mercado tendería permanentemente a la baja. La guerra no podía perderse porque la Hacienda detrajese divisas a los pagos de armamentos, municiones, materias primas y productos de primera necesidad. Si se ganaba, los problemas del tipo de cambio pasarían a un segundo plano. Si se perdía, al menos no se habrían malgastado divisas en una causa abocada al fracaso. Negrín practicó una política de maximización de las ventajas propias y de minimización de los costes inherentes. No siempre le salió bien pero al menos lo intentó.[31]

Frente a esta valoración fría, pero no inventada, muchos analistas y políticos de la época (también historiadores ulteriores) subrayaron la disparidad de cotizaciones. La baja incontenible de la peseta republicana se interpretó como una gran derrota, al igual que ciertos Gobiernos y publicistas considerarían más tarde las devaluaciones como auténticos dramas nacionales. Tuvo, sin duda, efectos sicológicos no

30. Datos tomados de un recorte de prensa, sin indicación de origen, firmado por M. G. Mitzakis, que se encuentra en CHAN, fondo Auriol, 552 AP/19.

31. Las explicaciones de Beevor (p. 717) son un tanto confusas y no entran en el meollo de la cuestión.

despreciables pero Negrín consiguió sus propósitos. La guerra no se perdió por falta de recursos financieros,[32] aunque la República no anduvo nunca sobrada de medios, obligada como estuvo a pagar al contado sus importaciones, bélicas y no bélicas.

32. Remachando las críticas de que más tarde se haría eco Negrín, a tal efecto Zugazagoitia recordó poco después de terminada la guerra que (pp. 316s) «juzgando por peticiones de divisas, para adquisiciones de material, que le eran diferidas o regateadas, Prieto calculaba que nuestra penuria bordeaba la ruina. Estos vaticinios suyos no alcanzaron a tener confirmación y sus peticiones, retrasadas o disminuidas, acababan por ser satisfechas. El volumen de esas peticiones solía ser considerable y no era menor el de las que formulaban otros servicios para la adquisición de víveres y materias primas [...] La Hacienda pudo sostener los gastos de la guerra durante otro año más, sin que su pérdida deba atribuirse a falta de recursos. Ignoro como él, y sus colaboradores, pudieron hacer cara a tan copiosísimos deberes».

10

El gobierno autoriza la salida del oro

El autor de estas líneas alberga la esperanza de que este capítulo, uno de los núcleos de la presente obra, contribuya a esclarecer algo más lo que hasta ahora no ha logrado documentarse en la literatura: el origen del envío a Moscú del grueso de las reservas de oro del Banco de España, ya depositadas en Cartagena. La operación, central en el viraje que la República se vio obligada a dar hacia la Unión Soviética, sigue envuelta en las brumas de la controversia que desataron algunos de los adversarios y contrincantes de Negrín y que alentaron segundones que pretendieron extraer ya fuese reconocimiento, o dinero, con afirmaciones escandalosas y espectaculares. Son las que siguen influyendo en libros ayunos de toda base documental.

Conviene, pues, hacer honores a la historia y el relato que sigue está fuertemente documentado. No todos los enigmas, por desgracia, se han aclarado, y el autor así lo señalará, pero confía en que al término del mismo el lector pueda tener una comprensión cabal de uno de los episodios más extraordinarios del siglo XX, según indican ciertos historiadores.[1] Aplicando un análisis diacrónico, estudiaremos la cuestión en dos capítulos diferentes. En éste examinaremos la decisión de salida. En otro posterior, el envío mismo a la Unión Soviética. Tras los hechos, expondremos nuestra propia valoración.

1. Es el caso de Kowalsky (p. 232): «uno de los episodios más sensacionales no sólo de la guerra civil española sino, de hecho, de toda la historia internacional del siglo XX». O el de Payne (p. 196): «una de las operaciones financieras más extraordinarias de todo el siglo». Por no mencionar sino trabajos recientes.

Ventas en el Reino Unido

Es necesario afirmar ante todo que ya en el mes de septiembre, cuando se forzaba el ritmo de ventas de oro al Banco de Francia, Negrín se preocupó de diversificar la operación.[2] El único destino complementario posible en las circunstancias de la época era el Reino Unido. Por canales todavía oscuros, la persona encargada de tales ventas en el mercado británico fue el ex ministro y prestigioso economista Gabriel Franco.[3] No parece que éste se pusiera en contacto con el Banco de Inglaterra. Al menos, Martín Aceña, que ha visto algunos legajos en los archivos del mismo y se ha admirado de que los republicanos no contemplaran tal posibilidad, no ha encontrado documentación al respecto. Sin embargo, no es para sorprenderse. La primera razón que salta a la mente es, precisamente, que Negrín temería interferencias gubernamentales británicas, negativas para el curso de la operación, como las que no tardarían en producirse.

Gabriel Franco acudió a una empresa especializada en las ventas de oro en el mercado londinense. Era lo que se denominaba una casa de primer orden pero no la identificó al ministro.[4] Negrín intentó, por su mediación, colocar oro en el mercado británico. La operación dio comienzo el 1 de octubre y, que sepamos, concluyó el 16 del mismo mes. Permitió vender 3.481 lingotes, a un ritmo exasperantemente lento. El día que más lingotes se vendieron fue el 6, cuando se colocó un total de 531. El de menor venta fue el 13, con 122. El promedio ascendió a 248 lingotes al día por un valor de 700.000 libras. Naturalmente, se planteó un problema: aunque la República podía constituir así un fondo de divisas en Londres con el que atender el pago de cier-

2. Esta diversificación no se ha alumbrado hasta ahora en la literatura.

3. Catedrático de Economía Política y Hacienda Pública en la Universidad de Salamanca. Diputado a Cortes por Izquierda Republicana tras las elecciones que dieron el triunfo al Frente Popular. Como primer ministro de Hacienda intervino en ventas de oro al Banco de Francia. Luego anduvo mezclado en compras de armas en Checoslovaquia (Largo Caballero, 2007, p. 3277).

4. Según los datos del Banco de Inglaterra había seis empresas de tales características, a saber, Johson Matthey & Co, Samuel Montagu & Co, Mocatta & Goldmid, Pixley & Abell, N. M. Rothshchild & Sons y Sharps & Wilkins. El mercado londinense era muy competitivo y funcionaba con márgenes muy reducidos. Los adquirentes eran instituciones financieras y especuladores o atesoradores (ABI: C43/141).

tas importaciones no bélicas y el de los servicios que utilizasen sus agentes y diplomáticos, ¿cómo liquidar los suministros de armas que procedían de otros lugares y, cuando se materializaron, los soviéticos?

A juzgar por el informe de Gabriel Franco conservado en AJNP la operación era excelente para la empresa que naturalmente cargaría un corretaje (un cuarto por mil). Estaba, además, dispuesta a dar en préstamo un millón de libras esterlinas al Gobierno republicano y a abonarle el contravalor del oro con efectos desde el mismo día que se vendiera. Había gastos: como hemos indicado, la casi totalidad del oro era amonedado. Era preciso, pues, fundirlo (un cuarto de penique por onza más tres chelines por barra).[5] A ello había que añadir los gastos de seguro (dos chelines tres peniques por cada cien libras esterlinas). Todo esto era asumible. La empresa, teniendo en cuenta las condiciones del mercado, creía poder vender sin dificultad unas cien mil libras diarias que acrecentarían las disponibilidades republicanas ya que no se resarciría del préstamo y de sus intereses sino hasta la venta de las últimas remesas. Las enajenaciones diarias previstas suponían un 40 por 100 de las que se producían en el mercado. Forzarlas llevaría a depreciar la cotización del metal.

Para situar el oro en Londres la empresa pondría a disposición del Gobierno una flotilla de seis aviones que podían transportar media tonelada por aparato tres veces por día. Los gastos de transporte diarios ascenderían a 50 libras por avión, si el oro venía de París, y a 150 si procedía de Madrid. Ahora bien, había una «pega». La empresa tenía que justificar el origen del oro y su destino. La firma del embajador en Londres sería imprescindible. Pero si el oro venía de París, quien debería hacerlo era el representante republicano acreditado en esta capital, cuya firma tendrían que legalizar el Quai d'Orsay y la embajada británica. Esto equivalía a destapar toda la operación. Si Negrín consideró que la gestión en Londres podía ser una alternativa a las ventas al Banco de Francia debió de llevarse una decepción. Gabriel Franco le escribió una nota, con todos los anteriores datos, en algún momento posterior al 16 de octubre de 1936, pero es posible que se los comentara a medida que transcurría la operación. La modestia de sus cifras hablaba, en cualquier caso, por sí sola.

5. Obsérvese que la empresa no se planteó vender monedas. Fue un razonamiento que siguieron más adelante los soviéticos, que tuvieron sus propias razones adicionales para hacerlo.

Se pronuncia el Consejo de Ministros

Actuó de secretario, como solía, el ministro más joven. Era el de Instrucción Pública, Jesús Hernández, uno de los dos representantes del PCE. En 1953 publicó un libro de memorias entre cuyas inexactitudes[6] figura el «olvido» de aquella memorable sesión del 6 de octubre y también de uno de sus resultados, probablemente el más importante. Afortunadamente, en los archivos parisinos de Juan Negrín se encuentra el oficio, firmado por el propio Hernández, que dio traslado formal de la decisión adoptada en la reunión. No era trivial.[7] Decía así:

> En virtud de las amplias facultades que las Cortes han concedido al Gobierno, el Consejo de Ministros, en su reunión del día de hoy, acuerda lo siguiente:
>
> Autorizar al Excmo. Sr. Presidente del Consejo, Don Francisco Largo Caballero, y al Excmo. Sr. Ministro de Hacienda, Don Juan Negrín López, para que de común acuerdo tomen cuantas medidas sean necesarias con el oro del Banco de España, sin limitación alguna, y aun cuando para ello hubiere que situarlo, total o parcialmente, fuera del territorio patrio para defender dicho oro de cualquiera contingencia que pudiera representar grave daño para los altos intereses de la Nación.
>
> Lo que trasladamos a V.E. para su conocimiento y constancia.
>
> Madrid, 6 de octubre de 1936.
>
> Excmo. Sr. D. Juan Negrín López, Ministro de Hacienda.

Este extraordinario documento merece un análisis mínimo.[8] En primer lugar, no mencionó el lugar de destino.[9] Ello podría haberse

6. La más fuerte se analizará en el segundo volumen de esta trilogía. Lo anuncio para situarme, de pleno, en apoyo de esos *nuevos historiadores* de la guerra civil (quien esto escribe ya no es nuevo) que minimizan la credibilidad del ex ministro comunista, según afirma De la Cierva (2003, p. 520). A este mismo autor es a quien se debe la expresión en itálicas.

7. Una ambigua referencia se encuentra en Álvarez del Vayo (1950, p. 284). Nadie le ha hecho caso y Araquistáin (2003, pp. 16s), con su habitual falta de generosidad, prácticamente se rió de él.

8. La única alusión que he visto, sin indicación de fuente, a esta resolución se encuentra en Cabezas, p. 342. Procede de AFIP, Correspondencia, carpeta Negrín. Se trata de un borrador con varias tachaduras y es, sin duda, una copia de la decisión. Zavala (2006, p. 289), en su lógica, ignora a Cabezas y afirma que «Negrín se extralimitó en sus facultades».

9. En su comentario al doc. 247 en *Osoboy Papki*, al que más tarde haremos re-

debido a una reserva comprensible (incluso la fabricación de cajas para transportar el oro a Cartagena se había velado cuidadosamente). Es verosímil que se examinaran las alternativas en presencia (Francia, Inglaterra y la Unión Soviética). Se ve mal que el consejo, en un asunto de tanta trascendencia, se limitase a extender un cheque en blanco. Sin embargo, en mi opinión, basada en evidencia circunstancial, en tal reunión se aprobó el envío a la URSS, como se indicará ulteriormente. En segundo lugar, es evidente que se habilitaba no a un comité o a un conjunto de ministros para que actuasen sino exclusivamente al presidente y al ministro responsable por razón de materia para que adoptasen todas las medidas necesarias destinadas a salvaguardar el oro. Estaba en la lógica del motivo de precaución que había inspirado la evacuación a Cartagena. El 6 de octubre se dio un paso adicional: lo que se contemplaba era el traslado, puro y simple, al extranjero.[10] Por último, es del todo punto obvio que el consejo, con su autoridad colectiva, amparaba *a priori* las decisiones últimas que Largo Caballero y Negrín se vieran llamados a adoptar.

Este último escribió más tarde a Prieto lo que sigue:

> Aunque el decreto reservado, aprobado por el Parlamento, bastaba, a mi juicio, para tomar cualquier medida que estimara útil el ministro de Hacienda, referente al traslado y depósito del oro, a mí me pareció

---

ferencia, la profesora Pozharskaya señala que la decisión española se adoptó a comienzos de octubre. No he encontrado base para compartir la opinión de Howson (p. 183), tomada de Rybalkin, de que el tema del oro probablemente se estaba discutiendo con los rusos desde mediados de septiembre, aunque Martínez Amutio (p. 44), no un testimonio fiable, así lo afirmase. Yo no me atrevo a pronunciarme de forma tan tajante. Me limito a indicar la ausencia de pruebas.

10. Uno de los pocos autores que señalan que hubo una autorización del Consejo de Ministros es Schwartz (p. 268), quien dice que la decisión fue tomada por unanimidad en una reunión celebrada en Madrid el 23 de octubre. No aduce fuente. Hay otras discrepancias. Ansó y Pascua, por ejemplo, indicaron que la decisión fue adoptada por el Gobierno republicano. Vidarte afirmó, erróneamente, que no se trató en consejo. Para Álvarez del Vayo, el único que se acercó algo a la realidad, se consignó en un documento ad hoc. A la vista de esta situación en la historiografía sorprende que, con rotundidad, Vidal (2005, p. 168) afirme que la decisión fue «tomada sólo por algunos ministros —fundamentalmente, el de Hacienda, doctor Negrín— a espalda del resto del gobierno y benefició fundamentalmente a Stalin en contra de los intereses españoles». La segunda parte de esta afirmación es absurda pero para la primera tampoco ofrece ninguna evidencia documental.

> conveniente recabar una autorización expresa y conjunta para el presidente y el ministro de Hacienda. Según referencias, la posibilidad de depositar el oro fuera de España fue ya objeto de deliberaciones y hasta se había tomado en consideración por el Gobierno que nos había precedido. Del anterior acuerdo existe un duplicado, igualmente sellado, que a nombres que no son del caso se conserva en un banco extranjero.

Este escrito permite extraer algunas conclusiones. En primer lugar, la noción de que ya el Gobierno Giral probablemente había jugado con la medida. Sin duda en conexión con las reflexiones que se hicieron en agosto y que conocemos por fuentes tan independientes entre sí como el anarquista Abad de Santillán y el gobernador del Banco de España. Negrín innovó pero posiblemente se basó en antecedentes o en ideas previas. Naturalmente, en el mes de agosto el único destino en el extranjero factible hubiese sido Francia. En octubre había alternativas. En segundo lugar, nos basamos en la autorización misma que se ha utilizado por primera vez en este libro. Se encontraba en una caja fuerte en un banco parisino.[11] En tercer lugar, el cuidado de Negrín de contar con la autorización *política* del Consejo de Ministros. Ésta fue el segundo eslabón de la cadena que había empezado a forjarse con el decreto reservado sancionado por las Cortes.[12] Nunca podrá aducirse que el consejo no se había pronunciado en un lenguaje claro y transparente. Con todo, y como ya hemos indicado, todavía hoy resulta difícil documentar adecuadamente qué tipo de conexión existió entre la luz verde de Stalin y la decisión de trasladar el oro a la Unión Soviética.[13] Durante años ha perdurado en la literatura la especie que el primero exigió el envío del oro para cobrarse la

11. Mi agradecimiento más profundo a Carmen Negrín que me permitió consultarla.

12. Aunque el envío se hizo con arreglo a la legislación republicana de emergencia, uno de los éxitos póstumos de Orlov fue que en el Senado norteamericano se creyera que se trató de una operación ilegal (Kowalsky, p. 469). Ello permite pensar que o bien Orlov no sabía nada del trasfondo de la operación o que mintió, una vez más como un bellaco.

13. Kowalsky (2004, p. 95) no la ve problemática: «El Gobierno republicano se vio obligado (sic) a enviar a Stalin la reserva de oro almacenada durante siglos (sic) en el Banco de España para cubrir su deuda bélica con los rusos». Su tesis (2003, p. 236), y la de Howson (p. 183), de que la evacuación a Cartagena ya se hizo con la mirada puesta en Moscú no ha tenido una demostración fehaciente hasta la fecha.

ayuda.[14] En ello muchos autores han seguido a Krivitsky, que en este tema no podía ofrecer, desde La Haya, un testimonio fiable.

Lo que es posible afirmar, con razonable seguridad, es que uno de los sub-mitos que todavía pulula en la literatura no resiste, por el momento, la contrastación. Se trata de la noción perenne, también esparcida por Krivitsky, de que el envío se decidió siguiendo sugerencias, o imposiciones, soviéticas. Nadie las ha documentado hasta la fecha. A esta especie, y dependiendo del humor o talante ideológico más o menos combativos de los diversos autores, se añaden algunos otros. Uno de los más perdurables es que se trató, esencialmente, del éxito de las gestiones hechas ante Negrín por el representante comercial soviético (*torgpred*) Artur Stajewsky. Es uno de esos casos en que decenas de autores,[15] copiándose los unos a los otros, coinciden, aunque desde perspectivas políticas e ideológicas muy diferentes, en no mencionar las afirmaciones (que posiblemente crean despreciables) de Álvarez del Vayo y en reducir al mínimo la capacidad de decisión de los dirigentes republicanos.[16] Es un mito desmontable recurriendo a las fuentes primarias relevantes. El Politburó nombró a Stajewsky el 25 de octubre.[17]

No he encontrado evidencia de que el trascendental informe de Ji-

14. Innecesario es señalar que a esta interpretación se apunta el profesor De la Cierva (2003, p. 486). Dicho autor reprocha a quien esto escribe una «posición política de extrema parcialidad», hace profesor a Bolloten (p. 487) y acusa a los «historiadores de la izquierda» de descartar «el testimonio de Krivitsky». Quizá considere que es preciso aceptarlo sin ninguna valoración crítica.

15. He analizado la supervivencia de este mito hasta nuestros días en Viñas, 2005b. Entre los autores extranjeros recientes que pretenden conocer ya sea la documentación o los métodos soviéticos, y que todavía son víctimas de las viejas trampas de Krivitsky, figuran Radosh *et al.*, Kern, Beevor y Payne. Este último va incluso más lejos. La influencia de Stajewsky sobre Negrín fue tal, afirma, que le permitió «promover la operación que privó (sic) al Gobierno republicano de su oro, una transferencia que convirtió a Negrín en un personaje de confianza para los soviéticos». Bolloten (pp. 257s) fue cauto, aunque también pareció decantarse hacia la influencia perniciosa del funcionario soviético. Este autor tuvo la amabilidad de reconocer que, en carta personal, ya le llamé hace muchos años la atención sobre la necesidad de no exagerar la influencia de Stajewsky pero no me hizo el menor caso. Entre los españoles cabe citar a Olaya Morales, Martín Aceña, Encinas Moral, Zavala y Madridejos. La mención de otros anteriores a los citados ampliaría innecesariamente esta nota porque se trata de una larga lista.

16. Las elucubraciones de Araquistáin (2003) no merecen ni siquiera comentario.

17. Esta información corrige una hipótesis errónea que sobre la llegada de Stajewsky hice en Viñas, 2005b. En aquel momento pensé que habría aparecido en Ma-

ménez de Asúa del 20 de septiembre fuese conocido por el consejo. Pero es indudable que no pudo ser ignorado. Afectaba a demasiados departamentos. A la Presidencia del Consejo en primer lugar pero también a los Ministerios de Estado, Marina y Aire y Hacienda. Cuando se leyera, y es improbable que no lo fuese dada la personalidad de su autor, los ministros correspondientes no habrían dejado de sentirse impactados por su cuádruple mensaje: la no intervención había surgido bajo presiones británicas, el Gobierno francés seguía cuasi mecánicamente la línea de Londres, los primeros apoyos (Blum, Daladier) se habían volatilizado y la operación en París era un auténtico desbarajuste. ¿Qué hacer? Lo que parece claro es que, por razones que desconozco, Prieto no participó en la decisión del 6 de octubre. Al menos en su correspondencia ulterior alegó que no sabía nada del acuerdo y Negrín no le rectificó.[18]

Cuando adoptó su trascendental decisión el gabinete republicano se encontraba en un período agitado. Durante él dio a conocer una especie de Libro Blanco en el que se relataban las vulneraciones constatadas de la no intervención por parte de las potencias fascistas y que Pascua distribuyó en Moscú. La comparación entre tales violaciones, que reflejaban la actuación de bombarderos y cazas alemanes y la descarga de material de guerra en los barcos *Kamerún* y *Wigbert* (identificado por error como *Visbery*) así como de aviones Savoia, Caproni y Fiat italianos (*ABC*, 4 y 6 de octubre), tuvo que proyectar en la mente de los ministros la gran diferencia de trato externo que recibían los franquistas y la República. Era un período en el que el Gobierno continuaba con la organización y encuadramiento del Ejército Popular. Según Morel (telegrama del 8 de octubre) sólo el PCE, convencido de la necesidad imperiosa de la disciplina y del mando, le ofrecía un apoyo sin reservas. Pero no todo relucía:

---

drid hacia mitad de septiembre, lo que me llevó a adelantar la génesis de la idea de enviar el oro a los días siguientes a la entrada en acción del Gobierno de Largo Caballero. Martínez Amutio (pp. 41s), que no fue un personaje que participara para nada en la operación, afirma que Stajewsky ya estaba de incógnito en Madrid en septiembre. No ofrece prueba alguna. Madridejos (p. 33) indica que llegó con Antonov-Ovseenko, también sin referencias.

18. Que siguiera varias semanas sin conocerlo da una idea del secretismo con que se llevó toda la operación. El Gobierno debió de atenerse al principio ulterior de saber sólo en la medida en que fuese absolutamente necesario.

La energía meritoria de este esfuerzo tardío parece chocar, fuera ya de la neutralidad irreductible de la CNT, con la autonomía de los partidos, la inercia de las masas y la desmoralización de los combatientes, mal armados y encuadrados. Ahora bien, al prolongar la resistencia de Madrid, el Sr. Largo Caballero y los jefes comunistas habrán salvado el honor.

Se trataba, en fin, de un momento en el cual el Gobierno aún no sabía oficialmente que la ayuda soviética ya se había decidido. Esto se deduce de la comunicación que el 11 de octubre envió Kaganovich a Stalin y en la que se afirmaba:

> Todavía no hemos dicho nada a Caballero sobre nuestros envíos. Pensamos que habría que cursar instrucciones a Gorev para que le informe oficialmente, aunque de manera reservada, acerca de la ayuda. Por el momento sería preciso darle todos los detalles sobre lo que ya ha llegado y en el futuro informarle a medida que arriben los barcos (R. W. Davies *et al.*, p. 368).[19]

Stalin dio en el acto su visto bueno a esta sugerencia. Se trata de un tema sumamente significativo. Sabemos, por ejemplo, que tan sólo cuatro días antes, el 7 de octubre, Rosenberg fue a visitar a Largo Caballero, que había estado encerrado toda la mañana trabajando en su despacho del Ministerio de la Guerra. La prensa se hizo eco del ofrecimiento de recibir heridos y convalecientes republicanos para su tratamiento en la Unión Soviética.[20] Es evidente que el embajador no dijo una sola palabra de un asunto que era realmente importante. Este episodio podría explicar la de otra forma inexplicable afirmación de Largo Caballero de que no se sabía quién había pedido las armas. Mi opinión, sujeta a lo que pueda descubrirse en el futuro en los archivos rusos, es que Stalin se

19. Azaña (1967, p. 477) señalaría que «el embajador soviético, visitante asiduo del presidente del consejo, ministro de la Guerra, mantuvo en el más riguroso secreto las intenciones de Moscú respecto de la venta de material de guerra, de suerte que el arribo de la primera expedición fue casi una sorpresa». Como de costumbre, dio en el clavo. La nota de Kaganovich permite pensar que, en contra de lo que se afirma habitualmente, no habría habido suministros auténticamente soviéticos hasta tal fecha y que los del *Campeche* fueron un renglón separado. También erró Orlov, quien contó a Payne que habían llegado en la primera semana de octubre (Zavala, p. 439).

20. *El Popular*, Málaga, 8 de octubre. Debo esta referencia a la amabilidad de María Ángeles Ayala.

comportó de forma parecida a como lo habían hecho Hitler y Mussolini tras el golpe y como lo harían después, en los meses de noviembre y diciembre de 1936. Al principio, la selección del armamento se decidió de forma autónoma en Moscú, Berlín y Roma. La diferencia estriba en que en el caso de Moscú existía un conocimiento mucho más profundo de las necesidades republicanas que el que había habido, en julio, en Roma y en Berlín respecto a las franquistas.

Entre quienes ignoraban lo que pasaba se encontraba el propio Pascua, según transpira de los despachos que por entonces enviaba a Madrid. En uno de ellos narró una entrevista con Molotov que tuvo lugar el 10 de octubre. Los barcos soviéticos ya navegaban con armas hacia los puertos españoles pero el embajador no pudo extraer la menor información ni Molotov la ofreció. Raras veces se encuentran ejemplos contrastables de tal hermetismo que, a mayor abundamiento, estaba perfectamente coordinado. Así, pues, cuando tomó su decisión sobre el oro el Gobierno republicano ignoraba la inminente llegada de los suministros bélicos auténticamente soviéticos.[21] Podemos establecer la hipótesis que Gorev comunicó la noticia nada más recibir la autorización, es decir, el 12 de octubre. Desde Madrid no debieron de demorarse demasiado las órdenes para cerrar, al menos, el puerto de Cartagena a la curiosidad de los navíos de guerra extranjeros.

En lo que se refiere al acuerdo del Consejo de Ministros cabe observar un tratamiento diferente por dos de los participantes en la reunión. La versión más importante fue, sin duda, la de Largo Caballero. En sus recuerdos, ampliamente difundidos, después de zarandear la personalidad privada y política de Negrín, afirmó en una carta fechada en 1946, poco después de su regreso a París de un campo de concentración alemán, que el ministro de Hacienda decidió, pura y simplemente, trasladar el oro fuera de España (1954, p. 191). Más adelante, en la compilación de sus escritos (en vías de publicación en el momento de redactar estas líneas), silenció tanto el acuerdo como la habilitación (2007, p. 3494). El segundo participante fue Indalecio Prieto, ulteriormente uno de los más feroces detractores de Negrín. Inteligente, no negó la autorización pero sí evacuó responsabilidades (actitud que exhibió con frecuencia en sus memorias). Lo hizo en pri-

21. Codovilla había hablado del tema con Largo Caballero unos días antes. En el estado actual del conocimiento, mi impresión es que este último debía de esperar la llegada de los suministros de un momento a otro, pero sin seguridad absoluta.

mer lugar en 1940, en plenas disputas sobre la dirección política del exilio en México, de la siguiente manera:

> El 25 de octubre de 1936 se embarcaron en Cartagena con destino a Rusia siete mil ochocientas cajas llenas de oro, amonedado y en barras, oro que constituía parte de las reservas del Banco de España. Previamente el señor Negrín, como ministro de Hacienda, obtuvo el acuerdo del Gobierno y la firma del presidente de la República para un decreto autorizándole las medidas de seguridad que estimara indispensables en cuanto al oro del Banco de España. Como miembro de aquel Gobierno, acepto la responsabilidad que me corresponde por el acuerdo, aunque ni los demás ministros ni yo conocimos el propósito perseguido. Ignoro si llegó a conocerlo el entonces jefe del Gobierno, Francisco Largo Caballero.[22]

Ésta es una sabia mezcla de verdades, medias verdades y no verdades. El que nadie le hubiese informado del envío es inexacto como lo es también que los demás ministros, incluido Largo Caballero, ignoraran la decisión. También sorprende que no le hubieran dicho nada sus servicios en la base naval de Cartagena que tenían contactos con el personal dependiente de los Ministerios de Guerra y Hacienda. Sin embargo más tarde Prieto precisaría:

> El envío se efectuó al amparo de un acuerdo unánime del Gobierno quien visto el peligro de que Madrid cayese en manos de los insurrectos, concedió al ministro de Hacienda —Negrín— la autorización pedida por éste para adoptar medidas de seguridad, no especificadas, respecto a las reservas metálicas del Banco emisor (p. 122).

Esto es algo más correcto aunque tampoco totalmente exacto. Tal es, hasta el momento, el estado de la cuestión, dejando de lado versiones truculentas y novelescas carentes de toda base documental. La que he podido encontrar al respecto se utiliza plenamente y sin restricción alguna en esta obra.

22. Según cuenta el propio Prieto, esto proviene del prólogo a la segunda edición de su folleto, publicado en México en 1940, *Cómo y por qué salí del Ministerio de Defensa Nacional* que reproduce (p. 131) en la parte relevante. Obsérvese que el texto está redactado de forma tal que el lector no avisado confundirá la decisión de septiembre sobre traslado a Cartagena y la no reconocida abiertamente de octubre. El

Una leyenda que se esfuma: Negrín en acción

Tras el acuerdo del consejo, el ministro de Hacienda actuó rápidamente. Al día siguiente llamó al capitán de carabineros[23] José Muñoz Vizcaíno y le dio instrucciones precisas. Debía trasladarse con urgencia a Cartagena y organizar la guardia de los polvorines. Tenía casi un cheque en blanco en todo lo que se refería a asegurar la protección del oro. Se le encomendaba, eso sí, que procurase guardar las mejores relaciones posibles con el gobernador militar y con el jefe de la base naval. Es impensable que éste no tomara contacto con la superioridad en cuanto llegasen las expediciones de Madrid pero mucho más impensable que no lo hiciera cuando en el pequeño horizonte cartagenero apareciese un nuevo factor con capacidad para dar órdenes. Muñoz debía tener al día al ministro de Hacienda de cuantas incidencias ocurriesen. Detalle revelador: «si fuese preciso utilizará el teléfono». Esto indica que el capitán acudiría normalmente al telégrafo, como hacían los funcionarios de la brigada bancaria. Por desgracia, no han aparecido las comunicaciones al respecto, si es que se han conservado. Negrín delegó, por lo demás, en Méndez Aspe las atribuciones operativas. Muñoz debía acatarlas como si sus instrucciones emanasen del ministro mismo. Se preveía ya una misión exploratoria mucho más detallada que la que había desarrollado Giral semanas antes. Muñoz debía facilitar la labor informativa que realizaría un comandante muy adicto a Negrín, Fernando Sabio, quien se desplazó a Cartagena acto seguido.[24]

Por fortuna, tanto las instrucciones a Muñoz como el informe de Sabio los conservó Negrín en sus archivos parisinos. Se reproducen en el apéndice documental. La nota de Sabio ofrece una vívida descrip-

ABC del 12 de enero de 1955 se hizo eco de las afirmaciones de Prieto divulgadas de nuevo en México poco antes.

23. Álvarez del Vayo (1950, p. 281) señaló ya la intervención de los carabineros, que todo el mundo ha olvidado.

24. Méndez (p. 60) recuerda que Negrín coincidió con Sabio en el frente de la sierra madrileña cuando el posterior ministro se desplazaba para llevar municiones, mantas, tabaco y equipo médico a los milicianos. Ofrece de Sabio un retrato halagador: «militar de carrera, hombre extraordinario por su caballerosa personalidad y por su valentía». No tardaría en convertirse en comandante de la 5.ª Brigada Mixta (Líster, p. 140).

ción de los polvorines en donde ya se había depositado el oro y una gran parte de la plata. Había tres puertas pero sólo la tercera presentaba alguna dificultad.[25] Es decir, la protección de lo que ya era el tesoro de guerra debía descansar en las fuerzas mandadas por Muñoz y las de la guarnición. Esto no era fácil. El general Toribio Martínez Cabrera (posterior jefe del EM) pretendió asumir el mando de las tropas de carabineros y servirse de ellas como refuerzo de las propias. Quizá tuviera razón, en la medida en que divisaba en el pueblo el lugar de donde podría «un día» salir el enemigo, si ello implicaba que el mayor riesgo lo divisaba en eventuales movimientos anarquistas contra los depósitos. Para Sabio esta actitud fue cuando menos sorprendente y calificó al general de ejemplo de lo que había que superar en el Ejército. En esta crítica, se adelantó incluso a la que más tarde se vertió contra dicho general, uno de los fusilados por los franquistas al terminar la guerra civil.

En la labor de reducción del peso de la mitología, también es posible avanzar nuestro conocimiento acerca de las circunstancias en que se fraguó la apelación a la URSS y las interacciones que la acompañaron. Para ello cabe disponer del testimonio del propio Negrín. En unos apuntes que empezó a redactar antes de su fallecimiento dejó constancia de que:

> la idea de situar fondos en Rusia fue mía, exclusivamente mía, sin que hubiera existido previamente, presión, requerimiento, sugestión o indicación por parte de nadie ni mucho menos de los rusos ... La propuesta [les] cogió tan desprevenidos y de sorpresa que hubieron de hacerse varias consultas a Moscú antes de que aceptaran en principio y facultaran a su representante para estipular con nuestro Gobierno las condiciones generales de un posible convenio.

Ésta es una afirmación que diverge totalmente de los asertos habituales hasta ahora en la literatura.[26] Es la que permite hacer pen-

25. El informe de Sabio contrasta con la afirmación de Prieto (p. 122) de que había un «enorme y complicado portón de acero que da acceso a las cámaras subterráneas de recios muros» en las que se depositó el oro. Sin embargo, el ministro de Marina no pudo desconocer el lugar, porque a él se trasladó a finales de octubre.

26. Incluso Martín Aceña (2001, p. 109) afirma que el envío del oro quizá no lo exigiera Stalin abiertamente, aunque luego indica que «lo sugirieron como conveniente sus agentes en España».

sar, teniendo en cuenta la fecha del acuerdo del consejo, que probablemente Negrín había entrado en contacto con la embajada unos días antes e incluso, quizá, a finales de septiembre. Pero nada de esto está todavía comprobado. En otra variante de esos apuntes consignó:

> Don Francisco Largo Caballero, él, hombre tan frío, acogió con entusiasmo mi idea (veremos, más adelante, los motivos justificados de ese entusiasmo) y ordenó se pusiera en práctica inmediatamente. Le advertí que por no existir precedente de operaciones de este tipo con la URSS, y dado su peculiar sistema político, era preciso concertar antes con el Gobierno soviético las formalidades que habrían de cumplirse para efectuar la entrega y consignar los fondos, así como para disponer de ellos.

En puridad, no hay mucho que deba sorprender en esto. No se trataba de una operación corriente sino desesperada. Negrín no era un inocente. Al contrario. Era uno de los ministros republicanos con más experiencia del extranjero que había en el gabinete. No la que cabría obtener como embajador o periodista (al estilo de la de Álvarez del Vayo) sino la que se derivaba de haber seguido estudios prolongados fuera de España, lo cual era una rareza en la época. Negrín no había hecho lo que hoy denominaríamos un mero postgrado sino toda la carrera de medicina, que después hubo de convalidar en Madrid. Había vivido en Alemania nueve años, donde se había casado con una rusa, dominaba el francés y el alemán, hablaba muy bien inglés (con fuerte acento germano), se expresaba en ruso, leía y entendía holandés y probablemente el sueco, y el danés y el italiano.[27] Su biblioteca, que en parte se conserva en París en el momento de escribir estas líneas, muestra una impresionante variedad de libros en varios idiomas sobre los temas más diversos de ciencia, literatura, historia y arte amén de los estrictamente profesionales.

El ex ministro se preguntó acerca de los motivos del retraso y dio un diagnóstico:

27. Datos tomados de una reseña personal sobre Negrín hecha por Pascua que se reproduce en Álvarez (p. 272). Méndez (p. 43), que estuvo a su lado mucho más tiempo que Pascua durante la guerra civil, afirma que dominaba el italiano y podía conversar también en húngaro. El carácter políglota de Negrín está fuera de toda duda. Un caso poquísimo frecuente en la España de entonces.

> Mi impresión es que nuestra petición, expuesta o traducida en forma imprecisa, al ser examinada por los Comisariados de Comercio y Hacienda, a los que fue transmitida, la interpretaron como un tanteo acerca de la posible obtención de créditos antes de constituir una garantía. La confusión, si la hubo, sería explicable porque al mismo tiempo que ofrecíamos el envío de oro recalcábamos la urgente necesidad de divisas y el embajador Sr. Rosenberg, que sirvió de intermediario, no muy versado en materias financieras y bancarias, no me pareció que comprendiera bien, al principio, nuestra intención. De otro modo resulta incomprensible no se nos diera una respuesta inmediata afirmativa sino que fuera necesario cruzar telegramas, aclaraciones y puntualizaciones.[28] Posible es también que los comisarios aludidos, antes de someterlo a resolución de una Instancia Superior, quisieran contar con una formulación inequívoca acompañada de todo género de detalles. Fuera cual fuese el motivo, lo cierto es que la primera reacción a mi pregunta sobre [si] la banca soviética estaba dispuesta a suministrar divisas, previo depósito de oro en su Central, lejos de ser franca y favorable, fue más bien cautelosa y reservada.[29]

De este apunte se desprende la noción que lo que el ministro de Hacienda pretendía era movilizar divisas con rapidez. Es algo que conviene recordar y a lo que haremos referencia repetidamente. Pero para ello era preciso obtenerlas. Es cierto que ya se vendía oro a través del Banco de Francia pero estas operaciones tenían el inconveniente de que eran conocidas de los sublevados (y también de los servicios de inteligencia de los países interesados en el drama español). Por otra parte, el Gobierno de Largo Caballero deseaba obtener armamento soviético. Al fin y al cabo, Rosenberg tendría que haber dado una respuesta a la última petición del Gobierno Giral y este último seguía en el Gabinete como ministro sin cartera por lo que no cabe pensar que el presidente

28. Por desgracia, nada de esto se ha encontrado, todavía, entre los documentos de Negrín. Si han quedado trazos deben de hallarse en los archivos rusos, probablemente en los ministeriales. Se trata de una línea a explorar por la futura investigación. Álvarez del Vayo (1950, p. 283) apunta que en ello intervino el agregado comercial soviético, Winzer, algo que también decenas de autores han olvidado pero que Negrín no constató. Formalmente, hubiese sido no obstante difícil que Winzer lo ignorara en la embajada. Desconozco si Rosenberg sabía que se trataba de un agente del GRU.

29. Corresponde a Gabriel Jackson el honor de haber sido el primer autor en consultar estos apuntes de Negrín y publicar un pequeño extracto. La novedad no parece haber convencido a Beevor (p. 716) aunque no dice por qué.

lo ignorara. Cabe establecer la hipótesis, aún por contrastar, si lo que en último término, y a través del artilugio de la adquisición de divisas, inquietaba a Negrín y a Largo Caballero era cómo inducir una decisión más rápida por parte de Stalin y sobre volúmenes de ayuda realmente importantes. Negrín, por su parte, dialogaba con un embajador poco transparente. Al menos es lo que se deriva de la anotación siguiente:

> Bien es verdad que el astuto embajador soviético gastaba una técnica diplomática rica en recovecos y recelos y yo, apenas iniciado en estos menesteres, no había llegado a elaborar la propia que más tarde había, según creo, de darme satisfactorios resultados en mis tratos con los rusos.

Por estos apuntes se observa que el origen inequívoco de la decisión de enviar oro a la Unión Soviética ha de ubicarse en el ministro de Hacienda y que el interlocutor en este trato tan trascendental fue, obviamente, el propio embajador. La lógica de la gestión respondía a la necesidad que ya habían sentido Giral y Ramos, protagonistas de la inicial movilización de las reservas: obtener divisas urgentemente y adquirir armamento. La reacción es también verosímil: la idea cogió de sorpresa a los soviéticos. ¿Y por qué no les iba a coger? Sólo si se postula que Negrín actuara desde el principio como marioneta cuasi-teledirigida desde Moscú, y ante el cual desarrollase reflejos pavlovianos, chocará la descripción que antecede con el sentido común y con los fines de la operación. (Largo Caballero, con la peculiar versión del tema que ofreció en sus recuerdos, se ha escapado a tal tipo de interpretaciones.) En cualquier caso, Negrín también aludió a dificultades de comunicación, cuando menos verosímiles.

No hay, de todas maneras, que ser un lince para pensar que las dificultades debieron de surgir en Moscú. Las autoridades soviéticas no estaban tan introducidas en los circuitos financieros internacionales como las españolas. La operación debió de ser, para ellas, una novedad. La Unión Soviética vendía o exportaba oro (era uno de los grandes productores mundiales) con el fin de adquirir divisas. No compraba oro para vender su contravalor en moneda extranjera. Por otro lado, que los comisarios para el Comercio y las Finanzas recurrieran a Stalin era algo absolutamente normal. Señalemos que lo mismo hubiese ocurrido en el caso hipotético de que la operación se hubiese planteado ante un régimen democrático occidental: es difícil pensar que el jefe del Gobierno no se hubiera visto involucrado. Más adelante indicaremos que para un caso infinitamente más trivial, relacionado con eventuales operaciones con oro, el Banco de Inglaterra y el Tesoro no dudaron en informar al gabinete del primer ministro, Stanley Baldwin.

Sobre el círculo de *cognoscenti* también Negrín arrojó luz. El primero a quien comentó la idea fue, naturalmente, el presidente del Gobierno:[30]

> Don Francisco Largo Caballero aceptó al instante mi idea, muy complacido, y ordenó se pusiera en práctica, una vez se concertaran con el Gobierno soviético las formalidades que habrían de cumplirse para efectuar la entrega de los fondos, hacer su depósito en el Banco del Estado, así como para disponer de ellos. Me encargó tratara y conviniera con el Sr. Rosenberg los detalles de la operación, pero se reservó ser él quien, después de nuestros *pourparlers*, ultimara la negociación, ajustándose a la pauta [en otra variante de los apuntes: a las normas] que de mí solicitó. Don Francisco, haciendo uso [en uso] de sus atribuciones como jefe del Gobierno, [se reservó ultimar las negociaciones y ser él quien firmara el documento, como así lo hizo][31] recabó ser él quien firmara el convenio, a pesar de que en el memorándum, preparado [para su información] por [los expertos d]el ministerio de Hacienda,[32] se indicaba [advertía] que [la discusión de las cláusulas y la signatura de este tipo de documentos se hiciera por] el documento debía llevar la signatura de [los titulares] de los Departamentos de Finanzas de los respectivos países o personas por ellos debidamente acreditadas.

En resumen, también intervinieron los expertos del Ministerio de Hacienda, al igual que ya lo habían hecho en las ventas de oro a Francia. En la hecatombe de la documentación financiera republicana es bastante verosímil que todo este material informativo y previo a la decisión haya desaparecido. Es sorprendente, en verdad, que Negrín conservara tanto como conservó, pero sin duda es una minúscula par-

30. Todas las variantes se encuentran en la carpeta 31 (FCJN). En sus recuerdos completos, Largo Caballero (2007) confirma que el traslado se hizo con su visto bueno.

31. Todo esto lo insinuó también Álvarez del Vayo (1950, p. 283) aunque casi nadie le haya hecho caso. Los prejuicios son más dominantes.

32. Martínez Amutio (p. 46) debió de enterarse de algo, ya que señala que Largo Caballero recabó informes de los servicios jurídicos de la Presidencia y de los Ministerios de Estado y Hacienda.

te de la generada. Hay, sin embargo, algo que conviene destacar. Entre quienes se enteraron de tan trascendental decisión figuró algún espía al servicio de Franco que, además, tenía la capacidad y los medios para comunicarse urgentemente con el Cuartel General. En la literatura suele hacerse mofa de la bien documentada paranoia de los soviéticos, que veían espías en España por todas partes. En este caso concreto, de una importancia capital, no hubieran andado equivocados. Los agentes franquistas conocieron en tiempo real lo que se fraguaba y lo comunicaron a Burgos de forma inmediata por vías que me son desconocidas. La noticia afloró a luz pública el 9 de octubre, es decir, a los tres días del acuerdo del Consejo de Ministros. En tal fecha ya se identificó la URSS como lugar de destino, lo que refuerza nuestra creencia de que en el consejo debió de plantearse claramente el traslado al extranjero no de forma genérica, sino concretamente a Moscú.

Volviendo a la decisión misma, lo que queda claro es la implicación directa del presidente del Gobierno. Ni Negrín era hombre para, al mes de tomar posesión de su cargo, adoptar una determinación de tal porte ni era posible poner en marcha una operación como la que representaba desplazar el nervio de la guerra fuera de España sin los apoyos adecuados. ¿Acaso tenía la capacidad de sacar el oro de los polvorines de La Algameca sin que nadie se diera cuenta? Sólo la pasión de algunos autores, o el encono de los adversarios de quien llegó a ser presidente del Gobierno y encarnación del espíritu de la resistencia, han mantenido en vida las muchas afirmaciones acerca de la responsabilidad que le atribuyen en este importantísimo tema. El apunte continúa:

> Me parece recordar que así me lo expresó, reforzando el argumento con su opinión de que de otro modo tendría que intervenir, además del de Hacienda, el Ministerio de Estado, por ser a éste al que directamente compete actuar en nombre del Gobierno ante los embajadores y que por corresponder el asunto a dos ministerios era Presidencia la llamada a intervenir [...] No sé quién asesoró a D. Francisco, o si era una opinión personal espontánea, pero no estimé, ni estimo, que dentro de la letra y espíritu de la Const[itución] Rep[ública] E[spañola] deba un ministro disputar al jefe del Gobierno la facultad (menos en tiempo de guerra) de por un prurito de amor propio o una pretendida invasión de su jurisdicción absorber su función ejecutiva que él ejerce por delegación, salvo que considere no pueda solidarizarse, y hacerse corresponsable, con la determinación presidencial.

Como es notorio, Largo Caballero era un hombre celoso de sus prerrogativas,[33] pero según el apunte,

> su intervención se limitó a ratificar lo ya convenido, que se ajustaba a las recomendaciones de nuestros peritos. En lo único que se apartó del memorándum, redactado por los servicios competentes, y sometido por mí a su consideración, fue en que la signatura del documento la asumió él, sustituyendo al ministro. Probablemente estimó D. Francisco —creo recordar que así me lo dijo— que por haberse tramitado el acuerdo no a través del agregado comercial y financiero soviético, puesto entonces vacante,[34] sino del embajador y por corresponder, a su juicio, el asunto a dos Ministerios, Estado y Hacienda, aunque Estado estuvo completamente al margen, era de su responsabilidad el estampar la firma.[35]

Estas notas de Negrín nos permiten, pues, reconstruir los antecedentes de la decisión sobre el envío del oro. Fue española y el ministro

33. También esto lo afirmó Álvarez del Vayo (1950, p. 283) en este mismo contexto.

34. Cuando Orlov llegó a Madrid, poco después del 15 de septiembre, se encontró con que en la embajada soviética el agregado comercial era Winzer. Según el agente de la NKVD (p. 239), fue Winzer a quien se dirigió Negrín y fue Winzer quien sondeó en Moscú. Está más en la personalidad de Negrín, y en los usos administrativos españoles, que un ministro se dirija al embajador. No me es posible explicar este error fáctico de Negrín, quien no tenía por qué saber la condición de Winzer como agente del GRU (da la impresión de que tampoco la conocía Orlov, lo cual es bastante más sorprendente). Como hemos indicado anteriormente, Negrín pidió el 6 de octubre a Winzer información sobre los presupuestos generales soviéticos. Según hemos indicado, no cabe descartar que esta comunicación contuviese un código camuflado pero no está demostrado y milita contra ello el hecho de que Negrín también solicitó información económica a la embajada republicana en Berna. Winzer fue nombrado por decisión del Politburó del 23 de noviembre (RGASPI: fondo 17, inventario 3, legajo 982, número de expediente 63) representante del plenipotenciario del Comisariado del Pueblo para el Comercio Exterior en el País Vasco y, por consiguiente, subordinado al famoso Stajewsky. Agradezco al Dr. Khlevniuk tales informaciones. No he podido determinar con exactitud su llegada a Bilbao, que debió de ocurrir hacia diciembre. En una compulsa cuidadosa de la prensa bilbaína, por la que estoy muy reconocido a Juan José Sánchez Arreseigor y a Ricardo Miralles, hasta entonces no aparece Winzer o Vintser.

35. Los apuntes y notas de Negrín, en que se basa gran parte de nuestra argumentación, se encuentran en FCJN, carpeta 31p, 14a-26z. Las diferencias entre varias versiones se indican en corchetes.

de Hacienda asumió toda su paternidad, aunque quizá sabedor de las ideas que habían tenido Giral o su predecesor. El presidente del Gobierno la aprobó sin reticencia alguna. Hubo una reflexión previa sobre cómo ponerla en práctica. Se comunicó informalmente al embajador soviético a manera de tanteo. La primera reacción de éste fue un tanto confusa pero, lógicamente, la transmitió a Moscú. En la capital soviética causó sorpresa y la respuesta no fue inmediata. En cualquier caso, Negrín señaló desde el primer momento lo que quería: depositar el oro para venderlo y obtener divisas que la República necesitaba desesperadamente. Al cabo de varios días, Moscú debió de dar su luz verde de manera informal, a la espera de la petición formal republicana. El Consejo de Ministros otorgó entonces su bendición.[36] O, quizá, el acuerdo se adoptara antes de que llegase a Madrid la noticia, porque si Moscú rechazaba la sugerencia, siempre hubiera sido útil disponer de una autorización política abierta. Sería muy interesante, naturalmente, reconstruir mejor la actuación de Largo Caballero y Negrín en los días anteriores a la llegada de tal luz verde.

La petición formal republicana

Es notorio que ésta se materializó en una carta que Largo Caballero dirigió al embajador Rosenberg, el 15 de octubre.[37] Estaba escrita en francés y se debía a la pluma de Negrín. Decía así:

> En mi calidad de presidente del Consejo he tomado la decisión de rogarle que proponga a su Gobierno si consentiría que una cantidad de oro de unas 500 toneladas aproximadamente se depositase en el Comisariado del Pueblo para las Finanzas de la Unión Soviética. El volumen exacto se determinaría cuando se efectuase la entrega del oro en el Comisariado.

36. Reconstrucción sometida, naturalmente, a lo que pueda deducirse de un estudio de las fuentes documentales soviéticas, que con toda probabilidad se encuentran en los relevantes archivos ministeriales rusos en donde, que yo sepa, hasta ahora no ha entrado ningún investigador occidental.

37. Hay autores excesivamente tajantes. Así, por ejemplo, Fuentes (p. 289) afirma con rotundidad que la decisión de enviar el oro a Moscú se tomó «un mes después», «y no antes», del traslado a Cartagena.

Tal carta fue seguida de otra, cuarenta y ocho horas después, también en francés y redactada asimismo por Negrín, en la que se exponían los propósitos que animaban a las autoridades republicanas. No cabe duda, tras conocer el tenor de los apuntes del ministro de Hacienda, que la segunda carta estaba destinada a dar respuesta, por escrito, a las cuestiones que se habrían suscitado en Moscú sobre las intenciones españolas. Largo Caballero precisó:

> Con referencia a mi carta del 15 de octubre le ruego tenga a bien comunicar a su Gobierno que nos proponemos efectuar —con cargo al oro que su Gobierno ha consentido en aceptar como depósito en la Unión Soviética— pagos de ciertos pedidos al extranjero, así como también transferencias en divisas, por mediación del Comisariado del Pueblo para las Finanzas de la Unión Soviética y de los corresponsales del Banco de Estado de la misma.[38]

Estas cartas las dio a conocer Pascua en 1970[39] mucho después de

38. Una copia de ambas cartas se encuentra en FCJN, carpeta 44. Los textos originales dicen así:

Madrid, le 15 Octobre 1936

Monsieur l'Ambassadeur,

J'ai pris la décision, en ma qualité de Président du Conseil, de vous prier de proposer a Votre Gouvernement qu'il veuille bien consentir qu'une quantité d'or d'environ cinq cents tonnes soit mis en dépôt au Commissariat du Peuple des Finances de l'URSS. Le montant précis doit être établi lors de la livraison de l'or à cet (sic) *Commissariat. Je Vous prie, Monsieur l'Ambassadeur, d'agréer l'assurance de ma haute considération.*

Madrid, le 17 Octobre 1936

Monsieur l'Ambassadeur,

En me référant à ma lettre en date du 15 Octobre, je Vous prie de vouloir bien communiquer à Votre Gouvernement que nous proposons d'effectuer —sur le compte de l'or que Votre Gouvernement a consenti de faire admettre en dépôt en URSS— des payements de certaines commandes à l'étranger ainsi que d'effectuer par l'entremise du Commissariat du Peuple des Finances de l'URSS et de correspondents de la Banque d'Etat de l'URSS des transferts en devises.

39. Parece exagerado afirmar, como hace Olaya Morales (p. 412), que la versión de Pascua «no merece ningún crédito» porque no se ha encontrado el original. Es una crítica absurda ya que el original estará en Moscú. Su curiosa argumentación contra el embajador, basada en que la cercanía entre las fechas de las cartas y la carga en Cartagena no daba tiempo a consultar ni siquiera por radio, no es demasiado válida ya que siempre es posible pensar que la operación, como así fue, venía preparándose con antelación.

que Negrín hubiera fallecido. No hay nada en ellas que contradiga los apuntes de este último, cuya existencia no salió de la oscuridad hasta 2005, cuando Gabriel Jackson aludió a los mismos. En su conjunto reflejan con total claridad las intenciones republicanas. El oro se enviaría a Moscú a fin de:

—en primer lugar, constituir un depósito
—efectuar inmediatamente después el pago de ciertos suministros
—convertir el oro en divisas
—transferirlas al extranjero para llevar a cabo operaciones financieras a través de la red de corresponsales del Banco del Estado.

En algún momento durante aquel período Negrín se desplazó a París para verse con su correligionario y homólogo francés, el ministro de Finanzas Vincent Auriol. No ha quedado constancia de lo tratado —o no se ha encontrado todavía—. Esta entrevista se explica por diversos motivos. En primer lugar es posible que Negrín quisiera proceder a un intercambio de impresiones para no crear un incidente político con Francia de cierta gravedad. No hay que olvidar que París seguía adquiriendo oro. También podría haber ocurrido que Negrín deseara cerciorarse de si el Gobierno francés estaría dispuesto a asumir la responsabilidad de recibir una cantidad de metal mayor.[40]

En ausencia de material documental directo ninguna de las dos hipótesis puede descartarse. Con todo, en el Gobierno republicano las iras contra el francés no sólo no habían amainado sino que se habían incrementado.[41] La entrevista Negrín-Auriol debe de haber dejado algún rastro en los papeles franceses, a no ser que se considerase tan secreta y trascendental que el ministro de Finanzas no hubiera deseado que quedase registrada. Svetlana Pozharskaya ha indicado que los republicanos escogieron a la Unión Soviética después de discutir amplia-

40. Esta hipótesis quedaría sin sentido si el viaje tuvo lugar, como afirma Martínez Amutio (p. 52), a finales de octubre o principios de noviembre, ya que para entonces el oro había partido para Moscú.

41. Para el período en que Largo Caballero aprobó la sugerencia de Negrín se cuenta, por ejemplo, con el testimonio de Fischer (p. 355). En una entrevista que tuvo lugar el 12 de octubre el líder socialista se quejó amargamente de que los franceses no habían suministrado alambradas para fortalecer las defensas de Madrid, a pesar de que habían sido pedidas tiempo atrás. «Pregunte usted a sus amigos cuándo vamos a recibirlas», exclamó dolorido. Este testimonio, minúsculo, es simplemente una gota que añadir al vaso del resentimiento que se había ido instalando entre los dirigentes republicanos ante la conducta de Francia, aunque no pudieran expresarlo públicamente.

mente cuáles pudieran ser los destinatarios del envío. Esto da la impresión que algo de lo que antecede debió de filtrarse hacia Moscú. No sería, por otro lado, de extrañar que la documentación relevante francesa hubiera desaparecido.[42] Hay otras dos referencias al viaje de Negrín para hablar con Auriol. La primera, y a la que otorgamos gran importancia, es una anotación manuscrita del propio ministro republicano en la que se detalla un esquema de lo que quería relatar en su nonato libro:

—¿Por qué se acordó enviar el oro a Rusia?
—Razones de seguridad[43]
—El embargo
—Entrevista Auriol[44]
—Conocimiento Araquistáin
—Estado embajada[45]
—Preparación decreto del convenio y del traslado
—Elección de interventores.[46]

42. No estará de más recordar que, por ejemplo, los convenios secretos adjuntos al pacto Ribentrop-Molotov se conocieron en Occidente tras la segunda guerra mundial sólo porque se habían microfilmado, junto con otro material del gabinete del ministro, y enviado a lugar seguro fuera de Berlín. Los originales perecieron bajo las bombas aliadas. Los franceses quemaron grandes cantidades de documentación antes de que París cayera en manos alemanas. Muchos expedientes pudieron reconstruirse después. Otros, no.

43. Largo Caballero (2007) pondría también estas razones en primer lugar: Cartagena era el punto de arribo del material extranjero y estaba sometida a ataques aéreos. En mi opinión, se trata de un argumento discutible, al menos si se expone de manera tan cruda. Agradezco a Aurelio Martín Nájera que me proporcionara las galeradas de la obra de Largo Caballero, en vías de publicación en el momento de escribir estas líneas.

44. En «Mis recuerdos de Don Juan Negrín», Jerónimo Bugeda, subsecretario de Hacienda, quien no participó en la operación, afirma que «se sondeó la opinión de varios países para el traslado y la custodia del oro, exigiéndose por parte del Gobierno que éste quedara a su plena disposición y sin cortapisas u obstáculos de clase alguna. Algunos países pretendieron acreditar su propia moneda en cuenta, beneficiándose así ante las devaluaciones que se sucedieron en Europa, y otros, sinceramente, se negaron a intervenir en este asunto. Dos meses tardó Rusia para aceptar el envío del oro». No he encontrado documentación que le apoye en lo que se refiere a esta última afirmación. Lo de la devaluación podría referirse, no obstante, a Francia, que llevaba meses estudiando la del franco.

45. Tal referencia hace pensar que Negrín albergaba probablemente la idea de decir algo sobre las operaciones de adquisición de material bélico que tramitaba el SAE.

46. Los hubo, tal y como se detallará más adelante.

La segunda se encuentra en uno de los artículos de Araquistáin, escrito inmediatamente después de la guerra civil. En tal artículo, el ex embajador dio una versión interesada del viaje del ministro:

> Yo mismo aconsejé a Negrín que las [reservas] sacara de Cartagena. Le hice venir a París, después de haber obtenido, a petición suya, de Largo Caballero, autorización para el viaje (sic). Cuando le hube expuesto mis temores y la conveniencia de poner a salvo el oro, él me dijo, sonriendo, que en aquel momento iba camino de Odesa. Me explicó la forma del depósito. Se había hecho a nombre de Largo Caballero, de Indalecio Prieto y del mismo Negrín. Si algún día faltaba alguno de los tres, o todos, los sustituirían cuatro suplentes, tres embajadores (yo era uno de ellos) y un ministro plenipotenciario. Me consta que Largo Caballero no intervino nunca con su firma en las operaciones del oro depositado en Rusia.

Esta referencia plantea, al menos, cuatro problemas. El primero es que el ministro pidiera al embajador que intercediese por él para que el presidente autorizase su viaje a París. Un ministro está por encima de un embajador, incluso cuando, como en el caso de Araquistáin, tenía una relación muy estrecha con el presidente del Gobierno. Que Negrín, quien viajaba constantemente a París, recurriese al embajador no es verosímil. El segundo problema no es de procedimiento, sino de sustancia: las afirmaciones de Araquistáin sobre la forma del depósito no se corresponden con la realidad. Punto. El tercero es que Largo Caballero sí intervino en las operaciones con el oro. Lo hizo en tanto en cuanto fue presidente del Gobierno. Araquistáin o ignoraba de lo que escribía o escribió lo contrario de la realidad. Todo ello mina su credibilidad y por ello habría que sustanciar de otra manera sus comentarios sobre la reacción de Negrín que describe.[47] Por otra parte, y esto es un punto positivo, Araquistáin da un mentís a las afirmaciones de Martínez Amutio de que se enteró de todo lo que había sucedido por boca de Stajewsky, quien cumplía así un encargo de Negrín.[48] Como

47. El famoso artículo de 1939 «El comunismo y la guerra de España» está reproducido en Araquistáin (1983, pp. 203-240). Volveremos a otras afirmaciones sospechosas más tarde. Un testigo de la época, Vidarte (p. 563), consignaría que «Negrín aparecía y desaparecía de París cuando menos se esperaba». Yerra Olaya Morales (p. 415) al retrasar a diciembre la información que Negrín dio a Araquistáin.

48. Martínez Amutio (pp. 50s) lo presentó de manera contundente. Estaba el 29 de octubre en la embajada y Araquistáin le contó que acababa de llamar por teléfo-

numerosas alegaciones de Martínez Amutio, también ésta es de muy escaso valor.

Existe una relación de las cuestiones que, probablemente, Negrín deseaba desentrañar. El lector puede estar interesado en conocerlas. Se especifican bajo el título «Preguntas en relación con el capítulo Oro español en URSS» y son las siguientes:

—Fecha del envío. Salida y llegada
—Nombres de los funcionarios que acompañaron el envío y su gestión
—Barco
—¿Estaba el Gobierno en Valencia?
—¿Habían roto ya relaciones con la República Alemania, Italia y el Vaticano?
—Documento de Caballero
—Cartas y artículos de Prieto sobre el asunto
—Leyes y decretos que autorizaban y regulaban la transformación del oro. ¿Ley de Ordenación Bancaria?
—¿Cuándo fue hecho el depósito de Mont-de-Marsan, por quién y para qué?

Algunas de estas preguntas se responderán en páginas ulteriores. Otras son evidentes. La contestación, por ejemplo, a la cuarta y quinta es un rotundo no. Negrín, por supuesto, era consciente de la importancia de lo que pensaba escribir y no escribió. La forma en que inició el capítulo así lo demuestra:

> La utilización de la Tesorería de la URSS y del aparato bancario soviético para depositar y movilizar fondos de nuestro erario,[49] no sólo con el objeto de convertirlos en efectivo disponible, cuando los gastos

no Stajewsky para informarle. Por la tarde él y el embajador volvieron a hablar del tema. Araquistáin estaba muy preocupado y le comentó que el 12 de noviembre había escrito a Largo Caballero (quien le había consultado) para tranquilizarle porque, en último término, no había alternativa. Nada de ello está documentado y Araquistáin no lo mencionó en sus escritos.

49. En «Mis recuerdos de Don Juan Negrín», Bugeda afirmaría que no era posible «continuar operando en la forma en que se venía haciendo y se pensó en depositar las reservas monetarias en algún país no comprometido para que, con cargo a las mismas, pudieran girarse los pagos correspondientes por entidades bancarias extranjeras que, de esa forma, tendrían el respaldo y la garantía requerida para cubrir los compromisos de la República».

> de guerra lo demandaban, sino como indispensable medida precautoria de seguridad, ha servido de pretexto para violentas campañas de difamación. En ellas se han destacado quienes, no queramos dudarlo, han sido víctimas de accesos desconcertantes de obnubilación. Maravilla constatar hasta qué extremos una amnesia parcial colectiva puede producir huecos de idéntico vaciado en personas dominadas por un frenesí pasional. Demos esta explicación, pues de otro modo habríamos de admitir que, sin reparo a la calumnia, y encenagándose de la manera más vil, han falseado, a sabiendas, la verdad quienes no podían menos de conocerla, por haber sido confidentes, cuando no inspiradores o colaboradores prominentes de lo que con escándalo denuncian como delictivo. Y tal hipótesis nos repugna.

Es obvio que Negrín, sin nombrarlas, apuntaba a las interpretaciones que para entonces habían propalado o se habían propalado bajo el nombre de personas que conocieron los entresijos de la operación. Debió de repugnarle la versión que apareció en las cartas parisinas de Largo Caballero a su regreso de Alemania, por no hablar de las críticas de otros. Probablemente tenía la intención de enmendar la plana a Jesús Hernández pues en sus notas manuscritas transcribió una relación de las páginas de las memorias de este último que contenían afirmaciones impugnables.

Negrín justificó y situó en contexto la operación con toda una batería de argumentos. Unos eran más sólidos que otros:

> La operación se ajustó a las disposiciones en vigor que, fundamentalmente, databan de la Monarquía.[50] Desde el punto de vista legal y del formal la transferencia era análoga a otras que se habían efectuado, lo mismo antes que después del advenimiento de la República, siempre que un Gobierno lo estimaba pertinente. En sí, dicha operación no es anómala o inusitada; mucho menos irregular o revolucionaria. Puede disentirse, en cada caso concreto, acerca de su oportunidad o justificación y, en efecto, se ha solido discrepar, según se coincidiera o no con la política financiera del Gobierno.

50. Lo mismo afirmó Álvarez del Vayo (1950, p. 284). Ningún político o responsable republicano puso de relieve lo que en realidad ocurrió. Con todo, el ex ministro de Estado aludió a las leyes complementarias aprobadas por las Cortes, una manera ambigua de referirse a la legislación reservada que poco a poco fue desarrollándose al amparo de una delegación general otorgada al Gobierno.

No está claro el sentido de este razonamiento, que es discutible. Las disposiciones legales fueron adoptándose poco a poco y la definitiva se aplicó con efectos retroactivos. Todo ello es explicable por razones de urgencia y por la imperiosa necesidad de ocultar tales actuaciones. Argumentar en el plano jurídico no tiene sentido ya que el derecho republicano del que partía Negrín no estaba adaptado todavía a la realidad política y militar del momento. Es verdad que, en ocasiones, se habían hecho depósitos de oro en el exterior (el famoso de Mont-de-Marsan, en 1931, en garantía de un préstamo francés concedido a la naciente República), pero el envío de más de 500 toneladas al extranjero no era una cosa normal. Las circunstancias lo aconsejaban, lo exigían, y en mi falible opinión no había otra alternativa en términos operativos pero hay que subrayar, en contra de la opinión expresada por Negrín, que el envío fue tan anómalo como el conflicto mismo. Fue una medida de guerra.

Sin entrar por ahora a analizar la puesta en práctica de la decisión, conviene echar un vistazo ante todo al marco temporal en el que ésta tuvo lugar.

Agentes de influencia y actividades de espionaje

Uno de los centros esenciales de atención del espionaje franquista en el exterior era, en aquel entonces, París. No es difícil entender por qué. En la capital francesa se tomaban decisiones que afectaban a la gestión de la no intervención. En París se encontraban los altos cargos que autorizaban la operación de compra del oro por parte del Banco de Francia. Por último, en París se concentraba uno de los grandes núcleos de los esfuerzos republicanos por obtener armas y material de guerra en toda Europa eludiendo el dogal que lenta, pero inexorablemente, estrangulaba a la República. Los círculos republicanos resultaban de fácil penetración y hay que suponer que en la colonia española no todos los que para entonces habían dado a conocer públicamente su color político lo habían hecho reflejando sus auténticos sentimientos. En una palabra, el frente exterior republicano en París era tan poroso, o mucho más, que el madrileño.

En el período en que Franco ascendió a la Jefatura del Estado uno de los agentes más activos de los muchos que se afanaban en París le escribió una carta directamente. El tono hace pensar que el autor era alguien de relevancia. Por desgracia su nombre no está identificado, lo cual no es de extrañar. Este tipo de comunicaciones circulaba fuera de los destinatarios sin ofrecer pistas nominativas sobre la autoría. Quizá fuese Quiñones de León o algún ex ministro como Ventosa y Alba, que también intervinieron en aquellas lides. El innominado agente aludía a la preocupación que desde el principio había sentido por las ventas de oro a Francia y señalaba:

> Por todos los medios, incluso el intento de soborno, procuré evitar o cayese en nuestras manos alguna de aquellas expediciones, pero desgraciadamente mis gestiones no fueron eficaces.

Al principio el tema no parecía demasiado grave. Pero con la intensificación de las ventas a que ya hemos aludido cobró una importancia desusada. El agente resumía la situación como sigue:

> Pero hace unos días se ha sabido, y ya lo han publicado periódicos ingleses, que toda la existencia de metal amarillo que quedaba en las cajas del Banco de España ha sido transportada a Cartagena, primero, y luego a Alicante, de donde se pretende traerla con la flota aérea de la compañía Air France.

Se trataba, claro está, de rumores absurdos pero que apuntaban hacia un continuado apoyo por parte francesa hacia la República en el sensible terreno financiero. De aquí que hubiese tomado medidas significativas:

> Sobre tal vital asunto he facilitado a Portugal los antecedentes y argumentos adecuados para hacerlos valer ante el comité de no intervención [...] No se compadece con aquélla ni se aviene a la declarada neutralidad permitir que uno de los beligerantes disponga libremente en el extranjero de mercancía tan tentadora y sugestiva. Y del propio modo he enviado a Berlín y a Roma, con objeto de que actúen cerca de Inglaterra para que ésta lo haga aquí, una nota en la que, además, fundamento la ilegalidad de esas exportaciones [...] Procuro y no dudo conseguir que la prensa alemana como la italiana, y aun la inglesa, se ocupen de este asunto. Lo mismo intento aquí, pero dudo conseguirlo, pues ya adivinará usted la simpatía con que todos ven esas entradas que coinciden además con la devaluación de la moneda nacional.[51]

51. El autor de la carta daba así en una de las claves de la política francesa, que aspiraba a cuadrar el círculo. El escrito se encuentra en ABE, Agencia de París, lega-

El agente sugería a Franco que se dirigiese a los Gobiernos de las principales potencias y denunciase los hechos y los resultados, «para todos funestos, de la expoliación de que hace víctima a España el antipatriotismo de los criminales que, aunque de manera precaria, detentan todavía la dirección oficial de la capital de la nación».[52] Los franquistas de París redoblaron sus esfuerzos. Es en este contexto en el que hay que situar la primera manifestación pública de que toda la cautela de Largo Caballero y de Negrín no había sido suficiente para impedir filtraciones. La agencia telegráfica Radio anunció el 9 de octubre a sus suscriptores:

> Se ha sabido hoy en ciertos medios ingleses que, siguiendo la sugerencia del señor Rosenberg, embajador de los sóviets en Madrid, el Gobierno español parece haber aceptado la exportación a Rusia de una parte de las reservas de oro del Banco nacional de España.[53]

La importancia de esta noticia es difícil de sobrestimar. En el mismo momento en que se planteaba la operación, la presunta autoría se esparcía a los cuatro vientos. Los soviéticos se llevaban el oro. En puridad, Krivitsky no hizo sino embellecer los rumores que aparecieron en la época. Nótese la fecha de la comunicación de la agencia Radio, prácticamente simultánea con las conversaciones en las que Negrín aquilataba con Rosenberg los detalles de la operación futura. Como no cabe pensar que el espionaje franquista hubiese penetrado las comunicaciones de la embajada soviética, hay que establecer la hipótesis de que en el entorno del ministro de Hacienda o del presidente del Gobierno se movían agentes de Franco que sí suministraban detalles de todo lo que se hacía. Para que la agencia Radio pudiera publicar la noticia el 9 de octubre la información bruta debió de estar disponible,

---

jo 4416. Coincide, además, con las impresiones que se transmitieron por aquellas fechas al embajador alemán en París: los círculos derechistas franceses, que por lo demás apoyaban a Franco, pensaban que cuanto más oro español importara Francia tanto mejor sería. ADAP, doc. 91.

52. Este tipo de imprecaciones siempre sorprendió a los británicos, quienes en alguna ocasión observaron que las ideas de los franquistas en temas económicos estaban dictadas casi exclusivamente por la excitación espiritual con la que contemplaban su causa.

53. ABE, Agencia de París, legajo 4416. Se trata de un documento injustamente preterido en la literatura. *Arriba*, 13 de enero de 1955, mencionó incluso que Radio Nacional, desde Salamanca, denunció el expolio ante el mundo. No he tenido tiempo de seguir esta pista, que debe de haber dejado algún reflejo en la prensa de la época.

cuando menos, unos días antes. Esto significa que los *pourparlers* a que se refería Negrín debieron de producirse al comienzo de octubre, es decir, cuando el Gobierno republicano no tenía todavía información precisa de qué material bélico estaba enviando la Unión Soviética.

Inmediatamente después, Ventosa hizo el 10 de octubre unas resonantes declaraciones al *Journal de Genève* (reproducidas en el *ABC* sevillano el 18). En ellas exponía la situación legal a la que hubiera debido atenerse la movilización del oro, retomaba algunas de las argumentaciones esgrimidas por los agentes franquistas y señalaba

> Las informaciones que la casi totalidad de la prensa acoge aseguran que las reservas de oro del Banco de España se han trasladado a un puerto del Mediterráneo español, a fin de ser embarcadas para Rusia. Si el hecho fuera cierto sería tanto como la cesión a una potencia extranjera de parte de la propia nacionalidad [sic: ¿querría decir soberanía?] española. Seguramente que tal acto, por su trascendencia [...] habría de ser examinado en el seno de la Sociedad de Naciones, que no podría consentir semejante despojo y atropello.

Los medios de comunicación amigos y el recurso a las potencias fascistas no bastaban. El Jefe del Estado naciente tomó medidas más vistosas. El 14 de octubre, víspera de la formalización de la petición oficial de Largo Caballero, se dio a conocer una nota de Franco.[54] Con algunos detalles internos, que demostraban que sabía perfectamente todo el trasfondo de la operación, Franco se dirigió, por medio de la radio, a los Gobiernos extranjeros

> para protestar contra la expoliación sin precedentes que realiza el llamado Gobierno de Madrid, al disponer libremente de las reservas nacionales de oro [...] No tiene derecho [...] [Éste] forma parte del patrimonio nacional, de igual modo que el territorio de la Nación [...] La aceptación de estas reservas por cualquier Estado extranjero constituiría una flagrante violación de la neutralidad[55] [...] No hay neutralidad

54. Se publicó, por ejemplo, en el *Diario de Navarra* del 15 de octubre pero ya la víspera la agencia Radio la dio a conocer a sus suscriptores en el extranjero con algunas modificaciones significativas.

55. De cara al exterior la formulación era más dura: «El general Franco se cree en la obligación de destacar que la aceptación de las reservas de oro pertenecientes al Estado español por otro Estado extranjero constituiría una violación de la neutralidad». Se trataba de una manifestación política: la no intervención no se aplicaba a los as-

> eficaz si se tolera que una de las partes en el conflicto disponga libre y exclusivamente de nuestro oro nacional, y por ello cabe desear que los Gobiernos que a propuesta del francés se han adherido a la prohibición estricta de exportar material de guerra [...] ejerzan estrecha vigilancia sobre el oro ilegalmente exportado al extranjero. Es de observar que estos envíos de oro contra los cuales protestó en su día la Junta de Burgos exceden de las cantidades necesarias para adquisición inmediata de armamento y municiones. Y el propósito de completar la expoliación de que se hace víctima a España parece confirmarse por el traslado a una población del Mediterráneo de los *stocks* que quedaban en el Banco. Los depósitos constituidos en París o en Toulouse tienden a restar recursos al Gobierno nacional, que pronto ocupará Madrid [...] El general Franco tratará de rescatar ese oro por todos los medios y perseguirá como culpables de fraude de robo a cuantos intervengan en este tráfico ilícito [...]

Franco tenía razón al considerar el oro como el nervio de la guerra. Lo era. Identificaba a uno de los adquirentes, aunque se refería exclusivamente a depósitos. Desde su nueva posición posiblemente no quería envenenar demasiado la atmósfera creando un incidente diplomático con Francia. Hacía alusiones al traslado a Cartagena (también a las pugnas internas en el Consejo del Banco, que dejamos aquí de lado). La vertiente jurídica, la vulneración de la no intervención y las amenazas veladas se combinaban en una línea de razonamiento que el franquismo ya no abandonará nunca: la expoliación.

Los Gobiernos más interesados en romper la no intervención conocían bastante bien los esfuerzos republicanos aunque no sus resultados. Todos sabían que la intervención soviética era inminente. Los británicos no ignoraban que la República se encontraba en situación desesperada. Los franceses tampoco desconocían que las adquisiciones de oro se multiplicaban y que convenía cerrar un ojo al trasvase de voluntarios, aunque otra cosa fuesen las expediciones de material. Esta relativa claridad en el enunciado de las acciones que se precipitaban sería lo que permitiese cumplir algunas de las funciones de la decisión de intervención. Es, pues, necesario abordar la interacción entre rumores y realidades que rodeó la recepción de material soviético y el envío del oro. Se trata del tema del próximo capítulo.

---

pectos financieros y el oro no era del Estado, sino del Banco de España. La República no tenía por qué aceptar esta sutil distinción. Franco, defensor del estatu quo ante, sí.

Tercera parte

Para la defensa de la República

11

Llegan las primeras armas soviéticas

Los suministros bélicos soviéticos se realizaron en una atmósfera enrarecida que los italianos azuzaron en todo lo posible. En la prensa internacional arreciaban las noticias sobre la próxima intervención de Stalin, cuando no las de que ésta ya era un hecho. Mayor importancia operativa tenía la febril actividad de los servicios diplomáticos y de inteligencia de los principales actores exteriores involucrados en el conflicto español. Todos trataban de averiguar qué es lo que pasaba en el Kremlin y cuándo y cómo se produciría la llegada. Al tiempo, en Alemania e Italia fue poco a poco intensificándose la noción de que sería preciso reconocer diplomáticamente al general Franco tan pronto como ocupara la capital, lo que se esperaba no tardaría en suceder. En el Reino Unido se creía que la marcha sobre Madrid terminaría dando al traste con la desvencijada defensa. A comienzos de octubre de 1936 no eran muchos quienes apostaban a favor de la República.

Las predicciones no se cumplieron. Aunque con dificultades, los republicanos fueron reforzando su resistencia. La moral de la población, si bien vacilante, no era mala. La primera gran reorganización militar saltó a las páginas de la *Gaceta* anunciando futuros cambios, con frecuencia imprescindibles. El embajador en Moscú fue objeto de un recibimiento caluroso. Poco más tarde, el Gobierno de Largo Caballero no tardó en recibir una noticia que, sin duda, anhelaba. La pesada máquina soviética se había puesto, por fin, en marcha. Los convoyes surcaban el Mediterráneo. Algo más tarde, la mayor parte de las reservas de oro acumuladas en los polvorines de La Algameca se encaminaron hacia Moscú. Sólo quedaba por abordar una tarea: detener la marcha de Franco y Mola y salvar Madrid.[1]

Hay que ayudar a los españoles: rumores y noticias

Se ha escrito tanto sobre la evolución política y militar republicana durante el mes de octubre que es difícil decir algo nuevo. Aquí se intentará abordar su contexto, de forma necesariamente breve, a través de una disección de los análisis efectuados en la época por los expertos británicos del AIS que compilaban y presentaban de manera sucinta la evolución política, militar y de suministros que se registraba en España.

En el informe inmediatamente anterior a la llegada de los primeros suministros soviéticos destacan cuatro características: ante todo, una situación de baja moral entre las tropas republicanas; la continuación de las limpiezas (léase asesinatos) que los incontrolados realizaban, con gran desesperación del Gobierno, incapaz de dominar a los extremistas; el lento avance de los sublevados, que en un principio no parecían tener prisa por continuar su ofensiva, posiblemente a la espera de refuerzos, y el mantenimiento de la superioridad aérea por parte franquista.

En el plano internacional se subrayaba que, por el lado pro-republicano, la Unión Soviética había adoptado desde el primer momento una actitud combativa en el CNI. Dos eran las razones que podían explicarlo. La primera es que para entonces Moscú estaba buscando, como así era, un reforzamiento de los lazos militares con París. La segunda que había aumentado, en la percepción del Kremlin, la importancia del factor propagandístico que implicaba la adopción de una postura desafiante y activa contra la intervención italo-germana. La opinión pública en Francia había reaccionado de forma favorable y aumentado la presión sobre el Gobierno Blum, aunque sin grandes efectos. En Londres, el embajador francés, Charles Corbin, se hacía eco de rumores de que el Foreign Office estaba pensando en modificar su línea, considerando ya como segura una victoria franquista. Sus contactos se lo desmintieron categóricamente. Pero como también dijeron que los representantes de Franco no habían hecho ningún es-

1. La más reciente reconstrucción del contexto es la de Martínez Reverte, que tiene la ventaja de rememorar el ambiente reinante a la vez que analiza, día a día, la marcha de las operaciones militares.

fuerzo por contactar con las autoridades británicas hay que pensar que jugaban con las palabras. Importante es, no obstante, que Corbin registrara que en los medios de izquierda el calor pro-republicano había amainado un tanto, dados los relatos que pululaban en la prensa sobre los excesos cometidos por elementos extremistas para deshacerse de personas sospechosas (DDF, III, doc. 317). El Foreign Office no era ajeno a la propagación de este tipo de noticias.

Todavía no se registraba ayuda soviética pero en el CNI Grandi dio a conocer el 9 de octubre (el mismo día en que Pascua presentó credenciales en Moscú) una alucinante relación sobre suministros bélicos a la España republicana y, por ende, graves acusaciones acerca de la falta de respeto por parte del Kremlin de los compromisos internacionales que había asumido. La lista tenía un marcado carácter surrealista: según los italianos, ya a mitad de septiembre habían llegado treinta aviones soviéticos a Barcelona a los que siguieron muchos otros. Salieron a relucir los mercantes *Neva*, *Volga* y *Kuban* que habrían transportado grandes cantidades de municiones. A finales de mes se esperaban en Madrid nada menos que cuarenta aviones adicionales. Grandi daba pelos y señales. Así, por ejemplo, afirmó que una semana antes había atracado en Alicante el *Bramhill*, que llevaba armamento con marcas de origen soviético,[2] etc. (DBFP, doc. 278).

La situación era todo menos estática. Desde principios de octubre se había iniciado el proceso de militarización de las milicias con vistas a la creación de un nuevo Ejército. Poco más tarde dio comienzo la constitución de las famosas Brigadas Mixtas, sus futuras unidades básicas. Al tiempo se crearon el Comisariado General de Guerra (del que se haría cargo el ministro de Estado) y la institución, novedosa, de los comisarios políticos, que no tenían la connotación soviética que se les suele colgar.

Largo Caballero, como ministro de la Guerra, asumió personalmente el mando de los ejércitos con el fin de unificar y coordinar la acción de todas las fuerzas que luchaban en los diversos frentes (Alpert,

2. Nadie entonces hubiese creído que Stalin, cuando meditaba el envío de la primera ayuda, se había cuidado de ordenar que los pertrechos no tuvieran tales marcas. En realidad el *Bramhill* llevaba armas para los anarquistas pero es verosímil que su traslado se hubiese hecho con la connivencia de las autoridades nazis. Howson (p. 275) ha sugerido que la intención habría estribado en provocar tensiones entre anarquistas y comunistas. Una discusión más amplia se encuentra en Heiberg y Pelt (pp. 62-65).

pp. 83s y 193ss). Todo esto «se vendía» bien pero, como Aróstegui y Martínez recuerdan,

> el Gobierno de Largo Caballero se debate durante todo el mes de octubre de 1936 entre la indecisión y el cambio continuo de opiniones. El resultado de ello es la carencia de un plan alternativo ante la hipótesis de perder Madrid, muy barajada en los círculos dirigentes, pero ocultada celosamente mediante la propaganda y el falseamiento de las noticias de guerra (p. 26).

No había, en efecto, una organización seria de la defensa de la capital, algo que captarían sin dificultad los observadores soviéticos.[3] La coyuntura era de una gran fragilidad. Se subrayaba en Londres que no existía, realmente, unidad entre los partidos políticos y que el Gobierno apenas si controlaba la Administración civil. Resultó significativo que el presidente Azaña no tardase en marcharse a Barcelona (lo hizo el 18) y la idea predominante era que la caída de Madrid no sería sino una cuestión de días.[4]

Estas impresiones están confirmadas por la historiografía. Cardona (p. 216) señala que el desánimo había prendido en muchos gubernamentales y Aróstegui y Martínez subrayan (p. 33) que «cuando comienza la batalla de Madrid no existe, excepto en las disposiciones, el cada vez más requerido Ejército Popular, salvo algunas brigadas mixtas organizadas de manera apresurada».

Mientras tanto los británicos detectaban que Franco no se decidía a emprender una ofensiva dura. La necesidad de asegurar sus líneas de comunicación interna y el mal tiempo podían explicar el retraso que iba acumulándose. Sin embargo, su aviación continuaba reforzándose

3. Gorev, por ejemplo, a quien se le había dado autorización el 6 de octubre para que pudiese entrar y circular libremente en la Inspección General de Milicias (AHPCE: EM soviético, legajo 28, doc. 325) hizo diez días más tarde una crítica bastante dura en un informe a Vorochilov de los aspectos organizativos de las fuerzas republicanas. Destacó que en seis semanas no se había logrado una sola victoria en el frente central, a pesar de haber estado involucrados hasta 20.000 hombres, mal utilizados (Radosh *et al.*, doc. 17). Cardona (1985, p. 215), por su parte, es tajante: «Frente a la voluntad de tomar la ciudad, el Gobierno no tenía un plan para defenderla».

4. Se trata de un resumen, bastante sintético, de los aspectos más generales contenidos en los informes 6 a 8 del AIS, para el período comprendido entre el 4 y el 25 de octubre. Como recogería Azaña (1990, p. 125) su ida a Barcelona lo fue a sugerencia del Gobierno, «por precaución».

y los suministros italianos seguían afluyendo. El 13 de octubre el vapor *Argentina* llegó a Cádiz con 12 cazas CR-32, artillería para el crucero *Canarias*, amén de personal y una variada gama de pertrechos. Poco más tarde, cayó Sigüenza y el avance sobre la capital prosiguió.

Por lo demás, el informe número 5 del AIS, correspondiente a la semana que terminaba el 3 de octubre, había ofrecido al Gobierno británico datos de interés no desdeñable sobre la concertación de las potencias fascistas de cara al CNI, sobre nuevos suministros recibidos de Italia por los franquistas[5] y la inexistencia de suministros franceses a la República. Al tiempo no se registraba ninguna información sobre cualquier ayuda soviética,[6] «aunque los italianos están tratando de obtener pruebas de que hay aviones rusos en Madrid».[7] El AIS sí se hizo eco de las llegadas del *Neva* y del *Kuban*, que consideraba transportaban suministros de carácter alimenticio y humanitario, lo cual era cierto.

Con todo, pronto comenzaron a multiplicarse las noticias sobre la intervención soviética. Esta vez empezaron a hablar con un lenguaje bastante claro y, lo que es más importante, se acumularon. Las primeras noticias fiables que el AIS filtró aparecieron el 4 y el 6 de octubre y procedían de fuentes francesas e italianas. Con todo el 10 el cónsul general británico en Barcelona informó de la llegada de 17 aviones por Francia (¡). Se trataba de una pista falsa, según ha señalado Howson (p. 168). No había en la URSS el tipo de aparatos indicados.

Tampoco parece que los británicos rompieran la cifra de muchas de las comunicaciones alemanas. Éstas, no obstante, también proporcionan una imagen de la súbita erupción de la Unión Soviética como suministradora de la República. Una de las primeras se hizo eco de la

5. Montaje de aviones alemanes en Sevilla el 22 de septiembre, llegada a Vigo en el vapor *Aniene* de 12 cazas CR-32 y de 10 bombarderos RO-37, la prevista el 28, también a Vigo, del barco *Città di Benghasi*, con diez pilotos de caza y pertrechos.

6. Naturalmente, la indicación de Cabezas, p. 356, de que las armas soviéticas empezaron a llegar a partir del 26 de septiembre es incorrecta. El profesor De la Cierva (2003, p. 457) afirma que «las agrupaciones soviéticas de carros y aviones [...] se venían preparando desde primeros de octubre en las bases murcianas».

7. Hay que dar cierta credibilidad a los informes de los servicios de inteligencia británicos en tema tan sensible. Ello, y la reconstrucción efectuada hasta este momento, nos permite criticar la idea tradicional de la historiografía franquista, retomada recientemente por Arias Ramos (p. 103), de que «la ayuda masiva soviética precedió en más de un mes a la que Alemania comenzó a prestar en noviembre y en casi tres a la aportada por Italia». Esto es sólo una parte de la historia. La ayuda soviética tuvo, de entrada, un elevado componente de reacción.

llegada del *Neva* a Alicante el 25 de septiembre con munición camuflada (ADAP, doc. 89). Más adelante, el cónsul alemán en Odesa suministró informaciones complementarias (ADAP, doc. 107). Las posibles consecuencias las extrajo inmediatamente el encargado de negocios Völckers desde Alicante: la intervención soviética obligaría a los demás interesados en el «juego español» a subir sus apuestas porque no cabía esperar a que los republicanos aprendiesen a servirse del moderno material bélico. Esto encerraba una valoración estratégica que se reveló correcta: si el Tercer Reich había ayudado a Franco en búsqueda de ciertos intereses políticos y estratégicos, dejar que la República ganase la partida gracias a la ayuda soviética hubiese nulificado los propósitos que albergaba Hitler.

Völckers también planteó una cuestión esencial que no dejaría de pender sobre la guerra civil española desde entonces. Era preciso examinar si no convendría echar una mano a los receptores de la ayuda, de cara a facilitarles su empleo táctico y estratégico. No era aceptable que los españoles pudieran desperdiciar un material valioso, aunque ello suscitaba el tema delicado de cómo tratar a los beneficiarios. Lo que el diplomático alemán divisaba en su puesto de observación alicantino en fecha tan temprana es algo que desde entonces preocupó a los mandos políticos y militares alemanes, italianos y, por supuesto, soviéticos.

Lo mejor, afirmó Völckers, sería servirse de gente que conocía el país y la mentalidad española. Los alemanes la tenían (ADAP, doc. 100). En una palabra: una ayuda material sustantiva conducía al deseo de influir sobre los destinatarios. Con ello el encargado de negocios no hacía sino repercutir hacia Berlín una reflexión similar a la que en Moscú ya se habían hecho: de aquí el envío de asesores. En octubre de 1936 la guerra civil española era todo menos un conflicto moderno.

Tampoco los franceses se dormían. Como mero botón de muestra mencionemos que el 13 de octubre se informó desde Estambul que el tráfico entre la URSS y España se había acentuado. Entre el 15 de agosto y el 15 de septiembre sólo habían cruzado los Estrechos cuatro navíos (dos soviéticos y dos españoles) que transportaron unas 30.000 toneladas de carburante. Entre el 16 de septiembre y la víspera, sin embargo, se había constatado el paso de 9 navíos, de los cuales 5 entre el 3 y el 12 (que eran, obviamente, los que llevaban material de guerra, unas 6.000 toneladas). También habían pasado 8.000 toneladas de trigo, 2.475 de productos alimenticios y casi 22.000 de carburante, con otro tanto transportado por buques españoles (CADN, caja 566B).

Suministros a Cartagena y a Bilbao

De todas las noticias sobre la ayuda soviética la más interesante para nuestros propósitos es la que se produjo el 15 de octubre, precisamente cuando Largo Caballero escribía su inicial carta a Rosenberg. En ese día se acercó a Cartagena el torpedero alemán *Luchs*. Desconocía la prohibición que poco antes se había establecido sobre el acceso al puerto de navíos de guerra extranjeros con el fin de resguardar la llegada de los mercantes que llevaban el material soviético. A partir de las 9.40 de la mañana el *Luchs* pudo observar lo que ocurría en el arsenal y en los muelles y tomar numerosas fotografías, entre ellas la de la invitación a una recepción que el ayuntamiento pensaba dar en honor de los soviéticos recién llegados. Las autoridades republicanas pidieron, no obstante, al comandante que abandonara el puerto y éste no pudo negarse a ello. El *Luchs* salió a las 18.50 con rumbo a Alicante.

Los alemanes no perdieron el tiempo. Por telégrafo comunicaron al buque insignia, el acorazado *Admiral Scheer*, todo lo que observaban y, en particular, el desembarco de los famosos 50 tanques T-26 (los que había anunciado Vorochilov a Stalin), amén de su dotación y accesorios correspondientes. Los marinos del *Luchs* señalaron que en el puerto había diez cargueros, aparte del *Komsomol* que los había transportado.[8] Naturalmente, trataron de identificarlos. Hay que suponer que no encontraron problemas infranqueables.

Los diarios de operaciones de los buques alemanes no mencionan cómo se arreglaron los marinos del Tercer Reich para identificar los cargamentos.[9] Es indudable que parte de la oficialidad debió de des-

8. Este mercante, posteriormente hundido, había salido con los tanques el 4 de octubre (Schauff, p. 219) y atracó en Cartagena el 12 (Largo Caballero, 2007, p. 3459). El responsable de los tanquistas, S. Krivoshein, diría simplemente que llegaron en octubre y que en el puerto había un gran número de barcos extranjeros, entre ellos un destructor inglés, un buque francés y otro alemán. Las interpretaciones de Bolloten (p. 204), basadas en presuntos testimonios personales, están obsoletas.

9. La reconstrucción que antecede se ha efectuado en base a los diarios de operaciones del *Luchs* y del *Admiral Scheer*, que se encuentran en AMAF, legajos M/1371/80654 y M/1369/80615. Los nombres incorrectos de los barcos fondeados

cender a tierra y hablar con los cartageneros o con los trabajadores del puerto (por otro lado, ¿cómo si no hubieran podido fotografiar la invitación?). Entre los barcos mencionaron al *Sil*, que oficialmente llevaba carbón pero que descargaba municiones y bombas de aviación; el *Campillo*, con munición; el *Magallanes*, de pabellón mexicano, con 20.000 fusiles y 2 millones de cartuchos, el *Campeche*,[10] con bombas de avión y ametralladoras de nuevo tipo, etc.

El comandante del *Luchs* no se privó de comunicar que Cartagena constituía un objetivo idóneo para ataques aéreos. Por ello, haciendo gala de la «neutralidad» que observaba el Tercer Reich, recomendó que se obstruyeran las operaciones de descarga en el puerto con un fuerte bombardeo ya que la capacidad de defensa de los republicanos parecía limitada. La sugerencia fue aceptada inmediatamente. El episodio del *Luchs* tiene importancia porque fue el único caso en el que los alemanes pudieron tomar fotografías de los suministros soviéticos. En el período comprendido entre el 1 de octubre y el 19 de noviembre, una vez que el Tercer Reich reconoció a Franco, la *Kriegsmarine* anotó descargas de material que no le fue posible identificar.[11] Fueron los servicios de inteligencia británicos los que sí marcaron un gol rotundo cuando descifraron las comunicaciones del *Deutschland* en las que se aludió a la llegada a Cartagena, el 15 de octubre, de los 50 famosos tanques.[12]

Las informaciones del *Luchs* pueden completarse, hoy, con las hechas por un navío británico, el *Grafton*, que llegó a Cartagena el 14 de octubre a las tres de la tarde. Los marineros de S.M. se hicieron eco del entusiasmo que despertaba la presencia del *Komsomol* y de la invitación cursada a las tripulaciones. Al *Grafton* le siguió el *Gipsy*, parte de cuyo cuaderno de operaciones se transmitió al Foreign Office. Gracias

---

en Cartagena que figuran en ellos se han sustituido por los correctos. Los servicios de interceptación británicos descifraron algunas comunicaciones alemanas ulteriores.

10. No he encontrado documentación que me permita aclarar porqué el *Campeche*, que había atracado el 4 de octubre, continuaba en puerto una semana más tarde. Nótese la información alemana sobre su carga.

11. Tal es la conclusión a la que llegó el entonces jefe de las fuerzas navales alemanas destacadas en España, vicealmirante Rolf Carls. AMAF: legajo M/1406/80841.

12. Por razones que no he podido documentar, pero que probablemente tenían que ver con el temor a que los alemanes creyeran que habían penetrado su cifra naval, los británicos no dieron a conocer esta noticia. El *Komsomol* llevaba también 50 motores de repuesto, proyectiles, 300 toneladas de gasolina y 30 de aceite.

a ambos es posible reconstruir los acontecimientos. Incluso un tercer navío británico, el *Arrow*, confirmó las observaciones del *Luchs* y tomó fotografías a larga distancia de la descarga.

Son tres los aspectos que sobresalen en esta reconstrucción: en primer lugar, la del material soviético se vio obstaculizada por bombardeos, tal y como había solicitado la *Kriegsmarine*, una muestra del elevado grado de coordinación entre Franco y sus protectores alemanes; en segundo lugar, las consecuencias dramáticas que ello produjo en el ambiente local, en el que pronto se multiplicaron las represalias; en tercer lugar, la información precisa que los barcos británicos rápidamente remitieron a Londres.

Los bombardeos se iniciaron el 18 de octubre de madrugada, con una acción emprendida por tres trimotores que arrojaron unas diez bombas, dos de las cuales cayeron en el arsenal. El daño causado fue, al parecer, considerable y produjo una treintena de víctimas. La artillería antiaérea tardó en responder y cuando lo hizo fue de manera totalmente errática y sin hacer blanco. Al comandante del *Grafton* se le dijo más tarde que los responsables fueron pasados por las armas. Los bombardeos continuaron el 20 por la noche, con una media docena de aparatos que atacaron la ciudad repetidas veces. Tampoco la reacción de la artillería fue en esta ocasión mucho mejor.

Los ataques aéreos cambiaron radicalmente la situación. Tras escenas de pánico, muchos cartageneros abandonaron la ciudad. Otros pasaron a la acción y asesinaron a varias docenas de detenidos, como en Madrid en agosto, tras asaltar la prisión. Los marineros británicos procuraron poner a salvo a la colonia extranjera, en primer lugar la propia pero también a representantes de otras nacionalidades, incluidos los alemanes, contra los cuales la inquina local había subido muchos grados.

No hay que hacer grandes ejercicios de adivinación para determinar el origen de tales bombardeos. Ya el 9 de octubre, ante los rumores sobre la inminencia de la ayuda soviética, Franco ordenó al almirante Magaz, su representante en Roma, que trasladara a los italianos la necesidad de retrasar el envío de la famosa, y fantomática, expedición Garibaldi y que a la vez echaran una mano para interceptar o impedir el desembarco de los suministros soviéticos (TNA: HW 12/208, BJ066653). En esta misma línea, no es de extrañar que algo más tarde se pasara a establecer, en conexión con la Armada italiana, un sistema de vigilancia para interceptar los transportes. El cónsul italiano —y presumiblemente el alemán—, recibieron instrucciones más estrictas para que detallaran en todo lo posible los barcos soviéticos que atravesasen los Dardanelos con el fin de facilitar su interceptación (AIS: informes 9 y 10).

A mayor abundamiento, a los cuatro días de la llegada del *Komsomol,* Franco, en presencia de Mola, convocó por separado a los jefes de las misiones militares italiana y alemana. El primero, el ya general Faldella, informó inmediatamente a Roma (DDI, V, doc. 230). Gracias a las noticias aportadas a Cádiz por un navío alemán ese mismo día, dijo Franco, podía afirmar que en las jornadas precedentes varios barcos soviéticos y españoles habían transportado armas y municiones. Los nombres no eran, en ocasiones, correctos pero la carga de 50 tanques sí.[13] Con la intervención del Kremlin, los frentes se aclaraban. Ya no se trataba de combatir a una España roja sino a la propia Rusia. La cruzada (sic) contra el bolchevismo coincidía con los intereses alemanes e italianos. De aquí Franco deducía que la Italia mussoliniana y el Tercer Reich deberían estar motivadas para darle los medios necesarios para combatir al enemigo ruso. Francia era, en comparación, un adversario menor. En resumen, la ayuda soviética creaba una situación nueva. El Kremlin aportaba a los «rojos» un apoyo amplio. Para Franco era imprescindible contar con medios que lo compensasen. Necesitaba tanques, antitanques, aviones, submarinos, cazatorpederos. Y los necesitaba con urgencia. No tardaría en recibir respuesta.

Los marinos británicos se preocuparon por identificar con la mayor precisión posible la naturaleza de los suministros soviéticos. El *Grafton*, por ejemplo, informó cuidadosamente acerca del segundo barco soviético, el *Staryi Bolchevik*, que llegó el 15 de octubre a las cuatro de la tarde. Llevaba entre 20 y 25 grandes cajones como si fueran para aviones desmontados, 18 trimotores, 15 tanques, 320 contenedores de bombas y una gran cantidad de municiones y de gasolina de aviación.[14] Estos datos se elevaron a conocimiento del Consejo de Ministros británico. Era el navío que, en realidad, transportaba los primeros 10 bombarderos SB —denominados posteriormente «Ka-

13. Como los tanques eran del modelo Vickers, esta compañía recibió información de sus agentes en España sobre la llegada de 56 (sic) tanques, 150 camiones y personal (entre el que había dos mujeres). Vickers se apresuró a comunicarlo al War Office (TNA: FO 371/20582).

14. DBFP, doc. 308. La descarga la observó el navío británico *Grafton* (FO 371/20582). En Largo Caballero (2007, p. 3459) se señalan conjuntamente las cargas de tal navío y de dos más (el *Kim* y el *Volgoles*).

tiuskas» (Howson, p. 384)—. El comandante del *Grafton* tuvo la ventaja de poder contar con la colaboración de ciudadanos británicos conectados con las actividades del arsenal y que le proporcionaron tales datos. Un español le confirmó haber podido mirar dentro de uno de los cajones y comprobado que contenía un avión. El mismo comandante observó cómo milicianos (sic) de aviación ayudaban en la descarga, en condiciones de seguridad muy considerables.

En la madrugada del 21 llegó el vapor soviético *Volgoles*. Al día siguiente lo hicieron el *Kharkov* por la mañana y el *Kim* por la tarde. Ambos fueron recibidos con grandes manifestaciones de alegría por las tripulaciones de los navíos de guerra españoles. El cónsul francés inmediatamente comunicó al comandante del *Gipsy* el contenido de la carga. El representante honorario británico, William Leverkus (director de la Cartagena Mining and Waterworks Co.), se lo confirmó también, según había podido averiguar tras charlar con pilotos franceses que combatían en el lado republicano. Otro de los informantes de la Royal Navy fue un ingeniero llamado Eregson que trabajaba en el arsenal.[15] A los militares españoles no se les permitía tocar el material soviético. Incluso se prohibía el acceso a los oficiales.

Cartagena se encontraba, para entonces, un tanto aislada. El cónsul noruego había informado que la línea ferroviaria estaba interrumpida en Alcázar y que el correo se transportaba por aviación. Al tren de la capital que había llegado pocos días antes le faltaban dos vagones. Se rumoreaba que los sublevados se habían apoderado de ellos. Leverkus señaló que las ejecuciones continuaban. Todos los camiones españoles estaban estropeados. La prensa local presentaba una imagen totalmente separada de la realidad y se había ordenado a los extranjeros que abandonasen la zona en las siguientes cuarenta y ocho horas. El representante británico se apresuró a contar al comandante del *Gipsy* el 24 de octubre que el ministro de Marina y Aire, Indalecio Prieto, («disfrazado de obrero», es decir, probablemente vestido con un mono) había estado de incógnito (en el capítulo siguiente acentuaremos la importancia de este dato aparentemente inocuo) y que la comunicación telefónica con Madrid no funcionaba.

15. Según se recogió el 28 de octubre en un documento de síntesis británico (TNA: FO 371/20582) era difícil que a estos caballeros se les escapase algo de lo que ocurría en Cartagena. Aun así, no parece que informaran sobre la salida del oro que se produjo poco después, como veremos en el capítulo correspondiente. Rojo (1967, p. 219) señalaría que «no había envío soviético que pasara desapercibido».

La identificación de los transportes de armas soviéticos ha dado lugar a grandes discusiones en la literatura, tanto en lo que se refiere al momento preciso de su llegada como a los barcos que en ellos se vieron involucrados. Esta discusión puede aclararse en parte apelando a las informaciones de Vorochilov ya mencionadas. Según él, la operación inicial se tradujo en el envío de 17 barcos, de los cuales 10 fueron soviéticos. Hay algunos detalles operativos que merece la pena reseñar: la travesía por el Mediterráneo se realizó siempre con luces apagadas, con un itinerario variable, elaborado especialmente y que se corregía con frecuencia con arreglo a un sistema de comunicaciones por radio en un código especial. Ello podría explicar, afirmó, por qué ninguno de los mercantes soviéticos fue capturado, a pesar de todos los esfuerzos alemanes e italianos. En el mismo período (octubre/noviembre) fueron detenidos, sin embargo, otros 12 mercantes soviéticos que transportaban carga inocente y, por lo menos, 9 buques extranjeros.[16]

Como hemos visto, tras el *Komsomol*, los primeros barcos soviéticos implicados en la operación fueron los siguientes: *Staryi Bolschevik*, *Karl Lepin*, *Kim* (que llevaba otros diez aviones de bombardeo), *Kursk* (con 15 aviones I-15, cañones, ametralladoras ligeras, etc.), *Andreev*, *Blagoev* (con 16 aviones I-15, ametralladoras, etc.), *Chicherin* y el petrolero *Orjonikidze*. Howson (pp. 383ss) ha identificado en lo posible sus respectivas cargas y sus fechas de llegada,[17] que hoy cabe mejorar gracias a los documentos conservados por Largo Caballero, en los que también se mencionan los barcos españoles y extranjeros no soviéticos que acarrearon los pertrechos. Los suministros de aviones se hicieron de golpe y hacia el 27 de octubre el navío de guerra británico *Vance* pudo confirmar que ya no se habían registrado más (TNA: FO 371/20583).[18]

16. A los británicos los franquistas les dieron rápidamente detalles de algunas de estas capturas, fuesen barcos soviéticos u otros extranjeros, y les dijeron que registrarían todos los navíos que se dirigieran a puertos republicanos (AIS: informe n.º 10).

17. Todos estos datos rectifican los que Orlov ofreció a Payne en abril de 1968 (Zavala, 2005, pp. 439s) y permiten ubicar con precisión las fechas de llegada de los cargueros soviéticos, que no fue la primera semana de octubre. No hay por qué pensar que los agentes de la NKVD no participaran en la supervisión de la descarga, pero si lo hicieron no evitaron que los marinos del *Luchs* se enteraran de la carga del *Komsomol* ni tampoco que lo hicieran los británicos y los franceses.

18. Poco más tarde el *Grafton* indicó que oficiales de la Marina soviética se habían incorporado a la dotación de varios navíos republicanos, entre ellos tres cruceros. Se preparaba la partida de todas las unidades y varios mercantes españoles ha-

Simultáneamente a las descargas en Cartagena se produjeron otras en Alicante. El 19 de octubre el *Resource* informó de que un carguero soviético, el *Chrushev*, había llevado 85 camiones de tres toneladas en cuyos neumáticos podían observarse las marcas de tal origen. Otros navíos que transportaron tal tipo de suministros fueron el *Georgi Dimitrov*, el *Ingul* y el *Transbalt*, el 23, 28 y 29 de octubre respectivamente.

Descifrar el volumen de la operación en Cartagena no fue fácil. También atracaron en el puerto mercantes que navegaban bajo otro pabellón. Se señaló, por ejemplo, la llegada del carguero noruego *Bjornby* (nombre probablemente mal transcrito). Las pruebas sobre el número de aviones soviéticos fueron de segunda mano. Cuando sir Robert Vansittart pidió que se confirmara la llegada de ciento cincuenta aparatos, los británicos se esforzaron todo lo que pudieron y algunos llegaron a la conclusión de que era cierta, a tenor de los informes de que disponían. Naturalmente, sabemos que esta cifra era muy exagerada, lo cual era también la impresión de otros analistas en el Foreign Office (*ibid.*, FO 371/20583, minuta del 27 de octubre). En cualquier caso, lo que se desprendía de todo ello, anotó un diplomático, es que la desigualdad en armamento de que hasta entonces habían adolecido las fuerzas republicanas iba a descender rápidamente y que los franquistas tratarían por todos los medios de interceptar los envíos soviéticos y apoderarse de ellos como botín de guerra. Ya había habido algún conato al respecto.

Probablemente en previsión de ello, Kaganovich había hecho llegar otra sugerencia a Stalin el 11 de octubre, tras pedir autorización para que la noticia del envío de los suministros se comunicase a Largo Caballero:

> Dado que puede ser peligroso que en el futuro los barcos con cargamento especial utilicen la ruta del sur creemos que sería posible que algunos de ellos hicieran la travesía por la ruta del norte, hacia algún puerto de la bahía de Vizcaya, por ejemplo, Bilbao o Santander. En los momentos actuales toda Asturias está en manos de nuestros amigos, salvo Oviedo (R. W. Davies *et al.*, p. 368).

---

bían cubierto sus nombres y alterado otros distintivos. Estas noticias fueron también confirmadas por el *Vance*, que añadió que los buques republicanos tenían instrucciones de navegar bajo pabellón británico en cuanto se alejaran de la armada franquista (TNA: FO 371/20583).

Obsérvese que, incluso en estas comunicaciones confidenciales en el corazón de la Unión Soviética, los líderes más elevados utilizaban un lenguaje un tanto opaco. Stalin dio su aprobación y el mercante *Andreev* puso proa a Bilbao desde Leningrado el 22 de octubre. Tiene interés detenerse en esta expedición a la zona norte, cuyo curso cabe reconstruir gracias al informe elevado al comisario del pueblo Yezhov por el teniente Maleev de la NKVD el 21 de noviembre.

El barco llevaba 300 vagones de pertrechos cargados de gasolina, cañones, ametralladoras, treinta blindados, 15 aviones I-15, proyectiles, bombas y fusiles con toda la impedimenta correspondiente, amén de pilotos, técnicos y mecánicos por un total de 39 personas. Al atravesar el mar del Norte, cayó en una enorme tormenta, que forzó cambios de rumbo e interrumpió las comunicaciones. Para no delatar su misión no prestó ayuda a tres barcos de pabellón noruego, danés y finlandés que se hundieron y a un pesquero alemán. En el golfo de Vizcaya recibió noticia de que los puertos españoles estaban minados. Supusieron que la Armada franquista andaba en su búsqueda y el *Andreev* erró durante algún tiempo en malas condiciones atmosféricas, con lluvia y baja visibilidad. Al atardecer del 2 de noviembre estaba ya cerca de Bilbao y divisó un buque piloto pero le costó trabajo hacerse comprender.

En la ría estaba fondeado un crucero que enarbolaba el pabellón alemán. A algunos pasajeros les entró el pánico. Por fin el 3 de noviembre atracó y los tripulantes se encontraron con la sorpresa de que les daba la bienvenida el representante de la URSS en el País Vasco, el consejero o «embajador» Tumanov,[19] a quien ya hemos mencionado en el capítulo quinto. Éste les informó que el navío de guerra alemán había llegado dos horas antes y que un crucero de los insurrectos había estado persiguiendo al *Andreev*. Al descargar se puso de manifiesto que las cajas que contenían los aviones no cabían en las plataformas de los vagones de ferrocarril y que tampoco podrían entrar en los túneles (algunos iban destinados a Santander), por lo que hubo que transportarlos por carretera.

19. Dado que este dato procede del informe Maleev, es obvio que Tumanov estaba ya en Bilbao por lo que hubo de llegar antes de lo que afirmaron los diplomáticos franceses, quienes situaron su aparición en la capital vasca el 8 de noviembre.

LA URSS EN LA BREGA DIPLOMÁTICA

La llegada de los primeros suministros tuvo lugar en un contexto internacional un tanto tumultuoso. El 3 de octubre se publicó el informe final del denominado Comité de Investigación sobre las Violaciones al Derecho Internacional en relación con la intervención en España. La conclusión era que la no intervención «había perjudicado gravemente al Gobierno republicano al haberle negado las armas y el material esenciales para suprimir la sublevación, cuando, al propio tiempo, se habían enviado a los rebeldes hombres, armamento y otra ayuda, infringiendo con ello el acuerdo».[20] Era una conclusión impecable.

Una gran parte de la izquierda francesa y británica venía desgañitándose desde hacía semanas sin lograr reblandecer un ápice las posiciones gubernamentales. Éstas, incluso, se habían endurecido. No se escapaban las razones a los diplomáticos alemanes: el Reino Unido no quería un conflicto (enjuiciamiento absolutamente correcto) y Francia, dividida, no estaba segura de contar con el apoyo de sus aliados en el caso de que se produjera. Por lo demás, probablemente los soviéticos estaban jugando. No tenían interés en que se desencadenara una guerra general y por ello limitarían su intervención en España (ADAP, doc. 100). Si este tipo de percepciones caló en los altos escalones del Tercer Reich se entiende mejor que Hitler no tuviera dificultades en elevar rápidamente su apuesta por Franco e intensificase su ayuda.

El 14 de octubre el Consejo de Ministros británico examinó la situación. Eden señaló que los italianos le habían dado seguridades de que no tenían intención alguna contra las Baleares. Alguien (no identificado) informó que los rusos estaban enviando aviones a Barcelona,

20. En el prólogo se afirmaba que de haberse aplicado lealmente la no intervención el Gobierno republicano ya hubiera restablecido el orden. Las críticas al británico, del que se sospechaba que, como así ocurría, tenía muchos y mejores datos, fueron constantes. En el Foreign Office, al preparar la respuesta a una pregunta parlamentaria, se recomendó que Eden afirmara que las autoridades locales españolas dificultaban la obtención de información y que la misión de los barcos británicos estribaba en proteger a los ciudadanos e intereses británicos y no supervisar operaciones de carga y descarga. Es una pequeña muestra del doble rasero que se aplicaba sistemáticamente. TNA: FO 371/20583: «Lack of evidence of infractions of Non-Intervention Agreement».

lo cual no era cierto, y que los mexicanos suministraban grandes cantidades de armamento y munición a la República.[21]

En la literatura existen interpretaciones a tenor de las cuales Stalin se habría cuidado mucho de antagonizar a Hitler (uno de los últimos autores en hacerse eco de ellas es, por ejemplo, Beevor, p. 211). No parece que tal sea el caso. El 12 de octubre, por ejemplo, el embajador soviético en Berlín, Yakob Suritz, informó al comisario adjunto de Asuntos Exteriores, Krestinsky, sobre cómo veía la política alemana:

> Los hitlerianos continúan ampliando la ayuda a la sublevación militar que ya iniciaron desde los primeros momentos a favor de Franco. En consonancia con ello, en la esperanza de una pronta ocupación de Madrid y considerando la debilidad de Francia, Alemania adoptó una política de irreconciliabilidad con nuestra adhesión a la no intervención. Alemania no desea retroceder en la línea que ha seguido hasta ahora en el problema español. No cabe duda de que los hitlerianos sabotearán todas las resoluciones del CNI. Nuestra ayuda abierta al Gobierno de Madrid puede hacer que aumente la ayuda alemana a los sublevados y no excluye la posibilidad de un encontronazo con nosotros (DVPSSSR, doc. 305).

El escenario anticipado por Suritz, y también por Litvinov, ocurrió en efecto: los alemanes procedieron a una rápida escalada, pero eso no interrumpió la ayuda soviética a la República. Que Moscú actuó bajo el impacto del continuado apoyo alemán (e italiano y portugués) a Franco parece deducirse de la documentación soviética.[22] El 4 de octubre Krestinsky hizo una serie de consideraciones al encargado de negocios en Londres, Samuel Kagan, que son extraordinariamente reveladoras al explicar la génesis de la no intervención. No andaba muy desencaminado.

> No solamente los ingleses sino tampoco los franceses han querido ni quieren dar ninguna ayuda real al Gobierno de Madrid. Plantearon una

21. Sería interesante seguir la pista referida a Barcelona. Las noticias sobre España abordadas por el consejo se encuentran en TNA: FO 371/20582.

22. Lo que no puede aceptarse son afirmaciones como las de Lister (p. 158) a tenor de las cuales la tardanza con la cual empezó a llegar la ayuda soviética era culpa de los gobernantes republicanos, «que sólo recurrieron a la URSS cuando el Gobierno del socialista Blum y otros gobiernos "democráticos" se negaron a cumplir los acuerdos que tenían con la República española».

sugerencia sobre la no intervención con el fin de crear, de cara a sus ciudadanos, una base legal que permitiera no otorgar ayuda. En el momento en que dieron comienzo las conversaciones sobre la no intervención puede que el Gobierno francés sinceramente esperase que, gracias a la misma, podría limitarse el apoyo que los sublevados recibían en aquel momento de Italia, Alemania y Portugal. Pero más adelante se comprobó que los países mencionados, independientemente de su adhesión al acuerdo, seguían ayudando a los rebeldes.

La idea que, al parecer, revoloteaba en Moscú era que si tales vulneraciones podían constatarse oficialmente no quedaría más remedio a los franceses que adoptar las medidas oportunas o reconocer que la no intervención había dejado de funcionar. Los soviéticos eran conscientes de las demandas de la sociedad y de los sindicatos franceses, amén del PCF, para forzar un giro de la política gubernamental pero comprendían que el Gobierno de París no deseaba hacerlo. Moscú esperaba, en consecuencia, que Francia adoptase un comportamiento evasivo en el CNI. Esto significa, ni más ni menos, que Stalin estaba dispuesto a ayudar a la República, aun contando con la continuación de la retracción francesa. Había que evitar, además, que la no intervención se extendiera a otros ámbitos. El Gobierno de Madrid, seguía afirmando Krestinsky, no estaba tan interesado en que se cortase el flujo de ayuda a los rebeldes cuanto en que no se le eliminaran las posibilidades restantes de obtener armamento desde fuera. La URSS no podría aceptar nuevas limitaciones a la ayuda que pudiese recibir la República porque ello causaría una impresión poco favorable en los sectores que la apoyaban y disminuiría su firmeza y su combatividad. Era difícil ser más claro (DVPSSSR, doc. 292).

En consecuencia, Kagan dejó caer una bomba y advirtió de los inminentes propósitos de la URSS. Antes se cargó de razones. Recordó la nota entregada por Álvarez del Vayo a alemanes, italianos y portugueses el 15 de septiembre, su difusión a los demás participantes en la no intervención, la descripción del estado de bloqueo en que se encontraba el Gobierno republicano, «mientras que los rebeldes reciben, sin traba y de diferentes países, aviones y otros armamentos», el discurso del ministro de Estado ante la asamblea de la SdN, el *Libro Blanco* sobre las violaciones de la no intervención ya publicado y numerosos ejemplos de las mismas, etc. Después pasó al ataque:

> El Gobierno soviético teme que la situación creada por las violaciones repetidas del acuerdo convierta a éste en inexistente de hecho. El Gobierno soviético no puede en ningún caso consentir que el acuerdo de no intervención se altere por ciertos participantes y se transforme en una pantalla que oculte la ayuda militar prestada a los rebeldes en contra del Gobierno legítimo de España. En consecuencia, mi Gobierno se ve en la obligación de declarar que si estas violaciones no cesan inmediatamente se considerará liberado de los compromisos derivados del acuerdo de no intervención (DBFP, doc. 270).[23]

No se trataba de una declaración cualquiera. Había sido aprobada, si no preparada directamente, por el propio Stalin,[24] según Kaganovich anotó el 12 de octubre al dar cuenta a éste último de que había invitado a almorzar a Pascua.[25] Había dicho a éste que Stalin seguía de cerca y al detalle lo que ocurría en España y que se preocupaba extraordinariamente por los problemas con los que se enfrentaba la República. Pascua, como es lógico, había expresado su agradecimiento más profundo. Kaganovich extrajo la impresión de que su interlocutor estaba deprimido ante la idea de que Madrid pudiera caer. Los rusos le azuzaron quizá demasiado, afirmó, en el deseo de estimular su optimismo. Al fin y al cabo no era un auténtico revolucionario bolchevique, más bien un menchevique, dijo, para situar la conversación en coordenadas que pudiera entender Stalin (R. W. Davies *et al.*, pp. 369s).[26]

23. Los soviéticos informaron a los norteamericanos que el comité no funcionaba, que los italianos bloqueaban cualquier investigación y, con los portugueses y alemanes, apenas si ocultaban que ayudaban a los rebeldes, que el presidente británico solía alinearse con los primeros y que el representante francés no amparaba al soviético. Parecía evidente que había que tomar una postura tajante (FRUS, p. 535).

24. Stalin hubo de conocer el tenor de la conversación de Litvinov con Blum en Ginebra el 5 de octubre que causó al comisario una mala impresión. Blum reconoció que su comportamiento con respecto a la República se debía a su temor a una crisis interna en Francia (DVPSSSR, doc. 294).

25. El texto completo de la declaración fue aprobado por el Politburó el 7 de octubre.

26. En realidad, según el despacho de Pascua reproducido en el apéndice, se había tratado de un almuerzo colectivo en el que participó la alta dirección soviética. La nota de Kaganovich en la que se recoge este episodio es el último documento de los publicados sobre su correspondencia con Stalin. Como hemos indicado, al año siguiente no se fue de vacaciones. Había que continuar las purgas y «limpiar» en serio. No he encontrado explicación para la pequeña mentira de Kaganovich y su presunta invitación a Pascua.

A la combinación entre la llegada de los suministros y su anuncio, en el lenguaje velado que prefirió Stalin, le dedicaría un vívido recuerdo Negrín años más tarde:

> Sólo un gran Estado, con el que aún hasta tiempo después de comenzada la guerra no nos ligaban ni siquiera las normales relaciones diplomáticas, supo hacer honor a sus compromisos y mantener incólume el principio de la seguridad colectiva sobre el que se asentaba su política internacional. Su nombre está en nuestros labios: la Unión Soviética. Leal al pacto de «no intervención», mantuvo Rusia su estricta observancia, hasta el momento en que desengañada tras fundadas denuncias y constantes protestas de la mala fe de Alemania, Italia y Portugal, recabó su libertad de acción (Álvarez, p. 156).

Pero, en aquellos momentos, la comunicación soviética, que ponía un paraguas sobre la operación, despertó comentarios no muy halagadores. Se destacó su tono perentorio, la inoportunidad, y el endurecimiento que implicaba. La sesión del 9 de octubre del CNI fue tumultuosa. Los representantes italiano y soviético se enfrentaron con fuerza. Grandi señaló que Moscú amenazaba con abandonar el comité a fin de poder suministrar armas con toda libertad y no se privó de echar una puya al delegado británico, que había hecho todo lo posible por parecerse a Poncio Pilato (DDI, V, doc. 197).

Los británicos sabían muchísimo más que lo que dejaban traslucir. Uno de los telegramas descifrados a los franquistas contenía las órdenes que Franco transmitía a su representante en Roma, almirante Magaz. Le habían llegado informaciones sobre un ultimátum soviético en el sentido de que si Alemania, Italia y Portugal no cesaban en su ayuda, Moscú enviaría un contingente de tropas a España. Por consiguiente, había que retrasar la operación Garibaldi y pedir ayuda al Gobierno italiano para que impidiera el transporte o el desembarco de tales fuerzas (TNA: HW 12/208, BJ066653). Franco, en efecto, si bien esperaba poder entrar rápidamente en Madrid, no dejaba de buscar constante refugio en sus protectores: una vez eran los italianos, otra los alemanes. En esta época los primeros parecían gozar algo más de sus favores.

Grandi, desde Londres, explicó por qué había desistido de pedir al CNI que investigara las infracciones soviéticas. Resultaba que los portugueses se habían opuesto por si se les aplicaba también algún tipo de control. Los alemanes abundaron en la misma idea. Sería mejor que

Franco suministrase evidencia acerca de la intervención soviética. Los británicos captaron tan reveladora información (BJ066632).

La maquinaria diplomática de varios Estados se puso en movimiento para discernir las intenciones de Moscú.[27] El embajador italiano, Mario Rosso, se hizo eco de confidencias a tenor de las cuales si el Gobierno soviético no recibía satisfacción en el CNI, suministraría directamente ayuda a los republicanos (BJ066800). Pensaba que había una pugna entre NKID, por un lado, y la Comintern por otro. Esta última parecía que estaba presionando al Gobierno para que ayudase a los republicanos en tanto que Litvinov prefería optar por una línea de compromiso que no llevase a una ruptura con Francia y el Reino Unido. El resultado de esta pugna interna determinaría, según afirmaba, la futura política soviética en España y el destino del propio comisario (BJ066838).

Para los norteamericanos las intenciones no estaban claras, aunque la controlada prensa moscovita subrayaba que el sentido de las declaraciones era evidente (BJ066825). Recordaban, no obstante, que había un cierto consenso entre los diplomáticos y periodistas extranjeros de que Moscú no enviaría suministros militares. Quizá lo que el Kremlin deseaba fuese hacer ver a Occidente que, llegado el caso, podía ser tan intransigente y agresivo como Alemania o Italia (FRUS, p. 540).[28] Se traen a colación estos ejemplos como muestra del tipo de reflexiones que se trasladaba a las capitales. Rozaban, a veces, algunos aspectos de la realidad pero no penetraban demasiado.

Uno de los rasgos que la política exterior y de seguridad de la Unión Soviética había heredado de la tradición zarista era su afición a la *maskirovska*, las maniobras de encubrimiento que refractaban la realidad en tantos perfiles como fuese posible. Pero ello no quiere decir que todas las acciones de política exterior soviética fueran necesariamente maquiavélicas o poliédricas. La evidencia disponible por el momento hace pensar que en esta ocasión Moscú dijo lo que, en efecto, quería decir y que transmitió hacia el exterior lo que quería trans-

27. El embajador norteamericano en París, William Bullit, informó de una conversación con Delbos el 12 octubre. Éste pensaba que la URSS quería mantener su prestigio en la izquierda y, al tiempo, inducir al Gobierno francés hacia la intervención a favor de la República (FRUS, p. 539).

28. Roy Henderson, el encargado de negocios, consideraba no obstante (*ibid.*, p. 540) que lo más probable es que la URSS enviase una ayuda limitada, porque tenía que darse cuenta de que no podía competir con Alemania e Italia.

mitir. El propio Franco, que algún interés tenía en el asunto, entendió la ofensiva diplomática soviética como cobertura del apoyo que el Kremlin prestaba a los «rojos» republicanos sin ocultarlo ya (DDI, V, doc. 230).

Esta ofensiva se desarrolló en tres movimientos. El 12 de octubre, día en que regresó Maisky a Londres, Kagan insistió, de nuevo sin resultado, en que se estableciera un control de los puertos portugueses por barcos ingleses y franceses. Este mensaje estaba destinado a las potencias presentes en el CNI y debió de servir para mantener la presión. El segundo movimiento se tradujo en un famoso telegrama de Stalin a José Díaz, secretario general del PCE:

> Los trabajadores de la Unión Soviética, al ayudar a las masas revolucionarias de España, no hacen más que cumplir con su deber. Se dan cuenta de que liberar a España de la opresión de los reaccionarios fascistas no es asunto privado de los españoles, sino la causa común de toda la humanidad avanzada y progresiva (Maiski, p. 40).

Mi buena amiga la profesora Pozharskaya (p. 137) llama la atención sobre el hecho, notable, de que el telegrama no se dirigiera a Largo Caballero y deduce que la ayuda a España tenía un componente ideológico evidente. Las relaciones gubernamentales hispano-soviéticas eran buenas, por no decir excelentes. No necesitaban una inyección de adrenalina. Sí la necesitaba el PCE. En base a tan rotunda afirmación, una de las más famosas que Stalin hizo sobre la guerra de España, Maisky preparó una nueva andanada en forma de una declaración escrita enviada a lord Plymouth el 23 de octubre. Fue el tercer movimiento de la brega diplomática de octubre. Tras recordar las sistemáticas vulneraciones de la no intervención, a consecuencia de las cuales se había creado «una situación privilegiada para los rebeldes», en tanto que «el Gobierno legítimo de España se ha visto de hecho sometido a un boicot que le imposibilita el comprar armas fuera de España para defender al pueblo español», llegaba a la siguiente conclusión:

> El acuerdo se ha convertido en un papel mojado, sin ningún valor. Ha dejado prácticamente de existir. No deseando encontrarse en la situación de personas que contribuyen involuntariamente a una causa injusta, el Gobierno de la URSS ve una única solución a la situación creada: restituir al Gobierno español el derecho y la posibilidad de comprar armas fuera de España [...] El Gobierno soviético, no deseando asumir más la

> responsabilidad por la situación creada [...] se ve obligado a manifestar ya ahora que, en consonancia con su declaración del 7 de octubre, no puede considerarse ligado por el acuerdo de no intervención en mayor medida que cualquier otro participante de este acuerdo.[29]

Moscú, en definitiva, había pasado la pelota al otro bando. Decidida su intervención, observaría la no intervención en el caso de que cesaran las vulneraciones por parte de las potencias fascistas. Y si éstas seguían interviniendo, la Unión Soviética haría lo mismo. Las cartas estaban sobre la mesa.[30] Es ésta, sin embargo, una interpretación que no suele tener demasiados partidarios en la literatura. Implica, en efecto, que los soviéticos jugaban un juego bastante limpio, algo que muchos historiadores de tendencia derechista o conservadora no estaban, ni están, dispuestos a aceptar. Ya en la época se adujeron, de puertas adentro, otras posibles razones. Los analistas militares británicos señalaron, por ejemplo, gracias a su conocimiento de los mensajes italianos, que entretejieron con sus propias informaciones, que no era verosímil que la ayuda soviética llegase a ser masiva ni que la URSS se retirara del CNI, lo cual dejaría abierta la puerta a las actuaciones italianas y alemanas. En cualquier caso, subrayaron, estos dos últimos países estaban mejor colocados, geográfica y estratégicamente, para apoyar todo lo que quisieran a las fuerzas rebeldes. ¿Cómo se explicaba, pues, lo que parecía ser un desafío a la intervención? El AIS planteó dos argumentos. El primero porque Moscú podía apreciar la necesidad de hacer un gesto de cara al Gobierno republicano antes de la caída de Madrid. El segundo porque convenía justificar de alguna manera los suministros que estaba haciendo.

Suritz, en su correspondencia con Krestinsky, apuntó otra posibilidad, bastante más lógica pero que no gustaba de reconocerse en Londres: la fuerza de Alemania se basaba en la debilidad de sus contrin-

29. Pero, para Henderson, tales afirmaciones no ayudaban demasiado a interpretar cuál era la línea política que el Kremlin iba a seguir hacia la República (FRUS, p. 542). La declaración de Maisky fue aprobada por el Politburó.

30. Ésta fue también la tesis de Maisky a las preguntas que le hicieron sus colegas. La reunión del CNI fue relativamente tranquila. Los británicos se mostraron irritados y trataron de echar un capote a los alemanes, cuyo embajador al parecer estuvo flojo pero se comportó con dignidad. Maisky anticipaba duras críticas a la postura soviética y pensaba entrevistarse lo antes posible con Eden y Vansittart para bajar la tensión (RGASPI: fondo 558, inventario 11, legajo 214, páginas 39-41. Telegrama del 23).

cantes. Esto estaba bien visto. De aquí se deducía que si la ayuda soviética a la República contribuía a fortalecer el frente antifascista, ello quizá obligase al Tercer Reich a retroceder (DVPSSSR, doc. 305). Como quiera que fuese, eran pocos los observadores que hacia mitad de octubre de 1936 augurasen mucha vida a la República.

En cualquier caso, el día 28 la embajada británica en Moscú (DBFP, doc. 339) informó que la Unión Soviética no tendría dificultad alguna en suministrar tanques, piezas de artillería, antiaéreos y fusiles con sus correspondientes municiones ni tampoco camiones o aviones. Ello no redundaría en detrimento del nivel de fuerza del Ejército Rojo. Los cargamentos que se enviaran a España podrían obtenerse rápidamente tanto de las fábricas como de las reservas. Era una observación atinada pero no del todo. Once días antes, en efecto, el Politburó había ordenado al Comisariado para la Industria Pesada (NKPT) que se fabricasen inmediatamente casi dos millones de cartuchos y otros tantos de cadenas para dos tipos de ametralladoras que se enviaban a España. También se aprobó asignar 2,5 millones de rublos para cubrir gastos de la operación.[31]

En el CNI los soviéticos se cerraron en banda. Maisky (p. 53) continuó inmediatamente la campaña de rechazo a su labor en términos inequívocos:

> La labor del Comité ha convencido al Gobierno soviético de que hoy no existe ninguna garantía contra la continuación del suministro de materiales de guerra a los generales sublevados. En estas circunstancias, el Gobierno soviético estima que mientras no se creen tales garantías y se establezca un control efectivo del cumplimiento estricto de las obligaciones concernientes a la no intervención, los Gobiernos para los que el aprovisionamiento del Gobierno español legítimo corresponde a las normas del Derecho internacional, del orden internacional y de la justicia internacional están en el derecho de no considerarse moralmente ligados por el acuerdo en mayor medida que los Gobiernos que aprovisionan a los rebeldes a pesar del acuerdo.

Sin duda los soviéticos tanteaban la respuesta. *Le Journal de Moscou* del 28 de octubre planteó las alternativas con las que se enfrentaba el CNI: continuar arrastrando su miserable existencia, reconocer

31. RGASPI: fondo 17, inventario 162, legajo 20, expediente número 42, página 104.

que la no intervención había fracasado por culpa de los Gobiernos fascistas y abordar decididamente un control efectivo y con garra.[32] Por el momento, se abroquelaron en Londres. El 4 de noviembre Maisky rechazó tenazmente todas las acusaciones de suministro de material de guerra. Por escrito, rebatió los datos que se habían restregado en las narices en el CNI. Incluso en aquellos casos en que la arribada de material importante como, por ejemplo, bombardeos SB estaba fuera de toda duda, lo negó rotundamente, ateniéndose al mismo enfoque que desde el principio habían seguido alemanes, italianos y portugueses. (DBFP, doc. 351). Mucho más reservado fue Litvinov en conversación pocos días después con el embajador británico. Había muchos rumores y lo mejor sería establecer un sistema de control absolutamente neutral que impidiese todas las infracciones que se produjesen, vinieran de donde viniesen (*ibid.*, doc. 375).

Naturalmente, los funcionarios británicos que seguían el tema conocían lo que había pasado. El Ministerio de la Guerra (War Office) compiló el 6 de noviembre un estadillo con las recientes infracciones al acuerdo de no intervención. En él se destacaron con toda claridad los continuados suministros a los rebeldes por parte de Italia y Alemania en los meses de septiembre y octubre. En el caso republicano, quedó claro que los soviéticos se habían iniciado en este último mes y que con anterioridad sólo podían contarse los envíos de armas ligeras y de munición hechas por intermedio de las representaciones diplomáticas mexicanas. A pesar de los errores fácticos, la imagen no era desacertada (TNA: FO 371/20582).

En cualquier caso, los analistas del AIS no creyeron en un principio que el armamento soviético pudiera cambiar la situación. Al enjuiciar la situación militar en la segunda mitad de octubre, su veredicto no dejó lugar a dudas:

> Las fuerzas rebeldes siguen avanzando constantemente en el frente de Madrid y todo hace pensar que la caída de la capital es inminente. El general Franco deseará acelerar la captura de la misma lo más posible tanto de cara al invierno como a consecuencia de la ayuda que le está llegando al Gobierno desde Rusia. Ahora bien, con los modernos tanques y artillería que poseen los rebeldes, y de lo que carecen las fuerzas gubernamentales, así como gracias a su completo dominio del aire, el general Franco parece tener a su disposición los medios para alcanzar sus objetivos.

32. Según informó la embajada británica en la misma fecha (TNA: FO 371/20582).

Así, pues, cabía pensar que, para los analistas británicos, la suerte estaba echada. El 7 de noviembre Eden instruyó al encargado de negocios en Madrid: quedaba autorizado a establecer con el general Franco los contactos de facto necesarios para proteger los intereses británicos tras la caída de la capital (DBFP, doc. 523). Si ésta era la opinión que existía en Londres en los círculos que más de cerca seguían la marcha de los acontecimientos militares en España, ¿qué podría pensarse en Madrid? No cabe duda que la decisión de Largo Caballero y de Negrín respecto al transporte del oro debió de tomarse en un ambiente de cierta desesperación o, al menos, de grave preocupación por el destino con el que se enfrentaba la República.[33]

Los constreñimientos internacionales

Si los efectos sobre el terreno de la intervención soviética estimularon el proceso que condujo al éxito en la defensa de la capital española, en el tablero internacional las limitaciones con las que chocaba la República quedaron expuestas crudamente en tiempo récord. Los primeros que dieron el toque fueron los franceses (¡como para haber enviado a Francia el grueso de las reservas!). El 21 de octubre Delbos abordó la situación española ante la comisión de Asuntos Exteriores de la Cámara de Diputados. Hizo un análisis de la gestación y evolución de la no intervención, señaló que gracias a ella se había evitado un auténtica «carrera intervencionista» y, en respuesta a una pregunta, afirmó que en el supuesto de que cambiara la línea soviética ello no implicaba que Francia se viera arrastrada automáticamente al conflicto como consecuencia de lo previsto en el pacto franco-soviético sino que preservaría su libertad de acción.[34]

33. Largo Caballero (2007, p. 3494) afirma: «Había que sacarlo [el oro] de España. ¿Dónde? Francia e Inglaterra estaban sus Gobiernos ostensiblemente contra los republicanos españoles y con alguno de estos países se mantenía un litigio con motivo de otro depósito de oro que se hizo anteriormente». El ex presidente confunde las cosas. El litigio se produjo después, no en aquel momento. Por el contrario, sí cabe confiar en su valoración ulterior: «No había otro país sino el llamado entonces "amigo", Rusia, y a él hubo de recurrirse. Con oro y plata podía pensarse ganar la guerra, sin ello estaba perdida de antemano».

34. Sin relación directa con la situación internacional, Delbos anunció que si la Generalitat declaraba la independencia de Cataluña y solicitaba la ayuda de Francia, el tema se pasaría inmediatamente al CNI (TNA: FO 371/20581, telegrama de Lloyd

Poco después, Léger se entrevistó con el encargado de negocios soviético en París. Constató también una divergencia profunda en la línea de ambos países. Los suministros que Moscú enviaba a España podían dar lugar a un grave incidente. Un riesgo de conflicto no era impensable. Ominosamente anunció que Francia no se pondría al lado de la URSS y que se mantendría en su línea de no intervención.[35] Su interlocutor replicó que lo que había ocurrido es que el Gobierno soviético no podía aceptar la eliminación del «régimen proletario», aunque quizá hubieran intervenido demasiado tarde. Sin embargo, Moscú haría todo lo posible por apoyar a la República y evitar el establecimiento de otro sistema fascista en Europa. Se trata de una conversación sumamente reveladora. Por un lado, el creador de la idea de no intervención. Por otro, el énfasis en la preocupación ideológico-estratégica esencial que probablemente inspiraba a los soviéticos.

Pero si la República no podía aguardar mucha ayuda de Londres, tampoco podía esperarla de París. Léger entendería bien o mal lo que ocurriese en Moscú pero sí tenía muy clara su interpretación de cuáles eran los intereses franceses. Poco más tarde se los dijo con toda claridad al embajador italiano, Cerruti. Lo que Francia deseaba era que la guerra civil en España terminase pronto. Le daba igual quién fuese el vencedor (DDI, V, doc. 431). En estas condiciones, y aunque las opiniones de Léger no representasen todas las del *establishment* francés, era evidente que la República no podía contar con gran apoyo en el Quai d'Orsay. Y no lo encontró.

Por el momento limitémonos aquí a recordar los resultados del congreso del partido radical, que un Delbos exultante explicó a Léger. Le comentó que la unanimidad y entusiasmo (sic) habían excedido todas sus expectativas. Su postura, pero también la de Daladier y Chautemps, se había visto robustecida.[36] El Gobierno del Frente Popular

---

Thomas, París, del 22 de octubre). Eran rumores que circulaban insistentemente.

35. Unos días antes Delbos había afirmado que si a consecuencia de la intervención en España surgía un conflicto entre Alemania y la URSS, el pacto franco-soviético podría jugar o no, según los intereses de Francia.

36. Se trata de un congreso famoso porque en él se demostró que, en contra de las afirmaciones de Delbos, muchos radicales flirteaban abiertamente con el fascismo. Los que cantaron la Marsellesa con un saludo casi fascista superaron a los que entonaron la Internacional, puño en alto. Daladier, que intervino en nombre del Frente Popular, apenas si pudo hacerse oír en el tumulto. Un día triste para el radicalismo francés, concluye Soucy (p. 29).

podría hacer frente con confianza a las peticiones de Moscú y de sus propios extremistas a favor de una intervención en España. Hicieran lo que quisiesen los alemanes, italianos o rusos, Francia no aceptaría que nadie la provocase en tal sentido. ¡Faltaría más! La *grande nation* estaba segura de su destino, mientras Hitler iba preparando las *Panzerdivisionen*.

El ministro contó al fiel Léger que el vínculo con el Reino Unido se vería fortalecido. Hay estrategias que matan y ésta fue una de ellas. Londres y París, París y Londres, se fortalecían entre sí a la hora de determinar un mínimo común denominador respecto a un tipo de no intervención que, objetivamente, ayudaba a Franco pero que condenaba a la República y enardecía a los dictadores fascistas.

Buscando quizá un debilitamiento del dogal que ahogaba a los republicanos, Maisky ofreció a Eden una interpretación sofisticada de los motivos de la intervención soviética. La URSS tenía simpatías por la República pero no aspiraba a establecer un régimen comunista en España.[37] Lo que veían es que un Gobierno de izquierdas, si triunfaba, no enredaría fuera de las fronteras españolas. Seguiría una política de paz. Si triunfaba Franco, por el contrario, ello constituiría una gran victoria para Alemania e Italia. Aumentarían su prestigio e influencia y Franco quedaría endeudado a las potencias fascistas. Preocupaba en Moscú que tal sentimiento de victoria las llevaría a cometer otros actos de agresión, esta vez quizá en Europa Central u Oriental, una circunstancia que la URSS deseaba evitar a toda costa (DBFP, doc. 348). Maisky tenía razón en toda regla, como la evolución ulterior se encargó de mostrar, aunque este último objetivo no se consiguiera. En todo caso, su explicación le pareció totalmente aceptable a Collier, analista de gran percepción.

En este punto la Unión Soviética no hizo gala de demasiada sutileza. Por razones que no están claras, la prensa moscovita se lanzó a una feroz campaña denigratoria del CNI, salpicada de brutales ataques contra su presidente, lord Plymouth. La embajada británica no entendía muy bien cómo podía reconciliarse tal campaña con la continuada presencia soviética en el Comité. Una explicación que se le ocurrió al

37. Al escuchar esto Eden replicó que otra gente podía pensar lo contrario porque, al fin y al cabo, el objetivo proclamado de la URSS era universalizar su sistema. Maisky no lo negó pero afirmó que eso era a muy largo plazo y que nadie en Rusia pensaba que pudiera conseguirse en una generación. Las finalidades del Gobierno soviético en su ayuda al español eran, por el contrario, mucho más inmediatas.

vizconde Chilston era que Moscú estaba decidido a extraer todo el capital propagandístico que pudiera anticipando la toma de Madrid y la derrota del Gobierno republicano. A ello añadió unos comentarios despectivos, muy en tono con su condición aristocrática, sobre la falta de lógica en la galería a la que el Kremlin se dirigía y afirmó que si bien éste era consciente de que una disrupción del CNI favorecería mucho más la causa franquista que la republicana era verosímil que Stalin confiase en poder engañar a la opinión pública casera e internacional.[38] Nada de ello favoreció un eventual acercamiento soviético-británico pero también cabe pensar que la disrupción del CNI no hubiese desfavorecido mucho más a Franco que su continuación porque lo cierto es que las potencias fascistas no estaban dispuestas a dejar caer a su protegido bajo ninguna circunstancia.

Lo que importa retener es que, vista la situación desde la España republicana, la desesperanza que había acompañado la evolución militar se vio contrarrestada por elementos que hasta entonces habían estado ausentes. Habían llegado armas soviéticas, habían llegado voluntarios extranjeros. La defensa de Madrid no era una utopía. Aunque entre los responsables gubernamentales siempre hubo algunos que no aceptaron la idea de la derrota, Juan Negrín figuró en primera línea y atemperó su conducta al respecto. Lo demostraría en el extraordinario episodio de la salida del oro que analizamos en el próximo capítulo.

38. «Soviet Union and Non-Intervention Committee», 2 de noviembre de 1936 (TNA: FO 371/20582).

12

Oro a Moscú

SOBRE EL EPISODIO que se analiza en este capítulo, el transporte a la Unión Soviética de una parte sustancial de las reservas del Banco de España, se ha cebado la controversia. Lo explican varias razones. En primer lugar, la absoluta anormalidad de la operación, cuyos antecedentes concretos no suelen abordarse con profundidad en la literatura. En segundo lugar, la evacuación de responsabilidades efectuada por varios dirigentes republicanos que, por su posición, estaban en condiciones de aportar información que parecía creíble pero que o no contaron toda la verdad o, simplemente, la distorsionaron. En tercer lugar, el silencio de quienes sabían lo que había ocurrido pero que no quisieron envenenar aún más las querellas del exilio. Por último, las versiones espectaculares de algunos tránsfugas soviéticos, que vieron en tal episodio la posibilidad de un *coup* periodístico o de dorar, nunca mejor dicho, sus propias credenciales. Atacar a Stalin es algo que siempre vendió bien en Occidente y fue, en los tiempos de la guerra fría, un activo nada despreciable. Krivitsky y sobre todo Orlov[1] son los dos grandes e indiscutidos protagonistas de una amplia mixtificación, cuyos ecos retumban todavía en la actualidad.

1. Éste tuvo la ventaja de poder escribir cuando Krivitsky ya no estaba en vida (murió en Washington, más que probablemente víctima de la NKVD). Orlov, que era un asesino, no le trató bien en sus memorias. Aparte de señalar que el título de «general» con que se adornaba era inventado (como, incidentalmente, lo fue también el que generosamente se autoatribuyó), Orlov se preocupó de subrayar que las actuaciones de Krivitsky como agente encubierto para aprovisionar de armas a la República habían sido un auténtico fracaso (pp. 221s).

En consonancia con el enfoque seguido hasta el momento, y dilucidados los antecedentes concretos del traslado, expondremos en primer lugar los hechos tal y como han quedado prendidos en las memorias de los protagonistas. Dejaremos para después nuestras propias valoraciones.

La salida del oro

La reconstrucción de este episodio puede hacerse con algún testimonio español que, ignoro por qué, no logra dar el salto a los libros *à sensation* sobre conspiraciones y espionaje relacionados con la URSS o con la guerra civil, y con los documentos republicanos correspondientes. En primer lugar, hay que destacar que un jurista eminente como fue Mariano Granados dejó constancia viva y clara del interés del ministro de Hacienda en que tuviesen conocimiento del envío

> y hasta lo vigilaran, en la medida que podían hacerlo, los tres poderes constitucionales: el Ejecutivo, representado por el insigne don José Giral, ministro sin cartera a la sazón, hombre probo y patriota ejemplar, devoto amigo del presidente Azaña; el Legislativo, por el primer vicepresidente de las Cortes, hombre de iguales características, don Luis Fernández Clérigo, y el Judicial, por el más insignificante de los tres, que era yo, como uno de los presidentes del Tribunal Supremo, por encargo del primer presidente, don Mariano Gómez ...[2]

Los tres coincidieron en Alicante. Los dos primeros se trasladaron a Cartagena y allí cumplieron su «delicada y dramática misión» (testi-

2. Admito que consultar *Novedades*, de México, no está al alcance de todo el mundo (tampoco de quien esto escribe, que agradece el apoyo prestado por Cecilia Ramírez y Antonio de Jesús Castro, de la Universidad Autónoma Nacional de México: tuvieron la paciencia de copiar a mano tal testimonio que fue publicado el 25 de noviembre de 1967). Con todo, una parte del mismo lo reprodujo Pascua en un famoso artículo. Granados se preocupó de puntualizar que «no fue ni un acto clandestino ni autoritario de Negrín, ni mucho menos un donativo o una exigencia preparatoria de un abuso de confianza. Fue un acto de necesidad al que empujó, inconscientemente tal vez, a los pobres republicanos el comité de no intervención». Añadió premonitoriamente: «Cuando se escriba la historia, de verdad, será el momento de poner esto en claro». Es un honor contribuir, mal que bien, al cumplimiento del deseo de tan eminente jurista republicano.

monio que Martínez Amutio, p. 48, critica veladamente). Orlov ni los mencionó.

En relación con la expedición un tema muy discutido ha sido el de la base legal que la amparara. Digamos, de entrada, que su carencia hubiera sido cosa extraña. En 1938 la eventual salida de parte del tesoro histórico y artístico, con fines de guarda y conservación, fue objeto de un decreto reservado. Naturalmente, la guerra estaba para entonces muy avanzada y no pintaba bien para la República. Por fortuna, hoy cabe avanzar en la identificación de este problema. En una de las carpetas con documentos financieros que se conservan en la FCJN (la 24) existe una nota manuscrita en la que se relacionan las disposiciones legales en que se basó la operación. De los cuatro apartados de que consta, tres están perfectamente identificados. Se trata del artículo primero de la base séptima de la LOB, de los formularios estándar entre el Gobierno y el Banco de España que permitieron los préstamos al primero y el decreto reservado del 30 de agosto de 1936. También hay un cuarto apartado redactado como sigue: «Texto del decreto que autoriza al Ministro de Hacienda a disponer y ordenar el traslado del oro». Una nota adicional repite tal redacción y añade: «Entregado personalmente al Sr. Ministro por el Sr. Méndez Aspe en 8 de febrero de 1937». Nada más. Dicho decreto no figura en la carpeta. Por la correspondencia cruzada con Prieto, sabemos no obstante que, según Negrín, se trataba del decreto de 13 de septiembre. Éste, junto con su sanción por las Cortes y la autorización del Consejo de Ministros del 6 de octubre, constituye la base jurídico-política en que se fundamentó la operación. No se nos oculta que en las notas de Juan Negrín, que reproducimos en el apéndice, se afirma que:

> la decisión de enviar el oro a Rusia fue adoptada, por unanimidad, en Consejo de Ministros del que formaba parte el Sr. Largo Caballero, como presidente, y el Sr. Prieto, como ministro, dando origen a la expedición del oportuno decreto refrendado por el presidente de la República, disposición que, dada la naturaleza de su contenido y las circunstancias excepciones en que se dictaba, hubo de tener el carácter de reservado.

Aquí Negrín es posible que se confundiera. El decreto al que se refería era el del 13 de septiembre. Que para entonces ya se hubiese pensado en enviar el oro a Moscú no está todavía comprobado, aunque no sea descartable. Pero su alusión al conocimiento de Prieto no está constatada por la correspondencia cruzada entre ambos a finales de octubre y a la que nos referiremos inmediatamente.

En cuanto a la operación física misma Zugazagoitia (p. 317) menciona que se hizo con las más escrupulosas formalidades administrativas, «reseñándose el peso y las características de cada caja, detalles que menospreciaba, como estorbosos, el presidente del consejo, y que hubieron de ser impuestos por el ministro de Hacienda». La crítica a Largo Caballero es, como se advierte, no por sutil menos clara. Filtrando el trigo de la paja de las distintas versiones dadas por un testigo escasamente fiable como es Orlov y combinándolas con un pequeño número de otros testimonios directos, no es difícil reconstruir a grandes rasgos el curso del traslado a Moscú.[3] El agente de la NKVD se encontró en Cartagena con el representante de la marina soviética, Nikolai Kuznetsov. La presencia de este último se veía tan justificada como la suya propia, incluso en mayor medida, dado que el Politburó había decidido que el transporte se hiciera en los mercantes soviéticos que por aquel entonces llegaban a los puertos mediterráneos con los suministros bélicos. Kuznetsov, según sus memorias, pasaba largas temporadas en Cartagena. Orlov y Méndez Aspe pidieron al jefe de la base naval, Antonio Ruiz, la cooperación de personal de marinería para unas operaciones reservadas a realizar en los polvorines. El oficial de Marina Vicente Ramírez de Togores, según comunicó a Prieto (p. 132) en 1958, se encargó de elegir a los hombres, unos sesenta, que puso a disposición de Ruiz. Era el 22 de octubre, cuando arribó el carguero soviético *Kim* y dos días después del segundo bombardeo sobre Cartagena. La carga se inició el 23 por la noche.

Los tanquistas llegados en el *Komsomol* una semana antes depararon la posibilidad de contar con personal para realizar el traslado hasta los barcos. Hubo una división del trabajo. Los marineros españoles

3. Dejamos de lado los detalles coloristas de Gazur, ya procedan de otros cuentos de Orlov, de sus conversaciones con él o de su propia cosecha. No nos resistimos, sin embargo, a resaltar que, quizá como subproducto de esta última (p. 87), figura una absurda viñeta según la cual Negrín habría dicho a Orlov que asumía para sí y de por sí la responsabilidad del envío, ya que nadie había querido poner su nombre en ningún documento. Esto es rotundamente falso.

cargaron las cajas, de unos 65,5 kilos de peso medio. Cada vehículo llevaría una decena en grupos de diez camiones. Cuando éstos regresaban, unas dos horas más tarde, ya estaba lista la siguiente tanda. Orlov y otro agente de la NKVD, acompañados de un funcionario español, encabezaban cada convoy. La operación se realizó en tres noches. Negrín y Prieto llegaron a Cartagena. Los dos ministros departieron con el jefe de la base naval, aunque el representante honorario británico sólo informó de la visita del segundo. Fue entonces cuando Antonio Ruiz debió de ordenar a Ramírez de Togores que seleccionase a los marineros. Prieto aprovechó la ocasión para proporcionar a Negrín algunos documentos muy importantes relacionados con la posibilidad de adquirir gran cantidad de material bélico en México, lo cual se veía obstaculizado por el sabotaje que por aquel entonces practicaba el Midland Bank contra el Gobierno de la República.[4] Ello se deduce de una carta que el ministro de Marina escribió el 24 de octubre al de Hacienda y en la que afirmaba:

> Aunque anteanoche en Cartagena le entregué a usted la cinta telegráfica en que reproducía el texto de un despacho de nuestro embajador en México especificando el material que está en condiciones de comprar si a tiempo recibe el dinero necesario, reproduzco en esta carta el texto del mismo telegrama, ante el temor de que usted no hubiese llegado a leer las hojas del Hughes [cinta de teletipo] que le entregué en el despacho del Jefe de la Base Naval de Cartagena (AJNP).

De todas maneras, no todas las dudas o enigmas están despejados. Según hemos indicado, el 29 de octubre Prieto escribió a Negrín otra carta. En ella decía:

> He leído atentamente su carta de hoy y las copias que con ella venían referentes al asunto que motivó nuestra conversación de anteanoche.[5]

4. La idea de que Prieto «pasaba por allí» y se enteró de lo del traslado por casualidad, según repitió incansablemente (pp. 124, 131, 133, etc.), es inverosímil. No llevaba en el bolsillo los telegramas procedentes de México para enseñárselos a los marinos a sus órdenes. Tampoco los llevaba por casualidad. Al contrario, sabía que Negrín estaba en Cartagena. Lo normal es que Prieto, en el ejercicio de sus funciones y de su responsabilidad, acudiera a cerciorarse de que todo estaba en orden. Como hizo el propio Negrín.

5. Las transcripciones del decreto del 13 de septiembre y del acuerdo del Consejo de Ministros.

> No eran conocidos por mí ni el decreto ya sancionado por las Cortes ni el texto del acuerdo del Consejo de Ministros para cumplimiento de dicho decreto. Ante tales documentos nadie puede acusar a usted de la más mínima incorrección. Aunque no resulta necesaria esta declaración, puesto que he colaborado a ejecutar sus resoluciones. Puede usted estar completamente tranquilo. En efecto, como usted indica, no era necesario el acuerdo del Consejo de Ministros después del decreto, pero no está de más.

Así, pues, de esta misiva se infieren tres cosas: la primera y más importante es que Prieto se situó totalmente tras la operación, con independencia de lo que escribiese años más tarde en sus memorias o lo que pasaron como tales. La segunda es un tanto sorprendente: el ministro de Marina y Aire colaboró en una operación absolutamente excepcional y no se preguntó con qué autoridad se llevaba a cabo. La tercera es que, en la opinión de ambos dirigentes socialistas, el traslado del oro a Moscú estaba cubierto por el decreto del 13 de septiembre. Prieto respondía a una carta previa de Negrín escrita a mano con rapidez y que conservó cuidadosamente. Su primera página permite avanzar en la solución de un enigma.

Negrín le comunicó:

> Por las dos notas adjuntas verá V. —así lo espero yo— que mi proceder como ministro de Hacienda ha sido perfectamente correcto. Ni hubo ocasión, por ausencia del Sr. Presidente, ni quizá hubiera sido prudente, por lo que hubiera significado de implicarle si no constitucional por lo menos políticamente y moralmente, en una responsabilidad, el recabar su asentimiento para la ejecución de una medida que en principio estaba aprobada por decreto y sancionada por el conocimiento que de ella tuvo el Parlamento.

Esto puede significar tal vez que Azaña no fue consultado. Y ello implica que su fiel colaborador, el ministro Giral, no consideró oportuno, sin duda en concierto con sus colegas, hacerlo de antemano. Se le informó más tarde, a petición expresa de Negrín, según comunicó éste a Germaine Moch el 12 de abril de 1953. La carta continúa:

> Una vez autorizado el traslado, [por el decreto de 13 de septiembre] para la mayor seguridad del Tesoro, su ejecución, manera de asegurarlo y sitio de su depósito correspondían a mi entender al ministro. Quise no obstante, y no por rehuir las responsabilidades, asegurarme en

> mis decisiones la coparticipación del presidente, con expresa autorización, testificada, del Consejo de Ministros. Estaba seguro, y lo estoy cada vez más, de que al tomar las medidas tomadas, cosa que no he hecho con el corazón ligero y alegre, eran necesarias. Pero eso no me para, a pesar de las angustias q. me han producido y producen. Hubiera sido más cómodo dejar venir las cosas lavándome las manos. Pero ése no es mi lema.[6]

Durante la carga no pudieron evitarse filtraciones. Kuznetsov recordó que se trataba de una noticia que corría de boca en boca en Cartagena. Negrín, a quien conocía por haberle visto en un par de ocasiones en Madrid, le presentó a los funcionarios que acompañarían el transporte en cada uno de los barcos. Con todo, no parece que la noticia llegase a oídos de los marinos británicos que observaban atentamente la llegada de los suministros soviéticos. Un punto discutido en la literatura es el de si la Armada republicana participó o no en la operación. No se trata de un tema sin importancia. Quizá a petición de Prieto, Ramírez de Togores negó en carta al ex ministro que así fuera pero Kuznetsov afirma lo contrario.[7] Orlov introdujo en la controversia una faceta interesante. Según sus declaraciones al Senado nortea-

6. Payne (p. 199) se limita a decir que «parece ser que no se consultó a Azaña ni al gabinete en general». Azaña no menciona el oro en su diario pero tampoco da cuenta en él de muchas otras cosas. Antes de Payne, y sin cautela, Bolloten (p. 278) llegó a unas conclusiones que resultaban de meras reflexiones especulativas: no se informó al Gobierno, ni a Prieto, ni a Azaña, etc. Podría haber leído en Álvarez del Vayo (1950, p. 285) que la decisión había quitado un gran peso a Azaña, quien se habría mostrado no sólo satisfecho sino también encantado, algo inhabitual en un hombre de temperamento frío y distante. Negrín lo confirmó a Germaine Moch.

7. A tenor de sus recuerdos, «la flota republicana debía encontrarse en alta mar por si hacían acto de presencia los buques fascistas [...] Cuando subí a bordo del crucero *Libertad* para tratar con el comandante en jefe, Buiza, la conveniencia de asegurar la protección de estos transportes con salida de la Escuadra completa al mar, me respondió, esbozando una sonrisa, que estaba al corriente de todo y que sólo pedía que se le precisasen los plazos de permanencia en el mar». La Escuadra «navegaría a la altura de la línea Cartagena-Argel con misiones de protección». Rybalkin (p. 93) lo confirma. Ya en un artículo que levantó mucha polvareda entre los exiliados Araquistáin, siguiendo un relato de su cuñado Álvarez del Vayo, había escrito que Prieto se había ocupado personalmente de que un convoy de barcos de guerra diese escolta hasta Túnez a la preciada carga. Prieto había montado en cólera (p. 131) y recurrido al testimonio de Ramírez de Togores para impugnarlo. El valor probatorio de éste, autónomo o solicitado, debe cuestionarse.

mericano fue él quien solicitó de las autoridades españoles que a ciertos intervalos hubiera en aguas del Mediterráneo buques de guerra republicanos con instrucciones de acudir en socorro de los mercantes soviéticos si éstos emitían un SOS en clave especial. Algo que, a lo que parece, nunca se le hubiera podido ocurrir a un marino español o soviético,[8] pero sí al omnisciente agente de la NKVD.

El tema queda resuelto, como tantos otros, con la documentación republicana relevante, que en este caso han exhumado los hermanos Moreno de Alborán. Los cruceros *Libertad*, *Cervantes*, *Méndez Núñez* y la flotilla de destructores se hicieron a la mar en la tarde del 25 de octubre, con proa a la costa argelina. Regresaron a Cartagena el día siguiente. En una de las órdenes de operaciones se hizo constar que la flota salía a la mar para «dar protección a los buques mercantes de nuestros camaradas rusos». Se destacó la importancia de la misión y la necesidad de que las tripulaciones mantuvieran el secreto a la vuelta. Este tipo de actuaciones, que se inició el 25 de octubre, continuó algún tiempo para proteger los transportes con armas soviéticas que llegaban a la costa levantina. Los hermanos Moreno de Alborán constatan que «al plegarse a esta estrategia defensiva, [se] ignoró deliberadamente el primer objetivo de toda guerra naval: la destrucción de la flota enemiga» (p. 873). Por supuesto, podría argumentarse que asegurar la feliz arribada de las armas soviéticas era EL objetivo fundamental. Quizá no sea de extrañar que Prieto se preocupase de echar neblina por lo que se le pudiera achacar de responsabilidad.

Kuznetsov señaló que los capitanes soviéticos tenían órdenes de navegar a lo largo de las costas de África, lo más cerca posible de las aguas jurisdiccionales españolas,

> pues el peligro provenía tanto de los buques facciosos como de los navíos de guerra italianos [...] Cuando el último transporte llegó frente a las costas de Argelia, la Escuadra retornó a la base [...] Buiza me preguntaba frecuentemente si los transportes seguían sin novedad. Yo mismo sólo me tranquilicé definitivamente cuando supe que el último de ellos había salido del Bósforo y entrado en el Negro.

8. Álvarez del Vayo (1950, p. 285) indica que Prieto ordenó la cobertura de la escuadra. Quizá por ello, el ex ministro de Marina y Aire tuviese interés en consignar su propia versión en sus memorias, bajo la cobertura de una carta personal que probablemente solicitó.

Según el informe emitido por uno de los funcionarios que acompañaron a los mercantes, la carga terminó el 25 de octubre y el orden de salida fue el siguiente: el *Jruso*, con José Velasco Sierra y 2.000 cajas; el *Neva*, con José González Álvarez y 2.697 cajas; el *Kim*, con Arturo Candela Marquestaut y 2.100 cajas y, por último, el *Volgoles* con Abelardo Padín (del COCM) y las 983 cajas restantes.[9]

Y entonces llegaron, por fin, los tres primeros de los cuatro barcos que zarparon de Cartagena a Odesa el 2 de noviembre por la noche. La descarga se llevó a tierra bajo fuerte protección, aunque no con el sigilo suficiente como para que el cónsul alemán no terminara enterándose. El 16 de noviembre, por ejemplo, informó a Berlín de la llegada de dos (sic) barcos respecto a los cuales suponía que trasladaban oro español «y otros tesoros valiosos». Una persona de confianza le había dicho que se trataba de 70 toneladas (ADAP, docs. 120 y 188). El cónsul seguía las instrucciones que se le habían cursado desde Berlín el 21 de octubre, un indicio de que el Tercer Reich sabía por dónde iban los tiros. Previamente, el 13 de noviembre, había indicado que había atracado en el puerto otro barco entre el 4 y el 8. Tampoco llevaba bandera y se le había descargado de noche. No se trataba de informaciones concluyentes pero sí apuntaban todas en la misma dirección.

El 3 de noviembre, acompañada por los funcionarios españoles respectivos, la carga de los tres primeros barcos salió en tren con destino a Moscú, donde llegaron el 5. Tropas de la NKVD acordonaron férreamente la estación de ferrocarril de Kiev para vigilar la descarga.[10] En la capital soviética se enteraron de que el *Jruso* (o el *Kuban*, según Rybalkin) tardaría dos o tres días más en llegar a Odesa pues había tenido averías en la máquina. Se informó a los españoles que el *Almirante Cervera* habría pretendido apresar a los mercantes soviéticos, lo que no pudo efectuar por haber pasado éstos antes. En cambio, otro buque soviético sí fue detenido y se le registraron las bodegas, las máquinas y la tripulación. De ser ciertos tales datos es verosímil que la

9. Payne (p. 199) afirma que se trataba de «funcionarios menores», pero eran los competentes. ¡No iban a ir directores generales! Gazur (p. 94) señala que el «*Mologoles*» (sic) no llevaba representante del Tesoro. Uno se pregunta de dónde salen tales informaciones que parecen tan exactas. Rybalkin (p. 93) ha indicado que no figuró el *Jruso*, que mencionan los documentos españoles, sino el *Kuban*. Los hermanos Moreno de Alborán hacen intervenir al *Kursk*.

10. Información del Dr. Rybalkin al autor.

Armada franquista tuviese alguna información pertinente. Pero no había servido de nada. El oro estaba ya en Moscú y la República podía empezar a encarar con tranquilidad en el plano financiero el curso futuro de la guerra.[11] Si se perdía, no sería por falta de capacidad para movilizar las reservas.[12]

Distorsiones de gran éxito: los cuentos de Orlov

Toda la operación, tal y como suele describirse en la literatura, es tributaria de lo que no cabe caracterizar sino como «cuentos» y patrañas de Orlov. Esta obra quedaría coja si no abordara su disección. No es una tarea agradable pero sí absolutamente imprescindible, aunque deje maltrechas algunas reputaciones. Su versión ha dado varias veces la vuelta al mundo y todavía hoy sigue haciendo autoridad. Parece increíble que una gran parte de los historiadores y periodistas que se han acercado al tema no se hayan atrevido a ponerla en tela de juicio. Las declaraciones de un agente de un servicio de inteligencia que deserta (aunque sea por razones tan perfectamente comprensibles como el deseo de evitar un tiro en la nuca) son algo que deben pasarse por

11. Había, no obstante, financieros en la zona franquista que no creían que todo el oro se hubiese exportado y que, probablemente, estaría oculto en varios escondites en Valencia y Cartagena (ABI: OV 61/2, nota del 26 de enero de 1937).

12. En «Mis recuerdos de Don Juan Negrín», Bugeda afirmaría: «Me acuerdo que una noche cenando, poco tiempo después de la salida del oro de Madrid, noté muy preocupado al Dr. Negrín y durante la cena recibió un telegrama que le iluminó la cara. Me pasó éste y en él constaba la noticia del arribo del barco español a Rusia. El temor del Dr. Negrín era que algún submarino alemán interceptara el buque y lo hundiese, perdiéndose sin ningún beneficio para la causa de la guerra los medios económicos que permitieron sostenerla durante casi tres años». Bugeda escribía de memoria. No había barco español alguno. Lo que había eran los cuatro soviéticos. En cuanto al submarino hubiese sido más probable que se tratase de algún italiano pero no hay que olvidar que Negrín tenía una fijación en contra del militarismo alemán que veía encarnado y disfrazado en el régimen hitleriano. Martínez Amutio (p. 52) afirma que Negrín tuvo noticias de las incidencias de la travesía el 1 de noviembre en la embajada soviética en París, en una visita en la que no estuvo presente Araquistáin, quien se molestó por ello. Ahora bien, como aduce que Negrín explicó seguidamente al embajador el mecanismo establecido para los pagos de material y situó ya a Prieto como comisario de Armamento y Municiones, cargo que todavía no existía, hay que pensar que sus recuerdos jugaban, de nuevo, una mala pasada a Martínez Amutio.

un fino cendal y examinarse con lupa.[13] Lo que aquí nos preocupa no es tanto Orlov sino su obra.

Orlov dejó constancia en diferentes versiones de su participación en lo que llamaría, con un tonillo de espectacularidad, «Operación oro». Todas ellas tienen en común cuatro características:

—Su ignorancia absoluta de los antecedentes del transporte.
—Su menosprecio por los españoles que intervinieron.
—Su interesada manipulación de los hechos.
—Su autoelevación desde un papel modesto, de mero supervisor, al de gran dilucidador de los dilemas políticos del Gobierno republicano.[14]

Dado que entre las diferentes versiones existen algunas divergencias, que no merece la pena resaltar sistemáticamente, aquí seguiremos la última en publicarse, aparecida en sus memorias póstumas (cap. 13, pp. 237-252).[15] Les atribuimos cierta importancia porque, según cuenta Gazur, un ex agente del FBI que se convirtió en su biógrafo (o, más bien, hagiógrafo),[16] el propio Orlov se las entregó antes de su falleci-

13. Boris Volodarsky está escribiendo una biografía de Orlov en la que contrastará documentalmente muchas de sus afirmaciones. Ya lo ha hecho en el caso de otro agente, muy parecido, que se escapó a Occidente al comienzo de los años cincuenta y cuya extraña relación con la verdad también ha puesto al descubierto.

14. A ellas cabría añadir su absoluto silencio sobre su participación en operaciones más comprometidas y menos gloriosas para su imagen como, por ejemplo, los asesinatos que se cometieron bajo su responsabilidad y, entre ellos, el de Andreu Nin.

15. Mi interpretación es contrapuesta a la superhipercanónica versión de Bolloten (cap. 14, pp. 261ss) que no disecciona críticamente las fabricaciones de Orlov y Krivitsky. Tampoco lo hace el profesor De la Cierva (2003, p. 489), quien me acusa de escribir con prejuicios. Esto no es nada en comparación con los dicterios que utiliza de cara a distinguidos historiadores españoles y extranjeros que no comulgan con sus ideas y que son reveladores del carácter e intenciones de quien los profiere. Los «camelos» de Orlov los acentúa Zavala (2006, pp. 291ss) quien, como muchos otros autores, todavía hoy sigue revistiendo a Orlov del grado de «general».

16. Hay autores obsesionados con montar leyendas. Gazur es uno de ellos. Según afirma (pp. xiv-xv), visitó España en abril de 2000, fue a la Biblioteca Nacional y se quedó helado al darse cuenta de lo poco que sabía el pueblo español sobre uno de los períodos más críticos de su historia (la guerra civil). Le sorprendió, en particular, la ignorancia sobre el papel desempeñado en ella por el Gobierno soviético y la KGB. Quien esto escribe agradece siempre a cualquier historiador que aporte su grano de arena a la reconstrucción de un pasado que es, por definición, una tarea colec-

miento, que tuvo lugar en 1973, para que las protegiera ya que temía que la KGB pudiera hacerse con ellas ilegalmente.[17]

Orlov explicó los orígenes de su implicación, que dieron la vuelta al mundo e incluso se han aceptado acríticamente en algún que otro libro de un autor ruso.[18] Recibió, el 12 de octubre (quizá, pero también podría ser un error o incluso una invención),[19] un telegrama firmado por Stalin, con seudónimo, en el que se le ordenaba que se pusiera en contacto con el presidente del Gobierno para arreglar el traslado. Esto, en sí, no sería sorprendente. Recurrir a él se derivaba de su profesión. Orlov enfatiza que Stalin le ordenó que, en el caso de que los españoles le pidieran que firmase algo, debía negarse rotundamente. El acuse de recibo lo emitiría en Moscú el Banco de Estado. Rosenberg también recibiría instrucciones al respecto.[20] Éste fue el primero de los

---

tiva. No tiene el mismo sentimiento respecto a quienes se ven animados por el vivo deseo de sacar de su «ignorancia» a los españoles (a quienes implícitamente consideran un tanto «retrasados» o no al día, lo cual en un sistema democrático y sin censura es más que risible). Aprovecho la ocasión para subrayar que, de todas maneras, el valor historiográfico del libro de Gazur es cero, nulo.

17. A Orlov le obsesionaba, al parecer, lo que había ocurrido con los papeles de Trotsky en 1936, robados por la NKVD. Hay motivos para pensar que se trata de una historia truculenta, al menos por lo que se refiere a España. Gazur afirma que nada menos que un panel de funcionarios del más elevado nivel del Gobierno estadounidense llegó a la conclusión que tales memorias debían permanecer cerradas a la consulta durante veinticinco años, ya que su publicación podría ser útil a la KGB y a la Unión Soviética. En lo que se refiere a España ésta habría sido una percepción totalmente errónea.

18. Por ejemplo, en Radzinsky (p. 392) para quien Orlov aparece como «consejero militar jefe adjunto» al Ejército republicano.

19. Payne (p. 198) alude al día 20, lo cual es mucho más verosímil. Gazur (p. 79) sigue a Orlov, como siempre.

20. Orlov indica (p. 238) que el embajador pareció extraordinariamente sorprendido porque «era la primera cosa que habíamos oído de este asunto». Esta afirmación quizá pudiera aplicarse a Orlov pero no a Rosenberg y debemos considerarla rotundamente falsa porque Rosenberg estaba al corriente de lo que había ocurrido previamente. Un agente de inteligencia de rango elevado no suele ser un estúpido (aunque haya excepciones). Las intenciones que animan a Orlov las reveló seguidamente en forma de interrogantes: «¿Podía ser cierto que el primer ministro Largo Caballero y sus compañeros —españoles honestos y patriotas— consintiesen en poner el tesoro de su país en las manos codiciosas de Stalin? ¿Podían suponer que Stalin, que despreciaba la moralidad y la ley «burguesas», cedería tal riqueza una vez que tomara posesión de ella?».

eslabones que forjó el hombre de la NKVD para llegar a la conclusión de que «Stalin robó el oro de los españoles», título por cierto de uno de sus más conocidos trabajos. Toda una literatura de combate encastillada en los valores de la guerra fría se ha hecho fuerte detrás de tal aseveración.

Se trata de un tema que no es baladí. Fueron los republicanos quienes habían solicitado enviar el oro a Moscú, no los soviéticos. Como afirmaría Vidarte (p. 538), a la sazón fiscal del Tribunal de Cuentas y jurista no despreciable: «Este problema del recibo tenía gran importancia, pues ello significaba que el oro viajaba por cuenta y riesgo del Gobierno español». Lo cual era una cosa lógica: ningún Gobierno receptor hubiese asumido para sí la responsabilidad de las eventualidades que pudieran producirse durante el transporte. ¿Y si los mercantes soviéticos hubiesen sido torpedeados?

Orlov indudablemente hizo averiguaciones. No debieron de resultarle muy difíciles. Así se enteró de la existencia del decreto de 13 de septiembre, que había permitido el traslado de las reservas a Cartagena. Pero lo que cuenta en sus memorias es una sabia mezcla de datos ciertos y distorsiones. De ellos extrajo conclusiones que reforzaban el mensaje que deseaba «vender» en Occidente.

> Evidentemente, Juan Negrín, desesperado, decidió interpretar su autoridad en un sentido lato.[21] Con el conocimiento del presidente Azaña y del presidente del Gobierno Largo Caballero, sondeó al agregado comercial soviético Winzer acerca de la posibilidad de almacenar el oro en la URSS. Winzer telegrafió a Moscú y Stalin agarró ávidamente la oportunidad (p. 239).[22]

En el relato de Orlov, afortunadamente, no surge Stajewsky pero la argumentación es falsa y muestra que o bien mintió o que no sabía lo que había ocurrido. Aprovechó la ocasión para arremeter contra Negrín: un caso paradigmático de ingenuidad política típico de los dirigentes españoles. Ya lo indicó en las *Selecciones del Reader's Di-*

21. El último *revival*, por ahora, de los «cuentos» de Orlov se debe a Zavala en sus dos obras (en realidad copia en la segunda gran parte del relato de la primera, quizá en un intento de remacharlos pero tal vez porque tampoco tenga mucho más que decir).

22. La referencia a la participación de Winzer es algo en lo que coincide con Álvarez del Vayo pero que no se encuentra en los apuntes de Negrín. No es, por lo demás, imposible. Incluso es verosímil.

gest,[23] sin duda para alcanzar una amplia audiencia en el treinta aniversario del envío (1966). Se arroga, por ejemplo, la idea de haber informado a Prieto (¡) (otro «conspirador», según informa amablemente Gazur) de lo que ocurría. Para rematar la faena afirma que invitó a Negrín a ver los tanques soviéticos en la base de Archena. En su narración, el ministro de Hacienda aparece supercontento, frotándose las manos y diciendo «¡Ahora sí que vamos a darles una buena!». Este Negrín no es real sino una caricatura, como lo es, en gran parte, la descripción que Orlov hace de la operación. Tampoco sale bien parado el director general del Tesoro, Francisco Méndez Aspe, quien supervisó la carga por el lado español, al igual que ya había hecho con el acomodo de las cajas en los polvorines. Orlov le presenta mendigando a última hora un recibo por el oro a lo que, presumiblemente de buen humor, le respondió que ya lo entregarían en Moscú.[24] Es más, en plan de dar migajas como las que se ofrecen a un contertulio no invitado a la fiesta, Orlov sugirió que si quería podría enviar a algún representante del Tesoro en cada uno de los barcos para que acompañasen la expedición. En su patético deseo de reforzar la espectacularidad de la operación que supervisaba, Orlov cometió en ello un error garrafal, ya que lo contrario es perfectamente demostrable y documentable. Sorprende que optara por tal enfoque. En alguno de sus escritos, y en su entrevista con Payne en 1968, al refutar las acusaciones de Jesús Hernández que le implicaba en el asesinato de Nin, Orlov señaló (Zavala, p. 444) muy inteligentemente:

> Hernández no pudo evitar el error profesional característico de la mayoría de los falsificadores. Un falsificador tiene sentido de la inseguridad y para hacer su mentira algo más creíble, intenta enmascararla con detalles concretos y vívidos, y esto es exactamente lo que le delata.

23. Del cual tomamos la siguiente caracterización: «El ministro de Hacienda, un catedrático recién llegado a la Administración, parecía el verdadero prototipo del intelectual —opuesto teóricamente al comunismo, pero, si bien de una manera vaga, simpatizante con el "gran experimento" ruso—. Esta candidez política contribuye a explicar su impulso de enviar el oro a aquel país...» Es una presentación asesina que todavía hoy tiñe muchas de las referencias a Negrín. Se encuentra igualmente en sus memorias (p. 239).

24. El amplio y profundo desconocimiento de Martínez Amutio sobre el episodio del oro (p. 49) se muestra en su afirmación de que se firmaron actas de entrega del cargamento por Méndez Aspe, Stajewsky y el gobernador del Banco de España (sic).

Tenía toda la razón y la viñeta, tan colorista, de los pobres funcionarios españoles pescados a última hora para que fuesen a Moscú lo corrobora en su propio caso. Las decisiones del Politburó se transmitieron a Rosenberg con las condiciones indicadas. No hay por qué pensar que el embajador no las comunicara a Negrín o a Largo Caballero, antes al contrario. De aquí se infiere que estos últimos ya estarían enterados de la idea soviética (si es que no habían contribuido a ella) de que en los barcos debían viajar representantes oficiales. Orlov prefirió presentar a los líderes republicanos como unas pobres víctimas de su propia credulidad y, sobre todo, de Stalin. El ex agente del FBI en tono dramático (p. 93), se refiere a la inventada conversación de Orlov con Méndez Aspe como «la hora de la verdad» y, para aprovechar el efecto, añade un detalle sospechosísimo. El director del Tesoro habría dicho al agente de la NKVD: «¿Pero no se da Ud. cuenta que en los tiempos que corren esto puede costarme la vida?».[25] En el colmo de una actitud displicente, Orlov no se privó de indicar que a Méndez Aspe le costó trabajo encontrar a voluntarios, pero que al fin convenció a dos, apelando a su patriotismo. Ambos le parecieron estar como aturdidos por la responsabilidad que se les venía encima. Todo esto es, como sabemos, pura ficción. La guinda, quizá para alcanzar un impacto más intenso, es que los rusos contaron las cajas mejor que los españoles porque les salió un total de 7.900 en vez de las 7.800. Orlov se calló cuidadosamente, al divisar en ello la posibilidad de quedarse gratis con un centenar de cajas.

Una valoración de la decisión republicana

Hasta aquí un relato que hemos procurado esbozar de la manera menos truculenta posible. Hubiera sido fácil dotarle, como han hecho otros autores, de tonos novelescos, pero ello —pensamos— hubiera ido en detrimento de la Historia. En cualquier caso, es inevitable plantear dos preguntas esenciales: ¿Había alternativas al envío del oro a la Unión Soviética? ¿Fue una decisión correcta? Antes de responder es preciso señalar que la mayor parte de quienes lo han intentado suelen partir de una visión teleológica del papel soviético en la guerra civil.

25. Este tipo de aseveraciones de Orlov y de Gazur pasan por historia, que Zavala transcribe con fruición, a veces en un lenguaje un tanto chabacano.

En el marco de una construcción conspiratorial, el envío (siguiendo a Krivitsky, a Orlov y a las mil y una recriminaciones y autoflagelaciones republicanas) desempeña una función básica. Si se une la creencia implícita de que la ayuda material del Kremlin no pudo llegar a representar la inmensa cuantía del metal (efectivamente, NO la representó) ya se dispone de todos los ingredientes para hacer un proceso de intenciones.

Mi propia respuesta a ambas preguntas es negativa a la primera y positiva a la segunda. ¿Cuáles eran las alternativas respecto a destinos? No existía margen de maniobra ante la imperiosa necesidad de adquirir armamento moderno y en gran escala. Esto no significa olvidar que numerosos autores han lanzado a la palestra dialéctica variantes más o menos exóticas y, no por casualidad, profundamente ahistóricas. Poco antes de fallecer, Araquistáin sugirió en 1958 (en una publicación parcialmente financiada por la CIA) la tesis de que un destino posible hubiera podido ser Suiza. Es una tesis, en mi opinión, completamente absurda por razones conceptuales y estrictamente políticas.

En el primer plano es preciso subrayar que la República necesitaba salvaguardar el oro depositado en Cartagena y que no movilizaría en Francia. Había utilizado una parte desde el primer momento para adquirir armas y pertrechos (aunque no en abundantes cantidades) y para hacer frente a una inmensa gama de transferencias bancarias internacionales. En octubre, las importaciones de armas que en un principio había efectuado eran totalmente insuficientes ante la marcha de la guerra y el robustecimiento de las tropas y arsenales franquistas. Un depósito en Suiza, ¿sería compatible con la acrisolada neutralidad de la Confederación? Araquistáin había sin duda olvidado el hecho de que Suiza, cuyo ministro de Asuntos Exteriores, Giuseppe Motta, era un anticomunista militante (recuérdese su rechazo a que la Unión Soviética ingresara en la SdN), fue uno de los primeros países en tomar medidas draconianas sobre la no intervención, aunque sin asociarse a la misma de manera formal, precisamente para salvaguardar su voluntad de actuar con autonomía y enfatizar su neutralidad permanente (Cerutti, pp. 35-37).

Ya en agosto de 1936 Suiza había prohibido la exportación de material de guerra, la salida de voluntarios con destino a España, la recaudación de fondos en beneficio de uno u otro bando (lo que todavía estaba debatiendo el Reino Unido), a no ser que los importes obtenidos se ingresasen en el servicio de Correos (una pequeña marcha atrás en comparación con la disposición inicial), e incluso la celebración de reuniones sin autorización previa en favor de los contendientes (contraviniendo el derecho a la libertad de expresión). Es decir, Suiza había adoptado una serie de decisiones de una severidad inhabitual que mostraban claramente que las simpatías de los medios oficiales no caían del lado del Gobierno republicano. Es más, el artículo primero de la decisión del Consejo Federal del 25 de agosto amenazó con penas de prisión y/o una multa de hasta 10.000 francos a todos quienes participasen en la guerra española y, especialmente, a «quienes prepararan o realizaran campañas de recogida de fondos para otros fines que no fueran los benéficos». Los fondos recolectados quedarían bloqueados (Zschokke, pp. 21s y 26s). Añádase a ello la escasa estima oficial hacia las autoridades republicanas (calificadas de «rojas» en las comunicaciones internas) y el rápido despliegue de gestos de simpatía hacia el bando franquista. ¿Hubiese estado tranquila la República con las reservas en Suiza? Araquistáin, y otros después de él, han postulado una alternativa irreal.

También cabe teñir de escepticismo las sugerencias que se refieren a Estados Unidos. Era obvio que su «embargo moral» sobre los suministros de armas surtía efectos muy perniciosos. Los agentes republicanos se las veían y deseaban para realizar sus operaciones de compra. No era un país fácil, aunque menos difícil que el Reino Unido y Francia. De cara a la guerra civil la opinión pública que se interesaba por lo que ocurría fuera de las fronteras, en un período de introversión intensa y de crisis económica aún no del todo superada, estaba dividida. La derecha, los católicos, los aislacionistas de toda laya y, por supuesto, las corrientes antirooseveltianas hacían su agosto.[26] Tampoco hay que olvidar que el período era pre-electoral. No era el mejor momento para poner en manos norteamericanas el destino de la República.

Aunque la decisión del envío del oro a Moscú se tomó a principios de octubre, las informaciones que llegaron a Madrid de la primera entrevista entre De los Ríos y el secretario de Estado Cordell Hull el 10 de aquel mes no debieron de mejorar el nivel de confianza republica-

26. Si se hubiera tratado exclusivamente de depositar o incluso de vender oro, quizá la observación de Martín Aceña (2001, p. 46) de que Estados Unidos hubiese sido un lugar adecuado podría defenderse mínimamente (aunque yo no la comparta, dado el trasfondo de desconfianza norteamericana hacia la República) pero el oro no se destinaba, en octubre de 1936, sólo a tales finalidades. En este sentido, no sirve de ejemplo *ad contrario* la venta de plata al Tesoro estadounidense en 1938.

no con respecto a Washington. Hull estuvo extremadamente frío, subrayó la actitud de distanciamiento con que su Gobierno contemplaba la guerra en España y no dejó duda alguna de que se alineaba con la no intervención que practicaban trece países europeos. Tampoco resistió a la tentación de lanzar un dardo: ¿por qué razones el Gobierno francés, vecino y amigo especial del español, había lanzado la idea de la no intervención? (FRUS, pp. 536ss).

En una semblanza sobre Juan Negrín, el que fue ministro de Estado, Álvarez del Vayo, señala que

> hubiese preferido indudablemente por razones de cercanía el haberlo depositado en Inglaterra o en Francia pero ninguno de ambos Gobiernos se comprometía a dar las seguridades necesarias para mantener protegidos recursos que eran indispensables para el financiamiento de la guerra. Seguramente el Dr. Negrín hubiese preferido también mandarlo a los Estados Unidos, pero ya hemos visto cuál era la actitud del Gobierno norteamericano sometido a la influencia y la presión de una gran parte de un sector muy influyente en el dominio de la política interna (AFCJN).

No era éste, desde luego, el caso de México. Ahora bien, aunque no se dudara en Madrid del grado de compromiso intenso del presidente Cárdenas y de su Gobierno, no resultaba muy lógico combinar en el lejanísimo país azteca los objetivos estratégicos que perseguía la República: movilizar el oro, adquirir masivamente armas (y pagarlas) así como aprovecharse de un sistema bancario relativamente opaco.

Del Reino Unido en puridad poco cabría decir llegados a este punto. *Prima facie* confiar al genio de la no intervención la seguridad y la movilización de las reservas hubiese constituido un error inmenso. Conocemos las presiones hechas desde Whitehall sobre el Barclays para impedir a la República que utilizase su red de corresponsales en Estados Unidos. Es verosímil que Negrín y Prieto no las ignoraran. A ello se añaden las facilidades dadas por los británicos a los manejos de los sublevados o su papel en el CNI. Son argumentos que en el Ministerio de Estado expuso con contundencia su secretario general, Rafael Ureña, ante el encargado de negocios Ogilvie-Forbes (DBFP, doc. 346). Finalmente, y coincidiendo con los preparativos de la expedición a Moscú, cayó como un rayo la actitud del Midland Bank, que comentaremos en su momento.

Desde el punto de vista español es significativo que Ureña se sintiera obligado a exponer que el Reino Unido trataba a España como si fuera Abisinia, que los miembros del Gobierno conservador eran instintivamente hostiles a la República y que los círculos bancarios y de negocios sentían por ella pocas simpatías, hasta el punto de denegar innecesariamente créditos y otras facilidades. Ureña entendía que las relaciones oficiales eran frías, como debió de serlo la conversación, sobre todo si se considera que la reconstrucción de la misma se hace en base al informe del diplomático británico. Es verosímil que el republicano fuese algo más duro. En cualquier caso, no es un tipo de lenguaje que uno espera en el diálogo entre representantes de dos países amigos. Permite inferir que, para la República, el Reino Unido lo era sólo en muy escasa medida.

La respuesta de Ogilvie-Forbes fue que si se eliminaba la no intervención, los sublevados recibirían más armas[27] y que la frialdad era también resultado de las impresiones que los asesinatos habían causado en la opinión pública británica. Ureña no negó estos últimos pero recordó lo que había pasado en Badajoz y en Toledo. No podía negarlos porque eran innegables pero es difícil pensar que no dijera que el Gobierno republicano de la época se aplicaba, mal que bien, a pararlos y que, a veces, lo conseguía. Habría que consultar la reseña española de una entrevista cuya gelidez sobrecoge, aun setenta años más tarde.

Para nuestros fines es importante destacar que ni siquiera desde el punto de vista estrictamente financiero podría haber anidado seriamente en Negrín la idea de enviar el oro a Londres. Había hecho una prueba, bajo la supervisión de Gabriel Franco, con resultados no demasiado satisfactorios. Incluso lo intentó una vez más, si bien después de que el grueso de las reservas hubiese sido expedido a Moscú. En Cartagena todavía quedaba un remanente.

Martín Aceña (2001, p. 46) ha lanzado a la palestra tal alternativa, en términos meramente económicos supongo, porque los políticos

27. De aquí habría que deducir, lógica obliga, que la República debería estar agradecida a la no intervención porque, sin ella, lo pasaría peor. Esta reveladora conversación tuvo como causa el deseo del encargado de negocios de agradecer al Ministerio de Estado su intervención en la salida de la cárcel del asesor jurídico de la embajada, un abogado español llamado Comyns. No tuvieron éxito las gestiones en el caso de Ramiro de Maeztu, cuya esposa británica estaba refugiada en la misma. Maeztu fue asesinado en Paracuellos.

eran sin excepción alguna profundamente negativos. Con todo, una investigación algo más detenida permite discrepar de su tesis central: «a los principales responsables de las finanzas españolas nunca se les ocurrió indagar si el Banco de Inglaterra estaba dispuesto a comprar metales de las reservas españolas o a recibirlos en depósito».[28] Los republicanos debían saber muy bien que tal operación no se hubiera contemplado sólo desde un prisma bancario sino que hubiera tenido una coloración extraordinariamente política y que el Banco de Inglaterra jamás hubiese actuado sin el consentimiento del Gobierno. Tampoco, hay que indicar, lo hubieran hecho otros bancos en la City.

Es, pues, razonable pensar que una transferencia masiva de oro español al Reino Unido, en las condiciones de guerra civil, hubiera llamado al primer plano al Foreign Office, al Tesoro y al Gobierno de S.M. en su totalidad y que la capacidad de actuación autónoma del Banco de Inglaterra hubiera brillado por su ausencia. Recordemos a todos los efectos que si la respuesta a la pregunta si el Reino Unido suministraría petróleo a la flota republicana en julio de 1936 había sido negativa, pensar que dos meses más tarde, yendo la guerra como iba contra la República, la operación que sugiere Martín Aceña se hubiese contemplado con criterios bancarios, mercantiles o económicos es, simplemente, pura utopía.

De todas maneras, incluso después de haber enviado el oro a la Unión Soviética, el mismo Negrín en persona se preocupó de indagar las posibilidades de continuar enajenando algún metal en el mercado de Londres, quizá para diversificar los puntos de venta. Este intento, todavía rodeado de la más espesa oscuridad, puede salir a la luz gracias a los telegramas de la embajada republicana en Londres descifrados por los servicios de inteligencia británicos[29] y a ciertos documentos conservados por Negrín. Entre ellos figura su pasaporte oficial como ministro de Hacienda. Según los sellos de la policía Negrín cruzó La Junquera el 7 de diciembre y regresó el 20. El 9 se entrevistó con Araquistáin, quien le dio un pasaporte diplomático a nombre del profesor José Navarro López, para que pudiera desplazarse por toda

28. Madridejos (p. 252) se adhiere a esta opinion y afirma, por su lado, que la decisión, «conocida exhaustivamente la naturaleza del estalinismo, nos pueda parecer de una candidez rayana en la irresponsabilidad o de una connivencia poco meditada». Estoy en total desacuerdo con tales juicios.

29. Tales telegramas se conservan en TNA: HW 12/211, BJ067388 y 067537.

Europa en misión oficial. Debió de ser con este documento con el que el ministro viajó al Reino Unido bajo nombre falso.

El 10 y el 17 de diciembre de 1936 se entrevistó secretamente con el jefe de la oficina comercial soviética en Londres y le hizo una serie de preguntas al respecto.[30] No se sabe lo que respondieron los rusos de inmediato pero sí que uno de sus funcionarios suministró algo más tarde la información pedida al agregado comercial republicano Daniel Fernández Shaw, quien, naturalmente, se la pasó al embajador Pablo de Azcárate. A tenor de esta información los rusos consideraban factible la venta de oro en Londres y sugirieron como agente una empresa que trabajaba con ellos. Tal información no debió de ser nueva para Negrín, quien no podía haber olvidado la operación tutelada por Gabriel Franco. Los soviéticos no identificaron la firma pero sí dijeron que era de gran reputación y solvencia. Como alternativa última también adujeron la posibilidad de utilizar el MNB. En cualquier caso habría que disponer de muchos más detalles sobre las cantidades en cuestión y sobre la ubicación del oro. Tratándose de Inglaterra, insistieron en que el metal no debería ponerse en conexión con ninguna persona relacionada con el Gobierno republicano. Ya esto hace ver que las aguas en el mercado «libre» del oro londinense no eran tan limpias como sugiere Martín Aceña.

Seguidamente Negrín reemprendió camino hacia Valencia. No hemos encontrado constancia de cuáles fueron los asuntos que le mantuvieron en Londres algo más de una semana pero, a tenor de los telegramas interceptados, su visita fue conocida por las autoridades británicas. El asunto debió de continuar durante algún tiempo. El 9 de enero de 1937 De Azcárate pidió al ministro de Estado que transmitiese a Negrín que un tal Belitzky, de la oficina comercial soviética, había indicado la víspera a Fernández Shaw que el MNB estaba dispuesto a colaborar en la venta del oro, bien por cuenta del Estado español o de otra manera. El contacto necesario podría establecerse entre los respectivos agregados comerciales.[31] En este punto hemos perdido huellas documentales de la evolución del tema.

30. El que Negrín salía de España bajo nombre falso es algo que se sabía y que comentaron en más de una ocasión el presidente de la República y el del Gobierno, como se desprende de los apuntes que dejó Azaña. Por lo demás, era imposible mantenerlo en secreto ya que alguien tenía que expedirle la oportuna documentación.

31. De Azcárate era un profesional de demasiada talla como para expresar quejas. Cuando informó a Álvarez del Vayo el 26 de diciembre de las gestiones de Ne-

En realidad, la única alternativa medio razonable que existía era Francia. Ahora bien, con muy escasas excepciones los testimonios republicanos publicados son unánimes en pronunciarse en contra. Madrid había atravesado por mil y una experiencias negativas en cuanto a la capacidad y la voluntad del Gobierno Blum por incurrir en algún riesgo fuerte para ayudar a la República. Es cierto que compraba oro, que toleraba manifestaciones de apoyo, que permitía la recluta de voluntarios, que cerraba los ojos a su paso hacia España, pero no suministraba armas (salvo algunas de contrabando), mantenía su línea no intervencionista, estaba dividido y se veía atacado continuamente desde la derecha. Es curioso, y ha de resaltarse, que el propio Araquistáin sugiriese Suiza como alternativa y no la más obvia de Francia, donde al fin y al cabo era embajador.[32] Sin duda no habría olvidado los resultados del congreso del partido radical ni sus conversaciones con Delbos, convertido ya en apóstol de la no intervención a toda costa. Es más, y esto es algo que un eminente historiador como Bennassar ha pasado por alto, para entonces Blum había empezado a sondear al Gobierno de Madrid sobre si no convendría más ir pensando en una mediación. El gabinete republicano rechazó el globo sonda sin siquiera discutirlo y ni se le comunicó al presidente de la República, quien se enteró de ello posteriormente por una carta de Álvarez del Vayo (Azaña, 1990, p. 211).

Los episodios analizados sobre el sentido de la amistad francesa ilustran que los altos mandatarios de la República estaban muy desilusionados con el Gobierno de París, por no decir heridos y despechados. Podrían entender o no las razones internas que impulsaban a Blum a obrar como lo hacía —y Blum, en el mejor de los casos, no estaba dispuesto a moverse un ápice de la línea que se había trazado[33]—

---

grín se limitó a decir, de forma elegante, que verosímilmente habría olvidado de ponerle al corriente de tan importante conversación, aunque a la embajada se la había colocado en una posición poco airosa. Algún oro se había encaminado ya hacia el Reino Unido. *Le Matin* señaló el 23 de noviembre de 1936 la descarga en Folkestone de 150 cajas, de valor estimado en tres millones de libras.

32. Lo cual no impide que Martínez Amutio (p. 45) le encasquete gestiones sobre el oro, previas al envío a Moscú, como también hace con Pablo de Azcárate.

33. Como indica uno de sus admiradores (Lefranc, p. 400) el 15 de noviembre (el oro acababa de llegar a Moscú), Blum reafirmó una de sus convicciones profundas: «Cada vez que se pueda evitar la guerra hay que evitar la guerra. La guerra es el mal. La guerra no puede engendrar nada de noble ni de bueno. No es por la guerra por la que el género humano puede alcanzar el bien. No es la guerra lo que es revo-

pero era arriesgado jugarse todo a una carta en un país de cuyo Gobierno y estabilidad política no podían fiarse. Si ya habían solicitado a Blum que no dimitiera para evitar un daño mayor, es inverosímil que tuvieran para entonces demasiada confianza en «su» correligionario hasta el punto de poner en sus manos todos los resortes de la resistencia. Porque sin oro, eso era evidente, no habría armas, ni soviéticas ni las que se adquiriesen en otros lugares por vías subrepticias.

Lo que sí se sabe es que a mitad de diciembre de 1936, cuando el oro ya estaba en Moscú, la dirección de Asuntos Políticos del Quai d'Orsay preparó un memorándum en el que se sugería la adopción de medidas muy duras para fortalecer la no intervención. Aparte de restringir las salidas de voluntarios y, naturalmente, cerrar los cauces para el escaso tráfico de material de guerra que lograba traspasar las barreras administrativas, los diplomáticos franceses enunciaron toda una batería de posibilidades para cortocircuitar operaciones de crédito a favor de la República (DDF, IV, doc. 161). ¡Imaginemos lo que hubiese podido ocurrir si la salvación de la misma hubiera estado en sus manos!

El hecho de que Araquistáin ni siquiera mencionase la posibilidad francesa quizá tenga que ver con sus recuerdos parisinos. En una carta del 17 de febrero de 1937 a Largo Caballero, el embajador afirmaba que en Francia se consideraba

> como un gran triunfo de la diplomacia francesa [...] que la guerra no se extienda fuera de España, que es lo que más preocupa, por no decir lo único. Aquí se teme a la guerra y a la revolución como a la peste. Si se evita la primera y se estrangula la segunda, miel sobre hojuelas [...] Se teme la victoria de los facciosos [...] pero no se teme menos nuestra victoria (Largo Caballero, 1996, pp. 17s).

Son cosas que no se olvidan. Ello no obstante, quizá en el futuro surja algún detalle sobre el intercambio de opiniones entre Negrín y Auriol que permita avanzar documentalmente en este ámbito. Por el momento, he de afirmar con cierta rotundidad que yerran Martín Aceña y Bennassar cuando consideran viable su alternativa fijándose exclusivamente en el apoyo prestado por Auriol y el Banco de Francia. En

---

lucionario. Es la paz la que es revolucionaria». Palabras pacifistas hermosas, que no servirían de excesivo consuelo en Madrid o Valencia y a las que, desde luego, ni Franco, ni Hitler ni Mussolini estaban dispuestos a hacer el menor caso.

aquel otoño de 1936, la República no sólo necesitaba poner a salvo el oro depositado en Cartagena (algo que hasta el propio Araquistáin reconocía desde su atalaya parisiense).[34] Necesitaba abrir una fuente de suministros de armas, municiones, consejos y ayuda muy por encima de lo que cabía captar por vías clandestinas y desorganizadas. Además, había que hacerlo en secreto, fuera de los ojos curiosos de los espías, de las traiciones, de las filtraciones a la prensa internacional, del hundimiento del prestigio exterior que todo ello conllevase. Por no hablar de la conveniencia de evitar retrasos en la ejecución de transferencias, de traspasar divisas de un lado a otro en función de las cambiantes exigencias de aprovisionamiento y de la necesidad de no perder operaciones por falta de la oportuna llegada de fondos. Moscú, por el contrario, permitía combinar los dos factores básicos: la posibilidad de poder adquirir armas en grandes cantidades y de mantenerlo más o menos en secreto. ¿Cómo pagarlas de otra manera, con una exportación colapsada? ¿De dónde saldrían las divisas, en ausencia de créditos que las potencias democráticas no iban a conceder?

Las esperanzas republicanas no resultaron fallidas. La llegada de los transportes con armas modernas y, a veces, poderosas, la aparición de tropas soviéticas (aunque fuese en pequeño número) y la movilización del voluntariado internacional a través de los dispositivos de los partidos comunistas en torno a las BI debieron de actuar como una descarga de adrenalina. ¿Qué podía ofrecer Blum, no hablemos ya de Roosevelt, de comparable?[35] En realidad, caso de no haber efectuado

34. Aunque, según se ha comentado, la memoria jugase a Largo Caballero una mala pasada cuando en sus recuerdos ampliados decía: «Había que sacarlo de España. ¿Dónde? Francia e Inglaterra estaban sus Gobiernos ostensiblemente contra los republicanos españoles y con alguno de estos países se mantenía un litigio con motivo de otro depósito de oro que se hizo anteriormente» (sic). Se refería a Francia y el litigio se suscitó más tarde, en 1937. Olaya Morales (p. 415) no tiene empacho para subrayar, en su estilo inimitable, que «las justificaciones utilizadas [...] son pura superchería. No se puede afirmar con seriedad que el oro no podía enviarse a Francia, Inglaterra, Suiza o México o los Estados Unidos, a la luz de la documentación de que hoy podemos disponer».

35. A estas preguntas, elementales, no se les acostumbra a dar respuesta. Lo que «pega» son afirmaciones como las que hace Gazur (p. 97), sin mencionar la menor fuente: «Es indudable que esos dirigentes españoles se darían cuenta de que habían cometido un error de proporciones mayúsculas. Su angustia debió de ser indescriptible cuando se dieran cuenta de que no había marcha atrás y de que no tenían forma de recuperar el oro».

tal viraje, la República probablemente se hubiera colapsado en 1936. Otra cosa, «historia contrafactual» obliga, es que con ello verosímilmente España se hubiese evitado muchos horrores, muchas muertes y, quizá, pero sólo quizá, una dictadura de cuarenta años.

El reproche de Payne (p. 200) de que Negrín no negoció «condiciones comerciales» para los envíos de armas es meramente retórico. ¿Cómo iba a negociar Negrín, en octubre de 1936, «créditos a largo plazo»? Lo que sí negoció, más tarde, fue el pago diferido de los suministros soviéticos. Se trató de créditos a corto plazo, de los de noventa días. Fueron los rusos, no los franceses, los británicos o los norteamericanos, quienes concedieron crédito desde un principio. Cierto es, todo hay que decirlo, que con la garantía última del oro ya enviado. La República, en contra de lo que afirma el historiador norteamericano, no ignoró «todas las demás alternativas» ni «repentinamente» jugó la carta soviética. Con Madrid amenazado, la Administración medio hundida, la no intervención haciendo de las suyas y las adquisiciones encubiertas llegando a cuentagotas, la República jugó a fondo sus cartas, por marcadas que estuvieran, en cuanto apreció en toda su intensidad el cerco de las democracias (salvo México) y el apoyo incipiente de Moscú. De todas maneras, Negrín **SÍ** intentó negociar créditos a largo plazo con la Unión Soviética. Pudo hacerlo cuando el oro ya estaba en Moscú. No podía hacerlo con él en Cartagena. Lo que ocurre es que los rusos no aceptaron y prefirieron que la República hiciera uso del depósito.

La argumentación de Martín Aceña, basada en la suposición de que existían alternativas eficientes, no se desprendía necesariamente de las fuentes disponibles cuando él escribió.[36] Hoy lo es mucho menos. Las posibilidades de adquirir grandes cantidades de armamento

36. Especular sobre lo que hubiera podido ocurrir es arriesgado. Ello no obstante, que el panorama francés no era algo tan claro como lo presenta Martín Aceña lo muestra el episodio del único depósito no convertido inmediatamente en divisas que España tenía en Francia: el de Mont-de-Marsan. Cuando la República intentó rescatarlo, un nuevo gobernador del Banco de Francia bajo un nuevo Gobierno señaló en diciembre de 1937 que el oro NO debía utilizarse para la compra de armas (2001, p. 154). ¿Por qué esta limitación en la devolución de un depósito que databa, nada menos, de 1931? Conviene recordar que al producirse el cambio de gobierno en Francia (junio de 1937) la República llevaba sólo tres o cuatro meses vendiendo oro a la Unión Soviética. Imaginemos las presiones que, con el Gobierno Chautemps, se hubieran producido si la totalidad de las reservas se hubiese encontrado en el país vecino.

NO existían fuera de la Unión Soviética. El oro era un arma de guerra. Las apremiantes necesidades eran también de guerra. La intendencia, la hacienda o la política monetaria, por interesante que resulte contemplarlas, debían plegarse. ¿Cuál es la base para afirmar que el descarte de otras alternativas se hizo a la ligera? Martín Aceña, siguiendo una tradición profundamente arraigada en la literatura, retoma la noción de que los dirigentes republicanos se vieron sometidos al chantaje de un Rosenberg y de un Stajewsky. Se trataría, afirma, de una presión que aceptaron de buena gana ya que los rusos «sugirieron tomar el oro en prenda de los suministros». Los nuevos documentos disponibles (en historia contemporánea se da un proceso ininterrumpido de sustitución o de confirmación de hipótesis a medida que va abriéndose el abanico de fuentes) y la reconstrucción del proceso decisorio por ambos lados (nunca dio nadie por sentado que los suministros no fueran a pagarse) no permiten apoyar sus argumentos.[37]

37. Tampoco hay que llegar a la hipertrofia de Gazur (p. 99), que se siente muy seguro de que los rusos no contarán lo que pasó con el oro ya que, según él, la única documentación relevante está en los archivos de la KGB.

13

Sabotaje bancario

El establecimiento de las bases de la autoayuda no se hizo de golpe y porrazo. Aunque Negrín estaba acostumbrado al pensamiento sistemático y racionalista y sus más inmediatos colaboradores, Bugeda y Méndez Aspe, eran hombres curtidos en las lides jurídicas y de Hacienda, sería exagerado pensar que no se hubieran visto influidos por circunstancias ambientales. Algunas de las experiencias efectuadas durante los meses de septiembre y octubre debieron de pesar duramente y, en parte, contribuyeron a justificar el envío de oro a la Unión Soviética para prevenir males mayores. Negrín era pragmático. Reconocía las circunstancias y trataba de adaptarse a ellas pero se esforzaba por superarlas.

En los meses de búsqueda desesperada de armamento burlando el dogal de la no intervención, Negrín y Prieto atravesaron por una serie de experiencias desagradables que se derivaron de la conjunción de tres circunstancias. La primera fue el rechazo que el nuevo Gobierno sufrió por parte de alguno de los bancos británicos con los que colaboraba la República. La segunda vino dada por la urgencia en enviar fondos a México y a Estados Unidos para evitar que se desperdiciase alguna de las delicadas operaciones de adquisición en curso. La tercera la constituyeron el sabotaje practicado por una entidad bancaria británica, el Midland Bank, y las negativas a atender a ciertos agentes republicanos por otras norteamericanas. Se trata de una conjunción que ha dejado abundantes huellas documentables y testimoniales y que se desarrolló mientras tenía lugar la batalla de Madrid y las armas soviéticas contribuían a dar un vuelco a la situación.

Bancos contra la República

La primera circunstancia la puso al descubierto Moradiellos (1996, pp. 95s). Se enuncia brevemente. En septiembre de 1936, los representantes y agentes de los sublevados, que ya se movían a sus anchas en Londres, empezaron a utilizar los servicios del Westminster Bank. Las autoridades británicas, consultadas por la dirección de la entidad, manifestaron no tener nada que decir. Esta postura encajaba con la neutralidad proclamada de la política británica y la carencia de legislación que pudiera interferir con el normal funcionamiento del mercado y del sistema bancario. *A priori* no hay por qué extraer de tal episodio ninguna conclusión tenebrosa y Martín Aceña hace bien en recalcarlo. Quedaría por dilucidar, no obstante, si lo que querían los sublevados era disponer solamente de facilidades bancarias (cuentas corrientes y de depósito que utilizar para efectuar cobros y pagos) o crediticias. Si era esto último de lo que se trataba, y sabemos que al menos el Kleinwort Bank con el que estaba relacionado Juan March concedió algunas, el doble rasero de la política británica en el plano financiero sería más flagrante.

Con todo, la postura que se exhibía ante los agentes de la causa rebelde, que bombardeaban al Foreign Office con sus quejas y desiderata y que disfrutaban de recursos financieros no desdeñables, era únicamente una faceta. Aunque se trata de un tema todavía bastante oscuro, se sabe por ejemplo que el 30 de noviembre se entregaron a tales agentes en Londres casi 16.000 libras, 87.000 dólares, casi 250.000 francos en cheques y casi el doble en billetes, etc. (Viñas, 1976, pp. 401s). No estaba nada mal.

Pero la política británica tenía otra faceta, mucho menos complaciente y en la que no ha reparado Martín Aceña. Así, por ejemplo, el Barclays (cuyas actividades en las transferencias republicanas relacionadas con la adquisición de armas ya hemos alumbrado mínimamente en el capítulo cuarto) planteó ante el Foreign Office, como ya había hecho en agosto, si existía algún inconveniente en que la República utilizase su red de corresponsales en Estados Unidos para pagar las adquisiciones de armas que allí se efectuasen. En esta ocasión, ¡oh, cielos!, la respuesta fue contundente y de tono muy diferente a la dada al Westminster Bank. La transacción, se dijo al Barclays, no estaba de acuerdo con la política del Gobierno de S.M. No es preciso especular sobre las razones. Lo que importa es destacar que, ante esta afirmación clara y rotunda, el banco, naturalmente, desistió y la República se quedó sin poder utilizar los servicios de una entidad con la que hasta entonces había estado colaborando, posiblemente sin problemas.[1]

Detrás de la decisión británica lo que había, aparte de predilecciones ideológicas, era una valoración fría de la coyuntura. Con Franco acercándose a Madrid resultaba preciso «tomar todas las precauciones razonables para evitar enemistarse [con los insurgentes] de cara al futuro», según expuso con toda claridad Vansittart. No es de extrañar que, tal y como hemos señalado en un capítulo precedente, las gestiones de Álvarez del Vayo ante el Gobierno británico cayeran en oídos sordos.

En una palabra, las afirmaciones de autores como Martín Aceña y Payne que acusan al Gobierno republicano de no haber utilizado todas las posibilidades para financiar la guerra a través del crédito no parecen descansar sino sobre meras construcciones teóricas o, en el caso del segundo, ideológicas.

Ahora bien, como las necesidades urgían y existían posibilidades de adquirir material en Estados Unidos, que aún seguían en régimen de «embargo moral», un segundo episodio de esta conjunción de obstruccionismo bancario debió de sentar como un tiro. Dio comienzo el 9 de octubre y terminó el 25 de noviembre.[2] Se inició con la petición de Gordón Ordás, desde México, al ministro Prieto para que se le situara en la capital azteca un volumen de fondos suficientes que le permitiera hacer frente a nuevas posibilidades de compras. Hay que señalar que, para entonces, Madrid y México estaban en estrecho contacto telegráfico, un contacto que los británicos seguían —y descifraban— muy de cerca. La petición tuvo lugar en un contexto en el que se había solicitado al embajador que adquiriese con la máxima urgencia algunas partidas esenciales, entre ellas todas las balas de 7 mm que pudiera conseguir. También se le rogó que mediara ante el Gobierno mexicano para ver si estaba dispuesto a traspasar a la República siete aviones Seversky (sic) en vías de fabricación en Estados Unidos. El 4 de octubre Gordón respondió que existían posibilidades

1. Esta información contradice exactamente la afirmación que hace Martín Aceña (2001, p. 134) de que desde Whitehall no se dieron instrucciones para desaconsejar las transacciones con el Gobierno republicano.

2. La reconstrucción que sigue está basada en la documentación reproducida por Gordón Ordás, pp. 709-715 y 729; en los telegramas descifrados por los servicios británicos (TNA: HW 12/208s, BJ066508, -18, -93, -624, -39, -68, -953, -68, 67035, -86, -272 y -329); en el «Relevé des opérations efectuées du 25 juillet 1936 au 17 novembre 1936» (SAEF: B33673) y en Howson (pp. 238ss).

de otras adquisiciones pero que necesitaba con urgencia disponer de un fondo de tres millones de dólares, depositados a su nombre en el Banco de México. No era posible empezar a hablar con empresas si no podían espejearse pagos inmediatos. El presidente Cárdenas estaba fuera de la capital y todavía no habían empezado a construirse los aviones.

En el Ministerio de Estado había conciencia de que la cifra podía ser interceptada y por consiguiente los telegramas eran bastante crípticos. El mismo día, por ejemplo, Álvarez del Vayo comunicó al embajador que no entrase en demasiados detalles ni mencionase nombres. La petición de divisas se cursó inmediatamente y el 9 de octubre se le anunció que se habían dado órdenes para que se situaran en México los tres millones. En estas circunstancias, Fernando de los Ríos, en Washington, solicitó a su vez a Gordón Ordás un millón para proceder, por su parte, a adquisiciones adicionales. Gordón se los prometió en cuanto los recibiera. El problema es que no los recibió.

El 14 de octubre Álvarez del Vayo telegrafió a México confirmando la transferencia y dando autorización para el pago de ciertas comisiones. Inquieto, el 19 Gordón preguntó de nuevo. Se le volvió a contestar que ya se habían girado los tres millones al Midland Bank. Más preocupado aún, contactó con De Azcárate, su homólogo en Londres. Había empezado el trauma mientras De los Ríos, por su parte, bombardeaba al ministro de Estado sobre la necesidad urgente de disponer de fondos para adquirir material, en particular aviones, y solicitaba más. Sin ellos, en México sólo la operación de cartuchos parecía prometedora: Cárdenas la había autorizado y Gordón Ordás estaba en condiciones de cursar un pedido para la fabricación de todos los que fuera posible. Pero se estaban perdiendo muchas otras oportunidades. El 21 de octubre, el embajador mencionó algunas,[3] en el lenguaje críptico que ya utilizaba. Aprovechó para solicitar 6 millones de dólares adicionales que también se le autorizaron.

Para entonces estaba identificada la fuente del retraso. Es una que acepta un historiador tan cuidadoso como Martín Aceña. Sin duda en una operación de tal importancia los detalles cuentan, pero hay detalles y detalles. Lo que al parecer la detenía era que en las órdenes de

3. Aludía a 50 cazas, 16 ametralladoras antiaéreas, 60 ametralladoras Lewis, 24 cañones de tres pulgadas, 20.000 rifles Springfield o más y hasta 100 millones de cartuchos.

transferencia el segundo apellido del embajador se había indicado con una «x» en lugar de con una «s». Éste, naturalmente, apeló al Banco de México para que se pusiera en contacto con el Midland Bank y deshiciera el entuerto. El 22 de octubre De Azcárate telegrafió indicando que el Midland estaba dispuesto a realizar la transferencia. No lo hizo. Desesperado, Gordón Ordás sugirió otras alternativas y la utilización de otras entidades.

El 24 Prieto le informó que también el Chase se negaba a verificar operaciones. A mayor abundamiento el 26 el Midland afirmó que había aclarado con el Banco de México que el problema ortográfico no estaba resuelto. «La errata apellido fue utilizado (sic) para sabotaje que emplea ya contra nosotros gran parte bancos Europa», había indicado el ministro de Marina y Aire. El 30 fue incluso más duro: «saboteo Banca extranjera, entre la cual destácase Midland Bank, llega límites inimaginables». El 28 de octubre Gordón se había dirigido con sus cuitas a Negrín, quien le confirmó que ya se había rectificado la errata y que pronto recibiría los fondos.[4]

El Midland argumentó entonces que tales fondos se habían consignado a varias personas indistintamente de una forma no aceptable para el Banco de México.[5] Gordón lo verificó e informó que tal no era el caso. El 2 de noviembre señaló que había visto al presidente Cárdenas y discutido con él los suministros que podía ofrecer el Gobierno mexicano.[6] Por desgracia se había perdido la posibilidad de adquirir los rifles.

La importancia de estos obstáculos y dificultades no radica sólo en que una parte de la operación se demorara y otra se fuese al garete. En

4. El COCM recibió el 4 de noviembre la siguiente orden de Negrín: «En respuesta a la comunicación de ese Centro fecha de 30 de octubre último referente al Midland Bank de Londres y otros corresponsales, este Ministerio ha tenido a bien autorizar al Banco de España para que tanto las órdenes de situaciones en el extranjero como las que en lo sucesivo hayan de originarse puedan ser ejecutadas directamente por mediación del Banco de Francia o la Banque Commerciale pour l'Europe du Nord». ABE: Secretaría, legajo 436, carpeta 23, doc. 56.

5. Howson recoge que se había indicado al Midland Bank que, en todo caso, la grafía catalana «Ordax», más corriente, era la del registro diplomático, que se trataba al fin y al cabo del matronímico y que sólo había un embajador español en México que se apellidara Gordón. Al parecer se introdujeron a tres personas de la embajada para el caso de que el embajador estuviera ausente.

6. Entre ellos cuatro baterías Schneider de 75 mm, una batería de montaña Vickers y otra de campaña Mondragón.

la perspectiva histórica estriba en que se produjeron precisamente en los días en que se embarcaba el oro para la Unión Soviética. Como ya hemos indicado, en Cartagena, Negrín y Prieto hablaron del problema. Poco después el segundo insistió por escrito en el tema varias veces. En el caso de Negrín la circunstancia debió de parecerle tan importante que guardó preciosamente, junto con la documentación más reservada del oro, hasta los borradores de telegramas en que quedó reflejado el episodio. No es de extrañar que, *a posteriori*, el Midland Bank apareciese como el epítome del cerco bancario a la República.

Naturalmente, Gordón Ordás continuó sus gestiones. El 4 de noviembre anunció que disponía ya de tres millones de balas y de un centenar de ametralladoras de tiro rápido. Pensaba que con los fondos solicitados se apañaría, aunque seguía sin recibirlos y temía el mal efecto que la demora pudiese provocar entre los suministradores. En esta coyuntura debió de parecerle una broma que Prieto le pidiera que la misión de compras adquiriese con la mayor urgencia trescientas ametralladoras antiaéreas amén de tres baterías de este carácter y otras tantas fijas. No fue sino el 25 de noviembre cuando, por fin, recibió los primeros tres millones de dólares. Tres días más tarde se le comunicó que la demora en recibir los seis millones restantes se debía a dificultades interpuestas por el Gobierno francés. El presidente Cárdenas estaba a punto de aceptar la sugerencia de que los trabajadores de las fábricas de armas hiciesen tres turnos para producir rifles y municiones con destino a la República.

Hasta aquí el resumen escueto de una operación diferida. ¿Cómo se solucionó? Simplemente acudiendo a la BCEN, que recibió fondos del Banco de Francia el 24 de noviembre. Es decir, que la tan cacareada operación, al menos en su primera parte de tres millones de dólares, sólo tardó un día en hacerse efectiva en México. Huelga afirmar que esto es lo que hubiese podido y debido hacer el Midland Bank. En busca de una contrastación documental independiente cabe acudir a la contabilidad del Banco de Francia. Cuando se hace, se observa que el caso de Gordón Ordás fue el más hiriente, pero no el único. De entrada es posible comprobar que el 13 de octubre se habían cursado órdenes para el envío solicitado. Como el 9 ya se había autorizado la transferencia no puede afirmarse que los mecanismos republicanos y franceses funcionaran con retraso.

Un enjuiciamiento del sabotaje

Martín Aceña (2001, pp. 135s), utilizando un trabajo no publicado de Tom Buchanan que ha entrado en los archivos del Midland, niega que hubiese sabotaje. Para él fueron razones de tipo técnico las que impidieron efectuar la transferencia: el famoso cambio de la «s» por una «x» y la no identificación de uno de los beneficiarios (sabemos que la orden iba a favor también de Rafael Méndez). Con independencia de que haya que tener cuidado con las argumentaciones basadas en consideraciones «técnicas» para asuntos de una gran sensibilidad política, no parece que ambos motivos sean compatibles con las aseveraciones del Banco de México a las que aludió Gordón Ordás.

Llama la atención que, según afirma Howson, el Midland no entrara en contacto con la entidad mexicana. Nuevas incógnitas aparecen al contemplar otras dos operaciones, la de Fernández Shaw o la de Riaño-Prá, ninguno de los cuales recibieron fondos. En una guerra, o en una situación de urgencia, las percepciones cuentan. Los dirigentes republicanos ganaron la impresión de que una operación sumamente importante se iba al garete por los retrasos interpuestos por un banco, el Midland, que recibía instrucciones del Banco de Francia a través del Crédit Commercial de France y en el que tenían cuentas abiertas instituciones y diplomáticos españoles.

Pero hay más. Ciertos documentos del Banco de España permiten reforzar una tesis totalmente opuesta a la divulgada por Martín Aceña. Las autoridades financieras de Burgos, es decir el Banco de España de la autodenominada España nacional, fueron constantes y tenaces en dar instrucciones a los antiguos funcionarios de la Agencia en Londres para que obraran en un sentido favorable a la causa. Se les pidió que influyesen en la medida de lo posible cerca de bancos ingleses para que éstos promovieran algún tipo de embargo del oro en Francia basándose en que ello sería necesario para garantizar el cobro de créditos por razón de aceptaciones de letras de cambio en Londres. No consiguieron nada al respecto. En estas gestiones, sin embargo, el ex ministro Juan Ventosa entró en contacto con Reginald Mackenna, presidente del Midland Bank. No sabemos cómo o cuándo. Pero es un indicio. Es más, los franquistas consiguieron resultados satisfactorios con otras entidades. Por ejemplo, algunos antiguos funcionarios de la Agencia del Banco de España lograron que «el Martin's Bank rehusara el pago y la disponibilidad de los fondos que tenía a los agentes nombrados por el

Gobierno de Valencia, incluso también a los cheques firmados por el subgobernador 2.º, D. José Suárez de Figueroa». Es otro indicio.[7]

Lo que antecede no significa que el Gobierno británico apostase descaradamente contra la República en el plano financiero. La diplomacia de Londres era más sutil. Cuando por aquellas fechas, el 15 de noviembre exactamente, el embajador residente en Hendaya, sir Henry Chilton, transmitió al Foreign Office el deseo de las autoridades franquistas de que el Reino Unido cooperase lo más posible en el rescate del oro enviado al extranjero por la República (TNA: FO 371 W16171/46/41) la reacción fue negativa.

Todo lo dicho permite establecer una tesis: en la carta a Rosenberg del 15 de octubre Largo Caballero (y Negrín en el trasfondo) había manifestado el deseo de constituir un depósito en Moscú. Había detrás de ello, lo sabemos hoy, otras intenciones operativas. Dos días más tarde, el presidente del Gobierno aludió ya a la posibilidad de recurrir al aparato bancario soviético en Occidente. Pues bien, las experiencias con el Midland debieron de reforzar la sensación de urgencia para cambiar el sistema que, a su vez, se vería consolidada por las dificultades a las que aludió tan crípticamente el ministro de Marina y Aire con respecto al Chase y otras entidades bancarias. Los dirigentes republicanos, Negrín y Prieto en particular, debieron de pensar que a la batalla en los frentes la República debía encarar otra incruenta, pero no menos vital, que se dirimía en los corredores del poder bancario. El giro hacia la BCEN ha de contemplarse, pues, desde esta perspectiva.

Se dispone, finalmente, de un testimonio que debió de influir muy directamente en la actitud y las percepciones de Prieto y de Negrín. Lo ha narrado Rafael Méndez (pp. 75-78). El 11 de octubre se le nombró agregado financiero en Washington en tanto que Luis Prieto Cerezo, hijo del hijo del ministro de Marina y Aire, lo fue en México (AJNP).

7. Dado que los servicios de inteligencia británicos seguían de cerca las andaduras de Gordón Ordás, puede suscitarse la hipótesis de si «alguien» pasaría un soplo al Midland Bank, antes o después. No sería la primera vez que en los documentos, incluso los de archivo, no figurase toda la verdad. A la afirmación de Martín Aceña (p. 136) de que las autoridades financieras británicas no tuvieron conocimiento del incidente habría que oponer que el Martin's Bank se plegó a las advertencias antirrepublicanas. La información está tomada del dictamen emitido por el asesor-jefe del Banco de España franquista, César Antonio de Arruche, el 28 de octubre de 1937, reproducido en Viñas, 1976. Referencias en pp. 482s.

Ambos se desplazaron a Nueva York en la segunda quincena de octubre. Llevaban un cheque de dos millones de dólares y quisieron depositarlo en una cuenta en el Chase. Intento vano. Los ejecutivos de la entidad les dijeron simplemente que Franco estaba a punto de tomar Madrid y que acreditar tal suma en una cuenta por abrir podría constituir un acto no legal. Desde Washington, el embajador De los Ríos intervino para que pudieran hacerlo en el Guarantee Trust Co., en donde se repitió la historia. Incluso en el Amalgamated Bank, controlado por los sindicatos norteamericanos, experimentaron un fracaso total. Desesperados acudieron de nuevo a De los Ríos, quien se puso en contacto con su colega soviético. Éste les remitió a un hombre de negocios llamado Miles Sherover, quien les aconsejó que adquiriesen bonos del Tesoro al portador. Méndez así lo hizo y pudo por fin abrir a su nombre la ansiada cuenta. El agraciado fue el Chemical Bank. Cuando Méndez regresó a España pudo comprobar que Prieto, informado por su hijo, había estado realmente muy preocupado.[8]

En este contexto conviene destacar el caso del Chase, muy próximo al Gobierno mexicano. Era notorio que este último adquiría armas para la República y el Chase trabajó durante varias semanas como agente del Gobierno republicano.[9] Pues bien, de una carta de Méndez a Negrín del 8 de diciembre (AMAE: R 833, E 24) se desprende que las dificultades se debieron a razones de tipo político (subrayadas en el escrito). La carta ofrece muchos más detalles que los recuerdos de Méndez y permite contrastar lo fundamental de los mismos. Ilustra, en particular, la tenaz resistencia del banco norteamericano.

Así, pues, no resulta sorprendente que los dirigentes republicanos abrazaran con entusiasmo las posibilidades que les deparaban la BCEN y su red de corresponsales. ¿Qué alternativas tenían dada la urgencia con que debían operar? Esta constatación, que se cae por su propio peso de los episodios relatados, nos induce a no detenernos más en el tema de las obstrucciones o dificultades bancarias, aunque es posible que hubiera otras. Su identificación no es una tarea fácil. Baste con señalar que en la correspondencia de Araquistáin con Largo Caballero aparece, de vez en cuando, alguna referencia a las dificultades interpuestas por el Banco de Francia (carta del 17 de febrero) o a

8. En AFIP, carpeta Hacienda, se hallan dos telegramas que dan detalles sobre la realización de las transferencias a favor de Gordón Ordás, De los Ríos y Méndez.

9. Se encuentra en ABI: C 43/ 446, nota del 16 de septiembre.

la colaboración, no confirmada, de la banca norteamericana (carta del 6 de abril de 1937).

En cualquier caso conviene recordar que el 30 de agosto de 1937 el *Times* de Londres publicó un resonante artículo (inspirado por fuentes franquistas, según se estimó en el Foreign Office)[10] en el que se mencionaba el caso de un banco londinense, tampoco identificado, que pura y simplemente había negado al Gobierno republicano la posibilidad de que girase contra un saldo a su favor de 240.000 libras. Los giros no podrían ser muy importantes pero era el principio lo que contaba. Un banco privado británico rechazaba las implicaciones de la titularidad de una cuenta a nombre de un Gobierno extranjero con el que el propio Gobierno británico mantenía relaciones diplomáticas plenas.[11] Si esto no es un caso curioso...

Las operaciones descritas un tanto sintéticamente en páginas anteriores tuvieron adecuada traducción en el plano financiero. Ésta puede seguirse a través de los movimientos de divisas acreditados a cuentas republicanas o por disposiciones de dicha procedencia. Las estadísticas del Banco de Francia[12] permiten identificar agentes y actuaciones, a veces con detalles adicionales a lo que se desprende de la documentación conservada en el Banco de España y que se conoce desde hace más de treinta años.[13] El contravalor de las ventas de oro se desparramó entre una variada gama de agentes.

Las transferencias se hicieron gracias a las ventas de oro al Fondo de Estabilización de Cambios, vía el Banco de Francia. Éste concedió créditos provisionales (a manera de «puentes») en tanto en cuanto se

10. TNA: FO 371/21382. El Foreign Office destacó en particular la conclusión: sería erróneo considerar que después de un año de guerra el Gobierno de Valencia se encontrase en serias dificultades financieras. Esto podría considerarse como un tributo indirecto a la gestión de Negrín.

11. Barcia (p. 60) resumió el sentir de muchos republicanos al enjuiciar la política de no intervención como resultado de las acciones de los «gobiernos, las clases adineradas —no todas—, los elementos católicos y una gran parte de la burocracia tanto civil como política». Echaron su peso en la balanza «los elementos financieros, los grandes bancos y las más altas empresas industriales. La City fue una enemiga implacable, frenética, de la República Española».

12. Utilizadas en primer lugar, es de justicia reconocérselo y agradecérselo, por Martín Aceña (2004, pp. 163ss)

13. Ya entonces (Viñas, 1976, pp. 100s) indiqué que tales operaciones se hicieron al amparo de la recién creada legalidad republicana a tenor de lo establecido en el decreto reservado del 30 de agosto de 1936.

realizaban las operaciones técnicas necesarias para determinar la cuantía exacta de las compras. Una parte, muy pequeña, se hizo a cargos institucionales (embajador en Londres, cónsul en Rabat). En el primer caso el Midland no interpuso objeción alguna y tampoco parece que lo hiciera con otra transferencia a Fernando de los Ríos y Rafael Méndez. Otra parte más sustancial fue a parar a organismos oficiales (COCM, Banco de España, Banco Exterior de España y CAMPSA). La BCEN apareció pronto entre los destinatarios y cumplió dos funciones. En un principio fue el canal a través del cual se realizaron situaciones de fondos a favor de los agentes republicanos, actividad que dio comienzo hacia el 22 de octubre, es decir, cuando el oro estaba a punto de encaminarse hacia Moscú. En un segundo período, la BCEN será receptora misma del contravalor de la venta del oro en París. Se inició el 9 de diciembre, al mes de la recepción del depósito en la capital soviética.

En realidad el papel ascendente de la BCEN había comenzado antes. Todo hace pensar que las operaciones interbancarias se rodearon de un gran sigilo, perfectamente explicable. No había que dar armas al Banco de Burgos o a las autoridades políticas y militares franquistas en unos momentos en que, como veremos seguidamente, se recrudecía la campaña contra las ventas de oro y cuando uno de los miembros del Consejo General del Banco de Francia, monsieur Lemaigre-Dubreuil, conectado con ellos y presidente de una formación de la extrema derecha, señalaba en *Le Jour* (4 de diciembre de 1936) que el instituto emisor había recibido «oro español para entregar el contravalor a los sóviets en billetes franceses».

La mayor parte de los fondos obtenidos por las operaciones de venta de oro en Francia se destinó a alimentar las actividades de los agentes republicanos organizados en comisiones de compras, ya estuvieran radicadas con cierta permanencia (París) o se desplazaran de forma temporal (como ocurrió en Estados Unidos y México), o incluso los que actuaban en forma individual, al amparo de las representaciones diplomáticas o de por sí. Howson ha descrito de forma admirable las mil y una contingencias encontradas en este proceso que, todo hay que decirlo, fue estructurándose cada vez más a medida que el Ministerio de Hacienda imponía su peso por la vía del control de las asignaciones financieras. Sin duda hubo choques entre los funcionarios militares y los civiles que trabajaban en el ámbito de la Hacienda aunque esto es un tema escasamente estudiado. Lo que sí cabe afirmar es que Negrín tendió, como es lógico, a servirse de hombres de su confianza, ya fueran funcionarios del Estado o no.

¿En base a qué principio ontológico podría postularse que los nuevos rectores debían aceptar el colapso del aparato gubernamental y sus repercusiones en el exterior? El golpe militar precipitó al Estado en una profunda crisis de la que sólo lentamente fue recuperándose, en medio de los aspavientos, a veces mortíferos, de quienes se deleitaban en una «anarquía dulce» pero que no disponían de proyecto viable alguno para ganar la guerra y asegurar un mínimo de las conquistas que la revolución les había deparado pero que, tal y como era previsible, la contrarrevolución les arrebataría.[14] Al actuar como actuó Negrín, no se comportó como uno de los sepultureros de la República (en malintencionada caracterización de Víctor Alba) sino como uno de sus defensores más enérgicos.

A partir de noviembre de 1936 se advierte una mayor opacidad en la trama financiera exterior.[15] Esto fue consecuencia del desplazamiento del centro de gravedad desde el Banco de Francia y bancos occidentales hacia el Gosbank y el aparato bancario soviético asentado en Occidente. Tal proceso traducía en la esfera financiera el viraje estratégico hacia la Unión Soviética en busca de armamento y apoyo militar, algo que en el curso normal de las relaciones exteriores de España no se hubiera necesariamente producido[16] con la acuidad con que se planteó en 1936. Ello no quiere decir que no fuese necesario mantener algún tipo de operación en París. En cuanto las circunstancias lo demandaron volvió a implantarse otra, si bien con menos barullo y

14. En términos más académicos, Aróstegui (2003, pp. 102ss) ha identificado como cuestión clave en la política republicana la generación de un bloque de poder que pudiera construir un nuevo orden social frente a las antiguas estructuras de dominación oligárquica que habían pasado a defenderse con las armas. La República en guerra nunca pudo resolver las tensiones inscritas en esa búsqueda, alimentadas y azuzadas por la evolución de las hostilidades y su interacción con el entorno, y en la que el PCE pasó a desempeñar un papel preponderante

15. Hasta entonces los rumores sobre ventas de oro eran múltiples. En un momento próximo al envío a Moscú el almirante Magaz desde Roma comunicó a Burgos que los republicanos remitían vía Nueva York por medio de un barco italiano (¡) 172 cajas con oro para pagar facturas en México (TNA: HW 12/209, BJ066884).

16. No hay que hacer historia contrafactual para pensar que, incluso sin la guerra, la República hubiese terminado estableciendo una embajada en Moscú y normalizado relaciones.

para funciones diferentes, lo cual por lo demás no era nada sorprendente.

También se abrió, aunque con otras características, una segunda operación en Nueva York. Se trató de la llamada «Hannover Export and Import Corporation», cuyos orígenes son un tanto oscuros. Según Méndez (pp. 84s) la fundó él con Miles Sherover en los primeros días de diciembre de 1936. Ante el exterior era este último quien aparecía junto con un contador público y una secretaria. Méndez quedó como responsable financiero. Cuando Roosevelt decretó la ley de embargo a principios de enero de 1937 la compañía quedó reducida al papel de adquirente de material auxiliar que no cayera bajo la misma. Al tiempo cuidaría de financiar la propaganda pro-republicana en Estados Unidos y hacer todas aquellas cosas que no debieran canalizarse a través de la embajada.[17]

Si, como han señalado tantos responsables republicanos, una de las razones para extraer las reservas de oro fuera de Madrid e incluso de Cartagena era de naturaleza precautoria, evitar que pudiesen caer en manos del enemigo o que quedasen bloqueadas en cuanto a su utilización, algunos de los acontecimientos que se produjeron en noviembre de 1936 debieron de confirmarles en la justeza de sus previsiones. Aunque no nos detendremos en ellos pormenorizadamente, conviene resaltarlos porque, en nuestro falible entender, ilustran de forma convincente el doble rasero de la política del Frente Popular francés de cara a la guerra civil.

Nunca hubo ningún relajo en las acometidas que las autoridades franquistas lanzaron contra las ventas de oro a Francia. Al contrario. Aunque supiesen o intuyesen que parte, o gran parte, de las reservas se hubieran transportado a la Unión Soviética, prosiguieron su acción contra el Gobierno de París. Era el único asidero posible y a él se agarraron desesperadamente, si bien ya utilizaron un enfoque que combinaba gestiones encubiertas y presión mediática.

Tras la campaña de prensa de octubre que tan escasos resultados había dado pero que indudablemente sirvió para preparar el terreno, el 18 de noviembre de 1936 un ex ministro de la Monarquía, Santiago Alba,

17. Para Howson, sin embargo, (p. 312) la compañía la establecieron agentes republicanos no españoles y Alejandro Otero. Cuando Méndez regresó a España le sustituyó otra persona, que no identifica. Según él, terminada la guerra esta persona se negó a justificar cuentas y se quedó con los fondos.

consiguió entrevistarse con el titular del Quai d'Orsay.[18] En un mes, en efecto, la situación se había modificado considerablemente. Franco había fracasado en sus intentos de tomar Madrid, sus tropas rodeaban la capital y Alemania e Italia se disponían a reconocerle diplomáticamente. El contexto internacional en el que se desenvolvía la guerra se movía con rapidez. Alba entregó a Delbos una nota resumen de las infracciones constitucionales efectuadas por el Gobierno republicano, del quebrantamiento de la Ley de Ordenación Bancaria, de la nulidad civil de las operaciones realizadas con el oro y de las responsabilidades penales, argumentos que, para un francés, no debían ser necesariamente demasiado convincentes. Más significativo es que también comunicó a su interlocutor las intenciones que albergaban las autoridades franquistas ya que consiguió de él «la preciosa confesión de sus hondas preocupaciones con lo que estaba sucediendo y que le rogase que nada hiciera ante los Tribunales mientras no resultara ineficaz la acción política».

Delbos fue fiel a su palabra. Hacía algunos días que había comunicado a su colega de Finanzas su desazón respecto a las operaciones con el oro. Por un lado, se publicó una nota oficial en la que, sin duda para ganar tiempo, se afirmaba simplemente que los servicios administrativos competentes estaban examinando la cuestión, muy compleja, del depósito de oro efectuado en Francia por el Gobierno republicano. Por otro, Delbos abordó el tema oficialmente con Auriol y el Banco de Francia. Martín Aceña ha alumbrado estos contactos.

El nuevo enfoque abarcó una acción por la vía judicial, aun a sabiendas de que era difícil que prosperara. Como el Banco de España en Burgos no estaba reconocido internacionalmente se pensó en que una entidad mercantil y bancaria pudiera interponerla en su calidad de accionista. El Crédito Navarro se prestó a ello. El 19 de noviembre, tras la entrevista Alba/Delbos, aceptó la propuesta e inmediatamente presentó al juez decano de los tribunales de París un escrito en el que se reseñaban algunos de los transportes de oro a Francia y la apertura de cuentas corrientes a varios particulares en diversos bancos de París y Londres.[19]

18. Previamente, el primer subgobernador del Banco de España en Burgos, Pedro Pan, había enviado un requerimiento al de Francia, el 26 de octubre, para que no dispusiera del oro.

19. Los servicios de inteligencia franquistas (SIFNE) cooperaron a la tarea de búsqueda de información y proporcionaron detalles sobre las cuentas de Araquistáin en la Banque de Paris et des Pays-Bas (Viñas, 1976, p. 481).

El banco afirmó que existía un delito tanto en la ley francesa como en la española y solicitó la apertura de una información para que se comprobara la veracidad de los hechos. A la vez ratificó su propósito de constituirse en parte civil. Ventosa y Quiñones de León consiguieron, no sin dificultades, que la acción fuese aceptada por los tribunales y emprendiera un lento y desesperante periplo por el sistema judicial mientras arreciaba la campaña de prensa en los medios de comunicación tanto en Francia como en Inglaterra.[20]

Todo terminó en agua de borrajas. Las presiones pro-franquistas, incluso en el seno del consejo del propio Banco de Francia, no llevaron a ningún lado. La campaña, por definición, poco podía lograr frente a una clara determinación del Gobierno. Las desazones de Delbos no surtieron efecto. ¿Por qué? La respuesta convencional es que los sectores más proclives a la República, empezando por el ministro de Finanzas, Auriol, y el de Aviación, Cot, contando con la connivencia del propio Blum, lograron neutralizar las gestiones a favor de Franco. De ahí a afirmar que, al menos en el terreno financiero, la solidaridad frentepopulista se puso de manifiesto hay sólo un paso. Y de aquí se infiere que la decisión de enviar el oro a la Unión Soviética fue, como la califica Martín Aceña, «extravagante». ¿Por qué no haber escogido París o Londres?, se pregunta, por ejemplo, Bennassar,[21] autor que defiende una interpretación incluso más sesgada pues todavía en el momento en que se escriben estas líneas no duda en calificar como un «error craso» el envío del oro a Moscú (porque «la colocó a disposición de Stalin y favoreció el crecimiento de la influencia comunista»).[22] También se pregunta (p. 135): «¿Cómo pueden guardar silencio los historiadores serios sobre una consecuencia fatal de tal traslado: la España republicana quedaba en el futuro a la merced de Stalin, como si fuera un vasallo, bajo el control cada vez más férreo de los "consejeros" soviéticos?».

20. A efectos de conocimiento histórico sería interesante dilucidar los pormenores y evolución de la demanda del Crédito Navarro. Por desgracia el expediente en que se conserva (SAEF: B-33673) tiene un plazo de inconsultabilidad de cien años. Si no se modifica, tal vez sea algún historiador de la generación que ahora está creciendo quien verosímilmente pueda reconstruir este singular caso a partir de los años 2036 o 2039.

21. En ello (p. 133) se hace eco acríticamente de las tesis de Martín Aceña quien en su obra más reciente (2004, p. 171) no duda en reiterar tal calificativo y defender la conveniencia de que el oro debiera de haberse quedado en Cartagena.

22. Citado en entrevista en *El País*, 17 de octubre de 2005.

Sin duda Bennassar no ha reflexionado en absoluto sobre el problema. Plantea una pregunta retórica que va siendo ya alumbrada gracias a los archivos rusos y a los trabajos de Kowalsky y Schauff (que no cita o desconoce), pero la plantea además malinterpretando de raíz el contexto internacional, las exigencias de la economía de guerra e incluso la naturaleza de los mil y un problemas que causaba a la República la política del Gobierno francés de Frente Popular. Hemos hecho ya algunas aclaraciones respecto a París y Londres pero bueno será insistir.

La orgullosa Francia no ayudó a la República en el terreno fundamental, el de los suministros de armas. En este ámbito el arco de resistencia, que iba desde el presidente Lebrun al secretario general del Quai d'Orsay, Alexis Léger, cubría un amplio espectro. El Frente Popular francés apaciguó su conciencia como pudo, en particular gracias al cierre espasmódico de los ojos ante ciertos tránsitos. Auriol era consciente, como Blum, que en cuanto se yugularan la espita de las ventas de oro, la capacidad republicana de obtener armas en el exterior se reduciría considerablemente. No eran sólo los británicos quienes se preocupaban por desentrañar los entresijos de la política interior y exterior de la República. Tampoco los franceses les iban a la zaga.[23] ¿Iba a proporcionar Francia tanques y aviones? ¿O los medios de guerra modernos para resistir el embate franquista? Sería interesante que Bennassar o Martín Aceña hubiesen estudiado este tema y dado a conocer el resultado de sus elucubraciones.

¿Cómo salir de tal atolladero? ¿Cómo cuadrar el círculo? La respuesta no estaba en París sino en Moscú: el sistema soviético era impenetrable y esta cualidad atrajo a Largo Caballero, Negrín y Prieto. Otra cosa es que después el primero y el último echaran balones fuera. Dentro de tal sistema cabía enajenar todo lo que fuese necesario de las reservas de oro. Con el contravalor podían pagarse las armas que se encaminasen por vías encubiertas o subrepticias de diversas procedencias[24] pero principalmente de la propia Unión Soviética.

23. Existía, por ejemplo, un centro de escuchas dependiente del Ministerio de Correos y Telégrafos (PTT), cuyos archivos no se han explotado, que yo sepa, en la investigación.

24. Mi tesis, insisto, es opuesta a la de Martín Aceña (2001, pp. 159ss) para quien París, e incluso Nueva York, eran lugares más apropiados para almacenar las reservas. Los argumentos que aduce son, en mi modesta opinión, débiles y no resisten la contrastación documental.

¿Eran tan ingenuos que no se daban cuenta que con el envío del oro se ponían en una situación de total dependencia con respecto a los humores de Stalin? Tal vez lo fuesen. Pero habían explorado alternativas y, sobre todo, sufrido la experiencia amarga de la retracción de las potencias democráticas occidentales. Todo juicio sobre la dependencia en que cayeran tendrá, por lo demás, que fundamentarse en el desarrollo de la operación de movilización de las reservas. ¿Por qué iban a pensar que el Narkomfin no atendería a sus peticiones? Si, de todas maneras, y como es lógico, albergaron dudas, o bien no las suscitaron o se las tragaron. Pero el Narkomfin, por lo que sabemos, las atendió. Con respecto a la dependencia no era mucho lo que pudieran hacer. En un sentido profundo la República era dependiente. Dependía, en efecto, de los suministros y del apoyo del exterior. Rizando el rizo, cabría incluso decir que era más dependiente de Francia que de la propia Unión Soviética. De hecho, cuando los rusos empezaron a suministrar armamento a los puertos del Atlántico, el cierre de la frontera franco-española obstaculizó la llegada de material, por muy urgente que éste fuera. ¿Se comportaron Chautemps o Daladier mejor que Stalin? A esta pregunta Bennassar no da respuesta.

Franco obtuvo apoyo de las potencias fascistas mucho antes y siguió obteniéndolo después con mayor consistencia y en mayor volumen que la República. También era dependiente. No hubiera podido sostener la guerra como lo hizo sin la ayuda de sus protectores, lubrificándolo cuando fue necesario con las oportunas concesiones, económicas, políticas, diplomáticas, que de todo hubo. Y, en un futuro algo más lejano, por la alineación con el Eje. Son datos constatables. Recuérdese la reacción inmediata de Franco ante nazis y fascistas en cuanto se enteró de la llegada de los primeros suministros soviéticos. Estaba en guerra contra Rusia. Necesitaba armas, armas, armas. Y las obtuvo. ¿Reaccionó Francia, a pesar de que algunos clarividentes intuían que los zarpazos alemanes e italianos creaban inseguridad?

Svetlana Pozharskaya ha resumido el tema con simplicidad: con el envío del oro los republicanos tenían la garantía de recibir armas y la Unión Soviética la de que el material se pagaría. Visto así, se trataba indudablemente de un juego de suma positiva para los intervinientes. El escenario era, con todo, algo más complicado. Nada hace pensar que Negrín no fuera consciente de ello. No era precisamente un ignorante en temas internacionales, pero los interrogantes habían de pasar a un discreto segundo plano. Siempre consideró que había un tiempo para luchar y un tiempo para morir.

Bennassar escamotea también, a mi entender, otra de las preguntas claves que se planteaba, con toda acuidad, a los decidores republicanos en octubre de 1936: ¿había alternativas, salvo la rendición? Ésta era y es la cuestión esencial. A no ser, claro está, que hubiesen seguido el dicho de George Orwell: «La forma más rápida de terminar una guerra es perderla».

14

Días de fuego y conclusiones

En octubre y noviembre entraron simultáneamente en acción casi todos los factores considerados hasta el momento. Las armas soviéticas elevaron la moral de los defensores de Madrid y contribuyeron a parar la que parecía imparable acometida de las fuerzas franquistas. Primero fueron los tanques, pero sobre todo los aviones que, según la propaganda, protegieron el cielo de la capital con sus alas de acero. El Gobierno se trasladó a Valencia y, por segunda vez, Indalecio Prieto pegó la espantada.

Antes de que el 23 de octubre de 1936 diese comienzo la carga del oro en Cartagena, se trabajaba a marchas forzadas para montar a toda prisa los aviones recién llegados y aprestarlos para el combate. En Archena, por otro lado, empezaban a ponerse de manifiesto las dificultades de comunicación entre rusos y españoles. Nadie hablaba el idioma del otro. ¿Cómo enseñar a toda velocidad el manejo de los nuevos tanques? No había tiempo que perder porque la situación seguía ennegreciéndose en contra de la República.

Hay unanimidad en esta valoración. En aquella fecha, el enlace militar alemán con el general Franco, el ya mencionado teniente coronel Warlimont, resumió sus impresiones en el informe que elevó a sus mandos: evidente superioridad propia; dominio completo del aire; las tropas «rojas» en retirada abandonaban la lucha y no se disponían a realizar ninguna maniobra táctica; desorganización y desmoralización generales y, no en último término, las columnas marroquíes no daban respiro. Planeaba, eso sí, la sombra de la amenaza soviética. Había numerosos rumores que no se consideraban del todo inverosímiles (¡un desembarco de 20.000 soldados entre Alicante y Cartagena!). Pero lo que era segura era la información de la *Kriegsmarine*: la llegada de 50 tanques y de aviadores soviéticos.

Warlimont no sabía que una parte de esos rumores la propalaban los franquistas a petición italiana. Roma había cursado, en efecto, instrucciones a nuestro viejo amigo De Rossi para que dijera a Franco que era preciso multiplicar las denuncias de ayuda soviética y publicitar las declaraciones de cualesquiera extranjeros que combatiesen en el bando gubernamental. A veces los resultados debieron de sorprender a los propios italianos. Es quizá lo que explica que, en relación con la noticia del desembarco, Roma ordenara al destructor *Da Verrazano* que investigase urgentemente (TNA: HW 12/208, BJ66633 y 66727 respectivamente).

Tanques soviéticos en acción

De cara a la inminente ayuda soviética el teniente coronel Warlimont, perro viejo, llegaba a una conclusión que, en sus grandes líneas, coincidía con la de los observadores británicos y norteamericanos.

> En el supuesto de que en la mayor parte de los casos se trate de suministros de material de guerra, mi opinión es que en la actual situación no servirán de mucho al ejército rojo tal y como hoy se encuentra. A lo más, prolongarán la resistencia. Incluso en el caso de que se enviara material de alta calidad con personal ruso, creo que en el combate terrestre los adversarios apenas si podrían conseguir algo más que éxitos locales. En el aire, sin embargo, la situación sí que se modificaría a fondo, al menos momentáneamente...[1]

Como para subrayar esta valoración, el 26 de octubre los Junkers 52, pilotados por alemanes y españoles, empezaron a bombardear Barajas. Era la primera incursión aérea que se llevaba a cabo cerca de la capital desde la que tuvo lugar a finales de agosto.[2] Prácticamente encontraron un cielo libre. En Londres, Anthony Eden, en conversación con el emba-

1. Los informes de Warlimont son muy interesantes y están poco explotados. Ofrecen una visión escasamente conocida de la evolución en la zona sublevada. Se encuentran en AMAF: legajo M1389/80777. Los protagonistas reciben nombres en clave. La que correspondía a Franco era «Rechenschieber» o regla de cálculo.

2. Por consiguiente, no la primera vez, como afirma Beevor (p. 255).

jador francés, indicó que si Madrid caía la concesión de los derechos de beligerancia a los sublevados sería casi inevitable. Sólo el acuerdo de no intervención lo había impedido hasta la fecha (DBFP, doc. 327).

Eden decía la verdad. En la reunión del Consejo de Ministros del 21 de octubre había sugerido que si Franco capturaba Madrid convendría reconocerle el derecho de beligerancia. Esto implicaba, por ejemplo, la aceptación del bloqueo de las costas y de las capturas en alta mar, valga el caso, de barcos soviéticos o británicos con armas para la República. Poco después, se preparó una declaración en la que Londres anunciaría su deseo de entrar en relaciones *de facto* con el general Franco. La versión final señalaba que había seguido con gran atención la evolución española desde que

> el Gobierno en el poder se vio confrontado con una rebelión militar extremadamente seria. Tal revuelta no se ha suprimido. Las fuerzas insurgentes ocupan hoy efectivamente grandes zonas del territorio, incluidas muchas provincias en el norte, oeste y sudoeste del país así como la zona española de Marruecos y las posesiones de ultramar. (También han logrado ocupar Madrid)...[3]

Los republicanos se hubieran sentido profundamente desalentados, caso de haber conocido estas reflexiones. El mismo día en que se reunió el Consejo de Ministros en Londres, Álvarez del Vayo, en su calidad de comisario general de Guerra, habló al teniente coronel Morel sobre el interés que Francia y el Reino Unido deberían sentir en que los franquistas fueran derrotados, habida cuenta de los temores sobre la influencia alemana e italiana en España si, por el contrario, vencían.[4] Nada ilustra mejor que esta contraposición radical en el mismo día la soledad en que se debatía la República. En la alta Administración se creía, no obstante, que existía la posibilidad de dar un giro a la situa-

3. «Extract from Cabinet Conclusions 58 (36)» del 21 de octubre y «Recognition of Spanish insurgents as belligerents in event of capture of Madrid». TNA: FO 371/20547 y 20544 respectivamente. La frase entre paréntesis se había previsto para el caso de que la declaración se hiciera una vez tomada la capital. Para el contexto, véase Moradiellos (1996), pp. 100s.

4. Álvarez del Vayo preguntó a Morel si, en su opinión, merecía la pena defender Madrid a todo trance. La respuesta, en términos estrictamente militares, fue de reserva. Morel no creía, en efecto, que la capital pudiera resistir a un ataque decidido y en sus informes achacó el triunfo de la defensa a la falta de acometividad y de decisión de los mandos franquistas.

ción. El 27 de octubre el encargado de negocios británico se entrevistó con Álvarez del Vayo. Le encontró eufórico. La moral de las tropas empezaba a subir y las medidas adoptadas comenzaban a dar frutos. Ogilvie-Forbes informó a Londres pero añadió que él consideraba inminente la caída de Madrid.[5]

Al día siguiente, el presidente del Gobierno se dirigió tanto a la población madrileña como al ejército del Centro. Con gran hipérbole, en modo alguno justificada por el volumen disponible de material soviético, anunció la ofensiva:

> Las bandas fascistas, en su larga marcha sobre Madrid, han desparramado energías, han agotado sus fuerzas. Llegó, por tanto, la hora de asestarles el golpe de muerte. Mientras los traidores se desangraban y perdían su eficacia combatiente, nuestras filas han ganado en cohesión y número. Su poder de ataque se ha multiplicado. EN ESTE MOMENTO TENEMOS YA EN NUESTRAS MANOS UN FORMIDABLE ARMAMENTO MECANIZADO; TENEMOS TANQUES Y UNA AVIACIÓN PODEROSA.

Sin duda lo que Largo Caballero ansiaba era elevar la moral de resistencia. La primera acción en la que intervino material soviético en la tarde del 27 de octubre no había sido precisamente un éxito. Se trató, ha señalado Zaloga, de dos incursiones de dos pequeños grupos bajo las órdenes de un ruso, *komrot* Novak, (con siete tanques y seis BA-3 blindados) y de un comandante español apellidado Villacansas.

Que la arenga se difundió por razones psicológicas se fundamenta en que es prácticamente imposible, incluso setenta años más tarde, no sentir el alivio que rezumaba la llamada final.

> Mañana, 29 de octubre, al amanecer, nuestra artillería y nuestros trenes blindados abrirán fuego contra el enemigo. Enseguida aparecerá nuestra aviación lanzando bombas [...] y desencadenando el fuego de sus ametralladoras. En el momento del ataque aéreo nuestros tanques van a lanzarse sobre el enemigo por el lado más vulnerable, sembrando el pánico en sus filas. Ésta será la hora en que todos los combatientes, tan pronto reciban las órdenes de sus jefes, deberán lanzarse impetuosamente contra el enemigo atacado, hasta aniquilarlo [...] ¡AHORA, QUE TENEMOS TANQUES Y AVIONES, ¡ADELANTE!, CAMARADAS

5. *Ibid*: HW 22/1, informe n.º 9 del AIS. No se ha reproducido en DBFP.

DEL FRENTE, HIJOS HEROICOS DEL PUEBLO TRABAJADOR! ¡LA VICTORIA ES NUESTRA![6]

Aquella misma noche el encargado de negocios norteamericano se entrevistó a su vez con Álvarez del Vayo. También le encontró optimista y esperanzado. El ministro creía que la situación iba a cambiar a favor del Gobierno en los próximos días. El diplomático constató que, en cualquier caso, en los últimos días había mejorado la moral tanto en los círculos oficiales como en la población. Las razones parecían ser la llegada de refuerzos y material, la esperanza de suministros soviéticos y la idea de que los franquistas no tenían suficientes hombres para lanzar con éxito el asalto. Sobre el material soviético, bélico y no bélico, la embajada enviaba partes diarios y las fuentes que consultaba, y que le parecían fiables, indicaban con claridad que ya se había recibido armamento moderno. No estaba claro, en conclusión, que la caída de Madrid fuera a ser inmediata (FRUS, pp. 543s).[7] Era un día en el que también habían intervenido los bombarderos SB, que desde el principio habían estado en la mira de la atención de Stalin. Según Jesús Salas (pp. 196s) la primera acción en que participaron fue el bombardeo de los aeródromos de Sevilla, Granada y Cáceres. En sucesivas jornadas atacaron otras bases franquistas (Howson, p. 194).[8]

Fue el 29 de octubre cuando se registró la primera acción de cierta envergadura en que intervinieron los T-26, al mando del *kombat* Paul Arman. No lograron una victoria rotunda y las pérdidas fueron considerables pero para todo el mundo quedó de manifiesto que el armamento soviético había hecho acto de aparición. Los analistas británicos lo comentaron sobriamente:

6. Tradicionalmente se ha censurado a Largo Caballero porque con esta proclama (2003, pp. 2568s, y *ABC*, 30 de octubre) se afirma que eliminó el efecto sorpresa. Esto es dudoso. Los mandos franquistas seguían convencidos de que la capital estaba a punto de caer.

7. Morel, por el contrario, señalaba: «Una ciudad que se prepara a transformarse en campo de batalla comienza por sentirse enfebrecida. Madrid no tiene fiebre» (telegrama del 26 de octubre).

8. Sobre los efectos cabe discutir. Los británicos interceptaron mensajes franquistas que afirmaban, por ejemplo, que no había habido ninguno en otro bombardeo sobre Tablada que tuvo lugar el 30 (AIS, informe n.º 11).

> El Gobierno está utilizando tanques modernos que se afirma son de origen ruso y esto ha subido la moral de los defensores, al menos por el momento. No ha habido muchos progresos por parte de los rebeldes desde la semana pasada y no hay duda alguna de que las fuerzas gubernamentales están ofreciendo una resistencia más intensa que la que se esperaba (TNA: HW 22/1, informe n.º 9 del AIS).

Warlimont, por su parte, ofreció una interpretación no exenta de interés:

> El contraataque con carros de combate el día 29 tuvo lugar de manera totalmente inesperada [...] El coronel Yagüe, en cuyo sector se produjo, describió los acontecimientos como el mayor combate hasta ahora de la guerra. Hay también pruebas de que le precedió una arenga de Largo Caballero y que la totalidad de la operación roja se encuentra bajo la dirección de un general ruso. Las tropas marroquíes han mostrado una notable resistencia ante los carros que, en parte, han desbordado las posiciones. Uno fue liquidado de un impacto directo de una pieza de 7,5 cm; otro tuvo una avería de cadenas y la dotación fue hecha prisionera. A un tercero, que se había parado momentáneamente, los blancos le rociaron de gasolina y le prendieron fuego.

De esta valoración a Berlín (contenida en un informe del 30 de octubre) destacan tres aspectos: el primero, y más importante, es la caracterización como el «mayor combate» que hasta entonces había tenido lugar en el curso del conflicto. Respondía a una realidad. El Ejército de África se había acostumbrado a lidiar con campesinos, milicias desorganizadas y unidades de moral deficiente. Aunque los marroquíes resistieron, el mando quedó desagradablemente sorprendido. A este mando franquista, o en su caso a Warlimont, no se les ocurrió otra cosa que imputar la acción ofensiva republicana a la dirección de un general soviético. Evidentemente a sus enemigos habituales no les tenían en demasiada consideración. Por último, con los tripulantes de un tanque hechos prisioneros, los franquistas y sus aliados contaron con pruebas de que soldados soviéticos habían hecho acto de aparición en España.

Kowalsky (pp. 309-312) ha pasado por un fino cendal las informaciones existentes sobre el apoyo soviético vía tanques y blindados. En el primer mes de combate de los 87 vehículos que participaron 16 fueron destruidos y 36 resultaron dañados, es decir, casi el 60 por 100 del contingente. Es uno de los ejemplos que permiten apoyar la tesis de tal autor de que la intervención soviética estuvo *a priori* mal planificada y que era deficiente en aspectos fundamentales.

Aparecen los nuevos aviones

La modificación sustancial que no constataba Warlimont se produjo algo más tarde. Para ello eran necesarios no sólo tanques sino, sobre todo, aviones. Esto nos obliga a hacer una pequeñísima incursión en ciertos aspectos de la guerra en el aire, tal y como se veía en aquellos momentos. Ello es posible gracias a testimonios de combatientes no soviéticos que habían aportado su esfuerzo a la reconstrucción de la aviación republicana (la «Gloriosa»). El primero está contenido en dos informes (fechados el 8 de octubre y el 21 de noviembre) del capitán aviador francés Jean Dary, que había combatido en España desde casi el inicio de las hostilidades, al ministro Cot. El segundo procede de un aviador británico, el ex teniente de la RAF V. P. Doherty, quien dio cuenta de sus experiencias al Ministerio del Aire londinense el 28 de octubre. Se trataba de un oficial católico y anticomunista pero que servía a la República. Habló muy bien del espíritu que reinaba en la aviación y en el ejército con excepción de los anarquistas, que «eran indisciplinados y poco fiables». Igualmente, y por lo que vale, insistamos en que tampoco ésta es una valoración soviética.

Dary comunicó a Cot que la aviación franquista estaba compuesta en gran medida por aviadores italianos y alemanes. Los primeros integraban principalmente la caza. Eran profesionales y llegaban con todo su equipo y los servicios correspondientes. Los alemanes solían concentrarse en los bombarderos y utilizaban radiotelegrafistas y ayudantes españoles. En general, los primeros estaban bien entrenados y eran buenos maniobreros pero tenían tendencia a rehusar los combates aislados. Dary, sin embargo, concentró su exposición en los puntos fuertes y débiles de la aviación republicana que, antes de recibir material moderno, disponía esencialmente de Breguet 19 y Nieuport 62, muy anticuados. Entre los más avanzados figuraba el bombardero Potez 54, útil cuando se le empleaba de forma racional pero vulnerable a la caza adversaria. Era mejor el Bloch.[9] La palma, dentro de lo que cabe,

9. El jefe del gabinete militar de Cot reconoció el 23 de noviembre ante el agregado aéreo británico en París que sólo había ido un Bloch 200 a España, en donde

se la llevaba el Dewoitine 362, manejable pero con escasa capacidad de fuego, que se veía disminuida por la mala calidad del municionamiento español.[10] Necesitaba pilotos muy experimentados. El último tipo era el Loire, de resultados similares pero que cabía confiar a un mayor número de pilotos.

El capitán francés fue extraordinariamente crítico con la actuación del mando aéreo (como lo fue también García Lacalle): no ofrecía un seguimiento adecuado, mantenía malos contactos entre los diferentes servicios, era con frecuencia incompetente en varios de sus escalones y, no en último término, daba muestras de mala voluntad.[11] Dary ofreció al ministro varios ejemplos al respecto. Asimismo criticó la manía republicana de fundir a los pilotos franceses con los españoles cuando en el ejército franquista, por el contrario, italianos y alemanes gozaban de autonomía.

Tras una visita a París, Dary abordó el período siguiente en su segundo informe. En él se hizo eco, ante todo, de que la guerra aérea había evolucionado con una gran rapidez. Los franquistas disponían de formaciones importantes de aviones que habían prácticamente aniquilado a la aviación republicana (como testimoniaría también el propio García Lacalle). En aquellos momentos la caza disponía tan sólo de media docena de aviones (tres Dewoitine 372, dos Loire y un Fury-Hispano).[12] El mando la había forzado a desempeñar misiones de protección de los bombarderos, lo cual era contrario a las necesidades tácticas. Los resultados no fueron los esperados.[13] En el lapso de unos

---

fue derribado. No se enviaron bombarderos del tipo 210, todavía en estado experimental. Se trataba de casos de contrabando. No cabía extraer conclusiones respecto a su idoneidad porque en España se utilizaban de forma completamente diferente a lo que ocurriría en un conflicto europeo. TNA: FO 371/20551.

10. Doherty afirmó que los Heinkel daban prestaciones similares a los Dewoitine aunque eran menos manejables. Las de los Fiat CR 32 eran inferiores pero solían actuar en mayor número.

11. Naturalmente, nada de esto aparece en las memorias del responsable, Ignacio Hidalgo de Cisneros.

12. Doherty ofreció más detalles: 4 Dewoitine, 1 Fury, 1 Loire, 1 Boeing y 3 Nieuports 62. Los bombarderos eran 4 Potez 54, 1 Bloch, 1 Junkers 86 y un Douglas (estos dos últimos reconvertidos).

13. Cabezas (p. 341) señala que a finales de octubre y primeros de noviembre Largo Caballero se quejó a Prieto porque la aviación no actuaba con eficacia y solicitó que se defendiera Madrid con ataques aéreos. Prieto, basado en las informaciones de Hidalgo de Cisneros, subrayó la falta de aparatos y los problemas de su mantenimiento.

días se había reducido a tres aparatos y hubo de abandonar el aeródromo de Getafe[14] para trasladarse a Alcalá de Henares. Pocos días más tarde dichos aparatos cayeron en combate entre el 20 y el 30 de octubre. Desde entonces la aviación franquista voló con plena impunidad sobre Madrid y paralizó casi totalmente la reacción republicana.[15]

Fue en este momento, dramático, cuando aparecieron los primeros aparatos soviéticos. Llamó la atención a Dary el que se tratase de material que podía montarse muy rápidamente. En el caso de los aviones de caza, no se necesitaban más de 36 horas entre su desembalaje y la primera prueba de vuelo. En el de los bombarderos, este lapso aumentaba a unas 40 horas. Dicho material permitía también una construcción en serie, bastante simple. Se habían hecho grandes esfuerzos para economizar tiempo. La crítica más importante es que no disponían de depósitos de gasolina blindados y desprendibles. El mando soviético era muy profesional, estaba bien informado de las tácticas de la guerra aérea moderna e imponía una disciplina absoluta. Los pilotos por su parte eran jóvenes y de gran calidad.[16]

Los I-15 («chatos») surgieron en el cielo de Madrid el 4 de noviembre (*ABC*, del 5). Habían llegado en el *Karl Lepin* y si los bombarderos se montaron deprisa estos cazas debieron de batir todo un récord.[17] Los

14. El teniente británico informó que dos Junkers bombardearon Getafe, arrojaron 48 bombas y destruyeron cuatro aviones. También murieron muchos niños (Martínez Reverte, p. 169).

15. Para entonces, según Dary, del material francés sólo quedaban seis Potez que ya no se utilizaban para misiones de bombardeo diurnas. Se conservan los oficios de remisión al Ministerio de Estado, para su envío a la embajada en París, relativos a unos sesenta contratos con pilotos extranjeros. AMAE-AB: caja 123/carpeta 3.

16. Howson (pp. 73s) ha hecho una somera referencia a los informes de Dary y Doherty. Se trata de testimonios muy interesantes si bien hemos dejado de lado los aspectos técnicos de los aparatos y del combate aéreo. Se encuentran, respectivamente, en TNA: FO 371/21284 y 20547. Howson establece la hipótesis, en mi opinión un tanto aventurada, de que quizá Cot pasara los informes de Dary a los soviéticos (supone que el ministro actuaba como agente de Moscú, lo cual no está demostrado). Los británicos los obtuvieron porque el propio Dary los entregó en enero de 1937 al agregado aéreo adjunto a la embajada en París con quien se encontró en Valencia. Esto significa que Dary, a quien los rusos pidieron en noviembre o diciembre que dejase la aviación republicana, en la que terminó combatiendo en una escuadrilla soviética (García Lacalle, pp. 149s), se encontraba todavía en la Península.

17. Hidalgo de Cisneros (pp. 229s) consignó en sus memorias la impresión que entre los madrileños causaron los primeros combates aéreos.

I-16 («moscas») sobrevolaron la capital desde el 9 de noviembre, un día después de la llegada de la XI Brigada Internacional. Los aparatos soviéticos rápidamente demostraron su superioridad. En su primera salida de combate, el 5, (*ABC* del 6) derribaron cinco adversarios de la docena que sobrevolaba Madrid sin la menor preocupación.[18] En el lapso de dos semanas barrieron ampliamente a la aviación franquista,[19] aunque no del todo, dada la abundancia de medios con que ésta contaba. Desde mitad de noviembre los Junkers prefirieron bombardear de noche. A finales de mes, según los datos recopilados por Kowalsky (p. 292), había casi 300 pilotos soviéticos al lado de la República. Se trataba de un contingente apreciable pero muy inferior al órdago que Hitler había ya decidido.

Fue un período en el que se perfilaba claramente la solidaridad de la izquierda internacional. Procedentes de Marsella en el barco *Ciudad de Barcelona* el 12 de octubre habían llegado a Alicante los primeros voluntarios que nutrieron las BI. Su número varía según las fuentes (500, 800) pero un testimonio británico no publicado lo estimó en cerca de un millar. Luigi Longo, dirigente comunista italiano en el exilio, se encargó de recibirlos. En cualquier caso, había transcurrido casi un mes desde la decisión de crearlas. Hitler y Mussolini habían sido muchísimo más rápidos. Una adormecida capital manchega, Albacete, completamente impreparada, quedó designada como base. Según el testimonio británico, la desorganización era increíble. Los voluntarios no estaban entrenados y apenas había servicios sanitarios. Algunos in-

18. El día 6 los aviones republicanos lanzaron sobre la capital octavillas en las que se afirmaba: «Ya está aquí la Aviación del pueblo, reforzada y poderosa, decidida a dar el último empuje que libre definitivamente a Madrid de la garra fascista [...] Pedíais Aviación un día y otro [...] Aquí la tenéis. Aquí tenéis a vuestra Aviación cubriendo con sus alas de acero nuestro Madrid. Nuestro deber está cumplido. Cumplid el vuestro» (*ABC*, 7 de noviembre). A tenor de lo que afirma Koltsov (pp. 178s), la idea de las octavillas provino de un comunista, que funcionaba bajo el seudónimo de «Miguel Martínez», y el texto lo escribió Álvarez del Vayo.

19. Según uno de los participantes la llegada de la caza soviética «produjo un cambio total y completo en el aire. Del absoluto dominio que ejercía la aviación facciosa por haber anulado totalmente la oposición aérea gubernamental, pasó a ser dominada. En once días de constantes y duros combates consiguieron los pilotos rusos imponerse definitivamente. Esta superioridad aérea se acentuó aún más a partir del 15 de noviembre, esto es, cuando aparecieron los nuevos y más veloces I-16, monoplanos de tren plegable» (García Lacalle, p. 24).

gleses estaban bastante desilusionados.[20] Simultáneamente otro grupo de cerca de setecientos hombres llegó en tren procedente de Figueras. Las BI se autopresentaban como la avanzadilla de los voluntarios por la libertad pero su armamento, recuerda Castells (p. 96), no podía ser más ineficaz:

> Se disponía de fusiles mexicanos, polacos, belgas, rusos, de armas pesadas y automáticas rusas o checas, de mucho material de desecho de los parques militares de naciones «amigas». También de algún material de guerra adquirido por el Comité d'Aide au Peuple Espagnol, bajo la supervisión de Jean Jerome. Parte de todo este material se pagaba a precio alzado y se encontraba en pésimas condiciones: muchos de los cascos franceses habían llegados oxidados y sin la protección de badana del interior; los tanques ligeros Renault M. 1917 F eran incapaces de recorrer cien metros sin averiarse.

Aun así, en aquella época las BI fueron de las unidades mejor pertrechadas del ejército republicano. ¡Cómo estarían las otras![21] Hacia el 28 de octubre se habían reunido en Albacete unos cuatro mil voluntarios. Poco más tarde, la que ya se denominaba XI Brigada quedó bajo el mando del «general» Kleber. Fue la primera que participó en la batalla de Madrid, con un equipamiento de fortuna (Skoutelsky, p. 63).

La afirmación de estos dos autores sobre un armamento que no era gran cosa sirve para contrastar el modo de proceder de Radosh y sus colaboradores, que dicen haber consultado los telegramas de la Comintern interceptados por los británicos, en la medida en que están disponibles en Estados Unidos. En su recopilación no figura, por ejemplo, el del 3 de noviembre. Puede ser una omisión por razón de indisponibilidad ya que si no podría interpretarse como un ejemplo de posible distorsión. Se trata de un telegrama interesante porque en él se manifiesta que lo que era la XI Brigada carecía de armas automáticas y de artillería, que un tercio de sus componentes no había hecho el servicio militar, que el cuadro de jefes y oficiales era muy poco numeroso y que se había solicitado al PCF que sólo enviaran voluntarios con forma-

20. Testimonio de C. J. McGuinness, enviado en despacho del 24 de noviembre por el cónsul general británico en Barcelona (TNA: FO 371/20587).

21. López Hernández (pp. 140s), secretario del general Miaja, recuerda que hubo que buscar armas fuera de la capital saltándose los trámites burocráticos, lo que produjo un primer roce con Largo Caballero.

ción militar y también algunos oficiales «mexicanos»[22] porque no había sido posible encuadrar debidamente a medio millar de españoles regresados del extranjero. Evidentemente, no se trataba del equivalente del Quinto de Caballería. Al día siguiente se dieron unas primeras estadísticas sobre la situación del armamento. No eran gloriosas. (TNA: HW 12/27).

El Gobierno, ampliado a los anarquistas,[23] en contra de la opinión de Azaña, decidió marcharse a Valencia el 6 de noviembre,[24] la moral fue levantándose progresivamente y, claro está, Madrid no cayó. El PCE se empleó a fondo e invirtió sus energías bajo el lema

> Todos los esfuerzos deben converger en un mismo objetivo: Salvar Madrid. Hombres, armas, víveres, todo cuanto sea preciso, por Madrid y para Madrid, que es España, que es la República, que es la revolución. Salvemos Madrid y salvaremos a España, salvaremos a la República, salvaremos la democracia, salvaremos nuestra libertad (GRE, III, p. 150).

De tal inversión el PCE extrajo un inmenso capital político.[25] No en vano la proclama del Comité Central terminaba con la siguiente invocación: «¡Comunistas: adelante, hacia el triunfo! ¡A darlo todo, a sacrificar todo en defensa de Madrid!». En buena medida en el plano propagandístico se trató de la batalla comunista por excelencia.

Todos estos rasgos configuran un cuadro muy complejo, en el que no queremos detenernos, pero no pueden hacer olvidar que, si bien tardíamente, la República había por fin obtenido una victoria, su pri-

22. Este adjetivo significa que el empleo del mismo había pasado a los agentes de la Comintern para designar al personal soviético.

23. Largo Caballero había tenido tal idea desde el primer momento. Pero es que, además, según dijo (2007, p. 3243), «no era conveniente ni político dejar detrás de esos elementos completamente libres de las responsabilidades del Poder, pues existía el peligro de que en Madrid, donde tenían alguna fuerza, pretendiesen con la ayuda de otros elementos, erigirse en órgano director».

24. Día en que, según *ABC* (7 de noviembre), «el pueblo de Madrid sintió tronar el cañón más cerca de sus hogares que nunca. El desesperado ataque de los generales traidores, que, con auxilios inconfesables de las dictaduras europeas, y contando con unas mesnadas mercenarias como fuerzas de choque [...] se presentó en las mismas puertas del corazón de la España antifascista».

25. Y el Gobierno, huido, no pudo hacerlo. López Hernández (p. 130) afirma que el éxito de Miaja provocó grandes celos en Largo Caballero.

mera victoria desde el golpe de Estado. Es más, ya no estaba completamente sola. Pero, por desgracia para ella, ni las democracias cambiaron de actitud para ayudarla ni Franco dejó de estar acompañado.

En relación con la remodelación gubernamental, Zugazagoitia (p. 188) recoge que Largo Caballero pensó en fundir los Ministerios de la Guerra y de Marina y Aire en uno solo (se haría en mayo de 1937 ya bajo la presidencia de Negrín) y ofrecérselo a Prieto. Era una sabia decisión y, de haber sido aceptada, la República se hubiera ahorrado muchos sinsabores. También se los hubiese ahorrado el propio presidente, quien, a decir de Carrillo (p. 189), se encontraba completamente derrumbado. Sin embargo, Prieto se negó a asumir la responsabilidad. Ante Zugazagoitia adujo que si Madrid se perdía la culpa sería de él y si se salvaba el éxito correspondería a los anarquistas.

De ser cierta esta pequeña anécdota, y quien esto escribe no duda de la credibilidad de Zugazagoitia, cabe elevarla al nivel de categoría. Prieto cometió un error de análisis evidente y mostró, en mi opinión, que al llegar la hora de la verdad no tenía madera de auténtico líder, al menos no en la medida en que otros lo demostraron.[26] Su retracción a aceptar la presidencia del Gobierno en la primavera de 1936 puede comprenderse por su fidelidad al partido y su deseo de no romperlo. Su rechazo a asumir las riendas operativas de la guerra, explicable ante la negrura de la situación, es menos justificable. Al final, no fueron los anarquistas quienes salieron con honor de la batalla de Madrid sino el PCE y las figuras ensalzadas por la propaganda comunista. También, por supuesto, el general Miaja y su eficaz jefe de Estado Mayor, Vicente Rojo, sobre los cuales descargó lo más granado de la defensa.

La resistencia madrileña tuvo efectos muy diversos. Permitió a la República continuar la guerra, apoyada en los refuerzos soviéticos. Esto, según se mire, es susceptible de múltiples interpretaciones, positivas y negativas. Pero se produjo. Evitó, en cualquier caso, un súbito colapso de su reconocimiento internacional. El 31 de octubre, por ejemplo, el Quai d'Orsay había cursado instrucciones al encargado de negocios en Madrid. Debía abandonar la capital y dejar la representación diplomática en manos de un cónsul que sólo se ocuparía, una vez que se tomara la ciudad, de temas estrictamente consulares. Los franceses y los españoles refugiados en la embajada saldrían de ella y se les

26. Naturalmente, mi valoración puede discutirse. Es un tema en el que ni siquiera entra el último biógrafo de Prieto (Cabezas, pp. 345s).

trasladaría al Liceo Francés. En caso de que el cónsul tuviera que abandonar Madrid destruiría la cifra y toda la documentación confidencial que no pudiese repatriarse por vía segura.

A los británicos los franceses les explicaron que era muy difícil reconocer a Franco y mantener relaciones con la República. Vansittart vio en ello una claudicación del Gobierno francés ante su Parlamento. En el FO se estimaba que reconocer a Franco sería, quizá, la forma de evitar que se volcase más del lado de las potencias fascistas con consecuencias geopolíticas y geoestratégicas perfectamente previsibles. Según escribió Vansittart, los franceses representaban un caso de «miopía política difícil de entender y más aún de perdonar».[27]

Quizá ignorante de lo que se había discutido, el embajador republicano en Londres informó al Foreign Office el mismo día sobre cómo veía la situación y las perspectivas. La continuada resistencia madrileña demostraba que la opinión pública estaba detrás del Gobierno republicano. Constituía, sin embargo, una píldora muy amarga que el Reino Unido no hubiese ayudado a una democracia en peligro. Recibió la respuesta clásica: con razón o sin ella, en el Reino Unido se pensaba que la lucha no podía sino terminar en una dictadura de la derecha o de la izquierda, alternativas que no gustaban en modo alguno a los británicos. De Azcárate reconoció que el Gobierno republicano se había escorado mucho hacia este último lado pero que, en caso de ganar, la democracia se mantendría en España. Si ganaba Franco cabría despedirse de la misma. Tal premonición era absolutamente correcta y los hechos, testarudos, le dieron la razón. Los «*hollow men*» ni le escucharon.

El embajador explicó, de nuevo, que el que la Unión Soviética apoyara a la República se debía esencialmente a la retracción franco-británica. Madrid se había dirigido desde el primer momento a París y a Londres en busca de apoyo. Cuando no lo obtuvo, no había tenido otro remedio que tornarse hacia Moscú, la última carta.[28] En los pri-

27. Este tema se encuentra en «Withdrawal of French Chargé d'Affaires from Madrid», en TNA: FO 371/20547. En el expediente se pone de manifiesto que ya para entonces franceses y británicos tenían contactos informales con Burgos.

28. Fue también el lúcido análisis *ex post* de Rojo (1966, pp. 212s): «Si la República se desvió más de lo que pudiera desearse hacia la izquierda [...] se debió en gran medida a la conducta poco gallarda y sobradamente inmoral de las democracias occidentales». Y el propio Hidalgo de Cisneros señaló, recordando lo que dijo Prieto, que

meros días de la guerra no era la Unión Soviética la que había intervenido sino los alemanes y los italianos. De Azcárate rebatió afirmaciones como las hechas en la Cámara de los Comunes por Churchill en sentido contrario y dijo que no eran correctas. Se ofreció a demostrarlo. No se le hizo el menor caso.

En el Foreign Office salieron a relucir las actividades de la Comintern en la España de antes de la guerra (TNA: FO 371/20547), a pesar de que la interceptación de sus comunicaciones no demostraba precisamente que en Moscú se estuviera pensando en la marcha hacia una revolución comunista. No era necesario tampoco hacer demasiadas exégesis. En el plano político e ideológico, para Londres el juego estaba ya decidido. Ese mismo día el Consejo de Ministros debatió de nuevo la línea a seguir en el supuesto de que Franco tomara Madrid. El titular de la cartera del Aire subrayó que sería deseable obtener las mayores ventajas que se derivasen de un pronto reconocimiento de Franco. Entre ellas figuraba el establecimiento de un aeródromo en Gibraltar...[29]

MICROGESTIÓN EN LAS BI

Mientras tanto el comandante de la XI Brigada, general Kleber, (cuyo nombre verdadero era Manfred Stern),[30] estaba en vías de convertirse en un nuevo héroe popular y no tardó en verse festejado poco menos que como si hubiese sido el salvador de Madrid, lo cual era totalmente exagerado.[31] El tratamiento que Bolloten da a su caso constituye un ejemplo sintomático de los méritos, y deméritos, de su obra. Entre los primeros figura la cuidadosa compulsa de diversas fuentes para extraer conclusiones que, de manera sistemática, no abandonan

el enfriamiento de las relaciones financieras con los países democráticos «obligaba al Gobierno de la República a depender cada día más de la Unión Soviética».

29. «Extract from Cabinet Conclusions 64 (36)». TNA: FO 371/20545. El aeródromo se construyó y dio origen a muchas desavenencias posteriores.

30. Numerosos autores lo confunden con el segundo consejero militar jefe (Grigory Stern). Madridejos (p. 335) señala que Manfred Stern era el nombre de su pasaporte canadiense. Se trata de un error ya que el que figuraba era, precisamente, Kleber.

31. Y, naturalmente, en la literatura que resalta el factor soviético como elemento determinante en la guerra civil se mantiene tal leyenda: véase, por ejemplo, Costello/Tsarev, p. 256.

nunca su norte obsesivo de probar que el objetivo de Moscú estribaba en establecer un régimen comunista en España. Entre los segundos, que toda esa compulsa siempre la hizo en un gran vacío de documentación de archivo.[32] Bolloten no hubiera podido acudir a la soviética, entonces cerrada, pero hoy sí puede utilizarse para arrojar cierta luz sobre las interioridades de la utilización de las BI.

Manfred Stern había nacido en lo que hoy es Ucrania y actuado como asesor militar en China (donde había coincidido con Berzin) enviado por la Comintern. También había realizado alguna que otra misión de inteligencia en Estados Unidos. Llegó a España para aconsejar al Comité Central del PCE en temas militares, en particular en relación con el Quinto Regimiento. Desde aquí fue enviado al Ministerio de la Guerra.[33] José Díaz, secretario general, y Jesús Hernández convencieron a Largo Caballero, no sin dificultades, que a los asesores que acudiesen al Ministerio habría que darles un rango elevado con el fin de que tuvieran suficiente autoridad sobre su entorno militar. El primer sorprendido fue Stern, quien de pronto se vio convertido en general.

No es demasiado conocido, sin embargo, que para entonces ya tenía detrás a la NKVD que le consideraba sospechoso. Desde fecha muy temprana chocó con el subsecretario, general Asensio Torrado. Fue Stern el primero en exponer sus sospechas a Rosenberg y a Gorev sobre el comportamiento de aquél, apoyado todo hay que decirlo por la cúpula del PCE. Los soviéticos, en un principio, apoyaron a Asensio, lo que originó un fuerte desencuentro con Rosenberg. Stern, sin embargo, continuó alimentando las sospechas contra el general español y no tardando mucho los comunistas se cebaron contra Asensio, a quien llegaron a considerar un saboteador o, lo que es peor, un agente del enemigo. Estas dos valoraciones eran inexactas y Largo Caballero siempre apoyó a su subsecretario, aunque tuvo que incurrir en un elevado coste político. El biógrafo de Stern se limita a afirmar que probablemente Asensio no era el hombre indicado para el puesto que ocupaba, dadas las peculiaridades que ya iba tomando, por parte republicana, la guerra civil.

32. Tal tratamiento, que aquí no resumiremos, se encuentra en las pp. 483-487 de su enciclopédica obra. Tampoco destacaremos sus errores fácticos.

33. Nada de esto figura en la reseña que le dedica Madridejos. Apareció como Emile Kleber en la tercera sección del Estado Mayor (R. Salas Larrazábal, p. 509) tras la reorganización del 20 de octubre.

Las opiniones de Stern sobre la necesidad imperiosa de trasladar a Madrid lo antes posible a una parte de las BI tampoco tuvieron al principio demasiado eco entre los diplomáticos soviéticos y sus asesores militares. Todos pensaban que era mejor constituir una potente fuerza armada que lanzar al combate, incluso aún después de haber perdido la capital.[34] Según sus declaraciones posteriores, la extraordinaria publicidad que rodeó a Kleber debió mucho a las indiscreciones de su comisario político, un tal Mario Nicoletti, seudónimo de Giuseppe de Vittorio. Más importancia tuvieron sus diferencias con el propio Marty. En Moscú las alabanzas a Stern no sentaron bien. El 13 de diciembre la Comintern respondió con un análisis que, en mi opinión, desmiente algunos de los mitos tejidos sobre las BI en aquellos momentos.

> El pueblo español, su ejército y su Gobierno han conseguido, con el apoyo de la Brigada internacional, detener la ofensiva del enemigo sobre Madrid. La tarea de la BI es ayudar al pueblo español, no sustituir a la República [falta un grupo no descifrado] jefes y dirigentes militares españoles.

A pesar de que los británicos no lograron desentrañar la totalidad del mensaje, se observa por lo que antecede la misión que la Comintern otorgaba a las Brigadas. Que se produjeran roces entre los mandos extranjeros y los españoles resultó inevitable, dada la aparición súbita de tales contingentes, su heterogeneidad y las dificultades de comunicación y de adaptación. En cualquier caso, los internacionales experimentaron gran desgaste. En los primeros días de diciembre Marty visitó a las dos primeras Brigadas y telegrafió sus impresiones a Moscú. Estaban muy debilitadas. La mitad de los comandantes se encontraba en estado grave. Había sido necesario añadir a cada una dos batallones españoles. Les hacían falta fusiles. Ochocientos hombres habían sido enviados a reforzar la base (Albacete) pero sin armas. Fue algo más tarde cuando Marty empezó a hacerse eco de sus primeras divergencias con Stern, cuya eficacia militar, afirmó, era inferior a su reputación. Rojo (1967, pp. 253ss) ya había informado al respecto, días antes, a Miaja. Para en-

34. Brun-Zechowoj (pp. 70-89) se ha basado en uno de los informes, larguísimo, que Stern preparó para Manuilsky el 14 de diciembre de 1937 y que está reproducido en Radosh *et al.* como doc. 60.

tonces se discutían algunas órdenes y también la dedicación del soviético. No sabía maniobrar bajo el fuego. Ello se añadió a otras críticas y al cabo de algún tiempo Berzin abrió la puerta a su traslado a Málaga.[35]

El caso de Stern,[36] que no deseamos tratar con mayor detalle, es significativo por dos motivos. Por un lado muestra con singular claridad cómo llegaban a conocimiento de los responsables de la Comintern las incidencias importantes. Por otro, ejemplifica la capacidad de Moscú de orientar en un sentido u otro la actuación de sus hombres sobre el terreno. Esta posibilidad de ejercer influencia se veía facilitada porque muchos de los altos cargos de las BI eran ciudadanos soviéticos o estaban ampliamente sovietizados.

Hay un extenso debate en la literatura sobre la función exacta de las BI a lo largo de la guerra civil. A un lado se encuentran quienes les atribuyen (exageradamente) un papel autónomo en la conducción de las hostilidades, de acuerdo con los planteamientos que emanasen de Moscú. Al otro, quienes subrayan su lealtad a la causa republicana, teniendo en cuenta que estaban compuestas de voluntarios. Según Stern, Marty había dicho en alguna ocasión que las BI tenían el mismo papel en el Ejército Popular que la Legión en el Ejército de Franco. Ni siquiera como símil es una comparación correcta. La Legión estaba constituida por soldados mercenarios. En las BI sólo una parte de sus miembros tenía formación militar. La Legión era una unidad sumamente profesionalizada. Las BI jamás llegaron a tal nivel. Lo que sí hicieron es estar, con frecuencia, en lo más duro de las peleas. Negrín, por su parte, el hombre que por razones de política internacional, cuando estaban ya ampliamente españolizadas, decidió permitir la repatriación en el otoño de 1938 a los voluntarios extranjeros jamás olvidó el sacrificio que muchos de ellos hicieron por la República y por la libertad,[37] por utilizar el grito de avance del que se hizo eco Malraux en la que fue su gran novela, *L'Espoir*.

35. Largo Caballero se negó a dar a Stern altas responsabilidades y a principios de 1937 los agentes de la Comintern pensaron que era mejor repatriarlo a Moscú, lo cual no se produjo hasta mucho más tarde (TNA: HW 17/28, telegrama del 25 de enero).

36. Señalemos, no obstante, que regresó a la URSS en octubre de 1937 y que ya fue detenido en julio de 1938. Deportado al Gulag, falleció en febrero de 1954. Desde su encarcelamiento escribió en varias ocasiones a Stalin, sin resultado. Su rehabilitación y reincorporación al PCUS a título póstumo tuvieron lugar en 1967. Los datos que da Beevor sobre él (p. 246) son incorrectos.

37. Testimonio de su nieta, Carmen Negrín, al autor.

La misión soviética tuvo un papel de asesoramiento, tamizado por decisiones españolas. Rojo (1967, p. 214) siempre fue rotundo respecto a su total responsabilidad de las órdenes y de su cumplimiento. Nunca negó, sin embargo, el apoyo que prestó en particular Gorev, de quien dejó un excelente retrato,[38] y al cual se le autorizó el 9 de noviembre a que circulase por la zona de guerra, con arreglo a las necesidades del servicio.[39] Esto podría indicar que sus movimientos hasta entonces no habían hecho imprescindible tal posibilidad.

La ayuda militar soviética en serio a la República fue concretándose en noviembre/diciembre de 1936.[40] Además de los envíos de armas y de las BI el 8 de este último mes, por ejemplo, ya se habían realizado los preparativos para acoger las primeras promociones de soldados republicanos que acudirían a la URSS para seguir cursos acelerados de formación. El primer centro estaba pensado para 60 comisarios de infantería y 200 pilotos. Adicionalmente, existía la idea de dotar de una formación militar adicional a emigrantes de diversas nacionalidades, ex soldados, de lealtad comprobada y que se encontraban en territorio soviético. Se habían pergeñado planes para organizar cursos de seis semanas a fin de preparar ametralladores y comandantes de infantería con una capacidad de absorción de un centenar de personas y de tres meses para artilleros y para tanquistas, zapadores y personal de transmisiones. Es de suponer que tales ideas se llevaran a la práctica.[41] En este episodio es interesante la estrecha interacción entre, por un lado, el RKKA y la Comintern (Manuilsky), lo que evidencia que esta última era manejada como una rama más del poder soviético.

38. «Jefe extraordinariamente inteligente, correctísimo, discreto, activo, sincero y leal, valiosísimo auxiliar [...] Fue la habilidad diplomática y la correcta conducta castrense de ese militar ruso lo que evitó cualquier clase de excesos, aconsejando a los miembros de la misión, incluso a su Jefe, una línea de conducta que cuadrase con el respeto que debía a los cuadros y al pueblo español [...] Creo que llegué a apreciar cabalmente las altas dotes de Gorev, el hondo sentimiento de fraternidad y comprensión que ponía en su trabajo y el claro criterio militar con que enfocaba todas las cuestiones y, pese a nuestra amistad, que llegó a ser muy cordial, ni una sola vez abusó de la confianza con que llegué a tratarle. A pesar de mis ruegos de que prescindiese de formalismos, jamás se permitió venir a mi despacho sin pedir autorización previa para hacerlo».

39. AHPCE: Sección EM soviético, legajo 28, doc. 323.

40. De ahí a afirmar que fue Rosenberg quien «decidió» ampliar las BI (De la Cierva, 2003, p. 505) media todo un abismo.

41. Carta de Uritsky a Vorochilov del 8 de diciembre de 1936 (cortesía del Dr. Rybalkin).

Conclusiones: a la búsqueda de amigos en un entorno hostil

La presente obra se ha situado bajo el *dictum* del maestro Pierre Vilar: nunca se reflexionará lo suficiente sobre las relaciones, claras y oscuras, evidentes y sutiles, entre la guerra de España y su contexto europeo. Gracias a una documentación novedosa, extraída de los archivos más relevantes, es decir, los republicanos, los franceses, los británicos y los rusos, hemos tratado de profundizar en el conocimiento de algunas de esas relaciones. Hemos seguido una metodología consistente en gran medida en analizar el pasado como algo que, para los decidores de la época, era el futuro, incognoscible y preñado de incertidumbres. Se trata, naturalmente, de un artilugio: su futuro es para nosotros un pasado que ya aparece remoto. Los años treinta del siglo XX tienen muy poco que ver con la Europa de nuestros días.

El panorama que resulta del análisis efectuado es, por un lado, más complejo y más abigarrado de lo que a primera vista parece. Por otro, es de una simplicidad extrema: sin la interacción con el exterior el cruento golpe militar del 18 de julio de 1936 no hubiera podido convertirse en una contienda en toda regla que duró casi tanto como la mitad del segundo conflicto mundial.

Una guerra, civil o no civil, se dirime en último término en los campos de batalla. Pero los factores que influyen sobre la configuración (militar, política, económica, social, intelectual) y eficiencia de las fuerzas entre las que se traba son extraordinariamente variopintos. La República partió con desventaja respecto a casi todos ellos. Sólo tuvo una posición dominante neta en lo económico (gracias a las reservas de oro del Banco de España) y en lo intelectual (merced a la atracción que el conflicto despertó en todo el mundo). El primero fue compensado por los créditos de las potencias del Eje. El segundo se vio contrarrestado por el fervor de la Iglesia Católica, dentro y fuera de España, y por la atracción que despertaba el fascismo. Con todo, hubo un factor que, a la postre, le fue letal. Se trató de la interacción entre la evolución sobre el terreno y los elementos estructurantes que emanaron del exterior. Esta interacción moldeó el curso de la contienda y fue más acusada, si cabe, en su período inicial, que hemos abordado en este libro. Fue en él cuando en otras circunstancias la República hubiese podido, quizá, contener a los sublevados. No lo logró. Cuando, más tarde, gracias a la incipiente ayuda soviética el balance se inclinó ligeramente hacia los republicanos, Franco era ya indesalojable. El Tercer Reich y la Italia mussoliniana habían salvado al futuro Caudillo.

A diferencia de un enfoque utilizado generalmente por autores pro-franquistas, esta obra ha contrastado que la guerra civil no es pensable desde el primer momento sin una referencia permanente al contexto europeo. Franco lo captó al apelar inmediatamente, en situación desesperada, a la ayuda de las potencias fascistas y en sus esfuerzos —en ocasiones patéticos, a veces un tanto ridículos— por estimular el continuado apoyo italiano. No lo hizo con Hitler, quizá porque el Tercer Reich le caía, en aquellos momentos, un tanto lejano y se sentía más cómodo con el vecino latino. Sus reiteradas afirmaciones de que estaba dispuesto a hacer el juego de la política de fuerza de Mussolini moldearon sus conversaciones con De Rossi y llegaron a un punto culminante en su secreta entrevista de Sevilla en septiembre de 1936. Sus peroratas en contra del peligro inminente de bolchevización fueron en la misma dirección. Como es notorio, la Iglesia Católica terminó bendiciendo una «cruzada». Franco la planteó como tal, en contra del comunismo ateo y destructor, desde los albores mismos de la sublevación. Sus declaraciones a Jay Allen fueron lo suficientemente demostrativas. Tocó una cuerda hipersensible para ciertas potencias que hubieran podido, quizá, contribuir a que los acontecimientos futuros se desarrollaran de otra forma. Al frente de ellas, figuró sin la menor duda el Reino Unido.

El análisis de los factores más relevantes del mundo exterior para definir y moldear la capacidad de resistencia y ataque de republicanos y franquistas también habrá puesto de manifiesto cuál fue el problema esencial de los primeros: encontrar amigos con cuya ayuda pudieran hacer frente a un golpe de Estado en toda regla que, con contundencia y precisión, se diseñó para paralizar los mecanismos de Gobierno e intimidar a las masas. Por la sangre y el fuego, el golpe, semifracasado, creó hechos irreversibles. La narrativa ha mostrado los efectos fulminantes de tales factores. En primer lugar, deslegitimaron funcionalmente al Gobierno de la República. La no intervención le colocó en situación casi desesperada. Un Gobierno reconocido por la comunidad internacional se vio privado de ejercer, en la práctica, su derecho de legítima defensa. Esto afectó de manera muy negativa a su capacidad para influir en la evolución interna. Quienes hubieran podido ser sus amigos se echaron pronto para atrás. Sus adversarios, en el Eje naciente y en Londres, no sintieron los menores escrúpulos y se rieron de la no intervención, algo sobradamente conocido. Menos notorio es que en la capital británica también se supo desde el primer momento lo mucho que los italianos se reían, cómo ayudaban a Franco y con qué dificultades se enfrentaban los republicanos. A veces se ha presentado la postura británica como de neutralidad malévola. El análisis de los documentos interceptados por los servicios de inteligencia (los «*blue jackets*») junto con el de las estimaciones militares del AIS (un grupo de analistas cuya mera existencia no he visto hasta el momento reflejada en la literatura) muestra, por el contrario, que tal caracterización es profundamente equívoca. En mi opinión, dan fundamento a la tesis de que tal vez fuese más adecuado, y más en línea con las realidades de la época, hablar de «hostilidad encubierta».

Las gestiones republicanas, que estuvieron siempre teñidas de sorpresa y estupor, toparon en Whitehall con un muro de desprecio, término que no suele aflorar en los centenares de estudios que han diseccionado la política británica de la época. Es muy loable, y ciertamente relevante en el plano histórico, analizar el comportamiento de la oposición laborista y comunista, incluso de sectores del Partido Conservador, o la evolución de la opinión pública liberal y de izquierdas frente a la política del Gobierno. Nada de ello es óbice para que la atención deba concentrarse prioritariamente en las tesis y miedos que reinaban en el círculo mágico de quienes tenían peso a la hora de formular la acción gubernamental. El temor irracional a un posible triunfo comunista en la Península obliteró la capacidad de análisis de una Administración que todavía regía un imperio. Casi nadie se paró a considerar que tal hipótesis era todo menos plausible. No es fácil documentar con precisión el impacto de temores y prejuicios sobre la capacidad para comprender la realidad, presupuesto inexcusable para actuar convenientemente sobre ella. Por lo demás, y como no hay (casi) nada nuevo bajo el sol, esta opacidad para comprender realidades exteriores es algo que salpica continuamente la historia de las relaciones internacionales. Desde un imperio como el persa en guerra contra las polis griegas hasta la invasión de Irak, desatada por la Administración del presidente George W. Bush.

Si la contribución positiva británica brilló por su ausencia, la ayuda francesa —tan cacareada en la literatura— tampoco fue muy activa. Hubo un primer momento de apoyo pero no llegó a consolidarse. Se tradujo en el suministro de material bélico en escasas cantidades y que, para colmo, no estaba en condiciones de prestar fácilmente una aportación efectiva al combate. El episodio de la gasolina tetraetilada fue sólo un botón de muestra. La saga de las adquisiciones de aviones, que hemos ilustrado merced al informe del comandante Aboal, otro. Menos mal que algunos autores franceses, a la cabeza de entre ellos Duroselle, no han ahorrado epítetos para caracterizar como se merece una política que nunca supo mirar por fuera de las faldas de la niñera inglesa (metáfora que he tomado prestada a uno de los testigos de la época). En unos momentos en que se reivindica con fuerza la figura, tan merecedora de elogios en el plano interno, de Léon Blum, este libro presenta no el lado oscuro sino oscurísimo de su gestión. No en vano ésta mereció el más infinito desprecio de uno de los embajadores republicanos que vio de cerca sus efectos y que hoy está ya olvidado: Ossorio y Gallardo. La adquisición de una parte de las reservas de oro del Banco de España (que no venía mal a las finanzas francesas), el medio cierre de un ojo para permitir que, de contrabando, ciertos materiales pasaran a España, el reclutamiento de voluntarios para las BI y la tolerancia de una operación subordinada en París para comprar «de extranjis» pertrechos de guerra (aunque nunca los necesarios para un conflicto moderno) fueron las grandes contribuciones de la III República a la salvación temporal de su homóloga española. Hay demasiadas leyendas sobre tal tipo de ayuda que aguarda una monografía con más amplia base documental. Con todo, en el segundo volumen de esta trilogía utilizaremos fuentes francesas todavía desconocidas para avanzar en esa vía.

En su búsqueda desesperada de apoyos externos, el Gobierno republicano sólo encontró dos: el primero fue México, que no dudó un minuto en situarse a su lado. No es de extrañar que incluso en las querellas del exilio y en la amargura de la derrota la ayuda mexicana se mantuviera siempre como un fanal llameante entre los huidos, exiliados o transterrados. El ejemplo mexicano es lo que la República hubiera podido esperar de algunos de sus vecinos geográficos y, en particular, de Francia. En julio/agosto de 1936 se puso de manifiesto que un comportamiento internacional correcto, un apoyo sin mácula a la Sociedad de Naciones, una postura centrada en excelentes relaciones con Francia y el Reino Unido, con Alemania y Estados Unidos, salpicadas únicamente por querellas derivadas de la defensa de intereses comerciales en condiciones de crisis económica internacional, no servían absolutamente para nada. La República, al parecer, cometió un pecado capital: se atrevió a realizar reformas internas que afectaban, o podían afectar, a los intereses económicos de potencias mantenedoras a ultranza del estatu quo (el Reino Unido, Estados Unidos). Si hay una lección que cabe extraer de la amarga experiencia de la España de los años treinta es que en el marco de la confrontación ideológica no convenía sacar los zapatos del tiesto. La República emitía señales de alteración y ocupaba un escalón lo suficientemente bajo en el elenco internacional como para poder rechazarla más o menos airadamente.

Costó trabajo a los dirigentes madrileños asumir la retracción de las potencias democráticas y los bofetones que de ella se derivaron. Pero, dada su contundencia, hubieron de buscar otros amigos. La República sólo encontró un segundo: la Unión Soviética. Gran parte del texto que precede se ha articulado en torno al proceso gracias al cual los intereses republicanos y los intereses soviéticos terminaron por converger, siquiera en el plano operativo. Fue el gran viraje de la guerra por parte de la República. Hemos mostrado cómo, en contra de las afirmaciones que dominan la literatura, por lo menos la occidental, las iniciales reacciones, aunque limitadas, de la Unión Soviética fueron casi contemporáneas del golpe militar. Hemos analizado pormenorizadamente el despliegue de los movimientos, ocultos y no ocultos, que preludiaron el paso al frente que terminó dando Stalin. Para ello nos hemos basado en documentos internos soviéticos de la época, algunos conocidos en la literatura pero nunca utilizados en conexión con la guerra civil; otros desconocidos o sólo parcialmente conocidos hasta el momento. Particular importancia hemos prestado a los informes del GRU y a cierta correspondencia emanada del NKID. No cabe duda que, de haber podido hacer una investigación más pausada y más profunda, habríamos alumbrado muchos otros pormenores que todavía están amparados por la oscuridad de los archivos. Hemos identificado actuaciones soviéticas algo más sofisticadas, y más importantes en el plano histórico y político, que las afirmaciones de Krivitsky y expuesto éstas como lo que son: una tabla salvavidas a la que se agarran, para «probar» las malévolas intenciones soviéticas, los autores que militan en un anticomunismo y anti-republicanismo primarios. Si bien quedan aún zonas de sombra, no existe hasta ahora en la literatura un relato tan detallado de las perplejidades, temores y avanzadillas soviéticos que fueron produciéndose en el resbaladizo terreno que condujo a la decisión de ayuda efectiva, exactamente con dos meses de retraso en comparación con la de Hitler. Si, como cree el autor, la Historia es un tejer y destejer continuos, la identificación precisa de las estaciones más importantes de tal proceso debe constituir un paso hacia delante para poder tejer una interpretación más acorde con la evidencia documental y un destejer de la basada en leyendas, cuentos y chismorreos.

Cuando Stalin dio su luz verde, evitó el colapso republicano. Justo igual que Hitler y Mussolini habían evitado el colapso del golpe. Stalin puso en acción medios no desdeñables. Si pudo hacer más, como han insinuado varios autores, es un tema a investigar. No faltaron voces en los círculos dirigentes soviéticos que subrayaron la posibilidad de que las potencias del Eje no se echaran atrás e intensificaran, como así ocurrió, su ayuda a Franco. El telegrama de Litvinov a Rosenberg del 4 de septiembre es, en este sentido, de una importancia capital. En él puede leerse una premonición de las dificultades que lastrarían los futuros esfuerzos soviéticos, dificultades que marcaron indeleblemente la internacionalización del conflicto y ahormaron el juego político y militar que pronto se trabó entre las gesticulantes potencias del Eje y una Unión Soviética que trataba de salir de su aislamiento.

Hemos establecido un elenco de los motivos que cabe inferir del comportamiento cauteloso de Stalin. Fueron más complejos que los que impulsaron las decisiones de los dictadores fascistas. En ellos se combinaron inextricablemente razones de *Realpolitik* y planteamientos ideológicos. Las primeras estaban ligadas al reforzamiento de la política de seguridad colectiva cuyo vértice era, para la Unión Soviética, la relación con una Francia insegura, amenazada y dividida. También con la necesidad de no dejarse acoquinar por las potencias del Eje. Los segundos entroncaron con la lucha a muerte que había desatado contra el trotskismo, considerado como un problema de seguridad interna y como factor de deslegitimación del régimen soviético.

Este libro ha llevado hasta el límite que permite la base documental disponible, en ausencia de la soviética, la explicación del envío del oro a Moscú. Por primera vez en la literatura se ha argumentado que la operación se hizo bajo la responsabilidad del ministro de Hacienda Juan Negrín con los requisitos legales y políticos a que podía acudir la República en aquellos momentos convulsos. Se ha argumentado, con documentos al apoyo, que las tesis que no terminan de perecer y que propugnan otros destinos alternativos no responden a las realidades del año 1936. Nunca conviene leer la historia hacia delante. Menos conveniente aún es proyectar los conocimientos del presente hacia atrás en un ejercicio de ucronía. En particular hemos prestado cierta atención al desmontaje de tesis que postulan que la república hubiera hecho mejor poniendo el oro del banco de España a salvo de la «trapacería» soviética bien en Londres, en París o en Nueva York. En nuestra opinión hubiera sido un error profundo que hubiese precipitado su derrota.

Se ha avanzado en relación al conocimiento destilado en investigaciones previas del autor y situado la movilización del «nervio de la guerra» en las coordenadas políticas, militares e internacionales de la época. Ha estado lejos de nuestra intención hacer un análisis técnico, que poco podría aportar a lo ya realizado hace treinta años, aunque con escaso éxito a juzgar por lo que se lee en la literatura de signo profranquista. Las ventas iniciales se realizaron al amparo del único supuesto contemplado por la LOB, la intervención en el mercado de cambios, y se destinaron al Banco de Francia (algo que el franquismo veló cuidadosamente). El traslado fuera de Madrid tuvo lugar bajo la cobertura de un decreto reservado, sancionado quince días más tarde por las Cortes a la primera ocasión que éstas tuvieron. El envío a Moscú se amparó en un acuerdo político explícito del Consejo de Ministros. Poco a poco, fue desarrollándose una legislación de excepción, también reservada, que convalidó retrospectivamente las disposiciones efectuadas. En esta obra se reproduce en su totalidad, salvo error u omisión. Es de esperar, aunque no seguro, que de ella tomen mínima nota aquellos autores que siguen persistiendo en los mitos franquistas. Quizá los republicanos hubieran podido hacerlo mejor pero, al menos, lo hicieron. Si bien subsisten lagunas, el lector de buena fe habrá comprobado que el tratamiento que ofrece este libro deja muy atrás los rumores y fantasías vehiculados por Krivitsky y Orlov, los puestos en marcha desde los comienzos del exilio y las abundantes especulaciones que todavía proliferan en una literatura ideologizada y en la que Bennassar, Bolloten, Payne y Radosh ocupan, entre los más recientes historiadores extranjeros, lugares de honor. También, todo hay que decirlo, colma un vacío que no han llenado la literatura francesa o la soviética ni tampoco la historiografía rusa posterior. No en último término, en esta obra se argumenta que, con sus sugerencias de septiembre y octubre de 1936, Juan Negrín, tan vilipendiado por sus detractores y tan ennegrecido como ha quedado su nombre en la literatura, salvó el honor y la existencia de la República. Que ésta fuese efímera se debió a causas fuera de su control y que iremos desmenuzando en los futuros volúmenes de esta trilogía.

Hemos hecho hincapié en las consecuencias del hundimiento del aparato de Estado para llevar a cabo una política eficaz de adquisiciones en el exterior y para definir los mecanismos necesarios de cara al montaje de la economía de guerra. Es un enfoque que pretendemos continuar. Lejos de la propaganda y del manido juego de autoexculpaciones, hemos acudido a documentos de la época para demostrar que los dirigentes republicanos conocían los problemas. No hay historia sin una buena base documental, la mejor posible. Por ella se advierte que no fue tarea fácil arbitrar soluciones. Negrín, como ministro de Hacienda, se lanzó a la brecha. No le faltaban ni imaginación ni decisión. Al principio se basó en los antecedentes (incluso es verosímil que el traslado del grueso de las reservas fuera de España lo hubiese contemplado el Gobierno anterior al de Largo Caballero) pero no dudó en innovar ni en tomar riesgos. Los más importantes, los que han contribuido a emborronar su nombre, los tomó arropado por sus compañeros de gabinete. Es de lamentar que pocos de entre ellos asumieran públicamente sus responsabilidades. Largo Caballero y Prieto echaron balones fuera. Hernández se calló. No es cierto que la historia sólo la escriben los vencedores. En ocasiones, la aportación de los vencidos no es menos desdeñable. Sobre todo si ésta, desdibujando pistas, resulta atractiva para los mitos que amamantaron quienes se alzaron con la victoria. En este sentido Prieto arriesgó conscientemente su responsabilidad política e histórica. Su odio a Negrín y las exigencias de manipulación política del exilio le cegaron.

Hemos subrayado el deterioro de la imagen externa de la República, derivado de una propaganda casi coetánea con el golpe militar. La derecha mezcló imágenes que siguen perviviendo en un sector de la historiografía: terror indiscriminado, implantación comunista y debelación de la civilización cristiana. Todo ello consolidó la idea de una República atípica, proclive a las barbaridades de la revolución. En comparación, los sublevados se encontraron, de cara a la palestra internacional, en una situación casi idílica. Las potencias fascistas les dieron su apoyo desde el primer momento, continuaron con él y superaron la ayuda soviética. Ofrecieron sus buenos servicios políticos y diplomáticos y, con su vocerío antibolchevique, ahogaron las escasas voces en Whitehall, como la de Collier, que divisaban en ellas el peligro inminente. Y, claro está, las brutalidades rebeldes, no de la base sino ordenadas desde la cúspide, permanecieron semiocultas al ojo escrutador de los agentes de S.M., que las toleraron en cualquier caso porque los «rojos» eran mucho peores.

Por último, hemos destacado un error de enfoque republicano. La creencia en que, tarde o temprano, las potencias democráticas terminarían reconociendo que sus intereses de seguridad convergían con la deseabilidad del mantenimiento de una España no enfeudada a las potencias fascistas. La única ocasión en que, quizá, hubiera sido posible adoptar una postura activa que hubiese, tal vez, podido surtir efectos contrarios a un apaciguamiento en ciernes de los dictadores se presentó a mitad de septiembre de 1936, pocos días después de tomar posesión el Gobierno de Largo Caballero. La intuición de sus componentes les llevó a aprobar unos proyectos de notas de tono conminatorio («ultimátums» los denominó Azaña) a los Gobiernos fascistas. Es puramente especulativo detenerse en cuáles hubieran podido ser sus posibles efectos. No se enviaron y se sustituyeron por otras mucho más aguadas. En retrospecto cabe pensar si Azaña, la encarnación de la República, no cometió entonces un error estratégico, imposible de compensar. Fue una coyuntura en la que el Gobierno de Madrid podía actuar con relativa autonomía. La retracción de las potencias democráticas no estaba todavía plenamente consolidada. La ayuda a Franco por parte de las potencias de un Eje en formación, tampoco. Azaña optó por la prudencia diplomática pero ello no llevó a la República a ninguna parte.

Más específicamente, el análisis desarrollado en la presente obra ha permitido contrastar una decena de tesis:

1. El inicio de lo que hemos denominado la soledad de la República coincidió prácticamente con el estallido del golpe militar. A un momento de apoyo liderado por un sector del Frente Popular francés se opuso tal número de resistencias, internas y externas, que su plasmación práctica fue escasísima. Las reflexiones y experiencias de los enviados y agentes republicanos (hemos explotado los informes hasta ahora desconocidos de Jiménez de Asúa) revelan que la cúpula gubernamental en Madrid pronto supo que detrás de la incipiente retracción francesa aleteaban no sólo las polémicas políticas e ideológicas internas de la III República sino el peso abrumador de la reticencia británica. Ésta es una noción que hasta ahora no ha terminado de penetrar en la literatura.

2. El Gobierno republicano quedó yugulado estratégica y tácticamente por la no intervención. Los inmensos esfuerzos desplegados para contornearla absorbieron un gran volumen de energía y de capital político, sin contar los recursos humanos, materiales y financieros que se asignaron a la tarea. Esta operación se llevó a cabo en condiciones de un colapso casi total del aparato administrativo. Su papel

fue suplido, con más celo que eficacia, por una turbamulta de iniciativas locales, regionales y partidarias. Se montó una operación en París que no servía para proporcionar el tipo de material bélico moderno sin el cual era imposible ganar una guerra. Algo de éste pudo adquirirse en Estados Unidos pero la Administración rooseveltiana no tardó en echarse atrás. También temblaba ante la idea del peligro comunista. En pocos meses pasó de una situación de embargo «moral» a otra de embargo legal. La gran democracia norteamericana, a la que no se alude demasiado en este libro, dio con ello el primero de sus golpes letales a la democracia española, por muy imperfecta que ésta fuese. Ya en la guerra civil manifestó la tendencia a preferir, aunque fuese como mal menor, dictaduras de derechas.

3. Desde el primer momento la República se vio cortocircuitada por los factores internos. La formación del Ejército Popular, si bien se inició con rapidez, resultó demasiada lenta frente a la urgencia de las necesidades. La *envolée* revolucionaria contribuyó, no obstante, a la salvación de la situación durante algunos meses. Incluso los análisis de diplomáticos conservadores como el embajador chileno, Núñez Morgado, apuntan en tal dirección. Pero la fragmentación política duró demasiado tiempo y tuvo efectos turbadores. El agregado militar francés, Morel, diseccionó los motivos estructurales que mantenían una discordancia excesivamente acentuada. En particular, los anarquistas se revelaron disfuncionales de cara al esfuerzo de guerra. Es algo en lo que coincidieron los observadores exteriores no prejuzgados. De cara a una máquina militar profesionalizada, liderada por las unidades del Ejército de África y las tropas coloniales, legionarias y marroquíes, hubiese sido necesaria otra reacción. Ni en los meses iniciales de guerra ni en los posteriores la República resolvió el problema fundamental de cómo conducirla (los sublevados lo abordaron *manu militari*, nunca mejor dicho, en ocho semanas y auparon a Franco a la jefatura de un Estado campamental cuya definición política quedó para más adelante). Era obvio, para todos ellos, que lo primero era vencer en los campos de batalla. Los republicanos continuaron enzarzados en cómo cohonestar guerra y revolución. La primera fue un desastre (mal que pesara —pese— a anarquistas para-trotskistas y otros disidentes comunistas) y la segunda la perdieron. Hubo muchos grupos políticos en el bando republicano que no hicieron demasiado para proteger a la República. Los efectos de una literatura memorialística y autoexculpatoria han dominado largo tiempo la obra de numerosos autores

que, aunque no hayan sido pro-franquistas, tampoco dejaron de moverse en la línea políticamente correcta y que cabría caracterizar como un «nunca se es suficientemente anticomunista».

4. Sin caer en las añagazas de la historia virtual, los análisis efectuados apuntan a que la dinámica interna y externa al conflicto había creado una situación en la cual, en septiembre de 1936, la República había perdido prácticamente la jugada. Azaña lo reconoció. La retracción francesa, que nunca hubiera esperado, la contempló como lo que era: un mazazo mortal, quizá comprensible —aunque no disculpable— dadas las coordenadas en que se movía el Frente Popular francés pero no por ello menos letal. Con todo, no había alternativas a la continuación del combate. No cabía plantear la mediación o la rendición a unas masas enfervorizadas que se sentían dueñas de sus destinos y que tenían la impresión, correcta, de que los militares sublevados, los falangistas y la derecha más reaccionaria arrumbarían las reformas que España necesitaba y que los desposeídos exigían.

5. La República, con todo, no careció de activos. Además de hombres y de entusiasmo, disponía de recursos. Prieto puso el énfasis públicamente en los materiales, que no eran desdeñables. Las reservas de oro del Banco de España garantizaban que si la guerra se perdía no lo sería por falta de medios financieros. Para ello era condición necesaria, no suficiente, la movilización rápida y sin problemas de un tesoro previamente esterilizado con fines de desarrollo económico por el dogmatismo doctrinal de la época. La que se llevó a cabo desde los primeros días del conflicto constituyó, no obstante, una operación frágil. La experiencia de ciertos actos de sabotaje por parte de algunos bancos occidentales demostró que, además de vender, era necesario transferir el contravalor en divisas por medios seguros y, en general, protegidos de la curiosidad de Gobiernos, bancos, periodistas y agentes de inteligencia adversarios. Negrín fue quien apechó con el establecimiento de las bases operativas imprescindibles para domesticar las finanzas al esfuerzo de guerra.

6. También contó la República con la solidaridad inmediata de la izquierda en el exterior. Pero el Gobierno conservador de Londres engañó a la opinión pública británica. Todas las manifestaciones comunistas y, en parte, socialistas en Francia no sirvieron de mucho. En Estados Unidos su efecto fue incluso más reducido. Sólo cabe especular cómo se hubiera reflejado en términos operativos dicha solidaridad de no haber mediado la enérgica intervención soviética, tanto para movi-

lizar y mantener encandilado al *peuple de gauche* como para poner en pie la punta de lanza que constituyeron las Brigadas Internacionales. Su creación fue decidida, hay que recordarlo, mes y medio después de que se constatara la intervención de las potencias fascistas al lado de Franco y el establecimiento del dogal de la no intervención, que Francia y el Reino Unido habían introducido sin dilación alguna. Los mitos que defiende todavía algún caracterizado autor pro-franquista para retrotraer el momento fundacional de las Brigadas a una época de reacción soviética inmediata son eso, mitos.

7. El viraje republicano hacia la Unión Soviética, una de las cuestiones más debatidas de la guerra y que sigue tiñendo una parte significativa de la literatura hasta prácticamente nuestros días, no obedeció a motivos ideológicos. Sus inicios se encuentran en la llamada, *tous azimuts*, que el Gobierno de Madrid dirigió a los potenciales suministradores, incluido el Tercer Reich. La respuesta de Moscú fue inmediata, pero sólo en el terreno de los suministros de petróleo, que se documentan en este libro en espera de las detalladas investigaciones de Guillem Martínez Molinos. Las opciones fueron ampliándose rápidamente, a medida que se constaba la retracción de las potencias democráticas, con la relevante y nunca suficientemente enaltecida excepción de México. A principios de septiembre de 1936 la Unión Soviética constituía la única tabla posible de salvamento. El PCE, lógicamente, así lo entendía. Los más sensatos entre los republicanos también. La alternativa la identificó Ossorio y Gallardo: perecer.

8. Una guerra es una guerra, es una guerra, es una guerra. Nunca se subrayará suficientemente esta vacuidad. Ahora bien, frente a las abundantes interpretaciones que ponen el acento en los factores internos, parece imposible reducir la importancia de los externos como condicionantes no sólo en tanto que marco general sino en su interacción continua con las coyunturas cambiantes en los campos de batalla. De forma inmediata se suscitó una asimetría estructural a favor de los sublevados que poco a poco fue estrechando el margen de maniobra republicano, en el interior y en el exterior. Franco no chocó con ninguno de los impedimentos bajo los cuales hubo de evolucionar la República. Sus protectores, Hitler y Mussolini, jamás le dejaron colgado. Este apoyo no fue gratuito. Desde el primer momento Franco dejó entrever que estaba dispuesto a encauzar el futuro de España por cauces gratos a las potencias del Eje. No se trataba de *ruses de guerre*. Los hechos, tozudos, se encargaron de demostrar lo contrario. Las conversa-

ciones, que conocían los británicos, entre Franco y el cónsul De Rossi revelan hasta adónde estaba dispuesto a llegar. En el período que cubre esta obra no hemos encontrado base documental alguna que refleje ofertas similares hacia la Unión Soviética por parte de los dirigentes republicanos. La asimetría que también se produjo en los autoofrecimientos es algo que suelen pasar por alto los autores pro-franquistas o simplemente anti-republicanos. ¡Qué hubiese hecho Bolloten, por ejemplo, de haber hallado documentos en los que Largo Caballero o, sobre todo, su *bête noire,* Negrín, se hubieran expresado como lo hizo el victorioso general!

9. Ello no obstante, es obvio que también la Unión Soviética ayudó para apoyar sus propios intereses. Al principio coincidían con los de una República fuerte y enclavada en el campo de las democracias occidentales. Hemos determinado la coyuntura en que Stalin dio su propio paso al frente a través de los informes, totalmente desconocidos hasta nuestros días, del servicio de inteligencia militar (GRU). De ellos se desprende, con claridad meridiana, la labilidad española, la dispersión de esfuerzos, el colapso de la resistencia, la proliferación de focos y factores de heroísmo, la expansión del PCE y, sobre todo, el peso decisivo de las potencias del Eje en su incesante ayuda a Franco. Sin los envíos de armas modernas, equivalentes o superiores a los efectuados por el Eje, y la intervención de los primeros contingentes de las BI es difícil que el Gobierno de Madrid hubiera podido aguantar las exigencias que le imponía el combate. Fue inevitable, y el embajador Pablo de Azcárate ya previno de ello desde un primer momento al Foreign Office, que el prestigio del PCE aumentase rápidamente. Éste era, en efecto, la emanación política en suelo español del único país que podía salvar a la República, porque para entonces era evidente que la conexión con Francia no daba para mucho y que el Reino Unido jugaba a ganar tiempo, conocieran o no los dirigentes republicanos el tenor de las valoraciones, frías pero cortoplacistas, que hacían los grandes mandarines de Whitehall. Reprochar luego a la República que se dejara mecer en el regazo comunista, como hicieron en público y en privado muchos políticos y diplomáticos británicos, no carece de hipocresía. El PCE se convirtió, por su lado, en un partido de aluvión que desde el primer momento predicó la defensa de los valores republicanos y, a la vez, una resistencia numantina. Ahora bien, este progreso tuvo efectos contradictorios. Reforzó la capacidad de hacer frente al nuevo Estado campamental y alternativo a la República. Por otro

lado confirmó a las élites conservadoras británicas en su creencia de que en España despuntaba un nuevo experimento para-comunista. Su retracción no hizo sino acentuarse. Con todo, es improbable que el Reino Unido se hubiera comportado de forma diferente, aun en el caso que no se hubiera producido tal ascenso del PCE.

10. Finalmente, reiteremos que el tema objeto de esta obra se ha visto oscurecido demasiado tiempo por una espesa mitología, nutrida de las afirmaciones de demasiados personajes y personajillos que o no sabían de lo que escribían o que prefirieron exponer, para su mayor gloria personal o crematística, su interpretación de la historia. En la literatura testimonial, imprescindible por lo demás, abundan las construcciones interesadas. Es de esperar que el análisis llevado a cabo reduzca a su justo término las patrañas de Amba y Orlov, las «explicaciones» de Krivitsky y los balones fuera de Largo Caballero, Prieto, Araquistáin y Martínez Amutio, entre muchos otros. O la no menos sesgada ideológicamente de Bolloten y de sus seguidores.

El autor es consciente de que este libro se detiene en un momento crucial. Ha debido sacrificar la extensión a favor de la intensidad, pero es la intensidad y el paso por un fino cendal de múltiples testimonios y documentos lo que permite derribar mitos y sustituir malas argumentaciones por otras más fundamentadas. En cualquier caso termina este trabajo en el convencimiento de que, en contra de lo que suele afirmarse, conocer o desentrañar el pasado no impide cometer los mismos o similares errores en el futuro. Un verso de Richard Heller permite ilustrar esta afirmación más bellamente que con sus propias palabras:

The Minister has all his notes in place.
No line of truth has etched his handsome face.
The House is sparse; they've heard it all before.
His expert lies massage away the war.

While [...] artillery take aim,
Decide which new civilians they should maim,
He fills the Chamber high with empty talk,
And here's another child will never walk.

The opposition make synthetic rant;
He answers with the Foreign Office cant.
Some random shrapnel takes a boy's right eye:
The other one is all he needs to cry.

«Next business», and the Minister displays
A lapdog urge to hear officials' praise.
A woman fetching water stops a shell.
He smiles: «That all went over rather well».

En el original lo que se ha sustituido por puntos suspensivos es el adjetivo «serbia». Heller escribió su poema como muestra de su indignación ante el nuevo episodio de «apaciguamiento» en el que se despeñaron las potencias democráticas occidentales con el trato que durante demasiado tiempo otorgaron a Milosevic y a sus sicarios. Pero el verso no perdería nada de su sentido si en lugar de los puntos suspensivos apareciese otro adjetivo como, por ejemplo, «nacional» o «franquista». El ministro, o primer ministro, podría haberse llamado indistintamente Anthony Eden, Yvon Delbos, Cordell Hull, Neville Chamberlain, Léon Blum o Edouard Daladier, entre muchos otros.

En el setenta aniversario del estallido del golpe militar, conviene decir las cosas como fueron, en la medida que son contrastables con la necesaria base documental. Tal vez no se trate de la mayor acción revolucionaria posible, según afirmó Rosa Luxemburgo, citando a Ferdinand Lassalle, uno de los padres fundadores del socialismo moderno. Pero es un deber para con quienes, en las generaciones que nos precedieron, lucharon y murieron por el honor de una República abandonada y soñaron con una España que no fuese la que realmente llegó a existir: la España de la VICTORIA, una España encasillada y encastillada en la larga dictadura franquista.

APÉNDICE DOCUMENTAL

Documento n.º 1

¿Hacia una República soviética en España?

Confidential Admiralty Monthly Intelligence Report No. 203
15 de abril de 1936

España

Situación interna. El Gobierno español ha dictado un decreto el 29 de febrero disponiendo que todos los empleadores reinstalen a los obreros, empleados y otros colaboradores que perdieron sus puestos de trabajo desde el 1 de enero de 1934 a causa de sus opiniones políticas o como consecuencia de su participación en movimientos huelguísticos. También ha dispuesto que las plantillas se restablezcan al nivel existente el 4 de octubre de 1934.

Se ha producido una huelga en las minas de la Compañía de Río Tinto en relación con la aplicación de tal decreto ya que por razones económicas había reducido su plantilla en 1.200 personas a lo largo de los dos últimos años. La compañía ha dado a conocer su preocupación por el mantenimiento del orden en la zona minera. El representante de la misma acaba de indicar, no obstante, que la huelga ha terminado y que no hay desórdenes o perspectivas inmediatas de que la situación pueda amenazar la vida de ciudadanos británicos o propiedades británicas [...]

Durante las últimas semanas han crecido los desórdenes. En su curso se han incendiado iglesias y edificios de periódicos y la policía se ha visto obligada a disparar contra la muchedumbre.

A pesar de las declaraciones tranquilizadoras por parte de varios ministros, que han cursado órdenes a los gobernadores civiles de mantener el orden «con energía, pero dentro de la legalidad», parece optimista suponer que sea fácil restaurar la ley y el orden. La autoridad y la disciplina de las fuerzas policiales y del Ejército se han visto minadas y el Gobierno no parece capaz de controlar la situación.

El ministro portugués de Asuntos Exteriores informó recientemente al Sr. Eden que los acontecimientos de España causaban gran ansiedad a su Gobierno, que tiene motivos para creer que los comunistas españoles estaban alentando y armando a elementos revolucionarios en Portugal.

En opinión del ministro de Estado las grandes ciudades españoles permanecerán tranquilas, aunque quizá se produzca algún desorden esporádico en el campo y en las Cortes. Los jefes de misión en Madrid son, sin embargo, más pesimistas y algunos de entre ellos temen incluso la creación, en el próximo futuro, de una República soviética en España.

Con el fin de evitar una intensificación de las pasiones políticas, que invariablemente provoca la convocatoria de elecciones, las de índole municipal previstas para el domingo de Resurrección se han pospuesto indefinidamente. En general se considera que estas elecciones favorecerían considerablemente a la extrema izquierda y han abundado los rumores que en caso de éxito los dirigentes socialistas echarían al presidente de la República y establecerían un régimen soviético. Se afirma que el Ejército está conspirando para prevenir tal acontecimiento por medio de un *coup d'état* a las órdenes de un general muy distinguido pero cuyo nombre no se ha divulgado.

En lo que se refiere a acciones contra el Sr. [Alcalá] Zamora, el actual presidente, no ha sido necesaria una victoria en las urnas. El 7 de abril fue desposeído automáticamente de su cargo a tenor de una moción de censura socialista que se aprobó en las Cortes por 238 votos contra 5.

Como presidente ha recibido un sueldo de 2 millones de pesetas anuales (80.000 libras), el más elevado que perciba ningún otro jefe de Estado en el mundo. Dado que ha ocupado su puesto durante cinco años, desde la caída de la Monarquía, habrá recibido cerca de 340.000 libras.

Un artículo de prensa indica que la selección de su sucesor ha sido uno de los temas favoritos de conversación en las tertulias políticas durante las últimas semanas. Se han mencionado muchos nombres pero sólo hay tres favoritos.

El primero es el radical socialista Álvaro de Albornoz, previamente ministro de Obras Públicas. El segundo es el Sr. Martínez Barrios (sic), ex primer ministro y líder del partido de Unión Republicana. Recientemente ha sido elegido presidente de las Cortes por una aplastante mayoría. En uno de los carteles electorales de las derechas unas semanas antes se le describió como un hombre de «hambre, sangre, barro y lágrimas». El tercero es el Señor Angel Ossorio. Todos son juristas. El Sr. Ossorio fue gobernador civil de Barcelona durante la Monarquía, pero escapó disfrazado de mujer cuando empezaron los desórdenes. Es famoso por su lacrimosidad.

Fuente: TNA: ADM 223/824.

Documento n.º 2

Una respuesta formal francesa, prácticamente desconocida, defendiendo la no intervención

Ministerio de Negocios Extranjeros
Dirección de Asuntos Políticos

Señor Embajador,

El Gobierno francés no ha dejado de examinar con la mayor atención las comunicaciones que V.E. ha tenido a bien dirigirme los días 10 y el 15 de este mes. Ha tomado conocimiento, con satisfacción, de la declaración a tenor de la cual encontrará, por parte del Gobierno de la República Española, una colaboración completa y leal en toda la medida compatible con los intereses vitales de su país para evitar que los acontecimientos de España puedan convertirse en fuente de dificultades de orden internacional.

El Gobierno francés aprecia en sumo grado el espíritu de conciliación de que ha hecho prueba el Gobierno español en varias ocasiones y, en particular, con motivo de los incidentes acaecidos en Tánger.

Para disipar ciertas aprensiones expresadas por V.E. el Gobierno francés tiene interés en confirmar que nunca ha pensado en equiparar la situación actual en España con un conflicto de orden internacional. Pero también tiene el deber de preguntarse si de tal situación no surgiría un conflicto de estas características.

Es más, los movimientos de opinión y de emoción que en gran parte del mundo se han producido en dichas circunstancias, su diversidad y su amplitud justifican las más serias inquietudes en tal respecto. Es para defender la causa de la Paz —a la cual está firmemente rendido el Gobierno de la República Española, como con toda justicia lo recuerda V.E.— por lo que el Gobierno francés considera que las potencias extranjeras deberían abstenerse de toda injerencia en los asuntos internos de España.

El Gobierno francés ha estimado que de un acuerdo realizado en base a tal principio y de las medidas concertadas que de él se deriven no se desprenderá ningún perjuicio para el Gobierno de la República Española, dadas las circunstancias fácticas y el peligro de suministros adicionales a los rebeldes. Está persuadido, antes al contrario, que alejar el peligro de complicaciones internacionales equivale a facilitar la reaparición en España de un estado de cosas normal.

El Gobierno francés atribuye al éxito de las negociaciones que a dicho efecto se han iniciado una importancia tal que se ha visto obligado a adoptar, en lo que a él se refiere, la decisión sobre las exportaciones destinadas a España que ha provocado las observaciones de V.E. La ha tomado con la convicción de que constituía una condición indispensable al éxito de sus gestiones.

No obstante las reservas que suscitan las consideraciones expuestas por V.E. en relación con esta postura, el Gobierno francés no puede por menos de manifestar su acuerdo con que el valor de una declaración de no intervención depende esencialmente de su rápida entrada en vigor y de la eficacia de las garantías previstas para su estricta aplicación. Es por lo que el Gobierno francés ha multiplicado sus esfuerzos en tal sentido, a los cuales se ha unido por lo demás el Gobierno británico.

Tal y como ya he tenido la ocasión de asegurar a V.E., el Gobierno francés no ha perdido nunca de vista esta doble consideración en los esfuerzos que lleva a cabo ante los restantes Gobiernos europeos. En consonancia con los deseos expresados por V.E., con su acción presente el Gobierno francés continúa esforzándose por el pronto éxito, indispensable en efecto, de una iniciativa inspirada a la vez por su preocupación por el mantenimiento de la paz y por sus sentimientos de amistad para con la República Española.

Le ruego aceptar, Señor Embajador, la seguridad de mi más alta consideración.

Firmado:
Yvon Delbos

Fuente: AMAE-AB, no intervención/caja104.
Publicada, con ligeras modificaciones de texto, en Barcia, pp. 39-41.

Documento n.º 3

Frente Popular, Frente Crapular[1]

General de Castelnau[2]

Como todo el mundo sabe España es la tierra clásica de las sublevaciones militares. En ella los pronunciamientos[3] parecen ser, por desgracia, un mal endémico. Por su parte el mundo civilizado (sic) ha seguido siempre en su tiempo con atención entristecida y gran compasión las convulsiones de esos conflictos fratricidas. En general se ha guardado mucho de toda intervención inconsiderada en tales acontecimientos dolorosos y se ha impuesto por norma el dejarles su carácter de luchas intestinas. Por último siempre se ha inclinado ante los hechos consumados y ha reconocido como poderes establecidos a los gobiernos que han emanado sucesivamente de esos trastornos internos.

Esta actitud tradicional hubiera debido, parece claro, imponerse naturalmente a todos en las circunstancias del momento presente. Ahora bien, es obvio que tal no ha sido el caso, como permite observar la propuesta de no intervención hecha solemnemente por el Gobierno francés a las potencias interesadas. ¿A qué cabe, pues, atribuir esta modificación radical de los mecanismos adoptados en el pasado en el continente europeo?

La respuesta estriba en que la Europa de hoy no es la de ayer. Bajo la influencia y la presión de las doctrinas marxistas al Este del viejo mundo y bajo el signo del bolchevismo soviético se ha impuesto una nueva concepción, una nueva forma de vida social. La dictadura del proletariado está en el origen de tan bárbara institución. Es la que esclaviza, en provecho de unos cuantos, no

1. Juego de palabras en francés, aunque la segunda es perfectamente aceptable en un sentido despectivo.

2. Edouard de Curières de Castelnau, 1851-1944, fundador de la Fédération Nationale Catholique.

3. En español en el original.

solamente los recursos materiales sino incluso el espíritu y el alma de todos aquellos que ha subyugado. Es la que ha abolido todas las religiones para sustituirlas por una perspectiva puramente materialista que considera más potente que todas las religiosas. Es la que ha triunfado por la injusticia, la traición y la denegación de todas las obligaciones aceptadas, en una palabra, por el abandono de los principios esenciales que en las sociedades civilizadas dominan las relaciones entre los individuos y entre los pueblos.

Finalmente, en la embriaguez que le ha producido su triunfo en Rusia, la Comintern ha desencadenado una furiosa tempestad de proselitismo destinada a arrastrar a todos los pueblos en la subversión integral y universal de todo orden establecido. A favor de la convulsión general ocasionada por la Gran Guerra, esta propaganda intensiva se ha ejercido, no sin ciertos éxitos iniciales, por la palabra, la pluma y también por [...][4] y el fuego. Pero tales vastas y criminales ambiciones han chocado, día tras día, en ciertos puntos del continente europeo con la resistencia victoriosa de una reacción violenta y legítima. Se ha emprendido una lucha entre, por un lado, la civilización cristiana con su respeto soberano a la dignidad y a la libertad humanas queridas por el Creador y, por el otro, la anarquía bolchevique que ha reducido a la condición de rehenes a todos los seres humanos al servicio de un colectivismo bárbaro, criminal, sin Dios, sin alma, sin patria y sin entrañas.

Por ello la Comintern ha encajado derrotas sangrientas y dolorosas, destino de impotencia al que la condenan por una larga temporada, si no es para siempre, las naciones que han reaccionado.[5] La Comintern ha debido, pues, dirigir hacia otros lugares del continente europeo o asiático los efectos irreductibles de su instintivo proselitismo. Ahora bien, aprendiendo de la experiencia, ha modificado radicalmente su táctica para mejor adaptar su acción a las circunstancias y al terreno. Es así como, por ejemplo, hoy se sitúa cuando es preciso bajo la bandera del patriotismo, de la estabilidad familiar, de la libertad de conciencia, etc., etc. En Francia ya no enseña su puño a los católicos sino que les tiende la mano mientras aguarda, sin duda, que llegue el momento cuando, como en España, pueda ametrallarles sin piedad.

Finalmente, y sobre todo, la Comintern actúa a través de partido interpuesto. Sin hablar de ejemplos que nos afectan de muy cerca, los acontecimientos de los cuales España es el teatro y la víctima ilustran trágicamente el nuevo método de proselitismo bolchevista. En efecto, es bajo la cobertura del Frente Popular español bajo la cual se desarrolla en el territorio de la península la batalla entre la revolución soviética dirigida por Moscú y quienes han levantado contra la esclavitud soviética el estandarte de la rebelión. Ya no se

4. Ilegible en el microfilm conservado en la Bibliothèque Publique d'Information de París, donde se ha consultado el texto.

5. La ilegibilidad de algunas palabras no permite una traducción literal.

trata, como antes, de dos facciones que se disputan el prestigio y las ventajas del poder político. Hoy se trata de la guerra entre la barbarie moscovita y la civilización occidental.

Lo que está en juego en este conflicto es de un orden muy diferente, superior y universal ante el cual resulta moralmente imposible para el mundo civilizado permanecer indiferente. Por otra parte, los Estados europeos que con anterioridad han debido combatir con las armas en la mano contra los revolucionarios soviéticos no les han conservado simpatía alguna. Gracias a su experiencia tienden a temer por el contrario las terribles consecuencias que podría arrastrar para Europa e incluso fuera de ella el triunfo en España de la anarquía bolchevista. Ello explica la nueva actitud que manifiestan las potencias europeas ante la guerra civil que se ha desencadenado entre los Pirineos y el Marruecos español.

La situación es tanto más angustiosa cuanto que el Gobierno de Madrid es un gobierno fantasma. Es el Frente bolchevista el que se ha apoderado del poder y el que hace la guerra. Se le reconoce por las crueldades, las atrocidades, los crímenes indecibles con los que ensangrienta todos y cada uno de sus días y todos y cada uno de sus pasos. Es un gobierno que ametralla, saquea, destruye e incendia. Su furia antirreligiosa es tal que no reconoce límites. Ni siquiera respeta el dominio sagrado de los muertos. El mundo civilizado ha temblado de horror e indignación ante el espectáculo de las pobres carmelitas desenterradas, puestas de pie sobre sus ataúdes con un cigarrillo en los labios y exhibidas a la entrada de las devastadas iglesias. Y como réplica a esta profanación inmunda, en el hall de un diario del sur aquí en Francia, tristemente célebre por el invento del «infame rumor», se ve anunciada la foto tan significativa de un periódico catalán: en ella se observa a un grupo de obispos con vestimenta pontifical, de curas y de otros religiosos españoles y como pie una explicación que dice en substancia: «¡Los primeros responsables de la sangre derramada!».

No es ya el Frente Popular el que gobierna España. ¡Es el «Frente Crapular»!

Tal es el destino reservado a los Estados en los cuales el poder cae entre las manos de los esbirros de la Comintern. ¡Ojalá que esta lección de ignominias incalificables pueda, por fin, abrir los ojos de los pacifistas, internacionalistas y colaboracionistas de toda laya!

Fuente: *Echo de Paris*, 26 de agosto de 1936, primera página.

Documento n.º 4

La saga de los primeros aviones adquiridos en Francia

INFORME DETALLADO DE LA COMISIÓN REALIZADA EN PARÍS DURANTE EL PERÍODO DE 21 DE JULIO A 15 DE SEPTIEMBRE EN QUE POR ORDEN DEL EXMO. SR. MINISTRO DE MARINA Y AIRE REGRESE A MADRID

El día 21 de julio, por orden del Jefe de Aviación Militar D. Angel Pastor, fuimos comisionados el comandante Warleta y el jefe que suscribe la presente información para trasladarnos a París con el encargo de adquirir 20 aviones de bombardeo para reforzar nuestro Ejército del Aire. En día 22 de julio al amanecer salimos de Barajas en un avión Dragón de la LAPE y llegamos a París a las dos y media de la tarde. Seguidamente nos trasladamos a la embajada para cambiar impresiones con el embajador y comunicarle el encargo que se nos había confiado. Al día siguiente acudimos, acompañados de nuestro agregado aeronáutico en París comandante Las Morenas, al Ministerio del Aire, donde fuimos recibidos por el jefe del gabinete militar, coronel Jeaunaud, a quien expusimos nuestro deseo. El citado jefe nos manifestó que en un plazo de una semana podíamos contar con cinco aviones Potez 54 y con cuatro o cinco Amiot 143, que más adelante y en un período de quince días se podría completar el lote de 20 ó 25 aviones solicitados por nosotros. Disponible inmediato, existía solamente de a 20 a 25 aviones Potez 25 (biplazas de reconocimiento) que están aparcados en Etampes. Se comunicó la noticia a Madrid y de allí contestaron que el plazo de entrega de una semana era muy largo y preferían aceptar la oferta de los Potez 25. Varios días después, acompañados del ministro consejero Sr. Cruz Marín y del agregado aeronáutico visitamos al jefe del gabinete civil para cerrar el contrato de la adquisición de los Potez 25. Puestos de acuerdo fuimos a ver al director del Material Aéreo Militar, con quien convinimos la venta al Estado español de 17 aviones Potez 25, con torretas, ametralladoras y lanzabombas. También se contrató la adquisición de un lote de 25.000 bombas. Los aviones debían salir hacia finales del mes de julio. Para ello se contrataron 15 pilotos franceses y el resto del material saldría por vía terrestre hasta Marsella, consignado a un Parque de Artillería, en cuyo puerto sería embarcado en un barco español que el Gobierno, prevenido, enviaría para ese efecto. Pasaron dos o tres días y de Madrid se recibe orden de que el comandante Warleta regresara a Madrid para dar cuenta de su misión y que el jefe que informa se quedase para ulteriores gestiones de compra de material. La venta del material propuesto quedaba anulada por razones de política internacional y por la campaña desarrollada por la prensa fascista francesa. Permanecí agregado a la embajada, en espera de instrucciones concretas respecto a lo que debía de hacer. Mientras tanto nuestro agregado militar, comandante Barroso, había dimitido de su cargo y más tarde lo hizo el naval y el aeronáutico. Quedé solo y el ministro consejero Sr. Cruz Marín propuso al Sr. Embajador, Don Alvaro de Albornoz, que me quedase interinamente como consejero técnico en vista de las deserciones de los agregados y de los ofrecimientos de material que llegaban a la embajada, conocedora la gente de las necesidades que sentía el Gobierno español para aplastar el levantamiento militar. Entonces comenzó el verdadero calvario. Llovían las ofertas más disparatadas, tanto de material militar como aéreo. Acudían personas de todas las categorías sociales, verdaderos mercaderes de negocios turbios que aprovechan las angustias de los países en guerra para organizar su explotación de un modo metódico y eficaz. Mi labor, sin embargo, era solamente de carácter técnico. Examinaba las propuestas, aceptaba lo que consideraba conveniente y aconsejaba su adquisición. No he intervenido jamás en la parte comercial. Mi actuación en este aspecto se limitaba a discutir los precios, con el fin de conseguir economías para el Estado y cortar los abusos de los explotadores. Mi labor era agotadora pero ineficaz. Pasaba todo el día recibiendo visitas, hasta de inventores pero sin resultados prácticos. En el aspecto Aviación el material que ofrecían no era interesante. La mayoría pretendía deshacerse de aviones viejos y caros, aprovechar la ocasión para desembarazarse de aviones de turismo usados a costa del Estado español. Desde el primer momento vi que mi trabajo era nulo. Se necesitaban aviones de guerra, no material civil y el primero no podían proporcionarle ninguna de las visitas de la embajada. Un día fui llamado por el Sr. Corpus Barga con el fin de que le acompañase a una agencia francesa situada en los Campos Elíseos y conocida por el título «Office General de l'Air», donde nos reunimos con los Sres. Malraux, capitán Corniglion y Faraggi, este último administrador delegado de la citada entidad. Después de una conversación de varios minutos se convino la compra de 14 aviones de caza Dewoitine 152 y de 6 Potez 54, con un reducido repuesto de avión y motor. Se hicieron los contratos que firmó el Sr. Bargas autorizado para ello por el Sr. Embajador y mi actuación se redujo a ser un testigo presencial. No pudo elegirse otra clase de material por no existir a la venta disponible más que el contratado. Ya se sabe que el material de aviación ninguna casa tiene existencias. Se necesita encargarlo. Su fabricación exige plazos superiores a cinco meses a lo sumo y en esta ocasión se aprovechó la existencia de 14 Dewoitine encargados por orden del Gobierno de Lituania y que esa nación no aceptó por interesarle más el Dewoitine cañón 510 y por lo tanto, y con conocimiento del Ministerio del Aire francés, había anulado el pedido de los 14 tipo 372 que nosotros adquirimos y respecto al Sr. Potez, sus convicciones políticas izquierdistas nos favorecieron ya que él se avino a la venta de los 6 aviones de bombardeo, cosa que no había pasado con otros fabricantes como el Sr. Amiot que por pertenecer a organizaciones de derechas se negó rotundamente a vendernos material.

Los veinte aviones salieron clandestinamente para Toulouse. Los Dewoitine aterrizaron en el aeródromo aduanero de Francazal y los Potez en el aeródromo Latecoere. La salida del citado material me fue avisada por el Sr. Barga. Aunque tarde fui a visitar al Sr. Faraggi, quien me informó que los Dewoitine habían ya salido y quedaban dos Potez. Le pedí una carta de presentación para ir en vuelo a Barcelona en un Potez y el día 8 de agosto fui a Méaulte, de donde salí en un Potez pilotado por Nicolle para Toulouse, adonde llegamos a las cinco de la tarde. Allí el piloto se negó a continuar el viaje y después de una espera de una hora otro piloto se hizo cargo del avión y salimos para Barcelona, llegando casi de noche y aterrizando en el aeródromo de Air-France. De los 14 Dewoitine, uno capotó en Francia, piloto Halotier, y tres lo hicieron en Barcelona (uno en el campo de Air-France y dos en el terreno militar del Prat), quedando por lo tanto el refuerzo de aviones reducido a 10 cazas y 6 de bombardeo. Al siguiente día regresé a París por vía aérea, donde mi presencia había sido reclamada por el Sr. de los Ríos. Ya antes de salir para Barcelona por no existir en la embajada ningún técnico militar, ya que el comandante y diputado a Cortes Sr. Fernández Bolaños, llegado en aquellos días, había salido para Bélgica, donde permaneció cerca de un mes. La prensa de derecha francesa comentó en vivos tonos la salida de los 20 aviones. Hubo interpelaciones en la Cámara. Se temía un conflicto internacional y Francia, que desde el 25 de julio comenzó a tratar de establecer un acuerdo de neutralidad en los asuntos de nuestro país, aceleró las citadas negociaciones, en especial con Inglaterra y esta aceptó el punto de vista del ministro de Negocios Extranjeros Sr. Delbos y decretó el embargo de toda clase de material de guerra, incluyendo en el de aviación el civil, de transporte y turismo. Al plan francés se adhirieron más tarde la mayoría de los países europeos y quedó establecido el bloqueo de nuestra Nación. Se perdieron las esperanzas de conseguir material aéreo militar solicitado con urgencia de Madrid. Estábamos acorralados. No hubo más recurso que acudir al material civil que por sus características y performances podía realizar un papel eficaz en el cuadro de las operaciones aéreas y aún para conseguir este material tuvo que recurrir a los oficios del Sr. Faraggi y a los de la compañía Air-France porque la mayoría de los propietarios franceses de aviones no querían trato directo con los representantes del Estado español. Gracias al intermedio del citado Sr. Faraggi, que consiguió material civil, de características medias y apropiados para ser transformados en aviones de bombardeo, sabiendo sin embargo los inconvenientes que acarrea la adquisición de un material cuya misión específica no es la de guerrear en el aire, pero las reiteradas solicitaciones de Madrid influyeron en nosotros. Había que enviar algo para cubrir las bajas que en material una guerra produce y el mercado de aviones militares está cerrado para España. Esa era la triste realidad. Tal vez no desconocida por nuestras autoridades aeronaúticas, ya que su atención estaba distraída en otros asuntos más urgentes y al acuerdo de no intervención hecho por iniciativa de Francia y al que se habían adherido la totalidad de Europa no le habían prestado la verdadera importancia que encerraba para nosotros la puesta en marcha del citado acuerdo. Nosotros notábamos sus terribles efectos. Todo se cerraba. No era posible adquirir material de ningún género, incluso fusiles, ametralladoras y municiones. Mercancía bien modesta. No se podía pensar ni remotamente en adquirir material de más envergadura (cañones, tanques, material antiaéreo, id. telefónico, etc.). Sin embargo las ofertas seguían llegando, pero la realidad se imponía. La mercancía ofrecida no aparecía por ninguna parte. Se perdía el tiempo en cabildeos y cuando el asunto tratado era aprobado por nuestra parte los interesados desaparecían y no se sabía más de ellos. Ciñéndome a mi labor específica, aviación, ya que la militar era llevada por el Sr. Otero, ayudado como consejero por el Sr. Bolaños, debo manifestar que mi papel era bastante ingrato discutiendo a diario con señores que ofrecían aviones de turismo o prototipos militares rechazados por el Ministerio del Aire y siempre en únicos ejemplares y dándonos cuenta perfecta de que particularmente allí no había nada que hacer, así se lo comuniqué al coronel Pastor en diversas cartas. Se necesitaba una acción política intensa cerca del Gobierno francés con el fin de conseguir material aéreo militar pero esa acción a desarrollar no me competía. Correspondía al embajador y al Gobierno. Mientras tanto, y como he dicho anteriormente, se compraron por intermedio del Sr. Faraggi varios aviones ingleses civiles que salieron para España (la lista completa de aviones adquiridos se adjunta al final de este informe), un avión Bloch 210 conseguido por Air-France, un Potez 54 militar que era el prototipo de la serie que encargó el Gobierno francés, con motores G-Rhone y a cuyo coste contribuyó el Sindicato Metalúrgico con una suma de 220.000 francos, cuyo avión fue bautizado «Commune de Paris», y más tarde se consiguieron 5 Loire 46 de caza, cuyas gestiones de adquisición ignoro quién las realizó.

La llegada a París del Ministro de Hacienda, en aquella ocasión Sr. Ramos, hizo que se organizara una comisión de compras especiales que se instaló en el local del Office Comercial (27 Avenida Jorge V) bajo la presidencia del Sr. Jiménez de Asúa y contando con varias secciones (material militar, aviación, víveres y productos sanitarios, una sección de transportes, secretaría y caja autónoma). Con motivo de esa nueva organización, quedé afecto por orden del Sr. Ramos a la Sección de Aviación, con el Sr. Bargas, periodista que lleva en París residiendo muchos años que parecía el jefe de la sección, y un francés, llamado Labarthe, técnico industrial que estuvo en España varios días durante la guerra civil y que estaba encargado de cursos en la Sorbona francesa.

Pocos días después de haber comenzado a trabajar la nueva oficina llegó de Madrid el teniente coronel Riaño comisionado por el Ministerio de Marina y Aire para examinar la obra de la comisión de compras e introducir modificaciones en la organización y funcionamiento. Le expuse el papel poco brillante que había desempeñado, de la mayoría de los asuntos me habían apartado completamente, tal vez sin intención, mi papel de técnico era pasivo. Alguna vez me consultaban y recurriendo en otras ocasiones a la opinión de técnicos franceses hasta el punto de que cuando se encargó material de repuesto para los Dewoitine y el Potez el citado material salió de un modo discreto y no se supo si llegó a su destino. Madrid pedía con urgencia la situación de ese material y yo no podía dársela porque ignoraba la clase de material salido, cantidad, transporte utilizado, vía que siguió, etc. Con el teniente coronel Riaño quedé de acuerdo para que los pedidos de material solicitados lo fueran de un modo oficial, no por un simple recado verbal traído por un mecánico o piloto francés de regreso de España. Se pretendía ordenar esa cuestión hasta entonces llevada desordenadamente por conductos irregulares, sin responsabilidad alguna, gastando alegremente los dineros del Estado. Parecía que el desorden era la norma de conducta. Cuando pretendía enterarme de las cosas, daban explicaciones vagas. Se justificaban por la gravedad de las circunstancias pero no comprendían que ese procedimiento era el peor, que el desorden no conduce a nada útil, más bien es dañoso y que organizar bien las cosas no acarrea retrasos y su eficacia se hace sentir en un plazo corto. Hubo discusiones más o menos violentas pero si no del todo algo se fue consiguiendo. Los pedidos se regularizaron llevando ya el visto bueno del teniente coronel Riaño o mío, se abrieron carpetas para los diversos asuntos. Con el Office General de l'Air se estableció contacto diario con el fin de activar los suministros de material y se organizó el transporte de las mercancías para lo cual el teniente coronel Riaño se trasladó en vuelo a Toulouse y allí comunicó con el Sr. Blanc, de la Air-France, y con el Sr. Alvarez Buylla, nuestro cónsul en aquella ciudad para conseguir que el material que llegaba de París pudiera ser transportado a España por aviones de la LAPE hasta Madrid y por los de la Air-France hasta Alicante.

Todo eso por lo que se refiere a material que no está incluido en las listas que publicó un decreto del Gobierno francés en el que estaba comprendido el material de guerra nacionalizado y por lo tanto prohibida su exportación sin autorización del Ministerio de Negocios Extranjeros. Respecto el material prohibido el Sr. Faraggi, amigo íntimo del ministro del Aire francés Sr. Cot, era el encargado de conseguirlo y el envío se hacía por camión hasta España y otra parte por vía Marsella. Tanto la frontera como en el puerto de Marsella el citado material pasa con grandes dificultades debido al rigor de los funcionarios de las aduanas y gracias a que el material se camuflaba y a la ayuda del personal subalterno de las aduanas y a la complicidad de elementos populares afectos a nuestra causa se conseguía que los camiones pasaran y que el material se embarcase en los barcos destinados a su transporte.

En los contratos de los pilotos franceses que con material de Dewoitine y Potez se trasladaron a España no tuve intervención alguna. Estando en Barcelona, por conversaciones mantenidas en el hotel con varios pilotos extranjeros supe que los señores Malraux, Corpus Barga y Corniglion y los dirigentes de Air-France habían sido los encargados de esa cuestión. Los sueldos de 30.000 francos mensuales y seguros de 500.000, en especial los primeros, me parecieron «exolvitantes» (sic). El número aproximado de contratos fue de 35 a 50, la mayoría con el sueldo de 50.000. De su recluta y pagos fue encargado un francés llamado Fery, el cual era intervenido por el Sr. Giral.

Madrid, 17 de octubre de 1936
El comandante aviador
Firmado: Juan Aboal

Fuente: AFIP, carpeta «París. Comisión de compras».

Documento n.º 5

Juego de disposiciones legales de la Hacienda de guerra republicana

1. *Disposición, no reservada, en virtud de la cual el Gobierno podía ordenar al Banco que colocase oro a su disposición*

Ley de Ordenación Bancaria. Artículo 1.º, Base 7ª

En el caso de que el Gobierno, en virtud de la autorización que por esta Ley se le otorga, por espontáneo y singular acuerdo o en virtud de concierto internacional en que participe España, decida ejercer una acción interventora en el cambio internacional y en la regulación del mercado monetario, el Banco de España, si esta intervención se efectúa por su mediación o con su intervención, participará en la misma proporción que el Estado en las operaciones a que dicha política dé lugar.

2. *Textos estándar para la movilización del oro al estallar la guerra civil*

I. *Propuesta del Ministro de Hacienda al Consejo de Ministros interesando préstamo del Banco de España para la exportación de oro correspondiente al Tesoro*, redactada en los siguientes términos:

«Al Consejo de Ministros: El Ministro de Hacienda propone que el Consejo de Ministros acuerde requerir del Banco de España un préstamo de tantas pesetas oro, valor nominal, al efecto del ejercicio de la acción interventora en el cambio internacional, aceptando el Gobierno la responsabilidad de la operación, que en su día se someterá al Parlamento para su regulación constitucional».

II. *Oficio comunicando al Banco de España el acuerdo del Consejo de Ministros*, redactado en la forma siguiente:

«Excmo. Señor: El Consejo de Ministros, a propuesta del de Hacienda, ha tomado en el día de hoy el acuerdo de requerir al Banco de España un préstamo de tantas pesetas oro, valor nominal, al objeto del ejercicio de la acción interventora en el cambio internacional, aceptando el Gobierno la responsabilidad de la operación, que en su día someterá al Parlamento para su regulación constitucional.— Lo que comunico a V.E. al efecto de que inmediatamente reúna al Consejo de Administración del Banco de España dándole cuenta de la petición anteriormente formulada».

III. *Reunión del Consejo del Banco para aprobación del convenio entre el Ministro y el Banco*, convenio redactado en los términos siguientes:

«Convenio entre el Sr. Ministro de Hacienda, en representación del Gobierno de la República, y el Gobernador del Banco de España en representación del Establecimiento, a los fines previstos en la vigente Ley de Ordenación Bancaria:

El Sr. Ministro de Hacienda ha dirigido al Sr. Gobernador del Banco de España, con fecha tantos, la siguiente comunicación: (La incluida en el número segundo).— El Consejo General del Banco de España, en sesión de hoy, acordó conceder el préstamo solicitado con arreglo a las siguientes ESTIPULACIONES: Primera.— El Banco de España concede al Estado un préstamo de tantas pesetas oro, valor nominal, sin interés.— Segunda.— El Gobierno de la República se obliga con arreglo a derecho al reembolso de las cantidades oro anticipadas por el Banco en el más breve plazo posible desde que cese su aplicación, arbitrando para ello los recursos oportunos, siempre con el compromiso de no aplicar dichas cantidades a otros fines que los que dan origen a este convenio.— Tercera.— Se entiende parte integrante de este convenio cuanto se previene la Base séptima del artículo primero de la Ley de Ordenación Bancaria.— En fé de todo lo consignado, se formaliza este convenio hecho por duplicado y a un solo efecto, en.... a tal fecha».

IV. *Propuesta del Ministro de Hacienda al Consejo de Ministros para la venta de oro*, redactada en los términos que se expresan a continuación:

«Al Consejo de Ministros: El Ministro de Hacienda propone que, con autorización del Consejo de Ministros, en virtud de lo establecido en la Base segunda del artículo primero, en relación con la Base séptima de dicho artículo de la Ley de Ordenación Bancaria, texto refundido de 24 de enero de 1927, se autorice al Banco de España para vender oro amonedado o en barras hasta la cantidad de tantas pesetas, valor nominal, siendo la parte del Tesoro de tantas pesetas con cargo al préstamo concedido por el Banco de España al efecto del ejercicio de la acción interventora en el cambio internacional a que se refiere la dicha Base séptima».

V. *Comunicación al Banco de España del acuerdo tomado en Consejo de Ministros sobre venta de oro*, redactada conforme a los términos siguientes:

«Excmo. Señor: Previa autorización del Consejo de Ministros he tenido a bien disponer que, en virtud de lo establecido en el último párrafo de la Base segunda del artículo primero en relación con la Base séptima de dicho artículo de la Ley de Ordenación Bancaria, texto refundido de 24 de enero de 1927, se autoriza al Banco de España para vender oro amonedado o en barras hasta la cantidad de tantas pesetas, valor nominal, al efecto del ejercicio de la acción interventora en el cambio internacional a que se refiere la dicha Base séptima.— Lo que comunico a V.E. a los efectos oportunos».

VI. *Orden comunicada del Ministro al Gobernador del Banco de España para situar el oro en el extranjero*, redactada conforme a los términos siguientes:

«Excmo. Señor: Este Ministerio ha acordado que el Banco de España sitúe en el Banco de Francia a los efectos de la acción interventora en el cambio internacional, con arreglo a lo dispuesto en la Base séptima del artículo primero de la Ley de Ordenación Bancaria, texto refundido de 24 de enero de 1927, tantas pesetas, valor nominal, mitad del Banco y mitad del Tesoro, tomándose esta última mitad del préstamo de tantas pesetas oro concedido por el Banco de España según contrato de tal fecha.— Lo que comunico a V.E. para su conocimiento y efectos consiguientes».

Fuente: AFCJN, carpeta 24.

3. *Decreto reservado de 30 de agosto de 1936*

Los graves caracteres que ha tomado el movimiento sedicioso han obligado al Gobierno a afrontar el porvenir con aquellas medidas de previsión que le aseguren el poder disponer en todo momento de los medios precisos y adecuados para desarrollar la lucha con la extensión e intensidad que exija el aplastamiento de la execrable rebelión que se ha desencadenado en España y lo fundamental, para poder desenvolver esa acción con la rapidez y en la medida que en cada momento demanden las circunstancias es tener situados convenientemente los fondos necesarios en condiciones de desembarazada movilización cuando la coyuntura lo requiera.— El Gobierno ha actuado ya en este sentido y ha de continuar actuando hasta donde sea preciso y la necesidad de regular el movimiento y la justificada inversión de esos fondos es la razón del presente Decreto que, en evitación de posibles alarmas en el interior y recelos en el exterior, interesa quede en suspenso su publicación hasta que el Gobierno lo considere oportuno.— En su virtud, a propuesta del Ministro de Hacienda y de acuerdo con el Consejo de Ministros, vengo en decretar lo siguiente: ARTICULO PRIMERO: Se autoriza al Ministro de Hacienda para disponer que por el Centro Oficial de Contratación de Moneda se sitúe en una o varias veces, por cuenta del Tesoro, en el extranjero a disposición de la representación diplomática consular o persona que designará en cada caso, la cantidad de francos franceses que estime precisa para atender los gastos que las necesidades de la campaña impongan, y se convalidan como hechas en méritos de esta autorización, que se le había otorgado por el Consejo de Ministros, las órdenes dadas por el propio Ministros de Hacienda a dicho Centro Oficial de Contratación desde el diez y nueve de julio último hasta la fecha.— ARTICULO SEGUNDO: El importe de las cantidades situadas y que se sitúen por el Centro en virtud de artículo anterior, le serán satisfechas con cargo a la cuenta corriente del Tesoro Público en el Banco de España, con aplicación a Operaciones del Tesoro, Sección de Deudores y conceptos siguientes: =Al que se titulará «Fondos situados en el extranjero por el Centro Oficial de Contratación de Moneda por cuenta del Tesoro (Decreto de treinta de agosto de mil novecientos treinta y seis)» la cantidad en pesetas correspondiente a los francos franceses, estimador a la par legal de doscientas tres milésimas por peseta. =A otro concepto consecutivo del anterior, que se denominará «Quebranto por diferencias de cambio de los fondos del concepto anterior a cancelar con el crédito que se arbitre al efecto (Decreto de treinta de agosto de mil novecientos treinta y seis)», el importe del exceso sobre la par legal del tipo oficial del cambio que rija para las compras del Centro Oficial de Contratación de Moneda el día de la operación. =ARTICULO TERCERO: Las cantidades invertidas de los fondos situados en el extranjero serán formalizadas con imputación a los créditos disponibles o especialmente habilitados o que se habiliten en su caso, en las Secciones del Presupuesto correspondiente a los Ministerios de la Guerra y de Marina y a este efecto las personas a cuya disposición se hayan puesto los fondos referidos justificarán su inversión, rindiendo cuenta de la suma gastada. =ARTICULO CUARTO: Una vez vencida la insurrección, el sobrante que resulte de los créditos abiertos en el extranjero será retrocedido al Centro Oficial de Contratación de Moneda en las mismas condiciones en que hayan sido abiertos en el Tesoro para la debida cancelación y liquidación de esta operación de Tesorería. =ARTICULO QUINTO: El Ministro de Hacienda queda autorizado para dictar todas las disposiciones y órdenes que sean necesarias para el cumplimiento de este Decreto, del cual se dará cuenta a las Cortes. Dado en Madrid a treinta de agosto de mil novecientos treinta y seis.

Firmado: Manuel Azaña
Contrafirmado: El Ministro de Hacienda, Enrique Ramos Ramos
(Nota: se presenta este decreto como «texto en virtud del cual dispone el ministro de Hacienda del depósito hecho en el extranjero».)

Fuente: ABE, legajo 4416 y reproducido en Viñas, 1976, pp. 41s. También en AFCJN, carpeta 44.

4. *Decreto reservado de 13 de septiembre de 1936*

La anormalidad que en el país ha producido la sublevación militar aconseja al Gobierno adoptar aquellas medidas precautorias que considere necesarias para mejor salvaguardar las reservas metálicas del Banco de España, base del crédito público. La índole misma de la medida y la razón de su adopción exigen que este acuerdo permanezca reservado». Fundado en tales consideraciones, de acuerdo con el Consejo de Ministros, y a propuesta del de Hacienda, vengo a disponer, con carácter reservado, lo siguiente: Artículo primero: Se autoriza al ministro de Hacienda para que en el momento en que lo considere oportuno ordene el transporte con las mayores garantías, al lugar que estime de más seguridad, de las existencias que en oro, plata y billetes hubiese en aquel momento en el establecimiento central del Banco de España. Artículo segundo: el Gobierno dará cuenta, en su día, a las Cortes de este decreto.— Dado en Madrid, a 13 de septiembre de 1936.

Firmado: Manuel Azaña
Contrafirmado: El Ministro de Hacienda, Juan Negrín López

Fuente: Sardá, p. 433

5. *Decreto reservado de 6 de octubre de 1936*

El decreto de treinta de agosto último concedió al Ministro de Hacienda autorización para situar fondos en el extranjero para atender a las necesidades la guerra, disponiéndose en el mismo que las cantidades invertidas se imputarían a los respectivos créditos de los Ministerios de la Guerra y de Marina. La amplitud de las consecuencias del movimiento sedicioso obliga a hacer extensiva la facultad concedida al Ministro de Hacienda para otras atenciones que, aún derivadas de la campaña, han de tener su aplicación en los créditos de otros Departamentos ministeriales, debiendo conservar el presente Decreto de ampliación el mismo carácter de reservado que el de origen, hasta tanto que considere oportuna su publicación el Gobierno de la República, —En virtud de lo expuesto, a propuesta del Ministro de Hacienda y de acuerdo con el Consejo de Ministros, —Vengo en decretar lo siguiente: —ARTICULO UNICO: —El artículo tercero del Decreto de treinta de agosto del presente año quedará redactado en la siguiente forma: «Las cantidades invertidas de los fondos situados en el extranjero serán formalizadas con imputación a los créditos disponibles o especialmente habilitados o que se habiliten en su caso en las diferentes secciones de Obligaciones de los Departamentos ministeriales, y a este efecto las personas a cuya disposición se hayan puesto los fondos referidos justificarán su inversión, rindiendo cuenta de la suma gastada».

Firmado: Manuel Azaña

Fuente: AFCJN, carpeta 44
(Nota: no figura fecha pero se trata, indudablemente, de la indicada)

6. *Segundo Decreto reservado de octubre de 1936 (sin día indicado)*

Teniendo presente lo dispuesto en el apartado D) de la Base tercera del artículo primero de la Ley de Ordenación Bancaria, y a fin de obtener la máxima celeridad que las circunstancias imponen en las situaciones de fondos en el extranjero a que se refieren los Decretos reservados de treinta de agosto último y seis del corriente octubre, conservando el presente Decreto el mismo carácter de reservado que los anteriores hasta tanto que considere oportuno su publicación el Gobierno de la República, de acuerdo con el Consejo de Ministros y a propuesta del de Hacienda, vengo en decretar lo siguiente: ARTICULO PRIMERO: —Las situaciones de fondos en el extranjero a que se refieren los Decretos de treinta de agosto y seis de octubre del año actual se harán en lo sucesivo directamente por el Banco de España, considerándose el Centro Oficial de Contratación de Moneda sustituido por este Establecimiento a todos los efectos de los dichos Decretos.

Firmado: Manuel Azaña

Fuente: AFCJN, carpeta 44.

7. *Primer Decreto reservado de 27 de mayo de 1937*

La Base segunda del artículo primero de la Ley de Ordenación Bancaria se refiere a la garantía metálica de los billetes del Banco de España, así como al impuesto sobre la circulación en descubiertos de éstos. La amplitud que ha adquirido la guerra ha producido los trastornos inevitables de orden económico que no pudo prever la mencionada Ley, por lo que no es posible mantener el equilibrio dispuesto en la misma entre el importe de los billetes en circulación y la existencia metálica que les garantiza, siendo consecuencia lógica de este desequilibrio la supresión del impuesto que ha de satisfacer el Banco de España por la circulación en descubierto de sus billetes, ya que no puede imputársele en justicia las consecuencias de la minoración inevitable de cobertura.— Por todo lo cual, de acuerdo con el Consejo de Ministros y a propuesta del de Hacienda y Economía, y con carácter reservado,— Se decreta: ARTICULO PRIMERO: A partir de primero de agosto de mil novecientos treinta y seis, y en tanto dure la guerra actual, quedan en suspenso las disposiciones de la Base segunda de la Ley de Ordenación Bancaria, excepto en la aplicación del impuesto sobre la circulación de billetes en descubierto, cuya suspensión empezará a contarse desde la fecha de este Decreto.— ARTICULO SEGUNDO: —Por acuerdo expreso del Gobierno se señalará la fecha en que entrarán de nuevo en vigor las disposiciones de la Ley de Ordenación Bancaria declaradas en suspenso por el artículo anterior.— ARTICULO TERCERO: El Gobierno dará cuenta a las Cortes de este Decreto, cuando así lo estime oportuno.— Dado en Valencia, a veintisiete de mayo de mil novecientos treinta y siete.

Firmado: Manuel Azaña
Contrafirmado: El Ministro de Hacienda y Economía, Juan Negrín López

Fuente: AFCJN, carpeta 11, 1-23b y carpeta 22, 1a-18c. También en AJNP

8. *Segundo Decreto reservado de 27 de mayo de 1937*

La Base tercera del artículo primero de la Ley de Ordenación Bancaria regula el crédito de Tesorería que viene obligado el Banco de España a conceder al Tesoro en compensación de la facultad exclusiva de emisión de billetes y establece los límites de este crédito, así como las condiciones de interés del mismo. Las excepcionales circunstancias por que atraviesa el país obligan a la cooperación de todos en la labor de ayuda y auxilio al Gobierno legítimo de la República y, como es natural, más principalmente a la Banca y, dentro de ésta, a la Banca oficial; por lo cual, de acuerdo con el Consejo de Ministros y a propuesta del de Hacienda y Economía, y con carácter reservado,— Se decreta: ARTICULO PRIMERO: A partir del dieciocho de julio de mil novecientos treinta y seis y en tanto dure la guerra a que ha conducido la rebelión militar, queda en suspenso el apartado C) de la Base tercera de la Ley de Ordenación Bancaria en cuanto se refiere al límite de la cuantía del crédito que el Banco de España viene obligado a conceder al Tesoro y condiciona el interés de aquel, el cual dejará de devengarse a contar de la expresada fecha.— ARTICULO SEGUNDO: Por acuerdo expreso del Gobierno se señalará la fecha a partir de la cual regirán de nuevo las disposiciones de la Ley de Ordenación Bancaria declaradas en suspenso por el artículo anterior.— ARTICULO TERCERO: De este Decreto se dará cuenta a las Cortes cuando el Gobierno de la República así lo acuerde.— Dado en Valencia a veintisiete de mayo de mil novecientos treinta y siete.

Firmado: Manuel Azaña
Contrafirmado: el Ministro de Hacienda y Economía, Juan Negrín López

Fuente: AFCJN, carpeta 11, 1-23b y carpeta 22, 1a-18c. También en AJNP

9. *Decreto reservado de 29 de abril de 1938*

Las circunstancias de la guerra que en defensa de la independencia de España sostiene el Gobierno legítimo de la República, exigen que, al esfuerzo militar de los españoles, contribuyan los recursos económicos del país. No es dudoso que entre estos y con el carácter de Tesoro Nacional hállanse las reservas en oro y plata acumuladas por el Banco de España en razón a su privilegio de emisión de billetes, y, por tanto, es menester autorizar la disposición de las mismas sin perjuicio de la obligación de reembolso que el Estado contraiga para con aquel Establecimiento en igual proporción en que se utilicen. Y ello en la medida estricta de las necesidades y en las condiciones de excepción sigilo que la característica especial de la guerra de España impone.

Por lo expuesto, y teniendo en cuenta los términos de la Ley de 14 de octubre de 1937, por la que se autoriza al Gobierno para legislar por Decreto sobre las siguientes materias: «Determinación del límite máximo de la circulación, estableciendo las coberturas metálicas, en valores, efectos o créditos que deben garantizar cualquier especie de billetes o monedas-papel; fijación de los límites y condiciones de los créditos que puedan ser abiertos al Estado por las Entidades públicas de crédito; y liquidación de las situaciones jurídicas y de cuentas creadas por las necesidades de la guerra»; de acuerdo con el Consejo de Ministros, y a propuesta del Ministro de Hacienda y Economía, se decreta lo siguiente:

ARTICULO PRIMERO: Las cantidades de oro y plata en moneda, lingotes o barras, propiedad del Banco de España, custodiadas por el Ministerio de Hacienda y Economía en méritos del Decreto Reservado de 13 de septiembre de 1936, figurarán en el Activo del Banco de España en cuentas denominadas «Oro y plata del Banco bajo la custodia del Ministro de Hacienda y Economía». El Ministro de Hacienda y Economía, de acuerdo con el Presidente del Consejo de Ministros, podrá encomendar la conservación de las especies a que se refiere el párrafo anterior a las personas o entidades que repute ofrecen garantía en la custodia tanto en el orden material como en el de su seguridad jurídica.

ARTICULO SEGUNDO: Se autoriza al Ministro de Hacienda y Economía para tomar a préstamo con destino a las necesidades de la guerra las cantidades indispensables de oro y plata en monedas, lingotes o barras, propiedad el Banco de España; y a este establecimiento para prestarlas al Ministerio de Hacienda y Economía. Los expresados préstamos quedarán perfeccionados mediante una Orden que de acuerdo con el Presidente del Consejo de Ministros expedirá el Ministro de Hacienda y Economía, sin perjuicio de formalizar en su día los oportunos créditos con aplicación a Presupuestos. Dicha Orden obligará al Banco de España a la entrega de las especies y cantidades a que se refiera, y por las mismas, constituirá título de crédito a favor del Banco, representativo de la obligación de su reembolso por el Estado Español. Cuando las especies prestadas fueran de aquellas se hallen en custodia en el Banco de España, se hará entrega a este de la Orden original. Cuando las especies prestadas fueran de aquellas constituidas bajo la custodia del Ministro de Hacienda y Economía, este retendrá en su poder la Orden del préstamo para descargarse en su día de la obligación de entregar al Banco de España las cantidades de que es depositario en los términos a que hace referencia el artículo primero de este Decreto.

ARTICULO TERCERO: Queda facultado el Ministro de Hacienda y Economía, de acuerdo con el Presidente del Consejo de Ministros, para enajenar libremente las cantidades de oro y plata procedentes de los préstamos a que se refiere esta disposición. El Ministro de Hacienda y Economía podrá acordar, si las circunstancias lo aconsejan, que las operaciones de venta o gravamen se lleven a cabo por el Banco de España como si se tratase de operación acordada por dicho establecimiento y sin perjuicio de aplicar a la operación, en cuanto a las relaciones del Banco de España con el Estado se refiera, los preceptos contenidos en el artículo anterior.

ARTICULO CUARTO: El Estado afecta como garantía de los débitos contraídos y de los que hubiera de contraer por el Banco de España, de conformidad con lo dispuesto en el artículo segundo de este Decreto, los créditos en divisas a su favor en el Centro Oficial de Contratación de Moneda, por cesiones hechas por el Ministerio de Hacienda y Economía a ese Organismo.

ARTICULO QUINTO: El Banco de España podrá computar como reservas en oro o plata a todos los efectos, las especies en custodia del Ministerio de Hacienda y Economía y los débitos del Estado para el Banco de España contraídos de conformidad con lo dispuesto en el artículo segundo de este Decreto. A estos débitos y reservas les serán de aplicación las reglas contenidas en el artículo 11 de a Ley de 26 de noviembre de 1931.

ARTICULO SEXTO: El importe del crédito de Tesorería previsto en la Ley de Ordenación Bancaria modificada por la de 26 de noviembre de 1931, se elevará sobre la suma prevista en ésta, hasta el importe total de los gastos extraordinarios que ocasionen las necesidades de la guerra, aun cuando éstos no hubieran sido formalizados en Presupuestos, sin que el total pueda exceder de la cifra de dieciocho mil millones de pesetas. Para este cómputo se estimarán por su valor nominal los préstamos en oro y plata a que se refiere el artículo segundo de este Decreto. En caso necesario podrá acordarse mediante Decreto la aplicación de la cifra a que se refiere el párrafo anterior.

ARTICULO SEPTIMO: Se autoriza igualmente al Banco de España para poner en circulación billetes por encima de las cantidades que autorizan las reservas previstas en la Ley de Ordenación Bancaria y hasta una suma igual al 60 por 100 del importe de la cuenta de Tesorería del Estado por anticipos no realizados en oro y plata.

ARTICULO OCTAVO: El Gobierno, por Decreto, regulará los gravámenes a satisfacer por el Banco de España por los aumentos de la circulación fiduciaria autorizados en el artículo anterior, así como los intereses que deberán satisfacerse por saldos de la Cuenta de Tesorería del Estado.

ARTICULO NOVENO: Los preceptos contenidos en el presente Decreto se aplicarán a las situaciones jurídicas y disposiciones realizadas por el Ministerio de Hacienda y Economía y por el Banco de España en las materias a que se refiere, convalidándose aquellas desde sus fechas respectivas.

ARTICULO DECIMO: Quedan derogadas las disposiciones de la Ley de Ordenación Bancaria de 29 de noviembre de 1931 y de la de Administración y Contabilidad de la Hacienda Pública en cuanto se opongan a los términos del presente Decreto.

ARTICULO UNDECIMO: El presente Decreto entrará en vigor desde la fecha de su firma, reservándose la publicación del mismo en la Gaceta de la República, hasta el momento en que el Gobierno lo considere oportuno.

ARTICULO DUODECIMO: Se autoriza al Ministerio de Hacienda y Economía para dictar las disposiciones necesarias a la ejecución de este Decreto.

Dado en Barcelona a 29 de abril de 1938.

Firmado: Manuel Azaña

Contrafirmado: El Ministro de Hacienda y Economía, Francisco Méndez Aspe

Fuente: ABE, Expediente del oro en la guerra civil española, doc. 127
APG, Documentación de Burgos, legajo 9, carpeta 10
Reproducido en Viñas, 1976, pp. 553ss

10. *Decreto reservado de 22 de agosto de 1938**

Los Decretos de 3 y 10 de octubre de 1936, que fueron convalidados como Leyes de la República por la de fecha 5 de diciembre de igual año, disponen la entrega, a disposición del Estado, del oro, divisas y valores extranjeros en poder de tenedores españoles y, especialmente, el de 10 de octubre, por el que se declara que el Estado podrá disponer de los valores extranjeros que le han sido entregados, abonando, en los respectivos vencimientos, a los legítimos propietarios de los títulos los intereses y demás derechos inherentes a los mismos en pesetas a los cambios señalados por el Centro Oficial de Contratación de Moneda.

Por Orden Ministerial de 16 de octubre de igual año se dispuso que en cualquier momento el Estado podrá sustituir la obligación expresada en el artículo tercero del Decreto de 10 de octubre por el abono al titular del importe efectivo, en pesetas, de la liquidación en el momento en que el Estado estime oportuno enajenar los referidos valores.

Procede, pues, autorizar al Ministro de Hacienda y Economía para ejercitar el derecho de disposición concedido al Estado en las leyes de referencia.

*La copia de este decreto reservado, que llegó a poder del SIPM, lleva fecha del 17 de agosto pero una extensa nota de Sánchez Román que se conserva en el mismo expediente lo data siempre al 22 de agosto. Hemos optado por dar preferencia a esta última fecha.

Por otra parte, existen también a disposición del Estado, oro, plata y otros objetos preciosos que han venido a su poder en méritos de diferentes disposiciones legales, tanto anteriores como posteriores al comienzo del movimiento de rebelión militar.

La naturaleza de estos bienes y valores, su especial característica de bienes muebles y el que en caso de estimarse conveniente la realización de todos o parte de ellos, no puede llevarse a cabo por un solo acto de disposición, sino apreciando [la] plur[al]idad de circunstancias que concurren a razón de todos y a cada uno de los que pudieran ser objeto de operaciones, exige facultar al Ministro de Hacienda y Economía para enajenar los referidos bienes, apreciando, a su juicio, las circunstancias que le aconsejan proceder a la realización de unos y otros y las condiciones en que se lleve a cabo.

En su virtud, de acuerdo con el Consejo de Ministros y a propuesta del de Hacienda y Economía, vengo en decretar lo siguiente:

ARTICULO PRIMERO.— Se autoriza al Ministro de Hacienda y Economía para proceder, discrecionalmente y si lo estima oportuno, a la venta o pignoración del oro y valores recogidos en méritos de los Decretos 3 y 10 de octubre de 1936, así como del oro, plata, valores extranjeros y demás bienes muebles valiosos que hubieran sido objeto de comiso a favor del Estado a virtud de las disposiciones vigentes. La enajenación de tales bienes se llevará a cabo en las mejores condiciones posibles que permitan las de los mercados públicos cuando su realización pudiera llevarse a efecto en tales condiciones apreciadas libremente por el Ministro de Hacienda y Economía o por los establecimientos bancarios o corredores autorizados a quien el Ministro de Hacienda y Economía estimara oportuno encomendar esta gestión.

ARTICULO SEGUNDO.— Practicada la enajenación, el importe en pesetas de los bienes que se hubiera dispuesto, al cambio de compra del Centro Oficial de Contratación de Moneda del día en que se lleve a cabo la operación, será abonado, a los respectivos titulares, en cuenta corriente sujeta a las restricciones establecidas para las constituidas con anterioridad al 2 de agosto de 1936, con cargo a las cantidades que abone el Centro Oficial de Contratación de Moneda por la adquisición de divisas, producto de la enajenación. Cuando se trate de bienes que han sido objeto de comiso a favor del Estado, se abonará igualmente el contravalor al Servicio u Organización a cuya disposición estuvieran puestos y formalizando en su caso los oportunos mandamientos de ingreso.

ARTICULO TERCERO.— Se aprueban las operaciones de enajenación que han sido concertadas por el Ministro de Hacienda y Economía, respecto a los bienes y valores a que se refiere este Decreto.

ARTICULO CUARTO.— Se autoriza al Ministro de Hacienda y Economía para dictar las disposiciones necesarias para la ejecución de este Decreto.

ARTICULO QUINTO.— De este Decreto, cuya publicación en la Gaceta de la República se reservará por el Gobierno hasta el momento en que lo estime oportuno, se dará cuenta a las Cortes.

Fuente: AMAE, legajo R-834, E 31.

11. *Decreto reservado de 1938, sin fecha*

Como medida de previsión para asegurar la conservación del Tesoro artístico e histórico y otros bienes muebles valiosos custodiados por el Gobierno, ante el riesgo de que el curso de la guerra impidiese su guarda en condiciones de máxima eficacia, de acuerdo con el Consejo de Ministros y a propuesta de su Presidente y del Ministro de Hacienda y Economía, se decreta: ARTICULO PRIMERO: Se faculta al Presidente del Consejo de Ministros y al Ministro de Estado para gestionar de los Gobiernos extranjeros que estimen oportuno la adopción de medidas para asegurar la íntegra conservación de los depósitos de bienes artísticos e históricos valiosos de toda clase custodiados por el Gobierno de la República, para el caso en que este juzgue conveniente garantizar de todo riesgo su normal guarda. En defecto de asistencias suficientes de las previstas en el párrafo anterior, se autoriza al Presidente del Consejo de Ministros y al Ministro de Hacienda y Economía para trasladar fuera del territorio nacional aquellos objetos de mayor estimación que fuera posible transportar en condiciones de seguridad y perfecta custodia. =ARTICULO SEGUNDO: Los depósitos constituidos en el extranjero en la forma que el Presidente del Consejo de Ministros y Ministro de Hacienda y Economía acuerden serán íntegramente conservados hasta su reintegro al territorio nacional a disposición del Gobierno español, una vez que cesen las circunstancias que aconsejan su expatriación. =ARTICULO TERCERO: Este Decreto entrará en vigor desde su fecha, se dará cuenta del mismo a las Cortes y se reservará su publicación en la Gaceta de la República hasta el momento en que el Gobierno lo juzgue oportuno.

Firmado: Manuel Azaña

Contrafirmado: El Ministro de Hacienda y Economía, Francisco Méndez Aspe

Fuente: AFCJN, carpeta 11, 1-23b

Documento n.º 6

Oro en Cartagena

A) *«Notas de Cartagena», del ministro sin cartera José Giral*

PRIMERO. *Instalación.*— Se precisan tres polvorines. Uno está ya completamente lleno y el segundo casi lleno; se prepara el tercero. Los dos primeros tienen sus puertas fuertes instaladas y se fabrican las del tercero.

Interior de ellos.— Túneles fortísimos de piedra y cemento, en forma de T, con tubo de respiración que sale a la montaña y es visible. Se ordena tapiar fuertemente esos tubos. Se instala luz eléctrica en los túneles. Las cajas van estibadas unas encima de otras hasta poco más de la altura del túnel. Las talegas se amontonan en los extremos del túnel hasta el techo. Queda pasillo central cómodo para la carga y descarga. La atmósfera es seca totalmente.

Puertas.— Tienen primeramente una de acero ondulado que se mueve de arriba para abajo como las de las tiendas. A un metro más adentro de esta puerta hay otra de corredera, de chapa fuerte de hierro, que cierra con llave corriente y candado. A dos metros de ésta se ha instalado otra de chapa de 26 milímetros de grueso, de dos hojas, que abre hacia fuera, con grandes pernios, empotrada unos 10 centímetros en el muro y bóveda. Tienes tres fuertes de herraduras, pero de llave ordinaria. Urge cambiarla por cerraduras Yale o análogas que hace la Unión Cerrajera.

Conviene instalar dos metros más adentro una última puerta de las de caja de caudales con doble cerradura de palanca y de cifra.

SEGUNDO. Situación.— Existe una serie de siete polvorines empotrados en la falda de una colina con carretera de acceso que pasa justamente por delante de sus respectivas entradas y que termina en una pequeña playa casi oculta denominada la ALGAMECA. Casi paralela a esta carretera y por debajo de ella va otra por el fondo de un pequeño barranco remontándose por la falda de la colina de enfrente en donde están las baterías de costa que tiene Guerra, pero cuyos fuegos no baten la citada playa. En la falda de esta colina de enfrente y dando cara a los polvorines existen diversas edificaciones. Unas son polvorines de superficie, algunos de los cuales están vacíos y disponibles para alojar fuerzas de vigilancia; otra, en situación elevada y dominante de toda la zona, la llaman Casa del Guarda, pertenece al ramo de Guerra y está abandonada; otra varias que son pabellones para vivienda de oficiales y tropas de marinería que vigilan esos polvorines y los depósitos de dinamita que están relativamente cercanos; algunos de estos pabellones están vacíos y pueden alojar en total unos cien hombres. En esa zona existen, además, otras edificaciones destinadas a garaje, taller de reparaciones, almacenes, etc. Un poco más lejos y hasta la población de Cartagena, hay un edificio cuartel de Carabineros, actualmente ocupado por familias de nueve números (casi todos ellos están en los frentes); no es aprovechable.

Circunda toda la zona una alambrada que va por el alto de la colina. Se precisa renovarla, completarla y conectarla con corriente de alta tensión; todo lo cual es fácil.

Los túneles de los polvorines utilizados están a una profundidad de 10 m a 50 m en vertiente de la colina.

TERCERO. *Vigilancia.*— Actualmente se ejerce por fuerzas del Arsenal, que vigilan los polvorines y que alojan en los pabellones citados antes. Tienen diversos cuerpos (casetas o garitas) con teléfono; el más distante está en la citada playa de ALGAMECA. Pero todo en muy escaso número.

Conviene enviar 250 carabineros para que vigilen continuamente en tres turnos de ochenta y tres. Como pueden alojarse 100 en los pabellones dichos, quedarían 83 repartidos en los puestos, otros 83 de imaginaria durmiendo en los pabellones y otros 83 de reserva alojados en la población o en el Arsenal. El número total pudiera reducirse a 210 en tres turnos de 70.

Los 83 de vigilancia pueden repartirse aproximadamente así:

Dos parejas en la boca de cada uno de los tres túneles	12
Cuatro parejas paseando por la carretera de acceso	8
Cuatro parejas en la playa de ALGAMECA	8
Cuatro parejas en el polvorín de superficie vacío que está en colina de enfrente	8
Cuatro parejas destacadas en el comienzo de la carretera	8
Diez parejas en lo alto de la colina de los túneles	20
Cinco parejas en la llamada Casa del Guarda (Guerra)	10
Tres parejas en la carretera de Guerra	6
Cocineros, ordenanzas, etc.	3
Total	83

Armamento.— Además del normal se necesitaría un cañoncito o dos ametralladoras en la llamada Casa del Guarda; y otras dos ametralladoras en el polvorín de superficie vacío y en la playa de ALGAMECA. Pueden suministrarlo Marina y Guerra de Cartagena.

Menaje.— Se necesitan literas para unos cien hombres; colchonetas, almohadas y mantas; platos y menaje de mesa y de cocina. Un autobús para transporte de las fuerzas, de los víveres y de las municiones desde la población a esta zona (hay garaje amplio para guardarlo).

Una cocina de hierro; hay sitio para instalarla y las obras las haría Marina. Habilitación de la casa del guarda y permiso de Guerra para utilizarla.

Para todo lo de Marina entenderse con el almirante Jefe de la Base D. Antonio Ruiz. Para todo lo de Guerra con el general Martínez Cabrera.

Es necesario que los carabineros NO VAYAN CON SUS FAMILIAS. En un pabellón pueden alojarse un capitán y dos tenientes. Todo el personal que esté en la zona, o sea 2 por 83 = 166 hombres debe comer allí; la dificultad grande está en encontrar local amplio para comedor.

Urge que un jefe u oficial se traslade allí y compruebe lo que se dice en estas notas, modificando lo que proceda, formulando presupuesto para concesión del oportuno crédito y procediendo inmediatamente al alojamiento de las fuerzas que se destinan.

Fdo: José Giral

B) *Instrucciones al capitán de carabineros D. José Muñoz Vizcaíno*

El comandante Don José Muñoz Vizcaíno queda encargado por el presente de organizar y mandar las fuerzas afectas los polvorines, donde hay constituidos depósitos cuya custodia se les encomienda.

Asume potestad para tomar cuantas medias considere pertinentes, lo mismo en el orden militar que en cualquier otro, pero cuidando de que no se produzcan interferencias con las disposiciones de otras autoridades de la plaza. A este fin, y aparte de lo que le aconseje la discreción, procurará entrevistarse desde el primer momento con el Gobernador Militar y con el Jefe de la Base Naval.

Asimismo ha de tener al corriente discretamente al señor Ministro de Hacienda de cuantas incidencias surjan y si fuese preciso utilizará el teléfono. Facilitará las actuaciones de los funcionarios del Banco de España en cuantas operaciones sean dispuestas por este Centro. Acatará, como emanación de este Ministerio, las órdenes que reciba del Director General del Tesoro Don Francisco Méndez Aspe. Tomará las medidas de seguridad y protección pertinentes para cuantos transportes se ordenen.

Puede proponer las determinaciones que en cada caso estime oportunas para el mejor cumplimiento de su misión, si no alcanzara a su fuero la puesta en práctica y bajo su propia responsabilidad, de las mismas.

Facilitará la labor informativa que por encargo de este Ministerio realizará el comandante Don Fernando Sabio y pondrá a su disposición los elementos que este reclame.

Madrid, 7 de octubre de 1936

C) *Informe del comandante Sabio con motivo de su viaje a Cartagena**

Una serie de alturas, unidas unas a otras, forman un conjunto parecido al de una herradura, cuya abertura, salida de las aguas que (sic) hace al final angosta y retorcida impidiendo la vista de la playa de Algameca desde la mayor parte de la herradura.

El conjunto de lomas y barrancadas constituye una finca que fue adquirida por Guerra en atención a las condiciones que reúne para la defensa de la población y anejos.

Existen carreteras a las más importantes alturas y en ellas están emplazadas algunas baterías de artillería.

Dentro de la herradura, apoyado en una de las lomas, existe un terreno que ha sido cedido a Marina, y en el que se han construido los polvorines y demás dependencias de que ya existe informe.

Las condiciones de construcción de los polvorines son buenas para los fines a que actualmente se dedican pero resultan pequeños, lo cual dificulta grandemente los trabajos de remoción para clasificación y envío. La labor a desarrollar por el personal encargado es considerable.

Los únicos accesos a los polvorines son las puertas y los tubos de respiración ofrecen a mi juicio poca garantía, debiendo suplirla en los últimos con vigilancia y los primeros con cerraduras, mucho más fuertes y mejor montadas en las terceras puertas.

Aún a riesgo de extenderme demasiado, quiero detallar algunos extremos por lo que se refiere a las condiciones de seguridad de dichos accesos.

Las puertas.— La primera, de chapa ondulada, no sirve más que de telón para que no se vea la siguiente.

La segunda que es de dos hojas de corredera que se fijan con un candado, hoy de lo más corriente aunque piensa mejorarse, no podrá nunca ser obstáculo a la más sencilla y frágil herramienta, sirviendo únicamente para ocultar la tercera que es naturalmente más aparatosa.

Sé que hay intención de mejorar las cerraduras de estas terceras puertas pero se hace indispensable que a la hora de montar las nuevas se proceda de forma distinta a cómo se hizo con las anteriores, o sea con las actuales, ya que las correspondientes a la puerta de uno de los polvorines está sujeta con tornillos pasantes sin remachar, que yo mismo pude destornillar con los de-

* Sobre el título aparece escrito en mayúsculas a mano «CARTAGENA.ORO».

dos. En las otras dos puertas los tornillos están remachados en frío pero como la cabeza queda al exterior bastaría una llave inglesa fuerte para, sin ruido alguno, separar la cerradura de la puerta. Las cabezas de los tornillos deberían estar embutidas en el grueso de la puerta y recubiertas con soldadura; las puntas de los tornillos, que en realidad deberían ser pernos suprimiendo la tuerca, deben ser remachadas en caliente.

Los tubos de respiración.— Los polvorines son todos, en forma, iguales o simétricos, aunque cambia de unos a otros la longitud de las galerías. Al margen se pinta un mono aproximado de uno de ellos.*

La galería estrecha, o cámara de explosión marcada X, tiene comunicación con la paralela por dos aberturas con dimensiones aproximadas de medio metro en cuadro, abertura que está cerrada por rejas con barrotes unos 15 m/m.

En el centro de la cámara de explosión nace en sentido vertical el tubo de respiración, el cual no he podido ver, pero que según informes tiene un diámetro de unos 70 c/m. Este tubo sale al exterior cubierto por una especie de garita. Se hacen obras para tapar las salidas de los tubos de respiración pero considero indispensable la vigilancia inmediata, muy especialmente durante la noche, en evitación de que deshaciendo la obra de taponamiento de los tubos de respiración, pudiera introducirse alguien en la galería estrecha, que como queda dicho no está separada de la principal más que por los barrotes de 15 m/m.

Existen tres accesos fáciles al interior del recinto total de Guerra que son:

1.º La carretera de Cartagena.
2.º La carretera a la playa de Algameca.
3.º Un collado que existe en la herradura en el lugar opuesto a la abertura.

Las dos primeras entradas se encuentran vigiladas pero no defendidas, la tercera carece de vigilancia.

Siendo el conjunto del Ramo de Guerra y existiendo en él algunos destacamentos de artillería puede haber duda sobre quién debe defender esas entradas caso de plantearse la cuestión de jurisdicciones. En mi opinión las tres deben ser vigiladas y defendidas por fuerzas propias para lo que se cuenta con personal suficiente. Independientemente será preciso establecer la vigilancia inmediata de los polvorines y los retenes para su defensa. Sobre estos extremos, distribución de la fuerza y armamento necesario he cambiado impresiones con el comandante Muñoz, y oportunamente informaré de palabra, anticipando que hemos coincidido en nuestras opiniones, considerando de absoluta necesidad la dotación a dichas fuerzas de cuatro ametralladoras

* Este croquis, muy esquemático, no se reproduce.

y seis fusiles ametralladores. Muñoz, por su parte, desea equipar a todo el personal con careta contra gases.

La parte que en principio ofrece algunas dificultades es la relacionada con el acuertelamiento pero puede resolverse dentro del recinto empleando un polvorín de superficie hoy en desuso, la Casa de los Carabineros, la casa del guarda (propiedad de Guerra) y algunos pabellones de la Marina.

Para poner dichos edificios en condiciones de alojar al personal sería necesaria la instalación de literas ya que en superficie no habría sitio para todos.

Si este informe terminase aquí yo pediría se autorizase al comandante Muñoz para que pudiera hacer los gastos necesarios para construir con urgencia las literas, que habrían de consistir sencillamente pies y marcos de madera y lechos de lona, pero considero por virtud de lo que sigue que de momento no puedo saber cuál será el alojamiento de las tropas y omito por esta razón la propuesta.

En la entrevista con el General Gobernador he sacado la impresión de que será muy difícil para Muñoz el cumplimiento de su deber en forma que garantice su misión si no se ve completamente amparado y defendido por Vd.

Este señor pretende que las fuerzas han ido a Cartagena a su disposición, diciendo que es a él a quien se debe su envío.

Ha empezado por nombrar una guardia de 20 hombres para el Gobierno Militar y otra de 40 para un antiguo cuartel con el pretexto de darles alojamiento. Ha dicho que los polvorines no deben defenderse desde su inmediación sino desde el pueblo *que es de donde puede un día salir el enemigo*.

También que el mejor servicio a prestar por las fuerzas de Carabineros consistirá en vestirse de paisano para desempeñar funciones de policía secreta.

También que quiere mandar algunas de estas fuerzas al muelle para evitar que por los obreros del mismo pueda entrar en Cartagena el *gorgojo* del que hasta ahora se ha visto libre.

Ha amenazado con no prestar el apoyo a que le obliga la orden de Vd. si a él no se le presta el que solicita.

Ha confesado claramente que no puede haber más autoridad que la suya, apoyándose en los desastres debidos a las pequeñas columnas sin un mando de conjunto.

Para mí ha constituido un hecho curioso el encontrar en estos momentos un general que sepa dar a conocer en tan pocas palabras las condiciones de que estaban adornados los antiguos generales que tan fácilmente sabían hacerse odiosos, pero aparte de esta curiosidad he quedado impresionado al pensar que la urgente misión encomendada a las fuerzas del comandante Muñoz sufrirá cuando menos un retraso impuesto por el tiempo necesario para pasar a Vd. este Informe.

Teniendo en cuenta que hasta ahora había 35 carabineros en el servicio de que se trata, los cuales podrían ser relevados e incorporados a la Comandancia de Cartagena para las otras misiones justas que quiera encomendárseles, estimo que los 300 hombres del comandante Muñoz no deben en ningún caso prestar otro servicio que el especial, para el cual han sido elegidos.

Esto resuelto, convendría autorizar al comandante Muñoz para que procediese a ordenar la construcción de las literas para conseguir que toda la fuerza esté en el campo, dentro del recinto.

Aparte de lo anterior, considero necesario y muy urgente el cambio de las cerraduras de las terceras puertas. Las cuartas puertas de que había noticia parece que no se pondrán, según me informó el encargado de la custodia.

Yo me he trasladado a esta plaza para, mientras envío el presente informe y recibo sus órdenes, estar en contacto con la Comisión de Reclutamiento e informarme de su funcionamiento.

Alicante,   de octubre de 1936*

Fdo. Fernando Sabio

Fuente: AJNP

* En el documento consultado el día está en blanco. Los subrayados son del original.

Documento n.º 7

Selección de entre los primeros despachos del embajador español en Moscú

9 de octubre de 1936

Tengo el honor de poner mediante estas líneas en conocimiento de V.E. las siguientes noticias:

1. *Presentación de cartas credenciales*: En el día de hoy fui recibido por el presidente de la República de la Rusia blanca en funciones de presidente del Comité Ejecutivo Central de la URSS, A. C. Chervyakov (ausente Kalinin con permiso de descanso) a quien entregué las cartas credenciales de mi Embajada. Siendo acompañado por el comisario interino de Negocios Extranjeros, jefe de Protocolo, jefes de varias secciones del Comisariado de N.E.

El Sr. Chervyakov me recibió con notable simpatía y cordialidad reiterada después en la entrevista privada que me concedió. En esta me hizo manifestaciones de entre las cuales considero debo poner en conocimiento de V.E.: 1. Sus expresiones de satisfacción por la reanudación de las relaciones diplomáticas de hecho entre la República española y la URSS y su contento porque aquélla estuviera representada, según sus frases, por un viejo amigo de ésta.— 2. Me hizo ostensible el extraordinario y profundo interés con que en todos los medios de la URSS se siguen los acontecimientos actuales de España, cuya importancia se realiza adecuadamente.— 3. En relación con la reciente concesión de la autonomía al País Vasco extendiose en consideraciones sobre la organización federal de la URSS y las ventajas que de tal tipo de organización pueden derivarse para el fortalecimiento real del Estado, invitándome en consecuencia de sus palabras a verificar un viaje de estudio a la República que él directamente preside (capital Minsk). Se lo agradecí muy sinceramente ya que insistió en ello y a la vista de la repercusión que tal visita pudiera tener de realizarse en un futuro no muy lejano me permito solicitar de V.E. la oportuna autorización. Refiérome naturalmente a la proximidad de dicha República a

Polonia. No hubo discurso alguno en el acto de presentación de las credenciales por haberse suprimido aquí dicha costumbre.

2. *Recibimiento.*— Por lo que tenga de significativo respecto a la actitud del Gobierno y del pueblo de la URSS debo manifestar a V.E. que tanto en Leningrado como en Moscú el que se me ha dispensado revistió caracteres excepcionales claramente, contrastados con el ofrecido al Sr. Embajador de Italia, que llegó un cuarto de hora después. En una y otra estación fui recibido por numerosas delegaciones no sólo del Comisariado de Negocios Extranjeros sino de otros varios Comisariados, jefes militares, representaciones culturales, presidentes de los soviets, prensa y numeroso público, debiendo pronunciar yo ante el micrófono algunas frases de agradecimiento en español y en ruso. El Sr. N. N. Krestinsky, comisario adjunto de Negocios Extranjeros que interinamente rije el Departamento, me ha invitado de modo especial en la compañía de otras personas distinguidas de la vida oficial al teatro Vakhtangov donde en respuesta a grandes ovaciones de simpatía y solidaridad al pueblo español me vi precisado a pronunciar un discurso de agradecimiento. Asimismo ha tenido para conmigo repetidas atenciones y me ha puesto en contacto rápidamente con los directores de los diversos servicios departamentales del Comisariado para mayor facilidad de mi trabajo. Por todos lados en esta esfera oficial he observado hasta ahora una gran cordialidad y un muy sincero deseo de ayudarme en mi trabajo. El presidente del Colegio de Comisarios Sr. Molotov me ha invitado para mañana a un almuerzo con objeto de que entre en relación con otros varios comisarios.

3. *Conversaciones.*— De las mantenidas con varios oficiales del Gobierno y del Departamento he podido deducir fácilmente que se dan cuenta perfecta de la situación militar actual en España, la urgencia del caso, punto sobre el cual siguiendo las instrucciones de V.E., concordantes con las indicaciones que me hiciera también el Sr. Presidente del Consejo de Ministros en mi visita de despedida, he insistido machaconamente, y las repercusiones políticas que pudieran implicarse. Hasta ahora el movimiento de solidaridad tan extenso e importante ha tomado sobre todo la forma de colectas en gran escala de dinero para envío de víveres a España, reuniones para expresión de la simpatía al pueblo español en la lucha que sostiene, que tiene lugar en numerosas fábricas, teatros, talleres, etc. y en todo el territorio de la Unión, siendo tema general y constante la discusión de la situación militar en los frentes. Asimismo se respalda con calor las declaraciones del Gobierno de la URSS a través de su representante en el Comité de Londres. Sobre colaboraciones de otro tipo no me considero en situación, a la vista de las manifestaciones oídas hasta ahora y por la representación de las personas con quienes he conversado, a expresar a V.E. juicio de posible importancia. Después

de mi entrevista de mañana con el Sr. Presidente del Consejo de Comisarios enviaré nuevo informe.

4. *Solidaridad.*— Hasta el 2 de octubre las colectas organizadas a favor de las mujeres y niños de España se elevaba a 14.061.162 rublos, recogidos en todas las repúblicas y regiones de la URSS, y sobre estos fondos los sindicatos han adquirido y remitido víveres a España en los buques *Neva* (18 de septiembre), *Kuban* (27 de septiembre) y *Zyrianine* (4 de octubre), continuándose las suscripciones con gran entusiasmo.

5. *Instalación de la Embajada.*— De momento el Comisariado de Negocios Extranjeros ha puesto a mi disposición algunas habitaciones en el Hotel Nacional, situado céntricamente. Pero la apreciación de las circunstancias inmediatas me fuerza a recomendar a V.E. se termine lo antes posible esta situación. A tal efecto tal vez fuera lo mejor aceptar el ofrecimiento que han hecho posible solamente condiciones excepcionales (la no incorporación de la Legación del Uruguay a Moscú) de alquilar la casa que a dicha Legación se destinaba, pequeña y modesta. De lo contrario, según me comunican en Negocios Extranjeros, será preciso esperar muchísimo tiempo dada la formidable escasez de viviendas en Moscú.

Teniendo en cuenta la grandísima carestía de la vida en la URSS para los extranjeros convendría traer bien de España o desde otro país próximo los muebles y demás objetos de instalación. Y justamente en conexión con los precios de las cosas y con el coste en general de la vida en este país para los extranjeros me permito rogar a V.E. se reflexione sobre las asignaciones que deberá percibir el personal que deba acompañarme en el trabajo en Moscú.

6. *Personal de la Embajada.*— La apreciación de necesidades inmediatas me haría sugerir a V.E. como más útil y menos dispendiosa dentro de lo posible la composición siguiente de esta Representación: un secretario general de la Embajada, un agregado comercial y económico y un agregado militar. El primero de ellos podría además llevar el Consulado General en esta ciudad. El canciller podríamos fácilmente encontrarlo aquí.

Por otra parte convendría establecer un Consulado en el Mar Negro, preferiblemente en Batum o en Odesa, según los posibles desarrollos de nuestro comercio con la URSS.

Encarezco de la amabilidad de V.E. el pronto envío de esta delegación ya que las condiciones en que actualmente me veo precisado a trabajar —carente de todo personal nacional y sin conocimiento del español, el intérprete que me ha prestado el Comisariado de N.E.— son a más de imposibles, nocivas.

7. *Medios de comunicación.*— En tanto no reciba otras órdenes de V.E. remitiré todas las comunicaciones (por vía aérea a los efectos de mayor rapidez) a la Embajada española en París, con ruego de que las hagan llegar hasta V.E. Informes que pudieran ser de especial reserva podrían seguir hasta el mismo destino utilizando el correo especial diplomático que sale del Comisariado de Negocios Extranjeros ciertos días del mes, según ofrecimiento que me han hecho. Sin embargo, hasta recibir autorización expresa de V.E. me abstendré de usar este procedimiento.

Asimismo, y en tanto continúen las actuales circunstancias de alguna dificultad, me retendré de utilizar la comunicación cifrada directa con Madrid que se hace desde aquí vía Londres, todo lo que me sea posible.

Según he oído en N.E. una prueba de comunicación telefónica directa entre el embajador de los soviets en Madrid y el Comisariado de Comunicaciones ha tenido franco éxito lo que me permito comunicar a V.E. por si pudiera emplearse en un momento dado.

Dadas las condiciones en que por ahora actúo confío sean comprendidas y excusadas la forma y redacción de las anteriores líneas.

11 de octubre de 1936

Continuando las muestras excepcionales de simpatía y solidaridad con el pueblo español por parte de la URSS en el día de ayer V. M. Molotov, presidente del Consejo de Comisarios del Pueblo de la URSS, me concedió una audiencia especial de cuyos términos paso a dar cuenta a V.E.

Después de mostrar su satisfacción por la reanudación de relaciones diplomáticas de hecho entre los dos países, inquirió con gran interés y detalle noticias sobre la situación militar en todos los frentes y sus relaciones e importancia que yo expliqué a la vista de un mapa sobre la base del conocimiento previo que había adquirido en mi contacto con el Estado Mayor Central. Destaqué claramente el peso que en el conjunto de la situación, y desde diversos puntos de vista, debía asignarse a los frentes próximos a Madrid recalcando la importancia que uno u otro resultado de la lucha en este frente pudiera presentar para el conjunto del presente y del futuro político de la nación. Ello nos llevó de la mano para explicar al presidente las razones y causas de la superioridad que el enemigo manifestaba en esta zona; particularmente se interesó por las fuerzas de aviación y fechas aproximadas en que empezó a notarse su franca superioridad, aludiendo yo al describir el asunto a la documentación inscrita en el Libro Blanco del cual había entregado hacía dos días un ejemplar en el Comisariado de Negocios Extranjeros. Sobre este punto y por obvias razones insistí mucho acerca del presidente haciendo observar cómo una ayuda de material que pudiera al menos restablecer el equilibrio en el aire podría ser definitiva para el éxito del Gobierno. El presidente me respondió reconociendo la importancia que la «técnica», como en general aquí se designa, y el buen material juegan en la guerra moderna pero expresó su convicción de que el entusiasmo y la energía asimismo entran como factores predominantes. También le expliqué las razones, según mi conocimiento, que habían motivado la decisión del Gobierno de trasladar por el momento la escuadra al Mar Cantábrico, punto que le interesaba. Al aludir yo a las escasísimas ayudas que en orden a material de guerra recibíamos de algunos amigos políticos del extranjero, tema sobre el que me era obligado por las circunstancias reafirmar nuestras preocupaciones, me respondió que le eran conocidas estas gestiones y «que nuestros amigos no nos servían bien». Naturalmente traté de obtener alguna precisión más pero sin resultado. Hizo alusión a la nota entregada por Kagan al Comité de Londres y por la cual yo expliqué creía que mi Gobierno la recibiría con agrado y seguramente realizaría su posible gran trascendencia, replicándome que el Gobierno de los soviets hablaba seriamente.

Inmediatamente me invitó a almorzar en compañía de las siguientes autoridades, haciéndome notar los representantes de Negocios Extranjeros el carácter excepcional del homenaje que luego ha tenido en la prensa de aquí y en otros círculos considerable repercusión: Rudzutak, Mezhlauk y Antipov, presidentes adjuntos del Consejo de Comisarios del Pueblo; Kaganovich, mariscal Vorochilov, Yezhov, Rosengoltz y Kaminsky, comisarios del Pueblo; Krestinsky, comisario adjunto de Negocios Extranjeros (Litvinov ausente); Stomoniakov, también adjunto, así como Rukhimovich, mariscal Yegorov, jefe de Estado Mayor; Akulov, secretario del Comité Ejecutivo, y Mogilny, Neyman y Weinberg, jefes de departamento en el Comisariado de Negocios Extranjeros. El banquete tuvo lugar en las habitaciones privadas que ocupa en el Kremlin el presidente del Consejo de Comisarios.

Durante el almuerzo me hicieron numerosas preguntas y solicitaron información sobre la situación militar, política, etc. particularmente el presidente y los comisarios Vorochilov y Kaganovich. Insistí cuanto pude sobre la urgencia de la situación desde el punto de vista militar en cuanto se refiere a restablecer al menos el equilibrio en cuanto a material de guerra, especialmente aviación. La consideración del frente de Madrid llevó a las tres personas más arriba mencionadas a hacerme reflexiones sobre sus experiencias y grandes dificultades en la guerra civil que ellos vivieron y dirigieron en diversos sectores, y a recalcar el papel que el entusiasmo y la decisión tienen en esta clase de luchas. Asimismo insistieron sobre el peso que puede significar una debida preparación del proletariado campesino, haciéndole claramente conocer los propósitos y fines del programa gubernamental respecto a sus necesidades. Un adecuado establecimiento del problema supondría siempre para los rebeldes un enemigo fuerte en la retaguardia, citándome ejemplos del papel que el sabotaje realizado por elementos semejantes jugó en la guerra civil rusa. Les manifesté que en alguna escala este era también el caso en España, particularmente en ciertas regiones, Extremadura y Andalucía, donde los campesinos tenían conciencia de los beneficios derivados de la reforma agraria.

Conviene recalque a V.E. que en un aparte, Kaganovich, que según noticias, goza de buena amistad con Stalin, me comunicó de modo expresivo «que el camarada Stalin está muy interesado en los acontecimientos de España».

Hubo numerosos brindis a la salud de S.E., del Gobierno español, del triunfo de éste, otro personal al jefe del Gobierno L. Caballero, a los que yo respondí con correspondientes respecto a las autoridades soviéticas.

Tanto en la conversación previa como en el almuerzo reiteré el agradecimiento nuestro por las constantes ayudas que en forma de donaciones alimenticias hacían los pueblos todos de la URSS al español, especialmente para las mujeres y los niños.

Terminaré informando que de este homenaje apareció en la prensa soviética un comunicado diciendo estrictamente que se me había hecho este obsequio y las autoridades que fueron invitadas y asistieron.

25 de octubre de 1936

Tengo el honor de comunicarle las siguientes noticias en relación con la actuación de esta Embajada.

1. *Visita al Sr. Litvinoff.*— Inmediatamente del regreso del comisario del pueblo para los Asuntos Exteriores me envió recado que deseaba verme pronto, verificándose la visita el 16 del corriente. La conversación se desarrolló en términos generales sobre la situación política y en mayor detalle preguntándome sobre la situación militar en los diversos frentes. Me dijo que en Ginebra había tenido ya conversaciones con Vd. lo que evitaba de momento entrar en particularidades de otro orden. Nada hubo que yo considerara de especial y urgente interés en la entrevista; en tal caso naturalmente lo hubiera comunicado rápidamente a ese Ministerio.

2. *Visita al Sr. Rosengoltz.*— El 19 visité al comisario de Comercio Exterior. Hablé con él de las posibilidades de intercambio de productos comerciales entre ambos países encontrándole muy bien dispuesto. Pero es absolutamente necesario que persona competente me asesore en estos asuntos. En las actuales circunstancias poco podemos hacer por mucho que sea nuestra buena voluntad.

Me permito recordar al respecto que el comisario de Comercio tiene algún agregado comercial de importancia, el Sr. Vinzer, en la Embajada de los soviets en Madrid, y que ha enviado algún otro, el Sr. Malkoff, a Barcelona.

El comisario de Comercio me ha invitado después a una cena en su casa de campo distante de Moscú a la que asistieron muchas otras personalidades, particularmente de gran importancia el Sr. Gringo, comisario de Hacienda. De la entrevista que reservadamente tuve con los dos comisarios tiene V.E. ya noticias por otro conducto.

3. *Visitas a embajadores y demás miembros del Cuerpo Diplomático.*— En los días pasados he verificado las visitas de presentación y cortesía a los embajadores y ministros acreditados aquí. Recibido con la natural cortesía y consideración. Pero merece destacar: gran simpatía expresa por parte del embajador de Turquía y los ministros de China, Lituania, Letonia, Checoslovaquia y de la República de Tuva. También, aunque más a título personal por mis conexiones con América, por parte de chargé d'affaires de los EEUU, ausente ahora el embajador. Gran reserva y expresiones muy calculadas por parte del embajador de Italia, Sr. Rosso. Correctamente y con mucho savoir faire el embajador de Alemania, conde de Schulenburg.

4. *Recepción de VOKS.*— La Sociedad para las relaciones culturales entre la URSS y el extranjero organizó en mi honor como representante de España una fiesta a la que concurrió gente muy distinguida en las artes, ciencias, aviación, etc. Se contó entre ella lo más saliente entre las notabilidades de Moscú, directores de los museos, de los teatros y academias de arte, escritores, científicos, médicos y artistas más relevantes, entre ellos Prokofieff, el compositor. Me obsequiaron con un banquete, de unas 60 personas, al final del cual el Sr. Aroseff, presidente de la sociedad, hizo el ofrecimiento, reafirmando sus palabras de simpatía al Gobierno y al pueblo de España en frases muy emocionadas Tairof, artista nacional de la República por las Artes, Abrikosoff, profesor de Anatomía Patológica de la Universidad por las Ciencias, y Chkalov, héroe de la Unión Soviética, famoso aviador. Conviene señalar que éste manifestó en su brindis, entre grandes aplausos de los concurrentes y señaladamente de los aviadores presentes, que su ferviente deseo era prestar ayuda personal e inmediata a sus compañeros de España y que una palabra del Gobierno que lo ordenara sería suficiente para convertir este sentido deseo en realidad. Yo contesté a todos en un discurso remarcando nuestra satisfacción por la actitud de la Unión Soviética en la que hemos encontrado comprensión de esta hora histórica y de la trascendencia que para la Humanidad y para el progreso tienen las luchas que se desarrollan en España. Agradecí en nombre del Gobierno y del pueblo español el homenaje, tan singular por la calidad de los reunidos, cité las recientes palabras de Stalin que provocan siempre aquí gran entusiasmo y reiteré mi deseo de que sigan

prestándonos los pueblos de la Unión Soviética su simpatía y solidaridad en medio de tanta perfidia e hipocresía como impera en el mundo al tratar de la cuestión española. Luego tuvo lugar una fiesta en que los más grandes artistas de Moscú actuaron con verdadera emoción brindando su arte al heroico pueblo español.

Las muestras de simpatía y solidaridad son constantes y revisten todas formas, desde detenerme los ciudadanos en la calle para desear el triunfo de nuestra causa como homenajes, colectas, reuniones de explicación del movimiento en los frentes y ofrecimientos numerosos de ir a España a combatir, o de prohijar niños de los milicianos caídos en la lucha.

Entre la juventud, según mis informaciones, domina la idea de enviar armamento a España y facilitar combatientes.

El comisario de Industria Ligera Lubimoff va a acompañarme uno de estos días a una visita que haré a la primera fábrica que ha tenido la idea de organizar las colectas en favor de España.

Fuente: documentos del archivo del Dr. Pascua en poder del autor. Los originales se encuentran en el AHN: Diversos/Marcelino Pascua/1 (2)-20.

(Nota: el despacho del 9 de octubre no figura con los de la anterior referencia. Puede haberse extraviado. En caso de una eventual desaparición, sería fácil reponerlo ya que todos los documentos del Dr. Pascua fueron microfilmados.)

Documento n.º 8

Nota de Juan Negrín sobre el oro enviado a la Unión Soviética*

Desgraciadamente para España no queda disponibilidad alguna del depósito de oro constituido en Rusia a virtud de la remesa que de este metal precioso hubo de efectuarse en el año 1936. Tal depósito quedó consumido durante el transcurso del año 1938 por situaciones de fondos en París (que Rusia efectuaba a consecuencia de órdenes emanadas del Gobierno español) para hacer frente a múltiples necesidades impuestas por la guerra y, también, por el pago de mercancías vendidas a España por la propia Rusia, principalmente petróleo, víveres, materias primas, etc.

No será, pues, la existencia en Rusia de un tesoro de la República la causa o motivo de que un día lleguen a entenderse Franco y Stalin como vaticina, tan desafortunadamente, el Sr. Araquistáin, llevado de su impenitente aviesa ingenuidad.

La decisión de enviar el oro a Rusia fue adoptada, por unanimidad, en Consejo de Ministros del que formaba parte el Sr. Largo Caballero, como presidente, y el Sr. Prieto, como ministro, dando origen a la expedición del oportuno Decreto refrendado por el presidente de la República, disposición que, dada la naturaleza de su contenido y las circunstancias excepcionales en que se dictaba, hubo de tener el carácter de reservado.

Contumaces enemigos del régimen republicano español, sin inquietud de conciencia, interesados en falsear, con fines propagandísticos, la verdad, pregonan la leyenda de que tal decisión fue una iniciativa dictada por el deseo de complacer a los rusos. Ello es absolutamente incierto.

* Lleva como introducción el siguiente texto: «La famosa cuestión del envío de oro a Rusia. Destruir la leyenda de una iniciativa dictada sólo por el deseo de complacer a los rusos y la otra leyenda de que todavía hoy hay en Rusia un tesoro de la República que un día servirá —según Araquistáin— para que Stalin termine entendiéndose con Franco.

La adopción de semejante medida se explica con sencillez y claridad perfectas. Basta recordar —con profunda amargura por cierto— la incómoda posición en que se habían colocado determinadas grandes potencias con respecto a la República durante el período de la guerra de invasión nazifascista, a pesar de continuar reconociendo al Gobierno, para darse perfecta cuenta de que le era imposible al Gobierno español disponer de la libertad de movimientos indispensables para utilizar sus disponibilidades y recursos en las condiciones de seguridad y rapidez que las circunstancias imponían. En contraste con tales requisitos, aquellas naciones lejos de inspirar el grado de confianza que era lógico esperar, adolecían de pasividad y desgana en el mejor de los casos, dificultando más que facilitando las actividades del Gobierno republicano español. Y si a esta inseguridad manifiesta por parte de los Gobiernos de las citadas naciones se añade la enemiga encubierta y sin escrúpulos de los establecimientos bancarios en las mismas, dispuestos en todo momento a facilitar al enemigo los medios necesarios para inmovilizar los recursos que se situaban los mismos para necesidades de la guerra, se llega a la conclusión inequívoca del acierto que presidió al acordarse situar los recursos de la República, necesarios para combatir la invasión, en lugar que, a juicio del Gobierno, ofreciera garantías y seguridades de todo orden.

Consignemos además, por si lo ya expresado no fuera, para algunos, razón bastante para actuar como se actuó, los peligros a que hubieran estado expuestos constantemente los transportes periódicos de oro, por tierra, mar y aire, no sólo dentro sino principalmente fuera del territorio nacional.

En resumen el envío del oro a Rusia fue consecuencia obligada de la errónea conducta observada por determinadas grandes potencias, más tarde objeto de severa autocrítica, que lejos de inspirar confianza y seguridad al Gobierno de la República, imprimió, como era lógico esperar, sentimientos de recelo y de incertidumbre incompatibles, en absoluto, con la rapidez requerida en aquellas excepcionales circunstancias para el desenvolvimiento eficiente de todas sus disponibilidades en el exterior.

Fuente: AJNP

Documento n.º 9

Informe de la embajada británica en Moscú sobre la política soviética hacia España

(*De la introducción general*)

8. Aunque es legítimo cuestionar si, en un primer momento, el Gobierno soviético se sintió realmente inclinado a intervenir directamente en la guerra civil española, excepto por lo que se refiere a suministrar ayuda alimenticia al Gobierno español y en adherirse a las propuestas francesas de no intervención, es un hecho que sí intervino a partir de septiembre, cuando Alemania e Italia enviaban tropas y los insurrectos se acercaban a Madrid. Si bien el Gobierno soviético negó oficialmente que en España hubiera soldados rusos, lo cierto es que envió un número considerable de oficiales, pilotos, instructores y expertos y prestó una ayuda inestimable al suministrar tanques, cañones y veloces bombarderos. Desde el principio la idea del Gobierno soviético fue que no cabía tratar como iguales a los dos bandos en lucha. Lo que se daba era un caso en el cual un Gobierno legítimo combatía contra una banda de rebeldes. Tenía, pues, derecho a que se le ayudara. En este asunto de la intervención parecía que el Gobierno soviético (aparte de la Comintern), después de haber dado la impresión de seguir durante algún tiempo una política puramente nacional, volvía a la escena internacional en su papel de Estado comunista que luchaba a favor de la causa comunista en otros países. Ahora bien, en tanto en cuanto la Tercera Internacional había laborado durante años en pos de una revolución en aquel país del que se afirma que Lenin había profetizado constituiría el próximo éxito, probablemente el Kremlin no tuvo nada que ver con la preparación de la guerra civil. Aunque por fuerza se viera obligado a extraer un capital propagandístico de su papel tradicional como campeón del comunismo y de la revolución, indudablemente su intervención real en la guerra civil se vio dictada mucho más por el temor a que surgiera un nuevo Estado fascista bajo la influencia de Alemania e Italia que por cualesquiera otras consideraciones. Además, es tal la preocu-

pación soviética por la estabilidad de Francia que es muy posible que el Kremlin contemplara con aversión el período de caos que pudiera implicar el intentar prematuramente introducir un régimen auténticamente comunista en España.

....

(*De la sección dedicada a las relaciones con Francia*)

92. En el ámbito de las relaciones internacionales los Gobiernos soviético y francés han seguido políticas similares en numerosos puntos y nunca divergieron seriamente. En relación con la guerra civil española es cierto que no cabe afirmar que estuvieran totalmente de acuerdo y ha habido ocasiones en que la prensa soviética ha criticado a Francia, incluso de manera amarga, a causa de su «estúpida» actitud ante la intervención alemana e italiana. No cabe olvidar, sin embargo, que fue por consideración respecto al Gobierno francés por lo que la Unión Soviética decidió adherirse al Comité londinense de No Intervención y por lo que continuó en él durante todo el año, si bien como miembro escasamente sincero y crecientemente molesto. La preocupación del Gobierno soviético por Francia —o, dicho de otra manera— por el papel de Francia como valladar contra Alemania— no apareció nunca con tanta claridad como en las reacciones respectivas frente a la guerra de España. La satisfacción eventual que hubiera podido sentir frente al caos interno, que tantas posibilidades ofrecía para una revolución que pudiese inducir una marcha hacia el comunismo, —y es algo más que dudoso que hubiese considerado que el tiempo había madurado lo suficiente al efecto— se vieron compensadas por la ansiedad experimentada con respecto a la debilitación de la posición internacional de Francia que resultaría de tal caos....

....

(*De la sección referida a España*)

157. En la primavera y principios del verano de 1936 la actitud oficial del Gobierno soviético parecía ser tranquila, en la medida en que cabía colegirla por la prensa. Esta (que naturalmente está controlada con todo rigor) se mantuvo discreta en sus comentarios, aunque informó de los primeros sucesos con satisfacción evidente. Lo mismo no puede afirmarse, obviamente, de la Comintern o —como cabría decir con mayor exactitud— del Gobierno soviético actuando por medio de la Comintern. Es un hecho conocido que Moscú había enviado a agitadores —españoles y soviéticos— bien preparados y entrenados para unirse a los comunistas en España. Parece indudable que también se suministró alguna que otra ayuda financiera.

158. A finales de julio en los periódicos oficiales empezaron a aparecer

plena disponibilidad para «abstenerse de acciones directas o indirectas que pudieran llevar a una intervención extranjera» pero declaró que también esperaba que las restantes potencias controlaran el cumplimiento de una abstención similar. Los tres Gobiernos coincidieron en principio en apoyar un intento de mediación entre los dos bandos en liza. A finales de diciembre se hizo una nueva gestión ante todas las potencias interesadas urgiendo la necesidad de detener con efectos inmediatos el flujo de extranjeros que tuvieran la intención de prestar servicios a favor de cualquiera de ambos bandos. A tal efecto se propuso que de común acuerdo se prohibiera lo antes posible, en enero, con el fin de garantizar una acción simultánea. Sin dilación alguna el Sr. Litvinov replicó que su Gobierno estaba totalmente a favor de detener el flujo de los denominados «voluntarios», como ya había dicho previamente, pero que era bastante evidente —dado el no cumplimiento por parte de ciertas potencias de las obligaciones que les incumbían— que cualesquiera acuerdos ulteriores que no se vieran acompañados por un control simultáneo e inmediato sólo favorecerían a los rebeldes. (Ya había indicado con frecuencia su impresión de que, de no haber sido por la ayuda exterior recibida por estos, hacía tiempo que se les hubiera vencido). En consecuencia, el Gobierno soviético se adheriría a las propuestas anglo-francesas a condición de que las restantes potencias declarasen su consentimiento a la puesta en práctica inmediata del control con independencia de la actitud de los generales rebeldes, que en el ínterin las potencias «se obligasen moralmente» a comprobar, por medio de sus agentes oficiales e inoficiales sobre el terreno la llegada de «voluntarios» y que recibieran y publicasen las informaciones pertinentes en tales casos.

166. Cabría mencionar que cuando el Gobierno español solicitó una reunión del Consejo de la Sociedad de Naciones, el Sr. Litvinov informó al embajador británico que había desaconsejado fuertemente tal gestión ya que consideraba que no sería útil y que sólo favorecería a Alemania e Italia.

167. En una o dos ocasiones a lo largo del año el Sr. Litvinov afirmó que la Unión Soviética «no tenía interés en España» pero que le preocupaba considerablemente, por causa de Francia y la paz mundial, el que dicho país pudiese quedar a merced de Alemania e Italia. El embajador soviético en Londres también declaró recientemente que la simpatía soviética para con el Gobierno español no se debía al deseo de establecer un régimen comunista en España sino que la intención estribaba en ayudarle en tanto que amigo de la paz. Si el Gobierno ganaba la guerra tal vez se inclinaría muy hacia la izquierda pero no generaría molestias ni preocupaciones fuera de las fronteras españolas. Por otro lado, una victoria del general Franco sería una victoria para Italia y Alemania. En este sentido es permisible dudar (a pesar de la profecía de Lenin de que España sería el primer país en seguir las huellas de Rusia y a pesar de todas las actividades de la Comintern encaminadas a tal ob-

jetivo) si la actual política del Gobierno soviético estriba en precipitar una erupción comunista que lleve a la constitución de un régimen soviético en España. Por un lado el comunismo soviético, bajo el actual régimen, no está en sintonía con todas las secciones del comunismo español. Hay algunas que los bolcheviques ortodoxos consideran como herejes peligrosos y a las que han condenado rotundamente como partidarias del architraidor «Trotsky». Aparte de tales aspectos, es más que posible que el Kremlin sienta que la revolución mundial bien puede esperar y que, mientras tanto, cualquier peligro que le surja a Francia también sea un peligro para la Unión Soviética.

Fuente: *Soviet Union. Annual Report, 1936*
TNA: FO 371/21105

Fuentes primarias, documentales y bibliográficas

A. FUENTES PRIMARIAS

I. Archivos Españoles

1. Archivos oficiales
Archivo Histórico Nacional (AHN)
Banco de España (ABE)
Ministerio de Asuntos Exteriores (AMAE)
Ministerio de Hacienda (AMH)
Presidencia del Gobierno (APG)

2. Archivos de fundaciones y otros
Archivo de la Fundación Canaria Juan Negrín (AFCJN)
Archivo de la Fundación Indalecio Prieto (AFIP)
Archivo Histórico del PCE (AHPCE)

II. Archivos no Españoles

1. Archivos alemanes
Archivos Militares, Friburgo (Bundesarchiv-Militärarchiv) (AMAF)

2. Archivos británicos
Archivo del Banco de Inglaterra (ABI)
Archivos Nacionales (The National Archives) (TNA)

3. Archivos franceses
Centro de los Archivos Diplomáticos, Nantes (Centre des Archives Di-

plomatiques) (CADN)
Centro Histórico de los Archivos Nacionales, París (Centre Historique des Archives Nationales) (CHAN)
Service des Archives Economiques et Financières, Savigny-Temple (Servicio de los Archivos Económicos y Financieros) (SAEF)
Servicio Histórico de la Defensa, París-Vincennes (Service Historique de la Défense) (SHD)

4. Archivos norteamericanos
Archivos Nacionales College Park, Maryland (NACP)

5. Archivos rusos
Archivo estatal de Historia Social y Política (RGASPI)
Archivo Estatal Militar (RGVA)
Archivo de Política Exterior de la Federación Rusa (AVP RF)

III. ARCHIVOS PRIVADOS

Archivo Juan Negrin, París (AJNP)[1]
Archivo del autor

B. FUENTES DOCUMENTALES*

Akten zur deutschen auswärtigen Politik, 1918-1945: serie D (1937-1945), tomo III, *Deutschland und der spanische Bürgerkrieg* (1936-1939), Imprimerie Nationale, Baden-Baden, 1951.

Álvarez, Santiago: *Negrín, personalidad histórica. Documentos*, Ediciones de la Torre, Madrid, 1994.

Causa General. La dominación roja en España. Avance de la información instruida por el ministerio público, segunda edición revisada, Ministerio de Justicia, Madrid, 1943 (consultada en http://www.causageneral.com).

Centro Republicano Español de México: *México y la República Española. Antología de documentos, 1931-1977*, México DF, 1978.

1. Dado que cuando consulté los fondos en París no estaban todavía catalogados, no se han dado referencias concretas. En el momento de publicarse este libro tal operación ya se había iniciado.

* La indicación «hte» significa que hay traducción española.

Dallin, Alexander y Firsov, F. I. (eds.), *Dimitrov & Stalin, 1934-1943. Letters from the Soviet Archives*, Yale University Press, New Haven, 2000.

Davies, R. W.; Khlevniuk, Oleg V.; Rees, E. A.; Kosheleva, Liudmila P. y Rogovaya, Larisa A. (eds.), *The Stalin-Kaganovich Correspondence, 1931-1936*, Yale University Press, New Haven, 2003.

Dez anos de política externa (1936-1947). A naçao portuguesa e a segunda guerra mundial, vol. III, Imprensa nacional de Lisboa, Lisboa, 1964.

Documenti Diplomatici Italiani, octava serie, 1935-1939, volumen IV: 10 de mayo a 31 de agosto de 1936, Istituto Poligrafico e Zecca dello Stato, Librería dello Stato, Roma, 1993.

—: *Ibid.*, volumen V: 1 de septiembre a 31 de diciembre de 1936, *id.* 1994.

Documents of British Foreign Policy, 1919-1939, segunda serie, vol. XVII, junio de 1936-enero de 1937: *Western Pact Negotiations: The Outbreak of the Spanish Civil War,* HMSO, Londres, 1979.

Documents Diplomatiques Français 1919-1939, segunda serie (1936-1939), tomo III, 19 de julio a 19 de noviembre de 1936, Imprimerie Nationale, París, 1966.

Dokumenty Vneshnei Politiki SSSR, vol. XVI, Moscú, 1970 (Documentos de política exterior de la Unión Soviética).

España a través de los informes diplomáticos chilenos, 1929-1939, selección, introducción y notas de Vargas, Juan Eduardo, Couyoumdjian, Juan Ricardo y Duhart, Carmen Gloria, Ministerio de Relaciones Exteriores, Santiago de Chile, 1998.

Foreign Relations of the United States, 1936, vol. II, *Europe*, Government Printing Office, Washington D.C.

Khlevniuk, O. V; Kvachonkin, A. V.; Kocheleva, L. P. y Rogovaya, L. A. (eds.), *Stalinskoe Politburo V 30-e godi. Sbornik dokumentov*, Airo-XX, Moscú, 1995 (*El Politburó bajo Stalin en los años treinta. Selección de documentos*).

Komintern i grazhdanskaja vojna v Ispanii. Dokumenti, Academia de Ciencias de Rusia, Instituto de Historia General, Servicio Federal Ruso de Archivos, RGASPI, Nauka, Moscú, 2001 (*La Comintern y la guerra civil en España. Documentos*).

Lih, Lars T., Naumov, Oleg V. y Khlevniuk, Oleg V.: *Stalin's Letters to Molotov*, Yale University Press, New Haven, 1995.

Radosh, Ronald; Habeck, Mary R. y Sevostianov, Grigory (eds.), *Spain Betrayed. The Soviet Union in the Spanish Civil War*, Yale University Press, New Haven, 2001 (hte).

Report and Findings of Committee of Enquiry into Breaches of Inter-

national Law relating to Intervention in Spain, octubre de 1936, Londres.
Resheniya «Osoboy Papki», 1923-1939, Moscú, 2001 (Decisiones en el archivo especial del Politburó).
Tesoros del Archivo del Ministerio de Hacienda, Ministerio de Hacienda, Madrid, 2002.

C. FUENTES BIBLIOGRÁFICAS

1. Memorias, obras testimoniales y de recuerdos

Abad de Santillán, Diego: *Por qué perdimos la guerra*, reimpresión de G. del Toro, Madrid, 1975.
Abramson, Paulina y Adelina: *Mosaico roto*, Compañía Literaria, Madrid, 1994.
Álvarez del Vayo, Julio: *Les batailles de la liberté*, Maspéro, París, 1963 (hte).
— : *The Last Optimist*, Putnam, Londres, 1950.
— : *Freedom's battle*, Alfred A. Knopf, Nueva York, 1940.
Amba, Achmed: *I was Stalin's Bodyguard*, Frederick Muller, Londres, 1952.
Araquistáin, Luis: «La intervención de Rusia en la guerra civil española», en *Del socialismo exiliado... Pensamiento socialista español en el exilio*, Fundación Pablo Iglesias, Madrid, 2003.
— : *Sobre la guerra civil y en la emigración*, Espasa-Calpe, Madrid, 1983.
Azaña, Manuel: *Apuntes de memoria*, edición de Enrique Rivas, Pre-Textos, Valencia, 1990.
— : *Obras completas*, vol. III, ediciones Oasis, México, 1967.
Azcárate, Pablo de: *Mi embajada en Londres durante la guerra civil española*, Ariel, Esplugues de Llobregat, 1976.
Barcia, Augusto: *La política de no-intervención*, Publicaciones del Patronato Hispano-Argentino de Cultura, Buenos Aires, 1942.
Beria, Sergo: *Beria, my Father. Inside Stalin's Kremlin*, Duckworth, Londres, 2001.
Blumel, André: «La non-intervention en Espagne», en Lefranc, Georges, *Histoire du Front Populaire*, Payot, París, 1965.
Bolin, Luis: *Spain. The Vital Years*, Cassell, Londres, 1967.
— : *España. Los años vitales*, Espasa-Calpe, Madrid, 1967.
Bowers, Claude G.: *My Mission to Spain. Watching the Rehearsal for World War II*, Simon and Schuster, Nueva York, 1954.
Carrillo, Santiago: *Memorias*, Planeta, Barcelona, 1993.

Cervera, Javier: *Madrid en guerra. La ciudad clandestina*. Alianza, Madrid, 2006.
Dimitrov, Georgi: *The Diary of Georgi Dimitrov, 1933-1949*, edición de Banac, Ivo, Yale University Press, New Haven, 2003.
—: *Diario. Gli anni di Mosca (1934-1945)*, edición de Pons, Silvio, Einaudi, Turín, 2002.
—: *Georgi Dimitroff. Tagebücher 1933-1943*, edición de Bayerlein, Bernhard H., Aufbau-Verlag, Berlín, 2000.
Echevarría, Toribio: *Viaje por el país de los recuerdos*, edición facsímil del Ayuntamiento de Eibar, 2005.
Ehrenburg, Ilia: *Gentes, años, vida. Memorias, 1921-1941*, Planeta, Barcelona, 1985.
Escofet, Federico: *De una derrota a una victoria: 6 de octubre de 1934-19 de julio de 1936*, Argos Vergara, Barcelona, 1984.
Fischer, Louis: *Men and Politics*, Jonathan Cape, Londres, 1941.
Franco Bahamonde, Francisco: *«Apuntes» personales del Generalísimo sobre la República y la guerra civil*, Fundación Nacional Francisco Franco, Madrid, 1987.
Franco Salgado-Araujo, Francisco: *Mi vida junto a Franco*, Planeta, Barcelona, 1977.
—: *Mis conversaciones privadas con Franco*, Planeta, Barcelona, 1976.
Friedemann, Golda: «Hans Beimler in Spanien», en Maassen, Hanns (ed.), *Brigada Internacional ist unser Ehrenname...*, Röderberg Verlag, Frankfurt, 1976.
García Lacalle, Andrés: *Mitos y verdades. La aviación de caza en la guerra española*, Ediciones Oasis, México D.F., 1973.
Gordón Ordás, Félix: *Mi política fuera de España*, tomo I, México D.F., 1965.
Granados, Mariano: «España y Rusia», *Novedades*, México, 25 de noviembre de 1967.
Guarner, Vicente: *Cataluña en la guerra de España*, G. del Toro, Madrid, 1975.
Hernández, Jesús: *Yo fui un ministro de Stalin*, G. del Toro, Madrid, 1974.
Hidalgo de Cisneros, Ignacio: *Cambio de rumbo*, II, Editorial Laia/Colección Ebro, Barcelona, 1977.
Irujo, Manuel de: «Informe n.º 36» en *La guerra civil en Euzkadi. 136 testimonios inéditos recogidos por José Miguel de Barandiaran*, presentación de Gamboa, José María de y Larronde, Jean-Claude (eds.), Éditions Bidasoa, Milafranga-Villefranque, 2005.
Jagow, Willi: «Die Aufstellung der Centuria "Thälmann"», en Maassen, Hanns (ed.), *Brigada Internacional ist unser Ehrenname...*, Röderberg Verlag, Frankfurt, 1976.

Koltsov, Mijail: *Diario de la guerra de España*, Ruedo Ibérico, París, 1963.
Krivitsky, Walter G.: *In Stalin's Secret Service*, Harper & Brothers, Nueva York, 1939 (hte).
Krivoshein, S.: «Los tanquistas voluntarios en los combates por Madrid», en *Bajo la bandera de la España republicana. Recuerdan los voluntarios soviéticos participantes en la guerra nacional-revolucionaria de España*, Editorial Progreso, Moscú, s.f
Kuznetsov, Nikolai: «Con los marinos españoles en su guerra nacional-revolucionaria», *ibid.*
Largo Caballero, Francisco: *Obras completas*. Vol. 8. *Escritos 1940-1946*, edición a cargo de Aurelio Martín Nájera y Agustín Garrigós Fernández, Fundación Largo Caballero, Madrid, 2006.
—: *Obras completas*. Vol. 7. *Escritos y discursos (1936-1939)*, edición a cargo de Aurelio Martín Nájera y Agustín Garrigós Fernández, Fundación Largo Caballero, Madrid, 2007.
—: *Correspondencia, 1935-1946*, presentación por Luciano González, Fundación Pablo Iglesias (Archivo y Biblioteca), s.l., 1996.
—: *Escritos de la República*, edición, estudio preliminar y notas de Santos Juliá, Editorial Pablo Iglesias, Madrid, 1985.
—: *Mis recuerdos. Cartas a un amigo*, prólogo y notas de Enrique de Francisco, segunda edición, Ediciones Unidas, México D.F., 1976.
Lario Sánchez, Juan: *Habla un aviador de la República*, G. del Toro, Madrid, 1973.
Lefranc, Georges: *Histoire du Front Populaire*, Payot, París, 1965.
Líster, Enrique: *Memorias de un luchador*. I. *Los primeros combates*, G. del Toro, Madrid, 1977.
Litvinov, Maxim: *Notes for a Journal*, Andre Deutsch, Londres, 1955.
López Hernández, Antonio: *Así fue la defensa de Madrid. Relato histórico*, Editorial A. P. Márquez, México D.F., 1945.
Maisky, Iván: *Cuadernos españoles*, Editorial Progreso, Moscú, s.f.
Maíz, B. Félix: *Mola, aquel hombre. Diario de la conspiración, 1936*, Planeta, Barcelona, 1976.
Martínez Amutio, J.: *Chantaje a un pueblo*, G. del Toro, Madrid, 1974.
Martínez Barrio, Diego: *Memorias*, Planeta, Barcelona, 1983.
Méndez, Rafael: *Caminos inversos. Vivencias de ciencia y guerra*, Fondo de Cultura Económica, México, 1987.
Meroño Pellicer, Francisco: *Le llamaban diablo rojo. Memorias de un piloto de caza en la guerra civil española*, Editorial Almena, Madrid, 2004.
Moch, Jules: *Une si longue vie*, Robert Laffont, París, 1976.
Nenni, Pietro: *La guerre d'Espagne*, François Maspéro, París, 1959 (hte).

Orlov, Alexander: *The March of Time. Reminiscences*, St. Ermin's Press, Londres, 2004.
—: «Así se apoderó Stalin del oro de España», *Selecciones del Reader's Digest*, noviembre de 1966.
Ossorio, Ángel: *Mis memorias*, Losada, Buenos Aires, 1946.
Prieto, Indalecio: *Convulsiones de España. Pequeños detalles de grandes sucesos*, vol. II, Ediciones Oasis, México, 1968.
Prokofiev, G.: «El cielo español en llamas», en *Bajo la bandera de la España republicana. Recuerdan los voluntarios soviéticos participantes en la guerra nacional-revolucionaria de España*, Editorial Progreso, Moscú, s.f
Rodimtsev, Alexander: *Bajo el cielo de España*, Editorial Progreso, Moscú, 1975.
Rojo, Vicente: *Así fue la defensa de Madrid*, Ediciones Era, México D.F., 1967.
—: *España heroica. Diez bocetos de la guerra española*, Ariel, Esplugues de Llobregat, 1975.
Rosal, Amaro del: *Historia de la UGT de España, 1901-1939*, tomo II, Grijalbo, Barcelona, 1977.
Schlayer, Felix: *Diplomat im roten Madrid*, Herbig Verlagsbuchhandlung, Berlín, 1938 (hte, de muy mala calidad y distorsionada).
Schreiner, Albert: «Mein Auftrag in Spanien», en Maassen, Hanns (ed.), *Brigada Internacional ist unser Ehrenname...*, Röderberg Verlag, Frankfurt, 1976.
Sudoplatov, Pavel con Sudoplatov, Anatoli y Schecter, Jerrold y Leona: *Special Tasks. The Memoirs of an Unwanted Witness. A Soviet Spymaster*, Little, Brown and Co., Nueva York, 1994 (hte).
Thalmann, Pavel & Clara: *Combats pour la liberté. Moscou-Madrid-Barcelone-Paris*, La Digitale, Baye, 1997.
Vidarte, Juan-Simeón: *Todos fuimos culpables*, Fondo de Cultura Económica, México, 1973.
Wohlrath, Gerhart: «Als Arbeitersportler zur Volksolympiade nach Barcelona», en Maassen, Hanns (ed.), *Brigada Internacional ist unser Ehrenname...*, Röderberg Verlag, Frankfurt, 1976.
Zugazagoitia, Julián: *Guerra y vicisitudes de los españoles*, Tusquets, Barcelona, 1991.

2. Literatura secundaria

Alcaraz, José; Anaya, Luis Alberto y Millares, Sergio: «Los extranjeros y la guerra civil en la provincia de Las Palmas», en *VII Colo-*

quio de Historia canario-americana, Las Palmas, 1986, Cabildo Insular de Gran Canaria.

Alexander, Martin S.: *The Republic in Danger. General Maurice Gamelin and the Politics of French Defence, 1933-1940*, Cambridge University Press, Cambridge, 1992.

Alpert, Michael: «Ejército y Marina en la guerra civil. Revolución y reacción: el contraste nacional-republicano», en *La II República. Una esperanza frustrada. Actas del congreso Valencia Capital de la República (abril de 1986)*, Edicions Alfons el Magnànim, Valencia, 1987.

— : *El ejército republicano en la guerra civil*, Ruedo Ibérico, Ibérica de Ediciones y Publicaciones, Barcelona, 1977.

Andress, David: *The Terror. Civil War in the French Revolution*, Little Brown, Londres, 2005.

Arias Ramos, Raúl: *El apoyo militar alemán a Franco. La Legión Cóndor en la guerra civil*, La esfera de los libros, Madrid, 2003.

Aróstegui, Julio: a) «Guerra, poder y revolución. La República española y el impacto de la sublevación», en *Ayer*, n.º 50, 2003.

— b): *Presentación*. Vol. 7 de las Obras Completas de Largo Caballero, Fundación Largo Caballero, Madrid, 2003.

Aróstegui, Julio y Martínez, Jesús A.: *La Junta de Defensa de Madrid (noviembre 1936-abril 1937)*, Comunidad de Madrid, Madrid, 1984.

Avilés Farrés, Juan: *Pasión y farsa. Franceses y británicos ante la guerra civil española*, Eudema, Madrid, 1994.

Balfour, Sebastián: *Abrazo mortal. De la guerra colonial a la Guerra Civil en España y Marruecos (1909-1939)*, Península, Barcelona, 2002.

Banque de France, La: Éditions Berger-Levrault, París, 1975.

Barranquero Texeira, Encarnación: «Cayetano Bolívar en las elecciones de 1933», en *Actas del I Congreso sobre la historia del PCE, 1920-1977*, Fundación de Investigaciones Marxistas, Madrid, 2004 (en CD-Rom).

Beevor, Antony: *La guerra civil española*, Crítica, Barcelona, 2005.

Belooussova, Z.: «L'Union Soviétique et les problèmes européens: années 1933-1934. (D'après les nouveaux matériaux d'archives)», en Narinski, Mikhail; du Réau, Elisabeth; Soutou, Georges-Henri y Tchoubarian, Alexandre: *La France et l'URSS dans l'Europe des années 30*, Presses de l'Université de Paris-Sorbonne, París, 2005.

Bennassar, Bartolomé: «Francia también fue generosa con los exiliados republicanos», entrevista en *El País*, 17 de octubre de 2005.

— : *La guerre d'Espagne et ses lendemains*, Perrin, París, 2004 (hte).

Berdah, Jean-François: *La democracia asesinada. La República española y las grandes potencias, 1931-1939*, Crítica, Barcelona, 2002.

Bizcarrondo, Marta: *Araquistáin y la crisis socialista en la II República. Leviatán (1934-1936)*, Siglo XXI de España editores, Madrid, 1975.
Bolloten, Burnett: *La guerra civil española. Revolución y contrarrevolución*, Alianza Editorial, Madrid, 1989.
Broué, Pierre: *Staline et la révolution*, Fayard, París, 1993.
Brun-Zechowoj, Walerij: *Manfred Stern - General Kleber. Die tragische Biographie eines Berufsrevolutionärs (1896-1954)*, Trafo Verlag, Berlín, 2000.
Buchanan, Tom: *Britain and the Spanish Civil War*, Cambridge University Press, Cambridge, 1997.
—: «"A Far Away Country of Which We Know Nothing?". Perceptions of Spain and its Civil War in Britain, 1931-1939», *Twentieth Century British History*, vol 4, n.º 1, 1993.
Cabezas, Octavio: *Indalecio Prieto. Socialista y español*, Algaba Ediciones, Madrid, 2005.
Canali, Mauro: *Le spie del regime*, Il Mulino, Bolonia, 2004.
Cardona, Gabriel: *Historia militar de una guerra civil. Estrategia y tácticas de la guerra de España*, Flor del Viento ediciones, Barcelona, 2006.
—: «Las operaciones militares», en Tuñón de Lara, Manuel *et al.*: *La guerra civil española 50 años después*, Labor, Barcelona, 1985.
Casanova, Julián: *De la calle al frente. El anarcosindicalismo en España (1931-1939)*, Crítica, Barcelona, 1997.
Casanova, Marina: *La diplomacia española durante la guerra civil*, Biblioteca diplomática española, Ministerio de Asuntos Exteriores, Madrid, 1996.
Castells, Andreu: *Las Brigadas Internacionales de la guerra de España*, Ariel, Esplugues de Llobregat, 1974.
Cerutti, Mario: «La politique de la Suisse officielle face à la guerre civile espagnole», en Cerutti, Mario; Guex, Sébastien y Huber, Peter (eds.), *La Suisse et l'Espagne, de la République à Franco*, Éditions Antipodes, Lausanne, 2001.
Chinsky, Pavel: *Staline. Archives inédites, 1926-1936*, Berg International Éditeurs, París, 2001.
Cierva, Ricardo de la: *Historia actualizada de la segunda República y la guerra de España, 1931-1939. Con la denuncia de las últimas patrañas*, Editorial Fénix, s.l, 2003.
—: *Brigadas Internacionales, 1936-1996. La verdadera historia. Mentira histórica y error de Estado*, Fénix, Madridejos, 1997.
—: *Historia de la guerra civil española. Antecedentes. Monarquía y República, 1898-1936*, San Martín, Madrid, 1969.

Claudín, Fernando: *La crise du mouvement communiste. Du Komintern au Kominform*, I, Maspéro, París, 192 (hte).

Collotti, Enzo, Labanca, Nicola y Sala, Teodoro: *Fascismo e politica di potenza. Politica estera 1922-1936*, RCS Libri, Milán, 2000.

Cordero del Campillo, Miguel: *Félix Gordón Ordás (1885-1973)*, Instituto Leonés de Cultura, León, 2004.

Costello, John y Tsarev, Oleg: *Deadly Illusions*, Crown Publishers, Nueva York, 1993.

Coverdale, John F.: *Italian Intervention in the Spanish Civil War*, Princeton University Press, Princeton, 1975 (hte).

Cruz, Rafael: *En el nombre del pueblo. República, rebelión y guerra en la España de 1936*, Siglo XXI, Madrid, 2006.

Davies, Philip H. J.: *MI6 and the Machinery of Spying*, Frank Cass, Londres, 2004.

De Santis, Hugo: *The Diplomacy of Silence. The American Foreign Service, the Soviet Union, and the Cold War, 1933-1947*, The University of Chicago Press, Chicago, 1980.

Denéchère, Yves: *Jean Herbette (1878-1960). Journaliste et ambassadeur*, P.I.E.-Peter Lang, Bruselas, 2003.

— : *La Politique espagnole de la France de 1931 à 1936. Une pratique française de rapports inégaux*, L'Harmattan, París, 1999.

Doherty, Edward: «75 tons of Polish gold», *Liberty*, 10 de febrero de 1940.

Doise, Jean y Vaïsse, Maurice: *Politique étrangère de la France. Diplomatie et outil militaire, 1871-1991*, Seuil, París, 1992.

Dorril, Stephen: *MI6. Fifty Years of Special Operations*, Fourth Estate, Londres, 2004.

Du Réau, Elisabeth, *Édouard Daladier, 1884-1970*, Fayard, París, 1993.

Dullin, Sabine: «Litvinov and the People's Commissariat of Foreign Affairs: the Fate of an Administration under Stalin, 1930-1939», en Romano, Andrea y Pons, Silvio (eds.), *Russia in the Age of Wars*, Fondazione Giangiacomo Feltrinelli, Milán, 2004.

— : *Des hommes d'influences. Les ambassadeurs de Staline en Europe, 1930-1939*, Payot, París, 2001.

Egaña, Iñaki: *1936. Guerra civil en Euskal Herria*, tomo V, Editorial Aralar Liburuak, Andoaín, 1998.

Eguidazu, Fernando: «El control de cambios en la guerra civil», *Información Comercial Española*, enero de 1977.

El Merroun, Mustapha: *Las tropas marroquíes en la guerra civil española, 1936-1939*, Almena, Madrid, 2003.

Elorza, Antonio y Bizcarrondo, Marta: «Los archivos de Moscú y España», *El País*, 7 de noviembre de 2000.

—: *Queridos camaradas. La Internacional Comunista y España, 1919-1939*, Planeta, Barcelona, 1999.

Eslava Galán, Juan: *Una historia de la guerra civil que no va a gustar a nadie*, Planeta, Barcelona, 2005.

Espinosa, Francisco: *La justicia de Queipo*, Crítica, Barcelona, 2006.

—: *La columna de la muerte. El avance del ejército franquista de Sevilla a Badajoz*, Crítica, Barcelona, 2003.

Fernández Castro, José: *Alejandro Otero. El médico y el político*, Editorial Noguer, Barcelona, 1981.

Fernández Santander, Carlos: *El general Franco. Un dictador en un tiempo de infamia*, Crítica, Barcelona, 2005.

Franck, Dan: *Libertad!*, Bernard Grasset, París, 2004.

Fuentes, Juan Francisco: *Largo Caballero. El Lenin español*, Síntesis, Madrid, 2005.

Gazur, Edward P.: *Secret Assignment. The FBI's KGB General*, St. Ermin's Press, Londres, 2001.

George, Margaret: *The Hollow Men. An Examination of British Foreign Policy between the years 1933-1939*, Leslie Frewin, Londres, 1967.

Gibaja Velázquez, José Carlos: *Indalecio Prieto y el socialismo español*, Editorial Pablo Iglesias, Madrid, 1995.

Glantz, Mary E.: *FDR and the Soviet Union. The President's Battles over Foreign Policy*, University Presses of Kansas, Lawrence, 2005.

Godicheau, François: *La Guerre d'Espagne. République et révolution en Catalogne (1936-1939)*, Odile Jacob, París, 2004.

Godman, Peter: *Der Vatikan und Hitler. Die geheimen Archive*, Knaur, Munich, 2005 (la versión original se titula *Hitler and the Vatican: Inside the Secret Archives that Reveal the New Story of the Nazis and the Church*, Free Press, Nueva York, 2004).

González Calleja, Eduardo: «La dialéctica de las pistolas: la violencia y la fragmentación del poder político durante la segunda República», en Muñoz Soro, Javier *et al.* (eds.), *Culturas y políticas de la violencia. España siglo XX*, Siete Mares, Madrid, 2005.

Graham, Helen: a) *The Spanish Civil War. A Very Short Introduction*, Oxford University Press, Oxford, 2005 (hte).

—b): *El PSOE en la Guerra civil. Poder, crisis y derrota (1936-1939)*, Random House Mondadori, Barcelona, 2005.

—: *The Spanish Republic at War 1936-1939*, Cambridge University Press, Cambridge, 2002 (hte).

Guelton, Frédéric: «Les relations militaires franco-soviétiques dans les années trente», en Narinski, Mikhail; du Réau, Elisabeth; Soutou, Georges-Henri y Tchoubarian, Alexandre: *La France et l'URSS dans*

l'Europe des années 30, Presses de l'Université de Paris-Sorbonne, París, 2005.
Haslam, Jonathan: *The Soviet Union and the Struggle for Collective Security in Europe 1933-1939*, Macmillan, Londres, 1984.
Heiberg, Morten: *Emperadores del Mediterráneo. Franco, Mussolini y la guerra civil española,* Crítica, Barcelona, 2003.
Heiberg, Morten y Pelt, Mogens: *Los negocios de la guerra. Armas nazis para la República española*, Crítica, Barcelona, 2005.
Hennessy, Elizabeth: *A Domestic History of the Bank of England, 1930-1960*, Cambridge University Press, Cambridge, 1992.
Howson, Gerald: *Armas para España. La historia no contada de la Guerra Civil española*, Península, Barcelona, 1998.
Ibárruri, Dolores; Azcárate, Manuel; Balaguer, Luis; Cordón, Antonio; Falcón, Irene y Sandoval, José: *Guerra y revolución en España, 1936-1939*, 4 volúmenes, Editorial Progreso, Moscú, 1966-1977.
Jackson, Gabriel: *Juan Negrín*, Cara y Cruz, Ediciones B, Barcelona, 2004.
Jansen, Sabine: *Pierre Cot. Un antifasciste radical*, Fayard, París, 2002.
Jato Miranda, David: *Madrid, capital republicana. Del 18 de julio al 6 de noviembre de 1936*, Ediciones Acervo, Barcelona, 1976.
Jellinek, Frank: *The Civil War in Spain*, reimpresión Howard Fertig, Nueva York, 1969 (hte).
Joffrin, Laurent: «100 jours qui ont changé la France», *Le Nouvel Observateur*, 27 de abril a 3 de mayo de 2006.
Juliá, Santos: «El Frente Popular y la política de la República en guerra», en Juliá, Santos (coord.), *República y guerra en España (1931-1936)*, Espasa, Madrid, 2006.
—: *Los socialistas en la política española, 1879-1982*, Taurus, Madrid, 1997.
—: *La izquierda del PSOE (1935-1936)*, Siglo XXI de España, Madrid, 1977.
Kahan, Stuart: *The Wolf of the Kremlin. The First Biography of L. M. Kaganovich, the Soviet Union's Architect of Fear*, Robert Hale, Londres, 1989.
Kennedy-Pipe, Caroline: *Russia and the World Since 1917*, Arnold, Londres, 1998.
Kern, Gary: *A Death in Washington. Walter G. Krivitsky and the Stalin Terror*, Enigma Books, Nueva York, 2003.
Kershaw, Ian: *Making Friends with Hitler. Lord Londonderry and Britain's Road to War*, Penguin Books, Londres, 2005 (hte).
Khlevniuk, Oleg: «The Objectives of the Great Terror, 1937-1938»,

en Cooper, Julian; Perrie, Maureen y Rees, E. A. (eds.), *Soviet History 1917-1953*, Macmillan, Houndmills, 1995.
Knox, MacGregor: *Common Destiny. Foreign Policy and War in Fascist Italy and Nazi Germany*, Cambridge University Press, Cambridge, 2000.
Kowalsky, Daniel: *La Unión Soviética y la guerra civil española. Una revisión crítica*, Crítica, Barcelona, 2003.
Laborie, Pierre: «Espagnes imaginaires et dérives pré-vichystes de l'opinion française, 1936-1939», en Sagnes, Jean y Caucanas, Sylvie (eds.), *Les Français et la guerre d'Espagne. Actes du Colloque de Perpignan*, Presses Universitaires de Perpignan, 1990.
Lamb, Richard: *Mussolini and the British*, John Murray, Londres, 1997.
Lazar, Marc: *Le communisme, une passion française*, Tempus, París, 2005.
Ledesma, José Luis: «La "santa ira popular" del 36: la violencia en guerra civil y revolución, entre guerra y política», en Muñoz Soro, Javier *et al.* (eds.), *Culturas y políticas de la violencia. España siglo XX*, Siete Mares, Madrid, 2005.
—: *Los días de llamas de la revolución. Violencia y política en la retaguardia republicana de Zaragoza durante la guerra civil*, Institución Fernando el Católico (CSIC), Diputación de Zaragoza, Zaragoza, 2003.
Lepotier, Amiral: «L'éxode de l'or», *Miroir de l'Histoire*, abril de 1960.
Little, Douglas: *Malevolent Neutrality. The United States, Great Britain, and the Origins of the Spanish Civil War*, Cornell University Press, Ithaca, 1985.
Madridejos, Mateo: *Diccionario onomástico de la guerra civil. Las fuerzas en presencia*, Flor del Viento ediciones, Barcelona, 2006.
Mainer, José-Carlos: *Años de vísperas. La vida de la cultura en España (1931-1936)*, Espasa Calpe, Madrid, 2006.
Mallett, Robert: *Mussolini and the Origins of the Second World War, 1933-1940*, Palgrave Macmillan, Basingstoke, 2003.
Marie, Jean-Jacques: *Staline*, Fayard, París, 2001.
Martín Aceña, Pablo: «El oro del Banco de España en París. Un episodio de la financiación republicana de la guerra civil» en Pérez Fernández, José, Sebastián Gascón, Carlos y Tedde de Lorca, Pedro (eds.), *Estudios en homenaje a Luis Ángel Rojo*, vol. II, *Economía y cambio histórico*, Editorial Complutense, Madrid, 2004.
—: *El oro de Moscú y el oro de Berlín*, Taurus, Madrid, 2001.
Martínez Bande, José Manuel: *Frente de Madrid*, Caralt, Barcelona, 1979.

— : *La marcha sobre Madrid*, Librería Editorial San Martín, Madrid, 1968.
— : *L'intervention du communisme dans la guerre d'Espagne*, Service Informative Espagnol, Madrid, 1967.
Martínez de Pisón, Ignacio: *Enterrar a los muertos*, Seix Barral, Barcelona, 2005.
Martínez Molinos, Guillem: «El suministro de productos petrolíferos a la República en guerra», *Anales de la Universidad de Alicante — Historia contemporánea*, n.º 6, 1987-1988.
— : «El suministro de petróleos», en *La guerra civil*, Historia 16, fascículo 16, Madrid.
Martínez Reverte, Jorge: *La batalla de Madrid*, Crítica, Barcelona, 2004.
McDermott, Kevin y Agnew, Jeremy: *The Comintern. A History of International Communism from Lenin to Stalin*, Macmillan, Houndmills, 1996.
Merkes, Manfred: *Die deutsche Politik im spanischen Bürgerkrieg, 1936-1939*, Ludwig Röhrscheid Verlag, Bonn, 1969.
Miralles, Ricardo: *Juan Negrín. La República en Guerra*, Temas de Hoy, Madrid, 2003.
Molina Franco, Lucas: *El legado de Sigfrido. La ayuda militar alemana al Ejército y la Marina nacional en la guerra civil española (1936-1939)*, AF editores, Valladolid, 2005.
Moradiellos, Enrique: «El mundo ante el avispero español: intervención y no intervención extranjera en la guerra civil», en Juliá, Santos (coord.), *República y guerra en España (1931-1936)*, Espasa, Madrid, 2006.
— : «The British Image of Spain and the Civil War», en *International Journal of Iberian Studies*, vol. 15, n.º 1, 2002.
— : *El reñidero de Europa. Las dimensiones internacionales de la guerra civil española*, Península, Barcelona, 2001.
— : *La perfidia de Albión. El Gobierno británico y la guerra civil española*, Siglo XXI de España, Madrid, 1996.
Moreno de Alborán y de Reyna, Fernando y Salvador: *La guerra silenciosa y silenciada. Historia de la campaña naval durante la guerra de 1936-1939*, vol. II, Gráficas Lormo, Madrid, 1998.
Mueller, Michael: *Canaris. Hitlers Abwehrchef*, Ullstein, Berlín, 2006.
Nadal, Antonio: *Guerra civil en Málaga*, Editorial Arguval, Málaga, 2003.
Narinski, Mikhail: «Les relations entre l'URSS et la France», en Narinski, Mikhail; du Réau, Elisabeth; Soutou, Georges-Henri y

Tchoubarian, Alexandre: *La France et l'URSS dans l'Europe des années 30*, Presses de l'Université de Paris-Sorbonne, París, 2005.

Ojeda Revah, Mario: *México y la guerra civil española*, Turner, Madrid, 2004.

Olaya Morales, Francisco: *El oro de Negrín*, Nossa y Jara, Móstoles, 1998.

Pablo, Santiago de y Mees, Ludger: *El péndulo patriótico. Historia del Partido Nacionalista Vasco, 1895-2005*, Crítica, Barcelona, 2005.

Palayret, Jean-Marie: *L'Alliance impossible. Diplomatie et outil militaire dans les relations franco-italiennes*, Service Historique de la Marine, París, 2004.

Payne, Stanley G.: «El entreguismo de Zapatero», *El Mundo*, 27 de marzo de 2006.

—: *Unión Soviética, comunismo y revolución en España (1931-1939)*, Plaza y Janés, Barcelona, 2003.

Pedriali, Ferdinando: *Guerra di Spagna e aviazione italiana*, Aeronautica Militare Italiana, Ufficio Storico, Roma, 1992 (consultada en la parte relevante para esta obra gracias a la cortesía de Morten Heiberg).

Peirats, José: *The CNT in the Spanish Revolution*, edición de Chris Ealham, The Meltzer Press, Hastings, 2001.

Pérez Ruiz, José Luis: *Las depuraciones de la carrera diplomática española (1931-1980)*, Editorial Dossoles, Burgos, 2005.

Pike, David Wingeate: *Les français et la guerre d'Espagne, 1936-1939*, Presses Universitaires de France, París, 1975.

Poharskaya, Svetlana: «Comintern and the Civil War in Spain», en Narinski, Mikhail; du Réau, Elisabeth; Soutou, Georges-Henri y Tchoubarian, Alexandre: *La France et l'URSS dans l'Europe des années 30*, Presses de l'Université de Paris-Sorbonne, París, 2005.

Pons, Silvio: *Stalin and the Inevitable War, 1936-1941*, Frank Cass, Londres, 2002.

Preston, Paul: «Los esclavos, las alcantarillas y el capitán Aguilera. Racismo, colonialismo y machismo en la mentalidad del cuerpo de oficiales nacionales», en Muñoz Soro, Javier *et al.* (eds.), *Culturas y políticas de la violencia. España siglo XX*, Siete Mares, Madrid, 2005.

—: *Franco*, ed. revisada y ampliada, Grijalbo, Barcelona, 2002.

—: «Italia y España en la guerra civil y en la guerra mundial, 1936-1943», en Balfour, Sebastian y Preston, Paul (eds.), *España y las grandes potencias en el siglo XX*, Crítica, Barcelona, 1999.

—: «Mussolini's Spanish Adventure: From Limited Risk to War» en Preston, Paul y Mackenzie, Ann L. (eds.), *The Republic Besieged.*

Civil War in Spain 1936-1939, Edinburgh University Press, 1996 (hte).
—: *Las derechas españolas en el siglo XX: autoritarismo, fascismo y golpismo*, Sistema, Madrid, 1986.
Quintana Navarro, Francisco: *España en Europa, 1931-1936. Del compromiso por la paz a la huida de la guerra*, Nerea, Madrid, 1993.
Radzinsky, Edvard: *Stalin*, Hodder & Stoughton, Londres, 1996.
Raguer, Hilari: *La pólvora y el incienso. La Iglesia y la guerra civil española (1936-1939)*, Península, Barcelona, 2001.
Rayfield, Donald: *Stalin and his Hangmen*, Viking, Londres, 2004.
Reig, Alberto: *Franco. El César superlativo*, Tecnos, Madrid, 2005.
Renouvin, Pierre: «La politique extérieure du premier gouvernement Léon Blum», en *Actes du colloque Léon Blum. Chef de Gouvernement, 1936-1937*, Cahiers de la Fondation Nationale des Sciences Politiques, Armand Colin, París, 1967.
Rey García, Marta: *Stars for Spain: La Guerra civil española en los Estados Unidos*, Edicios Do Castro, Sada, A Coruña, 1997.
Reynolds, David: «The Ultra Secret and Churchill's War Memoirs», *Intelligence and National Security*, junio de 2005.
Roberts, Geoffrey: «Soviet Foreign Policy and the Spanish Civil War», en Leitz, Christian y Dunthorn, David D. (eds.), *Spain in an International Context, 1936-1939*, Berghahn Books, Nueva York, 1999.
Rodríguez Jiménez, José Luis: *Franco. Historia de un conspirador*, Oberón, Madrid, 2005.
Roewer, Helmut; Schäfer, Stefan y Uhl, Matthias: *Lexikon der Geheimdienste im 20. Jahrhundert*, Herbig Verlag, Munich, 2003.
Rovighi, Alberto y Stefani, Filippo: *La partecipazione italiana alla guerra civile spagnola, 1936-1939*, Stato Maggiore dell'Esercito, Ufficio Storico, Roma, 1992-1993 (consultada en la parte relevante para esta obra gracias a la cortesía de Morten Heiberg).
Rybalkin, Yuri Evgenevich: *Operatsia «X». Sovetskaya Voennaya Pomoshtsh Respublikanskoi Ispanii*, Moscú, Airo-XX 2000 (*Operación X. La ayuda militar soviética a la España republicana*).
Saiz Cidoncha, Carlos: *Aviación Republicana. Historia de las Fuerzas Aéreas de la República Española (1931-1939)*, Tomo I, Almena Ediciones, Madrid, 2006 (republicada en 2006).
Salas Larrazábal, Jesús: *Guerra aérea 1936/39*, tomo I, Instituto de Historia y Cultura Aeronáuticas, Madrid, 1998.
Salas Larrazábal, Ramón: *Historia del Ejército Popular de la República*, Editora Nacional, Madrid, 1973.
Sánchez Recio, Glicerio: *La República contra los rebeldes y los desa-*

fectos. La represión económica durante la guerra civil, Universidad de Alicante, Alicante, 1991.
Santacreu Soler, José M.: *Guerra i comerç exterior: la política comercial exterior republicana i el tràfic de mercaderies al districte marítim d'Alacant (1936-1939)*, Institut de Cultura Juan Gil-Albert, Alicante, 1992.
Sardá, José: «El Banco de España (1931-1962)», en *El Banco de España. Una historia económica*, Banco de España, Madrid, 1970.
Sarin, Oleg y Dvoretsky, Lev: *Alien Wars. The Soviet Union's Aggressions Against the World, 1919 to 1989*, Presidio, Novato, 1996.
Saz Campos, Ismael: *Mussolini contra la II República*, Edicions Alfons el Magnànim, Valencia, 1986.
Schauff, Frank: *Der verspielte Sieg. Sowjetunion, Kommunistische Internationale und Spanischer Bürgerkrieg, 1936-1939*, Campus Verlag, Frankfurt, 2004.
Schwartz, Fernando: *La internacionalización de la guerra civil española*, Planeta, Barcelona, reimpresión de 1999 (sin cambios respecto a la edición inicial, de 1971).
Sebag Montefiore, Simon: *Stalin. The Court of the Red Tsar*, Phoenix, Londres, 2003 (hte).
Seidman, Michael: *A ras de suelo. Historia social de la República durante la guerra civil*, Alianza, Madrid, 2003.
Sédillot, René: *Histoire du Franc*, Sirey, París, 1938.
Serrano, Carlos: *L'enjeu espagnol. PCF et guerre d'Espagne*, Messidor, París, 1987.
Service, Robert: *Stalin. A Biography*, Macmillan, Londres, 2004 (hte).
Skoutelsky, Rémi: *L'espoir guidait leurs pas. Les volontaires français dans les Brigades internationales*, Grasset, París, 1998 (hte).
Smyth, Denis: «"We are with you"»: Solidarity and Self-interest in Soviet Policy towards Republican Spain, 1936-1939», en Preston, Paul y Mackenzie, Ann L. (eds.), *The Republic Besieged. Civil War in Spain 1936-1939*, Edinburgh University Press, 1996 (hte).
Solidarité des peuples avec la République espagnole, 1936-1939, La: Éditions du progrès, Moscú, 1974.
Soucy, Robert: *French Fascism: The Second Wave, 1933-1939*, Yale University Press, New Haven, 1995.
Southworth, Herbert R.: *Conspiracy and the Spanish Civil War. The Brainwashing of Francisco Franco*, Routledge, Londres, 2002 (hte).
Soutou, Georges-Henri : a) «Le deuil de la puissance, 1914-1958», en Allain, Jean-Claude *et al.*: *Histoire de la diplomatie française*, Perrin, París, 2005.
—: b) «Les relations franco-soviétiques de 1932 à 1935», en Narins-

ki, Mikhail; du Réau, Elisabeth; Soutou, Georges-Henri y Tchoubarian, Alexandre: *La France et l'URSS dans l'Europe des années 30*, Presses de l'Université de Paris-Sorbonne, Paris, 2005.
Stone, Glyn A.: *Spain, Portugal & the Great Powers, 1931-1941*, Palgrave, Basingstoke, 2005.
Témime, Émile: «L'influence de la Guerre d'Espagne», en Baruch, Marc-Olivier y Duclert, Vincent (dirs.), *Serviteurs de l'État. Une histoire politique de l'Administration française, 1875-1945*, Éditions La Découverte, París, 2000.
Thiébaut, Claude: «Léon Blum, Alexis Leger et la décision de non-intervention en Espagne», en Sagnes, Jean y Caucanas, Sylvie (eds.), *Les Français et la guerre d'Espagne. Actes du Colloque de Perpignan*, Presses Universitaires de Perpignan, 1990.
Thomson, Charles A.: «Spain: Issues Behind the Conflict», *Foreign Policy Reports*, vol. XII, n.º 20, Foreign Policy Association, Nueva York, 1 de enero de 1937
Vaksberg, Arkadi: *Hôtel Lux. Les partis frères au service de l'Internationale communiste*, Fayard, París, 1993.
Vidal, César: *Las Brigadas Internacionales*, Espasa, Madrid, 2006 (versión previa en 1998).
—: *Checas de Madrid. Las cárceles republicanas al descubierto*, Belacqva/Carroggio, 2003.
Villemarest, Pierre de (con la colaboración de Clifford A. Kiracoff): *G.R.U: le plus secret des services soviétiques, 1918-1988*, Stock, París, 1988.
Viñas, Ángel: a) *Al servicio de Europa. Innovación y crisis en la Comisión Europea*, Editorial Complutense, Madrid, 2005.
—: b) «Mitos que se derrumban. Controversias que se aclaran. Dos cuestiones no cerradas sobre el oro de Moscú y los documentos de Juan Negrín», en *Juan Negrín, el estadista. La tranquila energía de un hombre de Estado*, Fundación Canaria Juan Negrín, Las Palmas de Gran Canaria, 2005.
—: *En las garras del águila. Los pactos con Estados Unidos, de Francisco Franco a Felipe González (1945-1985)*, Crítica, Barcelona, 2003.
—: «El mundo cerró los ojos. Tragedia en Bosnia», *La aventura de la Historia*, marzo de 2002.
—: *Franco, Hitler y el estallido de la guerra civil. Antecedentes y consecuencias*, Alianza, Madrid, 2001.
—: *El oro de Moscú. Alfa y omega de un mito franquista*, Grijalbo, Barcelona, 1979.
—: *El oro español en la guerra civil*, Instituto de Estudios Fiscales, Ministerio de Hacienda, Madrid, 1976.
Viñas, Ángel; Viñuela, Julio; Eguidazu, Fernando; Fernández Pulgar,

Carlos y Florensa, Senén: *Política comercial exterior en España, 1931-1975*, Banco Exterior de España, Madrid, 1979.

Volkogonov, Dimitri: *Staline. Triomphe et tragédie*, Flammarion, París, 1989.

Volodarsky, Boris: *Nikolai Khokhlov, «Whistler»*, Borwall Verlag, Viena, 2005.

Warner, Geoffrey: «France and Non-intervention in Spain, July-August 1936», *International Affairs*, vol. 38, n.º 2, abril de 1962.

Watson, Derek: «The Politburo and Foreign Policy in the 1930s», en Rees, E. A. (ed.), *The Nature of Stalin's Dictatorship. The Politburo, 1924-1953*, Palgrave Macmillan, Houndmills, 2004.

West, Nigel: *MASK. MI5's Penetration of the Communist Party of Great Britain*, Routledge, Londres, 2005.

Whealey, Robert H.: *Hitler and Spain. The Nazi Role in the Spanish Civil War*, University Press of Kentucky, Lexington, 1989.

Zaloga, Steven J.: «Soviet Tank Operations in the Spanish Civil War», en *Journal of Slavic Military Studies*, septiembre de 1999.

Zapatero, Virgilio: *Fernando de los Ríos. Biografía intelectual*, Pre-Textos, Diputación de Granada, Granada, 1999.

Zavala, José María: *Los gángsters de la Guerra Civil*, Plaza y Janés, Barcelona, 2006.

— *En busca de Andreu Nin. Vida y muerte de un mito silenciado de la Guerra Civil*, Random House Mondadori, Barcelona, 2005.

Zschokke, Helmut: *Die Schweiz und der spanische Bürgerkrieg*, Limmat Verlag, Zurich, 1976.

3. Trabajos no publicados

Durango, José A: *La política exterior del general Franco, 1938-1940*, Tesis doctoral, Universidad de Zaragoza, octubre de 1992.

Agradecimientos

La investigación necesaria para abordar la trilogía de la que este libro constituye una primera entrega ha sido larga y complicada. No hubiera resultado posible de no haber contado con la ayuda de numerosos amigos y compañeros. Por orden cronológico debo mencionar en primer lugar a José Medina Jiménez, presidente de la Fundación Canaria Juan Negrín, y al profesor Sergio Millares, ambos en Las Palmas. Con gran amabilidad, me permitieron bucear en los fondos documentales que guardó el Dr. Juan Negrín Jr. Algo más tarde tal generosidad la ampliaron Doña Carmen Negrín, ex funcionaria de la UNESCO, y su esposo, Leo Orellana. A los dos les estoy profundamente agradecido por su extremada generosidad en permitirme compartir su tiempo, su mesa y sus recuerdos a la vez que me daban todas las facilidades posibles para explorar incontables papeles y documentos en los archivos parisinos de su abuelo. Si esta obra tiene algún mérito, se debe a ambos. *Un point c'est tout.*

Una cierta novedad, al menos para un autor español, que incorpora este trabajo es la consulta directa de documentos soviéticos. Desde luego, no he sido en ello pionero. En relación con la guerra civil lo han hecho ya en mayor o menor medida otros autores occidentales como Antony Beevor, Gerald Howson, Daniel Kowalsky, Ronald Radosh y sus colaboradores, Frank Schauff y Rémy Skoutelsky. Por parte española, la relación es muy reducida y se limita, salvo error u omisión, a Antonio Elorza y Marta Bizcarrondo, Ángel L. Encinas Moral y a una notable e intrépida reportera, María Dolors Genovés, de TV de Catalunya, autora de dos excelentes reportajes sobre el oro de Moscú y el caso Nin. Ello no obstante, el lector comprobará fácilmente que el enfoque que ha seguido mi trabajo es muy diferente del que se encuentra en la mayor parte de los anteriores autores.

La identificación del material soviético necesario ha sido una tarea apasionante y estoy muy agradecido a todos quienes me la facilitaron. En el mundo académico, y de nuevo por orden cronológico, debo mencionar al Dr. Sigfrido Ramírez y al Dr. Evgeny Kuznetsov, a los profesores Arfon Rees y Bartolomé Yun Casalilla y al Dr. Serge Noiret, todos ellos del Instituto Universitario Europeo de Florencia; al profesor Robert W. Davies, de la Universidad de Birmingham; al rector magnífico de la Universidad Complutense, profesor Carlos Berzosa, y al director general de la Fundación Complutense, profesor Rafael Martínez Cortiña.

En el mundo de los archivos rusos debo reconocer la ayuda del Sr. Kirill Chernenkov, director del Departamento de Relaciones Internacionales de la Agencia Federal de Archivos, y de los directores del Archivo de Historia Política y Social, Dr. Kirill Anderson, extraordinariamente paciente con mis múltiples consultas, del Archivo Militar, Sr. Vladimir Nikolaevich Kusilienkov, y del Archivo de Economía, doctora Elena Alexandrovich Turina, así como el adjunto del segundo, Sr. Vladimir I. Korotaev, y de la tercera, Sr. Degtev Sergei Ivanovich. Todos ellos me recibieron con los brazos abiertos. No me resisto a consignar que mi estancia en este último archivo coincidió con algunos días de cierre por limpieza, lo cual no impidió la consulta y reproducción en fotocopia de los documentos que me interesaban, tarea facilitada por la amabilidad ilimitada del experto Sr. Victor Anatolievich Komissarov. Cabe preguntarse si en algún archivo estatal español se hubiera dado un trato semejante a un historiador extranjero.

Fuera del ámbito de los archivos bajo la jurisdicción de la Agencia Federal, este libro incorpora muestras de la documentación existente en los archivos de política exterior, dependientes del Ministerio de Asuntos Exteriores de la Federación Rusa (MID). Por su autorización a consultarlos es un placer hacer constar mi más profundo agradecimiento al ministro Sergei Lavrov, con quien coincidí en mi etapa en Naciones Unidas. La autorización que se me concedió fue limitada a los documentos del archivo general y de los secretariados del comisario y comisario adjunto de Asuntos Exteriores en la época de la guerra civil. Como, por desgracia, los investigadores no pueden consultar el catálogo del archivo, uno depende de la buena fe del personal del mismo. Es, pues, una profunda satisfacción registrar aquí mi deuda de gratitud con los señores y señoras Churilin Alexander Anatolievich, Mozzhuhina Nadezha Pavlovna, Pavlov Sergei Vitalievich, Sergeeva Natalya Vladimirovna y Zaleeva Anna Nikolaevna.

Subsiste, no obstante, una gran cantidad de material soviético clasificado. Es más, alguno que en su momento pudo consultarse está de nuevo cerrado. Se me ha permitido, eso sí, consultar listas o inventarios y he comprobado que en la parte todavía no accesible debe haber fondos de gran importancia para una mejor comprensión de las relaciones hispano-soviéticas y de los aspectos internacionales de la guerra civil. Existen, además, otros archivos (como los presidenciales y de la KGB) en los que el acceso a los investigadores occidentales es prácticamente nulo. Por último, no cabe ignorar que los archivos ministeriales, vivos y menos vivos, siguen cerrados a cal y canto, con la excepción limitada del MID. Pensando en lo que guardan celosamente, el historiador debe hacer gala de humildad a toda prueba.

Si a ello se añade el que no toda la documentación republicana relevante ha aflorado ya, la humildad se acrecienta. No se subrayará nunca lo suficiente que la historia contemporánea, o cuasi contemporánea, se escribe en una labor de tejer y destejer continua. Yo no formo parte de aquellos que, como Radosh y sus colaboradores, seleccionan cuidadosamente los documentos que más se prestan a apoyar sus preconcepciones, los interpretan arteramente, buscan su lugar bajo el sol de las querellas ideológicas actuales, ignoran la literatura que no alimenta sus tesis y escriben en general bajo el dictado de aquella bandera de la guerra fría (de la que no salen) según la cual nunca se era suficientemente antisoviético. La historia, para ellos, es, simplemente, un arma de combate. No es por ello de extrañar que su obra haya despertado gran atención entre los autores profranquistas.

Mis estancias en Moscú resultaron extremadamente provechosas gracias, entre otras, a las siguientes personas: la doctora Adelina Kondratieva, el Sr. Andrei V. Elpatievski y la profesora Svetlana Petrovna Pozharskaya, de la Academia de Ciencias de la Federación Rusa y pilar de los estudios sobre la historia de España. Los doctores Oleg Khlevniuk, primer espada en el estudio del terror en la época estalinista, y Yuri Evgenevich Rybalkin, profundo conocedor de la ayuda soviética a la República, compartieron conmigo su tiempo y su sabiduría. No encuentro, en particular, palabras para agradecer la ayuda del segundo. Su libro sobre la «operación X» (la ayuda a la España republicana) contiene una gran cantidad de información ya que en su momento tuvo acceso a archivos que hoy están cerrados o no son accesibles a los investigadores occidentales. Su obra va a traducirse al castellano. Eliminará muchos mitos y permitirá desinflar bastantes balones.

A los quince años de la implosión de la Unión Soviética, el mundo moscovita puede todavía resultar impenetrable. El que lo fuera menos en mi caso se debe a la inmensa ayuda, que nunca agradeceré lo suficiente, que me ha prestado el doctorando Mikhail Lipkin, del Departamento de Historia de las Relaciones Internacionales de la Academia de Ciencias. Sin él, mis aportaciones, por lo que valgan, hubieran sido muchísimo más limitadas. En la preparación logística de los viajes y su aprovechamiento ulterior desempeñó un papel vital la desinteresada ayuda de mi ex secretaria en la Comisión Europea, Ludmilla van der Zwaan, quien nunca escatimó tiempo y esfuerzos, algo de lo que pocos en Bruselas estamos sobrados. En el mismo sentido he de reconocer el apoyo de mi viejo amigo y compañero Alexander von Lingen, ex funcionario del Parlamento Europeo. Igualmente, el de Makcim Fernández Samodaiev, Alexandr Kazachkov, Ángel Landabaso y, en particular, de Enrique Álvarez Moreno, que ha sido fundamental a la hora de traducir muchos de los documentos soviéticos ya que el ruso no es, por desgracia, uno de los fuertes de mis conocimientos lingüísticos.

Un agradecimiento muy especial corresponde al embajador de España en la Federación Rusa, Javier Elorza, y al consejero de asuntos culturales de la embajada, Jorge de Orueta. Ninguno escatimó tiempo ni esfuerzos para facilitarme los contactos oportunos. Sin ellos, simplemente, este libro no hubiera podido escribirse en su versión actual.

En todos los archivos extranjeros occidentales el personal ha sido de una generosidad sin límites. Pero ante todo, y sobre todo, mi agradecimiento más sincero va a Madame Françoise Adnès y a sus compañeros de los Archivos Nacionales de Francia. En los británicos y del Banco de Inglaterra todo el mundo hizo lo posible por ayudarme. Me es muy grato reconocer la aplicación de la Freedom of Information Act para acceder a varios documentos. Monsieur Paul Rey, ex alto cargo de la Banque Commerciale pour l'Europe du Nord, compartió conmigo sus recuerdos y me entregó un manuscrito que arroja luz sobre algunos aspectos de la institución. Como casi siempre, he de subrayar la ayuda de Jenny Birtwistle y Terry O'Neill así como de Paul y Gabrielle Preston, quienes aguantaron mis estancias en Londres y muchos de mis peores humores. En París, la acogida del embajador de

España Francisco Villar y de su esposa Maribel así como la del corresponsal jefe de la revista *Time* James Graff y su esposa Frances, viejos amigos de Bruselas, fue de una amabilidad desbordante.

Aunque la mayor parte de las obras citadas proceden de mi colección particular, es obvio que ésta no contiene toda la producción secundaria relevante, si bien la parte dedicada a la Unión Soviética en los años treinta es bastante rica. De aquí la necesidad de acudir al exterior. Entre las bibliotecas en que he encontrado bibliografía adicional figuran las de la Universidad Libre y de la Comisión Europea en Bruselas, las nacionales de Francia y Escocia y la del Instituto Universitario Europeo de Florencia.

En España he tenido el honor y el privilegio de contar con la ayuda de una gran cantidad de amigos y colegas. Sin ánimo exhaustivo he de mencionar al menos a los siguientes: Rafael Álvarez Blanco; Luis Arreseigor; María Ángeles Ayala; Gerardo Bustos; María del Pilar Castro; José A. Durango; Francisco Fernández Fábregas; Senén Florensa; Luis García de Blas; Maria Dolors Genovés; Begoña Ibáñez; Javier Martínez Reverte; Dolores Meroño; María del Pilar Puente y Carlos Sanz. En la Fundación Pablo Iglesias, el doctor Aurelio Martín Nájera me proporcionó las galeradas de los recuerdos de Largo Caballero, en vías de publicación, me facilitó el acceso a los fondos y respondió con más que cordial amabilidad a mis incesantes preguntas de todo tipo. En la Fundación Indalecio Prieto, Alfonso de Luxán Meléndez permitió la consulta de los importantísimos documentos de una de las figuras esenciales de esta trilogía. También lo hizo Julio Caso en el Archivo Histórico del PCE. José Luis Ledesma me ayudó en mis referencias a la violencia republicana en la que es un excelente investigador. Fernando Hernández Sánchez me permitió amablemente aprovecharme de sus grandes conocimientos en disidencias comunistas, que pronto saldrán a la luz en su propio libro. Guillem Martínez Molinos, historiador de la política petrolífera durante la guerra civil, tuvo la gentileza de proporcionarme material inédito del archivo de la CAMPSA y sus reflexiones al respecto. Gracias infinitas corresponden a Jorge Marco Carretero que derrochó tiempo y paciencia ayudándome.

Mis deudas son considerables con los profesores Luis Alberto Anaya, Julio Aróstegui, Gabriel Cardona, Fabián Estapé, Pablo Martín Aceña, Ricardo Miralles, Enrique Moradiellos, Alberto Reig, Francisco Rubio Llorente, en la actualidad presidente del Consejo de Estado, José Luis Sampedro, Glicerio Sánchez Recio, Manuel Varela Parache y Mercedes Vico. Con Gabriel Jackson tuve ocasión de departir largamente. Al igual que Enrique Moradiellos, está preparando una biografía de Negrín y su crítica siempre ha sido preciosa. Carlos Pascual del Pino y Luis Domínguez, de Marcial Pons, me han mantenido al día con respecto a publicaciones, que a un ausente de España desde hace tantos años, pueden escapársele con facilidad. Sin la colaboración de todos ellos este libro no hubiera llegado a ser lo que ha sido.

Fuera de España agradezco la ayuda sin tasa de los doctores, y en parte profesores, Francisco Bataller Martín; Carlos Collado Seidel; Jean-Marc Delaunay; Yves Denéchère; Helen Graham y Morten Heiberg, que ha mejorado considerablemente mi visión del cuadro internacional y, en particular, de la política mussoliniana, así como la de Gerald Howson, que sometió a crítica implacable algunas de mis afirmaciones, Robert H. Whealey, Carlos Ortiz Bru y Boris Volodarsky.

Los participantes en el curso audiovisual sobre la guerra civil que dirigí en Bruselas en el Centro Pablo Iglesias a lo largo de 2005, con la colaboración entusiasta de Antoine Quero-Mussot y Máximo Torres Cubas, me depararon la posibilidad de ajustar y refinar mis interpretaciones. Reconozco mi deuda con José Carlos García de Quevedo que soportó pacientemente algunas ausencias obligadas por la investigación, y con Mercedes García y Miguel Ángel Sánchez Álvarez.

Aparte de mis viejos amigos, los profesores Juan Marichal, Solita Salinas, Nicolás Sánchez-Albornoz y Carmen de Zulueta, cuyo recuerdo siempre me lleva a los tiempos pasados en Estados Unidos, varios republicanos, socialistas y comunistas no tuvieron inconveniente en desgranar sus recuerdos para facilitar mi tarea. Debo reconocer la ayuda de Vicente Polo, último encargado de negocios en Moscú, y de José Guillén, secretario del Dr. Marcelino Pascua, quien me proporcionó acceso a sus documentos y siguió ulteriormente mi sugerencia de que se traspasaran al Archivo Histórico Nacional. También la de José María Rancaño, ex funcionario del Banco de España. Ninguno de los tres, por desgracia, está ya con nosotros para leer este agradecimiento.

Afortunadamente no es éste el caso de las dos personas a quienes más debo mi interés por las reformas emprendidas por la República: José Aldomar Poveda, maestro represaliado, y su esposa Carmen, inhabilitada para continuar estudiando su carrera en la España de los vencedores. Ambos me enseñaron tres cosas: el afán por aprender, la pasión por enseñar y el amor por una España que no siguiera estando en la cola de Europa. Unieron sus esfuerzos a los de mis padres, Arturo Viñas Simarro y Eugenia Martín Cabrero, quienes no llegaron a ver todos los resultados de la educación que me proporcionaron. Estuvo basada en valores que se les antojaban permanentes: honestidad, esfuerzo, aspiración a hacer un buen trabajo y sobre todo persistencia en atener la conducta a lo que, sin que lo supieran, fueron los grandes lemas de la Ilustración.

Last but not least debo dejar constancia de mi gratitud hacia mis editores. He de empezar por Gonzalo Pontón y Carmen Esteban y mencionar al menos a Silvia Iriso y Eva Bargalló. Sin el esfuerzo de todo el equipo de la Editorial Crítica un manuscrito que se demoró en numerosas ocasiones no se hubiera convertido en libro en un tiempo récord. Gonzalo, en particular, lo sometió a crítica severa, podando el texto de excrecencias innecesarias y de reflexiones que lo alargaban innecesariamente. Un revisor innominado completó la tarea que ha hecho la obra más ágil.

En realidad, es inmenso el número de personas que me han prestado ayuda a lo largo del tiempo, desde que hace treinta años publiqué un primer libro sobre el oro en la guerra civil y que rápidamente fue secuestrado en la excitante pero lábil atmósfera de los años incipientes de la transición. Pero, en retrospectiva, mi aportación, buena o mala, al desentrañamiento de la «soledad de la República» no hubiera sido posible sin el estímulo, en su momento, de los profesores Enrique Fuentes Quintana y Rafael Martínez Cortiña. El primero me puso en el camino de las investigaciones sobre la guerra civil, que comencé con respecto a los antecedentes de la ayuda nazi. Está a punto de coronar su viejo proyecto de reunir a lo más granado de los historiadores y economistas españoles para ofrecer una síntesis del estado actual del conocimiento sobre la contienda. ¡Qué sería de nosotros si no tratáramos de hacer realidad nuestros sueños! El segundo consiguió que se me abrieran las puertas de todos los archivos relevantes del franquismo para identificar la base documental que subyace a una enconada empresa colectiva sobre la política comercial española en la República, la guerra civil y la dictadura. Sin ellos, quien esto escribe no hubiera existido como historiador.

Dicho lo que antecede, es a mi esposa Helen Boreland y a mis hijos Laura y Daniel a quienes debe ir el testimonio de mi más vital reconocimiento. Sin haber digerido el impacto de un largo trabajo sobre el funcionamiento y la crisis de la Comisión Europea, apecharon con un nuevo desafío que me ha mantenido alejado de ellos un tiempo precioso, a la búsqueda de esos documentos elusivos en Londres, Moscú o París sin los cuales la construcción de esta obra hubiera podido agrietarse. No es de extrañar que este libro les vaya dedicado con algo incluso más fuerte que el amor. Los versos de uno de los sonetos del inmortal bardo son sólo pálida muestra de lo que su apoyo ha significado para mí.

A pesar de tantos apoyos y de tantas pruebas de amistad y de afecto, de los errores que subsistan la responsabilidad es exclusivamente mía. Mostrarán que mi esfuerzo no ha estado a la altura de toda la generosidad y de todo el aliento que los nombrados y los no nombrados han derrochado siempre para conmigo.

Bruselas, mayo de 2006.

Índice alfabético*

* No se contemplan aquí los apéndices finales. La «s» equivale a la indicación «y página siguiente».

Índice general

Segunda parte
AYUDAS Y AUTOAYUDA

Tercera parte
PARA LA DEFENSA DE LA REPÚBLICA